증보판

성격의 비밀

에니어그램 이론과 전개

증보판

성격의 비밀 에니어그램 이론과 전개

발행일	2016년 1월 8일

지은이	이 종 식		
펴낸이	손 형 국		
펴낸곳	(주)북랩		
편집인	선일영	편집	김향인, 서대종, 권유선, 김성신
디자인	이현수, 신혜림, 윤미리내, 임혜수	제작	박기성, 황동현, 구성우
마케팅	김회란, 박진관, 김아름		
출판등록	2004. 12. 1(제2012-000051호)		
주소	서울시 금천구 가산디지털 1로 168, 우림라이온스밸리 B동 B113, 114호		
홈페이지	www.book.co.kr		
전화번호	(02)2026-5777	팩스	(02)2026-5747

ISBN   979-11-5585-850-9 13180 (종이책)   979-11-5585-851-6 15180 (전자책)

이 도서의 국립중앙도서관 출판예정도서목록(CIP)은 서지정보유통지원시스템 홈페이지(http://seoji.nl.go.kr)와
국가자료공동목록시스템(http://www.nl.go.kr/kolisnet)에서 이용하실 수 있습니다.
(CIP제어번호 : CIP2016000384)

성공한 사람들은 예외없이 기개가 남다르다고 합니다.
어려움에도 꺾이지 않았던 당신의 의기를 책에 담아보지 않으시렵니까?
책으로 펴내고 싶은 원고를 메일(book@book.co.kr)로 보내주세요.
성공출판의 파트너 북랩이 함께하겠습니다.

증보판

성격의 비밀

에니어그램 이론과 전개

이종식 지음

북랩 book Lab

초판은 에니어그램의 이론화 작업에 초점을 두고 9가지 유형을 어떻게 이론적으로 설명할 것인지에 관심을 집중하였다. 내용은 성격을 일관성 있는 자극에 대한 인식과 반응체계라고 정의하고, 자극의 인식은 욕구에 따르며, 반응은 자기효능감에 따른다는 전제하에 이론을 전개하였고, 이는 '인식-반응 이론' 혹은 '욕구-효능감 이론'이라고 말할 수 있을 것이다. 그리고 이 이론에 따라 각 유형을 설명하고, 성격의 발달은 성격이론가들의 이론을 간략히 요약하고 에니어그램과의 관계를 설명하였다. 출판 후 가장 마음에 꺼림칙한 부분은 설문지를 제대로 검토하지 못하였다는 점과 정신건강부분에 대한 처방이 불비하였다는 점이다.

최근 검색사이트인 네이버에서 인터넷상에서 설문지 조사가 가능하게 됨에 따라 기존 설문지를 보완하여 블로그에 방문하시는 분들께 제시하였는데, 그 결과의 분포가 상당히 바람직하여 초판을 수정하는 것이 좋겠다는 생각을 하게 되었다.

그리고 시스템 사고의 순환고리를 정신건강과 연계할 방법에 관심을 가지고 있던 중, 선순환의 고리와 악순환의 고리에 대한 단서를 얻게 되었고, 이를 정신건강에 적용하여 설명할 수 있게 되어 이것 또한 증보판을 준비하게 된 큰 이유이다.

수정 증보판에서 보완된 주요 내용은 I장章의 자아의식의 생성 부분에 자아의 개념에 대한 설명을 추가하였다. 그리고 같은 장 성격유형의 개념화 부분의 이론화 방향에서 위켄스(C. D. Wickens)의 인간정보처리모델을 인용하여 성격도 자극의 인식과 반응의 과정으로 이루어진다는 점을 강조하였으며, 인식의 경향성과 욕구 부분에 에델만(G. M. Edelman)의 일차의식과 고차의식에 관한 모델을 인용하여 욕구와 효능감이 선호의 경향에 의하여 일관성을 유지하려 한다는 점을 보완하였다. 또 설문지 구성에 대한 설명을 수정 보완하였고 문항의 내용도 일부 수정하였으며, 각 유형의 설명을 Ⅷ장으로 옮겨 해당 유형의 특성을 편리하게 참고하도록 하였다.

그리고 추가된 주요 내용은 반대나 저항에 대한 대처방식, 유형별 정신건강, 정신건강과 순환고리 부분이다. Ⅳ장 반대나 저항에 대한 대처방식을 새로 증설하여 기존의 충동적 행동과 신경증적 행동 부분에 입장고수와 승복을 추가하여 편입하였고, Ⅶ장 성격의 발달에 정신건강과 순환고리를 추가하였으며, Ⅷ장은 기존Ⅶ장의 유형별 특성에 반대나 저항에 대한 대처방식과 정신건강과 순환고리에 대한 설명을 유형별로 구분하여 추가하였다.

반대나 저항에 대한 대처방식을 별도의 장으로 추가하게 된 것은 성격의 특성이 일상적인 생활에서보다 대립적인 상황에서 잘 반영되기 때문이다. 서로 의견이 달라서 의견다툼을 하거나 어떤 일을 추진할 때 환경의 저항에 부딪칠 경우, 혹은 신경과민으로 짜증스러운 경우나 갑작스럽게 충동을 받은 경우 등의 반대나 저항에 대한 대처방식은 그 성격의 특성을 잘 반영하여 나타내기 때문에 이런 상황에서 성격유형별로 어떤 반응을 나타내는지를 살펴보는 것은 대단히 중요하다고 할 수 있을 것이다.

정신건강 부분을 보완하게 된 것은 요즈음 매스컴의 주요 보도 내용의 대부분을 차지하는 사회적 갈등과 사건 사고가 주로 당사자들의 부정적인 인식과 비현실적 대응에서 비롯된 것으로 판단되어 이에 대한 검토가 필요하였기 때문이다. 이런 갈등이나 사고들은 성격유형의 특성에 관련된 문제가 아니고, 그 사안을 대하는 당사자들의 정신 건강의 문제이다. 지금의 사회적 문제들은 개인의 차원을 넘어 집단의 건강문제를 논의해야 할 단계가 아닐까?

산업사회로의 급속한 진입, 가족 구성원의 변화와 가정교육의 붕괴, 저성장 사회로의 진입 등으로 인한 사회적 불안의 확산과 생활양식인 문화와 그 기저인 가치관의 변화로 사회는 자기중심적이고 이기적이며 부정적인 인식이 만연하게 되었다. 이런 변화는 문제해결방안에 대한 사회적 합의를 어렵게 만들었다. 특히 개방사회의 이기인 인터넷의 발달은 사물에 대한 부정적 인식과 감정적 반응을 빠른 속도로 전염시키고 있다. 이런 양상은 개인과 집단이 문제에 대한 해결책을 제시하지 못함은 물론이고, '네 탓'만 강조하는 사회분위기를 만들고 있음에 증보판 Ⅶ장 5절의 '정신건강과 순환고리' 부분은 일독의 가치가 있을 것으로 생각한다.

모든 정신활동은 뇌의 신경활동인 점을 고려할 때, 성격도 뇌과학의 이론으로 정확히 설명할 수 있으면 좋겠으나 아직 그럴 수 있는 수준으로 일반화되지는 않은 것 같다. 그래도 가능하면 뇌과학에 근거하여 설명하려고 노력하였다. 뇌의 감각계와 운동계를 인식과 반응이라는 관점으로 이해하고 이를 욕구와 효능감으로 이론화한 것도 이런 노력의 산물이다.

1판의 책 이름을 '성격의 비밀-에니어그램의 체계적 접근'이라고 하였는데, 여기서 비밀이란, 성격은 '욕구와 자기효능감'이라는 요인의 조합에 의해서 형성되고 설명된다는 것이었고, '체계적 접근'이란 이론을 체계화하였다는 의미였다. 그런데 수정 증보판에서는 반대나 저항에 대한 대처방식, 유형별 정신건강, 정신건강과 순환고리 등이 추가되어 이론의 응용이 많은 부분을 차지하게 되었기 때문에, 이 책의 부제를 '에니어그램 이론과 전개'라고 하는 것이 책의 내용을 설명할 수 있을 같아서 책의 부제를 수정하였다. 이 점 이해하여 주셨으면 한다.

그리고 Ⅷ장은 각 유형의 특성을 유형별로 찾아보기 쉽게 취합한 부분이므로 앞장에서 설명한 내용이 중복되어 기술되어 있다. 자신의 유형에 대한 자세한 설명만 보고 싶으신 독자도 있을 수 있고, 또 해당 유형의 특정 부분에 대한 설명이 필요한 경우도 있을 것이다. 그런 점들을 고려하여 중복하여 설명하였음을 양해하여 주시길 바란다.

2015년 12월 포천 우거에서

　사람을 두고 '사회적 동물이다. 감정의 동물이다. 이성의 동물이다.'라고 한다. 그래서 그런지 사람은 혼자서는 살기가 어렵고, 혼자 있으면 외로워서 불안해한다. 그런데 여러 사람과 어울려서 생활하다 보면 서로 다투기도 하고 성질을 부리기도 한다. 그리고 돌아서서는 후회하고, 다가가 사과하고, 다시 오순도순 형님 아우도 되고, 이웃사촌이 좋다며 즐긴다. 이것들은 모두 사람의 특성이 감정적이고 사회성과 이성을 소유하고 있음을 뜻한다.

　어려서 동네 친구들과 소꿉장난을 하며 시작한 인간의 사회활동은 학교생활을 거쳐 직장, 동호인 단체, 지역사회 활동 등으로 이어진다. 타인과 관계를 맺게 되면서 원하든 원하지 않든 서로 알기를 원하고 이해하고 이해 받기를 바란다. 감정의 교환에서 서로 다투기도 하고 반색을 하며 즐거워하기도 한다. 조그만 사안을 두고 내가 옳고 당신이 잘못되었다고 논쟁도 하고, 몸으로 부딪치는 격한 운동을 하면서 열정을 나누기도 한다. 사람과 사람의 활동에서 관계는 상대방에 대한 신뢰와 의심을 반복하는 과정에서 형성되며, 상대방에 대한 배려와 무시 혹은 동질감과 이질감 등을 기초로 어떤 사람과는 친구가 되고, 어떤 사람과는 불신하여 소원해진다.

　이렇게 신뢰와 불신으로 친소親疏의 관계를 만드는 과정에서 겪는 사고와 감정의 단편은 '상대방이 나를 어떻게 생각할까?'라는 의문과, '상대방의 속마음은 어떠하고 어떻게 행동할까?'라는 예상일 것이다.　물론 사고나 감정에 시간적 여유를 갖지 않고 본능적이고 직감적으로 동질성을 느껴 '나는 네가 좋다. 우리 친구하자.'로 이어지는 성급한 경우도 있을 것이다.

우리는 상대방이 나를 어떻게 생각하고 반응할까라는 의문을 갖듯이 상대방 역시 내가 상대를 어떻게 생각하고 행동할까라는 의문을 가질 것이라는 점은 이미 잘 알고 있다. 그러나 실제 우리는 자신에 대한 이해보다는 상대방이 자신에게 맞추어 주기를 바라는 이기적인 유전자를 소유하고 있으며, 문제에 부딪치면 자신이 변하기보다는 상대방이 변하여 주기를 바란다. 자신이 변하는 것보다 상대방이 변하는 것이 어렵다는 것이 당연함에도 불구하고 우리는 상대방의 변화를 희망하고 이에 응하지 않으면 실망하곤 한다. 이 점은 우리가 상대방을 잘 이해하지 못하고 있음과 동시에 자신에 대해서도 잘 이해하지 못한다는 사실을 의미하는 것이므로 자신에 대한 이해가 선행되어야 할 것이다.

통계청 자료에 의하면 2009년도 이혼 중 성격차이에 의한 이혼이 전체의 46.6%, 2010년도는 45.4%, 2011년도는 44.9%로 3년 평균은 45.6%라고 한다. 가정을 꾸리고 검은 머리 파뿌리 되도록 행복하게 살자는 목적을 공유한 부부가 성격의 차이를 극복하지 못하고 이혼이라는 처방을 택하고 있음은 성격이 인간관계에서 얼마나 중요한지를 객관적으로 설명해 준다. 또 이혼하지 않고 사는 사람들 중에도 얼마나 많은 사람들이 성격차이로 마음 고생을 하고 있을지를 생각해 보면 성격 이해의 도구를 갖는다는 것은 매우 중요한 인생의 지혜라 할 수 있다.

성격이란 영어로 character라고 하며, 이것은 그리스어의 조각된 모습을 말하는 'charakter'에서 온 것이라고 한다. 또 영어로 personality라고도 하는데, 이는 희랍의 배우들이 쓰던 가면 persona라는 말에서 나온 것으로 바깥의 모습을 지칭하는 것이며 타인에게 비친 자신의 모습을 말하는 것이다. 이들 어휘에서 알 수 있는 바와 같이 성격은 타고난 모습을 가꾸어 가는 것이고, 이 모습은 자신이 아는 모습보다는 타인에게 비친 것을 강조하고 있다는 사실을 이해하여야 할 것이다. 링컨의 '마흔을 넘기면 자신의 얼굴에 책임을 져라'라는 말에서 알 수 있듯이 사람은 자기 자신을 조각하며 산다. 조각품은 외부에서 평가하고 판단하는 것이지 조각 자체가 평가하거나 판단하지 못하는 것이다.

성격에 대한 자기 수양은 자신에 대한 이해를 바탕으로 하고 타인에 대한 역지사지易地思之의 마음을 가질 것을 목표로 한다. 타인의 특성이 무엇인지를 알게 되면 타인에 대한 이해의 폭이 넓어져 분쟁을 미리 막을 수도 있고, 호의적인 관심을 표명할 수도 있어 서로에게 활력을 줄 것이기 때문이다.

이 책은 '자기에 대한 이해와 타인에 대한 이해'를 목표로 한 것인데, 방법은 에니어그램의 성격분류를 기초로 하였다. 저자가 에니어그램을 접한 것은 1998년이다. 처음 관련된 책을 보면서 느낀 점은 참 좋은 접근인데, 체계적이지 못하다는 점이었다. 결과만 있지 과정이 생략된 '부모 없는 고아'와 같은 느낌이었다. 어떻게 성격이 유형별로 구분이 만들어지고 해석되고 설명되는지에 대한 개념이 없이 유형의 특성들만 나열되어 있어서 안타까웠다. 개념이 분명치 않음에도 관련 서적의 내용은 일관성을 유지하고 있다는 것이 신통하기도 하였고, 저자들의 능력에 압도되기도 하였다. 그래서 숨어 있는 개념을 찾기로 하였다. 이것이 이 책을 쓰게 된 동기이다.

사회현상을 연구하는 방법론인 연역법과 귀납법을 성격연구에 적용한 예를 보면 MBTI(The Myers-Briggs Type Indicator)는 세상을 어떻게 인식하고 판단하며, 에너지를 어떻게 처리하는지를 기준으로 유형을 설명하는 연역적 방법을 택하고 있다. 반면 Big Five 라는 5대 특성이론과 Cattell의 요인이론은 요인분석 방법을 이용한 귀납적인 방법이라 할 수 있다. 요인분석 방법은 연구 대상인 집단의 특성을 일반화하여 이용하는 것으로 연구 대상 집단이 지역, 시대, 인종, 문화 등의 동질성을 담보로 하여야 일반화할 수 있다는 전제를 만족하여야 한다. 반면 연역적 방법은 정의영역에 대한 가설이나 전제가 보편적이어야 그 결과를 일반화할 수 있을 것이다. 이 책에서 시도한 방법은 연역법에 속하는 것으로 그 전제는 인간은 선호하는 욕구에 따라 자극을 수용하고 자기가 할 수 있는 정도에 따라 반응한다는 가설에 전제를 두고 있다. 이 가설이 보편적이지 않다면 이 책의 내용은 허구가 될 수 있다. 하지만 이 가설은 역사적으로나 인류 문화적으로 보편적인 전제라고 생각한다. 이는 선행 연구인 욕구이론이나 정서이론, 자아이론과 자기 효능감 이론 등이 뒷받침하고 있기 때문이다.

이 책의 구성은 성격 유형을 구분할 수 있는 개념의 설명에 많은 분량을 할애하고 있다. 제 1장은 욕구체계와 자기효능감, 자아개념을 기초로 한 유형 구분의 개념을 설명하였다. 제2장은 각 유형을 심리에너지의 원천인 의지중심, 감정중심, 사고 중심에 따라 설명하였고, 제3장은 각 유형을 자아개념에 따라 분류하여 설명하였다. 제 4장은 성격의 문제는 대부분 충동적이고 신경질적인 반응에 있기 때문에 충동적 행동과 신경증적 행동을 유형별로 설명하였다. 제5장은 1장에서 유형 구분의 개념에 입각하여 유형진단 질문지를 구성한 방법을 설명하였고 질문지는 부록에 첨부하였다. 제6장은 유형별 시간에 대한 관념을 설명하였는데, 이는 시간의 연속이 인생이고 습관들의 연속이며, 이것이 성격의 궤적이기 때문이다. 제7장은 유형별 특징을 상세히 설명하고 개선 방향에 대해서도 언급하였다. 제8장은 성격의 발달에 관해 설명하였는데, 먼저 성격이론 학자들의 이론을 나열하고 에니어그램(Enneagram)과의 관계를 설명하였고, 성격 변화의 방향에 대하여 논의하였다. 이 책을 쓰게 된 동기가 에니어그램(Enneagram)의 체계적인 접근이었기에 유형별 상세한 해설이 부족할 수 있을 것이다. 이 점은 시중에 좋은 책들이 많으니 이용하시기 바란다.

　퇴직 후 건강에 이상이 있어서 요양하는 동안 에니어그램에 대한 체계적인 접근을 시도해 보고 싶은 욕망에서 과거 자료를 꺼내 책상에 가득히 늘어놓긴 하였으나 아이디어가 부족하고 글재주가 없어 하다가 중지하기를 반복하여 진척이 미미했다. 그러다 보니 시도할 때마다 다른 접근이 되어 다람쥐 쳇바퀴 도는 시늉만 하게 되었다. 시간은 흘러 병마와 친구 하기를 중간 정산하는 시기를 지나 가속을 내어 보기도 하였지만, 설문지 제작이라는 벽에 부딪히게 되었다. 이 책에서 성격의 분류는 욕구와 자기효능감을 양 축으로 하고 있어서, 이 두 축을 바탕으로 하는 설문지의 제작이 없이는 성격 유형을 진단하고 설명하기 어렵기 때문이다. 설문지 제작 자체는 문제가 되지 않았지만, 검증의 문제가 대두 되었다. 계속할 것인지 포기할 것인지를 고심하였지만 물러서기에는 너무 먼 길을 왔다는 생각에서 새로 제작한 설문지를 게재하기로 결정하였다. 새로 제작한 설문지는 성격 유형의 구성요인 별로 문항을 구성하였기에 어떤 설문지보다 논리적이고 설명력이 뛰어나다고 생각하지만 단지 검정을 하지 못한 아쉬움이 남는다. 이 점에 대해서는 너그러운 마음으로 이해하여 주시기를 바란다.

성격심리학을 전공으로 공부한 학자도 아니고, 책을 저작할 정도의 전문가도 아니기에 이 분야의 지식이 많이 부족하다. 그래서 많이 망설이기도 하였다. 하지만 에니어그램에 대한 체계적인 접근은 반드시 필요하다는 생각을 버릴 수 없었음은 아마도 본인의 성격 탓일 것이다. 부족하지만 이렇게 생각할 수도 있겠다는 문제의식에 대한 평가만 있다면 족할 수 있다고 위안을 하면서도, 욕심 같아서는 이 책을 통하여 에니어그램(Enneagram)이 성격이론으로 재탄생되는 계기가 되기를 기대하면서 펜을 놓는다.

이 책은 그저 옆에 있어만 주어도 고마운 아내, 한없는 신뢰를 보내주는 첫째 내외와 사랑하는 손자 손녀, 친구 같은 둘째와 새 며느리, 맹목적으로 사랑을 주시는 노환 중인 부모님 외 여러분의 관심으로 빛을 보게 되었다고 생각하며 감사드린다. 특히 표지의 디자인을 맡아준 첫째에게 고마움을 전하고, 출판에 관련하여 많은 조언을 주신 하중규 교수님께 깊은 감사를 드린다.

2013년 5월

이 책은 에니어그램이 만들어진 비밀을 알아보고, 이를 이론으로 체계화하려는 목적으로 쓰여졌기 때문에 개념 설명이 많아 독자께서 읽으시기에 평이하지 않은 부분이 있을 것 같다.

이 점을 보완하기 위하여 개념 설명이 많은 1장~2장은 소제목마다 '주요 개념' 난을 만들어 사전학습을 할 수 있게 하였다. 모든 부분을 학습하기 부담스러운 독자께서는 '주요 개념' 난을 읽으신 후, 필요하시면 상세한 설명을 읽으시길 권한다.

또 특정 유형에 대한 설명을 참고하실 분은 먼저 첨부된 설문지로 성격유형을 진단하신 후, 2장(자극 인식유형)의 해당 중심의 특성 설명과, 3장(자극에 대한 반응 유형)의 자아개념별 유형 설명, 7장의 성격의 변화, 8장의 유형별 특성 부분을 읽으시길 청한다.

차례

IV. 반대나 저항에 대처방식

V. 성격 유형 진단

VI. 시간에 대한 관점

I

의식의 발달과 성격의 형성

01 자아 의식의 생성

● **주요 개념** ●

갓 태어난 아이들이 각각 다른 반응을 나타내는 것은 아이도 자기 나름의 반응체계인 성격을 소유하고 있다는 의미인데, 이 성격은 선천적인 유전과 후천적인 학습에 의하여 형성된 것이다.

아이는 생후 15개월 전후에 자신을 알아보고 의지적 행동을 하기 시작하므로 이때를 전후하여 무의식적 반응에서 의식적인 행동을 하는 것으로 추정한다.

'자아'란 자신의 유지·발전을 위하여 외부현실과 상호작용하면서 사물을 인식, 반응, 학습, 기억하고 이를 인출하는 과정을 주재하는 개체의 정신적 주체를 의미한다. 간략히 말해, 자신의 정신활동을 주재하는 주체이다.

아이가 태어나면, 아이를 보는 사람들은 가족 중 누구를 닮았다는 평을 하고, 이 아이가 성장하는 과정이나 성인이 되었을 때도 붕어빵 같이 닮았다는 표현을 하곤 한다. 얼굴뿐만 아니라, 웃음소리나 행동도 부모 중 어느 한쪽을 닮았다며 신기해한다. 부모로부터 유전자를 받았고 함께 장기간에 걸쳐 같은 상황을 경험하고 적응하며 성장하였으니, 유사한 습관을 갖는 것과 부모의 성격을 닮는 것은 어쩌면 당연한 일이 아닐까? 같은 경험을 통하여 학습하고 체득한 습관은 어떤 자극에 대처할 때 유사한 반응을 보이게 된다. 이렇게 선천적인 유전과 후천적인 성장환경이 성격 형성에 영향을 미치는 것은 확실하지만, 얼마나 영향을 미치는 것인지를 단정 짓기는 어렵다.

유전의 영향에 대해서는 칼 융(Carl Gustav Jung 스위스 : 1875~1961)이 말하는 집단무의식인 원형에서도 그 예를 찾아볼 수 있고, 아버지와 아들, 형제자매 특히 쌍둥이의 유사성에서도 유추해 볼 수 있다. 그리고 지역적인 문화의 특성이 계승되고 있다는 점도 유전적인 예이다.

성격의 특성이 유전된 것이든 후천적으로 습득한 것이든 비슷한 상황에서 반복적으로 비슷하게 표현된다면, 이는 개인의 습성화된 특성이라고 할 수 있을 것이며, 이를 성격이라고 지칭할 수 있을 것이다. 습성화되었다고 함은 비슷한 자극에 대해서 비슷한 정신적인 힘이 반복하여 형성되고 표현된다는 것이다. 따라서 개인의 성격을 알기 위해서는 비슷하고 반복적인 반응을 나타내는 심리에너지의 형성 과정과 표현 성향을 살펴보아야 할 것이다. 심리에너지란 정신적 힘의 흐름을 말하고, 무엇을 하고 싶어 하거나 하기 싫어하는 힘을 포함한 의식과 무의식의 긴장과 충동, 느낌 등 마음을 움직이게 하는 힘을 말한다.

신경과학적 측면에서 설명하면, 심리에너지는 대뇌신경회로를 작동시키는 전기 화학적 힘이다. 신경세포의 연결은 시냅스 연결에 의하는데, 이 시냅스 연결은 외부 자극에 의해 감각판에서 형성되었거나 내부의 연상, 의도, 감정, 욕망 등 지향성에서 형성된 신경전압펄스인 전기적 신호가 신경세포의 축삭을 타고 내려와 화학적 신호(신경전달물질 작용)로 바뀌고 이 화학적 신호가 다음 세포에서 전기적 신호를 만들어 전달하는 것이다. 이런 시냅스들의 연결망을 신경회로라고 하고 이 회로에 작동하는 힘을 심리에너지라고 한다.

마음의 움직임은 기본적으로 생리적 욕구와 '좋다 혹은 나쁘다'는 느낌에서 시작된다. 갓 태어난 아기는 배가 고프면 젖을 빨고, 배가 부르면 잠을 청하며, 대소변이 마려우면 배설하는 등 본능적인 감각에 따라 반응하며, 생리적으로 만족스러우면 방긋 웃고, 그렇지 않으면 울고 보채는 등 기분(정서)에 따라 행동한다.

아이가 성장함에 따라 육체적으로나 정신적으로 필요한 것이 증가하면, 이를 구하기 위해 환경과 상호작용을 시작한다. 어머니 뱃속에서는 필요한 영양분을 태반에서 구하였지만, 출생 후에는 자신이 필요한 것을 환경에서 구하게 되는데, 이것은 환경에 적응하는 과정의 일부이다. 모태에서는 태반이 모든 것을 제공해 주었기에 자신과 환경(태반)을 구분할 필요가 없었지만, 출생 후 환경은 자신이 필요한 것을 직접 구하여야 할 대상이 되었기에 자신과 환경을 구분하게 된 것이다. 자신과 환경을 구분하게 됨에 따라 자신이 필요한 것을 환경에서 구하기 위해서는 환경의 요구도 일부 수용해야 하고, 자신의 욕구도 일부 억제해야 한다는 것을 배우게 된다. 이것이 의식적 행동인 적응의 시작이다. 엄마에게서 젖을 구하고, 먹는 시간을 조절하는 등 자신과 엄마의 요구를 조정하는 것이 이에 속한다.

이와 같이 아이에게 현실세계는 조건 없이 모든 것이 주어지던 모태母胎의 연장선에서 소망을 실현할 수 있는 곳이 아니고, 제한과 위협이 존재하는 곳이 된다. 따라서 아이는 부족을 극복하고 환경에 적응하기 위해서 자신의 욕구를 스스로 추구해야 하고, 기대와 현실 사이의 모순을 극복해야 자신의 소망을 이룰 수 있다는 것을 알게 된다.

아이는 태생 후 15개월이 지나면 자기를 인식할 수 있다고 한다. 이때가 되면 아이의 감각적 부족감은 의식적 부족감인 욕구로 변한다. 이전에는 배가 고프면 울어서 배고픔을 표현하고 엄마의 처분에 따라 해결하였으나, 자기를 인식하고 의식적 행동을 하게 된 이후에는 직접 손으로 음식물을 갖다 먹는다. 즉 필요한 것을 자기의 의도에 따라 해결한다는 것이다. 이런 경험을 통하여 아이는 현실을 어떻게 극복하고 욕구를 추구할 것인지에 대한 신념을 축적하게 된다.

이렇게 축적된 개념들이 능력감, 무력감, 우월감, 열등감, 조화감 등이며, 이는 자기를 평가하는 개념의 기초가 되고, 현실을 인식하는 기준이 된다. 또 성장하면서 자신의 키, 몸매, 생김새 등 신체적 특성과 정신적 능력을 외부세계와 비교하여 얼마나 가치감價値感을 느낄 수 있는지에 따라 자신에 대한 신념인 자아의식이 우월, 열등, 조화 등 평가적 개념으로 발전하게 된다. 이 평가적 자아개념은 점진적으로 자기효능감으로 발달한다.

위에서 살펴본 바와 같이 자아는 감각과 정서의 발달, 모순의 인식, 의식적 행동, 욕구 추구 노력, 자아개념의 형성 등의 과정을 거쳐 추구 행동에 집착하게 되고, 이는 개인의 성격으로 내재되어 간다. 이렇게 성격이란 자연성인 반응체계에 자기의 욕구 추구적인 껍질을 씌우게 됨에 따라서 형성된다.

여기서 자기란 물질적·정신적으로 독립된 개체를 의미하고, 자아란 자기에 대한 지각으로 심리적인 측면을 의미한다. 자아 혹은 자기란 용어는 앞에서도 많이 사용되었고 앞으로도 많이 언급될 것이라 그 정의를 분명히 하여 일관성 있게 사용할 필요가 있기에 여러 학자들의 정의를 소개하고 이들을 정리해 본다.

Freud는 자아(ego)는 원욕(id)의 즉각적인 긴장해소를 통제하고, 초자아(superego)와 환경의 요구에 선택적으로 반응하게 하는 등 통합적인 사고를 통하여 현실의 원리에 따라 욕구 만족을 결정하는 성격의 집행자라고 하였다. 여기서 자아는 욕구의 기능적인 측면 - 원욕은 본능적 기능, 자아는 현실적 기능, 초자아는 양심적 기능 - 을 강조하고 있다. 이 자아(Ego)에는 무의식을 포함된다.

Jung은 의식·무의식을 포함한 정신 혹은 성격의 총체로서 인간이 실현할 타고난 청사진을 자기(Self)라고 하였고, 의식적 지각·기억·사고 및 감정 등 의식적인 마음을 자아라고 하여 자기와 자아를 구분하였다. 즉 무의식의 중심에 자기가 있다면, 의식의 중심에는 자아가 있다는 것이다.

Rogers는 자기 혹은 자기개념(self-concept)을 자기 자신에 대한 지각과 가치평가로서 자기가 어떤 인간인가에 관한 그 자신의 인식 혹은 개념이라고 하였다(심리학, 이수원 외, 1991, p. 252).

Purkey(1999, p.26)에 의하면 자아란 개인이 그 자신에 관해 사실이라고 믿는 믿음들의 복합적이고 역동적인 체계로서, 이러한 각자의 믿음은 가치와 부합되는 것이라 정의한다(Self is a complex and dynamic system of beliefs which an individual holds true about himself, each belief with a corresponding value).

Bandura는 자기개념은 직접적인 경험을 통해 형성되거나 의미 있는 다른 사람들의 평가를 통해서 형성된 자기에 대한 복합적인 견해라고 한다(1997, p. 60)

윌리엄 제임즈는 '자아는 자기 것이라 부를 수 있는 모든 것들의 총합이다.'라고 하였다(James, W. 1890. Principle of Psychology. New York: Holt). 이 정의는 바로 '너(You)'의 반대말인 '나(I)'에 해당한다. 다시 말해 자아를 '나'라고 본 것이다.

조지프 르두는 '자아는 한 생명체가 물리적·심리적·사회적·문화적으로 될 수 있는 모든 것들의 총합'이라고 하였다(시냅스와 자아, Joseph LeDoux저, 강본균 역, 동녘사이언스, 2014, p.66). 이 정의는 자아를 '물리적·정신적·사회적 가능태의 총합'으로 해석한 것으로 물질적인 몸과 정신적인 마음의 양쪽을 포함하고 있다.

이들 정의에서 나타나는 차이 중 가장 두드러진 것은 물질적인 몸을 자아에 포함시키는 것과 포함시키지 않고 정신적인 면만 고려한 것으로 구별된다. 이는 '나'와 '자아'의 의미를 구분할 것인지 여부와 관련된다. 여기서는 '나'는 정신적 물질적 실체인 유기체를 의미하고, 자아는 정신적인 면을 의미하는 것으로 정의하고자 한다. 정신적인 측면에 무의식을 포함하는 것인지는 광의로는 포함하나, 협의로는 의식적인 면을 말한다. 이점은 자기에 대한 지각은 의식적이지만, 감정과 습관 등 잠재된 의식도 무의식적 정신활동이기 때문이다.

상기 내용들을 정리하면, 자아란 개체의 유지·발전을 위하여 외부현실과 상호작용하면서 사물을 인식·반응·학습·기억하고 이를 인출하는 과정들을 주재하는 욕망을 가진 독립된 개체의 정신적 주체를 의미한다. 간략히 말해 지향성을 가진 생명체의 정신활동을 주재하는 주체라고 할 수 있다. 여기서 정신활동이란 인식과 반응, 주의와 학습, 그리고 기억 등이다. 또 자아개념은 개체의 정신적 주체인 자아에 대한 인지적이고 평가적인 스스로의 지각을 의미하는 것으로 나에 대한 느낌(의식적인 측면)을 말한다. 자아는 '나'의 정신적 주체로서 의식적·무의식인 면을 포함하는 개념이고(광의), 자아개념은 '나에 대한 느낌' 즉, '나다움'이며 자아의 의식적인 면(협의)을 말한다. '나'란 용어는 자신이 자신을 상대방에게 지칭할 때 사용하는 언어로 관계적 용어인 '자기(Self)'와 같은 의미이다. 그런 연유로 '나다움'과 '자기다움'이란 용어는 혼용될 수 있다.

그러면 '나에 대한 느낌'인 자아개념은 어떻게 구성되어 있을까? 먼저 '나'를 구성하는 요인 중 하나는 '나'라는 육체나 정신 외에 '나'의 배경이 있다. 성, 나이, 신체적 조건, 부모 형제, 재력, 학벌, 직업 등 다양한 요인이 배경에 해당하고, 이에 대한 총체적 자기 느낌을 '배경적 자아'라고 한다.

두 번째는 출생 이후 현재까지 쌓아온 가치가 있다. 이를 '평가적 자아'라고 한다. 인간관계가 좋은 사람, 능력이 월등한 사람, 성실한 사람, 아니면 그 반대의 특성들 등에 대한 자기 느낌이 있다. 이들 느낌은 자기 존중감, 자기 효능감, 열등감, 우월감 등으로 표현된다. 이들 표현 중 설명력이 뛰어난 개념을 고른다면 아마 자기 효능감이 아닐까? 왜냐하면 사회생활에서 가치라는 개념은 주로 그 사람이 가진 능력에 의하여 평가되고, 이 능력에 대한 자기 신념이 자기 효능감이며, 이 자기효능감이 높은 사람은 자기 존중감과 우월감 등이 높고, 반대로 자기 효능감이 낮은 사람은 자기 존중감이 낮으며 열등감을 느끼거나 소극적인 면을 나타내기 때문이다.

세 번째는 생태계의 일원으로서 세상을 어떻게 바라보고, 인식하는지에 대한 관점과 가치에 대한 느낌이 있다. 이를 '관점적 자아'라고 한다. 이 느낌은 외부 세상과 관계할 때, 어떤 관점에서 세상을 바라보고, 어떻게 행동하며, 자리매김할 것인가를 판단하는 인식의 틀인 세계관으로 발전하게 된다. 세계관이란 세계(자연과 인간사회)의 존재의의나 가치에 관한 자신의 견해를 말한다. 이 세계관은 세상과의 관계의 틀이 되고 인식의 틀이 되어 나아갈 방향을 제시하고 적응의 방법을 제공한다. 이를 구분하여 보면, 세상의 중심에 자신을 두고 외부를 바라보고 생각하는 자기중심적 혹은 주체적 세계관, 타인과의 관계 속에서 자신을 인식하고 존재감을 느끼는 관계중심적 세계관, 외부 사물과 상호관계 속에서 자신의 위치나 상태를 인식하는 위상적 세계관으로 구분할 수 있다. 이들 세계관에 대한 자기 인식을 '자기중심적 혹은 주체적 자아', '관계적 자아', '위상적 자아'라고 한다.

집착과 무의식

> **● 주요 개념 ●**
>
> 사람은 하고 싶은 것을 하고, 하기 싫은 것은 피하려는 것이 일반적 성향이다. 성격은 하고 싶은 것에 집착하고, 반복하여 이를 추구함으로써 습관이 된 반응의 성향이다.

위에서 언급한 바와 같이 자아개념은 적응과정에서 체득한 자신의 정신적·신체적 특성에 대한 자기 지각과 평가에 대한 신념이다. 이 자아개념에는 원하는 것을 추구하는 힘의 원천인 욕구를 포함하고 있는데, 이 욕구에는 자신이 바람직하다고 생각하던 자아상도 포함하고 있다. 집착이란 이 자아상을 생의 지표로서 믿고 추구하는 것을 말한다.

사람의 본성은 성장하면서 순수한 자연의 모습에서 집착이라는 틀에 구속되어 변한다. 그럼에도 불구하고 자신은 그 변화가 집착에 의한 것이라고 느끼지 못하고, 집착이란 틀을 통하여 정보를 수집, 판단, 표현하는 것이 마치 자신만이 갖은 최고의 가치관인 양 생각하고 행동한다. 즉, 집착의 실현이 성공이고 행복이며, 삶의 완성이라고 여긴다.

집착은 누적된 경험과 욕구에 따라 추구하는 정도와 추구방법에서 개인차를 보인다. 욕구는 유전적으로 형성된 것이기도 하지만, 성장 과정에서 후천적 요인에 의해서도 영향을 받는다. 욕구에 대한 후천적 영향은 성장 과정에서 부족과 필요를 느끼는 정도에 따라 욕구가 다르게 형성되므로 성장환경이 욕구형성과 변화에 영향을 미친다고 보아야 할 것이다.

사람은 성장 과정에서 환경과 상호작용하면서 받게 되는 상처, 부정적 감정, 사회적 압박감에서 오는 두려움과 불안에서 벗어나, 자신을 보존하고, 타인으로부터 사랑받고, 자신의 뜻을 펼치면서 성장하고자 하는 욕망을 갖고, 이를 달성하기 위해 집착하고 매진한다. 이러한 욕구에 대한 집착은 근본적으로 불안에서 벗어나 자신을 성장 발전시켜 행복한 삶을 추구하고자 하는 누구나 갖고 있는 일반적이고 공통적인 성향이다. 그러나 각자 유전과 처한 상황이 다르므로 욕구와 불안의 강도는 개인차가 있기 마련이다.

욕구실현의 방법도 유전적이든 후천적이든 부족에 대한 필요가 다르다는 점 때문에 사람마다 차이가 있다. 생존 자체에 위험을 느낀 아이는 생존에 대한 욕망으로 어떻게 하더라도 생명을 보존하려는 강한 욕구를, 주위로부터 무시와 멸시를 받는다고 인식한 아이는 주위의 인정과 사랑에 대한 욕구를, 지속적인 보살핌을 받지 못한 아이는 계속되는 돌봄과 지원을 의심하거나 두려워하면서 안정에 대한 욕구를 추구하려 할 것이다. 이렇게 개인은 생존에 대한 욕구, 인정에 대한 욕구, 안정에 대한 욕구 등 집착의 내용과 정도에 차이가 있고 이를 충족시키는 방법도 서로 다르다. 자치권을 함양하여 생존을 확보하려는 사람, 자신의 가치를 보여주어 인정을 받고자 노력하는 사람, 안정을 확보하기 위한 길잡이인 아이디어를 찾는 사람 등으로 구분할 수 있다.

사람은 생활환경에서 긍정적인 경험도 하게 되고 부정적인 경험도 하게 되는데, 부정적인 경험은 상처로서, 긍정적인 경험은 성공의 기쁨으로 의식이나 무의식에 각인되어 차후 유사한 상황에 개입하여 반응에 영향을 미치게 된다. 그러나 자신은 이러한 사실을 자각하지 못한다. 이렇게 누적되고 강화된 경험은 무의식에 각인되어 계속적으로 행동에 개입하게 된다.

무의식은 유전적 요인에 의하여 전승되어 행동에 영향을 미치기도 하지만, 후천적 경험에 의하여 강화되고 습성화하여 쌓은 느낌과 기억에 잠재된 것도 있다. 후천적 경험 중 성장 과정에서 겪게 되는 충격적인 기대, 성공, 상처, 불안, 상실감, 두려움, 수치심, 분노, 공로, 원망 등에 대한 느낌과 기억은 잊으려 해도 잊히지 않고 무의식에 각인되어 있다.

03 유전과 환경의 영향

● 주요 개념 ●

　일란성 쌍둥이 연구와 복제견 연구 등에서 성격은 유전적인 영향이 크다는 점을 부각하고 있으나, 학습이 성격에 영향을 미친다는 점도 부인할 수 없다. 결과로 성격은 유전적 소인이 성장환경과 상호작용하여 일부는 강화되고 일부는 소거된 것이다.

　성격의 유전 여부는 성격을 변화시킬 수 있는지를 이해하는 데 중요한 사안이므로 여러 학자들이 이에 대한 연구와 조사를 실시하였다. 다음은 TV 방송 다큐멘터리 '당신의 성격 2부-성격의 탄생'(EBS, 2010. 4. 13 방송)의 내용을 소개하고자 한다. 먼저 성격 형성 시기를 알아보기 위한 연구로 하버드대학 제롬 케이건 교수는 출생 16주의 유아 500명을 대상으로 빛, 냄새, 소리, 물체 등의 자극에 대한 반응 정도를 조사하고 이를 종단연구하였다. 그 결과, 반응이 낮은 수준의 아이들은 반응의 정도가 높은 수준의 아이들보다 사회적이고 보다 쉽게 위험을 감수하고 대담하였으나, 높은 반응수준의 아이는 대담성을 배우는 데 조금 더 어려웠다고 한다. 그리고 출생 48시간의 신생아에게 목욕을 시킬 때 우는 등 높은 반응수준을 나타내는 경우는 흥분하였을 때 진정하는 능력이 낮았고, 울지 않고 가만히 있는 낮은 반응수준의 아이는 고통을 담담히 견디는 기질을 소유하고 있었다. 이러한 사실들은 성격이 학습 이전의 개인의 유전적 기질에 따라 영향을 많이 받는다는 점을 알려준다.

또 성격이 유전에 의하여 많은 영향을 받는다는 점을 시사하는 연구로는 마약탐지 복제견의 경우와 쌍둥이 연구가 있다. 세관에서 마약을 탐색하는 개의 복제견이 그 기질을 그대로 물려받고 있음은 그 기질의 유전함을 의미한다. 일란성 쌍둥이의 경우 서로 다르기를 원하고 의도적으로 다르게 행동하려고 노력하는 대조영향의 증상에도 불구하고 성격에 유사성이 있음을 보여준다. 일란성 쌍둥이는 좋아하는 것이나 싫어하는 것이 비슷하다. 반면 이란성 쌍둥이는 의도, 취향, 성격이 다르다. 목포대학 허윤미 교수는 일란성 쌍둥이와 이란성 쌍둥이의 비교에서 일란성 쌍둥이가 더 유사성이 많다는 것은 성격이 유전된다는 것을 증명하는 것이라고 한다.

그러면 환경의 영향은 어떠할까? 일란성 쌍둥이는 같은 부모, 같은 교육, 같은 종류의 생활 방식 등 같은 환경에서 자랐기 때문에 성격이 닮은 것이 아닐까? 이 의문에 대해서는 미네소타대학 심리학과 토마스 부샤드 (Thomas j. Bouchard, 1937~) 교수의 연구에서 그 답을 찾을 수 있다. 부샤드 교수는 출생 후 다른 가정으로 입양되어 서로의 존재를 모르다가 30년이 지나 성인이 된 후 만난 일란성 쌍둥이를 대상으로 연구한 결과, 이들 쌍둥이는 외모뿐만 아니라 성격, 취향 등에서 많은 유사점을 갖고 있었다고 한다. 성격은 양육방법에 의해서 결정된다는 가정에 의한다면, 장기간 떨어져서 자란 일란성 쌍둥이는 서로 다른 습성과 생각을 가지고 있어야 함에도 불구하고, 이들이 그렇지 않았다는 것은 양육방법이 성격을 형성하는 데 결정적 영향을 미치지 못한다는 것을 의미하고, 유전적 성향이 중요한 역할을 한다는 사실을 시사하고 있는 것이다. 이 연구에서 쌍둥이는 미혼모인 어머니로부터 태어나, 언니는 엄격한 양부모에게 입양되어 성장하였고, 동생은 댄서가족에 입양되어 성장하였는데, 이는 성장환경이 아주 달랐음을 말해준다. 이들은 처음 만났을 때 언니는 스코틀랜드에 거주하였고, 동생은 런던에 거주하였는데, 30년을 떨어져 있었음에도 모든 부분에서 많은 것이 닮아 있었고, 버릇·사고방식 등은 자라난 환경이 서로 달랐음에도 불구하고 다른 점을 찾을 수 없었다고 한다. 뿐만 아니라 이들이 대화법은 문장이 필요 없을 정도로 축약하여도 서로 이해할 수 있었고, 이들이 아끼는 물건의 디자인, 색상, 액세서리, 향수 등 여러 면에서 유사한 것이 많았다고 언니의 남편은 증언하였다.

또 독일 본대학교 심리학과 번드 베버교수는 성격은 뇌구조에 따라 차이를 보인다고 한다. 그의 연구는 실험 참가자 20명의 성격과 뇌 구조 사진을 비교하여 연구한 것으로 뇌와 뇌신경의 얽힘이 실험참가자들의 성격과 어떤 연관성이 있는지를 알아보기 위한 것이었다. 호기심과 관련된 부분을 관찰한 결과, 보상과 관련된 신경과 새로운 것을 인지하는 신경이 서로 밀접하게 연관되어 있는 사람일수록 호기심이 많은 것을 발견하였다. 보상 관련 신경과 새로운 것을 인지하는 신경이 밀접하게 연관되어 있으면 새로운 일을 할 때 강한 쾌감을 느낀다고 한다.

미 국립보건원 생물학자 딘 해머(Dean H. Hamer)는 인간은 약 3~5만 개의 유전자를 지니고 있는데, 그중 약 10% 이상의 유전자가 뇌의 기능에 영향을 준다고 한다. 결국 천 개 이상의 유전자가 성격에 영향을 주는 것이다. 또 그는 사람에 따라 D4DR(토파민 수용체)의 길이가 달랐고 그 길이의 차이는 뇌의 반응을 결정하는데, 결과적으로 긴 D4DR을 가진 사람이 짧은 사람에 비해 강한 자극을 추구한다는 것을 발견하였다. 자극의 추구는 그 사람이 얼마나 새로운 것을 원하는가를 보여주는데, 긴 D4DR을 가진 사람은 새로운 영화, 새로운 아침식사를 찾으며 때로는 엉뚱한 행동을 하고 심지어는 새로운 성적 파트너를 찾기도 한다고 한다(이상은 방송 내용).

위에서 언급한 내용들은 성격은 유전적인 영향이 크다는 점을 부각하고 있다. 그러면 환경에 적응하는 과정은 성격에 어떤 영향을 미칠까? 바위에서 조각난 울퉁불퉁 모가 난 돌멩이는 개울물에 굴러 오면서 모가 깎이고 닳아서 둥글둥글한 조약돌이 되듯이, 성격도 태어난 본질은 그대로 갖고 있지만 그 모양은 적응의 과정에서 학습을 통하여 다양한 형태를 취하게 될 것이다. 이 점에 대해서는 사회학습이론 부분에서 좀 더 살펴볼 것이다.

욕구-효능감 이론

가. 이론화 방향

> ● **주요 개념** ●
>
> 성격은 자극에 반응하는 역동적 체계로서, 자극-인식-반응의 처리체계를 갖는다. 인식은 '하고 싶다. 혹은 하기 싫다'는 욕구에 의하여 이루어지고, 반응은 '할 수 있다. 혹은 할 수 없다'는 능력 여하에 따라서 선택된다.
>
> 자신이 능력이 있는지 없는지를 스스로 인식하고 있는 정도를 자기 효능감이라 한다.

몇 사람이 둘러앉아 한가롭게 세상사를 토론하는 장면을 보면 서로의 관심사가 다르고, 같은 관심사에도 서로의 주장이 다른 경우를 많이 볼 수 있다. 같은 과제의 논의에도 주의를 기울이는 사람과 방관하는 사람이 있으며, 처방에 대한 견해도 다양하다. 이렇게 관심사나 처방이 다른 것을 각자 성격이 다르기 때문이라고 일반화한다. 어떤 사람은 공격적이고 어떤 사람은 방어적이며, 어떤 자는 감상적이고 어떤 자는 자기 주장적이다. 그런데 공격적인 사람은 다른 상황에서도 공격적인 경향이다. 이런 경향성은 유사한 상황에서 대개 반복적이고 일관성이 있다. 반응에 패턴이 있다는 것이다. 이 패턴을 그 사람의 성격이라고 말한다. 상존과 상생이 요구되는 사회생활에서 상대방에 대한 이해의 폭을 넓히기 위해서는 상대방의 성격을 이해하는 것이 중요하다. 지피지기知彼知己면 백전백승百戰百勝이라는 말이 있듯이 상대방과 자신을 이해한다면 원만한 인간관계를 도모할 수 있을 것이다. 이런 이유로 성격은 이해하기 쉽고 적용하기에 편리하게 분류되고 설명되어야 할 것이다.

서로 다른 반응의 패턴을 구분하여 체계화하는 것이 성격유형의 분류이다. 분류하기 위해서는 분류의 기준이 분명해야 하고, 기준은 성격의 개념을 설명할 수 있어야 하므로 여기서는 이론가들의 성격에 대한 정의를 살펴보고, 분류의 기준이 되는 요인을 파악하고자 한다.

Allport는 '성격은 그의 특징적 행동과 사고를 결정해 주는 각 개인의 정신 신체적 체계 안에 있는 역동적 조직이다(1961, p.28).'

설리반은 '성격은 인간생활을 특징짓는 되풀이되는 대인관계 상황의 비교적 지속적인 유형이다(1953, p.111).'

Pervin은 '상황들에 대한 일관된 반응양식들을 설명해 주는 사람의 특징들이다(Pervin, 1980, p.6).'

Ryckman은 '성격은 개인이 소유한 일련의 역동적이고 조직화된 특성으로서, 이러한 특성은 다양한 상황에서 개인의 인지, 동기, 행동에 독특하게 영향을 준다(2000, p.9).'

Mischel은 '성격은 보통 개인이 접하는 생활 상황에 대해 적응의 특성을 기술하는 사고와 감정을 포함하는 구별된 행동 패턴을 의미한다(1976, p.2).'

위의 내용을 정리하면 '성격은 개인이 생활환경에 접하여 독특하고 안정적이며 일관성 있는 반응(감정, 사고, 행동)을 결정하게 하는 역동적인 심리체계'라 할 수 있다. 여기서 '생활환경에 접한다는 것'은 '자극에 임한다'는 것이므로 '성격은 자극에 반응하는 역동적 체계'라고 요약할 수 있다. 이를 간략히 '개인의 (독특하고 안정적이며 일관성 있는)자극-반응의 체계'라고 표현한다.

위의 정의에 의거하면 성격의 차이는 자극-반응의 체계가 다르다는 것을 의미한다. 그러면 각 개인의 자극-반응의 체계는 어떤 것일까? 그리고 실제 우리 신체 구조는 자극-반응의 체계를 이루고 있을까?

이에 대한 답을 찾기 위해 먼저 신경조직에 대하여 살펴보자. 인체의 구성은 정자와 난자의 결합에서 시작된다. 정자는 난자를 만나기 위해 수많은 난관과 경쟁을 치르고 수정에 성공한다. 이 과정은 정자와 난자의 생명활동인 감각과 운동으로 이루어진 과정이다. 정자는 자신을 유인하는 물질을 감지하고 이를 향해 돌진하는 운동의 결과로 수정한 후 세포분열을 통하여 태아로 성장한다. 이 성장 과정은 내 외부의 환경 정보를 감지와 이에 대한 운동반응의 결과라 할 수 있다.

변화는 대칭(균형)의 파괴에서 시작되는데, 신체에서는 이 파괴를 부족, 요구 혹은 결핍이라고 한다. 부족을 감지하고 이에 대응하는 운동이 성장이라 할 수 있다. 배가 고프면 음식을 찾아 먹고, 갈증이 생기면 물을 찾아 먹는 것과 같다. 이러한 과정을 거쳐 성장한 인간의 신경구조는 감각계와 운동계, 기억계로 구분된다. 척수의 구조도 감각신경계와 운동신경계로 구분되고, 뇌의 구조도 뒷부분은 감각영역, 앞부분은 운동영역으로 나누어진다. 여기서 감각계는 기억을 포함하고 있다. 감각연합영역들은 범주화한 지각과 개념들을 기억하고 있고, 이를 현재의 감각정보의 인식에 적용한다. 변연계의 해마, 편도체, 중격핵은 내부의 요구와 기억을 참조하여 현재 정보를 범주화하여 인식하고 이를 연합영역에 저장하며, 전두엽은 이 인식의 결과-내부 요구에 물든 결과-를 현실적으로 판단하여 운동연역으로 신호를 보내고, 이 신호는 척수를 통해 신체 각 부위에 전달되며, 움직임이 만들어진다. 여기서 감각계는 인식계이고 운동계는 반응계이라 할 수 있다. 정리하면, 인간의 중추신경계는 인식과 반응을 하는 체계라는 것이다.

위켄스의 인간 정보 처리 모델

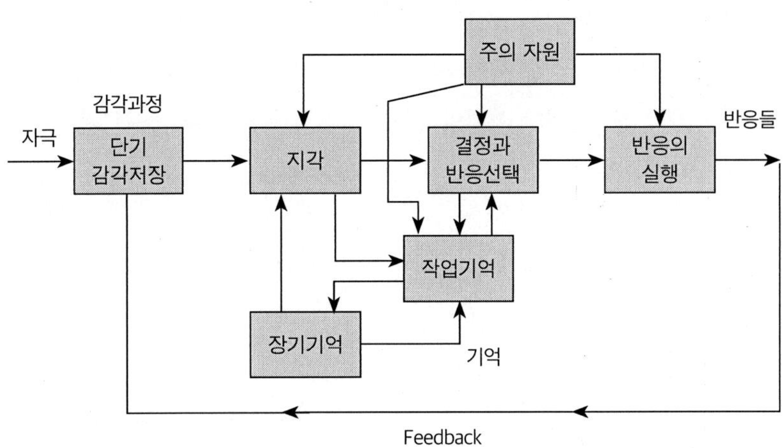

출처: 공학심리학, Christopher D. Wickens 저, 진영선·곽호완 역, 도서출판성원사, 1994, p18

　인식과 반응의 심리적 체계에 관한 이론적 뒷받침이 되는 또 다른 이론은 위켄스의 인간정보처리 모델이다. 이 모델에 의하면 자극이 입력되면 잠시 동안 단기감각저장고에서 표상을 유지하면서 장기 기억(범주화된 기억)을 불러와 서로 비교 대조하여 입력된 정보를 지각하게 된다고 한다. 위켄스는 이 단기감각저장고의 특징으로 주의를 요하지 않는다는 점, 사실 그대로 유지한다는 점과 재빠르게 소멸된다는 점이라고 한다. 이런 특징 때문에 기억이라는 용어 대신에 등록이라는 용어를 사용하여 감각등록이라고도 하였다.

지각은 감각연합영역에서 장기기억을 참조하여 입력된 감각을 알아차리는 것을 말한다. 안다는 것은 이전에 학습하여 뇌에 이미 저장된 특정 신경망과 접촉하는 것으로 추정할 수 있다. 이미 형성된 신경망에 접촉하는 것을 장기기억을 참조한다고 하며, 이를 지각이라고 한다.

위켄스는 지각의 과정은 "다多 대 일一"의 대응이라 한다. 다음은 위켄스의 예를 인용한 것이다. "a"를 지각하는 데 있어, 다른 활자체 (A, a 또는 α)들이 동일한 범주지각을 생성하는데, 마치 "a"를 여러 사람의 목소리로 발음하는 것과 같다. 여러 형태의 "a"에 대해 공통된 반응을 보임과 동시에 그들 간의 차이도 유지 된다. (공학심리학, C.D. Wickens 저, 진영선·곽호완 역, 도서출판성원사, 1992, p19).

감각의 처리에는 두 개의 단계를 갖는데, 하나는 전주의적(Preattentive) 단계이고, 다른 하나는 초점 단계이다(공학심리학, P94). 전자는 자동적으로 수행되고, 특정 대상을 포함한 감각기관에 노출된 전체(배경)를 감각한다는 의미이다. 후자는 좀 더 정교화된 정보를 얻기 위하여 특정 대상(전경)을 선택하는 단계이다(앞의 예에서 A, a 또는 α는 배경이고 a는 전경임). 이들 감각처리 단계는 앞에서 본 인간정보처리모델에서 단기감각저장과 지각의 과정에 해당된다.

이렇게 지각된 정보는 주체의 지향성에 따라 반응을 선택하게 되는데, 이 반응의 선택은 전두엽에서 감각피질 정보와 범주화되어 연합피질에 저장된 장기기억을 비교하여 판단한 것이고, 선택된 반응은 운동으로 실행된다. 이런 전두엽의 비교·대비·판단·예측하는 정신활동을 작업기억(Working Memory)이라 하는데, 이는 작업대에 감각계, 기억계, 변연계 등의 정보를 올려놓고 비교·판단·예측 등의 작업을 하는 데서 부쳐진 이름이다. 이 정보처리 과정에서 지각, 장기기억의 인출, 반응선택, 작업기억, 반응의 실행 등의 과정은 주의집중의 심리에너지가 없으면 이루어지지 않는다. 주

의자원(Attention Resources)은 고의적인 지향성을 의미하고, 지향성의 에너
지는 가치의 강도일 뿐만 아니라 '하고 싶다'는 욕구의 강도이며, '할 수 있
다 혹은 없다'에 관한 효능감의 강도이다. 여기서 자원(Resources)이란 용어
의 사용은 심리에너지는 제한적임을 강조한 것이다. 인간이 가진 주의집
중의 에너지는 감각한 모든 사항을 처리할 수 있는 여유를 갖지 못한다.
그래서 자신이 선호하는 것에 초점을 맞추고 이를 선택하는 것이다. 즉,
배경인 감각정보에서 전경인 대상을 선택하는 것은 심리에너지인 욕구와
효능감에 의한다는 것이다. 이 모델을 간단히 요약하면 '자극-인식-반응'이
라고 할 수 있다. 단기감각기억과 지각의 과정은 '인식'이라 할 수 있고, 반
응선택과 반응실행은 '반응'이라 할 수 있기 때문이다.

　다음은 자극과 반응을 인과 관계 측면에서 살펴보자. 아래 그림은 반응
행동이라는 종속변인, 개인이라는 매개변인, 그리고 자극이라는 독립변인
사이의 일반적인 관계를 설명하려는 것이다.

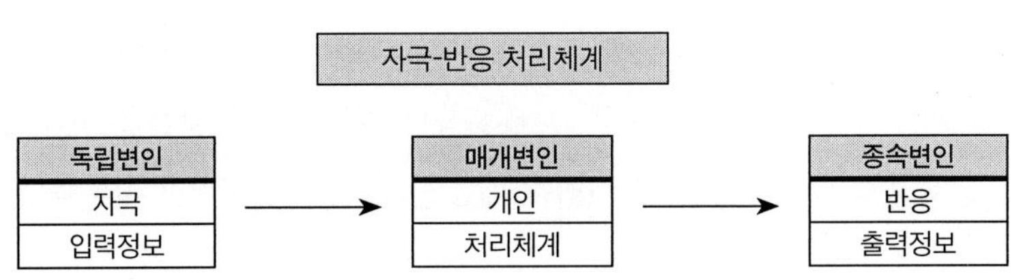

　같은 자극임에도 사람에 따라 반응행동이 다르다는 것은 매개변인의
차이 때문인데, 이는 자극을 감지하고 이를 처리하는 개인의 처리체계가
다르다는 것이다. 처리체계인 사람이 다르다는 것은, 첫째는 사람마다 유
전자 지도가 다르다는 점이고, 둘째는 성장환경이 다르다는 점이다. 유전

자 지도가 다르기 때문에 각자 자기 나름의 색안경으로 사물과 현상을 접한다는 것이다. 노란 안경을 쓴 사람, 빨간 안경을 쓴 사람, 검은 안경을 쓴 사람, 이들은 자기가 쓴 안경의 색깔로 세상을 볼 것이다. 이를 다르게 표현하면 자기가 좋아하고 원하는 색으로 정보를 인식한다는 것이다. 좋아하는 색이란 자신의 유전자 지도와 성장 과정에서 습득하고 강화한 욕구체계이다. 생명체의 유전자 지도는 자기증식이란 특성이 있어서 무엇을 하고자 하는 의도를 갖고 있으며, 이를 추구할 수 있는 힘을 가지고 있다. 자신이 원하는 바를 의도에 따라 조작하고 완성하려는 마음을 욕구라고 한다. 이 욕구는 자극을 자기가 보고 싶은 대로 감지하고, 자기가 하고 싶은 대로 방향을 선택하도록 처리체계를 조작하는데, 이를 자극인식의 경향성이라 한다.

또 자기만의 색깔로 정보를 인식하고 처리함으로써 사람은 전능全能하지 못함에서 오는 불안을 느끼게 된다. 불안은 태어나 의존적인 생명활동에서 독립적인 생활인으로 걸음을 시작하는 시점부터 느끼기 시작한다. 성장환경의 변화에서 시작된 불안은 무력감, 소외감, 적대감 등 다양한 원인에서 오는 육체적·정신적 느낌이다. 자신에게 영향을 미치는 자극은 불안을 느끼게 만들기도 하지만, 이를 통제함으로써 자신의 불안을 해소하게 하고, 목표를 달성하게 하는 기회를 제공하기도 한다. 하지만 자극을 통제하여 더욱 바람직한 미래를 실현할 수 있고 불안에 대처할 수 있다는 믿음이 없다면, 사람은 반응행동을 하지 않는다. 이처럼 자극에 임하여 효과적으로 목표를 달성할 수 있다는 자기의 능력에 대한 신념이 반응행동을 결정하는 주된 근원이 된다. 이 자기 능력에 대한 신념을 '자기효능감'이라 한다.

인식과 반응이 효과적으로 이루어지기 위해서는 심리에너지가 필요하다. 이 심리 에너지는 주의, 관심 등으로 표현될 수 있으며, 관심사를 찾는 탐조등(Searchlight)과 같은 역할을 한다. 자극을 인식하고 반응을 선택하여 실행하는 과정에 작용하는 심리에너지는 주체의 능동적인 지향성을 의미하고, 지향성은 '하고 싶다'는 욕구와 '할 수 있다'는 효능감이라 할 수 있다.

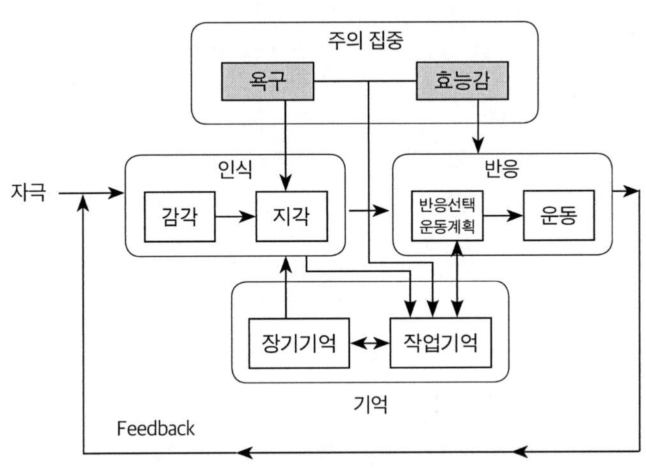

자극의 인식과 반응 모델

뇌신경계는 주로 감각계와 운동계, 기억계로 구분할 수 있다. 이런 측면에서 보면 위컨스의 인간정보처리모델에서 '반응의 실현'이라는 표현을 '운동'이라 할 수 있고, '반응의 선택과 결정'은 '반응선택과 운동계획'이라 할 수 있다. 뇌의 대뇌기저핵의 기능은 운동을 선택하고, 소뇌는 운동의 타이밍을 선택하며, 전두엽에서 운동계획을 수립한다. 앞에서 인용한 위컨스 모델에 뇌의 기능을 반영하면, 위 그림과 같이 표시할 수 있다. 이 모델을 여기서는 '자극의 인식과 반응 모델' 혹은 '욕구-효능감 이론'이라 칭한다. 이 그림은 생활환경에서 자극을 인식하여 반응하는 인간의 성격을 인간정보처리과정의 일환으로 이해할 수 있게 하는 유용한 도구가 될 것이다.

모든 정신활동이 뇌의 신경활동인 점을 고려할 때, 성격도 뇌과학 이론으로 정확히 설명할 수 있으면 좋겠으나 아직 그럴 수 있는 수준으로 일반화되지는 않은 것 같다. 그래도 뇌의 감각계와 운동계를 인식과 반응이라는 관점으로 이해하고, 이를 욕구와 효능감으로 이론화한 것이 '욕구-효능감 이론'이다. 이 이론의 뇌과학적 설명은 부록1에 첨부한다. 이해에 많은 도움이 될 것이다.

위에서 언급한 내용은 사람은 유전적으로 타고난 정신체계와 후천적으로 학습한 신념에 의해서 자극에 반응한다는 점에서 욕구와 자기효능감이 성격을 형성하는 요인임을 설명한 것이다. 이를 현실적이고 쉽게 설명하면 다음과 같다. 개인이 어떤 현안에 부딪쳐서 대처하는 데는 먼저 '하고 싶다, 혹은 하기 싫다'는 마음의 움직임이 작용하고, 다음은 '할 수 있다, 혹은 할 수 없다'는 마음이 작용한다. '하고 싶다'는 것은 느낌의 작용이고 '할 수 있다'는 것은 능력의 작용이다. 사람은 하기 싫은 일을 하지 않고, 할 수 없는 것도 하지 않는다. 여기서 '하고 싶다'는 것은 욕구를 의미하고 '할 수 있다'는 것은 능력감이다. 즉, 자극에 대처하는 방법은 욕구와 자기효능감의 작용에 의한 것이다.

이처럼 자극을 감지하고 처리하는 매개체계는 개인의 욕구체계와 자기효능감이라는 변인에 따라 자극을 처리하고 반응행동을 하게 만든다. 다시 말해서 성격은 개인의 욕구와 효능감에 따라 차이를 보이므로 성격을 이해하기 위해서는 인식의 경향성인 욕구와 반응의 판단인 자기효능감을 파악하는 것이 바람직한 접근 방법이 될 것이다.

나. 인식의 경향성과 욕구

1) 선호의 경향성과 성격의 탄생

사람은 출생 시 태내환경에서 외부환경으로 변화를 겪게 되면서 불안을 잉태하기 시작한다. 이 불안의 표출이 울음이고, 웅크림이며, 손발의 놀림이다. 이러한 환경에 대한 반응은 대부분의 아이들에게서 비슷하나 그 내용은 유전적인 차이에서 오는 차이와 태내의 성장조건 등에 따라 차이가 있을 수 있다. 유전적 차이는 자극에 대한 인지방법이나 반응선택의 경향성에서도 차이를 만들 뿐만 아니라 정신발달을 포함한 개인의 모든 분야의 성장과 발달에 차이를 만든다. 그리고 성장조건 등 환경에서 차이는 사회적 상호작용과정에서 취득한 후천적 습성의 차이로 이 또한 개인의 성장과 발달에 지대한 영향을 미친다. 이 후천적 습성은 유전적 차이를 근간으로 하여 외부의 자극에 반응하여 학습으로 이어지고, 학습된 것은 습관이 되어 유사하게 표현하게 되는데, 이것이 성격의 형성이다.

갓 태어난 아이에게 춥고, 요란하며, 어른거리는 등의 감각 자극들은 모두 생소한 것이기 때문에 커다란 충격이 될 것이다. 이 생소한 자극에 가장 먼저 반응을 보이는 것이 신체적인 반응인데, 이것은 생존과 직접적인 연관이 있는 것들이다. 그러나 아이 스스로 해결할 수 있는 것은 없다. 자신의 의지와 관계없이 부모가 동원한 해결책들이 그에게 주어진다. 이해결책에 대하여 아이는 좋다고 반응할 수도 있고, 싫다고 반응할 수도 있다. 여기서 정서의 작용이 시작된다. 아이는 싫어해도 부모는 억지로 먹이기도 하고, 계속 울도록 방치할 수도 있다. 이러한 과정을 통하여 아이는 부족과 필요에 대응할 욕구가 형성되고, 이 욕구 실현을 위하여 자신과 외계와의 관계에서 적응하기 위한 기준을 설정하며, 외부의 환경에 저항할 것인지 아니면 수용하면서 적응할 것인지 자기 나름의 해결책을 준비하는 의식적이거나 무의식적인 행동을 하게 된다. 구강기의 아이가 젖을 빨 것인지 깨물 것인지 아니면 뱉을 것인지 등의 선택을 하는 것이 좋은 예이다.

아이는 외부세계와 상호작용하면서 불안과 두려움을 갖게 되고, 부모 등 양육자로부터 부정적이거나 긍정적 메시지를 접하면서 결핍에 따른 욕구의 충족을 위한 목표를 설정한다. 그리고 목표와 현실의 차이를 극복하기 위한 방책을 수립하고 이를 추구하게 되는데, 이 과정의 산물인 대응방법은 반복적으로 습성화되어 자신의 고유한 특성인 성격으로 내재되어 간다.

2) 심리에너지의 원천인 욕구

욕구는 사람이 자기 자신을 안전하게 보존하고 타인과 더불어 사회생활을 영위하며, 성장 발전하고자 하는 마음가짐이다.

자신을 보존하고자 하는 욕구는 생리적인 면과 심리적인 면이 있는데, 여기서는 성격을 논하기 때문에 심리적인 면만 살펴본다.

자기 보존의 욕구는 자기 자신의 심리적 영역을 확보하고, 이 영역 안에서 독립적으로 자유를 누리고자 하는 마음가짐이다.

타인과 더불어 사회생활을 하고자 하는 욕구는 타인과 친하게 어울리고 싶고, 타인으로부터 인정을 받아 자신의 가치를 느끼고자 하는 마음가짐이다.

성장 발전하고자 하는 욕구는 많은 것을 갖고 싶고, 많은 것을 알아서 더 좋은 생활을 하고 싶은 마음가짐을 말한다.

이들 욕구를 자치욕, 친애욕, 탐구욕이라고 한다.

성격은 어떤 상황이나 자극에 부딪쳤을 때 그 사람 고유의 내재화된 반응 양식이다. 여기서 반응이란 주로 언어나 행동, 표정으로 외부로 나타내는 것을 의미한다. 따라서 성격을 알기 위해서는 자극을 어떻게 감지하고 해석하는지에 관련된 자극인식 방법과, 어떻게 반응할 것인지에 관련된 반응양식을 아는 것이 중요하다. 성격이 '개인의 자극에 대한 일관된 반응 양식'이라는 점에 의하면 자극을 처리하여 반응하는 심리적 과정은 자극 - 인식 - 반응이다. 이 심리적 과정의 각 단계에 작용하는 요인들을 살펴보면 성격유형을 구분하는 데 도움이 될 것이다. 이 책에서 제시하고자 하는 성격유형의 분류는 자극에 대한 심리에너지 발동의 원천인 인식경향과 심리에너지 집중인 반응경향의 조합(자극-인식-반응)에 의한다. 그 결과로 분류된 아홉 가지 유형은 에니어그램(Enneagram)의 성격유형과 연계하여 설명될 것이다. 다시 말하면 에니어그램의 성격유형 도출 방법을 체계화 하고자 하는 것이다.

반면, 대표적인 성격 유형 검사인 MBTI(The Myers-Briggs Type Indicator)의 경우는 정보의 인식(감각/직관), 판단(사고/감정), 주의집중 경향(내향/외향), 생활양식(인식/판단)을 기초로 성격의 유형을 구분하고 있다(자극-인식-판단-주의집중-생활양식).

인간 행동은 그가 지닌 '욕구가 반영된 것'이라고 보는 것이 성격에 대한 욕구 동기이론의 기본적 입장이므로 자극인식의 경향을 욕구 동기의 차원에서 살펴보고자 한다. 생명체는 기본적으로 자신의 존재를 위한 활동을 하고 나아가 유지 발전을 하고자 하는 욕구를 갖기 때문에 자극에 반응하는 성격 또한 생명의 유지 발전을 위한 활동의 일부로 해석하여야 할 것이며, 성격연구도 욕구 동기 이론에 따라 심리에너지 흐름을 파악하는 것이 좋은 방법이 될 것이다.

욕구란 하고 싶은 마음을 의미하고, 이는 좋은 것을 선호하고 나쁜 것을 회피한다는 사람의 속성을 의미하는 것이다. 즉 욕구는 긍정성에 기초한 능동적 지향성을 말한다. 욕구의 능동적 지향성은 목표물에 접근할 것인지 아니면 피할 것인지를 결정하는데, 이때 좋고 나쁨의 긍정 혹은 부정의 정서가 그 방향을 결정하므로 욕구 동기 이론의 이해는 정서의 발현에 근거한다는 것이다. 이렇게 정서를 에너지 발동의 감지기로 파악하면, 유아기의 아이들의 행동이 편안과 불편 그리고 좋고 나쁨의 정서에 따라 일어나는 욕구에 관련되고, 이것이 내재화된 것임을 이해할 수 있을 것이다.

먼저 생명체의 특성에 기초를 둔 욕구 추구 활동을 살펴보자. 태어난다는 것은 모태에서 분리됨을 말하는 것으로 개체로서의 독립을 의미한다. 독립이란 얽매이지 않고 모체로부터 분리되어 자유롭다는 것을 전제로 하고 있으며, 모든 생명체는 이를 존재의 기본으로 삼는다. 독립은 자유를 전제로 하기 때문에 의존관계에서 자유로워야 함에도, 어머니와 가족은 태생 이전에 같은 경험을 하였거나 생활환경을 공유하고 있다는 면에서 상호의존의 관계를 유지한다. 상호의존이란 개념이 없으면 독립의 개념도 없다. 이는 혼자 자연 발생적으로 무에서 창조된 것이 아니기도 하고, 생명을 유지하는 것 또한 혼자 독립적으로 영위할 수 없기 때문이기도 하다. 이렇게 독립적이면서 상호 의존적인 생명체의 특성상 사람은 자유롭게 자기 활동을 하면서도, 공존의 체계에서 상호의존적인 기능 구조를 갖는다. 뿐만 아니라 인간은 유기체의 특성으로 자기 증식성과 자기 조직성을 갖는다. 인간은 유전자 지도에 의거하여 세포가 분화 증식하여 작은 수정란 하나에서 인간이 탄생되고, 자손 대대로 종족을 보존한다. 단순한 자기증식에서 벗어나 기관과 기관을 연결하여 외부의 조작 없이도 다른 기능을 수행하는 기관을 만들어 생리적 성장을 기하고, 정신적 성숙을 통하여 잠재된 가능성을 발현시키고 발전한다. 이처럼 천부天賦의 자질인 가능성을 실현하는 것은 생태계에서 자신의 생명을 유지하고 보다 나은 삶을 영위할 수 있게 하는 탐구욕에서 비롯된다. 요약하면 생명체는 독립과 자치욕, 외부의 인정과 가치욕, 가능성의 실현과 탐구욕을 가진다는 것이다.

　물론 아래 표에서 보는 바와 같이 생명체의 특성과 속성이 다양하여 욕구의 명명 또한 다양하게 표현할 수 있겠지만, 여기서는 자극-인식-반응의 문제를 다루고 있기 때문에 주체인 행위자의 측면에서 심리에너지의 움직임인 의식적인 추구활동을 욕구로 명명하고자 한다. 주체의 측면이라 함은 피동적이 아니고, 이기적인 면과 목적을 갖는다는 면에서 능동적인 측면을 의미한다. 성격연구 등 심리연구는 주체와 객체 간에 일어나는 심리적 에너지 교환관계에서 개인이 행한 행동, 표현, 내·외적 태도 등을 대상으로 한다.

　아래 표에서 생명의 특성을 개체성과 상호의존성, 자기증식성으로 나열한 것은 생명체와 생태계의 관계에서 파악한 특성이고, 그 속성 또한 생태계에서 존재의 속성과 관계의 속성, 성장과 발전의 속성을 나타낸 것이다. 표에서 추구 활동은 생명의 속성 중 주체가 객체에 능동적이고 동적인 심리에너지를 방출하는 목적추구행위를 나타내는 개념이다. 예를 들면 상호의존성의 속성 중에서 의존성, 관계성, 가치 인정보다는 능동적이고 목적 추구적인 친애를 추구활동으로 선택하게 된 것이다. 또 목적은 추구 활동으로 얻게 되는 결과물인데, 여기서는 결과에 대한 느낌 중 일반화할 수 있도록 보편적인 상위의 개념을 채택하였다.

생명 특성	자아	속성	추구활동	목적
개체성	주체적 자아	독립, 자율, 존재	자율	자유감
상호 의존성	관계적 자아	의존, 관계, 친애, 가치인정	친애	가치감
자기 증식성	위상적 자아	발전, 성장, 자기 실현, 탐구심, 호기심, 변화, 희망	탐구	안정감

　다음은 정서와 관련되어 욕구가 발현한다는 점을 살펴보자. 자극-인식-반응의 경향성은 주체인 사람이 자극을 감지하고, 인식하며, 선택하는 절차와 관련된다. 인식 단계는 그 자극에 대한 주체의 반응 방향을 결정하는 정서가 관여한다. 정서라 함은 어떤 자극을 생각하거나 경험할 때 일어나는 호·불호(정적 혹은 부적)의 감정을 말하는 것으로 인간의 모든 감각-지각활동에는 이 감정이 동반되고, 이 감정의 호·불호에 따라 인식과 반응의 방향과 방법이 선택된다.

유아기의 성장 과정에서 얻는 초기 반응은 무엇일까? '좋다(만족), 싫다(불만족)'의 느낌일 것이다. 먹고 싶을 때 먹고, 자고 싶을 때 자게 해주면 좋을 것이고, 그렇지 않으면 나쁠 것이다. 즉, 마음대로 할 수 있으면 좋고, 할 수 없으면 싫은, '내 마음대로 할 수 있어서 좋고, 할 수 없어서 싫다'일 것이다. 그리고 상대방이 나를 인정하고, 사랑해 주니 좋고, 무시하고 미워하니 싫은 '좋아해 주니 좋고, 싫어하니 싫다'는 느낌일 것이다. 또 다른 하나는 '편안해서 좋고, 불편해서 싫다.'는 느낌일 것이다. 불안, 창피, 두려움은 심리적으로 긴장감을 느끼게 할 것이고 자유, 칭찬, 안도감은 즐겁고 상쾌할 것이다. 여기서 중요한 것은 '좋다, 싫다'라는 느낌이 어떤 반응을 보일 것인지를 결정하는 감지기感知器가 된다는 점이다.

욕구가 자극의 인식에 관여한다는 것에 관해서 에델만의 일차의식과 고차의식에 관한 모델(아래 그림)을 참고하고자 한다. 에델만은 의식생성에 관한 모델에서 사물을 인식할 때 지각의 범주화와 개념의 범주화 일어난다고 한다(Bright Air, Brilliant Fire: On the Matter of the Mind, G. M. Edelman, Basic Books, 1992, p132). 시각, 청각, 후각, 체감각 등을 통해 사물의 형상과 소리 등을 알아차리는 지각의 범주화(Perceptual Categorization)는 뇌의 감각피질과 감각연합피질에서 외부의 신호를 받아들일 때, 감각연합피질에 저장되어 있는 과거의 경험기억을 지각의 틀로 하여 대상을 인식하는 것을 의미한다. 이는 1차 피질의 감각정보를 2차 연합피질에서 저장된 정보의 틀로 걸러서 사물을 구분하고 대상이 무엇인지를 알아차리는 것으로 기억에 의존하여 감각을 처리한다는 것이다.

지각된 사물의 속성을 인식하는 개념의 범주화는 지각의 범주화를 통한 사물의 인식정보를 뇌의 변연계(해마, 편도체, 중격핵 등)와 전전두엽 등에서 자율중추의 요구(내부항상계의 필요나 가치)와 감각연합영역에 저장되어 있는 장기기억을 참조하여 사물의 속성, 원·불원(願·不願), 호·불호, 편·불편(便·不便) 등

감정의 색깔(가치)에 따라 재범주화再範疇化 하는 것을 말한다. 단기기억에 관련된 해마 주변의 내측두엽, 감정을 처리하는 편도체, 욕망에 관련된 중격핵, 작업기억에 관련된 전전두엽 등이 상호작용하여 감각정보에 가치를 부여한다. 다시 말해 자극은 내부의 요구나 기억되어 있던 개념 혹은 가치체계에 따라 재 분류되고 조직화되어 해석되며, 그 결과로 입력된 자극에 대한 장면(심상 : 이미 경험한 것이 마음속에서 재생되어 시각적으로 나타나는 이미지)이 형성된다. 즉 사물을 정신적으로 인식한 상태인 현재의 심상을 갖게 된다. 에델만은 이를 일차 의식이라 하였다. 이 일차의식은 과거나 미래를 연결하는 감각을 갖지 못하고 비언어적이며 비의미론적인 현재의 장면이다.

에델만의 고차의식 모델

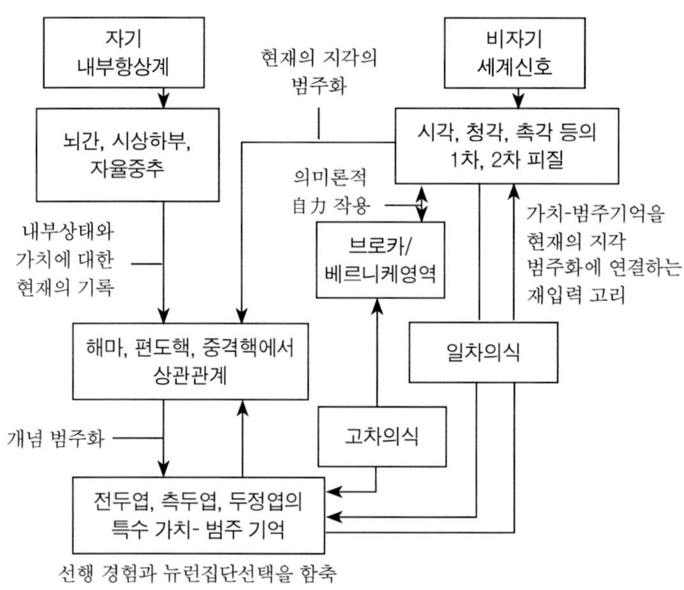

출처 : Bright Air, Brilliant Fire: On the Matter of the Mind, G. M. Edelman, Basic Books, 1992, p132

반면 고차 의식은 자신이 생각하고 있는 행동이나 감정의 대상에 대한 재인(과거 경험한 것을 현재 의식에 다시 떠올림)을 포함한다. 그리고 현재는 물론 과거나 미래의 개인적 모델을 구체화한다. 또 감각기관의 직접적인 개입이 없어도 정신적 사건들에 대해 직접적인, 즉 추론하지 않고도 즉각적인 자각을 나타낸다(Bright Air, Brilliant Fire: On the Matter of the Mind, G. M. Edelman, Basic Books, 1992, p112). 이는 현재의 경험을 기지 혹은 미지의 심상과 연결하여 자각하는 것을 말한다. 이 연결에는 의미를 상징화하는 언어가 개입하게 된다. 상징인 언어를 떠올리면 경험한 장면이 저절로 연결되는 것을 고차의식이라 한다. 예를 들면, 전원田園의 사진 한 장은 일차의식의 장면이고, 이 사진을 통하여 어릴 때 마당에서 놀던 기억과 현재의 변한 모습을 떠올리며 고향이란 언어로 연결하면 고차 의식이 된다.

자율중추의 요구는 생존의 유지와 발전에 관한 것이고, 장기기억에 저장된 정보는 장기간 학습하여 기억된 정보로서 이미 자신의 욕구와 습관 등 자신의 선호경향성이 반영되어 내재화된 것이다. 이런 몸의 요구와 선호경향성은 새로운 정보를 처리하는 과정에서 범주를 나누는 기준으로 작용하여 선택적으로 지각하게 한다. 선택적 지각의 기준이 되는 요구와 선호경향성은 자신이 '하고 싶다'는 욕구이고, 이미 학습한 것이므로 '할 수 있다'는 효능감에 해당되는 것이다. 쉽게 말해 '하고 싶고 할 수 있는 것'을 선택적으로 지각한다는 것이다. 이를 혹자는 '가치에 물든 기억'이라고 한다. 선과 악, 옳고 그름, 정의와 불의, 자유와 구속, 평등과 불평등 등 다양하게 존재하는 가치들은 범주화된 장기 기억으로 저장되어 선호의 경향성으로 작용하므로 욕구체계의 일부가 되는 것이다. 즉, 자신의 선호가치로 자리잡게 된다. 이런 점에서 의식의 작용은 선호가치인 욕구와 효능감에 따라 자극을 인식한다는 것이다.

호·불호의 범주는 유전적 요인, 내부 요구, 그리고 과거의 경험에 의하여 축적된 감정 경험이다. 이 감정 경험은 주체의 입장에서 판단되고 기억된 반응의 경향성인 신념체계로서 거의 무의식적으로 작용한다. 호·불호의 정서에 따라 좋은 것으로 인식하여 마음이 동動하는 것을 동기라고 한다. 반대로 싫은 것으로 인식하여 회피하거나 버티는 것이 방어이다. 마음을 움직이는 동기는 좋아하는 성향에 따라 대상을 인식함으로써 일어나는 것인 바, 대상을 인식하는 시각인 관점에 따라 다르다. 선호하는 관점은 이미 언급된 바와 같이 자극으로부터 자신과 자신이 추구하는 가치를 보호하고 스스로 자치를 유지하려는 시각, 자신과 자신이 추구하는 가치를 타인으로부터 인정 받고 칭찬 받으려는 시각, 자신의 안정감을 추구하기 위해 좀 더 알고 싶어하는 호기심의 시각으로 구분할 수 있다. 이를 자기 중심적 자아, 관계적 자아, 위상적 자아라고 한 바 있다. 바꾸어 말하면 마음이 편하지 못하여 오는 불안, 자신의 가치를 무시당하는 데서 오는 수치심, 상황에 어떻게 대처해야 할지를 모르는 의문에서 오는 두려움, 존재를 위협당하는 억압과 통제 등에서 벗어나려는 시각에서 세상을 인식하게 된다는 것이다. 이 관점은 안정, 인정/칭찬, 호기심, 자율 동기에 해당한다. 동기는 욕구가 자극을 받아 방향에너지를 가지는 것으로 동기를 알기 위해서는 먼저 욕구에 대하여 살펴보아야 할 것이다.

3) 욕구 이론

주요 개념

　욕구는 행동의 방향을 정하는 심리 에너지인데, '하고 싶다'는 것은 존재로서 안전하고, 구속되지 않고, 사랑 받고, 성장 발전하여 풍요롭고 행복한 삶을 누리기를 바라는 것이다.

　행복한 삶(자유로운 삶, 사랑 받는 삶, 발전하는 삶)을 추구하는 욕구를 자치욕, 친애욕, 탐구욕이라 한다.

　욕구의 사전적 의미는 '무엇을 얻거나 무슨 일을 하고자 바라는 마음'이다. Murray는 '욕구란 뇌 속에 있는 힘을 나타내는 구성개념으로 현존하는 불만스런 상황을 바꾸기 위하여 지각, 통각, 지적 작용, 의욕, 행위 등을 어떤 특정한 방향으로 체계화 하는 힘이다. 욕구는 모두 특정한 감정이나 정서를 수반하며, 행동경향성을 일어나게 하는 특수한 양식을 취하게 된다'라고 한다(Murray, 1938, p.123~124). 다시 말해 욕구란 '인지와 행동을 특정의 방향으로 향하게 하는 심리에너지'를 의미하는 것이다. 여기서 특정방향은 선호하는 방향과 회피하는 방향을 의미한다. 왜냐하면 싫어하는 방향은 좋아하지도 않고, 행하기도 싫어하기 때문이다.

　이와 같이 욕구는 자극을 인식하고 반응을 나타낼 때 선호하는 방향에 의식을 집중하게 하는 기능을 하므로 성격을 연구하기 위해서는 반드시 살펴보아야 할 분야이다.

　첫째, 욕구이론 중 많이 인용되는 것이 A.H. Maslow의 욕구 5단계이론이다. 아브라함 매슬로(Abraham H. Maslow, 1908~1970)는 욕구는 유전되는 것이라고 하고, 강도와 중요성에 따라 5단계로 분류하였다(Masllow, 1970). 그는 욕구를 하위단계에서 상위단계로 계층적으로 배열하고, 하위단계의 욕구가 충족되어야 그 다음 단계의 욕구가 발생한다고 하였다. 욕구는 행동을 일으키는 동기요인이며, 인간의 욕구는 병렬적으로 열거되어 있는 것이 아니라 낮은 단계에서부터 그 충족도에 따라 높은 단계로 성장해 간다고 하였다. 이것이 욕구5단계설 이다.

1단계 욕구는 생리적 욕구로 먹고, 자고, 종족을 보존하는 등 최하위 단계의 욕구이다.

2단계 욕구는 안전에 대한 욕구로 추위, 질병, 위험 등으로부터 자신을 보호하는 욕구이다. 장래를 위해 저축하는 것도 안전욕구의 표출이라 할 수 있다.

3단계 욕구는 애정과 소속에 대한 욕구로 가정을 이루거나 친구를 사귀는 등 어떤 단체에 소속되어 애정을 주고받는 욕구이다.

4단계 욕구는 자기존중의 욕구로 소속단체의 구성원으로 명예나 권력을 누리려는 욕구이다.

5단계 욕구는 자아실현의 욕구로 자신의 재능과 잠재력을 충분히 발휘해서 자기가 이룰 수 있는 모든 것을 성취하려는 최고수준의 욕구이다.

한 개인이 원하는 것은 위의 5단계 중 어느 한 단계에만 속한다고 할 수 없다. 개인은 육체의 편안함, 사랑, 명예 등을 추구하거나 잠재력을 개발하는 등 여러 단계의 욕구를 함께 추구하여 나름대로 원하는 것을 성취하려 한다. 따라서 욕구 체계는 개인이 처한 물리적. 정신적 상황에 따라 다양하게 추구하는 것이지 어느 하나가 만족되어야 다음의 욕구를 느끼는 것은 아니다. 물론 어느 시점에서 상대적으로 강도가 높고 중요한 욕구는 있을 것이다. 그렇다고 하여 계층이 있는 것은 아니라 생각된다. 그리고 만족의 정도도 계층적으로 우위나 순위가 있는 것은 아닐 것이다.

둘째, 알더퍼(Clayton P. Alderfer)의 ERG이론(Existence, Relatedness, Growth Theory)이 있다. 인간의 동인(motive)에 관한 체계적인 연구를 통하여 높은

수준의 욕구나 낮은 수준의 욕구 모두가 어느 시점에서는 동기부여(moti-vator)의 역할을 한다는 클레이턴 알더퍼의 이론이다. 에이브러햄 매슬로(Abraham H. Maslow)의 욕구5단계설을 수정한 것으로, 인간의 핵심적 욕구를 존재욕구(existence needs), 관계욕구(relatedness needs), 성장욕구(growth needs)로 분류하였다.

존재욕구는 생존을 위해 필요한 생리적 물리적 욕구이고, 관계욕구는 다른 사람과 관계를 유지하고자 하는 욕구이며, 성장욕구는 개인의 성장을 위한 내적 욕구를 말한다. 클레이턴 알더퍼는 한 단계의 욕구가 충족되면 그 상위의 욕구가 증가하는데, 욕구단계는 미리 정해진 것이 아니라 다른 욕구의 충족 정도에 따라 증감될 수 있다고 하였다. 또한 높은 단계의 욕구가 만족되지 않거나 좌절될 때 그보다 낮은 단계 욕구의 중요성이 커진다고 보고, 낮은 단계의 욕구가 충족되어야 다음 단계의 욕구가 발생하여 성장해 나간다는 에이브러햄 매슬로 이론의 가정을 배제하였다.

셋째, 머레이(Murray, Henry A.)는 여러 가지 분류기준과 목적에 따라 욕구를 다르게 분류할 수 있다고 보았는데, 그 중 하나를 소개하면 일차적 욕구와 이차적 욕구 분류이다. 1차적 욕구(一次的 欲求, basic needs)는 장기발생적 욕구(臟器發生的 欲求, viscerogenic needs)라고도 하는데, 사람이 태어나면서부터 지니고 있는 욕구로서 음식물, 휴식과 수면, 공포와 위험으로부터의 해방, 이성교제, 배설, 체온조절 등 개체의 생명유지, 종족보존을 위한 생리적 욕구이다. 2차적 욕구(2次的 慾求, secondary wants)는 심리발생적 욕구(心理發生的 欲求, psychogenic needs)라고도 하는데, 사람이 성장함에 따라 배우고 획득한 욕구를 말한다. 예를 들어 취득, 성취, 인지, 지배, 자율, 경의 등의 욕구이다. 2차적 욕구의 동기를 형성하는 영향력은 일차적 욕구인 생리 욕구에 비해 약하다.

이들 욕구이론의 연관성을 표로 만들어 보면 다음과 같다.

Maslow	Alderfer	Murray	에너지 구분	비고
생리적 욕구	생존(E)	1차적 욕구 장기발생적	신체 에너지(필요)	안전욕-생리적 욕구
물리적 안전				
대인관계 안전	관계(R)	2차적 욕구 심리발생적	심리에너지(원함)	자치욕-自存적 욕구
애정(소속감)				
대인관계의 자존심				친애욕-相存적 욕구
자기확신의 자존심	성장(G)			
자기 실현				탐구욕-발전적 욕구

4) 성격연구의 대상으로서의 욕구

● 주요 개념 ●

자치욕은 외부로부터의 침해에 대한 불안에서 벗어나고 싶고, 자기영역 안에서 자유롭게 자신의 뜻대로 하고 싶은 마음가짐으로 경계를 형성하고 자유를 추구한다. 개인의 차원에서는 자치욕이나, 집단의 차원에서는 지배욕으로 발달한다.

친애욕은 외부로부터의 비난에 대한 불안에서 벗어나고 싶고, 타인으로부터 칭찬과 인정을 받고 싶은 마음가짐으로 타인에게서 호의를 받을 수 있는 이미지 형성을 추구한다. 개인의 차원에서는 친애욕이나, 집단의 차원에서는 자비로 발달한다.

탐구욕은 공허함의 불안에서 벗어나고 싶고, 내면의 안내나 지혜를 찾을 수 있는 안식처에서 편안함을 추구한다. 개인의 차원에서는 탐구욕이나, 집단의 차원에서는 자아실현욕으로 발달한다.

생리적 욕구와 심리적 욕구 중 성격과 관련하여 관심을 갖는 것은 심리적 욕구이다. 왜냐하면 성격(性格, personality)이란 '개인의 특징적인 행동과 사고를 결정하는 개인 내부의 정신-신체적인 체계의 역동적 조직(Allport, 1961, p21)', 또는 '환경에 대한 개인의 적응을 특징 지우는 비교적 일관성 있고 독특한 행동양식과 사고 양식(심리학, 이수원 외, 정민사, 1991)'이라 정의한다. 여기서 '정신-신체적인 체계' 혹은 '행동과 사고 양식'라 함은 정신활동이 관여됨을 의미하고 이는 심리에너지가 작용함을 말하므로 욕구 중 1차적인 신체 에너지가 아닌 2차적 심리에너지가 발동하는 것을 말한다.

성격은 심리체계이므로 체계의 특성인 목적성과 구조성, 전체성, 기능성을 갖는다. 목적성을 갖는다고 함은 근본적으로 세포가 갖는 자기증식성과 자기보호적이고, 자기 향상적인 목표지향의 능동적 성향을 태생적으로 갖고 있다는 것이다. 그리고 구조성과 기능성을 갖는다고 함은 구조를 분류할 수 있다는 것을 의미한다.

성격을 분류하기 위해서는 먼저 욕구의 분류가 선결되어야 한다. 욕구의 분류는 여러 학자들이 시도하였고 그 결과도 다양하다. 성격의 분류를 위한 욕구체계의 파악은 간단하고 공통적이며, 일반적이어야 한다. 세분화 되면 일반성을 상실하게 되어 적용에 무리가 따른다. 앞에서 알아본 바와 같이 많이 알려진 욕구 동기 이론으로 Maslow의 욕구5단계이론과 Murray의 욕구 목록, Alderfer이 ERG이론이 있는데, 이중 Murray의 이론은 너무 세분화 되어 일반화하고 개념화하는 데 어려움이 있기 때문에 이를 재 분류하고자 한다. 재 분류의 방법은 Murray의 욕구 목록을 Maslow의 욕구 체계이론과 Alderfer이 ERG이론의 심리적 욕구에 해당되는 내용과 비교 하는 것이 바람직할 것이다. 재 분류는 욕구가 파생되기 이전의 기초적 심리상태에서 결핍을 중심으로 상기 표의 비고란에 기재된 바와 같이 자존욕自存欲-자치욕, 상존욕相存欲-친애욕, 성장욕-탐구욕으로 구분하였다. 여기서 탐구욕은 Maslow도 탐구욕과 탐미욕을 언급한 바 있고, Porter , L. W 가 Maslow의 이론을 실증하기 위한 조사에서 '알려고 하는 욕구'가 자주 나타남을 보고한 바 있으며 (조직행동의 동기이론, 한덕웅, 1989, p. 220), 실제 성장의 욕구와 자아실현욕의 기본적인 동인은 상황을 알려고 하는 호기심에서 출발하기 때문에 포괄적인 탐구욕을 자치욕, 친애욕과 함께 기본적이고 원천적 욕구로 구분하였다.

다음 표는 Murray의 욕구 목록(안범희, 2001, p.154)을 자치욕, 친애욕, 탐구욕의 원천적인 욕구로 재 분류한 것이다. Murray의 욕구목록을 요인분석 방법으로 주요 요인을 분류한 다음, 명명하여 보는 것이 바람직하나, 논리적으로도 분류 가능하므로 아래와 같이 재 분류하여 원천적 욕구라 명명하여 보았다. 여기서 원천적 욕구라 함은 여러 욕구로 세분화 되기 이전에 심리에너지를 움직이게 하는 기초적이고 원천적인 충동을 말한다. 세분화 이전의 심리에너지의 원천이라 함은 사람의 특성을 이루는 점에서 착안한 것으로 사람은 존재로서의 개인적 특성이 있고, 사회인으로서의 특성이 있으며, 성장·발전하고자 하는 특성을 본성으로 가지고 있음을 의미하는 것이고, 이것이 인간의 심리 작동의 엔진이라는 뜻이다.

Murray의 욕구 목록

영역	욕구 이름	표현 행동	원천 욕구
야심	성취욕구	장애가 되는 것을 극복	탐구욕
	인정욕구	성취를 자랑	친애욕
	과시욕구	타인의 흥분·놀람·주목·충격·흥미 유도	친애욕
	획득욕구	물질의 획득	탐구욕
	보존욕구	소유물을 수리함	탐구욕
	질서욕구	물건 정리정돈·균형·단정·정확·조직적	탐구욕

	보유욕구	물건을 저장	탐구욕
	건설욕구	무엇인가 만들거나 세움	탐구욕
지위 방어	불가침욕구	심리적 거리를 유지함, 위험에서 도피	자치욕
	굴욕회피욕구	굴욕을 피하고, 곤경 종식	자치욕
	방어욕구	비난 방어, 실패 은폐/정당화, 자신 옹호	자치욕
	저항욕구	어떤 일에 응수함	자치욕
힘관련 반응	지배욕구	타인의 행동에 영향력 행사	자치욕
	복종욕구	외부의 힘에 굴복	친애욕
	동조·공경욕구	타인과 친해짐, 타인 칭찬, 관습 동조	친애욕
	자치욕구	강압과 제약에 저항, 타파	자치욕
	반박욕구	반대의 입장에 섬	자치욕
	공격욕구	공격하거나 투쟁하려함	자치욕
	굴종욕구	사과하거나 참회함	친애욕
	비난회피욕구	비난받지 않으려 발버둥을 침	자치욕
타인과 애정	친애욕구	타인과 교류·지지, 애정 획득 추구	친애욕
	거부욕구	타인 무시·냉대·배척	자치욕
	양육욕구	타인을 돌봄	친애욕
	구원욕구	타인의 부양·간호·보호·돌봄을 받고자 함	친애욕
	유희욕구	타인을 통해 즐거움 추구	친애욕
정보 교환	인지욕구	타인에게 질의 응답함, 이론에 관심	탐구욕
	제시욕구	타인에게 정보를 알려줌	탐구욕

인간을 본능적 동물, 감정적 동물, 사회적 동물, 생각하는 동물, 이성적 동물이라고들 한다. 이러한 비유는 인간이 다른 생명체들과 구별될 수 있는 특성을 간단히 압축하여 묘사한 것이다. 인간의 특성은 생명을 보존하기 위한 본능적 행위가 잠재되어 있고, 심리적 안정감을 유지하며, 타인들과 교감을 통하여 공동생활을 영위하고, 성장 발전을 위하여 꾸준히 탐색하고 연

구하는 사고를 지녔다는 것이다. 이 간단한 문구에서도 우리는 인간의 가장 기본적이고 원천적인 욕구를 파악할 수 있다. 이것이 본능적인 안전욕, 개인적인 자치욕, 사회적인 친애욕, 성장과 발전 지향적인 탐구욕이다.

자치욕이란 하고 싶은 대로 행동하고 자유로운 느낌을 유지하려는 욕구를 말한다. 자치라 함은 육체적 또는 정신적으로 독립되어 스스로 활동할 수 있고, 자유로운 느낌으로 충만한 심리상태를 의미하는 자율의 동적인 면을 나타내는 말이다. 이것은 자유의 결핍을 해소하고자 독립을 추구하며, 독립된 공간을 확보했을 때 느끼는 자유로운 느낌을 말한다. 여기서 자율이란 단어와 자치란 단어가 구분 없이 사용되는데, 자율이란 스스로 통제하여 절제하는 내부 지향적인 것이고, 자치란 자기 일을 스스로 다스리는 외부지향적인 것으로서 실제 같은 의미이기 때문이다. 그러나 좀 더 엄격히 말하면 자율은 상태를 나타내는 쪽에 가깝고, 자치는 활동을 나타내는 동적인 쪽에 가깝다. 앞으로도 문장의 문맥에 따라 같은 의미로 사용될 것이다.

친애욕이란 누군가와 가까워 지고 싶고, 사랑을 받고 싶은 욕구로 인정의 욕구와 친밀의 욕구를 포함한다. 친밀하다는 것은 어떤 사람과 그냥 가까이 있는 것보다는 심적으로 온화하고 긴밀하게 느끼며, 서로 소통하고 긍정적인 감정을 나누는 관계를 의미한다. 인정의 욕구는 긍정적인 감정이 바탕이 되어 칭찬과 인정 받기를 원하는 욕구이다. 이들은 인정의 결핍을 해소하고자 노력하며, 타인의 애정으로 충만할 때 자신의 가치감을 느낀다. 애정을 주고 받는 것은 서로의 존재가 필요하다는 것과 서로 정을 나누는 것이 기분이 좋다는 것을 의미하는 것이다. '가치가 있다' 함은 '필요하다' 혹은 '의미가 있다'는 말과 상통한다. 인간은 개인으로서 존재하고 있어도 그 개인이 혼자 존재하고 있는 것이 아니라, 끊임없는 타인과의 관계하면서 존재한다. 즉, 개인은 사회 없이는 존재하기 어렵다는 것이다. 인간은 가족관계, 직장관계, 이웃 관계 등에서 사회의 형성자이며 소속원이다. 개인은 주위의 동료들과 정을 나누며, 개인 발전을 통해 사회 발전에 기여하는 사회 발전의 원동력이다. 또한 사회 발전을 공유하는 수혜자로서 소속감을 느끼고, 역량을 상대적 가치로 평가 받고 이를 통해 자존감과 만족감을 느낀다.

탐구욕이란 탐구라는 어휘의 의미에서 알 수 있듯이 무엇을 '찾는' 욕구이다. 찾는다는 것은 대상이 필요하다. 찾는 대상은 비교를 통하여 부족한 것을 찾고, 의문을 통하여 의심스러운 것을 찾는 데서 출발한다. 신체적 조건, 사물의 조작 능력 등 여러 면에서 비교의 대상보다 열등하지 않고 우월하고 싶은 마음에서 상황에 대처하는 방안을 찾거나 미래에 대비한 아이디어를 찾는 등 가치와 개념, 의미를 찾는 것이다. 새롭고 신기한 것을 좋아하거나 모르는 것을 알고 싶어하는 마음인 호기심이 방향성을 가진 에너지를 만난 상태를 탐구라고 한다. 진리, 학문, 권위, 모험 등 궁금하거나 의문스러운 것을 깊이 파고들어 의미를 알고자 하는 마음가짐을 탐구욕이라 한다. 탐구욕은 정보의 결핍을 극복하고자 노력하게 한다. 정보나 아이디어가 충만하게 되면 이를 기초로 의존할 수 있고 신뢰할 수 있는 지혜를 구축하고, 구축된 지혜로 안도감과 편안함을 느끼게 한다. 뿐만 아니라 이 정보나 아이디어에서 내면의 안내자인 지혜를 찾고 지지감支持感과 신뢰감信賴感을 느끼게 된다. 상황을 파악하고자 하거나 새로운 것을 알고자 목표를 설정하고 이를 이룩하려는 노력이 없었다면 인류 문명의 발전은 없었을 것이고 동물과 다름없는 존재로 전락하였을 것이다. 사고의 능력과 학습한 결과를 축적하고 재생하는 기억력 때문에 사람은 유아에서 성인으로 지적인 성장을 하게 되고, 이를 통해 인류가 이룩한 문화 생활을 향유할 수 있게 된 것이다. 욕구의 생성에 관련된 불안, 안정, 결핍, 심적 창조물, 느낌의 관계를 표로 요약하면 다음과 같다.

불안/두려움	안정	결핍	욕구	창조물	느낌
침해 받을까 불안 (무력감-怒)	뜻대로 할 수 있어 좋다(正,平)	자유	자치욕	경계	존재감
비난 받아 수치 (무가치-羞)	인정을 받아서 좋다(喜,樂)	사랑	친애욕	이미지	가치감
혼란으로 두렵다 (무지/혼란-懼)	안식처가 있어서 좋다(便,幸)	희망	탐구욕	희망 (안식처)	편안함

욕구의 계층에 대하여 Maslow는 낮은 단계에서부터 그 충족도에 따라 높은 단계로 성장해 간다고 하였으나, 알더퍼는 이를 부인하였다. 욕구의 단계별 성장 여부는 개인의 처한 상황이나 성숙도에 따라 욕구의 차원이 다르기 때문에 단정적으로 판단하기 어려운 것이 사실이다. 개인의 사회 관계 정도에 따라서, 가족 중심적인 생활을 영위하는 사람의 경우는 같은 욕구를 가지고 있더라도 집단 중심적인 생활을 하는 사람과 그 차원이 다를 것이다. 예를 들면 자치욕의 경우 개인의 차원에서는 단순한 개인의 자유로움을 원할 것이나, 집단에서의 자치는 자율이나 지도자로서의 지배 역량을 원할 것이다. 친애욕의 경우도 개인의 경우는 인정을 받고 싶은 정도이나, 집단에서는 사랑을 주는 자비의 차원이 될 것이다. 또 탐구욕의 경우는 개인의 수준에서는 알고 싶어하는 정도이나, 집단에서는 성장 발전하고 자기를 실현하는 수준으로 그 단계를 달리할 것이다. 이러한 점에서 욕구는 그 단계가 있지만 그것은 생활의 양식과 에너지를 집중하는 대상에 따라 다를 뿐이지 결코 어느 단계를 만족해야 다음 단계로 발전하는 것은 아닐 것이다.

위에서 살펴본 욕구체계를 개인과 사회적 혹은 집단 차원으로 구분하여 표로 만들어 보면 다음과 같다.

차원		욕구		
심리적 차원 욕구	결핍	자유	사랑	지혜
	개인 차원	자치욕	친애욕	탐구욕
	사회적 차원	지배욕	자비,평등,정의	자아실현욕
생리적 차원 욕구	결핍	생존		
	개인 차원	생리적 욕구		
	사회적 차원	안전 욕구		

5) 인식의 경향성과 자아 정체성

사람은 모두 자치욕, 친애욕, 탐구욕을 가지고 있으나 각기 선호하는 욕구가 다르다. 어떤 사람은 자치욕을 선호하고 어떤 사람은 탐구욕을, 또 다른 사람은 친애욕을 선호한다. 각기 불안과 하고 싶은 것이 다르기 때문이다. 그리고 선호하는 욕구에 따라서 자극을 인식하는 방법과 정도가 다르게 작용한다.

이들 욕구로부터 성취한 자율감, 가치감, 편안함은 자아의식의 일부로 자기다움인 자아정체성의 중요한 부분이다.

유아기의 심리상태를 '욕구-동기'의 측면에서 살펴보자. 유아는 먹을 것과 장난감을 빼앗으면 울고 떼를 쓴다. 또 형이나 언니가 엄마를 차지하여도 같은 반응을 보인다. 이는 자기 영역을 침해 받기 싫다는 의미이다. 걸음마와 말을 시작하거나 배변훈련을 할 때 칭찬해 주면 좋아하고 꾸중을 하면 울고 짜증을 부린다. 이는 칭찬받고 싶어하는 것을 나타내는 것이다. 그리고 엄마와 아빠 부르기, 음식 먹기, 장난감 조작, 소꿉장난, 흉내 등은 스스로 발전을 위한 비교와 모방을 시도하는 것이다. 이와 같이 유아의 성장 과정은 자치욕, 친애욕, 탐구욕의 시현 과정이다. 성장 과정에서 자치욕은 '마음대로 할 수 있어서 좋다'는 감정상태에 근거를 두고 자신의 독립성과 존재의 안전과 안정을 추구하는 행동지향적인 태도이다. 친애욕은 '타인의 인정을 받아서 좋다'는 타자의 평가에 근거를 두고 가치를 추구하는 감정적 태도이다. 탐구욕은 주변과 비교에서 출발하여 '나도 어른처럼 발전되어 간다'는 희망을 발견하고, 변화하는 자기 모습에서 안정감을 찾는 지적인 태도이다. 이 자극에 대한 인식 경향성은 성장 과정에서 무의식적으로 획득하고 강화된다. 자치욕, 친애욕, 탐구욕은 모든 사람이 다 가지고 있으나, 사람에 따라서 선호하는 경향이 다를 뿐이다. 즉, 성장 과정에서 자신의 독립성과 자치권을 인정 받고 편안하게 성장한 사람들은 자극에 대하여 안정과 자유로움을 침해 받지 않을까 불안해 하고, 불안의 정도에 따라 '좋다, 나쁘다'의 경험을 축적한다. 주위 사람들로부터 따뜻한 애정을 받으면서 성장한 사람은 무시 당할까 불안하여 인정 받을 수 있는 이미지 형성을 추구한다. 그리고 호기심을 추구한 결과에 따라 '좋다, 나쁘다'의 경험을 누적해 온 사람은 의존할 희망이 없는 상황, 즉 비교대상보다 열등한 상황에 대한 두려움 때문에 새로운 아이디어나 정보를 찾게 될 것이다.

정서상 호·불호는 상황에 대처하여 자유로움, 타인의 인정과 존중, 호기심의 산물인 변화와 발달을 추구하는 욕구 중 하나를 선택하여 이것을 에너지로 삼아 자극을 인식하게 된다. 하나를 선택한다고 하였으나 이는 중점적으로 사용하는 기능이라는 것이지 결코 하나에만 의존하는 것은 아니다. 마치 오른손잡이가 오른쪽 손을 많이 사용하는 것과 같이 뇌의 한쪽 부위를 많이 사용한다는 의미이다. 이 욕구의 선택은 자극을 어떻게 수용하고 어떻게 반응할 것인지에 대한 근거가 되고 심리에너지의 엔진이 되어 대처방안 마련의 기초가 된다. 이 세 가지 구분 즉, 존재의 자유로움, 타자의 인정과 칭찬에서 얻는 가치감, 호기심 추구로 얻은 편안함 혹은 안도감 등은 자아정체감의 요소이고, 이는 자신의 존재를 인식하는 자아개념의 기초이다. 정보나 아이디어로 무장하여 미래에 대한 희망이 있어서 편안함을 느끼는 사람, 주위의 타인들로부터 필요와 인정과 칭찬을 받아서 자신의 가치감을 느끼는 사람, 그리고 자기의 영역 안에서 자유로움을 느끼는 사람은 어떤 어려움에서도 자신의 이러한 느낌을 잃고 싶지 않을 것이다.

6) 추구방법과 반응

'마음대로 할 수 있어서 좋다.'라는 자유를 선호하는 사람은 자유 침해의 불안을 해소하고, 마음대로 하기 위해 어떤 사람은 대상을 지배하려 하고, 어떤 사람은 부족한 점을 보완하려 하며, 또 어떤 사람은 중재나 조정을 시도하려 한다.

'인정을 받아서 좋다.'를 선호하는 사람은 비난의 불안을 해소하고 자신의 가치를 인정 받기 위해, 어쩐 사람은 상대방을 돌보고 도움을 주기를 원하고, 어떤 사람은 자신의 특별한 이미지를 보여주려 하며, 또 어떤 사람은 자신의 경쟁력을 보여주려 한다.

'희망이 있어서 좋다.'를 선호하는 사람은 공허함의 두려움에서 벗어나고자 지혜와 질서, 즐거움을 추구한다.

'마음대로 할 수 있어서 좋다'라는 자유로움을 선호하는 사람은 자극에 임하여 자신과 외부환경과의 경계를 형성하여 자신과 외부를 구분하고, 자신의 독립성을 유지하기 위하여 버티고 서서 자신의 의지, 역량을 행사하려는 반응경향을 보인다. 특히 이들은 일을 매우 중요시 하는 경향이 있다. 이들에게 과업은 가장 쉬운 역량행사의 대상이며, 자신의 자율감을 유지하고 효능감을 느낄 수 있는 좋은 기회이기 때문이다. 이들 중 혹자는 자극에 임하여 자신의 존재를 침해 받을 수 있다는 불안을 해소하고 안정을 유지하기 위해서 자극의 대상을 지배하려 하고, 혹자는 부족한 점을 보완하여 완벽을 기하려 하며, 또 혹자는 현실적인 편의를 유지하려고 중재·조정하는 역량을 행사하려 한다.

인정과 존경을 받아야 자신이 가치 있다고 느끼는 사람은 상황과 자극에 임하여 타인에게서 인정 받고 칭찬받을 수 있는 이미지를 형성하여 외부에 내보임으로써 자신의 존재를 확인하려 한다. 이들을 인정해 주고 칭찬해 주는 객체는 사람이기 때문에 이들이 중요시 하는 것은 대인관계이다. 이들은 자극과 상황에 대하여 자신이 인정 받을 만한 가치인 도움이나 성공, 특별함 등의 이미지를 보임으로서 대응하려 한다.

'안식처가 있어서 좋다'를 선호하고 호기심의 산물인 안식처에서 편안함이나 안도감을 느끼는 사람은 자극과 상황에 임하여 의심하거나 두려워하며 한 걸음 물러나 상황을 비교·파악하고 정보를 수집하여 대응할 수 있는 방편인 희망을 만들고 이에 의지하려 한다. 이들에게 횡적 종적 비교는 자극을 수용하고 탐구의 방향을 찾는 데 중요한 도구가 된다. 이들이 비교의 결과를 기초로 하여 자극에 대한 정보를 수집하고 대응 방향을 수립하는 것은 이를 통하여 암흑과 같은 혼돈 속에서 나아갈 희망의 길을 찾고, 희망의 빛에서 안도감을 느끼기 위함이다. 이들은 자극과 상황에 대하여 비교에서 발생하는 두려움에서 벗어나 편안함을 느낄 수 있는 정신적 안식처로 정보나 질서, 계획 등을 창조하고 이에 의존하려 한다.

다. 의식의 기능: 지·정·의智·情·意

● 주요 개념

정신은 의식과 무의식으로 구분되고, 의식은 감각, 직관, 사고, 감정으로 구분할 수 있다. 이 중 감각과 직관 그리고 무의식은 유전과 습성에 따른 생리적인 인식이다. 생리적이라 함은 생명의 유지를 위한 생명의 의지(생명을 지탱하려는 힘)가 작용한 것인 것 바, 이를 의지적이라 한다. 따라서 의식의 기능은 의지, 사고, 감정이라 할 수 있고, 이를 전통적인 용어를 사용하면 지智, 정情, 의意에 해당된다.

인식은 자극을 분별하고 판단하여 알아차리는 동적 의미를 갖고, 자극을 받아들이고 저장하고 인출하는 절차를 갖는다. 즉, 인식의 기능은 자극을 알아차리는 통로 혹은 촉수 역할을 한다는 것이다. 의지를 자극 인식의 통로와 촉수로 사용하는 사람, 감정을 인식의 통로와 촉수로 사용하는 사람, 사고를 인식의 통로와 촉수로 사용하는 사람이 있다. 오른손잡이와 왼손잡이가 있는 것과 같다.

의식은 어떤 순간에 작용하고 있는 개인의 감각, 지각, 사고, 감정 및 기억 등에 대한 집합적인 용어로 사용되고 있다. 즉 감각과 직관의 수용기능, 사고의 판단기능, 감정의 평가기능, 기억의 학습·저장·인출 기능 등 여러 가지 정신기능에 대한 자각 상태를 의식이라 부른다. 이 의식의 기능이 위에서 말한 자극을 분별하고 판단하여 알아차리는 인식의 기능을 포함하는 것이다. 의식은 상태의 측면이라면 인식은 작용의 측면이라 할 수 있다.

융(Carl Gustav Jung)에 의하면 의식은 다분히 외부 세계에 관한 방향감각과 지각의 산물인데, 첫째는 자기신체와 자기존재에 대한 인식으로, 둘째는 일련의 기억으로 형성된다고 한다. 그는 정신을 내정신과 외정신으로 구분하고 내정신은 의식의 일부와 무의식을 연결하는 체계이며, 그 기능은 무의식이 된 내용을 재생시키는 능력인 기억이나 주관적 반응으로서 정서와 애정 반응 등이라 한다. 외정신은 외부에서 감각기관을 통해 나에게 전달되는 사실을 이해하고 처리하는 체계이며 감각·직관·사고·감정의 기능을 가진다고 한다. 여기서 내정신의 기능은 인간의 식역하識閾下의 부분을 연결해 주는 기능을 말하고, 외정신의 기능은 의식을 조정하여 환경에 맞게 관계를 맺게 하는 것이라 하였다. (자아케뮤니케이션, 최창섭, 범우사, 1994, p. 172~174).

융이 의식의 일부와 무의식을 연결하는 체계라고 말하는 내정신은 프로이트가 말하는 전의식과 무의식에 해당된다. 이는 자아 내부의 작용을 의미하는 것으로서 내정신의 기능에 속하는 기억과 정서 등은 거의 불수의적不隨意的으로 작용한다. 외정신이 의식을 조정하여 환경과의 관계를 맺게 하는 것이라 함은 외정신이 외부 자극을 수용, 평가, 판단하는 것을 의미한다. 감각은 수용, 사고는 판단, 감정은 평가, 직관은 수용·판단·평가하는 의식작용으로 해석할 수 있을 것이다.

사고는 객관적이고 지적이며, 인간에게 외부세계와 자신의 본질을 이해하게 하여 의미를 알게 한다. 감정은 평가 기능으로 주체의 입장에서 호·불호, 긍정·부정, 안정·불안의 가치를 부여하며, 인간에게 쾌 불쾌, 고통, 분노, 공포, 비애, 즐거움, 사랑 등의 주관적 경험을 준다. 감각은 현실적 기능으로 감각기관을 통하여 외부의 구체적 사실을 인식하게 한다. 직관은 인식하는 데 시간을 요하지 않고, 잠재적이거나 무의식적으로 상황의 흐름을 파악하게 한다.

위의 의식의 기능(감각, 직관, 사고, 감정) 중 감각과 직관은 대상을 인식함에 있어 의식의 작용을 수반하지만 의지로 조절하기 어렵다. 감각과 직관은 저절로 또는 스스로 즉각적으로 결정되고 선택되어 이미 무의식이나 전의식으로 되어버린 생리적인 본능수준의 인식 기능이다. 생리적이라 함은 생물학인 기능과 작용을 반영한 것으로 합리적 판단에 의한 것이 아니고 내가 좋아하는 방식으로, 내 뜻대로 인식한다는 점에서 본능적이라는 의미이다. 본능이라 함은 선천적으로 프로그램된 작동체계로서 생명을 지탱하는 힘인 생명의 의지라 할 수 있는 것이다. 감각과 직관은 감각기관을 통한 오감과 사물의 본질을 직감적으로 파악하는 육감肉感으로 인식한 내용은 바로 자신의 생명의지-잠재의식에 내재된 의지를 포함-와 일치하는 것으로 가장 의지적인 것이다. 따라서 에너지원인 힘이라는 측면에서 표현하면 의지라고 명명하는 것이 바람직할 것이다. 정리하면 의식의 기능은 사고, 감정, 의지이다. 이것은 동양에서 의식의 기능을 '지智. 정情. 의意'라 하는 보편적인 견해와 일치한다.

사고란 어느 대상이나 사태事態를 이해하고 파악하는 활동 또는 과정으로 지각과 판단 기능을 포함한다. 주체의 입장에서 자극을 이해하고 파악한다는 것은 주체와 대상, 환경의 관계를 파악하고 대처방향을 판단하는 것으로 비교, 대비, 예측, 판단, 계획 등을 포함한다. 대처방향이 마련되지 않으면 의문이 풀리지 않고 의문이 풀리지 않으면 불안이 계속된다. 대처방향을 찾는 것은 평온한 마음을 유지시켜 주는 안식처나 피난처를 구하는 것이다.

감정은 느낌으로 사물의 가치를 알려 준다. 즉, 사물을 평가를 통해 호·불호(好·不好), 쾌·불쾌(快·不快), 수용·거부 등의 느낌으로 세상을 이해하는 기능이다. 자극에 임하여 감정은 주위의 평가결과에 근거하여 좋고 나쁨의 느낌을 밖으로 표출하는데, 평가가 나쁘면 창피스러워 이를 피하려 한다. 또 주의를 끌어 좋은 평가를 얻을 수 있도록 외부에 보일 거짓 감각인 이미지를 만드는 노력을 하게 한다.

의지의 사전적 의미는 '의도에 입각한 자기결정을 하는 목적추구행동을 일으키는 작용'이라 정의한다. 의도란 방향을 의미하고, 행동을 일으키는 작용은 힘을 말하므로 의지란 방향을 가진 심리에너지인 생명력을 의미한다. 다시 말해 의지력이 높다 낮다라고 함은 생명력의 정도를 의미하는 말이다. 자율의 사전적 의미는 '스스로 다스림, 혹은 저절로 다스려짐'이라 하는데, 이는 자기 일을 스스로 통제하고 행한다는 것이므로 자신의 의도에 따라 생명을 유지하려고 행동하는 의지적 행동과 일맥상통하는 말이다. 앞에서 언급한 '마음대로 할 수 있어서 좋다'라는 개념에서 '마음대로'와 '좋다'를 강조하면 '의지'를 강조하는 의미가 되지만, '할 수 있다'를 강조하면 '반응과 행동'을 강조 하는 의미가 된다. 따라서 '마음대로 할 수 있어서 좋다'라는 자율추구행동은 의지적 행동을 의미하는 것이며, 이는 의지가 자극을 인지하고 대응할 에너지로 작동한다는 뜻이다. 이렇게 의지가 의식의 중심기능을 수행하는 경우를 의지중심이라 한다.

의식(잠재의식 포함)의 기능은 자극에 임하는 통로 혹은 촉수의 역할을 한다. 어떤 사람은 의지의 통로와 촉수를 사용하고 어떤 사람은 감정의 통로와 촉수를, 또 다른 사람은 사고의 통로와 촉수를 사용한다. 하지만 이들이 사용하는 통로는 어느 하나의 기능만 사용하는 것이 아니다. 의지, 사고, 감정의 기능을 같이 사용하지만 그 중 어느 하나의 기능을 중심기능으로 사용한다는 것이다. 축구 선수가 오른발을 주로 사용하지만 왼발도 사용할 수 있는 것과 같다. 이점에 관해서는 Murray도 욕구는 상대적 중요성의 정도에 따라 서열이 정해진다고 한 바 있다(욕구의 상호관계에는 우위성의 원리, 융합의 원리, 종속의 원리, 갈등의 원리가 있다; 성격심리학, 안범희, 도서출판하우, 2001, p.158). 의식은 좋고, 편한 것을 하고 싶어 하며 갖기를 원한다. 의식은 좋고 편하다는 정서에 기반을 두고, 하고 싶고 원하는 대상에 욕구가 발동하여 작용하기 때문에 의식의 집중인 반응도 자극의 인식과 같은 심리에너지를 사용한다. 이러한 점에서 의식의 통로, 즉 자극의 인식과 반응의 경향성을 의지중심, 감정중심, 사고중심으로 구분하고 이를 욕구의 체계인 자치욕, 친애욕, 탐구욕과 연계하였다.

라. 3중심의 기능적 측면

● 주요 개념 ●

욕구가 자극을 인식하는 통로와 촉수라고 함은, 청진기로 진단을 하듯이 욕구라는 촉수를 뻗어 자극을 감지하고 수용하는 것과 같다. 따라서 욕구는 자극을 인식하는 에너지의 원천이 되는 것이다. 이들을 의지중심, 감정중심, 사고중심이라 한다.

의지중심은 자신의 뜻이나 생각이 외부로부터 침해 받을까 불안하여 경계를 구축하고 자치권을 유지하려 한다. 이들은 독립적이고 본능적이며 습성에 따라 반응한다. 이들의 에너지 중심에는 '내 뜻'이 있다. 자신의 뜻이 통하면 독립적이거나 자유롭다고 이해하고, 뜻이 통하지 않으면 방해 받는다고 생각하며, 자신의 의지가 미치는 영역이 경계이다.

감정중심은 가치 없다는 비난의 불안에서 벗어나려 하고, 타인의 호의를 받고 싶어 하므로 붙임성이 좋다. 이들은 인정을 받을 수 있는 이미지를 형성하여 내보이고 인간관계를 중시한다. 이들의 에너지 중심에는 '느낌'이 있다. 타인에게 느낌을 보이고, 타인으로부터 느낌을 구한다. 보이는 느낌은 이미지이고, 구하는 느낌은 인정과 칭찬 등이다. 이 느낌을 통해 자신의 가치를 느낀다.

사고중심은 혼란과 무지無智의 불안에서 벗어나기 위해 지혜를 얻을 수 있는 내면의 안내(희망)를 찾는다. 이들은 물러나 상황을 재구성하여 관계나 의미, 정보를 발견하려 한다. 이들의 에너지 중심에는 탐구(의문, 비교, 기억, 해석, 추리, 연산, 판단 등)활동이 있다. 탐구는 의문과 비교에서 출발하여 예측과 판단을 통해 편안함이라는 창조물을 만든다.

위에서 성격 형성의 기초인 인식의 경향성은 정서-욕구-동기에 바탕을 두고 있음을 살펴보았다. 자극에 대한 인식은 의식적인 경우와 무의식인 경우로 나눌 수 있는데, 의식적일 경우는 위에서 살펴본 바와 같이 욕구인 선호하는 방식에 따라 인식한다. 무의식인 경우는 경험에서 내재화 한 방식에 의존하게 된다. 이 내재화된 방식은 유전적 소인이 경험을 통한 학습으로 적응하여 익숙해지고 습성화되어 반사적으로 작용하는 방식으로 욕구가 몸에 배어서 된 것이다. 즉 자극의 인식-반응은 의식적이든 무의식적이든 욕구에 근거를 둔 3중심에 원천을 두고 있다. 여기서 원천을 두고 있다고 함은 에너지의 근원을 두고 있다는 뜻이다. 엔진에 시동이 걸린다는 말이다. 어떤 엔진은 가솔린을 원료로 시동을 걸고, 다른 엔진은 천연가스를 원료로 하며, 또 다른 엔진은 디젤유를 원료로 하여 시동을 걸 것이다.

예로서 자치욕을 가진 사람이 어떤 자극에 처하면 먼저 자치에 대한 감각으로 자극을 수용하고 자치를 목표로 반응을 나타낸다는 것이다. 욕구가 강하면 자극 수용과 반응의 강도가 크고, 욕구가 약하면 수용과 반응의 강도가 약할 것이다. 이와 같이 자극에 대한 인식과 반응은 욕구에 근거를 둔 3중심을 에너지의 원천으로 하여 수용과 반응을 나타낸다. 하지만 반응의 경향성과 방법은 자신이 할 수 있는 능력이 있는지 없는지에 대한 자기인식과 자기평가에 의한다. 여기서는 먼저 에너지의 원천으로써의 의지, 감정, 사고중심의 기능적인 측면을 살펴보고, 반응의 경향성과 방법에 관해서는 다음 장에서 자기효능감과 자아개념을 주제로 하여 살펴볼 것이다.

1) 의지중심

'마음대로 할 수 있어서 좋다'라는 자율을 선호하는 사람의 심리에너지는 어떻게 기능하고 표출될까? 자율을 선호하는 사람의 자극 인식 경향성은 존재에 대한 불안을 타인의 무시에서 오는 수치심이나 불안정에 따른 두려움보다 더 현실적으로 느끼고 있어서, 이 존재의 불안에 대한 방어를 신념화함으로써 생긴 것이다. 이들은 개인의 능력, 힘, 자유, 독립 등에 대한 감정경험을 축적해 왔기 때문에 이들의 보호본능은 즉시적, 본능적, 자기 주장적, 적대적, 성적, 자발적이며 독립된 존재의 안전을 강조한다. 기본적으로 독립성을 강조하므로 자기 영역을 확실히 하고, 주위의 시선에 관계없이 벽처럼 버티고 서 있다. 또 간섭 받기를 싫어하고, 주위에 대한 배려가 적고, 자신의 감각을 중시하며, 자신의 내면을 수정 없이 그대로 표출하는 경향이다. 이들이 중시하는 것은 자신의 독립성과 존재감으로 이들의 호·불호의 판단은 자기존재 중심이다. 이들이 독립적인 것은 자신의 자유로움을 의식하기 때문으로 이들은 독립된 영역을 유지하기 위해 외부와 경계를 형성한다. 이들이 갖는 경계는 일차적으로 육체적인 긴장에 근거한 육체적 경계이다. 이 경계는 자기 존재의 독립을 의미하고, 이는 상호 의존적인 생태계의 본질에 비추어 보면 의존성 보다는 독립성에 존재의 의미를 둔다는 뜻이기도 하다.

이들은 자신의 뜻대로 하려 하고 타인을 통제하기 위해 선천적인 본능과 후천적인 습관을 동원하여 행동한다. 이들은 외부와 관계에서 자신의 생존, 보호, 의지를 중심적 기능으로 사용하고, 감각적이며 청각과 후각이 발달되어 있다. 이 중심의 명칭을 정함에 있어 선천적 본능을 중시하면 본능중심이라 하여야 할 것이고, 의지의 결과인 행동을 중시하면 행동중심이라 해야 할 것이며, 의도를 중시하면 의지중심이라 하여야 할 것이다. 대부분의 책에서 본능 중심이라 명명하였으나, 여기서는 존재의 유지를 위한 본능은 가장 원초적인 의지가 잠재된 것이라는 점과 행동 결과가 의지적이라는 점에 착안하여 의지중심이라 한다.

유아기 이후 자극에 대한 반응방식은 충동적인 본능에 의한 것도 있지만 의도와 습성에 의한 것이 대부분으로 이것은 의식적이든 무의식적이든 자신의 뜻에 의한 것으로 해석하여야 할 것인 바, 이점을 고려하여 의지중심이라 하였다. 의지意志란 한자를 풀어 보면 의意는 '뜻(무엇을 하겠다는 속마음) 혹은 생각'을 의미하고, 지志는 '뜻 혹은 희망'을 의미하는 것으로 '의지란 원하는 것을 실천하는 힘을 마음心속에 간직하고 기억하는 것'을 말한다. '간직하고 있는 실천하는 힘'이라 함은 자아상을 추구하는 실천력을 의미하는 것으로 행동 지향적임을 암시하고 있다. 자신의 뜻에 따라 행동하는 것은 타인의 간섭을 받지 않고 자신의 의지에 따라 자극에 반응하는 경향을 가진다는 것이므로 의지중심이란 용어를 사용한 것이다.

2) 감정중심

'타인이 나를 인정하고 좋아하기에 나는 좋다'라는 사람의 심리에너지는 어떻게 작용할까? 이들은 타인에게서 인정을 받을 수 있는 자기 이미지를 창조한다. 이들이 형성하는 자기 이미지는 '타인의 인정과 존경'을 얻기 위한 매개체로써 명성, 인정, 수용, 지위, 평판, 인식 등을 포함한다. 이들은 자신이 만든 이미지를 통하여 의미 있는 인사로부터 자신의 능력을 인정받아, 자신이 '가치 있는 존재'라고 인식하고 싶은 것이다. 타인의 반응에 정서와 욕구의 기초를 두고 있기 때문에 마음의 기능 중 정情에 해당되며, 사랑 친근감 등 감정적인 마음의 움직임인 느낌을 중시한다. 감정은 주로 타인과 관련하여 변화하는 것으로 타인과의 관계에 깊이 관련되어 있다. 이들은 타인들이 자신을 어떻게 생각하는지에 의해 지배되며, 종종 타인들을 위해서 무엇이 좋은 것인지를 자신은 잘 알고 있다고 생각하고, 좋은 반응을 얻기 위하여 매개물인 이미지를 창출한다. 이들은 인간 관계, 인간 존중, 권위와 존경 등에 근거하여 감정차원에서 기능하므로 감정중심이라 한다. 느낌이 외부와의 관계에서 중심적 기능을 수행하고 미각과 촉각이 발달되어 있다.

3) 사고중심

'희망이 있어 좋다.'라는 사람은 사고의 산물인 희망 혹은 기대감에 도피하여 자극의 두려움에서 벗어나려 한다. 이들의 두려움에서 도피 경향은 대처방안에 대한 정보나 아이디어가 없어서 움츠리거나 한 걸음 물러나 의존할 수 있는 곳을 모색하고 새로운 방안을 창조하기 위해서 이다. 이들은 부분과 전체의 맥락, 관계, 적합성 등을 분석하거나 재구성하여 이해하려고 노력한다. 이런 노력을 통하여 만들어진 대처방향이 이들에게 희망과 기대감을 가질 수 있게 할 때 이들은 비로소 안도감을 느낀다. 이들의 호·불호의 판단기준은 상황의 전개 방향에 있다. 쉽게 말해서 갈 길이 보이기 때문에 편안하다는 것이다. 마음의 기능 중 지智에 해당하며 사고思考를 통하여 자극을 해석하고 재구성하며 판단하는 경향이 있다. 이들의 태도는 객관적이고, 사태를 철저히 생각한 후에 행동하며, 방법론을 통해서 일에 임한다. 이들은 사고와 자신을 돌이켜 살펴보는 내성의 차원에서 기능한다. 사고할 때 현실에서 물러나기 때문에 현실이나 타인으로부터 떨어질 필요가 있다. 그리고 현실을 재구성하거나 의미를 재발견한다. 이들은 관찰, 대조, 분석, 비교를 통한 전반적인 상황 파악과 논리적이고 이성적인 태도로 타당성 추구하고 판단하는 등 사고 차원에 중점을 두고 행동하므로 사고중심이라 한다. 생각하는 것, 즉 사고가 외부와의 관계 파악의 중심적 기능이다, 이들은 판단하고 계획하기를 좋아하며 시각이 발달되어 있다.

마. 반응 경향과 자기효능감

1) 선호 반응

내가 좋아하는 반응 경향은 잘 할 수 있고, 평상시 습관이 된 방식인데, 이는 자기 능력에 대한 신념인 '자기 효능감'에 따라 정해진다.

자극-인식-반응의 관계에서 반응 경향은 인식한 자극에 대하여 '어떻게 대처할까?'를 선택하는 것으로 선행단계인 인식 단계에 뒤따라 이어지는 단계이다. 인식 단계는 앞에서 이미 언급한 바와 같이 '대상인 자극을 어떻게 감지할 것인지'에 대해 '내가 좋아하는 방식'대로 하고 싶다는 정서-욕구-동기에 관련된 것이다. 반응 단계는 '어떤 반응을 선택할 것인지'를 결정하는 단계로 이 단계에서도 '내가 좋아하는 방식, 내가 할 수 있는 방식'으로 반응을 선택한다.

좋아하는 방식대로 반응을 선택한다는 것은 자극에 대한 대처 방식 중 자신이 원하고 자신있게 잘 처리할 수 있는 방식대로 대응한다는 것이다. 이 방식은 이제까지 경험에 의해 체득하고 축적하여 온 방식이다. 자신이 잘 할 수 있다고 선택한 방식의 대부분은 과거의 대처 경험에서 학습한 것이고 무의식 속에 내재화되어 있는 방식이다.

반응행동을 야기하는 것은 자극의 조건이나 상황도 중요하지만, 이 조건이나 상황을 지각하고 평가하는 내적 요인이 더욱 중요하다. 이 내적 요인이 상황이나 조건들을 지각하고 평가하여 어떻게 대처할 수 있는지를 선택하고 대처방향을 결정하기 때문이다. 이 내적 요인은 자극에 얼마나 잘 대처할 수 있는지에 대한 자기 지각이고 자기 평가인 '자기효능감'을 말한다. 이 자기효능감은 학습에 영향을 많이 미치기 때문에 주로 학습이론 측면에서 연구되었다.

2) 학습이론

●━━━━━━━━━━━━━━━━━━━━━━━━━━━━ **주요 개념** ━●

인지학습이론에서 '학습은 문제를 해결할 수 있다는 확신과 그 결과로 보상을 받으리라는 기대의 인지에 의해 이루어진다'고 한다.

사람의 성장 과정은 적응의 과정이고 학습의 과정이다. 배움의 대상은 선한 것일 수도 있고, 악한 것일 수도 있으며, 적응에 도움이 되는 것도 있고 안 되는 것도 있을 수 있다. 일상 생활은 공부, 운동, 독서, 일, 놀이 등 다양하다. 또 혼자 있기도 하고 친구와 같이 할 수도 있고, 집단 활동을 할 수도 있다. 이 생활의 경험들이 반복되고 누적되면 그 내용이나 효율에 변화를 가져온다. 이것은 행동의 변화가 될 수도 있고, 내적인 마음의 변화일 수도 있다. 이렇게 변화를 만드는 과정을 학습이라 하고, 학습은 '직접 간접의 경험이나 훈련에 의한 비교적 영속적인 행동의 변화'라고 정의한다.(심리학-인간의 이해, 이수원 외, 정민사, 1991, p. 121.) 심리학에서는 학습이론을 자극-반응의 연합이라는 개념으로 분석하고, 이를 실험실적 방법으로 단순화 시킨 것이 고전적 조건형성이론과 조작적 조건형성이론이다.

조건형성이론은 학습과정을 객관적으로 정의하고 있지만, 학습의 내재적 과정에 대해서는 언급하고 있지 않다. 학습은 자극과 반응 사이의 관계에서만 일어나는 것이 아니고 개인이 직면하고 있는 환경에 대한 인지, 기대와 목표추구 등 개인의 특성에 관련된 가시적으로나 직접적으로 관찰할 수 없는 심리적 과정인 인지적 과정이 있다는 것이 인지학습이론의 주장이다. 이 이론에서 중요시 여기는 것은 자극에 대한 반응보다도 어떤 문제에 대하여 해결할 수 있는 능력과 그 문제를 해결할 수 있으리라고 확신이 되는 인지적 단서, 그리고 목표를 추구하여 그 결과로 어떤 보상을 얻게 되리라는 기대 등이다. 다시 말해, 자극과 반응을 연결해 주는 인지과정이 중요하다는 것이다. 이 인지학습이론에는 문제의 상황에서 시행착오 없이 요소들의 전체성을 파악하고 의미 있는 인지구조를 형성하는 통찰에 의해 학습하는 통찰학습, 보수報酬나 반응이 없는데도 잠재적으로 학습이 이루어지는 잠재학습, 모방학습, 관찰학습, 대리학습 등의 방법이 있다.

3) 사회학습이론

● 주요 개념 ●

    사회학습이론은 사람의 행동은 타인이 행동이나 상황을 관찰하고 모방함으로써 배운다는 것인데, 이 학습은 학습자가 자신이 잘 할 수 있다고 인식하는 자기 효능감에 의해 영향을 받는다. 즉, 잘 할 수 있다고 생각하는 사람은 학습이 효율적이라는 뜻이다.

    사회학습이론은 사람의 행동은 다른 사람의 행동이나 어떤 주어진 상황을 관찰하고 모방함으로써 이루어진다는 이론이다. 인간의 행동은 보상이나 처벌의 조작결과로 결정된다는 종래의 행동주의 이론과는 다르다. 사회학습에 대한 연구는 1940년 전후에 예일대학의 존 달라드(John Dollard)와 닐 밀러(Neal Miller)를 중심으로 이루어졌다. 이들은 학습이론은 반응과 단서자극의 연합을 연구하는 것이고, 학습 후 단서가 나타나면 반응이 유발하는 방식으로 반응과 단서가 결합하며, 이런 학습과정의 요소는 추동, 단서, 반응 및 보상이라 하였다(성격의 이론, 1992, p.620).

    1950년대 후반에 앨버트 반두라(Albert Bandura, 1925~)와 그의 동료들은 모방은 인센티브나 강화 없이도 일어남으로 관찰학습이 인간행동변화에서 기본적인 과정이며, 아동은 강화의 조건과는 상관없이 '학습'한다고 믿었다. 다만 그들이 학습한 바에 따라 행동하는지 여부는 강화의 영향을 받는다는 것이다. 그는 특히 '자기효능(self-efficacy)'에 대한 믿음-자신이 원하는 바를 얻기 위해 효과적으로 상황을 통제하고 행동할 수 있다는 기대와 이에 대한 믿음-에 주목했다. 이들은 달라드나 밀러와는 달리 보상과 처벌보다 인지적 요인을 중요시하였다. 보상이나 처벌 없이 행해지는 관찰에 의한 학습이 인간의 사회화에 중심적인 과정이란 것이다. 사회학습이론이 강조하는 것은 인간은 타인을 관찰함으로써 학습하는 능력을 지니고 있다는 점과 개인의 변화는 개인과 환경의 상호작용의 결과라는 점이다. 인간은 혼자서 기능하는 것이 아니라 타인의 행위결과를 보고, 그가 보상을 받는지 처벌을 받는지를 관찰함으로써 학습하는데 이를 관찰학습이라 한다. 관찰학습은 주의집중과정, 기억과정, 운동재생과정, 동기화 과정에 의하여 진행된다. 인간은 듣고 싶은 것만 듣고, 보고 싶은 것만 보려고 하는 속성이 있는데, 이런 관찰자의 속성이 인지과정에 관련되고, 기억과정과 운동재생과정 및 동기화 과정에도 영향을 미친다. 관찰학습은 습득과정뿐만 아니라 수행과정도 수행자의 인적 변인에 의해 많은 영향을 받는다. 상황을 지각하고 평가하는 인적 변인이 행동에 큰 영향을 미친다는 의미이다. 특히 자기자신을 유능한 존재로 지각하는 것은 자신감으로 무장한 것과 같아서 불안과 방어적 증상들에 효과적으로 대응할 수 있다. 자신이 무능하다고 느끼거나 불안정할 때보다 자신의 능력에 확신을 가질 때, 행동은 더 쉽고 분명하며 좋은 결과를 예상할 수 있기 때문이다. 이와 같이 효능에 대한 자기 인식은 정서, 사고, 동기, 행동에 영향을 미친다.

이 이론에서 행동을 강화하는 요인으로 자기 능력에 대한 믿음인 '자기효능감'을 강조하고 있다는 점을 주목해야 할 것이다. 성격이 성장 과정에서 상호작용을 통하여 경험한 적응의 산물을 축적한 결과라면, 성격은 학습의 산물이기도 한 것이다. 성장 과정이 학습의 과정이고, 학습과정이 적응의 과정이라는 점에서 학습이 성격의 형성에 영향을 미친다는 것은 분명하다. 요약하면 사회학습이 성격형성에 중요한 역할을 하고, 사회학습이론에서 제시하는 자기효능감은 중요한 인적 변인에 속하므로 성격형성에도 중요한 요인이 된다는 것이다.

자극에 대한 개인의 반응이 각기 다른 것은 자극을 인지하는 방법이 다른 면도 있지만 이 자기효능감이 다르기 때문이기도 하다. 어떤 사람은 자기 효능감이 높고, 어떤 사람은 낮으며, 어떤 사람은 효능감 인식에 일관성을 갖지 못하거나 제대로 인식하지 못하고 현실적이고 자기 편의적인 반응을 나타내는 경우도 있다.

자기 능력에 대한 판단과 신념인 자기효능감이 낮을 경우, 자극에 대한 반응은 자신이 선호하는 욕구를 직접적이고 즉각적으로 추구하여 결과에 대한 만족을 얻는데 자신감이 부족하다. 이 경우 혹시 잘못될지 모른다는 불안감을 해소하기 위해서 대안을 준비하고자 계속 노력할 것이다. 그리고 자기효능감이 높을 경우는 반응하여야 할 행동에 대하여 자신감이 있어서 자극에 대하여 빠르게 대처를 할 것이다. 반면 자기효능감에 일관성이 없거나 이를 인식하지 못하는 사람은 현실의 상황에 의존하여 행동을 편의적으로 결정할 것이다. 효능감 수준에 따른 행동의 강도는 물론 에너지의 원천인 욕구의 강도에 따를 것이다.

4) 자기효능감

● 주요 개념 ●

'잘 할 수 있다'는 신념인 자기효능감은 사람마다 그 수준이 다르다. 어떤 사람은 '잘 할 수 있다'고 생각하는 반면, 어떤 사람은 '글쎄, 잘 할 수 있을까', 또 어떤 사람은 '상황에 따라 다르겠지'라고 생각할 것이다.

자기효능감이 높다고 생각하거나, 낮다고 생각한다고 하여 실제 효능이 높거나 낮은 것은 아니고, 단지 본인이 자신을 그렇게 생각한다는 것이다.

성격의 유형 구분은 '하고 싶다'는 선호의 경향성과 '할 수 있다'는 처리

능력에 대한 자신의 믿음을 기준으로 한다는 것은 이미 언급하였다. 선호의 경향성인 욕구체계는 앞에서 설명하였고, 처리능력에 대한 믿음은 자기효능감으로 아래에서 설명한다.

Bandure는 자기효능감(Self-efficacy)을 '목표를 산출하기 위해 필요한 행동 과정을 조직화하고 실행할 수 있는 자기능력에 대한 신념(1997, p. 28)'이라고 정의하였는데, 이것은 행위의 인지적 중재자로서 효능에 대한 자기지각(perceived efficacy)의 중요성을 강조한 것이다. 개인이 행할 행동을 생각하고 그에 관여하는 동안, 사람은 그들의 능력인 자기효능에 관해 판단하는데, 이 효능감에 대한 판단은 사고, 정서, 행동에 영향을 준다(안범희, 2001, p.279). 자신이 무능하다고 생각할 때보다 능력에 대한 확신을 가질 때, 그들의 생각, 행동, 정서가 다르다는 것이다. 즉, 자기효능감은 자극에 대해 어떤 반응을 선택할 것인가에 관여한다는 것이다.

여기서 언급되는 자기효능감은 총체적으로 느끼는 자신의 능력에 대한 인식이 아니라, 자기가 선호하는 분야에 대한 능력의 인식 정도를 의미하는 개념이다. 자율을 선호하는 사람은 자율을 추구하는데 효능감을 갖지만, 타인과 친하는 능력과 탐구하는 능력의 인식에는 그렇지 못할 수 있다. 타인과 친교를 유지하는 데는 자신이 있지만, 외부의 침해 방어와 아이디어 창출에 자신감이 부족하거나 익숙하지 못한 사람도 있을 것이다. 이런 점에서 자기효능감은 자치욕, 친애욕, 탐구욕의 분야 중 어느 분야를 얼마나 잘 행할 수 있는지를 인식하는 자의식自意識을 말하는 것이다. 그림은 잘 그리지만 대인관계에 미흡한 경우는 그림에 대한 효능감이 높으나 친애에 대한 효능감이 낮다는 것이고, 리더십은 뛰어나지만 예술적 감각이 없는 경우는 통제에 대한 효능감은 높으나 예술적인 면에는 효능감이 낮은 것이다. 이런 점에서 자기 효능감은 자율을 선호하는 사람의 효능감과 친애를 선호하는 사람의 효능감, 탐구를 좋아하는 사람의 효능감은 구분되어야 한다.

또한 자기효능감을 논함에 있어 강조되어야 할 점은 효능감 수준은 자신의 느낌이지 결코 객관적으로 능력이 있다거나 없는 것을 의미하는 것은 아니다는 것이다. 효능감은 단지 자기에 대한 자신의 느낌에 근거한다. 효능감을 인식하지 못한다 하여 실제 능력이 높지 않다는 것도 아니고, 부족하다고 느낀다고 하여 실제 효능이 부족한 것도 아니다. 실제 객관적인 능력의 평가와는 별개이지만 상관은 높다고 보는 것이 바람직할 것이다. 그리고 일반적으로 자신감이 있어 보인다고 하여 그 사람이 탐구에 효능감을 느끼는 사람인지, 타인과 친애관계를 유지하는 데에 효능감을 가지는 사람인지는 알 수 없는 것이고, 겉으로 보기에는 자신감이 없어 보이지만, 실제로 혼자서 곰곰이 생각하여 발명을 한다든지, 저술활동과 봉사활동을 하는 데는 남다른 능력을 발휘하고 실제 자신감을 느낄 수도 있다는 것이다. 효능감이 낮은 사람은 자신감이 없어 보일까? 그렇지 않다. 효능감이 낮은 사람일지라도 부족한 부분을 보완하여 준비를 철저히 하였거나, 외부의 지지와 희망을 갖고 있는 사람은 자신감을 보일 수도 있는 것이므로 외부에 비치는 겉모습을 보고 효능감의 수준을 판단하기는 어려운 것이다. 자기 분야에서 아주 좋고 높은 성과를 보이는 사람일지라도 가정적으로 문제가 있거나 경제적으로 어려움을 겪고 있다면, 그것에 대한 불안감을 갖고 있기 때문에 외부에 보이는 모습은 성과와는 다르게 비칠 수 있다는 것은 자명한 것이다. 이와 같이 효능감은 외부에 비치는 것과는 별개이며, 자신에 대한 자기 평가에 근거한 자기지각인 것이다.

자기효능감이 높은 사람들은 자신의 능력을 믿고 일이 닥쳤을 때, 보다 적극적으로 생각하며, 자신감과 일관성을 가지고 있기 때문에 일을 하더라도 꾸준하게 잘 처리한다. 이러한 적극적 사고와 행동은 그 분야에서 좋은 성과를 만들게 될 것이다. 실제로 효능감이 높은 사람들은 스트레스를 덜 받고 신경적인 증상이나 약물 사용에 의한 중독도 적다고 한다.

반면에 효능감이 낮은 사람들, 즉 자신을 소극적으로 보는 사람들은 타인에 대해서도 소극적인 태도를 취하는 경향이다. 자신의 약점이나 열등감 혹은 소극성으로 인해 효능감이 낮기 때문에 타인에 대해서도 소극적인 태도를 취하게 되는 것이다. 그러나 실제 이들의 능력이 낮은 지는 별개의 문제이고, 다만 이들 자신이 그렇게 느끼고 있다는 점이다. 효능감이 높으면 능력발휘에 좋은 것일까? 이 질문에 대한 대답은 그럴 수도 있지만 아닐 수도 있다는 것이다. 실제 능력이 우수한 사람이 효능감이 높다면 낮은 경우보다 도움이 될 것이지만, 능력이 열등한 사람이 효능감이 높다면 실제와 기대감의 차이에서 오는 스트레스와 불안으로 상황이 악화될 수도 있다는 점이다. 혹자는 효능감이 높아서 학업성취도가 높다는 점을 강조하기도 하는데, 반드시 그렇지 않다. 이는 닭과 달걀의 관계와 같이 효능감이 높아서 성취도가 높을 수도 있지만 역으로 성취도가 높아서 효능감이 높을 수도 있다는 점이다.

자기효능감은 자긍심(혹은 자존심 self-esteem)과는 약간 다른 개념이다. 자긍심은 말 그대로 풀이하면 자신에 대해 긍지를 가지는 것, 혹은 자신을 존중하는 태도이다. 효능감이 특정한 일에 대한 자신감을 의미하는 것이라면 자긍심은 전반적으로 자신을 가치 있다고 생각하는 태도를 말한다. 따라서 자긍심이 높은 사람일지라도 효능감이 낮을 수도 있다. 예를 들어, 고위관직에 있는 사람들은 자긍심은 높을 지라도 어떤 사안에 대한 자신감은 낮을 수 있다는 것이다.

자기 효능감의 수준은 성장 과정 즉, 사회화 과정에서 강화되고 습성화된다. 이해력·기억력·판단력·창의력·순발력·예술적 재능 등 지적인 능력과 외모·체력·체격·건강 등 신체적 조건, 가족관계나 사회관계에서 자신의 위치 및 외부의 지원, 환경과 시간의 적절성 등에 따라서 경쟁환경에서 자신의 능력에 대한 자신감이나 신뢰감의 정도는 차이가 있을 수 있다. 간단히 말해서 성장 과정에서 자신의 지적 능력, 신체적 조건, 환경 등에 따라서 효능감 수준이 달라진다는 것이다. 경쟁에서 우위를 점할 수 있는 환경에서 성장하여 자신 만만한 사람, 주변의 기대치가 높아 그에 부응하는 데 어려움을 겪은 사람, 어려움에 부딪치면 주변의 지원에 의존하는 사람은 각자 자신의 능력을 인식하는데 차이가 있다는 것이다. 이 경쟁 우위감, 기대치에 대한 부족감, 그리고 의존감은 자기 능력에 대한 신뢰수준으로 내재화 되어 효능감 수준에 영향을 미치게 되는 것이다.

자기 효능감의 수준은 자극을 수용하여 대처함에 있어 선호하는 대처방향을 결정한다. 효능감이 높은 사람은 적극적인 대처행동을 선호할 것이고, 낮은 사람은 대처행동에 소극적일 것이다. 효능감이 높은 수준에 있는 사람의 어떤 자극에 대한 반응의 방향선택은 '할 수 있다'는 자신감으로 추구가치를 행동으로 옮기는 선택을 할 것이다. 여기서 자신감을 갖는다는 것은 모든 대상에 적용되는 것이 아니고, 자신이 좋아하는 방향을 의미한다.

의지중심이고 효능감이 높은 사람은 의지라는 힘을 사용하는 것을 선호하고 이에 익숙할 것이다. 감정중심적이고 효능감이 높은 사람은 관계유지를 선호하고 이에 자신감을 가질 것이며, 사고중심적이고 효능감이 높은 사람은 탐구하는 것을 선호하고 이에 자신감을 갖는다는 것이다. 따라서 이들의 선택은 힘을 사용한 통제, 애정의 감정에서 우러나온 돌봄, 탐구를 통한 개념의 재구성인 희망의 창조 등이다. 이들의 방향선택의 키워드는 '할 수 있다'와 '선호한다'이다.

효능감이 낮은 사람의 자극에 대한 반응은 '준비한다'이다. 추구하는 가치를 성취하기 위해서는 자신이 부족한 부분을 개선 보완하여야 하기 때문에 준비한다는 것이다. 자신의 선택이 꼭 달성될 지는 약간의 의문이 있지만 달성될 것으로 믿고 이를 위하여 많은 준비를 한다. 의지중심적이고 효능감이 낮은 사람은 자치를 위한 심리적 경계를 지키는데 부족함을 느끼고 있기 때문에 많이 조심하고 준비하여 개선을 통해 완벽을 기하려 하고, 감정중심적이고 효능감이 낮은 사람은 관계유지에 대한 부족함을 느끼고 타인과 구별할 수 있는 특별한 것을 준비하려 하며, 사고중심적이고 효능감이 낮은 사람은 탐구하는데 부족감을 느끼므로 재미있는 모험이나 계획을 통해 편안함을 찾는 것이다. 따라서 이들의 선택은 완벽, 다름, 재미인 것이다. 이들의 방향선택의 키워드는 '준비한다. 노력한다' 이다.

  또 자기효능감을 일관성 있게 인식하지 못하고 현실의 상황에 의존하여 반응하는 현실적이고 상대적인 효능감을 가진 사람의 반응 방향은 '편의적便宜的'이고 '가변적可變的'이다. 이를 '현실적 효능감'이라 한다. 이들은 자신이 목표하는 가치를 추구함에 있어서 적어도 회피하고자 하는 일이 일어나지 않기를 원하고, 이를 방어하기 위하여 고민한다. 이들은 자신이 잘 대응할 수 있을지 없을지 분명하지 않지만, 자신의 선택이 자신이 처한 현실에서 갈등을 피하기 위하여 조정하거나 중재하기를 원하고, 실패로 인하여 무시당하지 않기 위해 성공을 원하며, 불신을 당하는 것을 피하고 신뢰 받기를 원한다. 이들의 방향선택의 키워드는 '원한다' 이다. 이들은 불안, 수치심, 두려움의 회피를 원한다. 물론 자기 효능감이 높거나 낮은 사람도 불안, 수치심, 두려움의 회피에 관심을 갖겠지만, 현실적 효능감을 가진 유형들은 불안, 수치심, 두려움을 회피하려는 욕구는 매우 강하다. 자신의 능력에 대한 신념이 분명하지 않기 때문에 회피하고자 하는 일이 일어나지 않기를 원하고, 이를 위해 노력한다. 여기서 노력한다고 함은 효능감이 낮은 사람의 노력과는 약간의 차이가 있는데, 현실적 효능감을 가진 사람의 노력은 불안 회피를 위한 수동적 측면인 방어의 욕구가 강하고, 효능감이 낮은 사람은 욕구의 시현이라는 능동적인 측면의 준비이다.

5) 자기효능감 인식과 성장 과정

  자기 효능감이 높은 아이는 젖먹이 시기에 엄마가 아이의 요구에 부족하지 않게 대응한 경우로서 '내가 (요구)하면 이루어 진다'는 개념을 내재화한 경우이고, 상황 의존적 효능감을 가진 경우는 배변훈련 때의 칭찬과 통제의 경험을 내재화한 경우이며, 자기 효능감이 낮은 경우는 신체와 언어의 사용이 자유로운 남근기 이후 동일화가 진행되면서 주변 환경에서 동일화의 대상을 찾게 되고 사회 규범을 학습하면서 자신의 능력에 한계가 있음을 내재화한 경우이다.

  어떤 수준의 효능감을 내재화하였는지는 경험의 중요도나 영향의 정도에 따라 결정된다고 추정한다.

효능감의 수준은 성장 과정에서 아이-엄마간의 상호작용, 아이-가족간의 상호작용, 아이-외부 환경간의 상호작용에서 자신의 상대적 위치를 어떻게 경험하고 인식하였는지에 따라 영향을 받는다. 아이 - 엄마의 관계는 젖을 먹고-먹이는 관계와 잠을 자고-재우는 관계로 아이가 배가 고프면 먹고, 자고 싶으면 자는 관계인 개별관계이다. 아이 마음대로 먹고 싶으면 먹고, 자고 싶으면 자는 아이 주도적인 관계와 먹이고 싶으면 먹이고 재우고 싶으면 재우는 엄마 주도적 관계로 구분할 수 있다. 이 관계에서 아이는 울고 보채는 방법으로 자신의 요구를 관철하는 '아이 마음대로'의 관계를 이끌어 간다. 여기서 '내가 좋아하는 방식'의 기준은 오직 아이의 기준이며, 성취는 배고픔이라는 신체적 필요에 대응하기 위해 젖을 찾고 빠는 아이의 필요충족능력에 의존하고, 이것은 아이 나름의 능력실현을 뜻한다. 아이 주도적인 방식에 의한 성취는 외부 환경에 영향력을 행사할 수 있다고 인식하게 하여 효능감을 갖게 하고, 자신의 욕구를 외부에 적용할 수 있다는 자의식을 조장하게 한다. 이런 과정이 반복되고 강화된 경우를 효능감 수준이 높다고 하고, 자신감이 발달하게 된다. 주로 아이가 우대 받고 자란 경우가 많다.

　현실적 효능감은 아이-가족의 관계(가족관계)에서 자신의 욕구를 실현하고 적응하는 과정에서 습득하게 된다. 아이는 가족의 일원으로서 가족이 갖는 공동목적의 범위 내에서 자신의 욕구를 실현하고 칭찬과 인정을 받으면서 성장한다. 여기서 '내가 좋아하는 방식'은 구성원인 가족이 싫어하지 않는 방식이어야 한다. 자신의 행동이 가족의 목적에 합치하는지 않는지는 가족이 판단하는 것이 아니라, 아이의 입장에서 합치한다고 인식하면 합치하는 것으로 오직 아이의 판단이다. 이 시기는 프로이트 이론의 항문기에 해당되며, 이 시기 아이의 특성은 주변과 구분하여 자신을 인식하기 시작하고, 걸음마를 시작하며, 언어를 배우기 시작하는 때이다. 배변훈련을 통하여 외부 통제를 경험하게 되고 자기조절능력을 시험받게 된다. 걸음마의 시작과 언어 사용은 주변의 찬사와 관심을 받게 하지만, 배변훈련 과정에서는 칭찬을 듣기도 하고 통제를 받기도 하여 긍지 혹은 수치심을 느끼기도 한다. 이런 과정을 통해 어떻게 하면 칭찬을 받을 수 있는지를 알게 되고, '내가 좋아하는 방식'은 가족의 요구에 적응하는 방식으로 발전하여 익숙해 진다. 이 과정에서 아이는 내면에 있는 잠재력을 주도적으로 발휘하지 못하고 현실적으로 쉽게 인정받을 수 있는 방법을 사용하여 외부상황에 맞추어 가야 한다는 자아개념을 형성하며 자신과 환경의 조화를 추구한다. 다시 말해 가족생활에서 인정받고, 수용 받을 수 있는 것만 표현함으로써 자존감을 유지하려 한다. 이렇게 수용 가능한 반응을 표현하는 것이 습관이 되어 어떤 자극에 대처할 때, 그 상황에서 편리한 방법을 취하는 경우를 현실적 자기효능감을 소유한다고 한다. 현실적이라 함은 실제 어떤 효능감의 소유하고 있는 것인지 아닌지를 의미하는 것이 아니고, 일관성을 유지하지 못하고 상황에 맞게 편의적으로 대응을 한다는 의미이다. 그러므로 이들을 현실적 혹은 편의적 효능감 소유자라 한다.

이들은 적응을 위해 주변과 타협하는 법을 알고 있어서 외부질서에 조화 내지는 외부질서에 순응하는 방법을 추구한다. 이들은 가족 중심의 대가족 가정에서 자란 경우가 많다. 애교, 신뢰 등 가족의 인정을 받는 표현으로 칭찬받고 자란 아이는 안정받는 방법을 학습하게 되어 주로 현실적이고 타인의 기대에 부응할 수 있는 가치에 의존하려 하며 외부의 요구에 부응하려 한다. 이들이 실제 자극에 대응하는 모습은 효능감 인식에 일관성이 없고 상황(현실)에 따라 가변적이다. 소극적인 것 같으면서도 적극성을 보이고 적극적인 것 같으면서도 소극적인 것이 이들의 특성이다. 이들의 대응방법은 자기효능감보다 원천인 욕구가 분출되는 경향을 보인다. 이는 욕구가 매우 강하게 작용하고 있기 때문이다.

낮은 효능감은 아이 - 공공公共의 관계(사회관계)에서 발달한 효능감의 수준으로 사회생활에 필요한 가치를 추구함으로써 얻게 되는 신념이다. 정신분석이론에서 남근기에 해당하는 4 ~ 6세 경이 되면, 아이는 자신의 의사를 표현할 수 있게 언어를 구사하고, 신체도 마음대로 뛰놀 수 있고 도구를 조작할 수 있게 발달한다. 하고 싶은 말을 하고, 하고 싶은 행동을 할 수 있기 때문에 아이는 의견을 표현하게 되지만 아직 사회생활에 대한 지식이 부족하여 주변과 마찰을 일으키게 된다. 공동체 생활은 자신이 좋아하는 방식으로만 되는 것이 아니고, 외부의 가치나 규범을 지킬 수 있어야 한다는 것을 아이는 학습하게 되는 것이다. 가족규범은 자기 조절이나 통제를 타협할 수 있는 여지를 갖지만, 사회규범은 대부분 타협보다는 수용해야만 하는 강제적인 것이다. 가족의 품에서 나온 아이는 이웃이란 지역사회에서 또래들과 놀면 재미는 있지만, 마음대로 할 수는 없다. 또래들과 생활은 재미있고 배울 것도 많은데 지켜야 할 규범도 많다. 이 규범을 위반하면 같이 놀 수도 없고, 혼자 고립되어야 한다는 것을 배우게 된다. 즉 환경의 요구를 수용해야 된다는 것이다. 사회에서 생존하려면 '내가 좋아하는 방식'은 여러 사람들이 공유해야 할 가치인 즐거움, 멋, 규범 등을 수용해야 한다는 것이다. 세상은 내 마음대로 되지 않고 더 배워야 하고, 더 준비해야 하며, 부단히 노력해야만 그 일원이 될 수 있는 곳이다. 그렇지 않으면 적응하지 못하는 곳이다. 이렇게 자기 능력의 부족함을 인지하고 학습한 자신의 능력에 대한 신념을 낮은 효능감이라고 한다. 낮은 효능감을 가진 사람이 외부와 관계를 맺을 때는 일, 작품, 재미있는 계획 등을 매개로 하여 외부질서에 적응하려 한다. 이들의 성장은 주로 아이에게 자기통제를 과하게 요구하여 지나치게 규율에 신경을 쓰게 하는 가정, 아이의 주장이 무시되는 교육이 엄격한 가정, 가족보다 공공의 질서와 가치를 중시하는 가정에서 자란 경우이다. 여기서 외부와 자신을 구분하는 경계는 개인과 외부, 소속 집단과 외부, 자기 주변과 외부 등 다양한 형태를 갖는 심리적 경계를 의미한다.

　개인이 성장 과정에서 효능감 발달, 효능감 부족, 현실적 효능감 중 어느 수준에서 자아를 형성하는 지는 개인의 유전적 소인을 바탕으로 성장 환경에서 영향을 받아 어떤 경험을 축적하고 습성화하였는지에 의한다. 개별관계, 가족관계, 사회관계 중 어느 단계에서 효능감을 의식적으로 경험한 것인지 그 경험의 강도에 따라 결정되는 것으로 생각된다. 아이-가족의 관계에서 가족의 요구수준의 강도에 따라 효능감 인식의 정도도 차이가 있을 것이고, 아이-사회의 관계에서도 아이의 요구를 수용하는 정도, 규범이나 공공의 가치를 강요하는 정도에 따라 효능감을 인식하는 수준이 다를 것이다.

6) 자기효능감 수준과 에너지 집중

효능감이 높은 사람은 '할 수 있다'는 자신감을 갖고 긍정적으로 대처하므로 자아집중이라 하고, 상황에 따라 가변적 효능감을 가진 사람은 현실적이고 편의적으로 자극에 대처하므로 현실집중이라 하며, 자기 효능감이 낮은 사람은 환경에 적응할 수 있게 부족하다고 생각하는 부분을 준비·보완하려 하므로 환경집중이라 한다.

자기효능감이 높은 경우는 자신감을 갖고 자극이나 상황에 대처할 때 자신의 의지, 감정, 정보나 아이디어를 자기 마음대로 방출하려 한다. 이러한 수준에 길들여진 사람을 자아집중이라 칭하고, 이들은 자신이 가진 차별화 된 능력을 기반으로 '나는 잘 할 수 있다'라는 자신감을 갖고 자신의 방식대로 일을 진행하여 성취하고, 만족하려 한다. 이들이 선호하고 추구하는 차별화된 특성으로는 강한 힘, 도움과 봉사, 앎과 지혜智慧가 있다. 그러나 이들이 실제로 차별화된 능력을 갖고 있는지 없는지는 이와 무관하다.

자기효능감을 일관되게 인식하지 못한 경우는 자극과 상황에 대처하여 현실적이고 편의적으로 자신의 가치를 추구하려 한다. 따라서 이들은 '나는 현실에 대응해야 한다.'라는 자아개념을 갖고 조화와 평화, 경쟁과 성공, 질서와 신뢰 등의 가치실현을 위해 노력하는데 이를 현실집중이라 한다. 이들이 현실 의존적 자아 개념을 가진 것은 자신의 욕구가 너무 강하여 타인의 반응까지 모두 고려하기 때문에 자신의 능력에 대한 인식을 제대로 하지 못하고 현실에 맞추어 타인이 수용 가능한 가치를 추구하려 하기 때문이다. 또 의심이 많고 욕구가 강하기 때문에 이를 숨기지 못하고 현실의 상황에 따라 때로는 적극적으로, 때로는 소극적으로 대처하기도 한다. 자신이 안고 있는 불안과 두려움에서 벗어나기 위해서 타인에게서 수용 받을 수 있는 개인의 가치인 조화나 성공, 혹은 질서추구에 익숙해 져서 결국에는 자신의 효능감을 일관되게 인식하지 못하는 결과를 만든 것이다.

그리고 효능감이 낮은 경우는 자신감이 부족한 경우로 자극이나 상황에 대처할 때 자신의 가치보다는 외부세계의 가치를 기준으로 처리하려는 경향이다. 이들은 '나는 외부 세계의 일원이다'라는 자아개념을 갖고 세상 사람들과 더불어 사는데 적절한 인간으로서의 삶을 지향하므로 사회의 보편적 가치인 완벽과 정의, 개성과 특별함, 즐거움과 모험 등의 가치를 추구한다. 소극적이고 세심하며, 걱정이 많아서 부족하다고 생각하는 부분을 보충하여 준비를 한 후에 환경에 적응하고 성취하려 하는데 이를 환경집중이라 한다.

성격은 자아발달에 따라 자신과 외부관계를 설정하고 이를 내재화 함으로써 자극에 대응하고 적응한 결과이다. 자아개념은 자기의 특성을 구성하는 욕구, 적응방식, 능력 등에 대한 느낌을 의미하는 것인 바, 자신의 뜻을 사회에 실현하려고 하는 자아실현 욕구도 포함한다. 자아실현이든 환경 개선이든, 현실 대응이든 모두 자신의 생존과 성장, 발전을 전제로 해석하여야 한다. 사람은 세상과 자신의 관계에서 발달된 자아개념에 따라 생존과 성장, 발전을 위하여 노력한다. 혹자는 내부가치를 세상에 적용(자신의 기준을 확장)하고, 혹자는 현실과 조화로운 대응을 모색하며, 혹자는 외부질서에 적응한다.

자아개념은 자신에 대한 지각이므로 타인의 입장에서 평가할 수 없는 부분이다. 외부에서 보면 의지적이고 자신 만만하여 보이는데 정작 자신은 자신감이 부족하다고 느낄 수 있다는 의미이다. 이는 자신이 느끼는 자신감의 유무는 자신이 하고 싶어하는 분야에서 형성되는 것으로서 탐구욕을 가진 사람은 탐구의 분야에서는 자신감이 높더라도 친애욕이나 자치욕의 분야에서는 자신감이 낮을 수 있다는 점이다. 즉, 모든 분야에서 자신감이 높거나 낮지 않다는 점이다. 그러나 외면상으로는 개인의 한 단면만이 강조되어 표현되므로 전체인양 느끼게 된다.

7) 자기효능감 수준의 명명

● **주요 개념** ●

자기 효능감의 높고 낮음은 실제 능력의 유무와는 달리 자기 인식의 문제이고, 자극을 대하는 태도에 관련된다. 효능감이 높다고 생각하는 사람은 자신의 능력에 대해 긍정적이고, 낮다고 생각하는 사람은 자신의 능력에 대해 소극적이므로 '높은 효능감'은 '긍정적 자기효능감', '낮은 효능감'은 소극적 자기효능감'이란 용어를 사용한다. 그리고 '가변적이고 편의적인 효능감'을 '현실적 효능감'이라 한다.

지금까지 자기효능감 수준을 논의하면서 '높은 자기효능감, 가변적 혹은 편의적 효능감, 낮은 자기효능감'이라는 용어를 사용하였다. '높다, 가변적이다, 낮다'는 용어를 사용하면 그 수준을 설명하기에는 쉽고 이해하기 편리하지만, 일반화할 수 있는 개념으로는 적당하지 않다. 자기효능감은 자기평가적이고 자기인지적이므로 실제 얼마나 높고 낮은 지를 비교할 수 없는 개념이고, 자기에 대한 평가로서 '나는 할 수 있다. 나는 현실적이다. 혹은 내가 할 수 있을까?'라는 긍정적, 현실적, 소극적인 태도로서 인지되기 때문이다. 따라서 '높은 자기효능감'은 '긍정적 자기효능감'으로, '가변적이고 편의적인 효능감'은 '현실적 효능감'으로, '낮은 자기효능감'은 '소극적 자기효능감'으로 명명하고자 한다. 하지만 앞으로도 설명의 편의를 위해 '높은 자기효능감, 편의적 효능감, 낮은 자기효능감'이라는 용어와 '긍정적 효능감, 현실적 효능감, 소극적 효능감' 용어를 혼용할 것이다.

바. 성격 유형 구분

1) 성격의 구성 요인과 유형

● 주요 개념 ●

성격은 자신의 필요를 추구하는 욕구를 자극인식의 관점으로 하고, 불안과 욕구에 대처할 수 있다는 신념인 효능감에 의해 반응하는 심리체계로서, 인식은 의지중심, 감정중심, 사고중심에 의하고, 반응은 자아집중, 현실집중, 환경집중에 의한다. 따라서 성격은 3가지 인식방식과 3가지 반응방식의 조합에 의하여 9가지 유형으로 분류된다.

먼저 자치욕, 친애욕. 탐구욕 중 선호하는 하나를 에너지의 원천으로 하여 대처하고 기능하는 경향을 구분하면 다음과 같다. 자신의 독립적 위치와 자율 추구를 에너지 원천으로 하는 자치욕을 가진 사람은 자극에 대하여 자아경계를 형성하여 보호의 벽을 쌓고 현실에 저항하거나, 독립성을 추구하면서 능력을 행사하는 반응을 보이는데, 이는 본능적이거나 습관적이며, 의지意志적이고 주관적이다.

　타인의 인정과 존경 추구를 에너지 원천으로 하는 친애욕을 가진 사람은 자극에 대하여 타인에 보일 자기 이미지를 형성하여 타인의 주의 집중을 추구하면서 타인에게 잘 보이려는 반응을 보이고, 감정적이고 타인평가에 의존적으로 가치를 추구한다.

　알고자 하는 호기심 추구를 에너지 원천으로 하는 탐구욕을 가진 사람은 자극에 대하여 한 발 물러나 대처할 방편인 아이디어를 마련하고 이에 의지하여 두려움에서 벗어나려고 하며 자신의 창조물에 의존하려는 반응을 보이고, 심사 숙고하려 한다.

　다음으로 에너지 집중의 방향은 에너지를 외부로 확산하는 사람, 내·외부 양방향으로 주고 받는 사람, 내부로 수렴시키는 사람으로 구분할 수 있다. 자기효능감이 높은 사람은 에너지를 외부로 확산시키려 하고, 낮은 사람은 내부로 수렴시켜 부족한 부분을 준비한 후 방출하려 하며, 현실적인 사람은 조화롭게 현실적으로 에너지를 양방향으로 교류하면서 대응하려 한다.

인식(에너지 원천)				반응(에너지 집중)		
지향가치 욕구 (목표)	대처 방법/ 행동	반응 자극 인식	기능	긍정적효능감 긍정적 자아 실현/만족 자기 확산	현실적 효능감 현실적 자아 호의/획득 편의적 대응	소극적효능감 소극적 자아 보완/시현 환경에 적응
자유 자치욕 (존재감)	경계 형성/힘 행사.실현 버팀 대처	경계(적대적) 육체적 긴장 감각	의지중심 (意志적)	지배/지도자 (지배형) 8	조화/조정자 (평화형) 9	올바름/ 개혁가(조심형) 1
사랑 친애욕 (가치감)	자아이미지 형성/ 보임.호감 대처	눈치 봄 (호의적) 정서적긴장 느낌	감정중심 (感情적)	도움/자선가 (도움형) 2	경쟁/성공자 (경쟁형) 3	차별/예술가 (품위형) 4
지혜 탐구욕 (안정감)	희망탐구/ 관계파악.계산 대책강구	살핌 (상황파악) 이성적긴장 사고.개념	사고중심 (理性적)	지식/탐구자 (탐구형) 5	질서/충성인 (성실형) 6	즐거움/ 모험가(나비형) 7

    성격은 자극을 인식하여 반응하는 개인의 심리체계이므로 인식방법(에너지 원천)과 반응방법(에너지 집중)의 조합에 의하여 그 유형을 구분할 수 있다. 이 조합에서 에너지 원천은 '하고 싶은 것(욕구)'에 근거를 두고, 에너지 집중은 '할 수 있다'는 대처능력에 대한 자기신념인 '자기효능감'에 근거를 둔다. 왜냐하면 사람의 사고나 행동은 하고 싶은 것을 자신이 할 수 있는지 여부에 따라 행하기 때문이다. 쉽게 말하자면, 성격은 자극에 대처하여 하고 싶은 방향으로 인식하고, 할 수 있는 정도로 반응하는 것이다. 여기서 '하고 싶은 것'은 에너지 원천인 욕구이고, '할 수 있다'는 효능에 대한 신념은 자기효능감으로 에너지 집중에 해당한다. 결과로 성격 유형의 구분은 3가지 에너지 원천과 3가지 에너지 집중의 조합으로 구성할 수 있으

며, 이를 표로 나타내면 위 표와 같다.

　그리고 성격을 분류하기 위해 앞에서 논의되었던 결핍, 욕구, 불안, 창조물, 효능감 등의 내용과 분류된 성격 유형과의 관계를 그림으로 표시하면 다음과 같다. 아래 그림은 성격형성과정을 일목요연하게 보여 주고 있다. 유아의 신체적 정신적 부족감인 자유·사랑·지혜, 부족감을 채우기 위한 욕구, 능력부족에서 오는 불안, 불안을 회복하려는 창조물, 불안의 극복과 욕구를 추구할 수 있다는 신념인 효능감 등이 성격의 원천이 된다. 결국, 결핍→욕구→불안→창조물→효능감→성격 유형 형성의 과정으로 전개 된다. 물론 이 과정은 이미 유전적으로 형성된 자질이 학습을 통해 내재화 되어가는 과정이기도 하다.

성격유형 형성 과정

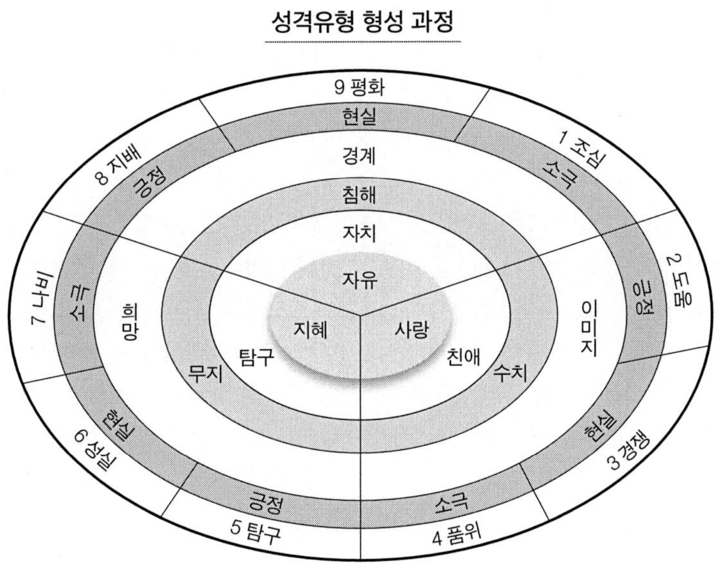

원의 안쪽부터 결핍, 욕구, 불안, 창조물, 효능감, 성격 유형임.

2) 개념화

자유를 지향 가치로 추구하는 사람(의지중심)은 자기 보존을 위해 경계를 형성하고 독립된 자기 영역을 중시한다. 이들 중 잘 할 수 있다는 자기 능력에 대해 긍정적 신념을 가진 사람은 자신의 뜻과 능력을 실현하려 하므로 지배형(유형8)이고, 상황에 따라 대처할 수 있다는 현실적 신념을 가진 사람은 현실에 따라 뜻과 능력을 조정하고 중재하려 하므로 평화형(유형9)이며, 소극적 신념을 가진 사람은 조심스럽게 자신의 능력을 보완하여 대처하려 하므로 조심형(유형1)이다.

사랑과 인정을 지향하는 사람(감정중심)은 타인이 좋아할 이미지를 보이고 타인의 평가에 의존하려 한다. 붙임성 좋은 이들 중 우호적인 관계를 잘 할 수 있다는 긍정적 신념을 가진 사람은 도움과 돌봄의 이미지를 나타내 보이고 평가를 기대하므로 도움형(유형2)이고, 상황에 따라 대처할 수 있다는 현실적 신념을 가진 사람은 현실 사회의 추구 가치인 성공과 경쟁이란 이미지를 보이려 하므로 경쟁형(유형3)이며, 소극적 신념을 가진 사람은 자신이 부족하다고 생각하는 가치를 보완하고자 차별화된 이미지를 품위 있게 보이려 하므로 품위형(유형4)이다.

대처할 방안을 찾아 내면으로 물러나 심사숙고하고, 그 결과물에 의존하여 두려움에서 벗어나 평온을 찾으려는 사람(사고중심) 중 긍정적 효능감 소유자는 정보나 지식의 탐구에는 자신감이 있으므로 탐구형(유형5)이고, 현실적 효능감 소유자는 탐구의 출발점인 의문과 의심이 많아 이를 극복하고자 권위나 질서에 성실하려 하므로 성실형(유형6)이며, 소극적 효능감 소유자는 탐구에 자신감이 부족하여 여기저기 여러 가지 정보에 접근하려 날아 다니므로 나비형(유형7)이다.

위 표에서 보듯이 에너지 원천(욕구-동기)과 에너지 집중(자기효능감 수준)의 조합에 의한 아홉 가지 성격유형의 특성을 요약하여 설명하면 다음과 같다.

유형 8: 자율 침해의 불안에서 벗어나기 위해 경계를 형성하고 효능감이 높은 의지 기능을 활용하여 지배 통제하려 함.

유형 9: 자율 침해의 불안에서 벗어나고자 하나, 효능감을 인식하지 못하여 현실적인 균형과 평화를 위해 조정 중재함. 에너지원에 충실한 나머지 자율을 침해 받을까 불안하여 자치욕의 발현을 억제하고 조화, 균형, 중재 등을 추구함으로써 외부로부터 자율을 보장 받으려 함.

유형 1: 자율 침해의 불안에서 벗어나고자 하나, 효능감이 낮아 경계를 형성하고 의지를 함양하고 준비하여 완벽과 개선을 기함.

유형 2: 가치 없다는 수치심에서 벗어나기 위해 효능감이 높은 친애의 기능을 활용하여 도움과 돌봄을 주어 호감을 얻으려 함.

유형 3: 가치 없다는 수치심에서 벗어나고자 하나, 효능감을 인식하지 못하여 호감을 얻기 위해 현실적인 성공을 추구하고 효율적인 성과를 얻고자 함. 에너지원에 충실한 나머지 인정을 받지 못할까 불안하여 친애의 수단으로 성공, 경쟁, 승리 등을 추구함으로써 타인들로부터 인정을 받으려 함.

유형 4: 가치 없다는 수치심에서 벗어나고자 하나, 친애에 대한 자기효능감을 낮아 호감을 얻을 수 있는 특별하고 차별화된 감정표현을 준비하고 추구함.

유형 5: 희망과 지혜 부재의 두려움에서 벗어나기 위해 자기효능감이 높은 사고기능을 활용하여 지식과 정보를 추구함.

유형 6: 희망과 지혜 부재의 두려움에서 벗어나고자 하나, 자기효능감을 인식하지 못하여 질서, 규범 등 권위에 충성하거나 의존하려 함. 에너지원에 충실한 나머지 호기심은 의심을 하게 만들고 자신은 의심을 받지 않기 위하여 성실, 질서, 규범 등을 추구하여 타인들로부터 신뢰를 받으려 함.

유형 7: 희망과 지혜 부재의 두려움에서 벗어나고자 하나 자기효능감이 낮아 희망이 될 즐거움을 계획함.

3) 유형의 특징

지배형(유형8)은 자신의 뜻을 펼치려 하고 허약해 보이는 것을 회피하려 하며, 상황을 통제하고 있을 때 성취감을 느낀다. 평화형(유형9)은 갈등을 조정하여 주변이 무탈하여 평화로우면 안정감을 느낀다. 조심형(유형1)은 완벽을 추구하고 분노를 회피하며, 주변의 잘못이 개선되면 성취감을 느낀다.

도움형(유형2)은 자신의 욕구를 회피하고 도움과 돌봄을 추구하여 타인이 필요로 하는 사람이 되고 칭찬을 받으면 자신이 가치 있는 사람이라고 생각한다. 경쟁형(유형3)은 성공을 추구하고 실패를 회피하며, 경쟁과 효율을 선호하는 사람으로 주위로부터 성공을 인정 받으면 성취감을 느낀다. 품위형(유형4)은 특별을 추구하고 평범을 회피하며, 감정적으로 자기만의 독특함을 보이고 이를 인정 받으면 성취감을 느낀다.

탐구형(유형5)은 지식을 추구하고 무지함을 회피하며, 정보와 아이디어를 탐구하여 내적 안내를 찾으면 편안함을 느끼고 올바른 판단을 하였을 때 성취감을 느낀다. 성실형(유형6)은 의심에서 벗어날 수 있는 규범과 권위에 의존할 수 있으면 성취감을 느끼며, 일탈행동을 회피한다. 나비형(유형7)은 즐거움을 추구하고 고통을 회피하며, 희망이 될 정보와 아이디어를 찾아 여러 가지 계획을 세우는데, 이러한 계획이 계속 준비될 때 성취감을 느낀다.

각 유형의 특성은 에너지 원천인 욕구의 특성과 효능감 수준의 특성이 서로 맞물려서 새로운 특성을 만든다. 이를 요약하면 아래의 표와 같다.

표의 에너지 집중에서 5번 유형이 내향적이고 7번 유형이 외향적임과 반응의 표출이 5번 유형은 내면화이고 7번 유형은 외면화라는 점은 이들의 자기 효능감이 5번 유형은 긍정적이고 7번 유형은 소극적이라는 점에 비추어 볼 때 상반되는 것이 아닌가 하는 의문을 가질 수 있지만, 이들의 에너지원천이 사고중심이라 효능감이 긍정적이면 더욱더 사고에 집중하게 되어 내면화의 경향이 심해지고, 효능감이 소극적이면 이를 보충하고 보완하려 하기 때문에 즐거움·모험·계획 등으로 외면화하므로 에너지의 흐름은 외향적이 되는 것이다.

9가지 성격 유형 개념 및 특징 요약

에너지 집중 / 에너지 원천	자신: 현실에 적용 에너지: 자기 확산 자신감 고	자신: 현실에 대응 에너지: 편의적 반응 대응감	자신: 현실에 적응 에너지: 준비물 자신감 저
	내적 질서로의 현실 성취: 실현	내·외 조화로의 현실 성취: 획득	외적질서로의 현실 성취: 변화
가치: 자유 동기:자치욕 대처:경계 형성 기능:의지 반응:긴장 (코브라 연상) 추구:독립성 중시:침해 초점:행사 (후각,청각) 불안:무력-怒	존재감: 영향력 내부질서 행사 (직접 표출) 에너지/주의:외향	존재감: 조정 현실질서에 대응 (선택적 표출) 에너지/주의:양방향	존재감: 올바름 외부질서에 적응 (간접 표출) 에너지/주의:내향
	8 지도자/통솔자 (지배형)	9 평화주의자/조정자 (평화형)	1 완벽주의/개혁가 (조심형)
	강함(정의,투쟁)/허약	평화,자제/갈등,긴장	완벽추구/분노회피
	성취 : 통제	성취 : 평화	성취 : 개선

가치:사랑 동기:친애욕 대처:이미지 기능 : 감정 반응:눈치 봄 (개 꼬리 연상) 추구 : 주의 중시 : 관계 초점: 호감 (미각, 촉각) 불안:무가치-羞	Image :도움 내부질서 행사 (직접 표출) 에너지/주의:외향	Image : 성취.성공 현실질서에 대응 (선택적 표출) 에너지/주의:양방향	Image : 품위 외부질서에 적응 (간접 표출) 에너지/주의:내향
	2 조력자/지원자 (도움형)	3 성취인/동기부여인 (경쟁형)	4 예술가/낭만/몽상가 (품위형)
	조력 추구/욕구 회피	성공 추구/실패 회피	특별추구/평범회피
	성취: 필요한 사람 조력자로서의 칭찬	성취: 인정받는 성공 업적 인정	성취: 독창적 표현 심오성/신뢰성 인정
가치:지혜 동기 :탐구욕 대처:희망 기능 : 사고 반응 : 살핌 (로봇 안테나) 추구:안식처 중시:정보/Idea 초점:상황 파악 (시각) 불안:무지-懼	희망 : 지식 내부질서 행사 (직접 표출) 에너지/주의:내향	희망 : 질서/권위 현실질서에 대응 (선택적 표출) 에너지/주의:양방향	희망 : 꿈/재미 외부질서에 적응 (간접 표출) 에너지/주의:외향
	5 탐구자/관찰자 (탐구형)	6 충성인/의심인/성실인 (성실형)	7 쾌락주의/낙천가 (나비형)
	지식 탐구/무지	충성/일탈,이상행동	재미추구/고통회피
	성취:올바른 판단	성취 : 신뢰.권위	성취 : 계획

(내부질서/외부질서란 용어는 '자아발견을 위한 여행 에니어그램'에서 인용)

에니어그램이란?

가. 에니어그램의 유래

> **주요 개념**
>
> 에니어그램은 2000여 년 전 아프가니스탄에서 유래하여 이슬람교 신비주의 수도승인 수피파에서 스승이 두 사람의 제자에게만 구전하였던 지혜이다. 20세기 초 서구에 소개되어 1970년대에 캘리포니아의 학자들에 의해 인간 의식 탐구 및 성장의 도구로 발전한 성격유형 진단 및 해석의 도구이다.
>
> 그 도형은 완전과 통일을 상징하는 원과 안정감과 에너지를 상징하는 삼각형, 변화를 상징하는 육각형으로 이루어져 있다. 삼각과 육각은 합하여 아홉 개의 성격 유형을 설명하고, 이들이 원으로 통합되어 완전성을 이루게 한다.
>
> 에니어그램은 자기 이해와 타인 이해 통해 개인의 성숙과 공존을 위한 지혜를 제시하고 있다.

에니어그램은 아홉 가지로 이루어진 인간 성격 유형과 유형들의 연관성을 표시한 기하학적 도형이다. 에니어그램이라는 말은 아홉이라는 뜻의 그리스어 에니어(ennea)와 그림이라는 뜻의 그라모스(grammos)에서 왔다. 즉 이것은 아홉 개의 점으로 이루어진 그림이라는 뜻이다.

에니어그램은 각 개인으로 하여금 자신의 성격 유형을 알게 하는 것 외에 각 유형의 집착과 이를 벗어나기 위한 방안을 제시함으로써 생태계의 일원인 존재로서의 본성을 발견하는데 도움을 주는 수련의 장을 만들어 준다.

에니어그램을 통하여 성격 유형을 살펴봄에 있어 다음 사항을 유의 하여야 한다.

1) 다른 유형과 비교하여 좋고 나쁜 유형은 없다. 다만, 자신을 인식하는 방법의 차이에 의하여 삶을 보는 시각이 다르고 이에 대한 대응 전략이 다를 뿐이다.

2) 모든 사람은 누구나 자치욕, 친애욕, 탐구욕을 가지고 있고, 자극의 대상에 따라 긍정적, 소극적, 현실적 태도도 지니고 있기 때문에 여러 성격유형의 특징들도 지니고 있다. 다만 유전적인 면과 성장단계에서 학습에 의해서 아홉 가지 유형 중 한 유형을 선호하게 된 것이다.

3) 각 유형은 욕구와 자기효능감의 수준에 따라 각기 다른 추구방법·회피전략·대처방법·성취수준 등을 갖는데, 에니어그램을 알게 되면 자신과 다른 사람의 시각과 삶의 방식을 알고 수용하게 된다.

4) 각 유형은 심리적 상황에 따라 깨어 있는 의식 수준이 다르기 때문에 성격의 발현 또한 차이를 보인다. 특히 문제가 될 수 있는 정신건강, 악순환 고리, 신경증적 행동과 충동적 행동은 다른 장에서 별도로 논하고자 한다.

나. 에니어그램의 심볼

　에니어그램의 심볼은 원과 삼각형, 육각형으로 이루어져 있는데, 원은 모든 것을 갖춘 완전한 개체로 인간의 완전성을 의미하고, 삼각형과 육각형은 변화된 상태로서의 인간의 성격 유형을 나타내고 있다. 원과 삼각형, 육각형은 에너지 원천의 특성과 효능감의 특성을 나타내고 있어 자신의 상태에 대한 이해를 깊게 하고 성격 변화의 가능성을 제시한다.

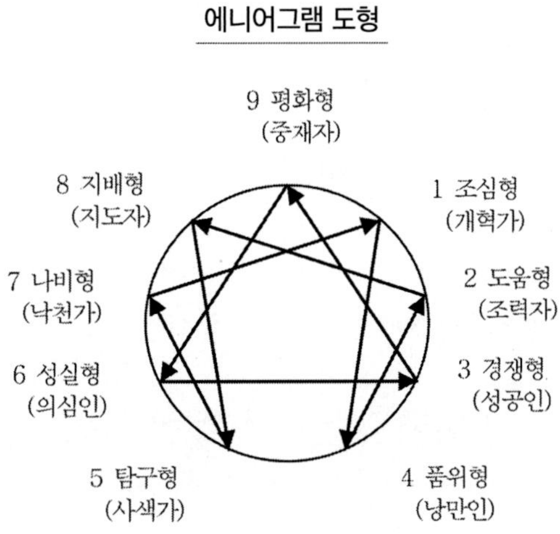

　인간의 자연성인 완전성은 세 개의 범주로 나누어 진다. 이는 완전성을 상실한 인간은 자신이 선호하는 기능으로 본성을 대체하게 된 것인데 이 기능은 심리의 세 가지 기본 기능요소(의지, 감정, 사고)이다. 우리는 이를 3중심이라고 하였다. 원, 삼각형, 육각형으로 이루어진 에니어그램 도형은 위 그림과 같다.

 본성과 성격

가. 본성과 껍질

● **주요 개념** ●

생태계의 종들은 종 고유의 특성과 개별적인 개별성을 지닌다. 종 고유의 특성은 공통의 선을 전제로 그 종種이 생태계에서 생존할 수 있게 선택 받은 성질이다. 개별성은 개인별로 다른 심리에너지가 고착되어 형성된 것으로 공동의 선 위에 껍질로 둘러싸인 것이다. 공동의 선은 종의 존속과 발전에 기여할 수 있는 공존의 지혜로서 열매의 핵이라면, 개별성은 개인의 존재의 안전과 발전에 집착하여 형성된 열매의 껍질에 해당되는 것이다.

생리학자들의 말에 의하면 사람은 뇌의 일부분만을 사용한다고 한다. 그리고도 인간은 위대한 업적들을 창조하였고 이를 다음 세대에 유산으로 물려주고 있다. 뇌가 가진 잠재력 중 일부만 사용함에도 만물의 영장으로써 인간의 힘이 이렇게 대단하다는 것은 인간이 무한한 가능성의 존재라는 점을 일깨워 준다. 성격에 있어서도 마찬가지다. 우리의 성격은 우리에게 익숙한 일부분이 외부에 노출된 것에 지나지 않는다. 사람은 외부

에 노출된 성격보다 훨씬 더 많은 가능성을 내재하고 있으며, 영적으로도 무한한 존재이다. 본성은 성격이란 껍질의 내부에 자리잡고 있어서 외부에 잘 노출되지 않아서 우리가 모르고 있을 따름이다.

우리들의 대부분은 각자 자신의 능력과 개성이 무엇인지는 대략 알고 있으며, 이를 더욱 개발하여 자신의 능력을 배가하고 완전성을 회복하고자 노력하지만, 그 완전성이나 인간의 본성이 무엇인지에 대해서는 생각해 보거나 이를 찾으려 하지 않는다. 흔히 인간의 본성을 선善과 악惡으로 구분하고, 인·이·예·지仁·義·禮·智가 인성의 기본이라고 한다. 여기서 말하는 본성은 무엇일까? 그것은 말 그대로 인간으로서의 근본적인 성질이며 인간만이 가질 수 있는 존재의 특질을 의미하는 인성人性이다.

인간은 물질적인 육체, 영적인 혼과 정신으로 구분되고, 혼은 생명현상의 씨앗으로서 의미를 가지고 육체와 결합하여 정신이 된다. 정신은 작동하는 에너지로 의식과 무의식으로 구분된다. 육체가 물질적·외형적 기器라면, 질質인 정신의 기氣는 의식과 무의식이요, 정신의 이理는 본성이다. 정신이 달걀이라면 의식은 흰자이고 무의식은 노른자이다. 성격이 표면의 껍질이라면 본성은 노른자 속의 배아인 씨눈이라 할 수 있을 것이다. 물론 수행의 정도에 따라 노른자의 상당 부분까지도 의식으로 채울 수도 있을 것이다.

물과 같은 의식과 무의식은 표면의 모양에 따라 다양한 형태의 모습을 나태 낼 수 있다. 성격은 기氣인 의식과 무의식의 일부분으로 껍질 부분에 해당된다. 외부에서 보기에는 성격이 의식의 전부인양 보이나, 실제 성격은 의식과 무의식의 일부분에 불가하고, 의식과 무의식도 본성의 겉모습에 불가하다. 이와 같이 의식과 무의식은 성격에 의하여 가두어져 있고 본성 또한 성격에 포장되어 있기 때문에 우리는 본성의 여러 가지 면들을 경험하지 못한다. 우리가 성격이라는 껍질을 벗겨내고, 의식과 무의식에 접근하는 방법을 배우게 되면, 그 수행의 정도에 따라 다르겠지만 본성은 투명하게 그 모습을 드러내게 될 것이며, 우리는 본성을 경험하게 될 것이다.

에니어그램은 우리에게 자신의 본성을 가로막고 있는 성격의 모습을 이해하게 하고 이 껍질을 벗게 하는 방법을 제시하고 있다. 또한 껍질이 어떻게 생성 되었는지를 이해할 수 있게 하고 스스로 껍질을 투명하게 하는 방법을 체득하게 하여 감추어진 본성과 현재의 상태를 동시에 이해하게 함으로서 우리에게 나아갈 방향을 제시하여 준다.

에니어그램은 자신의 성격 유형이 본성과 본성을 잃어버리게 된 과정을 보여 준다. 자신의 심리 에너지는 어디에 집중되어 있고 어떻게 표출하고 있는지를 알게 되면 자신의 성격이 순리에서 어떻게 벗어났는지를 이해하게 되어 인성 회복에 도움이 되기 때문이다. 성격은 욕구와 자기효능감의 수준에 따라 표출되는데, 자기효능감의 수준은 어릴 때 상처나 강요 등의 자극에 대한 방어와 보상을 받기 위한 대응방법 등에서 영향을 받는다. 우리는 어려움에 처할 때 생존을 위해서 구사했던 전략이나 이전의 상황에서 문제를 해결했던 반응의 과정들을 무의식적으로 익혀 왔고, 이를 행동 양식으로 습성화 하였다. 이러한 습관화된 전략들은 구조화의 과정을 거쳐 성격이란 마음의 껍질을 굳고 단단하게 만들어 본성이 의식 밖으로 모습을 드러내기 어렵게 되었다. 자신에 대한 감각은 자연성인 본성을 의식한다기보다 내면에 내재화되어 있는 이미지와 학습하여 기억되고 습성화된 무의식에 가까운 자아이다. 의식이 본성에 이르지 못함으로써 인간은 내면에 가두어져 있는 본성의 안내를 확보하지 못하고, 가치감을 온전히 의식하지 못하며, 자유로움을 상실하게 되어 불안해하고, 분노·수치심·히스테리 등에서 벗어나기 위한 대응책 마련에 에너지를 집중하게 된다. 이와 같이 자극에 대응하고, 불안에서 벗어나기 위한 반응들이 앞에서 언급한 심리적 에너지의 원천과 집중 즉, 자극의 인식과 반응의 유형들이다.

나. 본성이란?

> 종種 고유의 본성은 종 전체의 안전과 풍요를 전제로 하므로 사람에게는 인간만이 갖는 공동의 선이 있다. 자유, 사랑, 지혜, 수용, 공감, 나눔, 정의, 조화, 평등, 평화 등이 이에 해당된다.

성리학은 중국 북송의 정호程顥의 천리天理, 정이程頤의 성즉리性卽理학설로 시작된 심성론心性論을 남송의 주희(朱熹 : 朱子)가 집성하고 정리하여 철학의 체계를 세운 것으로 일명 주자학朱子學이라고도 한다. 성리학은 이理기氣의 개념을 바탕으로 우주의 생성과 구조, 인간 심성의 구조, 사회생활에서 인간의 자세 등을 내용으로 하는 형이상학적이고 내성적인 실천철학이다.

성리학에서는 우주를 천天과 지地, 그리고 천과 지 사이의 공간으로 구분하고, 그 공간에서 생성하고 소멸하는 만물에는 원형이정元亨利貞이라는 천도天道가 있다고 한다(元亨利貞 天道之常). 그리고 천지간에서 탄생한 인간에게도 천도에 해당하는 인성이 존재하는데 이를 인의예지仁義禮智라고 하였다(仁義禮智 人性之綱).

성性이라는 글자를 보면 성은 마음 심心과 날 생生자가 합쳐진 글자이다. 즉 마음이 나오는 자리라는 것이다. 천지가 현실 속에 인간을 만들어 내기 전, 즉 무형의 상태에서 영혼이 유형의 상태(혼이 육체를 만나 정신이 되는 상태)로 전환된 순간 성性이 생겨나게 된 것이다. 이 성性은 천지로부터 부여 받은 지극히 순수한 본연지성(本然之性 ; 道心)과 육체에서 파생된 기질지성(氣質之性 ; 人心)으로 구분한다.

미발未發의 성性인 도심道心이 현실 속에서 드러나게 되면 기질지성인 인심人心이 된다. 흔히 대화를 할 때, '너는 본성이 착하다.'는 것과 '너는 마음씨가 착하다.'는 것의 차이와 같다. 성性이 심心보다 더 근원적인 표현이다.

성리학의 내용을 일부 인용한 이유는 성리학에서 말하는 본성과 성격에서 말하는 본성의 차이를 알아보기 위함이다. 성리학에서 본성인 인성을 인의예지라고 하는데, 과연 사람의 본성이 인의예지仁義禮智뿐일까? 인의예지仁義禮智가 마음에 들어오면 측은지심惻隱之心, 수오지심羞惡之心, 사양지심辭讓之心, 시비지심是非之心이 되는데, 이는 너무 감정의 상태에 기울어진 느낌이다. 감정의 상태만으로 인간의 본성을 논하는 것은 너무 한정적인 것이 아닐까?

인간을 생각하는 동물, 감정의 동물, 사회적 동물이라 함은 인간을 다른 동물들과 비교하여 인간의 특징을 일컫는 말이다. 인간만이 갖는 특질이 바로 인간의 본성이 아닐까? 물론 여기에는 기본적으로 개체로서의 특성도 포함하여야 할 것이다. 인간이 만물의 영장이라고 하는 데는 그만한 이유가 있다. 다른 동물과 달리 사고를 한다는 것으로 자신의 발전을 위하여 끊임없이 탐구를 한다는 것이다. 또 타인과 감정을 교환하고 타인의 반응을 기대한다는 점이다. 다시 말해, 인간은 사랑하고 사랑 받는 감정과 발전을 위하여 새로운 아이디어를 찾는 탐구심을 가지고 있으며, 개체로서 외부로부터 침해 받지 않고 자신의 존재를 확립할 수 있는 자유로운 존재라는 점이다. 요약하면, 인간이 다른 존재와의 차이는 자유, 사랑, 지혜를 추구한다는 것이라고 말할 수 있을 것이다. 이것을 인간이 마음껏 향유할 수 있어야 인간다움을 찾을 수 있는 매우 중요한 가치인 본성이 아닐까?

다. 결핍, 불안, 그리고 성격

신체적·정신적 안전을 위협 받으면 불안을 느끼게 된다. 의지중심은 자신의 자유영역 침해에 대한 불안, 감정중심은 무시나 비난에서 오는 불안, 사고중심은 공허함과 혼란에서 오는 불안감이 있는데, 이를 유형별로 보면, 8번 유형은 허약, 9번 유형은 갈등, 1번 유형은 실수, 2번 유형은 창피, 3번 유형은 실패, 4번 유형은 평범, 5번 유형은 무지, 6번 유형은 불신, 7번 유형은 절망 등이다.

성격의 메커니즘은 자극에 대한 인식-반응으로 에너지 원천과 집중이며, 에너지 원천은 기본적 동기인 자율감, 가치감, 안정(지지)감을 확보하기 위한 욕구(자치욕, 친애욕, 탐구욕)에 근거를 두고, 에너지 집중은 긍정적 자기효능감, 현실적 자기효능감, 소극적 자기효능감에 근거를 두며, 이들의 조합에 의하여 각 성격의 유형이 이루어 진다고 앞에서 언급하였다. 그러면 왜 자치욕, 친애욕, 탐구욕 중 어느 하나가 자극 감지 에너지의 원천이 되고, 자기 효능감 수준이 에너지 집중의 근거가 되어 자극에 반응하는 것일까?

욕구는 필요에서 시작되고 필요는 부족에서 온다는 점을 고려할 때 성격에너지의 원천은 심리적 부족에서 출발한다고 할 수 있을 것이다. 심리적 부족이란 두려움이나 불안을 잉태하는 것인 바, 특히 성격에너지의 원천과 표출을 설명하기 위해서는 불안과 두려움의 근원을 살펴보아야 할 것이다.

인간은 생을 영위하기 위해서 생리적·심리적으로 충족되어야 할 필요를 가지고 태어난다. 그러나 아이는 자신의 필요를 충족시킬 능력이 없기 때문에 부모에 의존하여 의존적인 삶을 시작한다. 이 의존적인 삶은 아이에게 자연성 그대로 삶을 영위할 수 없게 하고 주위 환경의 영향을 받게 만들었다. 아이의 생활 환경이 아무리 좋다고 할지라도 부모는 불가피하게 아이의 필요를 모두 충족시킬 수 없다. 아이는 태아 상태에서 습성화 된 자유로움을 현실세계에서 구하나 불가능하므로 감정을 표현하려 한다. 영양도 태반을 통하여 편하게 보충 받을 수 있었으나 젖을 먹어야 하는 불편이 생긴 것이다. 이것은 불편일 뿐만 아니라 젖을 찾고 빠는 능력을 요구하게 되므로 아이는 편안함에 대한 부족과 능력에 대한 부족을 느낀다. 동시에 부족에 대한 감정 표현을 다양하게 선택하게 된다. 울음, 몸부림, 손짓, 발짓 등이 그것이다. 이러한 다양한 표현에 대해 부모는 내재화된 성격으로 대응하게 된다. 아이가 만족감을 추구함에 있어 상황의 방해를 받게 되고 이 방해는 두려움과 불안이 되어 자기 효능감에 영향을 미치게 된다.

예로서 아이가 배고픔의 표현으로 손가락을 빨거나 울 때 아이가 왜 우는지 이유를 알지 못하고 안고 달래려고만 한다면 아이의 감정은 '싫어, 불편해' 상태가 될 것이다. 또 어머니가 신체적으로 바쁘거나 심리적으로 울적한 상태였다면 아이는 엄마의 상황이나 모습에서 또 다른 대응책을 강구할 것이다. 이러한 의존적인 생활을 통하여 아이는 어머니로부터 필요한 반응을 얻기 위하여 울거나 아니면 다른 어떤 시도를 할 것이다. 이와 같이 아이가 시도한 표현은 자신의 결핍에서 오는 욕구를 직접적으로 표현하지 않고 상대방인 어머니의 상황과 모습을 보고 자신의 욕구를 조정한 것이다. 이러한 상대방을 고려한 상호작용에 따른 표현은 어머니의 상태에 따라 아이의 자아개념 형성과 발현이 영향을 받는다는 것이다. 이점에 관해서는 사회학습이론에서 이미 언급한 바 있다.

불안과 두려움은 누구에게나 있기 마련이지만 불안의 정도에서 각자차이가 있기 마련이고, 개인은 이러한 불안 중 다른 불안보다 유독 정도가 심한 어떤 불안을 가진다. 이 정도가 심한 불안 혹은 두려움이 행동 동기로써 작용한다. 불안이 마음이 편하지 않고 조마조마한 상태라면, 두려움은 무서워서 마음이 편하지 않은 상태로서 불안과 두려움의 차이는 무서움의 느낌 여부이다. 불안은 침해·무시·무지 등에서 오는 것이지만, 두려움은 헤어날 방법이 없는 경우에 일어난다. 여기서 불안이 욕구 불안이라면, 두려움은 '할 수 없는 데서 오는 무서움'을 의미한다. 결핍·불안·두려움에서 오는 에너지 원천과 에너지 집중의 관계를 표로써 나타내면 다음과 같다.

욕구와 욕망이란 단어가 혼용되고 있어서 용어의 정의가 필요한 것 같다. 욕구는 결핍에서 벗어나고자 하는 마음이고, 욕망은 욕구를 만족하기 위해 대상을 소유하려는 마음을 의미한다. 욕구와 욕망을 구분한 것은 욕망은 인식된 욕구가 '할 수 있다'는 효능감에 의하여 대상을 소유하려는 집착인 욕망으로 표출된다는 것이다. 그래서 각 유형이 갖는 욕구는 효능감과 작용하여 각 유형의 욕망이 된 것이다.

불안과 두려움에서 벗어나기 위하여 방어와 외부의 지지, 희망을 찾게 된다. 이 갈구하는 방어, 지원支援, 희망도 원하는 것의 일종으로 욕구이다. 지원에 대한 기대와 희망은 삶에서 두려움에 대한 방어의 수단이 되기도 한다. 지원에 대한 기대와 희망이 있으면 불안에서 벗어나 새로운 안식처로 가는 내면의 지원과 안내를 얻을 수 있기 때문이다. 즉, 불안과 두려움이 에너지 원천이 되고 집중의 대상이 된다는 말이다.

유형별 욕망과 불안, 회피

필요	욕구	에너지 중심	불안 정서	욕망/불안·두려움·회피		
				긍정적 효능감	현실적 효능감	소극적 효능감
자유/독립	자치욕	의지	침해,무력 분노	자치 허약 8	평화 갈등, 긴장 9	정의 실수, 결함 1
정情	친애욕	감정	무시,비난 수치심	사랑 창피 2	존경 실패 3	품의 빈약, 평범 4
편암함	탐구욕	사고	무지,혼란 두려움	지식 무지, 상실 5	성실 불신, 일탈 6	재미(기대) 단조로움,고통 7

　우리는 성격 유형에 따라 방어, 지지, 희망을 조작하고 이상화 한 후, 그것에 의존하고 집착하여 불안과 두려움을 잊으려 한다. 이렇게 이상상을 찾는 것이 욕구이고 이를 추구하는 것이 욕망이다. 욕구를 충족시키려 하는 것은 태생적이고 자연적인 것이며, 당연한 적응의 방법이다. 그러나 욕구의 추구와 이를 충족하기 위한 수단과 방법에서 어느 한쪽에만 집착함으로써 전체성이나 상호의존성의 원만함을 취하지 못하고 부분적이고 편협한 것을 선택하는 한정됨을 보이는 것이다. 예를 들면 1번 유형의 경우 외부에 대해 경계를 형성함으로써 자치감을 유지하고자 조심하고 완벽을 추구하는 것이다. 이들은 완벽을 추구에만 집착하기 때문에 또 다른 삶의 방향인 즐거움이나 보살핌 등을 잊어 버리게 되고 자신을 편협함의 함정으로 빠뜨리는 결과를 초래할 수 있다는 것이다. 우리 주변에는 너무 완벽을 추구하다 기회를 놓치거나, 재미있고 즐거운 일을 하지 못하고 항상 심각한 상태에서 벗어나지 못하는 경우를 흔히 볼 수 있다. 집착

은 욕구가 충족되었다고 여겨질 때까지 포기하지 않기 때문에 타고난 본성은 균형을 상실하고 표출되지 못하고 만다. 1번 유형의 경우 스스로 모든 것이 완벽할 때까지 긴장하고 조그만 잘못도 걱정하고 있기 때문에 상호의존관계를 의식하지 못하고 전체의 구조와 기능을 객관적으로 보지 못한다. 물론 결코 완벽한 상태란 이루어지지 않으며 이루어 질 수도 없다. 이렇게 불안과 두려움에 대한 해결책으로서 동원되는 욕구와 집착에 대한 이해를 하게 되면, 본연지성으로서 우리의 자연성은 집착이라는 작은 부분에 의해 가리워져 있다는 것을 이해할 수 있을 것이다.

라. 불안의 수준과 효능감 수준

● **주요 개념** ●

'할 수 있을까?'라는 측면에서 긍정적 효능감을 가진 사람은 불안이 낮고, 현실적 효능감을 가진 사람은 불안에서 벗어나려 하며, 소극적 효능감을 가진 사람은 상대적으로 불안이 높다. 그러나 '하고 싶다'는 욕구의 측면에서 불안도 있기 때문에 태도에서 나타나는 불안은 효능감에서만 연유한 것은 아니다. 그리고 불안 수준이 높다고 나쁜 것이 아니다. 이를 극복하기 위해서 준비와 창조를 하기 때문이다.

욕구를 자치욕. 친애욕. 탐구욕으로 구분하는 것이 자율 침해, 수치심, 무지 등 불안의 종류에 따른 것이라면, 효능감은 불안의 수준에 따른 구분이라 할 수 있다. 긍정적 자기효능감을 가진 사람은 '잘 할 수 있다'는 자신감을 가지고 있으므로 불안을 별로 느끼지 않을 것이고, 현실적 효능감을 가진 사람은 현실적으로 시의적절하게 대응하므로 불안을 의식하지 못하거나 벗어나려 하며, 소극적 자기효능감을 가진 사람은 '할 수 있다'는 신념에 약간의 의문을 가지고 있기 때문에 불안의 수준이 상대적으로 높다고 할 수 있을 것이다.

이들의 생의 태도는 어떠할까? 긍정적 자기효능감을 가진 사람의 자극에 대한 태도(인지적, 감정적, 의지적 반응에 대한 준비태세)는 잘 할 수 있다고 자기평가에 근거하여 자신감을 가지고 적극적으로 사안에 접근할 것이고, 현실적 효능감을 가진 사람은 때와 상황에 따라 편리한 방안으로 자기를 조정하면서 대응할 것이며, 소극적 효능감을 가진 사람은 잘못 될까 불안해 하면서 이를 극복할 방안을 마련하려 할 것이다.

다르게 말하면 긍정적 효능감을 가진 사람은 불안을 가졌다기보다는 자신감을 가졌다고 할 수 있을 것이고, 소극적 효능감을 가진 사람만이 불안을 가졌다고 할 수 있을 것이다. 그러나 이것은 당사자의 정신건강 상태에 따라 다르다. 긍정적 효능감의 소유자라도 주변 상황이 저조한 상태라면 욕구불안의 측면에서, 즉 자율 침해의 불안을 느낄 수 있기 때문에 태도는 불안해 보일 수 있다. 같은 이유로 수치심의 불안이나 무지의 불안에서 비롯한 태도의 불안도 있을 수 있다. 이와 같이 태도로 나타나는 불안은 욕구체계에서 오는 불안과 효능감에서 오는 불안이 혼합되어 나타난다. 예를 들면 같은 의지중심이고 긍정적 효능감의 소유자라도 의지중심이 갖는 자율침해에 대한 불안 수준에 차이가 있으면 나타나는 태도도 차이가 있다는 점이다. 이는 에너지 원천 3유형과 효능감 3유형을 조합하여 성격을 9가지 유형으로 구분하였지만, 욕구의 수준 차이에 따라서도 다양한 성격이 표현된다는 점을 의미하는 것이다. 그래서 사람의 성격은 천태만상이고, 각인각색이 되는 것이다. 다만 이러한 다양한 성격도 일관성과 비슷한 패턴을 갖고 있는데, 이를 어떤 기준에 의하여 분류하여 분석하고 해석할 수 있게 만든 것이 성격의 유형 분류이다. 이 성격의 분류는 대체적이고 큰 틀에서 패턴을 구분한 것이라 모든 사람들에게 꼭 맞는다고 평가받기는 어려운 것이다.

그리고 소극적 효능감을 가진 경우, 불안의 정도가 높아서 좋지 않은 성격이 아닌가 하는 의문을 가질 수 있는데, 그렇지 않다. 효능감이 낮으면 불안의 정도가 상대적으로 높긴 하지만, 이를 극복하기 위하여 새로운 것을 창조하고, 끈질기게 개선하려 노력하며, 특별하게 표현하려 하므로 세상의 발전에 많은 기여를 하거나 공든 탑을 쌓고 대기만성을 하게 되는 것이다.

마. 욕구와 집착의 생성 과정

같은 욕구를 계속적으로 추구하면 집착이 되는데, 어린 시절 긍정적·부정적 메시지는 강화와 동일시를 통해 집착으로 발달된다.

집착은 심리에너지인 욕구가 형성되어 고착된 것으로 계속 에너지를 투입함으로써 일어난다. 유아기의 결핍은 생리적·심리적으로 필요한 것들을 환경에서 구할 수 없을 때 느낀다. 생리적 결핍은 음식물과 배설에 관련되고, 심리적 결핍은 부모와 관계에서 시작되고 성장함에 따라 가족, 동료관계 등 관계에 대한 결핍 또는 타인과 비교하여 우월해지고 싶은 욕구와 현실의 차이에서 발생하는 결핍으로 확대되어 간다. 이들 결핍은 자아정체성 확립과 자아성숙, 발달의 문제로 발달된다.

유아의 경우 가장 많이 듣는 꾸중과 칭찬은 아이에게 심리발달에 많은 영향을 미친다. 가족간의 메시지는 자주 반복적으로 이루어 지는 것이므로 반응도 레퍼토리(repertory)처럼 준비되어 내재된다. 긍정적 메시지인 칭찬은 유사한 사안에 대한 강화의 결과를 가져오고, 부정적 메시지는 불안을 형성하게 만들어 유사한 자극에 대해 방어나 회피를 조장하기도 하지만, 도전적 욕구를 형성하기도 한다. 예를 들면 1번 유형이 "실수 하지 마라"라는 꾸중을 듣고 나면 다시는 실수를 하지 않으려고 신중을 기할 것이고, "꼼꼼하게 잘 하였다"라는 칭찬을 들으면 '더욱 꼼꼼하게 잘 해야지'라는 강화를 하게 된다는 점이다. 이러한 금지의 요구와 칭찬은 동일화를 추구하게 만들어 성격으로 내재되어 간다. 에니어그램의 성격 유형별로 어릴 때 자주 들은 꾸중과 칭찬의 유형을 보면 다음과 같다.

유형	부정적 메시지	긍정적 메시지	불안	욕망	동일시(소망)
1	실수하지 마라	꼼꼼하게 잘함	결함-분노	정의추구	올바름(개선/완벽)
2	저리 나가	좀 도와 줄래?	존재무시-창피	사랑추구	타인의 감정(도움)
3	그게 아니야	아주 잘했다	능력 무시 -창피	존경추구	칭찬 받은 이미지 (성공)
4	겨우 이거야?	멋있다	개성 무시 -창피	품의추구	특별함 (자기 이해)
5	그것도 몰라?	그런 것도 알아?	무지-두려움	지혜추구	외부 관찰자 (세상 이해)
6	거짓말하지 마라	돌봐 줄게	신뢰 부재 -두려움	성실추구	신뢰 관계 (안전)

7	어떻게 할 거야?	정말 재미있다	고통-두려움	계획추구	기대감(만족)
8	지지 마라	최고다	침해-분노	자치추구	강한 도전감(지배)
9	왜 싸우니?	사이좋게 노는구나	고립-분노	평화추구	균형감 (타인 연대)

　상기 표에서 동일시라 함은 주로 외부적 대상이나 타인의 특징을 자신의 마음 속에 받아 들이는 것으로 자신이 주의를 기울이는 것과 같이 되어야겠다고 생각하는 것을 의미한다. 예를 들면 아버지와 같은 남자다운 사람이 되어야겠다고 생각하는 것을 말한다. 타인을 본받고 닮고자 하는 경향은 인격 형성에 중요한 역할을 한다. 실패한 사람이 성공한 사람을 동일시 하듯이 욕구에 맞는 이상상을 만들고 이에 동일시하고 이에 집착하려 함이 성격으로 발전한다. 결국 이 동일시가 집착을 만들고 성격으로 굳어간다는 것이다.

　집착은 나쁜 것인가? 그렇지 않다. 건전하지 않은 집착은 삶의 질을 풍요롭게 하지 못하기 때문에 이를 극복하고자 하는 것이다. 건전한 집중과 추구는 삶을 풍요하고 넉넉하게 하여 이웃과 함께 나누고 공유하며 즐기게 하여 훨씬 더 만족감을 느끼게 할 뿐만 아니라 행복감을 준다.

　자신만의 행복감과 만족감보다는 주변과 함께 하는 삶이 더욱 윤택하고 보람 있는 삶이다. 주위와 더불어 행복한 삶을 영위하기 위해서는 기본적으로 현재의 불안이나 두려움에서 벗어나야 하며, 그렇게 되기 위해서는 자신에 대한 이해와 타인에 대한 이해의 폭을 넓힐 필요가 있다. 자신에 대한 이해는 자신의 욕구 체계와 효능감 수준을 이해 함으로써 자신이 무엇에 집착하고 있는 지를 알아보는 데서 출발하고, 타인에 대한 이해는 타인의 입장이 되어 보는 것이 가장 쉬운 방법일 것이다. 자신의 욕구를 알게 되면 이를 추구할 수도 있지만, 이를 내려 놓을 수도 있게 된다. 욕구를 내려 놓을 수도 있다고 함은 상황에 따라 욕구의 우위를 조정할 수도 있게 된다는 의미이다. 예를 들면 자치욕을 내려 놓고 친애욕과 탐구욕을 추구할 수도 있게 되어 상황에 적합한 선택을 할 수 있는 자유를 얻게 된다. 또 효능감 수준을 알게 되면 욕구를 추구할 시기와 강도를 조정할 수 있고, 자신이 나설 때인지 물러날 때인지를 선택할 수 있게 된다. 흔히 하는 실수 중에서 상당히 많은 부분을 차지하는 것은 나설 때와 물러설 때에 관련된 것이다. 물러나 경청하면 답이 보일 때가 많은데 이를 참지 못하고 참견을 하여 점수를 잃는 경우가 많다.

타인에 대한 이해를 위해 타인의 입장이 된다는 것은 말은 쉽지만 실제 실행하기 어렵다. 아이가 떼를 쓸 때도 그 욕구를 이해하여 긍정적인 반응을 보이면 떼쓰는 것을 멈추는 경우와 치매에 가까운 노인이 고집을 피울 때 긍정적으로 동조하면 금새 웃는 경우를 보면, 인간이 근본적으로 이기적이란 점을 알 수 있다. 이런 점 때문에 타인의 입장이 되어 보면 자신도 같은 반응을 보일 것이란 점을 쉽게 이해할 수 있고, 또 이것이 갈등 해결의 최선의 방안이란 것을 알 수 있게 될 것이다.

II

자극 인식 유형

(에너지 원천)

성격은 의지, 감정, 사고의 집합체이다. 집합의 요소 중 어느 요소를 자극 인식의 수단으로 주로 이용하느냐에 따라 선호하는 경향성을 갖게 된다.

자극의 인식은 3중심 중 어느 하나의 중심을 주로 사용하고, 다른 두 중심은 덜 사용하기 때문에 제한적이다. 오른발 잡이가 오른발만 주요 사용하는 것과 같다.

의지중심은 독립성의 추구를 위해 긴장하기 쉽고, 본능과 습성에 따라 반응하며, 자신이 뜻을 중시하므로 공격과 억압의 문제를 갖는다.

감정중심은 타인이 주의를 끌기 위해 타인의 반응에 기민하고, 자신이 감정 상태에 따라 반응하며, 느낌을 중시하므로 정체성과 적대감의 문제를 갖는다.

사고중심은 내면의 안내인 지혜를 찾기 위해 물러나 심사숙고하고, 편안함을 중시하므로 불안정의 문제를 갖는다.

의지중심, 감정중심, 사고중심은 자극을 인식할 때 심리적 에너지가 일어나는 원천을 구분한 것이기 때문에 의식적으로나 무의식적으로 자극 감지의 틀이 될 뿐만 아니라, 자신을 제한하는 틀이 되기도 한다. 세 가지 에너지 원천은 앞에서 언급한 바와 같이 의지중심은 본능적으로 자아경계를 형성하며 자신의 의지로 자극에 대처하고, 감정중심은 상대방에 잘 보이기 위하여 좋은 이미지를 형성하며, 사고중심은 두려움에서 벗어나기 위해서 내면의 지원과 안내를 받을 수 있는 안식처를 찾는다고 하였다. 이 장에서는 이들 중심이 갖는 기능이나 추구내용 등의 특징과 성격 유형별로 어떻게 기능하는 지를 살펴보고자 한다.

생리학과 에니어그램의 이론에 따르면, 의지·감정·사고의 기능은 신체의 중심과 연관되어 있고, 성격도 그들 중심 중 하나에 기본적으로 관련되어 있다고 한다. 현대 의학은 인간의 뇌를 간뇌와 변연계, 그리고 대뇌피질 등으로 구분하고, 사고는 대뇌피질에, 감정은 변연계에, 본능은 간뇌에 연관된다고 한다.

신체의 감각기관, 신경계, 두뇌, 근육 등은 자극 감지에서부터 근육의 반응까지 서로 유기적으로 연결되어 독립적인 기능을 하면서도 상호 의존적인 기능을 한다. 자극이 감지되면 신경계와 뇌는 전체가 활동을 하지만 그 중 평소에 습성화되어 유독 많이 활성화되는 부분이 있다는 것이다. 마치 왼발 선수가 왼발을 주로 사용하는 경우와 같이 어느 한 쪽의 기능을 주로 사용하고 다른 쪽은 부분적으로 사용한다는 의미이다.

이점에 대해 뇌신경의 시냅스 연결과 관련시켜 살펴보면 다음과 같다. 뇌에는 1,000억 개의 세포가 있고, 각 세포는 수천~수만 개의 시냅스로 서로 연결되어 있다고 한다. 이 시냅스는 생후 8개월 무렵에는 성인의 10~20배 정도에서 24개월 무렵에 그 수가 가장 많았다가 3세 무렵에는 성인의 2배 수준으로 줄어들어 10세 무렵에는 성인과 비슷한 수준이 된다고 알려져 있다. 이렇게 시냅스 수가 줄어드는 것은 6세 무렵부터 그 동안 연결해 놨던 연결망 중에 많이 사용하거나 확률적으로 필요한 것만 남겨두고 나머지는 가지치기를 한다는 것이다. 이런 과정에서 선호하는 회로가 만들어진다는 것이다. 회로란 감각에서 운동으로 이어지는 신경로로서 자극을 인식하여 반응하는 경로를 말한다. 이 경로를 통해 유사한 자극에는 유사한 반응을 하는 습성이 형성되는 것이다.

선호하는 회로는 그 사람이 선호하는 것이지 다른 사람과 비교할 수 있는 것은 아니다. 감정중심이라고 하여 다른 사람보다 정情이 많다는 것이 아니고, 사고중심이라고 하여 다른 사람보다 지적이라는 것도 아니다. 다만 해당 중심을 많이 사용하므로 정적으로 보이고, 지적으로 보인다는 것이다.

각 중심들이 사용하는 기능(의지, 감정, 사고)은 욕구가 강하게 형성된 부분이다. 이것은 위에서 말한 바와 같이 뇌의 특정 부분이 활성화 되기 때문이다. 사고중심이란 편안함에 대한 필요로 가치감이나 자율감을 충분히 인지하지 못함을 뜻하고, 감정중심이란 지나치게 가치감에 치중하여 자유로움이나 편안함을 제대로 추구하지 못함을 의미하며, 의지중심이란 지나친 자아 경계를 만들고 자율감에만 의존함으로 가치감이나 편안함 추구가 미흡하다는 의미이다.

심리 에너지의 흐름은 세 가지 중심들 가운데서 다른 두 가지 중심의 기능보다 다른 어느 한 중심에 치중한다는 것이다. 이는 완전한 인간으로서의 기능에 불균형을 가져오게 한다. 이상적으로 본다면 세 가지 중심은 주어진 상황에서 각 중심이 나름대로 고유 기능을 발휘하는 가운데 상호 의존적으로 기능하여야 할 것이다. 축구경기에서 공이 오른쪽으로 오면 오른 발을 사용하고, 왼쪽으로 오면 왼발을 사용해야 하는데 왼쪽으로 오는 공을 오른발을 사용하려 하니 타이밍을 놓치게 되는 것과 같다.

하나의 중심이 다른 중심들의 기능을 대신하여 기능함으로써 주도권을 갖게 해서는 안 되고, 상황과 객체에 따라 적당한 기능을 사용해야 할 것이다. 그리고 사용되는 기능도 사용 주체와 주변 환경에 두루 도움이 될 수 있게 표출되어야 할 것이다. 자율보다는 상호 의존적인 소통, 자신의 가치감보다는 공유의 가치, 자신의 편안함 보다는 공동의 비전을 도모하도록 노력해야 한다는 것이다. 이것은 개인의 가치 보다 집단의 가치가 중요하고 공존의 가치가 중요함을 의미하며, 상존·상생의 진리가 우주의 진리이고 자연계의 자연성이며, 이를 내재화 하는 것이 인간의 본성을 회복하는 것임을 의미한다.

각 중심에 속하는 사람이 집단 내에서 보이는 행동 특성을 살펴보면 다음과 같다.

의지중심의 사람들은 '내가 여기 있소' 하고 방어벽을 쌓고 버티는 상황을 만든다. 마치 코브라가 머리를 치켜들고 경계하는 것과 같다.

감정중심의 사람들은 '나에게 관심 좀 보여 주시오' 하고 눈치를 본다. 개가 꼬리를 흔드는 모양새이다.

사고중심의 사람들은 상황에서 한 걸음 물러나서 '무슨 정보가 있을까?' 하고 살펴보고 상황을 재구성하며 대처방안을 계산한다. 로봇이 안테나를 돌리고 있는 모양새이다. 각 중심의 특성은 아래 표에서 보는 바와 같다.

각 중심의 주요 주제

구분	관심사	추구	관점	초기 반응	내재감정	문제
의지 중심	환경에 저항 및 통제	독립성 (자기 중시)	주체적	긴장 (경계 형성)	분노	공격과 억압
감정 중심	자아이미지 사랑	주의 (타인 중시)	관계적	눈치 (이미지 형성)	수치심	정체성과 적대감
사고 중심	전략과 아이디어	편안함 (상황 중시)	위상적	물러나 계산 (희망 탐구)	두려움	불안정

가. 자치욕 추구와 경계형성

● **주요 개념** ●

의지중심은 자치욕을 추구하고 '자신의 뜻'을 중시하여 존재의 보호를 위해 경계를 형성한다. 이 경계는 독립성과 자치를 유지하는 영역이 되어 개체성을 유지하는 데는 도움이 되지만, 타인과 더불어 살아야 하는 공생의 관점에서 보면 조화의 문제를 갖는다.

긍정적 자기효능감을 가진 8번 유형은 자아경계에서 에너지를 외부로 방출하며 지배적인 태도를 지닌다.

현실적 자기효능감을 지닌 9번 유형은 현실의 균형을 유지하기 위해 상황을 조정·중재하려 하며 에너지를 양방향으로 흘러 보낸다.

소극적 자기효능감을 가진 1번 유형은 노력과 개선을 통해 완벽을 추구하지만 결과에 만족하지 못하고 계속 보완코자 노력하며, 내부의 충동을 억제하기 위해 에너지를 내부로 흘러 보낸다.

유형8, 9, 1은 자신의 생명력과 활력의 뿌리인 의지가 스스로의 존재에 치중한다. 의지중심적인 사람은 느낌인 감각, 생명의 기능, 생존에 관심을 많이 갖는다. 즉, 환경이 자신의 생존을 위협한다는 불안에서 상호 의존하는 상생相生의 지혜보다 자존自存에 의식을 집중하여 경계를 형성함을 말한다.

　진실로 우리의 의지가 본성을 따라서 생활할 때 -자연계의 순리에 따라 순환의 변화법칙과 음양陰陽의 존재법칙을 이해하고 이에 순응하면서 삶을 영위할 때- 그것은 우리에게 깊은 충만감과 안정감, 그리고 자율성과 독립성을 준다. 이때 우리의 심신心身은 자극에 의한 신체적 긴장에서 벗어난다. 예를 들면 불행한 일을 당하더라도 이것을 자연계의 겨울에 비춰보고 다가올 봄을 준비하는 것이라 이해한다면 현재의 불행을 전화위복의 계기로 삼을 수 있을 것이다. 본성을 에워싸고 있는 얼음(성격이 틀)이 없어지고 물의 본질을 접할 수 있음을 말한다. 우리가 우리의 본성과 접촉할 수 없을 때-생태계의 본질인 상호의존성을 의식하지 못하고 자신의 개체성만 강조할 때, 육체적인 감각이 외부세계와 경계를 두어 교감하지 못할 때-성격은 자율이란 감각을 집착의 형태로 제공함으로써 본성의 자리를 차지하려고 시도한다. 여기서 본성이란 환경에서 존재이유를 찾고, 역할의 당위성을 찾는 환경과의 상호 의존적이면서도 독립적인 기능구조로서의 개체성을 의미한다. 다시 말해, 생태계의 일원이며, 사회적 동물로서의 본성을 의미한다. 그러나 성격이 제공한 심리 에너지는 상호의존성보다는 자율성(자신의 존재와 기질을 기초로 경계를 형성한 자신의 심리공간)에 집중한다. 자율성을 유지하는 힘은 자신의 의지이며 이 의지의 사용 영역이 자아경계이다. 하지만 실제 본성인 공존의 원리는 개체성을 전제로 한 자연의 섭리(중력, 인력引力, 사랑, 자비 등)이다. 존재의 에너지인 의지가 공존의 에너지인 조화와 사랑으로 연결될 때 본성을 회복하게 될 것이다. 그렇다고 하여 의지중심의 성격 자체가 불안전하고 나쁘다는 것이 아니라 조화와 균형이 필요하다는 것이다. 사람은 잉태와 함께 개체성을 부여 받았으며, 출생으로 어머니와 공생의 관계에서 벗어나 물리적·정신적 개체성도 부여 받게 된다. 한 생명은 개체로서의 존재가 되는 것이 탄생과 존재의 섭리라면, 혼자는 살 수 없다는 자연계와 생태계, 그리고 사회생활의 섭리는 상호의존성이다. 그러므로 개체성과 상호의존성의 조화가 필요한 것이다.

공존이 아닌 자존을 강조하는 자율이라는 감각은 '자아 경계'라고 부르는 벽을 만든다. 자아 경계는 우리가 느끼는 물리적 경계가 아니라, 심리적 경계로서 긴장이 형성된 마음의 벽을 의미한다. 의지중심의 성격유형은 자아경계를 갖는다. 이들은 환경의 요구, 내부의 충동, 외부의 위협 등의 자극에 대응하기 위하여 자신의 의지(will)를 자신의 뜻대로 사용(행사)하기 위한 공간을 확보하고자 자아경계를 만든다. 그들에게는 의지는 '나와 당신 중에 누구의 의지가 더 강한가?'라는 형태로 표출된다. 이들은 환경으로부터 영향은 가능한 덜 받고, 환경에 영향을 미치려 하며, 환경을 감지하여 통제하려 하고, 제지하려 한다. 8번, 9번, 1번 유형은 그 유형에 따라 경계가 어디에 있는지는 다르지만, 자아와 비자아非自我 사이에 '벽'을 형성하고 그 벽의 감각을 유지하려 한다.

이들의 에너지 방출 방향은 자아경계를 기준으로 하여 외부지향과 내부지향으로 구분할 수 있다. 외부 지향은 에너지를 외부로 방출함을 말하고, 내부지향은 에너지를 자신의 내부로 방출함을 의미한다. 이는 자기효능감의 수준에 따라서 긍정적 자기 효능감을 가진 경우(8번 유형)는 외부지향적이고, 현실적 자기 효능감을 가진 경우(9번 유형)는 내·외 양방향으로 에너지를 방출하며, 소극적 자기 효능감을 가진 경우(1번 유형)는 내부 지향적이다.

긍정적 자기효능감을 가진 8번 유형의 자아경계는 환경에 대항하여 외부로부터 침해를 막고 자율을 유지하기 위해 에너지를 외부로 발산한다. 이로 인해 이들은 접근하기 어려운 상대가 된다. 이들은 누구도 자신에게 대항하지 못하고, 경계를 통과하여 자신을 해치지 못할 것이라고 생각한다. 어릴 때 상처가 많은 경우, 이와 같은 상처를 다시는 입지 않기 위해 방어벽을 형성하고 외부의 침해를 막기 위해 에너지를 공격적으로 방출한다. 이들은 자기효능감이 높아 자신 있게 자신만의 방법을 고집하고 그 결과에 만족한다.

소극적 자기효능감을 가진 1번 유형은 내면의 충동에 대응하여 에너지를 내부로 방출하여 경계를 유지하려 한다. 이들은 충동을 억제하고 의식이 계속 깨어 있게 하기 위해 상당한 노력을 기울인다. 이들은 감정을 절제하며 충동적 행동을 원하지 않는다. 마치 코브라의 머리를 치켜들지 못하게 계속 누르고 있는 형상이다. 내면에서 방출되려는 에너지를 절제하여 내면의 의식을 놓치지 않으려고 긴장을 만들며 올바른 방법을 강요한다. 이들은 자신의 능력에 대한 효능감이 낮아 계속적인 노력과 개선을 통하여 완벽을 추구하지만 그 결과에 대해서는 만족하지 못하여 계속 변화를 시도한다. 효능감이 낮아 조심스러워 하고 불안해 하는 경우가 많다.

9번 유형은 현실적 자기 효능감을 가지고 있기 때문에 외부에서 침해를 받을 지도 모른다는 불안에서 자율 유지를 위해 에너지의 방출을 억제하지만, 외부 세계가 수용 가능한 상황이 되면 에너지를 방출하여 내·외적인 경계를 유지한다. 이들은 현실에 대응하기 위하여 균형을 파괴하는 어떤 감정이나 상태를 원하지 않는다. 이들은 상대적으로 약한 자극에 대해서 자치욕 실현을 위해 적극적으로 힘을 행사하기도 하지만, 외부의 강력한 자극에 대해서는 눈을 감아 버리기도 한다. 이러한 대응은 에너지를 양방향으로 유지하는 데서 오는 번거로움 때문이다. 이들은 현실에 대응하기 위하여 자신의 의지를 숨기고 싶어 한다. 이들은 자신이 능력과 힘에 대한 자기효능감을 일관되게 인식하지 못하여 현상에서 변화를 꾀하지 않으려 하고 결과에 대해서도 겸손한 입장을 취한다.

나. 인간 관계

● **주요 개념** ●

8번 유형은 허약해 보이는 것을 회피하므로 힘을 가진 강한 존재가 되려고 하며 자신의 의견을 중시한다. 자신의 의견이 무시당한다고 생각되면 강력하게 대처하므로 인간관계에 문제를 만들기도 한다.

9번 유형은 자신이 자율감을 침해 당하는 것을 불안해 하므로 현실에 집중하여 편의적인 입장을 취하므로 인간관계에서도 물러서려는 경향을 보인다.

1번 유형은 자율감을 침해 받을까 불안하여 조심스럽게 접근하고 조금씩 개선·보완하며, 비판적이고 논리적으로 시비를 가리려 하여 주위를 부담스럽게 하므로 인간관계가 제한적이다.

8번 유형은 다른 사람들과의 관계에서 허약하게 보이는 것을 싫어하기 때문에 강력한 존재가 되려고 집착한다. 이들은 다른 사람들이 그들을 강력하고 의지적인 사람으로 인정하기를 원한다. 이들은 에니어그램 도형에서 사고중심에 인접하여 있기 때문에 이들이 생각하고 있을 때는 편안함을 느끼는 경향이나, 감정중심에서 멀리 위치하여 있기 때문에 자신의 감정중심을 제대로 이용하지 못하고 감정을 다스리는 데 문제를 야기하는 경향이 있다. 이들은 자신의 힘에 의해 인간관계를 맺게 되었다고 느끼는 반면, 다른 사람들을 통제함으로써 인간관계를 망가뜨리는 경향을 갖는다.

9번 유형은 의지중심의 중앙 지점에 위치해 있어 다른 중심을 사용하려 하지 않고 자기가 속한 중심만 사용하려 하므로 자치욕이 매우 강하다. 강한 욕구 때문에 자기 영역을 침해 받을까 불안하여 자극에 대처할 때 현실에 의식을 집중함으로써 효능감을 일관되게 인식하지 못한다. 역으로 일관되게 효능감을 인식하지 못하기 때문에 의지도 일관되게 사용하지 못하여 자치욕의 추구도 제대로 못하게 된다. 상대방과의 관계에도 침해의 불안을 해소하기 위하여 조정이나 중재에 의식을 집중하기 때문에 실제 자신이 속한 중심의 기능인 자율감을 제대로 확보하지 못하는 경향을 보인다. 그리고 효능감을 일관되게 인식하지 못한다는 점과 편의적인 사고를 한다는 점 때문에 자극에 대응 시 물러서려는 경향을 보이고, 변화를 꺼려함으로 인해 게으름의 문제를 야기한다.

유형9는 감정과 사고 대신에 의지를 사용하기 때문에 유사한 지식과 사고 방식을 선호하고 자기와 유사한 성향의 친구 이외에는 사귀지 않는 경향이 있다. 변화를 싫어하므로 새로운 친구와 교류하기를 꺼려할 뿐만 아니라, 자신을 개방하는 것도 매우 단편적이다. 갈등을 싫어하기 때문에 모호하고 유보적인 태도를 취하는 경향이고, 수용적인 반면에 한계를 넘으면 폭발적이고 완고해 져서 돌이키기 어려운 사람이 된다. 사고와 감정 활동이 담당해야 할 부분까지 의지가 대신하여 기능하기 때문에 사고나 감정 활동은 습관적인 경향이다. 이로 인해 이들은 시간이 임박할 때가지 일을 미루는 특성을 지닌다. 하지만 이들은 타성적인 생활습관에 특별한 문제점을 느끼지 않는다.

1번 유형은 감정중심과 인접해 있는 의지중심의 날개부분에 위치해 있다. 이들은 사고중심에서 멀리 떨어져 있어 탐구활동 영역을 과거의 습성으로 대체하려 한다. 이들은 정보 수집활동이나 상황파악과 판단의 영역에도 자아경계를 형성하는 방식으로 접근하기 때문에 탐구활동의 폭이 좁고, 사고가 유연하지 못하여 정형화 되기 쉽다. 이들은 상황을 파악하고 이해하는 데 정형화된 방식을 적용함으로써 이들의 사고에는 객관적 시각이 결여되고, 정의나 완벽을 강조하여 다양성이 결여되기도 한다. 이들은 비판적이고 논리적이며 시비를 잘 가리기 때문에 주위를 부담스럽게 하여 친구가 적다. 자신과 다른 사람에게 관대한 사람이 되지 못하고 실수를 할까 불안해 하므로 말수가 적고 근엄해 보인다.

자신의 존재를 중시하는 의지중심의 사람은 타인의 관심이 자신에게 향하기를 바라고 있다. 어떠한 경우에도 자신의 입장을 피력하며 일정한 위치에서 타인을 통제하려 한다. 이들은 자기 중심적이라 자기 주변의 일(과제)에 관심이 집중되어 자신과 타인에게 많은 기대를 한다. 이들은 상대방이 자신의 의견을 반대하거나 수용을 거부하면 자신을 무시하는 것으로 느끼고 분노를 느끼는 경우가 많다. 이들은 무시당하면 존재를 침해받는 것으로 판단하는 경향이 있기 때문이다.

다. 문제

● 주요 개념 ●

의지중심 유형들은 자율감 보호를 추구하므로 공격적인 면이 있고, 자신이 의지(뜻)가 꺾이는 상황이 되면 분노가 폭발하려 한다. 8번 유형은 분노를 폭발시키고, 9번 유형은 분노를 부정하려 하며, 1번 유형은 분노를 내면으로 억압하려 한다.

이들 의지중심 유형들은 외부의 침해에 대해 자율감 보호를 추구하기 때문에 공격적인 행동을 취하는 문제를 가진다. 다른 중심의 성격 유형도 공격성을 갖지만 의지중심의 경우 공격 에너지 분출이 폭발적이다. 1번 유형의 경우는 분노를 참지 못하고 자신을 공격하기도 하고, 타인에게 폭발시키기도 한다. 이들은 자신의 의지가 꺾이면 특징적으로 분노를 터트린다. 분노의 사전적 의미는 자기 욕구의 실현을 부정 및 저지하는 것에 대한 저항의 결과로 생기는 정서를 말한다. 리소의 '에니어그램의 지혜'에서는 분노를 자신을 억압하고자 하는 욕구-자신의 생명력을 구속하고 닫아 버리고자 하는 욕구-를 느낄 때 일어나는 본능적인 반응이라고 한다. 8번 유형은 분노가 일어 나는 대로 다른 사람에게 폭발시키고, 9번 유형은 그것을 부정하려는 경향이 있어 처음에는 태평스러우나 자신의 요구를 굽히지 않는다. 1번 유형은 그것을 억압하거나 자신에게 터뜨리는 경향이다.

이들은 현재 자신의 자율감 유지에 의식을 집중하고 있어 현재를 중시한다. 그리고 과거의 경험을 통하여 형성된 습성에 따라 행동하기 때문에 과거에 의하여 지배 받기 쉽다.

라. 의지중심의 성격 특성

구분	특 성
유형	8번 유형, 9번 유형, 1번 유형.
방어전략	침해의 위협과 불안에서 자아경계를 형성하고 버팀.
관심사	환경에 대항하고 통제하려 함.
문제	분노와 억압.
추구	독립성과 자율. 영향력.
대처방법	신체적 긴장, 육체적 반응, 본능의 사용(행사).
스트레스	소화기관.
기능면	선천적 본능과 후천적 습성 사용.
성격유형	적대적 유형, 본능/자발적 동기.
체격. 용모면	모난 턱/광대뼈 발달(건강하고 근육질, 투쟁적 인상), 장기/엉덩이 발달, 단전에 힘이 들어간 느낌.
인상면	단호하고 도전적 태도. 외면: 자기 확신이 강해 보임. 내면: 도덕적 자기 의심이 내재함.
감정면	분노: 무시당하는 기분이 들면 분노를 느낌, 자아경계 형성, 상황에 버팀.
분노처리	8번 유형: 타인에게 폭발, 9번 유형: 부정함. 1번 유형: 억압하거나 자신에게 터트림.
발달감각	청각과 후각.
상황진입	"어쩔 건데".
관심	자신의 존재, 힘과 정의.
상황파악	진행 중인 일 파악 신속 정확, 현실과 타인의 통제에 본능적 대응.
의사결정	당연/의무 존중, 원칙에 따름.
추리	유추적(상황 따라 직관적 판단).
삶의 과제	수용과 공존의 삶으로 전환.

03 감정중심

가. 가치감 추구와 호의적 태도

● 주요 개념 ●

감정중심은 친애욕을 추구하고 '자신의 느낌'을 중시하여 타인의 반응에 주목한다. 이들은 타인으로부터 호의를 받을 수 있는 이미지 형성에 관심을 쏟고, 타인을 통하여 자신을 바라보는 성향을 갖는다. 그리고 타인의 반응이 긍정적이면 자신이 가치 있는 사람이라 느낀다.

이들 중 긍정적 자기효능감을 가진 2번 유형은 타인의 호의를 얻는 데 자신이 있어 타인을 돕거나 돌보기를 선호한다. 이들의 도움 이면에는 타인의 감사感謝를 기대하고 있으며, 그렇지 않으면 실망한다. 이들은 친절하고, 이들의 에너지 방향은 외향적이다.

현실적 자기효능감을 지닌 3번 유형은 호감을 이끌어 내는 중요한 가치인 성공의 이미지 형성에 관심을 집중한다. 이들은 성공을 위해 경쟁적이고 효율성을 중시하며, 실패를 두려워한다. 이들은 실패가 두려워 에너지를 내면으로 흘러 보내고, 경쟁적이 되기 위해 에너지를 밖으로 내보낸다.

　　소극적 자기효능감을 가진 4번 유형은 물러나 자기만의 특별한 이미지를 연출하려고 준비에 열중한다. 이들은 품위를 지키기 위해 자기검열에 에너지를 쏟기 때문에 에너지 방향은 내부지향적이다. 이들은 다름을 강조하고 내부지향적이므로 타인과 격리되는 듯한 느낌을 갖는다.

　　감정중심은 타인의 반응에 주의를 집중하므로 자기 정체성의 문제와 상대방의 반응이 비호의적이면 적대감을 느끼는 문제를 갖는다.

　　우리의 의식이 본성으로 충만하여 주도적이면서도 환경과 상호의존적인 삶을 살 수 있다면 좋겠지만, 실제로는 어느 한 쪽에 집착하여 타고난 자질을 제대로 발휘하지 못한다. 마찬가지로 감성도 대부분의 경우 완전하게 작동하지 못하고 있다. 완전하게 작동하는 감성이란 사랑하는 마음, 상호작용하는 마음, 꾸밈과 거짓이 없는 마음을 말한다. 즉 상대방의 입장에서 상대를 이해하고 조건 없이 사랑하며, 사랑하는 것이 자신의 삶의 일부로서 그냥 즐겁고 행복한 느낌을 말한다. 성리학에서 인의예지仁義禮智에 해당하는 측은지심惻隱之心, 수오지심羞惡之心, 사양지심辭讓之心, 시비지심是非之心의 상태를 말한다. 대부분의 사람들은 경쟁에서 생존과 성공을 확보하기 의해서는 상대방의 속마음을 이해하려 하지 않고 자신의 입장에서 자기 위주로 느낌과 생각을 표현하는 경향이다. 이런 사람들은 외부의 세계를 사랑하는 것이 마치 자신이 손해를 보고 가치를 상실하는 것처럼 느낀다. 또 다른 한편으로는 자기위주로 자신의 감정을 처리하면 외부로부터 나쁜 평가를 받게 된다고 느끼고, 자신이 가치 없는 사람이 된다고 생각한다. 이들은 가치 없는 사람 혹은 자신의 가치를 인정받지 못하는 사람이 되지 않을까 하는 불안에서 벗어나기 위해 자신의 가치를 인정받고자 온갖 종류의 반응을 일으켜서 본래의 참된 감성을 대신하려 한다. 그러나 이런 감정은 자기 위주의 생각이지 결코 타인의 입장에서 행하는 것은 아니다.

감성은 사람다움의 기초이다. 수치심이나 주위 시선을 의식하지 않고 본래의 심성대로 환경에 동화되어 상호작용 하면서 감정을 표현하더라도 외부에 악영향을 미치지 않고 사회로부터 칭송을 받을 수 있다면 얼마나 좋을까? 이렇게 되면 삶과 존재의 이유도 알게 될 것이며, 사랑을 받고 있음과 자신이 얼마나 가치 있는지도 느낄 수 있는 진정한 자신의 재발견이 될 것이다. 이 때 우리는 자신이 곧 사랑이고, 가치 그 자체임을 알게 되며 사랑은 타인으로부터 받는 것이 아니라 내부에서 흘러나오는 것임을 의식하게 될 것이다. 그러나 본성이 성격이란 껍질에 포위되어 있어서 밖으로 나오지 못하고 자신이 집착한 욕망만 표출하게 되면, 외부와 갈등을 초래하게 되어 불만을 느끼게 될 것이다. 뿐만 아니라 자신이 가치 없다는 감정이 쌓이게 되어 상실감만 증가하게 될 것이다.

감정중심의 2번, 3번, 4번 유형은 자아 이미지의 형성에 관심을 집중한다. 이들은 친애욕에 집착하여 자신의 이미지를 만들고, 그것과 동일시함으로써 감성을 대신하려 한다. 그들은 욕구와 자기효능감의 조합에 의해 형성된 자기 이미지를 내보이면, 사랑과 주의, 승인과 가치감을 얻을 수 있을 것이라고 착각한다. 이들은 본능적으로 타인의 시선과 필요, 주의를 의식한다. 타인을 통하여 자신을 바라보는 경향이다. 이들의 관심은 대인 관계에 집중되어 있어 타인을 향해 에너지를 방출하고 반응에 주의를 집중한다. 타인의 주의를 끌려고 하며 인정과 존경을 받아야 활력을 얻는다.

2번 유형, 3번 유형, 4번 유형은 '자신이 훌륭하다고 생각하는 자기애적인 감정'과 연결되어 있다. 이들은 어릴 때부터 자신이 하찮게 여겨질까 바 불안해 하고 타인의 호감을 얻어야 가치 있게 될 것이라고 생각한다.

심하면 공주병, 왕자병에 걸린 것과 유사한 경우이다. 대체로 이들은 자신의 모든 것이 공개되면 스스로 공허하고 가치 없는 존재가 되지 않을까 불안해 한다. 그래서 상대방의 참모습을 제대로 본적이 드물고 자신의 참모습 또한 남에게 보여준 적도 드물다. 단지 자신의 어떤 이미지를 보여주면서 '이것이 나입니다. 괜찮지요.' 라고 하며 동의를 구한다. 그러나 이 이미지에 집착하고 동일시 하면 할수록 자신의 참모습은 더욱더 드러나기 어려워 진다.

감정중심의 유형들은 가치 있는 사람으로 호감을 얻기 위해 3가지 전략을 제시한다. 2번 유형은 타인에게 도움을 주어 상대방이 자신을 좋아하고 가치 있는 사람으로 느끼게 만들려고 노력한다. 3번 유형은 자신이 이룬 업적과 성과물을 자신의 가치로 인정 받으려 노력한다. 4번 유형은 자신이 타인과 다른 특별한 면을 소유하고 있으니까 자신을 가치 있고 사랑스럽게 보아 주기를 원한다.

타인으로부터 호의를 얻는 데서 가치를 찾는 2번 유형은 타인이 자신을 원하고 자신이 그들에게 소용되기를 바란다. 이들은 타인에게 자신의 에너지와 주의를 집중함으로써 그들을 기쁘게 하여 호감을 얻으려고 다른 사람들에게 친절과 도움, 선의를 먼저 베푼다. 이들은 타인의 호감을 원하고 그러한 행위의 결과로 얻은 호감에 만족한다. 2번 유형의 감정에너지 흐름은 기본적으로 외향적이고 타인에 초점을 두지만 4번 유형은 그 반향에 중점을 둔다. 즉, 4번 유형은 자기 검열에 더욱 에너지를 집중하므로 심리에너지의 방향은 내향적으로 되는 것이다. 감정중심의 유형들은 자신의 노력에도 불구하고 호감을 얻지 못하고 욕구불만이 되더라도 상대방을 의식하기 때문에 이로 인한 적개심을 직접 표출하지 않는다.

4번 유형은 과거의 느낌에 기초한 자아 이미지 유지를 위해서 자신이 특별하다는 점을 간접적인 이미지로 표출하고, 외부의 평가에 대하여 자신의 주의注意를 기울이며 품위를 지키기 위해 심리에너지를 자신의 내면으로 향하게 한다. 이들은 호감을 얻을 자신감이 부족하여 자신이 보이는 이미지가 타인과의 진정한 관계를 맺는 계기가 되기를 바라고, 타인과 '다름'에 집착하기 때문에 독특한 표현을 하기 위해 노력한다. 타인과 다름을 강조하기 때문에, 가끔 타인과 격리되어 있음을 느낀다. 이들은 타인들과 같이 느끼는 현재의 느낌보다는 새로운 감정을 만들고 이를 과장誇張하여 표현함으로써 자기다움을 유지하려 한다. 건강하지 않은 4번 유형은 자신을 과거의 희생물로 본다. 이들은 과거의 비극에 사로잡혀, 자신이 다른 모습은 가질 수 없다고 믿는다. 이것은 과거에 기초한 열등감이나 소극적인 점에 기인한 것이며 타인의 동정과 주의, 그리고 인정을 이끌어 내기 위한 방법이다. 이들의 행동은 '나는 과거에 이런 상처가 있었어요. 좀 잘 봐주서요.'라고 말하는 것 같다.

3번 유형의 주의와 에너지는 외향, 내향 양쪽으로 향한다. 3번 유형도 타인의 긍정적인 피드백과 승인을 필요로 한다. 3번 유형은 자기효능감을 일관되게 인식하지 못하여 성취라는 겉모습을 통하여 가치감를 찾고 이 겉모습을 외부로 나타내려 한다. 이들은 자기가 이룬 성취에도 불구하고 자기효능감을 인식하지 못하므로 더욱더 노력하고 경쟁하게 된다. 이들은 집단에서 가치 있는 사람은 어떤 사람인가에 대한 개념을 발달시키고, 그런 사람이 되려고 노력한다. 이들은 에니어그램 도형에서 감정중심의 중앙에 위치하여 가치감에 대한 욕구가 강하고 타인의 인정을 받지 못한 모습을 내면에 숨기려 하기 때문에 심리에너지를 내면으로 향하게 한다. 반면에 타인의 호감을 얻을 수 있다고 생각되는 모습을 외부로 직접 표현하기 때문에 심리에너지는 외부로 향하게 된다. 이것이 이들이 추구하는 현실적인 대응이며 자기 정제의 방법이기도 하다.

이들 감정유형들은 자신들이 만든 이미지가 가치 있는 자신의 참모습이 아님을 알고 있으면서도 이를 개선하기 보다 합리화 하려 한다. 2번 유형은 '타인들은 나의 호의에 감사하고 고마워 할 거야'라며 자신이 인정받고 있다고 자위自慰한다. 이들은 마치 구조자와 같다. 4번 유형은 '나는 품위 있고, 타인과 다르기 때문에 나는 가치 있어. 사람들이 나의 심오함을 인정하고 나의 요구를 들어 줄 거야'라고 자기를 합리화한다. 3번 유형은 모범생처럼 '나는 성취를 했기 때문에 가치 있고, 타인들이 이를 인정해 주고 있어'라고 자기에게 말한다. 이처럼 감정중심 유형은 '가치감'을 얻기 위하여 여러 가지 전략을 동원하여 사용하지만 자신의 참모습을 표출하지 못하고 자신의 이미지만 표출함으로 진정한 자기 사랑은 이루지 못한다. 이들 2, 3, 4번 유형은 모두 자기 자신을 있는 그대로 수용하고 사랑하는 마음이 부족하다고 할 수 있을 것이다.

의지중심의 유형들은 자율에 대한 침해에서 발생하는 불안을 자신의 의지로 다루거나 자신의 의지가 침해 받아 생기는 분노를 억제하기 위해 노력한다면, 감정중심 유형들은 수치심을 처리하기 위하여 애를 쓴다. 양심에 꺼림칙한 일이 있을 때 자신에게 뭔가 잘못이 있다고 생각하고 수치심을 느낀다. 이들은 수치심에서 벗어나기 위해 스스로 가치 있다는 느낌을 주는 자아이미지를 만들어 표출해야 한다고 생각하고 이를 습성화 하여 왔다. 수치심을 피하기 위해 타인을 보살피고 봉사하는 이미지를 습성화 한 것이 2번 유형이고, 일에서 괄목할 만한 성취를 이루어 성공한다는 이미지를 습성화 한 것이 3번 유형이며, 자신이 타인에 인정받을 만큼 차별화 되지 못하고 평범하다는 수치심에서 벗어나기 위해 특별함을 자아이미지로 습성화한 것이 4번 유형이다.

감정중심에 속한 사람들의 주요 관심사는 타인의 '자신에 대한 호의' 여부이다. 그들은 타인과의 관계에서 상대방이 자신에게 '호의적인가 적대적인가' 혹은 '좋아하는가 싫어하는가'라는 것에 의식을 집중한다. 그리고 상대방이 무엇을 필요로 하는지 알려고 하며 타인을 기쁘게 해주거나 도우면서 상대방의 반응을 본다. 이것은 타인을 통제하려는 행위이며 그러한 통제의 목적은 상대방으로부터 호의적인 반응을 얻는 것이다.

감정중심에서 주요 두 가지 주제는 '나는 누구인가'라는 정체성의 문제와 '당신이 나를 좋아하지 않아서 나는 당신을 싫어한다'라는 적대감의 문제이다. 정체성의 문제는 진정한 자기 모습보다 타인으로부터 인정을 받는 이미지를 중시하는 데서 발생하는 것이다. 2, 3, 4번 유형들은 자신의 성격이 진정한 자신을 표현한 것이 아니라는 것을 무의식적으로 알기 때문에, 자신의 정체성을 인정받지 못할 때마다 적대감을 갖고 반응한다. 적대감은 이들의 정체성을 의심하고 평가절하 하는 사람에게서 멀어지게 하고, 수치심과 굴욕감에서 그들을 방어하도록 한다.

나. 감정중심의 성격 특성

구분	특 성
유형	2번 유형, 3번 유형, 4번 유형.
방어 전략	불안(무가치)에서 벗어나려 이미지를 형성하고 내보임.
관심사	자아와 자아 이미지 사랑.
문제	정체성과 적대감.
추구	주의注意, 관계.
대처 방법	눈치(동물의 선회 반응), 정서적 반응, 호감 행동(보임).
스트레스	순환기관.
기능면	감정차원.
성격유형	사회지향적 유형, 사교적/인간중심.
체격. 용모면	둥글둥글, 매력적 미소, 부드러운 용모, 반짝이는 눈, 보기 좋다는 평, 가슴 부분 발달.
인상면	매력적 미소/부드러움. 외면: 자기확신, 쾌활, 조화로움. 내면 : 공허감, 무력감, 수치감, 슬픔.
감정면	불안(친절과 적극성 뒤에 자신의 공격성을 숨김). 사회적인 사람들.
수치심처리	2번 유형: 봉사·도움. 3번 유형: 성취로 저항. 4번 유형: 상실감 극화, 수치심 피함.
발달 감각	촉각과 미각.
상황 진입	"좋아?" "싫어? "
관심	인간관계, 권위와 이미지, 상징과 의식.
상황 파악	감각적(관계와 접촉의 감각), 정情적 대응, 타인 관심.
의사결정	관여된 사람 고려.
추리	감정과 정서(타인의 필요 인식).
삶의 과제	홀로서기와 자기중심 찾기.

04 사고중심

가. 안정감 추구

사고중심은 어떻게 해야 할지를 모르는 혼란과 공허함의 불안에서 벗어나 안정을 찾기 위해 상황을 재구성하고 심사숙고 하여 내면의 안내인 지혜를 탐구한다. 이들은 자극에 대해 먼저 의문을 던지고 다른 경우와 비교하여 분석하려 한다.

이들 중 긍정적 자기효능감을 가진 5번 유형은 상황의 재구성하고 지식을 찾는 데는 자신이 있어서 정보와 아이디어 수집에 몰두한다. 이들은 지식, 정보, 아이디어가 지혜라고 생각하고 이를 고집스럽게 시행하려 한다.

현실적 자기효능감을 가진 6번 유형은 공허함과 혼란스러움의 불안에서 벗어남과 안정추구의 욕구가 강하여 이들이 찾은 희망이 허구가 아닐까 의심스럽고 두려워서 내면으로 물러나고, 또 내면의 불안에서 벗어나기 위해 외부로 향한다. 이들은 안정을 위하여 외적 권위나 질서를 지혜라고 생각하고 이에 의존적이다.

소극적 자기효능감을 가진7번 유형은 탐구에 자신감이 부족하여 안정감을 쉽게 확보할 수 있는 여러 가지 계획을 입안하고 그 기대감을 향유하려 한다. 이들은 소극성 때문에 계획을 끝까지 관철하지 못하고 또 다른 계획으로 옮게 간다.

의지중심은 자율감에 대한 자아의 느낌인 독립성과 영향력을 유지하는 게 중요하고, 감정중심은 가치감에 대한 자아이미지를 유지하는 게 중요하며, 사고중심은 안정감(편안함)을 찾기 위해 상황의 재구성을 통하여 희망이 있는 의지처依支處인 안내를 찾는 게 중요하다. 5, 6, 7번 유형에서 지배적인 감정은 불안정이고, 이에 대한 도피로서 준비된 의지처가 있는지, 있다면 통용될 수 있을까 라는 질문에 관련된다.

이런 면들을 시제를 고려하여 표현하면, 의지중심은 현재의 저항적인 면과 관련되고, 감정중심은 자아 이미지가 과거에 쌓아온 기억과 그 기억의 해석에 기초하여 수립되므로 과거 지향적이며, 사고중심은 상황의 전개와 예측, 대처방향 등에 관한 미래와 관련된다. 따라서 이들에게는 불안 해소를 위한 아이디어가 중요하고, 개념과 정보는 지혜로 간주되어 최고의 가치와 안식처가 된다.

사고중심의 성격유형은 의지나 감정에 방해 받지 않는 평온한 마음이 성격이라는 껍질에 포위되어 표출하지 못하는 상태이다. 평온한 마음은 있는 그대로의 실체를 감지할 수 있고 순리, 조화, 사랑에 기초하여 때에 맞추어 적절하게 사용할 수 있는 지혜가 마련된 상태를 말한다. 평온한 마음은 자연계의 일원으로서 자연의 법칙에 따라 상호 작용하는 즉, 자극을 감지·수용하고 반응할 때 자연계의 섭리에 따라 상호작용하는 마음의 상태를 말하며, 자신의 욕망이나 희망이 배제된 자연계의 흐름에 맡겨진 고요한 마음의 상태이다. 인간은 환경을 이용하기도 하지만 지배를 받기도 한다. 하나의 개체로서의 인간이 존재하고 성장하고 발전하는 터전이 환경이기 때문에 환경의 변화에 적응하지 않을 수 없고, 이 적응이란 환경의 일원이 된다는 의미이다. 인간은 환경의 순리를 거부할 수 없으며, 더불어 성장하는 생활방식을 갖출 때 평온한 마음을 유지 할 수 있다는 것이다. 이러한 생활 방식을 따를 때 우리의 욕망이나 희망의 자리에는 자연의 순환법칙과 존재법칙이 자리한다. 그러나 불안이란 바람이 불면 평온한 마음에 욕망이란 물결이 일어 사실을 왜곡하게 되고, 각색된 안경으로 사물을 보고 해석하여 나름의 대응전략을 수립하게 된다. 성격은 세상을 살아 가는 데 사용할 전략과 아이디어를 끊임 없이 만들어 내고 이를 내면의 지혜라 생각하고 그곳으로 도피하게 한다.

출생 후 새로운 환경과 상호작용에는 불안이 따르기 마련이다. 또한 출생 이후 성장 과정은 새로움의 연속이고 모든 것이 변화를 요구하는 상황이다. 모태의 습성이든 천부의 본성이든 여부를 불문하고 변화는 불안과 불안정, 두려움을 만들며, 이는 피할 수 없는 것이다. 사고중심의 성격유형은 출생 이후 성장 과정에서 부모의 보살핌과 보호의 안전함에서 벗어나 의존을 극복할 때 일어나는 불안에서 편안함을 얻고자 찾는 안식처에 집착하여 생긴 것이다. 5, 6, 7번 유형은 불안한 마음을 가라앉힐 수 없고, 평온한 마음을 느낄 수 없어서 일어나는 두려움에 대응할 심리적 산물로서 지식, 질서, 계획 등의 희망을 내적 안내인 지혜로 추구하는 성격유형이다.

5번 유형은 외부에서 삶의 지혜를 얻을 수 없거나 믿을 수 없다는 생활방식에서 자라온 관계로 외부로부터 지혜를 구하지 않고 혼자 힘으로 해결하고자 해결책을 만들고 정보를 수집·축적하여 지식으로 지혜를 대체하려 한다. 이들은 외부세계에 대한 두려움 때문에 내면으로 도피한다. 이들은 혼자 힘으로 지혜를 구할 수 있다는 자신감을 가지고 있다. 이들이 찾는 안식처는 지식, 정보, 아이디어로서 이를 찾고 비축하는 데 노력을 기울인다. 그리고 충분히 안전함을 찾는 방법을 알고 정보가 축적될 때까지 물러나 있는다. 이들은 지식, 정보, 아이디어의 탐색이나 통찰력을 갖는 데 효능감을 갖고 있으며, 아이디어나 정보로 무장하였을 때 편안해한다. 하지만 이들에게 부족감은 다시 일어나고 계속 탐구하는데, 조각가

로댕의 '생각하는 사람'을 연상케 한다. 탐구는 의문에서 비롯되고, 의문은 부족감에서 시작되므로 이들이 탐구에 대한 효능감은 이런 부족감을 많이 가진다는 의미이다.

7번 유형은 두려움을 극복하기 위한 수단으로 자신을 안전하고 즐겁게 할 수 있는 것을 찾아 여러 가지를 시도해 본다. 이 시도를 통하여 지혜 부족에서 생긴 불안을 해소하려 한다. 이들에게 희망을 주는 것과 새로운 시도는 편안함을 주는 도피처이다. 이들의 시도는 외향적이고 모험적이어서 겉보기에는 의지를 추구하는 의지중심인 것처럼 보이나 이들의 실제 마음은 불안에 사로잡혀 있다. 이들은 내면세계에 대한 불안 때문에 밖으로 도망친다. 그 불안은 이들이 감정중심에서 멀리 위치한 관계로 그들의 내부세계인 희로애락의 감정처리가 어려운 데서 오는 불안이다. 이들은 감정적 불안이 표면화 되는 것을 피하려고 전념할 무엇을 찾고 이를 계획하고 시도한다. 이들은 불안과 두려움을 직접 처리하기 보다 두려움을 피하기 위해 희망을 주는 새로운 가능성에 도전한다. 이들은 새로운 도피처에 도달해도 편안함에 대한 효능감이 낮아 또 다른 기대감을 주는 도피처를 찾고자 새로운 계획을 세운다. 이렇게 계속하여 새로운 도피처를 찾아 다닌다.

6번 유형은 외부의 위협을 피하기 위해 내면으로 도망치고, 내면의 불안 때문에 외향적인 행동을 하거나 7번 유형과 같이 미래를 예상한다. 이들은 편안함을 찾기 위해 현실적인 편의를 추구하므로 불안을 해소하기 위한 쉬운 방안으로 타인의 지혜를 구한다. 이들이 타인 지혜를 찾게 되는 것은 자신의 평안함 추구에 대한 자기 효능감을 인식하지 못하기 때문이다. 이들이 찾은 타인의 지혜는 신뢰할 수 있는 외부의 권위나 강한 권력이다. 그리고 권위에 대하여 충성을 하고 보상으로 편안함을 얻는다. 이들은 부모의 보살핌이라는 의존에서 독립하려 하였으나 불안으로 권위에 다시 의존하게 되었고, 또 의존 자체에 대한 의심을 느끼고 내면으로 빠져 들다가 두려움을 느껴 또 안식처를 찾아 외부로 나선다. 6번 유형은 자신의 내적인 평안함에 대한 자기효능감을 인식하지 못하고 현실적인 대응책을 추구하고 타인에게서 지혜와 안내를 찾음으로써 잃어버린 내적 안내(지혜)를 보충한다.

사고중심에 속해 있는 사람들의 중요한 관심사는 '부분과 전체의 관련성'이며 정보나 지식을 바탕으로 한 '지혜'이다. 이들은 의지중심에 속해 있는 사람들처럼 대담하게 파고들어 자신의 위치를 견고히 하려 하지 않는다. 그리고 감정중심에 속한 사람들처럼 타인에게 초점을 맞추려고도 하지 않는다. 전체를 둘러보고 자신과 타인과의 위치를 파악하여 어떤 상황이 일어나고 있는지를 이해하려 한다. 그리고 객관적인 입장에서 자신과 타인을 상황의 한 부분으로 이해하려 한다. 이러한 방법을 통해 사람의 마음을 감정적인 측면에서 이해 한다기보다 사물의 한 부분으로 이해하고 설명하려 한다. 그들은 의사체험에 의해 많은 것을 알게 되지만 따듯하게 표현하는 데 거북해 한다.

나. 사고중심의 성격 특성

구분	특 성
유형	유형 5, 유형 6, 유형 7.
방어 전략	지혜 부재의 두려움에서 편안함 추구/도피.
관심사	전략과 신념들.
문제	의심, 불안과 불안정.
추구	안정.
대처 방법	관망(로봇적인 반응), 지적 반응(판단), 관계 파악(계산).
스트레스	머리, 중앙신경조직.
기능면	사고思考나 내적 반성차원.
성격유형	자기보존적 유형, 사고와 지식 중심.
체격. 용모면	허약하고 편편한 가슴과 긴 목(근육 발달 미약, 깡마름), 머리 부분 발달.
인상면	부끄럼, 소심함, 거리감. 외면: 확실함, 설득력, 현명. 내면: 고립, 혼돈, 무의미.
감정면	두려움(객관성과 단순함에 숨김). 보전적인 사람들(보호와 안전추구).
두려움처리	5번: 지식에 의존. 6번: 권위에 의존. 7번: 기대감에 의지하여 좌절과 고통을 피함.
발달 감각	시각.
상황 진입	"어떻게 된 거야?"
관심	삶의 미스터리, 상황 파악, 오류/실수 걱정.
상황 파악	관찰·대조·분석·비교(물러나 사고할 공간 필요).
의사결정	이성, 합리성, 상위上位의 권위 고려.
추리	감정 이입(의사 체험).
삶의 과제	두려움과 대면.

자극에 대한
반응 유형

(에너지 집중)

성격은 외부의 자극에 대한 그 사람 고유의 일관성 있는 반응양식이다. 여기서 성격의 주체는 개인이고, 객체는 자극 자체를 포함한 외부환경이다. 자극은 주체와 객체 사이의 교류로서 가시적·비가시적, 물리적·언어적 작용을 포함한다. 자극-인식-반응의 체계로서 성격의 역동적인 정보처리과정은 주체가 자극을 어떤 정서로 대하느냐에 따라 방향이 결정된다. 자극을 대하는 태도와 관점은 주체와 객체간의 관계 설정에서 출발한다. 관계는 주체와 객체간의 연결을 의미하고, 이 연결은 보이지 않는 끈으로 이어져 있으며, 자신감과 열등감, 균형감과 조화감 등 힘의 역학관계로 형성된다. 이 관계의 설정은 주체와 객체간의 상호작용과정에서 습득한 것으로서 욕망이 집착으로 변하는 성격형성의 과정에 작용하고, 수 많은 경험들이 축적되어 형성된 것이다.

주체와 객체의 관계는 지배와 피지배, 균형과 불균형, 크다와 작다 혹은 대등하다, 우월과 열등 혹은 조화, 자신 있다 와 자신 없다 혹은 노력이 필요하다 등의 상대적 위상에 따라 설정될 것이다. 지배·피지배·균형, 크다·작다·대등하다 등의 개념은 주체가 대상을 통제할 것이지, 적응할 것인지, 아니면 대상에 대등하고 조화롭게 상호작용하면서 대응할 것인지 등의 방향을 선택하게 한다. 부연하면, 자신이 강건하다고 생각하거나 혹은

다정하거나 지혜롭다고 생각하면 자신의 뜻이나 정다움, 혹은 앎을 세상
에 적용해야 한다고 인식할 것이고, 현실이 성공적이고 규범적이며 평화로
운 상태라고 생각하면 세상은 조화롭게 대응하여 의존해야 할 곳으로 인
식할 것이며, 세상을 정의롭고, 아름다우며 희망이 있다고 생각하면 세상
은 적응해야 할 곳으로 인식할 것이다.

　이와 같이 자신을 세상에 적용하려 하거나, 혹은 조화롭게 대응하려 하
거나 적응하려 하는 것은 성장 과정에서 학습한 자신과 세상의 관계에 대
한 느낌이나 견해에 따라 결정되는 것이다. 이 자신과 세상의 관계에 대한
느낌이나 견해는 자신과 세상, 그리고 관계에 대한 느낌이나 견해로서 평
가적 요소와 인지적 요소를 포함하는 자아개념을 말한다.

　성격의 형성은 유전적 요인을 기초로 자아의식의 생성에서부터 시작된
다고 언급한 바와 같이, 성격의 개념구성은 자극을 인식하고 처리하는 주
체인 개인의 심리상태인 자아개념에서 출발한다. 앞에서 자기란 물질적·정
신적으로 독립된 개체를 의미하고, 자아 혹은 자아개념은 인지적 자기와
평가적 자기에 대한 자기지각이며, 외부현실과 상호작용하는 욕망을 가진
주체로서 자기다움과 이 자기다움에 대한 느낌을 말한다고 한 바 있다.
여기서는 자아개념과 자아를 구분하여 좀 더 상술하여 보고자 한다.

　자아개념이란 자기 자신의 독특하고 고유한 성질과 전형적인 행동에 대
한 신념의 총체인 자기다움에 대한 자기인식을 말한다. 자아개념은 자기
자신에 대한 하나의 정신적 사진이다. 예컨대, 자아개념은 '나는 부지런
하다, 나는 솔직하지 못하고 음흉하다, 나는 미인이다, 나는 예의 바르다,
나는 자유롭게 살고 싶다, 나는 할 수 있다, 나는 내 자신이 자랑스럽다'
와 같은 자아지식, 자아정체, 자기이해, 자아상, 자아존중감, 욕구, 현상적
자아, 효능감 등의 신념을 포함하고 있다. 이 자아개념은 무의식적인 것이
아니고 자신이 현재 인식하고 있는 '자아지각 현상'이다. 그 구성은 자신

의 성격과 능력에 대한 지각, 타인이나 환경에 대한 지각, 경험이나 어떤 대상물에 대한 지각과 그 가치에 대한 지각, 그리고 그 대상물에 대한 긍정과 부정의 정서나 느낌 등을 포함하는 것이다. 이들 지각과 느낌은 생명활동의 주체인 자아에 대한 자기 의식을 의미한다.

생명활동은 생명의 유지와 발전을 위해 환경과 상호작용하는 생리적·심리적 활동으로 개인에 따라 목적, 구조, 기능, 상호의존성 등 구조적 요인과 상호제어, 에너지 전환, Entropy의 증가 등 활동적 요인에서 개인차가 있다. 이러한 차이로 인해 사람들의 자신에 대한 이해와 해석, 상대적 비교 등 인지 측면에서 차이가 있고, 호·불호와 쾌·불쾌 등 정서나 느낌의 측면에서도 차이가 있다. 여기서 정서적 측면은 인지의 상대적 비교를 기초로 형성되므로 이를 평가라고 할 수 있다. 따라서 자아개념은 인지적 요소와 평가적 요소로 구성된다고 할 수 있는 것이다.

자아를 인지하는 데는 자신을 보는 관점이 작용하게 되는데 예를 들면, 주관적 관점에서 보는지 아니면 객관적 관점에서 보는지, 세계상이 자기중심적인지 관계중심적인지 혹은 상황중심적인지 등 다양하다. 인지라고 함은 알아차리는 것이고, 관점이라 함은 전체를 조망하는 시각이며, 보는 것은 전체에서의 위치이다. 위치는 공간적 위치도 있고, 역할의 위치도 있다. 대개의 경우 공간적 위치를 점하고 난 후 역할이 정해진다. 이런 점에서 자신의 공간적 위치를 인지하는 관점으로 자기중심적 관점, 인간관계적 관점, 위상적 관점으로 구분할 수 있다. 이러한 관점에서 인지한 자아를 자기중심적 자아, 관계적 자아, 위상적 자아라고 하였다.

자아를 평가한다고 함도 긍정과 부정, 존중과 비하, 능력자 혹은 무능자 등 평가의 결과는 다양하다. 평가는 무엇을 평가의 대상- 인간적 속성인지 능력적 속성인지, 소유물의 유무에 관한 것인지 등-으로 하느냐에 따라 결과가 달라진다. 여기서는 성격을 규정하려 하므로 자극에 대처할 수 있는 자신의 능력에 대한 느낌을 주로 논의하려 한다.

 인지적 요소와 정서적 혹은 평가적 요소는 경험을 축적함에 따라 구조화 되고, 그 결과는 다시 경험에 영향을 미치는 재입력 고리를 형성하여 하나의 패턴을 형성한다. 이 패턴이 생명활동을 유지하고 발전시키는 활동의 주재자인 자아이고, 이에 대한 인식이 자아개념이다. 자아를 구성하는 요소로는 구조적인 신체, 활동적인 능력, 의욕, 태도 등 다양한 요소가 있지만, 자극-인식-반응의 과정에서 반응에 영향을 미치는 요소는 '할 수 있다'는 활동적인 요소가 강조 된다. 이를 자기효능감이라 하였다.

 자아에 대한 지각인 자아개념은 외부와 상호작용과정에서 형성되는데, 유아기의 부모와 상호작용, 아동기의 또래집단 내의 상호작용에서 주로 형성되고, 성장 과정에서 변화와 고착이 진행된다. 가정생활이나 학교생활을 일관성 있고 성공적으로 수행해온 학생은 자기자신을 긍정적으로 보지만, 계속 꾸중을 듣고 자란 학생은 자기자신을 부정적으로 보는 경향이 생긴다. 자기 자신에 대한 이러한 관점이 축적되어 자아개념을 구성하게 된다.

 환경과 상호작용에서 자아개념을 통해 자신과 환경에 의미를 부여하고, 이 의미에 동일시 하며, 이 동일시를 통해 자아를 발달시키고 다시 환경에 작용하기 때문에 자아개념은 자아의 발달에 중요한 역할을 한다. 환경을 대하는 시각인 자기지각은 자신을 긍정적으로 지각할 수도 있고, 소극적으로 지각할 수도 있으며, 상황에 따라 편의적으로 지각할 수도 있다. 이를 긍정적 자아, 소극적 자아, 현실적 자아 라는 개념으로 설명하고자 한다. 긍정적 자아라 함은 자기 효능감이 높아서 자기가 자신을 유능하고 우수하며, 자극을 잘 처리할 수 있다고 자신을 긍정적이고 적극적으로 평가하고 있음을 의미한다. 자아에 대한 긍정적 평가는 자아 확산적 사고의 경향이 있다. 현실적 자아라 함은 자기효능감을 높다거나 낮다고 일관성 있게 인식하지 못하고 현실의 상황에 따라 욕구 충족을 도모하는 편의적이고 외부 의존적인 자의식을 의미한다. 소극적 자아라 함은 자기효능감이 낮아 사물의 처리에 소극적으로 접근하려는 자의식으로 섬세하고 자아 축소적 사고 성향을 갖는다. 여기서 현실적 자아라는 용어는 현실의존적 자아 혹은 편의적 자아라고 하여도 무방할 것이다. 소극적 자아를 부정적 자아라고도 할 수 있겠지만 존재는 본래 이기적이고 자기 중심적이며 자기 긍정적이기 때문에 실제 자신을 부정적으로 인식하기보다는 소극적으로 인식한다는 것이 일반적인 해석이라 생각되어 소극적 자아라 한다.

가. 긍정적 자아

긍정적 자아 개념의 소유자가 '나는 할 수 있다' 라는 자기 의존적이고 자기 확신적인 자아개념을 형성하게 된 배경은, 자신이 육체적·정신적(지적·정적)인 면에서 외부에 맞서서 상황을 통제할 수 있다고 생각하거나(유형8), 다른 사람을 도울 수 있다고 생각할 수도 있으며(유형2), 앎과 정보를 축적하여 보다 좋은 공동체를 이루는 데 기여할 수도 있다(유형5)는 인식에서 출발한다. 맞서서 통제할 수 있다는 점은 공격적인 관점이나, 앎과 정보를 축적하는 것은 내적으로 움츠리는 행위이며, 도움을 주는 행위는 외부 의존적이고 외부에 내보이려는 행위이다. 이들이 의식하는 긍정적인 면은 자신에 대한 평가와 인식이 적극적이고 긍정적인 사고에 바탕을 두고 있는데, 그 대상인 자극에 따라 다르게 느낀다. 예를 들면 인문학에서 최고의 연구자라 하여 신체적인 활동에서 자신감이 있다고 할 수 없고, 그 반대의 경우도 마찬가지이기 때문이다. 이들은 자기가 선호하는 분야에서 긍정적 자아개념을 갖고 있지만 모든 분야에서 긍정적이지는 않다. 이러한 면에서 이들은 자기의 기준에서 만족을 얻어야만 성취를 하였다고 생각한다.

이들의 자기 긍정적인 자아개념이 지나치게 발달하게 되면 우월감으로 나타날 수도 있다. 성숙한 심리상태일 경우 친절한 봉사자, 현명한 지성인, 관대하고 정의로운 지도자가 되겠지만, 그렇지 못하고 미성숙한 경우는 배후 조종자, 냉소적 괴짜, 폭력적 독재자가 될 수도 있을 것이다.

나. 현실적 자아

이들은 '나는 세상에 조화롭게 대응해야 한다'라는 현실 의존적인 자아개념을 갖고 있으며, 실제 현재의 상황에서 어떻게 주의를 끌고, 안정과 평화를 유지할 것인가에 집중하고 있다. 이들은 자기효능감을 높다거나 낮다고 일관성 있게 의식하지 못하여 외부의 침해, 수치심, 두려움을 방어하기 위해서 상황에 따라 현실적으로 편의적인 생활방식을 취하는 것이 자신의 생존과 성장, 발전에 도움이 된다고 생각하면서 성장하였다. 이들은 현실에서 필요하다고 인식되는 가치를 수용하고 이에 대응하여야 불안이나 두려움에서 벗어날 수 있다고 인식하고 있다. 이들은 현실의 요구에 응하고 인정을 받으면 자신은 성공적이고(3번 유형), 소속 집단 규범에 조화롭게 대응하고 신뢰를 받으면 편안한 삶을 영위할 수 있으며(6번 유형), 현실을 갈등 없이 조화롭게 유지한다면 외부로부터 침해 받지 않는 삶을 누릴 수 있다(9번 유형)고 생각하고 있기 때문에 현실의 요구에 응하려 한다.

3번 유형이 현실적으로 인정을 받고 이에 적합한 인간이 된다는 것은 자신의 성공을 전제로 하기 때문에 이를 얻기 위해 공격적이고 경쟁적인 태도를 갖는다. 반면 6번 유형이 소속 집단과 규범에 적응한다는 것은 집단질서를 잘 지켜 신뢰를 받는 것이라고 생각한다. 9번 유형은 자극에 임하여 갈등 없이 균형을 유지하고 평화로운 삶을 누리며, 타인으로부터 자율을 침해 받지 않기 위해서는 변화를 피하고 현실에 맞추어야 한다고 생각한다. 여기서 성취 여부는 얼마나 현실적인 대응이 이루어졌는지가 기준이 된다.

이 유형들이 현실적 자아의식을 가졌다고 함은 이들이 각 중심의 중앙에 위치하여 그 중심의 심리에너지인 자치욕, 친애욕, 탐구욕을 현실적인 평화, 성공, 신뢰를 통하여 추구한다는 것이다. 이들은 각 에너지원천의 중앙에 자리잡아 해당 욕구가 강하고 의심이 많기 때문에 자신의 욕구실현에 대한 효능감을 일관되게 인식하지 못하고 외부의 갈등·무시·불신이라는 불안의 방어에 급급하여 심리에너지를 현실적·편의적·임기응변의 방법으로 사용하는 경향이다. 9번 유형은 자율의 침해나 갈등을 방어하기 위하여 평화를, 3번 유형은 비난이나 무시당하는 것을 방어하기 위해 성공을, 6번 유형은 의심받는 두려움을 방어하기 위해 신뢰를 추구하는 것이다. 이들이 불안의 방어에 쏟는 에너지는 에너지 원천의 중앙에 자리잡고 있기 때문에 그 강도가 매우 높다.

주변 상황이 열악하여 이들이 실패의 경험을 많이 겪게 되면, 이들의 심리상태는 자기 상실감에 빠져서 자기 기만, 비겁, 숙명론 등으로 발전하기도 하지만, 이들이 성숙하게 되면 유능하고, 성실하며, 수용적인 심리상태를 유지하게 된다.

다. 소극적 자아

이들은 자기의 능력에 대한 신뢰가 부족하므로 조심성이 많고 걱정이 많아 소심하다는 평을 듣기도 한다. 이들의 자기평가와 인식은 축소지향 적이다. 이들의 '나는 노력해야 한다'라는 외부 의존적인 자아 개념은 자기 효능감이 낮아 자신의 부족한 부분을 보완하여 외부 환경의 요구조건에 부합하면 자신의 생존과 성장에 문제가 없다고 길들여 왔음을 말한다. 세상의 요구조건에 바람직하게 적응하기 위해서는 부족한 자신의 능력을 환경의 요구에 적합하게 보완, 조정하여야 한다고 생각한다. 보완하는 방법으로 완벽을 추구하는 사람과(1번 유형), 흥미 있는 사안을 많이 계획하는 사람이 있다(7번 유형). 또 타인으로부터 인정을 받기 위해서는 다른 사람들과 달리 독특하고 개성적인 반응을 표출하여야 한다는 생각에서 자신의 중요성과 정체성을 품위 있게 나타내려고 노력하는 사람이 있다(4번 유형). 이들에게 성취란 환경의 요구조건에 맞추는 것이다. 환경의 요구조건이란 무한한 가치인 정의, 완벽, 즐거움, 독창성 등으로 가변적이고 상대적 가치이다. 이들은 자기효능감이 낮다고 생각하기 때문에 자기를 외부에 표출함에 소극적일 수 밖에 없고 이들은 항상 부족을 느껴 준비에 준비를 더한다.

이들의 소극성은 주변 상황이 열악하면 열등감으로 발전하기도 한다는 점은 눈여겨볼 사항이다. 반면, 상황이 우호적이고 성숙할 경우 1번 유형은 경계를 개방하여 긴장을 풀고 상대방에게 도움을 주거나 중재를 하는 등의 행동을 보이고, 4번 유형은 경쟁적이고 정보를 탐색하는 등의 행동을 보이며, 7번 유형은 영향력 있고 성실한 모습을 보인다.

라. 자아개념 유형별 삶의 태도

　자아개념은 자신에 대한 평가와 인지로, 장기간에 걸친 학습과 경험의 축적으로 형성되어 일관성 있는 태도로 표현된다. 태도란 인간의 행동을 이해하는 기본적 개념의 하나로서, '개인이 사건이나 문제, 물건이나 사람 등에 관해서 어떤 인식과 감정 및 평가를 가지고 있으며, 거기에 입각하여 그 대상에 대해 어떻게 반응할 것인지의 준비된 상태'를 의미한다. 또 태도는 가치 있는 목표를 성취하기 위한 수단과 대상 및 절차를 준비하고 표현하는 기능을 갖는다. 요약하면 어떤 사물, 사람, 상황 등에 대하여 갖고 있는 마음가짐으로 인지, 감정, 행동 등의 전제에 해당된다. 대상에 대해 어떻게 생각하고 느끼며, 처리하고 싶은지에 대한 시각이고, 관점이며, 방향감각이기도 하다. 태도에는 감정적인 면이 있어서 정서적이기도 하고, 인지적인 면이 있어서 대상에 대한 개인의 효능감의 표현이기도 하다. 즉, 자신에 대한 인지적 요소와 평가적 요소가 객체인 대상과 상호작용하여 표현된 것이다. 효능감이 자극을 효과적으로 통제할 수 있는지에 대한 인지와 평가라면, 태도는 대상에 대한 감정적, 인지적, 의지적인 특성으로 호·불호, 쾌·불쾌, 긍정·부정, 편·불편, 가·불가 등의 복합적인 느낌의 표출을 말한다. 따라서 효능감을 포함한 자아개념은 태도의 형태로 표현되므로 효능감과 자아개념을 이해하기 위해서는 현실적으로 표현된 태도를 살펴보는 것이 바람직할 것이다. 다음은 자아개념의 이해를 돕기 위하여 자아유형별(성격유형별) 삶, 인생, 추구행동, 만족감, 두려움, 욕망, 올바름과 그릇됨 등에 대하여 태도를 중심으로 하여 설명하고자 한다.

긍정적 자아 유형(VIII, II, V형)

가. 긍정적 자기효능감

'나는 할 수 있다'는 자아 개념을 갖고 있는 이들은 자기효능감이 높아 자신의 욕구를 충분히 달성할 수 있다고 생각하기 때문에 자기의 심리에 너지(의지, 사고, 감정)를 외부 환경에 작용하여 자신이 욕구를 실현해야 한다고 생각하고, 인생에 있어서 진정한 삶, 성취와 선은 자신에게 달려 있다고 여긴다. 이들 중 자치욕이 에너지 원천인 사람은 자신의 능력을 바탕으로 사안을 밀어붙이려 하고(8번 유형), 친애욕이 에너지 원천인 사람은 주위의 인정과 존경을 받기 위하여 도움과 보살핌을 주어 타인의 욕구에 부합하게 됨으로써 가치 있는 사람이 되려 하며(2번 유형), 혼란의 두려움에서 도피하여 편안함을 추구하는 탐구욕이 에너지 원천인 사람은 두려움에서 벗어나 내면세계로 물러나 정보를 비축하려 한다(5번 유형). 이들은 자신의 긍정적인 면에 에너지를 집중하고 있으며, 이를 외부에 반영하고자 노력하므로 이들이 주로 자랑 삼는 것은 그들이 어떠한 사람인가 하는 것이다.

나. 유형VIII

이들은 외부에 맞설 수 있고, 영향력을 행사하고 통솔 할 수도 있다고 믿으며, 행동으로 밀어붙이는(행사하는) 전략을 구사하기 때문에 권력을 선호하고 사람들과 맞서서 대결한다. 이들은 타인의 호감을 에너지의 원천으로 하는 감정중심에서 멀리 있기 때문에 감정표현에 어려움이 있어 모질고, "아니오"라는 말을 자주 하며, 사람들을 괴롭히고, 다른 사람을 자신의 기준에서 이해하려 하기 때문에 위선적이라고 생각한다. 회의에서 자기 주장만 고집하고 반대 의견이 있으면 위협적으로 대응하여 분위기를 강압적으로 만든다. 어려움에 부딪혀도 물러서지 않고, 자신의 약점을 침해하지 못하게 방어벽을 강화하며, 자기 주장적이고 공격적인 태세를 취하여 강력해지는 것을 좋아한다. 이들은 강력한 성격을 통해 힘 있는 사람임을 보여 주고 위신을 유지하려 한다. 방어적 상황에서는 성난 코브라를 연상케 한다.

- 성취 및 진정한 삶 : 영향력에 의하여 통제하고 있을 때 성취감을 느낌(만족).
- 현실적인 인생 : 영향력에서 벗어나는 부분 탐색.
- 추구 행동 : 목표 달성을 위해서 타인에 강력하게 대함.
- 만족감 : 통제력을 유지.
- 두려움 : 타인에게서 침해를 받거나 통제를 받는 것.
- 욕망 : 자신의 경계를 유지하는 것, 자신이 결정하는 것.
- 자아 메시지 : 나는 강하고 상황을 통제하고 있으면 좋다.
- 올바름과 그릇됨 : 강력함을 올바르다고 생각하며 통제력을 유지할

때 위신이 선다고 느낀다. 타인을 위협하고 압도하면서도 전혀 양심의 가책을 받지 않는다. 오만 불손하더라도 강력한 영향력을 발휘하는 것이 올바르다고 생각하며 타인에게 약하게 보이거나 또는 남에게 악용되는 것은 그릇된 것이라고 본다.

다. 유형 II

타인과 관계를 잘 할 수 있다는 자아 개념을 갖고, 타인에게 잘 보여 인정과 존경을 받으려는 전략을 추구하기 때문에 솔선해서 유대 관계를 형성한다. 이들은 남들에게 잘 보이려는 전략으로 보살핌을 주고 타인이 이에 감사感謝할 것을 애써 구한다. 이들은 후원적이고 보호적으로 타인에게 접근하는 반면에 정작 자신은 남의 도움을 받기 싫어한다. 이들이 타인과 관계를 맺는 방식은 타인에게 필요해지고 타인이 자신에게 의존적으로 되기를 바란다.

이들은 탐구욕을 에너지의 원천으로 하는 사고중심에서 멀리 있어 상황을 분석하거나 상호 관련성의 이해나 판단에 익숙하지 못하다.

· 성취 및 진정한 삶 : 필요한(가치 있는) 사람이 되는 것.

· 현실적인 인생 : 자신을 필요로 하는 상황 탐구.

· 만족감 : 타인의 찬성과 올바른 평가.

· 추구 행동 : 좋아하는 사람의 환심을 사려고 함.

· 두려움 : 사랑 받지 못하고 누구도 자신을 원하지 않는 것.

· 욕망 : 자신이 사랑 받고 있다는 것.

· 자아 메시지 : 사랑 받고 사람들이 나를 필요로 하면 나는 괜찮다.

· 올바름과 그릇됨 : 남을 도와 주거나 후원해 주는 것이 자신의 가치를 제대로 평가 받을 수 있고 중요한 인물이 될 수 있다고 생각하고, 그렇게 해야만 자신이 올바르다고 생각한다. 이들은 자신이 욕구를 갖는 것은 그릇된 것이고, 자신은 욕구가 없다고 생각하고 있으나, 실제로는 자신의 선행을 평가받고 싶어하므로 남을 조정하는 행동을 하게 된다.

라. 유형 V

탐구와 정보획득은 잘 할 수 있다는 자기 평가와 자기 인식에 근거한 자아 개념에서 자라났기 때문에, 자신의 관심사에 대하여 호기심이 강하여 아이디어를 찾고자 노력하고, 이렇게 찾은 지식으로 상상력이 충만해지면 지혜를 얻었다고 생각하여 마음이 편안해 진다. 지적인 감독관이 되려 하며 사람들로부터 물러나 있으려는 경향이다. 자기 성취를 위하여 스스로 연구하고 심사 숙고하여 현실을 올바르게 이해할 필요가 있다고 생각한다. 이들이 중요시하는 것은 모든 것에 대해서 잘 알고 있어야 하고, 자신의 정보와 앎을 축적하여 관심사의 상호관계를 잘 파악하고 자신만의 판단을 확보하고 있는 것이다.

· 성취 및 진정한 삶 : 자기만의 세계에서 지식 탐구.

· 현실적인 인생 : 주변 상황 관찰.

· 만족감(보람) : 모든 것에 대해 잘 아는 것(세상 이해).

· 추구 행동 : 자신감을 느끼게 하는 아이디어 수집과 개발.

· 두려움 : 어리석게 보이고 무능한 사람으로 여겨지는 것.

· 욕망 : 지혜로운 사람이 되는 것.

· 자아 메시지 : 나는 많이 알고, 아이디어로 충만하면 나는 좋다.

· 올바름과 그릇됨: 모든 것을 충분히 이해하고 알기 위하여 타인으로
부터 물러나 편안한 안식처에 있을 때 자신이 올바르다고 생각한다.
실제로 자기만의 세계에 칩거하는 것이 타인에게 어떤 혜택을 주는 것
이 아닌데도 혼자 생각에 몰두하는 것을 올바른 것이라 여긴다. 혼자
관심사를 심사 숙고하는 것이 지혜라고 생각하고 타인과 함께 일을
처리 하거나 신세를 지는 것은 그릇된 것이라 생각하므로 여러 사람
이 함께 토론을 통하여 지식를 모으는 것을 그릇된 것이라 생각한다.

 # 현실적 자아 유형(III, VI, IX형)

가. 현실적 자기효능감

'나는 현실에 조화롭게 대응해야 한다.'라는 자아 개념을 갖고 있는 이들은 현실에 주의를 집중한다. 현실에 의존하고 있어 자기 효능감을 인식 못하고 있으며, 자신의 욕구(친애욕, 자치욕, 탐구욕)를 직접적으로 표출하지 않고 현실의 요구에 대응할 수 있게 표출한다. 현실적이라 함은 외부로부터 공격을 받거나 공격 당할 위협을 느낄 때, 대응하기 곤란한 상황에 직면하거나 그런 상황이 예상되어 불안을 느낄 때, 위협과 불안을 면하기 위해 실제 현실에서 얻을 수 있는 이익이나 적응하기 쉬운 방법을 우선시 하여 심리에너지를 사용함을 의미한다. 현실적 효능감을 가진 유형들은 자신의 불안 해소를 급선무로 생각하기 때문에 자신의 의지, 사고, 감정의 기능을 충분히 활용하지 못하고 현실을 불안하지 않는 상황으로 만드는 데 에너지를 집중한다. 다시 말해 평화로운 상황, 성공한 이미지, 신뢰받고 있는 상황을 만들면 불안에서 벗어날 수 있다고 생각하는 것이다.

이들은 자신의 의지, 사고, 감정 등 인식 에너지는 외부질서에 대응하여 사용해야 한다고 생각하며, 삶의 방식인 성취 및 올바름의 추구도 집단의 요구를 수용하는 방식이어야 한다고 생각한다. 그리고 이들은 자신이 집단에 적합하다고 생각한다. 이들 중 자치욕을 에너지 원천으로 하여 자기 영역을 유지하려는 전략을 가진 사람은 현실질서의 요구를 수용하여 갈등을 피하고 평화를 구하는 데 의지를 사용할 것이며(9번 유형), 친애욕을 에너지 원천으로 주의를 끌려는 전략을 가진 사람은 주위의 좋은 평판과 존경을 확보하고 무시당하지 않기 위해 성공(성취)이란 매개물을 이용하여 현실로부터 주목을 받으려 할 것이며(3번 유형), 탐구욕을 에너지 원천으로 하여 물러나서 사고하는 전략을 가진 사람은 안정을 유지하기 위해 현실질서인 규범과 질서에서 지혜를 얻고자 할 것이다(6번 유형).

나. 유형 III

3번 유형은 현실의 요구에 대응하지 않으면 안 된다는 생각과 잘 보이려는 전략을 가졌기 때문에, 현실에 대응하기 위해 성공(성취)이란 매개물을 만들어 호감을 얻으려 하며, 심리에너지 방향을 성취 쪽으로 돌린다. 이들이 말하는 성공이란 실제로 타인들이 그들에게 갖는 좋은 인상인 존경이다. 이들의 성취는 남의 눈치를 보지 않고 가치 있는 일을 달성하여 성취감을 느끼는 것이 아니라, 남들이 그들의 생산물을 인정하고 호감을 보이는 것을 말한다. 성공을 통해 타인에게 좋은 이미지를 보여줌으로써 그들의 가치를 입증하려고 한다.

· 성취 및 진정한 삶 : 남들의 눈에 드는 성공. 성취 결과에 대한 타인의 인정과 호의적인 반응(존경). 성취에 의한 존경으로써 이룬 인간 관계.

· 현실적인 인생: 타인의 주의 끌기.
· 만족감: 타인의 그들에 대한 좋은 인상.
· 추구 행동: 성공하는 사람의 모습.
· 두려움: 무시 당하는 것.
· 욕망: 가치 있는 존재이며, 그렇게 인정받고 있는 것(존경).
· 자아 메시지: 다른 사람이 나에 대해 좋은 생각(존경)을 갖고 있다면 나는 좋다.
· 올바름과 그릇됨: 타인들이 성공이라 인정하는 생산물을 가지고 경쟁적으로 생활할 때 자신이 올바르다고 생각한다. 이들에게 인생의 진가는 생산물을 통해서 느낀다. 이들은 효율적이고 경쟁적인 것을 자랑스러워 한다. 이들의 성공에 대한 맹신은 성공만을 평가의 척도로 느끼기 때문에 타인이 인정하는 성취를 이룰 때 자신이 옳고 바람직하다고 느낀다는 것이다. 이들은 실패에 대해서 죄책감을 느끼는 수도 있다. 이들에게 실패는 창피스러운 것이며 그릇된 것이다. 그러나 실패를 수용하는 것이 겸손해 보이고 성숙해진다는 것을 이해해야 할 것이다.

다. 유형 Ⅵ(성실한 사람)

이들은 안정감을 느끼기 위해서 자신에게 부여된 요구에 순응하여야 한다는 자아 의식을 갖고 있고, 이러한 요구에 응하기 위해서는 현실질서에 조화롭데 대응할 수 밖에 없다고 생각한다. 이들은 평온함을 유지하기 위해서 사회관계를 규정한 현실의 질서나 규범, 혹은 권위나 후원자에 의존하는 것을 매우 중요시 한다. 이들은 외부에서 그들에게 요구하고 기대하는 것이 질서·충성·성실 등이라 생각하고, 이것을 부여된 책임이라 느끼고 있으므로 이를 달성하여야 편안함을 느낀다. 따라서 이들은 외부의 기대와 요구에 성실하게 임하고 있는 지를 의심하고 염려하며, 성취에 몰두하고 있으면 올바르다고 생각한다. 이들은 무엇보다도 책임 의식을 중요시 한다.

- 성취 및 진정한 삶: 상황의 요구·기대에 부응하는 것. 이것을 환경에 적절한 대응으로 봄.
- 현실적인 인생: 조심, 신중.
- 만족감(보람): 기대되는 바를 실현하고 있음이 신뢰받고 있을 때.
- 추구 행동: 조직과 규범에 충성하고, 위엄과 권위에 초점을 둠.
- 두려움: 내적인 지원과 안내를 인식 못하는 것. 의지할 곳이 없이 혼자서 생존하는 것.
- 욕망: 안전과 지원을 찾는 것.
- 자아 메시지: 타인의 기대에 부응하면 나는 좋은 사람이다.
- 올바름과 그릇됨: 이들은 안정을 취하고 싶으나 자기효능감을 인식하지 못하고 현실의 요구에 대응하지 못할까 봐 불안을 느끼고 있기 때문에 외부의 기대에 부응하려고 애를 쓴다. 이들은 환경 대응에 집중함으로써 책임의식을 강하게 느끼고, 그들에게 요구되고 기대되는 것에 대한 염려와 두려움을 느끼고 살아간다. 이들은 성장하고 가치 있는 사람이 되기 위해서는 의지할 수 있고 내적 안내자가 될 수 있는 규범과 규칙(외부에서 찾은 지혜)을 충실히 지키고 의무를 충실히 이행하는 것이 중요하다고 생각한다. 이들에게 올바른 것은 단지 질서를 지키는 문제일 뿐이고, 그릇됨은 질서를 어기는 것으로 단순하게 질서와 규범에 의존한다. 이들은 질서에 의존하는 것이 올바름이라 한정

함으로써 올바름에 대한 잘못된 인식을 갖고 있다.

실제 사랑·자비·정의·정직·순리·조화 등과 같은 절대적인 가치가 질서나 규범보다 상위의 가치임을 상기하고, 질서나 규범도 상위 가치에 의하여 판단된다는 점을 인식하는 것이 바람직하다. 이들은 독선에 빠질 수 있는데, 이것은 이들이 성실하고 충실하며 책임을 중시하고 있어 자신은 죄를 범하지 않는다고 자부함으로써 그릇됨을 올바름으로 오해하는 경우이다.

라. 유형 IX

이들은 자율감 확보를 위하여 갈등을 피하고 조화와 균형을 통하여 평화를 구하는 데 의지를 사용한다. 이들은 올바른 평가와 상대적으로 사랑을 받지 못한 성장 배경 때문에, 환경에 대응하기 위해서 세상으로부터 움츠러든다. 갈등을 피하는 것은 단념 행위이자 전략이기도 하다. 이들은 자기효능감을 일관성 있게 인식하지 못하고 있으나 자율감은 유지해야 하므로 환경에 적절한 대응만이 평화를 유지할 수 있는 방안이라 생각한다. 이들은 일이 많이 일어나지 않기를 바라고 변화로부터 기대할만한 것도 별로 없다고 여긴다.

- 성취 및 진정한 삶: 평화, 균형.
- 현실적인 인생: 느긋함.
- 만족감(보람): 조정 후 조화감.
- 추구 행동: 갈등을 일으키는 환경에서 물러남.
- 두려움: 내면의 갈등, 소외감.

· 욕망: 내면의 안정감과 평화를 유지하는 것.

· 자아 메시지: 내 주변이 평화로우면 나도 좋다.

· 올바름과 그릇됨: 이들은 변화를 꺼려하기 때문에 물러나 갈등 없는 안정과 평화로움에서 만족을 얻으려 하며, 평화를 파괴하는 것은 피하려는 경향을 갖는다. 이와 같이 물러나 안정적인 상태를 유지하는 것이 올바른 것이라고 여기기 때문에 태평스럽고 느긋하게 안주하는 것을 좋아한다. 이들은 평화로운 일상 생활을 즐기며, 사회정의나 사회봉사 등의 중요성을 망각하고 있다는 것을 깨닫지 못한다.

04 소극적 자아 유형(I, IV, VII형)

가. 소극적 자기효능감

자신은 더욱 노력해야 한다고 생각하는 유형의 사람들은 소극적 자기효능감을 소유하여 부족하다고 생각하는 부분에 자신의 에너지(의지, 사고, 감정)를 소진하지만, 그래도 결과에 대해서 부족함을 느끼고 이 부족감을 채우기 위해 더욱 노력한다. 그렇게 하는 과정에서 이들은 인생에 있어서 진정한 삶과 성취, 올바름을 지나치게 강조하고, 이를 성취하기 위하여 자신과 주변을 보완하는 데 매달린다. 이들은 자신의 성취나 개성을 인정하는 데 인색하고, 소속 집단에서도 구성원들의 결함에 대한 비판적 시각 때문에 타인들과 함께 잘 어울리지 않고, 어울리는 것에 대한 중요성도 높게 평가하지 않으려는 경향이다. 이들이 자기 평가와 인식에서 소극적인 면을 보이는 것은 불안이 많기 때문이다. 불안의 수준이 높다는 것은 비교기준이 높다는 것을 의미할 뿐만 아니라 소심함을 의미하기도 한다. 이들은 조심성이 많아서 보편적이고 절대적 가치인 완전, 아름다움, 재미 등을 추구하며, 이런 가치의 달성을 위해 노력하고 있을 때 자부심과 성취감을 느낀다. 이들 중 의지적인 전략을 가진 경우는 자신이 부족하다고 느끼는 것에 완벽을 기하여 자신을 방어하려 하고(1번 유형), 외부로부터 자신의 가치를 인정받고자 잘 보이려는 전략을 가진 사람은 자신의 특별한 면을 표현함으로써 호감을 얻으려 하며(4번 유형), 편안함을 찾아 두려움에서 도피하려는 전략을 가진 사람은 재미있는 활동이나 활동에 대한 계획과 기대 속으로 도망하여 불안이 표면화 하지 않도록 새로운 가능성에 도전하려 한다(7번 유형).

나. 유형 I

외부로부터 침해 받지 않고 자율의 느낌을 유지하기 위하여 꼼꼼하고 완벽하게 준비를 함으로써 외부환경에 적응하려는 이들은 일의 마무리를 위해 열심히 노력한다. 이들은 일이 완벽하게 진행되어야 타인의 간섭을 받지 않는 사람이 된다고 믿기 때문에 스스로를 비판하고 진행하는 일에 잘못이 없는지를 되짚어 보곤 한다. 부족한 점을 발견하면 별일도 아닌 것을 혼자 고민하면서 밤잠을 설친다. 타인도 열심히 노력하기를 바라고, 잘못은 스스로 바로잡기를 기대하며, 자아 비판 내용을 타인에게 투사하기도 한다. 이들의 비판적이고 공격적인 면은 자기 주변은 물론 자신에 대해서도 좋지 않은 관계를 형성하게 한다. 특히 이들이 억누르고 있는 분노는 폭발하면 화산과 같으나 이내 후회하고 잠잠해 진다. 이들은 세상보다 작다고 느끼고 있음으로 이를 극복하기 위한 개선에 많은 정력을 쏟아 붓는다.

이들은 사고중심에서 멀리 있어 분석과 계산 및 이해관계를 파악하는

데 어려움이 있다. 이들에게 인생은 더 높이 오르기 위하여 항상 열심히 노력하고 완벽해져야만 하는 것이다. 이들에게 세상사는 항상 개선의 여지가 남아있는 불완전하고 해결해야 할 문제들이므로 새로운 시각에서 해석하고 자기 나름의 방법으로 접근하여 성취를 만들고 만족을 구한다.

· 성취 및 진정한 삶: 상황을 호전시키는 변화, 개선.

· 현실적 인생: 개선할 문제가 많다는 태도로 환경에 변화 시도. 비판자가 됨.

· 추구 행동: 올바름. 비판과 각고의 노력을 통하여 성취를 이룸.

· 만족감: 개선과 올바른 삶을 실천함으로써 진정한 삶을 살았다고 생각.

· 두려움: 나쁘고, 실수하고, 그릇되는 것.

· 욕망: 올바름, 옳은 사람이 되는 것.

· 자아 메시지 : 내가 옳은 일을 하면 나는 좋은 사람이다.

· 올바름과 그릇됨: 이들은 자신의 분노를 인식하지 못하고, 분노를 표현하는 것은 그릇된 것으로 생각하고 있기 때문에 분노를 폭발 시키고 나면 자책하면서 어쩔 줄 모른다. 이들은 자기와 타인을 수용하는 아름다운 마음을 제대로 이해하지 못한다. 이들은 자신만의 결정적인 표준을 가지고 있음을 올바른 것이라 여기고, 이에 위배되는 일에는 비판적이다. 이들은 개선하려고 노력하지 않는 것과 느긋함에 빠져 있는 것은 그릇된 것이라고 생각한다.

다. 유형 IV

외부에 적응하기 위하여 자신의 특별한 면을 창조적으로 표현함으로써 호감을 얻으려는 이들은 주의를 끌려고 독창적이고 신빙성 있게 자신을 표현하고자 하지만, 효능감이 낮아 표현하는 방법을 연습하기 위해 움츠러드는 행동을 하게 된다. 이들은 자신이 움츠러서 표현하는 방법을 연습하는 동안에 자신과 함께 삶을 나누고자 하는 사람들은 자신을 기다리지 않고 떠나 버렸다고 느낀다. 그래서 이들은 더욱 움츠리게 되고 더욱 특별한 존재가 되려고 노력한다.

· 성취 및 진정한 삶: 자신의 감정을 독창적으로 표현하여 호감을 얻음.

· 현실적 인생: 품위 유지.

· 만족감(보람): 자신의 특별함을 인정 받음.

· 추구 행동: 타인과 다르게 표현하려 함.

· 두려움: 가치 없어지는 것. 자기다움을 갖지 못하는 것.

· 욕망: 품위, 자기다움을 찾는 것. 자기다움을 만들고 표현하는 것.

· 자아 메시지: 내 자신에게 진실하면 나는 좋다.

· 올바름과 그릇됨: 이들은 자신의 감수성에 자부심을 느끼고, 개성이 없고 서투르고 어색한 것은 그릇된 것이라고 생각한다. 이들은 남보다 우수하고 더 가치 있게 되려면 차별화 하는 것이 올바르다고 생각하는데, 이러한 태도는 잘못된 집착인데도 이들은 그것을 모른다. 이들은 평범하고 순박함이 아름답고, 타인과 더불어 살아가는 것이 착하고 올바른 삶이라는 것을 잃고 있다.

라. 유형 VII

    세상보다 작다고 느끼고 주어진 환경에서 안정감을 유지하려면 편안함과 즐거움을 주는 계획을 가져야 한다고 여긴다. 이들의 가치는 기대감에 달려 있다. 이들은 절망, 좌절, 고통 등 힘든 것을 아예 피하고, 기대와 즐거움을 주는 계획을 추구한다.

    이들은 감정중심에서 멀리 있어 슬픔, 아픔 등 감정 표현에 어려움이 있으며 즐거움을 계획함으로써 이를 대체하려고 한다.

- 성취 및 진정한 삶: 관심사에 관련된 계획 수립(으로 두려움에서 벗어남).
- 현실적 인생: 잡다한 생각.
- 만족감(보람): 즐거운 계획 수립으로 얻는 낙천적 인생.
- 추구 행동: 즐거운 관심사를 찾고 계획을 수립.
- 두려움: 좌절과 고통 받는 것.
- 욕망: 계획, 지속적인 기대 만족.
- 자아 메시지: 내가 원하는 것을 얻는다면 나는 좋다.
- 올바름과 그릇됨: 이들은 슬픔이나 비관으로 현실에 반응하는 것은 그릇된 것이라고 생각한다. 세상사는 경우에 따라 이성적이고 합리적인 판단이 적절한 것인데도 이들은 즐거움의 연속이 올바른 것으로 잘못 알고 있다. 이들은 즐거움과 쾌락이 올바른 생활 태도이고 근엄한 태도는 바람직한 태도가 아니라고 생각하는데, 현실은 진실하고 엄숙한 면이 요구되는 경우도 있음을 자각하여야 한다. 인간의 정서는 때에 따라 지나침이 없이 주위 여건에 맞게 표현되는 것이 바람직하고, 어느 한쪽으로 기울어 지는 것은 올바르지 못한 것이다. 남들이 웃을 때 같이 웃어 주고 남들이 슬플 때 슬픔을 같이 나누는 것이 올바른 것이다.

반대나 저항에
대처방식

가. 성격 유형별 대처방식

삶은 혼자서 조용히 책을 읽거나 산책을 하는 등의 개인생활과 여러 사람이 모여서 작업을 하거나 놀이를 하는 집단생활로 구분할 수 있으며, 개인생활이나 집단생활은 경제적 측면에서 여가나 소비활동, 생산활동으로 구분할 수 있다. 여가활동은 풍요로운 삶을 위해 재화나 용역을 소비하면서 쉬거나 노는 활동을 말하고, 생산활동은 재화나 용역을 생산하거나 분배하는 활동으로 소득을 얻는 직업생활인 생업과 관련된 경제할동이다.

여가활동이든 생산활동이든 경제활동에는 사람, 정보, 자본, 물자 등 자원의 활용과 분배의 문제가 따른다. 자원의 배분과 활용에는 관련된 사람과 집단의 이해관계가 발생하게 되는데, 이는 한 사람이나 집단이 자원을 소유하게 되면 다른 사람이나 집단의 몫이 줄어들기 때문이다. 이러한 관계는 자원의 한계성 때문이다. 모든 활동에는 그 활동의 주재자가 자원을 이용하기 위한 작용을 하게 되고, 이 작용에는 자원 소유자의 반작용이 일어나기 마련이다. 작용을 우리는 추진력이라 하고 반작용을 반대나 저항력이라 한다. 작용과 반작용의 힘은 균형을 이룰 수도 있지만, 대개의 경우 불균형을 이룬다. 추진력이 저항력보다 크면 일이 순조롭게 진행되겠지만, 반대로 저항력이 추진력보다 크면 추진자의 입장에서 보면 일은 실패한 것이 된다.

일을 추진할 때 반대나 저항에 부딪치게 되면 어떤 반응을 보일까? 추진하는 일의 내용이 물리적인 것이든 인간관계적인 것이든 반대나 저항에 직면하게 되었을 때 당사자는 끝까지 자신의 의견을 고집하며 입장을 고수하는 경우가 있고, 반대하는 상대방의 의견을 수용하여 추진하던 일을 포기 하거나 수정하는 경우도 있을 것이다. 이와 같이 저항이나 반대에 맞닥뜨렸을 때 당사자는 의식적으로 수용 혹은 거부의 입장을 나타낼 수도 있지만, 충격을 받아 무의식적인 반응을 나타낼 수도 있을 것이다. 이러한 저항이나 반대에 직면하여 나타내는 반응들을 보면 다음과 같다. 첫째, 입장을 고수하는 경우는 물리적 한계를 극복하기 위해 자원을 추가로 조달하거나 상대방의 반대를 극복하기 위해 설득을 하려 할 것이다. 둘째, 물리적 한계나 상대방의 반대를 수용하여 일의 진행을 포기하거나 수정하려 할 것이다. 셋째, 심리적인 갈등과 긴장으로 불안 초조해 하는 불안정한 태도를 보일 수도 있을 것이다. 넷째, 전혀 예상치 못한 상황에서 반대나 저항을 받게 되어 충동적인 반응을 나타낼 수도 있을 것이다. 앞의 세 경우가 의식적인 반응이라면, 네 번째의 경우는 무의식적인 본능적인 반응에 해당된다. 이런 네 가지 경우에 에니어그램의 성격유형들은 어떤 반응을 나타낼까? 입장고수, 승복, 신경증적, 충동적인 경우에 유형별 반응경향을 표로 요약하면 다음 표와 같다.

반대나 저항에 대처방식

유형	욕구	기본 반응	성격 유형	의식적 수용/거부의 반응			무의식적 반응	
				입장고수 방법	승복	신경증적 반응	충동적 반응	방어기제
의지 중심								
8	자치욕	경계 형성	지배형	반발	화	대항적	공격적	부정
9	자치욕	경계 형성	평화형	자기옹호	화	움츠림	후퇴적	혼수상태
1	자치욕	경계 형성	조심형	입장견지	화	접근적	공격적	반동형성
감정 중심								
2	친애욕	호의 추구	도움형	자기옹호	적대감	접근적	의존적	억압
3	친애욕	호의 추구	경쟁형	입장견지	적대감	대항적	공격적	동일시
4	친애욕	호의 추구	품위형	반발	적대감	움츠림	후퇴적	승화
사고 중심								
5	탐구욕	안식처 물색	탐구형	입장견지	두려움	움츠림	후퇴적	퇴행
6	탐구욕	안식처 물색	성실형	반발	두려움	접근적	의존적	투사
7	탐구욕	안식처 물색	나비형	자기옹호	두려움	대항적	의존적	합리화

* 1. 승복: 납득하여 따름.
  2. 자기 옹호: 소극적 자기 두둔
  3. 입장 견지: 입장 고수를 위해 반대 입장을 고려하면서 적극적인 저항 극복.
  4. 불안정 반응: 통제불능의 외부자극에 압박을 받아 일어나는 불안한 반응.
  5. 충동적 반응: 갑작스런 자극에 순간적 반응행동.
  6. 신경증 반응: 불안과 심리적 긴장으로 인한 짜증스럽고 예민한 반응증상.
  7. 방어기제: 불안 감소를 위한 자기 기만적이고 현실 왜곡적이며 자기보호적인 의식이나 행위.

나. 입장고수 방식

　위 표는 에니어그램 성격유형별로 장애나 저항에 대처하는 입장고수, 승복, 신경증적 반응, 충동적 반응에 관한 요약표이다. 유형별 자세한 설명은 Ⅷ장 유형별 특성에서 하고 여기서는 개요만 설명한다. 입장고수의 대처방식은 기본적으로 모든 사람은 자기 긍정적이라는 전제에 뿌리를 둔다. 자기긍정적이란 생명이 갖는 존재의 유지와 항상성 유지의 속성이기도 하다. 따라서 반대나 저항에 직면하였을 때 반응의 해석도 기본적으로 자신의 입장고수 반응이 선제적이다. 입장고수방법에는 상대방에 반발을 하는 경우와 자기 옹호, 입장을 계속하여 견지하는 경우로 구분할 수 있다. 반발하는 유형에는 8번, 4번, 6번 유형이 여기에 속한다. 8번 유형은 자치욕과 긍정적 자기효능감을 소지하여 강한 의지 때문에 저항에 부딪치면 분노에 가깝게 반발한다. 4번의 경우는 친애욕과 소극적 효능감을 소지하여 자기 감성인 품위를 지키려 하므로 반대를 만나면 품위에 상처를 받는 것 같은 수치심에서 반발을 한다. 6번의 경우는 탐구욕과 현실적 효능감을 소지한 성실형으로서 의심과 두려움이 강하고 질서나 권위에 의존적이라 반대를 권위나 질서에 도전으로 생각하고, 이들이 매우 중시하는 안정감을 해치는 것으로 생각하여 반발적이다.

　자기 옹호적인 유형들은 반대나 저항에 직면하면 자신의 입장을 긍정적으로 재구축한다. 자신이 곤란해지는 것을 싫어하여 자신의 옳지 못한 부분이나 부정적인 면에 직면하기를 어려워한다. 그래서 의식적으로 자신의 입장을 옹호하려 한다. 옹호한다고 함은 두둔한다는 뜻이다. 자기옹호의 유형은 9번, 2번, 7번이 여기에 해당한다. 9번은 자치욕과 현실적 자기효능감을 소지하여 반대를 무시하고 평화스런 자기 영역을 유지하려 하기 때문에 자기옹호적이다. 2번은 친애욕과 긍정적 자기효능감을 소지하여 자신에 대하여 옹호적이다. 7번은 탐구욕과 소극적 자기효능감을 소지하여 자기 안정에 필요한 다양한 즐거운 아이디어로 무장되어 있기에 자기옹호적이다.

입장견지의 유형들은 저항에 객관적이고 효과적인 노력을 통해 저항을 극복하려 한다. 이들은 문제를 이해하고 해석하려 하며, 논리적으로 해결하려 하기 때문에 타인도 논리적으로 대응해 주기를 바란다. 입장견지와 입장옹호의 차이는 입장견지가 저항하는 측의 입장을 고려하여 객관적인 해결방법으로 저항을 적극적으로 극복하려 하는 반면에, 입장 옹호는 자기긍정의 입장을 소극적으로 설명하려는 경향이다. 입장견지의 유형에는 1번, 3번, 5번이 여기에 해당된다. 1번은 자치욕과 소극적 자기효능감을 소지하여 자기영역을 견지하려 하므로 입장견지에 해당된다. 3번은 친애욕과 현실적 자기효능감을 소지하여 경쟁적이고 현실적인 면 때문에 입장견지적이다. 5번 유형은 사고중심과 긍정적 효능감을 소지하여 자신이 찾은 방안에 긍정적이라서 입장견지적이다. 이들이 갖는 객관성은 약간의 차이가 있다. 1번은 기준이나 규칙의 안에서 객관성을, 3번은 규칙 내·외에서 객관성을, 5번은 규칙 외부에서 객관성을 찾으려 한다. 이유는 1번은 소극적 효능감을, 3번은 현실적 효능감을, 5번은 긍정적 효능감을 소지하고 있기 때문이기도 하고, 1번은 의지 중심이라 보존적인 측면을, 3번은 감정중심이라 감정 의존적인 측면을, 5번은 사고중심이라 상황중심적인 측면을 고려하기 때문이다.

여기서 왜 같은 효능감을 가졌는데, 다른 반응을 나타내는지에 대하여 살펴보자. 긍정적 자기효능감을 가진 8번, 2번, 5번이 반발, 자기옹호, 입장견지로 다른 반응을 보이는 것은 8번은 의지중심이라 반대에 대한 자기 입장의 강도가 강하여 반발적이고, 2번은 감정중심이라 상대방에 대한 배려로 자기입장에 대한 강도가 조정되어 자기옹호적이며, 5번은 사고중심이라 객관적이고 자성적인 면이 강하여 입장견지에 해당되는 것이다.

그리고 소극적 자기효능감을 가진 1번, 4번, 7번 유형이 입장 견지, 반발, 자기옹호로 다른 반응을 보이는 것은 1번은 자신의 의지에 대한 소극성 때문에 입장견지의 수준을 보이고, 4번은 반대나 저항이 자신의 특별함에 상처를 주는 느낌을 받기 때문에 반발하며, 7번은 다양한 아이디어로 무장되어 있으나 소극성 때문에 자기옹호적인 입장을 보인다.

또 현실적 효능감을 가진 9번, 3번, 6번이 자기옹호, 입장견지, 반발의 다른 반응을 보이는 것은 9번은 자신의 평화에 변화를 싫어하므로 자기옹호적이고, 3번은 경쟁적이고 싶지만 현실적인 면 때문에 입장견지적이며, 6번은 반대를 권위나 질서에 저항하는 것으로 보기 때문에 반발적이다.

다. 승복

승복의 경우는 자기 입장을 포기해야 하므로 의지중심의 경우는 자기 경계를 침해 받은 것과 같이 화나 분노를 느낄 것이다. 감정 중심의 경우는 인정 받지 못함에 대한 수치심이 적대감으로 발전한 것이다. 사고 중심의 경우는 안식처를 얻지 못함에 대한 두려움을 느끼게 된 것이다.

라. 신경증적 반응 방식

　인간은 주위 환경과 상호작용하면서 생을 영위한다. 주위환경 중 자연환경은 생태계의 일부로서 생명을 유지 발전시키는 물리적 터전이고, 사회환경은 사회적 동물로서 집단생활의 터전이다. 집단생활은 인간관계의 연속이고, 관계는 목적의 상호의존성이라는 보이지 않는 끈에 의하여 연결되어 있으며, 의사소통이라는 방식에 의하여 서로 소통한다. 의사소통은 언어적 방식과 비언어적 방식을 포함하고 있으며 이는 자신의 사고·의지·감정을 타인에게 전달하고 타인의 사고·의지·감정을 수용함을 의미하고, 이는 외부의 자극을 자신의 관점으로 인식하여 판단하고 이를 자신의 의사(생각, 의도, 느낌 등)로 표현하는 것이다. 이 의사의 표현과 수용은 자극을 보는 관점과 이를 정제하여 처리하는 의식, 무의식의 작용에 의한다. 자극을 처리하는 처리체계는 각 개인마다 자기 나름의 방식이 있고, 이를 표현하고 수용하는 방식 또한 유전적 요인과 성장하면서 학습한 특유의 방식이 있는데, 이를 성격이라 하였다.

　인식 - 반응의 과정에서 자아가 통제할 수 없는 외부 자극에 압박을 받게 되면 불안에 휩싸이고, 불안이 가중되면 자아는 합리적으로 불안에 대처하지 못하고 비현실적인 방법으로 심리에너지를 방출하게 된다. 정상적이고 안정적인 경우라면 자극을 감지하고 이를 판단하여 자신이 좋아하는 방식으로 표출할 것이며, 타인에게 피해를 주거나 마음에 아픔을 주는 반응을 보이지 않고 자신의 욕구에 충실하게 행동할 것이다. 그러나 스트레스 상태이거나 그와 유사한 불안한 상황에서는 심리에너지가 정상에서 벗어나 적대적, 비정상적, 비현실적인 방법으로 방출된다. 가중된 불안에서 비현실적인 방법으로 대처한다는 측면은 프로이트의 방어기제와 유사한 측면을 보이는데, 방어기제는 불안 감소를 위한 자기기만적이고 현실왜곡적인 에너지의 표출 방법에 관한 설명이고, 여기서 논의되는 신경증적 불안정한 행동은 의식적인 심리에너지의 표출과 객체와의 관계에 관한 설명이다.

불안한 상황이 되면 부신에서 아드레날린이 혈액 속으로 분비되어 근육과 심장의 혈액량이 증가되고, 맥박과 혈압이 증가되며, 많은 산소를 얻기 위하여 호흡이 빨라지고 근육이 긴장하는 반응을 보인다. 또한 판단도 평상시와 같이 이성적이지 못하고 비합리적으로 기능하게 되므로 이 때의 반응행동은 성격유형의 일반적 이론으로 설명하기 어렵게 된다.

갈등으로 인하여 심리적으로 불안정적인 경우에는 신경증적인 반응을 나타내게 된다. 또 반대나 저항에 불안을 느껴 심리적으로 긴장하게 되면 짜증스럽게 되고 예민해져서 신경증적인 반응을 나타내게 된다. 신경증적인 반응은 8번, 3번, 7번은 대항적이고, 9번, 4번, 5번은 움츠리며, 1번, 2번, 6번은 접근적이다. 이러한 신경증적 반응은 다음 2항에서 자세히 설명하고자 한다.

마. 충동적 반응 방식

갑작스런 반대나 저항을 받게 되면 순간적으로 충동을 느끼게 되어 충동적 반응을 나타내게 된다. 충동적인 반응의 경우 8번,1번, 3번 유형은 공격적이고, 9번, 4번, 5번 유형은 후퇴적이며, 2번, 6번, 7번은 의존적이다. 이 충동적 반응방식도 다음 3항에서 자세히 설명할 것이다.

02 신경증적 행동

신경증의 사전적 의미는 심리적 갈등이 있거나 외부에서 오는 스트레스를 다루는 과정에서 곤란이나 무리가 생겨 심리적 긴장이나 증상이 일어나는 인격의 변화를 말한다. 심리적 긴장이나 그 증상이라 함은 좌절, 회의, 불쾌, 짜증, 강박, 의기소침, 반발·저항, 우울, 불안, 초조, 자기에게서 소원疏遠, 탈진, 충동, 불면, 고통, 환상 등으로 그 긴장의 정도는 차이가 있다. 여기서 신경증적이라 함은 그 증상이 병적인 상태는 아니지만 과민하게 불안해 하고 초조해 하며 나타내는 부정적 반응을 말한다. 이런 정도의 신경증적 반응을 유발하는 사례는 생활 주변에서 흔히 볼 수 있다. 대화 중 무심코 한 이야기가 상대방으로부터 아주 격렬한 짜증이나 침통한 반응을 유발하는 경우 등이 이에 해당된다. 물론 상대방이 처한 상황을 이해하지 못한 것이 원인이었을 것이다. 상대방이 처한 심리적 상황이 매우 불편한 경우이거나 불안한 경우라면 작은 자극도 짜증스럽게 만들거나 불안을 가중시킬 수 있을 것이다. 불안한 상태에 놓이게 되면 안정감을 유지 할 수 없기 때문에 비합리적이고 예기치 못한 반응이 나타나기 쉽다. 흔히 자극에 비정상적으로 과민하게 부정적인 반응을 보이는 경우를 신경증적 성향이라고 한다. 이러한 성향은 일시적일 수도 있고 성격의 일부로 자리잡은 경우도 있다. 여기서 살펴보고자 하는 것은 이런 성향을 가지고 있거나 일시적으로 이런 상태에 있는 사람의 자극에 대한 반응이다.

Karen Horney(1885.9.16 독일 ~ 1952.12.4)는 신경증적인 불안과 갈등에 대하여 독창적인 이론을 제시하고 있기 때문에 그의 이론을 중심으로 에니어그램 성격유형별 반응을 살펴보자.

Karen. Horney에 의하면 어린아이는 잠재적으로 적대적 세상에서 고립되고 무력하다는 감정을 갖는다고 하며, 그녀는 이런 적대감, 소외감, 무력감을 표현하기 위해 근본적 불안이라는 용어를 사용하였다. 이 불안은 유아의 성장 환경에 상존하고 있는 여러 가지 요인들이 신체적이거나 정신적으로 아이에게 불리하게 작용하고 있는 데서 기인한 것이다. 이 불안감의 원인은 직·간접적 지배, 무관심, 비일관적 행동, 아동의 욕구 무시, 신뢰할 애정의 결여, 부모의 불화, 과잉보호, 격리, 차별, 약속 불이행, 적대적 분위기 등이다. 특히 Horney는 은밀한 위선에 대한 아이의 느낌에 주목하였는데, 부모의 사랑, 기독교적 박애, 정직, 관대함 등이 겉치레뿐이라고 느낄 수 있다는 것이다. 이 중 일부는 실제로 위선일 수도 있으나 그 중 일부는 단순히 모순에 대한 반응일 수도 있다고 하였다. 아이는 이런 불안하고 위협적인 세상을 다룰 네 가지 방법, 즉 애정과 사랑 확보, 복종, 힘 획득, 철회를 취하고 사용하는데, 이를 자아보호기제라고 하였다(성격심리학, 노안영 외, 학지사, 2004, p.136). 이 자아보호기제는 무의식적으로 부정적인 환경에 대응하기 위한 전략으로 자리매김하고 행동의 동기가 되는 욕구로 발전하게 된다고 하였다. 이 욕구를 그녀는 '신경증적 욕구'라고 하였는데, 이 욕구는 인간관계에 방해가 되는 문제를 해결하기 위하여 노력한 결과 습득하게 된 것으로 문제에 대한 비합리적인 해결책이라 하여 신경증적 욕구라고 한 것이다. 이들은 애정과 승인, 일생을 맡길 배우자, 편협한 삶, 권력, 착취, 명예, 자기찬미, 자기성취, 자만심과 독립심, 안전, 비공격성 등에 대한 신경증적 욕구(the neurotic need for ~)이다.

　무력감, 소외감, 적대감에서 오는 어린아이의 근본적인 불안감은 자기 보호적이고 안정감을 갖고자 하는 욕구와 상치되기 때문에 갈등을 유발하게 된다. 어린아이는 불안감에 대처하기 위해서 그를 거부하였거나 적의를 가지게 한 사람에 대해 저항하기도 하고, 상실한 사랑과 인정을 얻기 위하여 복종적이고 호의적인 태도를 취하기도 하며, 열등감을 보상하기 위해 비현실적이고 이상화된 이미지를 발전시키기도 한다. 이러한 방책들은 안정을 얻기 위하여 방어적, 비합리적, 비현실적이고 강박적이며 무분별하기 때문에 신경증적이라 한다. 또 이들을 비합리적 방법이라 함은 자신의 무력감을 해결하기 위해 동원되는 수단인 명성, 권력, 착취, 무분별적 애정, 자기 성취 등이 탐욕적이기 때문이다. 그리고 비현실적이라 함은 갈등의 원인이 자신에 대한 과대평가된 자아 이미지와 주관적으로 왜곡시킨 현실과의 괴리를 갈등으로 인식하기 때문이다. 이런 점에서 이들의 갈등은 탐욕과 자신의 과대평가라는 점에서 심리적으로 조장된 자기애적인 면이 있고, 감정의 반응도 지나치게 예민하고 부정적인 측면을 띤 비현실적이고 비합리적인 면이 있다. 이 부정적인 감정은 불쾌, 걱정, 초조, 고민, 불쾌, 걱정, 불안, 초조, 고민 등이며 존재의 유지와 항상성 유지를 위해 방어적 행동을 하게 하는 원인이 된다.

　요약하면 자기애적이고 부정적인 감정은 어떤 자극에 대해 존재의 항상성 유지를 위해 방어적이고 예민하며 부정적인 반응을 하게 하는데, 이것이 신경증적 반응이다.

　Horney는 개인은 근본적 불안에 대응하기 위하여 네 가지 자아보호기제(애정과 사랑 확보, 복종, 힘 획득, 철회)를 사용하고, 이 자아보호기제가 행동의 동기가 되는 신경증적 욕구로 발전하며, 이 욕구가 아래 세 가지 신경증적 경향성을 지닌 태도와 행동으로 나타난다고 하였다.

1) 사랑, 의존, 복종을 나타냄으로써 주위 사람을 향하는 것(Moving toward people).

2) 고립과 철수를 통해 주위 사람으로부터 멀어지는 것(Moving away from people).

3) 공격, 적대, 습격을 통해 주위 사람과 맞서는 것(Moving against people).

이 세가지 태도를 간단히 표현하면 접근형, 유리遊離형, 대항형으로 명명할 수 있다. Horney에 의하면 정상인들은 세가지 태도를 보완적이고 조화롭게 채택하는 데 반해, 신경증적인 사람은 세가지 태도 중 어느 하나를 배타적이고 융통성 없이 사용한다고 한다(카렌호나이의 정신분석, 2012, p.49). 이들 갈등은 아이가 안전, 신뢰, 사랑, 존경, 인내 및 따뜻함이 있는 가정에서 양육된다면 피할 수 있으며, 해결될 수 있었던 것들이다(성격의 이론, 이상노 외, 1992, p.190).

주목할 것은 세가지 방법의 분류가 사람과의 관계에서 무력감, 적대감, 소외감의 불안에 기초를 두고 접근, 대항, 유리로 나눈 것이라는 점과, 이 세가지 경향성은 신경증적 욕구에 기초를 두고 나타나는 태도와 행동의 경향성이라는 점, 그리고 이 신경증적 욕구는 근본적 불안(적대감, 소외감, 무력감)을 방어하고 안전을 확보하기 위하여 지속적으로 사용한 네 가지 자아보호기제(애정과 사랑 확보, 복종, 힘 획득, 철회)에서 발달한다는 점이다.

어떤 욕구나 다 그렇듯이 자기의 생존인 자존自存, 사회적 존재로서의 상생相生과 발전을 기초로 한다. 신경증적 욕구도 마찬가지이지만, 차이는 무분별, 탐욕, 자만, 과장된 자기평가, 지배, 야망, 도피, 은폐 등 비합리적이고 비현실적이며, 탐욕적이고 지나친 자기애적인 수단을 사용한다는 점이다.

Horney가 환경과의 관계에서 근본적 불안이 일어난다고 하였는데, 이는 성장환경에서 모든 사람들이 겪는 일들이다. 정도의 차이는 있겠지만, 아이의 성장 환경인 가족과 사회에는 어른이 있고 동료도 있으며 형제자매도 있기 마련인데, 이를 적대감, 소외감, 무력감 등의 불안으로 감지하는 것은 지나치게 예민하기 때문일 수도 있었겠지만, 일반적인 성장환경이 아니라 예외적이었거나 불우한 환경이었다면 상처를 받을 수도 있었을 것이다. 이런 종류의 불안은 열등감과 일맥상통하는 것으로 보인다. 열등감을 가진 사람은 신경증적인 반응을 보일 가능성도 높다. 즉 열등감을 가진 사람은 부정적인 감정과 조심성이 많으며 과민하거나 정신외상적인 상처를 받기 쉬운 점을 고려하면, 사소한 자극에도 예민하게 반응하여 신경증적으로 될 가능성이 높다고 할 수 있을 것이다. 불안한 상황에서 강박적인 과민 반응과 신경증적 반응경향은 바람직한 인간관계 형성을 어렵게 만들 수 있을 것이다.

에니어그램의 성격 유형을 접근, 대항, 유리형으로 분류하여 보면 어떻게 구분될까? Horney의 분류의 특성은 환경을 부정적으로 인식하여 불안을 느끼고, 지나친 자기애적 관점에서 자기보호기제를 발동하며, 욕구를 강박적이고 신경증적으로 추구하는 경우를 전제로 한다는 점에 유의하여야 한다. 신경증적인 사람은 과민하고 부정적으로 반응하는 것을 의미한다. 과민하다는 것은 갈등과 불안을 전제로 하며, 이를 의식하고 있다는 뜻이다. 다시 말해 이들은 외부 환경을 부정적으로 보고, 규범, 자기이상, 그리고 자아를 주관적이고 자기애적 차원에서 인식하므로 환경과의 상호작용에서 예민해지고 비현실적이 된다는 점과, 갈등이나 피해의식에 대한 감정의 기복이 심하다는 것이다. 무력감, 소외감, 적대감, 열등감을 가진 사람이 지나치게 자기애가 강하다면 현실과 자아 이미지 사이에 괴리가 증폭되어 이들의 갈등은 고조될 것이다. 이 때 자기애가 강하고 자기확장적인 자아를 소유한 사람은 대항적인 반응을 나타내게 될 것이고, 외부규범과 내부기준의 작동이 예민한 사람은 초자아에게 의존하여 도덕적인 경향을 보일 것이다. 초자아에 의존적인 사람은 자신을 내세우거나 자기중심적 행동은 하기 어렵고, 외부환경과 타인에게 관심을 집중하게 된다. 또 변화를 싫어하거나, 물러나 생각하고 특별함을 준비하는 사람들은 자극에 임하여 자기보호를 위해 타인으로부터 멀어지려는 경향을 보일 것이다.

리소와 허드슨은 Horney의 분류방식을 호니비언 그룹이라고 칭하고, 에니어그램의 7번·8번·3번 유형을 자기주장 그룹(The assertives), 1번 유형·2번 유형·6번 유형을 순종 그룹(The compliants), 9번 유형·4번 유형·5번 유형을 움츠림 그룹(The withdrawns) 이라고 명명하고 있다(The Wisdom of The Enneagrm, Don Richard Riso & Russ Hudson, Bantam Books, p. 61). 하지만 여기서는 Horney가 분류한 의미에 충실하고자 대항형, 접근형, 유리형이라고 부르기로 한다. 대항형인 3번·7번·8번 유형은 주도적인 성향이 강하여 자기 확장적이고, 접근형인 1번·2번·6번 유형은 외부 환경에 민감하여 타인에게 호의적으로 타인에게 접근하며, 유리형인 9번·4번·5번 유형은 고요함에 대한 동경(평화, 품위, 사색)을 위해 타인에게서 멀어지는 경향이다. 이 분류는 각 유형들이 불안감(적대감, 무력감, 소외감 등)과 압박감, 열등감을 느끼는 갈등상항에서 자기애적으로 욕구를 추구할 때, 나타나는 태도이다. 여기서 자기애(narcissism)라 함은 순수한 자기 자신에 대한 사랑이 아니라, 자기의 행위나 특성에 지나치게 큰 가치를 부여하는 성격의 특성을 의미한다. 자기애가 강하고 과민하여 불안정적이며 부정적인 감정을 가진 신경증적 상태는 정신건강에서 저조상태에 가까우나 의식적으로 작용하기 때문에 보통상태와 저조상태의 중간영역 정도 혹은 저조상태의 상위영역의 증상을 나타낸다.

가. 대항형(3, 7, 8번 유형)

근본적 불안을 가진 3, 7, 8번 유형 중 자기애가 강한 사람은 스트레스 상태나 강박적인 상태가 되면 대항적인 경향을 보인다. 이들이 대항적인 경향을 보이는 것은 여러 가지 불안을 주로 적대감에 비중을 두고 느끼기 때문이다. 자기애가 강한 3번이 무력감, 소외감, 적대감, 열등감을 느끼게 되면, 자신의 욕망과의 괴리를 자신이 선호하는 경쟁적인 방식으로 해결하기 위해 대항적인 면을 나타내게 된다. 자기애적인 7번은 자신이 준비한 다양한 아이디어나 계획이 무력해지면 또 다른 착상과 계획을 내보이면서 대항적인 반응을 보인다. 그리고 자기애적인 8번은 자신의 지배적인 욕망 때문에 갈등상황이 되면 대항적이 된다.

이 그룹의 성격 유형들은 자기 중심적이고 자아 확장적이다. 이들은 갈등 상황에서 자아와 자신의 가치를 보호하기 위하여 자아를 확립, 강화,

팽창함으로써 스트레스와 어려움에 반응한다. 쉽게 말해 이들은 신경질이 나면 자기 확장적으로 행동한다는 것이다.

이들 유형이 대항형인 이유는 신경증적 불안이나 갈등, 스트레스, 열등감을 느낄 때, 8번 유형은 자기애와 자기 보호를 위해 한층 더 자기 확산적이고 자기 주장적으로 갈등을 해결하기 위해 맞닥뜨리기 때문이다. 3번 유형은 열등감을 느끼고 짜증스런 상황이 되면 자기애를 나타내면서 더욱더 성공 이라는 매개물을 강조하고 자기 주장적으로 행동한다는 것이다. 마찬가지로 7번 유형도 이런 상황이 되면 엉뚱한 계획을 내보이면서 맞서게 될 것이다. 또 안도감을 얻기 위하여 주변의 지지를 확보하려고 주위사람을 유인하려 하며, 이를 위해 계속 자아를 확장하려 할 것이다.

나. 접근형(1번, 2번, 6번 유형)

신경이 날카롭고 짜증스러운 상황에서 과민해진 이 그룹의 사람들은 외부기준에 주의를 집중하고, 그 기준에 적합하게 자신을 맞추려는 경향을 갖게 된다. 이들이 접근적인 경향은 각종의 불안을 무력감이라는 촉수로 감지하기 때문이다. 이들은 타인에 접근하여 그들의 뜻이 어떠한지를 파악하려 하며, 타인의 의견을 존중하려 한다. 대항형이 상대방의 의견에 맞서려는 경향이라면, 접근형은 상대방의 의견을 이해·수용하려는 경향을 말한다. 이들은 타인의 의견에 귀를 기울이고 이해하려는 경향을 갖는다. 자기애가 강하고 불안정한 이들이 신경증적 상황에서 접근적인 이유는 1번 유형은 자율을 원하나 자기효능감이 낮고 소극적이며 약간의 열등감을 느끼고 있기 때문에 준비를 하고자 타인 의견을 경청하고 이해하려는 경향이 되기 때문이다. 이들은 옳고 윤리적이며 완벽함을 추구함으로써 환경에 순응하려 하므로 더욱더 외부규범이나 객체에 접근적이다. 2번 유형은 관계에 상처를 입을까 두려워 타인의 의견에 긍정적인 반응을 보이고, 타인의 요구에 부응하여 인정과 존경을 얻고 싶기 때문에 상대방에 더욱더 접근적으로 된다. 6번 유형은 내면의 안내와 안도감을 유지하지 못할까 두려워 짜증스럽긴 해도 객체지향적인 행동을 보이고, 규범이나 질서에 더욱더 접근적인 태도를 보인다. 이들이 지향하는 것은 초자아에 접근적임을 의미한다. 이들은 객체를 이해하고 긍정적으로 대응하려 하기 때문에 모든 일에 성실성을 보인다. 이들은 옳고 그름을 판단함에 있어 사회정의나 양심에 상담을 함으로써 어려움에 대처하려 한다. 신뢰 있는 사람이 되기 위하여 타인의 기대에 부응하려 노력하고 결과에 책임을 지려고 노력한다.

다. 유리형(4번, 5번, 9번 유형)

유리형이란 신경증적 상황에서 자기보호를 위하여 상대방으로부터 물러나는 행동을 말한다. 이들이 물러나는 경향은 주변의 불안을 소외감에 비중을 두고 감지하기 때문이다. 유리형에는 유형4, 5, 9가 포함된다. 이들은 자기애가 강하고 불안정하여 부정적 감정인 소외감을 유발하는 객체를 피하고 멀어지려 한다.

이들은 갈등상황에서 물러나 스스로 상상하여 만든 '가상의 장소'로 들어가는 반응을 보인다. 9번 유형은 외계의 위협이나 영향을 받는 것에 대한 불안에서 벗어나기 위하여 평화의 추구에 집착하여 자신이 진정 원하는 것, 관심사, 의지가 무엇인지를 망각하게 된다. 그 결과로 자신의 효능감도 인식하지 못하고, 안전하고 근심 없는 내면의 방 속에 들어박혀 갈등을 피하고 평화로움을 유지한다. 4번 유형은 낭만적이고 예술적이며 꿈이 있는 자기만의 색다른 감성 속에 들어박혀 가치감 손상을 방어하려 한다. 5번 유형은 공허감과 두려움에서 벗어나기 위해 스스로 만든 가상의 방 속으로 물러나 사색한다. 이들은 물리적이고 활동적인 것에 곤란을 겪는다.

라. 호니비언 그룹의 욕구 충족 전략

리소와 허드슨은 갈등상황에서의 행동유형과 유형별 행동전략을 다음과 같이 설명하고 있다. 3·7·8번 유형은 그들이 원하는 것을 얻기 위해 일의 내용을 자신의 욕구대로 주장하고 요구한다. 그들이 필요하다고 믿는 것을 추구할 때, 그들의 접근은 능동적이고 직접적이다. 1·2·6번 유형은 모두 그들이 원하는 것을 얻기 위해 사안事案의 내용을 양심에 상담하고 이에 순종하며 판단하려 한다. 이들은 욕구를 충족시키기 위해 '성실하고 좋은 사람'이 되려고 최선의 노력을 다한다. 4·5·9번 유형은 자신이 원하는 것을 얻기 위하여 사안의 내용을 판단함에 있어 상황을 관망하려고 움츠린다. 그들은 욕구를 처리하기 위하여 타인으로부터 멀어진다(에니어그램의 지혜, 주혜명 역, 한문화, 2000, p. 87). 다시 말해 대항형은 상대방에게 요구하고, 접근형은 양심적으로 되기 위해 노력하고, 유리형은 관망하기 위해 물러난다는 것이다.

충동적 행동 양식은 대개 본능적으로 갑자기 튀어 나오는 행동으로 인간관계에서 상대방에게 정신적 피해를 주는 경우가 여기에 속한다. 이런 행동은 자극에 대해 참지 못하고 분노가 치밀어 폭발하거나, 가해할 목적으로 욕을 하는 등의 공격적인 것으로 싸움에 해당된다. 이런 격한 언행은 결국엔 관계를 파국으로 만들고 관련된 사람 모두를 불만스럽게 만든다. 이와 같이 감정이 격한 상태에서 에너지 흐름은 사고思考의 과정이 생략되고 자극의 수용과 동시에 반응이 튀어 나오는 반사적인 경우가 많다. 이러한 경우 정신적·신체적 상태는 전쟁상태와 같은 긴장 상태에 돌입하게 된다. 즉 행위자와 상대방 사이에는 긴박한 전선이 형성되는 것이다.

충동적 상황에서의 자극에 대한 반응은 생득적이고 습관적이며, 본능적이고 반사적인 반응체계에 의존한 행동이다. 반응체계라 함은 자극 - 인지 - 반응의 과정으로서 이 과정은 신경계의 활동에 의존하는 것인 바, 이를 담당하는 뇌腦의 구조와 기능에 대하여 간략하게 살펴보는 것이 바람직할 것이다. 아래 표에서 보는 바와 같이 대뇌피질은 감각정보의 수용과 지각 및 기억, 변연계는 정서 행동, 학습 및 기억, 그리고 공격과 방어의 기능을 수행하고, 간뇌는 감각정보 전달과 자율신경계 통제 및 생존관련 행동의 조직화를 담당한다(생리심리학 기초, Neil R. Carlson 저 김현택. 조선영.

박순권 역, 시그마프레스, 1998, p.134~137).

뇌 부위별 기능

주요 부위	하위 부위	구조물		기능
전뇌	종뇌(end brain)	대뇌 피질	전두엽	운동계획 수립·실행·통제
			두정엽	지각과 기억.
			후두엽	체감각 정보 수용.
			측두엽	시각·청각 정보 수용.
		변연계	변연피질	정서 행동.
			해마	기억과 학습.
			편도체	공격·방어·생식.
		기저핵		운동 통제.
	간뇌(interbrain)	시상(thalamus)		감각정보 수용. 대뇌피질에 정보 전달.
		시상하부		자율신경계 통제, 공격·섭식·후퇴·교미행동의 조직화.
중뇌	중뇌(midbrain)	중뇌개	상/하소구	시각과 시각반사 통제.
		중뇌 피개	망상체 회백질 적핵/흑질	감각정보 수용 및 투사. 종 특유의 행동순서 통제. 운동정보 전달.
후뇌	후뇌(afterbrain) 수뇌(narrowbrain)	소뇌/교, 연수		운동 통합/수면과 각성 관여. 심혈관/호흡/골격근 통제. 체감각정보를 시상에 중계.

　대뇌피질은 기억과 지각 및 감각과 운동의 중추로서 이성행동을 주관
한다. 운동영역, 감각영역, 연합영역(Association cortex)으로 나누어 지고, 각
부위별로 서로 다른 기능을 수행한다. 뇌의 각 영역은 신경조직의 연결에
의하여 기능한다. 연합영역과 전두엽은 감각영역에서 얻은 정보를 하나로
연합하여 생각·판단·계획하며, 정보를 운동영역으로 보내 근육을 움직이

게 하는 기능을 한다.

변연계는 대상회, 해마와 편도체로 구성되어 있으며, 대뇌반구의 안쪽과 밑면에 위치한다. 변연계는 회로를 구성하여 기억과 감정을 생성케 하는 수렴영역으로 행동의 동기와 감정 상태에 관련된 기능과 단기기억을 장기기억으로 전환하는 역할을 한다. 변연계 중 편도는 감정의 인식을 담당하는데, 이는 편도가 손상된 사람은 공포, 분노, 슬픔, 혐오 등의 감정을 인식하지 못한다는 점으로 알 수 있다. 우리가 느끼는 모든 감각 정보는 편도를 통하여 대뇌 전두엽과 시상하부 등으로 전달되어 감정 표현과 행동을 조절케 한다(인간의 모든 감정, 최현석, 서해문집, 2011, p 62) .

간뇌는 좌·우 대뇌반구 사이에 위치하며 대뇌반구에서 처리하는 대부분의 신호를 전달하는 역할을 맡고 있다. 이러한 중계 역할을 맡고 있는 지역이 바로 시상이다. 시상은 후각을 제외한 모든 감각을 일시적으로 머무르게 했다가 대뇌피질로 보낸다. 시상의 영문 명칭은 thalamus인데, 이는 원래 그리스어로 '휴게실'이라는 뜻이다. 또 눈에서 출발한 시신경이 연결된 지점이기 때문에 한자漢字로 시상視床이라는 이름을 가지고 있다. 시상하부는 자율신경에 속하는 교감신경계와 부교감신경계를 조절하여 긴장상태와 이완상태를 만들어 낸다. 또한 시상하부에 있는 뇌하수체는 식욕, 성욕, 수면욕과 같은 인간의 기본적인 욕구를 조절하는 호르몬을 분비한다. 이외에도 뇌하수체는 면역력이나 체온 조절 기능도 가지고 있어서 몸의 항상성을 조절하는 중요한 역할을 맡고 있다. (네이버 백과사전).

뇌 부위별 기능을 에니어그램의 성격분류 기준인 에너지 원천과 관련시켜 살펴보면, 대뇌피질은 사고중심, 변연계는 감정중심, 간뇌는 의지중심에 해당된다. 여기서 간뇌의 기능을 왜 의지중심과 연관시키는 지에 대한 의문이 들 수 있을 것이다. 간뇌의 역할은 감각정보 전달과 식욕, 성욕, 수면욕 등 인간 생명의 가장 기본적인 역할에 관여하고, 주로 무의식적으로 기능한다. 생명의 필요에 의해 기능한다고 함은 주로 본능적이고 자율적이며 무의식적으로 기능함을 의미하고, 자연적이고 원초적인 생에 대한 의지의 실행을 말하는 것이다. 즉 생명유지는 유기체의 가장 원초적인 의지의 표현이고, 개체로서 자율적인 삶을 추구하는 의지의 기능인 것이다. 이 말은 호르몬 생산을 통하여 대부분의 내분비계를 통제하는 시상하부의 기능과 몸의 항상성 유지하는 뇌하수체의 기능은 외부로부터 자신을 보호하고 자율성 확보하며 경계를 형성하는 의지의 기능과 같은 내용이라는 의미이다.

에니어그램의 원을 인간의 뇌라고 생각하여 보자. 에니어그램의 상부는 감각정보의 연락로인 뇌간(brain stem) - 척수와 대뇌 사이에 있는 연수·뇌교·중뇌 및 간뇌의 총칭, 뇌간의 주된 기능은 반사 기능의 중추 역할과 소위 자율 중추自律中樞로서 자동적으로 호흡하게 하고, 심장을 뛰게 하며, 혈압, 맥압, 혈류 등 생체 징후를 의식상태와 관계없이 일정하게 유지시키는 역할을 하는 데 있다. 한편 척수와 대뇌의 연락로 기능도 한다.- 에 가까운 간뇌의 부분이고, 하부좌측은 대뇌피질, 하부우측은 간뇌와 대뇌피질의 중간부분인 변연계에 해당될 것이다.

상부에 있는 의지중심은 자치욕구가 강하여 자극에 대하여 버티고 서서 파충류적인 반응을 보이는 유형으로 근본적으로 공격적이고 방어적 행동을 지향하는 경향이다. 특히 감각정보의 흐름이 빨라지고 심리에너지(대뇌신경회로를 작동시키는 전기 화학적 힘)가 일시적으로 상승하는 충동적 상황에서는 이성적 판단보다 무의식적으로 에너지가 작용하여 더욱 공격적인 경향을 보이게 된다. 다만 9번 유형의 경우는 의지중심의 중앙에 위치하여 자치욕이 강하고 현실적이고 편의적인 자기효능감을 갖고 있기 때문에 공격적인 면을 표출하지 않고 물러서서 균형 잡힌 조정방법을 찾으려 노력하므로 후퇴적이다.

하부좌측의 사고중심은 편안함이나 안도감을 느끼기 위해 비교, 예측, 분석, 판단하여 의지할 안식처를 찾는 유형으로 호기심이 강하여 대처할 아이디어를 만들고 이를 믿고 의지하며 편안함을 도모하려 하므로 기본적으로 후퇴적이고 아이디어 의존형이다. 5번 유형의 경우는 충동적 상황에서 불안이 증가 하여도 긍정적 자기효능감을 갖기 때문에 정보와 아이디어수집과 획득에 자신감을 보이면서 더 많은 정보와 아이디어를 얻기 위해 계속 사색하려 하므로 후퇴형이다. 그러나 6번과 7번 유형은 효능감이 높지 않기 때문에 갑작스런 상황에서 판단의 여유를 찾지 못할 뿐만 아니라, 후퇴하여 내면의 아이디어 상자에도 접근하지 못하여 상황에 의존하는 경향을 보인다.

충동적 행동 유형

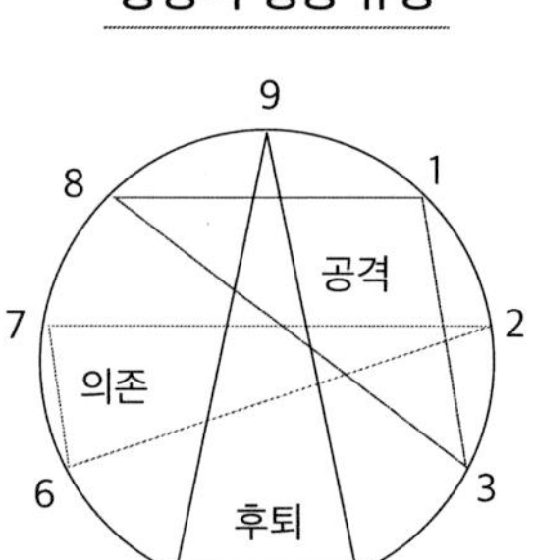

도형의 하부우측의 감정중심은 호·불호, 쾌·불쾌의 평가에 의한 가치감을 인정받기 위하여 타인의 주의를 끌 방안을 모색하고 인정 받고 사랑받기를 추구하는 유형으로 지나치게 타인의 감정을 의식한다. 2번 유형은 충동적 상황에서도 친애동기의 수행에 효능감이 높아 친애의 적극적인 수단인 도움을 선택하게 된다. 이들은 도움을 주고 사랑을 베푸는 타인 의

존적인 경향을 보인다. 3번 유형은 갑작스런 충격을 받으면 타인의 인정을 받고자 하는 욕구가 더욱 강하게 작용하여 더욱 경쟁적으로 반응하고 공격적인 경향을 보인다. 4번 유형은 친애동기 수행에 자신감이 낮아서 물러서서 자기만의 독특한 감정을 만들고 이를 표현할 방책을 강구하기 위해 물러나는 성향을 보인다.

이런 행동 성향을 '에니어그램 ; 당신 자신과 남들을 아는 길(Mary Rebecca E. Rogacion 저, 이정순 역, 1995)'에서는 공격형, 의존형, 후퇴형이라고 명명하였다.

충동적 자극에 대한 충동적 반응행동은 각 유형의 에너지 원천인 욕구나 욕망이 그대로 노출되고, 그 강도는 일반적인 경우보다 훨씬 높다. 또 불안과 두려움이 크면 클수록 더 강한 방어적 행동을 하게 된다. 이 때의 행동은 본성에서 벗어남은 물론이고 현실의 요구에도 벗어나게 되어 자신의 통제력을 잃게 된다. 표로 요약하면 다음과 같다.

에너지 원천	유형	효능감	충동적 반응	비고
의지중심	8번	높음	더 통제적(공격적)	
	9번	현실적	더 평화적(후퇴적)	
	1번	낮음	더 비판적(공격적)	
감정중심	2번	높음	더 타인 의존(의존적)	더욱 더 해당 욕구와 유형별 행동 특성 추구.
	3번	현실적	더 경쟁적(공격적)	
	4번	낮음	더 고상함 추구(후퇴적)	
사고중심	5번	높음	더 많은 정보 추구(후퇴적)	
	6번	현실적	더 성실 추구(의존적)	
	7번	낮음	더 편안함 추구(의존적)	

가. 공격형(8, 1, 3번 유형)

공격형은 타인에 대항함으로써 충동에 대처하려 한다. 이들은 갑작스런 충격에서 원상 회복을 하려면 오뚝이처럼 반발력을 가져야 하고, 그 반발력이 공격적인 대항력이다.

8번 유형은 내적인 힘을 바탕으로 하여 상황을 통제하고 있을 때 만족스럽고 자신이 바람직한 삶을 영위하고 있다고 느낀다. 이들은 목표를 달성하기 위해서는 상황을 통제하고 있어야 한다는 생각이 잠재되어 있기에, 갑작스럽게 타인이 침해하려고 하면 사정 없이 독설을 퍼붓는다. 이것은 자치욕을 가지고 있으며 자기 효능감이 높기 때문이다. 이들이 심한 충동을 느끼면 냉혹해지거나 위협적으로 되고, 부정하는 방어전략을 사용하게 된다.

1번 유형의 경우는 주변 환경에 주의를 집중한다. 그러면서도 환경 속에서 자신의 위치에 마음을 쓴다. 이들은 자신의 영역이라고 생각하는 환경이나 자신에 개선할 점이 있다고 생각하고 만족스럽지 못한 부분을 개선시켜야만 자신의 의무를 다한 것 같고 자유로워진다고 느낀다. 이런 이유 때문에 이들은 비판자가 되고, 비판자적인 시각은 이들로 하여금 분노를 잉태하게 할뿐만 아니라 공격적이게 만든다. 이들이 심한 충동을 느끼면 독선적으로 되거나 남을 비난하게 되고 자기모순적이고 융통성 없는 행동을 하게 된다. 이들이 사용하는 방어전략은 반동형성이다.

3번 유형의 경우는 감정중심의 중앙에 위치하고 현실에 집중하고 있기 때문에 타인의 주의를 매우 강하게 의식하고 있어서 타인으로부터 인정을 받지 못하는 수치심의 불안에서 벗어나고자 성공이란 겉모습을 만드는 데 공격적이다. 이들에게 성공이란 그들이 이룬 성공보다는 타인에게서 인정과 평가를 받으면 되는 것이다. 즉, 타인으로부터 좋은 인상과 호의적인 반응(존경)을 받으면 된다. 이들이 심한 충동을 느끼면 기만적이고 기회주의적이며 진실성이 없는 공격행동을 하게 되고, 동일시의 방어전략을 사용하게 된다.

나. 의존형(7, 6, 2번 유형)

의존형은 타인의 수용에 의존함으로써 성취하려 한다. 이들에게서 성취란 타인이 그들을 받아들이고 있음 그 자체이다. 자신의 의지보다 자신이 좋아하고 의지하는 사람들의 뜻이 중요하다고 생각하고 자신의 뜻을 강하게 내세우지 않고 상황과 환경에 의존한다.

2번 유형의 경우는 다른 사람에게 필요한 사람이 되었을 때 성취하였다고 느낀다. 즉, 타인이 자기를 필요한 사람으로 인정하고 고마움을 표현할 때 성취를 느낀다. 이들은 타인이 자신의 도움을 받아들이게 하기 위하여 노력한다. 이들에게 중요한 것은 타인의 인정과 평가이다. 이들이 심한 충동을 느끼면 조작적이고 자기를 정당화 하려 한다. 이들이 사용하는 방어기제는 억압이다.

6번 유형의 경우는 자기 효능감을 인식하지 못하고 있기 때문에 사람지향의 호기심은 의심을 많이 하게 되고, 의심의 두려움에서 벗어나 신뢰라는 의지처를 필요로 한다. 이들은 신뢰 받기를 원하고 신뢰받지 못할까봐 염려한다. 그리고 신뢰를 받을 수 있는 사람이 되어야 한다고 생각한다. 신뢰를 받는 방법은 힘있는 자에게 충성을 다하거나 규범에 충실하여야 한다고 여기며 특기인 사고력에 집중한다. 이들은 중요한 사람이나 법과 규범에서 요구하는 사항을 성실히 이행하였다고 판단하면 성취하였다고 생각한다. 이렇게 상황의 요구에 응하는 것이 외부 환경에 대응하는 것이라고 판단한다. 이들은 환경과의 상호작용에서 외부의 요구와 기대에 어떻게 대처할지를 염려하거나 두려워하고 있을 때, 이들은 바람직한 상태라고 생각한다. 이러한 상태에서 이들은 성취에 몰두하고 있다고 생각하기 때문이다. 그러나 이들이 심한 충동을 느끼게 되면 몹시 불안해 하고 공격적으로 되거나 자기파괴적인 행동을 하기도 된다. 이들이 사용하는 방어전략은 투사이다.

7번 유형의 경우는 자신의 사고능력에 자신감이 부족하기 때문에 항상 계획을 세우고 이를 보완하여야 바람직한 상태라고 느낀다. 그리고 즐거움을 추구하는 데 힘을 쏟는다. 이들이 성취라고 느끼는 것은 계획하고 있으면서 즐거워하는 것이다. 이들이 심한 충동을 느끼면 책임을 회피하거나 무기력해지며 무모하고 공포에 압도당할 수도 있다. 이들이 사용하는 방어기제는 합리화이다.

다. 후퇴형(9, 4, 5번 유형)

후퇴형은 타인으로부터 움츠러듦으로써 자극에 반응하려 한다. 이들에게 성취란 껍질 안에 들어가 있어 외부의 공격으로부터 방어를 하고 있는 상태이다. 즉 고립되어 있으면 방어가 가능하다고 느낀다.

5번 유형의 경우는 사고능력으로 올바른 판단을 얻는 데는 자신감이 있어 자신의 사적인 공간으로 물러나 정보를 수집하고 이를 통해 전체적인 통찰을 얻어내려고 노력한다. 여러 사항을 따지고 조사하려면 많은 시간과 은둔이 필요하다고 생각하므로 조사가 끝나기 전에는 올바른 판단을 하였다고 생각하지 않는다. 이들에게 중요한 것은 세상의 이해와 올바른 판단이다. 이들에게 성취는 사적 공간에서 정보를 수집하고 올바른 판단을 하는 것 자체이다. 이들이 심한 충동을 느끼면 현실에서 도망쳐 거부하거나 고집을 부리며 괴짜 짓을 하게 된다.

9번 유형의 경우는 자율의 유지를 위한 자신감을 인식하지 못하고 있기 때문에 자율을 침해 받는 것이 불안하여 주변이 평화로워야 한다고 생각한다. 이들에게 평화로움은 자신이 환경의 요구에 현실적으로 대응하는 데에 있다. 갈등과 긴장을 없애기 위해서는 환경과 맞서지 않고 물러나 있거나 주변을 조정하고 중재하는 것이 갈등해결의 방책이라 여긴다. 이들이 심한 충동을 느끼면 혼란스러워 하다가 스스로 물러나 포기하는 행동을 하게 되고, 사용하는 방어전략은 혼수상태이다.

4번 유형의 경우는 타인의 좋은 평가를 받고자 하나 자신감이 부족하여 물러나 준비하고 연습한 후 독창적인 방식으로 자신을 표현하려 한다. 이들에게 성취는 독창적인 표현으로 타인의 인정을 받는 것이다. 이들은 삶의 과정에서 느끼는 바를 상징적으로 표현하기 위하여 노력한다. 이들이 심한 충동을 느끼면 심히 우울해 하거나 물러나 모든 것을 거부하는 행동을 보이고, 사용하는 방어기제는 승화이다.

04 충동적 행동과 신경증적 행동의 비교

 상기 신경증적 행동 유형과 충동적 행동 유형의 구분은 비슷하다. 다만 신경증적 행동 유형에서 접근형을 충동적 행동그룹에서는 의존형이라 칭하고, 대항형을 공격형으로, 유리형을 후퇴형이라 칭한다. 그리고 신경증적 행동 유형에서 접근형인 1번 유형이 충동적 행동 유형에서 공격형으로, 신경증적 행동 유형에서 대항형인 7번 유형이 충동적 행동 유형에서 의존형으로 분류될 뿐 나머지는 같다. 의존형과 접근형, 공격형과 대항형은 비슷한 의미를 지니고 있다. 다만 1번과 7번 유형의 분류만 다를 뿐이다. 1번 유형은 신경증적 사안의 판단에서는 외부환경인 사람에 접근함으로써 접근적이나, 충동적인 상황에서 표현은 의지중심의 기본적 욕구인 자율을 추구하고 비판적으로 맞서서 대항하려는 성향을 가지고 있기 때문에 공격적이다. 7번 유형은 신경증적 사안의 내용 판단에서는 주위 사람들을 자신의 계획으로 유인하여 안도감을 유지하려 함으로 대항적이나, 이들이 편안함을 추구하는 사고중심이고 자기 효능감이 낮기 때문에 충동적인 상황에서 표현방식은 외부의 사람과 상황에 의존적이다. 1번 유형은 신경증적 행동에서는 판단을 위하여 약간의 자기검열을 한다는 점과 초자아의 검열을 받는다는 점에서 접근적일 것이고, 자기검열을 할 여유를 갖지 못하는 충동적 행동에서는 분노를 억제하기 어려워 공격적 일 것이며, 7번 유형은 의식적인 신경증적 상황일 경우는 모험과 즐거움을 추구하기 위해 계속 자기 주장을 관철하려 할 것이지만, 충동적 상황이면 사고중심이고 효능감 부족 유형의 기질대로 의존적 일 것이다. 그리고 유리형과 후퇴형은 비슷한 의미이지만 후퇴는 충동적인 경우에 순간적으로 자극에서 물러난다는 의미를 강조하기 위하여 사용하였고, 신경증적인 경우는 의도적으로 사람으로부터 물러난다(Move away from people)는 의미로 유리라는 용어를 사용하였다. 기피라는 번역도 가능하나 기피는 감정적인 색조를 띄고 있어서 유리를 택하였다.

자아가 억압되거나 과민한 상태에서 행동유형을 이해하는 것이 중요한 것은 자극의 연속인 삶에서 스트레스를 받지 않고 안정적이고 긍정적이며 희망과 꿈을 잃지 않는 삶을 구가할 수 있는 방법을 찾는 데 유용하기 때문이다. 예를 들면 공격형은 타인을 배려하고 이해하며, 수용적이고 의존적인 생의 태도를 갖는 것이 중요하다. 수용적이고 의존적인 생의 태도는 상생과 공존의 순리를 찾을 수 있기 때문에 스스로의 자책에서 벗어날 수 있고, 타인의 존경을 받을 수 있으며 미래에서 희망을 찾을 수 있는 편안하고 성장하는 삶을 영위할 수 있게 할 것이다. 또한 의존적인 사람은 타인과 상황 중심적인 삶에서 벗어나 자기 중심으로 물러나 사안을 관망하고 흐름을 통찰하여 판단하는 방안을 선택하면 생에서 여유를 찾을 수 있을 것이다. 그리고 사안에서 물러나 소극적이고 고립된 생을 살던 사람이 앞으로 나아가 자기 주장적이고 행동지향적인 태도를 갖는다면 긍정적이고 자신에 찬 원기를 회복할 수 있을 것이며 생의 환희를 맛볼 수 있을 것이다.

이런 행동 변화의 원리는 근본적으로 불안에서 벗어나는 것이며, 불안에서 벗어나기 위해서는 환경을 긍정적으로 보는 관점을 갖는 것이 선결 과제이다. 환경을 긍정적으로 간주하면 수용이 가능하고 의존할 수 있으며, 자신을 뜻을 주장할 수도 있고, 물러나 자신을 돌볼 수 있는 여유를 찾을 수 있기 때문이다. 이러한 점에서 신경증적이거나 충동적인 행동유형의 이해가 필요한 것이다. 이러한 점을 토대로 성격유형별 변화의 방향을 요약하면 충동적 행동 상황에서 공격적인 8, 3, 1번 유형은 의존적인 삶을 추구하고, 의존적인 2, 6, 7번 유형은 후퇴적인 삶을, 후퇴 9, 4, 5번 유형은 공격적인 삶을 추구하는 것이 바람직할 것이다. 이를 에니어그램에서는 화살표이동이라고 한다. 즉 화살표의 번호 1→4→2→8→5→7→1은 1←4←2←8←5←7←1로, 9→6→3→9은 9←6←3←9로 화살표의 방향이 역방향으로 바뀌는 것을 말한다. 이를 통합(활력)의 방향이라고 한다. 통합의 방향에 대해서는 마지막 장의 성격 변화에서 다시 살펴볼 것이다.

성격 유형 진단

성격 유형 진단 방법

성격 유형의 진단은 자기의 성격을 전반적으로 이해할 수 있다는 측면에서 중요하고, 진단된 자신의 성격유형은 어떻게 형성되었으며, 그 성격을 형성한 욕구와 자아개념은 어떤 것인지를 이해할 수 있게 한다는 측면에서도 중요하다. 그리고 자신의 성격이 갖는 장·단점을 이해하게 하고, 원만한 삶을 유지하기 위해서 어떤 태도를 유지하는 것이 바람직한지를 알게 만든다는 점에서도 자신의 성격 유형의 이해가 중요하다. 성격이해의 필요성은 자신을 알고 자신의 삶을 윤택하게 한다는 점 뿐만 아니라 타인의 성격을 이해함으로써 서로의 차이를 인정하고 서로 다름을 알게 되며, 다름을 알게 됨으로써 상대방을 수용할 수 있는 근거를 만든다는 점이다.

그러나 실제로 사람의 성격은 불변의 고정된 상태가 아니고 자극이 주어지는 상황에 따라 그 대응 방향이 다르고, 자신이 처한 환경에 따라 감수하는 심적 상태가 다를 수 있으며, 대응 또한 변할 수 있기 때문에 진단 시점에 따라 결과에 약간의 차이가 있을 수 있다. 그러나 우리가 성격을 알고자 함은 원만한 삶을 영위하기 위한 것인 바, 현재의 자신이 왜 원만하지 않는지를 알고자 함이고, 또 그 원인이 되는 심리에너지 흐름의 원류를 찾아 이를 어떻게 가꿀 것인지를 알고자 함이다.

진단 방법으로는 첫째, 정성적 접근법(qualitative approach) 혹은 인식론적 접근법(epistemological approach)으로 세가지 힘의 중심에 관해 설명하고 이 중 자신이 어느 범주에 속하는 지를 확인한 후, 9가지 성격 유형을 설명하고 자신이 어느 유형에 속하는 지를 선정하게 하는 방법이 있다. 둘째, 정량적 접근법(quantitative approach) 혹은 계량적 접근법(metrical approach)으로 설문지 방법에 의해 수량화하여 자신의 성격 유형을 밝히는 방법이 있다. 셋째, 체험적 접근법(experiential approach)으로 정성적 접근법과 정량적 접근법을 통해 확인한 유형을 같은 유형의 집단에서 자신들의 성장 과정과 경험을 서로 나누면서 재확인하는 방법이 있다. (에니어그램 성격유형검사, 우재현, 정암서원, 1999년, p. 21~22).

대부분의 경우 정량적 접근법인 설문지법을 택하고 있는데, 설문지의 항목을 어떻게 구성하는 지에 따라 설문의 내용이 다르다. 참고로 그 중 몇 가지를 살펴보면 첫째, 명명命名된 유형의 개념에 따라 유형별 특성을 질문지로 만드는 방법, 둘째 심리에너지의 원천과 집중에 관한 특성을 조합하여 질문 항목을 구성하는 방법, 셋째 유형별 특성과 갈등 시 대처방식을 조합하는 방법 등이 있다. 대체로 많이 이용되는 방법은 유형별 특성을 질문지로 만든 것으로 특성의 설명에 효과적인 방법이다. 물론 때에 따라서는 두 가지 방법을 동시에 사용하는 경우도 있다.

여기서 소개하고자 하는 방법은 두 가지(간이형簡易形과 질문지법)로 유형의 개념구성에서 소개한 내용을 기초로 하여 심리에너지의 세 가지 중심과 자기효능감의 수준을 조합하여 질문항목을 구성하는 방법을 사용하고자 한다. 구체성이나 특성의 설명은 다소 부족한 면이 있겠지만 원만한 삶과 인격의 성장을 추구하는 방안을 모색하는 데는 논리적이고 분석적이며 방향지향적인 장점이 있을 것이다.

02 간이 진단 방법

성격유형의 개념구성에서 소개한 내용을 기초로 하여 심리에너지의 세 가지 원천에 해당하는 힘의 3 중심과 집중에 해당하는 세 가지 자아개념(자기효능감 수준)의 특성을 서술문으로 작성하고, 세가지 중심 중 하나와 세 가지 자아개념 중 하나를 선택하게 하여 이를 조합함으로써 성격유형을 결정하게 하는 방법이다. 이 방법은 간단하여 짧은 시간에 진단이 가능하다는 점이 가장 큰 장점이다. 하지만 단점으로는 힘의 세가지 중심 중 하나를 고르고, 자아개념 중 하나를 고른다는 것이 쉽지 않다는 점이다. 또 특성을 변별할 수 있게 나열한다는 것이 어렵다는 점이다.

간단하게 자신의 성향만을 진단하고 에니어그램에 접근한다는 차원에서 만들어진 내용이므로 한번 가벼운 마음으로 다음의 유의사항을 참고하여 시도하여 보는 것이 좋을 것이다.

| 성격 유형 진단 테스트 유의사항 |

▷ 다음 두 그룹의 서술에서 평소 당신의 행동과 태도를 가장 잘 반영한다고 생각되는 서술을 하나씩 선택하십시오. 즉, ⓐⓑⓒ중 하나와 ⓧⓨⓩ중 하나를 선택하십시오.

▷ 서술된 내용에 완전히 동의하지 못하더라도 어느 정도 당신의 태도나 행동의 경향

을 설명한다고 생각되는 하나를 선택하면 됩니다. 물론 내용 중 일부에 대해서는
동의하지 못하는 부분이 있더라도 전반적으로 동의할 수 있다면 선택하십시오.

▷ 그리고 지나치게 분석적으로 따지지 마시고 직관적으로나 전체적인 느낌으로
맞는다고 생각되면 선택하십시오. 의견이나 희망보다는 청소년기 이전의 상태
를 기초로 하거나 과거의 습관을 기준으로 하여 선택하면 효과적 입니다.

▷ 한 그룹에서 마땅한 서술문을 결정할 수 없다면 한 그룹에서만 두 개를 선택
하십시오.

▷ 그룹 Ⅰ의 ⓐⓑⓒ 중에서 선택에 어려움이 있으면 일, 대인관계, 사색 중 어느
쪽을 선호하는지를 판단하여 일을 선호하면 ⓐ를, 대인관계를 선호하면 ⓑ를,
사색하기를 선호하면 ⓒ쪽에 무게를 두면 구분이 비교적 쉬울 것입니다.

| 그룹 Ⅰ |

ⓐ 나는 남의 간섭을 싫어하고 독자적으로 일하기를 좋아한다. 나는 내가 원하지
않는 일을 하라고 하면 참기 어려워하는 경향이다. 나는 일이 뜻대로 되지 않
을 때 혼자 화를 내기도 하며 심하면 분노를 느끼기도 한다. 나는 일을 하면 활
력을 느끼는 편이고, 해야 할 일이 있으면 외부의 약속도 미루는 편이다.
나는 갑작스런 자극에 대해 긴장하거나 발끈하면서 정면으로 맞서려는 경우
가 있다. 나는 내가 하고 싶은 일을 중요시한다. 나는 무슨 일이 어떻게 진행되
고 있는지를 파악하는 데 관심이 많고 그 결과를 강조하고 주장하는 편이다.
나는 무슨 일을 결정할 때는 당위와 의무를 선호하며 진지한 편이다.

ⓑ 나는 사람들과 어울리기를 좋아하고 그들이 나를 어떻게 생각하는지에 관심
이 많다. 나는 사람들과 어울릴 때 활력을 느끼는 편이다. 나는 인생은 즐겁고
낭만적이라고 생각하는 편이다. 나는 반드시 해야 할 일이 아니면 약속을 우선
시 하는 편이다. 나는 혼자 있으면 허전하고 외로움을 느끼거나 감상에 젖곤

한다. 나는 무슨 일을 결정 할 때 관련자의 입장을 많이 생각하는 경향이고, 내 주장보다 의견 교환을 좋아하는 편이다. 나는 일이 잘못되면 수치심을 느끼고 민망해 하는 편이다. 나는 감정의 기복이 심한 편이고 촉각과 미각이 발달하였다. 나는 권위와 체면에 상당한 관심이 있다.

ⓒ 나는 행동하기 전에 먼저 주변 상황을 눈으로 확인하고 이해하려는 경향이다. 나는 다른 사람들과 어울릴 때 감정적으로는 거리를 두는 경향이다. 나는 이유를 따지는 편이고 근거 자료를 가지고 논리적으로 주장하는 경향이다. 나는 정보 수집과 관찰하기를 좋아하는 편이다. 나는 밝은 미래를 꿈꾸며 편안해 하는 경향이다. 내가 주로 만나는 사람들은 일에 관련된 사람들이다. 나는 사안을 결정할 때 이론이나 상황의 흐름을 중시한다. 나는 생각한 후에 행동하고 어떻게 할 것인지를 결정한 후 일에 임하는 경향이다. 나는 권위에 따르는 경향이다. 나는 나만의 공간을 갖고 싶고, 생각을 많이 하는 경향이다. 나는 행동에 약한 편이다.

| 그룹 Ⅱ |

ⓧ 올바른 삶은 내 자신이 하기 나름이라고 생각한다. 내가 선택한 과제에 대하여 나의 능력과 자질을 발휘하여 내가 의도하는 대로 잘 처리할 자신이 있다. 나는 내 능력을 발휘하여 세상에 기여할 수도 있다고 믿는다. 나는 나의 이러한 능력과 자질을 믿고 자랑스럽게 생각한다. 나는 어려운 일에 도전하기를 좋아하고 적극적으로 일에 임한다. 나는 일의 결과가 내가 의도한 대로 이루어 졌을 때 성취감을 느끼고 만족스럽게 생각한다. 나는 나의 실수에 관대한 편이고, 스트레스를 잘 받지 않는 편이다.

ⓨ 올바른 삶은 주어진 상황에 적절히 대응하여 조화롭게 일을 처리하는 것이라

생각한다. 나는 현실의 요구에 따라 나의 의도와 방식을 적절히 조절한다. 나는 일에 관련된 요소들이 조화롭게 상호작용하기를 바란다. 나는 관련된 사람들이 만족여부에 따라 나의 성취 정도를 판단하는 경향이다. 나는 내 능력에 맞는 과제를 선호하고, 나의 필요보다 현실이 무엇을 요구하는지에 관심을 둔다. 나는 상황을 있는 그대로 수용하고 거기에 적응하며, 세상의 요구에 순응하려 한다. 나는 타인의 관심에 응하지 못하면 불안하여 쫓기는 것 같다. 나는 내 실수에 크게 얽매이지 않는 편이다.

② 나는 내가 선택한 과제를 처리할 능력과 자질은 있으나 약간 부족한 점을 보완하여야 한다고 생각한다. 나는 일을 소극적이고 조심스럽게 진행한다. 나는 삶이 사회정의에 맞아야 한다고 생각한다. 나는 자유, 진리, 정의, 아름다움, 즐거움 등의 가치에 부합하는 결과를 만들려고 노력한다. 나는 객관적으로 인정되는 성취를 이룰 때 만족해 한다. 나는 조심스러워 생각하는 바가 복잡하다. 나는 일의 처리가 늦는 편이고 일을 마무리한 후 약간 부족한 느낌을 받는 편이다.

▷ 성격 유형 판단 : 위에서 선택한 두 개를 결합하여 아래 표에 예시된 바에 따라 유형을 판단하십시오.

결합문자	유형	유형의 이름과 주요 특성
ⓐ ⓧ	유형 8	지배형: 남을 지배하려 함
ⓐ ⓨ	유형 9	평화형: 중재, 조정하려 함
ⓐ ⓩ	유형 1	조심형: 개선, 완벽을 추구함
ⓑ ⓧ	유형 2	도움형: 남을 도우려 함
ⓑ ⓨ	유형 3	경쟁형: 효율과 성취를 추구함
ⓑ ⓩ	유형 4	품위형: 감정을 독특하게 유지하려 함
ⓒ ⓧ	유형 5	탐구형: 정보를 수집, 축적하려 함
ⓒ ⓨ	유형 6	성실형: 신뢰를 추구함
ⓒ ⓩ	유형 7	나비형: 즐거움을 계획함

03 질문지법

가. 욕구진단질문지 구성

여기서 이용될 질문지법은 진단의 대상자가 어떤 욕구를 가지고 있는지를 파악하기 위하여 욕구의 특성들을 질문형태로 제작하여 대상자가 응답하게 하고, 응답의 결과를 토대로 대상자의 욕구 유형을 파악하는 방법이다. 이 방법은 먼저 욕구의 특성을 개념화하고, 이 개념들을 응답자가 이해하기 쉽고 응답하기 용이하게 질문으로 만들며, 다음으로 응답은 어떤 형태로 요구할 것인지를 검토하여 정하는 절차가 필요하다.

먼저 욕구의 특성에 대한 개념을 알아내기 위해서는 개념의 정의를 명확히 하는 것이 바람직할 것이다. 욕구의 사전적 의미는 '무엇을 얻거나 무슨 일을 하고자 바라는 일'이다. 이는 사람이 항상성을 유지하기 위하여 현재의 결핍에서 벗어나고, 현재보다 나은 생활을 하기 위해 발전을 도모하려는 의도를 말하는 것이다. 다시 말해서 욕구란 유지·발전을 위한 바람이며, 추구하고자 하는 능동적인 마음의 상태이다. 이 바람과 추구하고자 하는 마음의 상태 중 성격에 영향을 미치는 욕구는 심리적 욕구이고, 이 심리적 욕구는 자치욕, 친애욕, 탐구욕으로 구성됨을 이미 제1장에서 언급하였다. 따라서 욕구의 진단은 성격 진단의 대상자가 심리적 욕구인 자치욕, 친애욕, 탐구욕 중 어떤 욕구를 갖고 있는지를 파악하는 데 초점을 둔다.

욕구 진단은 무엇을 진단함으로써 응답자의 욕구를 구분할 수 있을 것인가를 결정하는 것이 가장 중요한 것인데, 여기서는 욕구가 '능동적 목표 추구활동'이라는 점에서 그 실마리를 풀어가고자 한다. 즉, 욕구의 진단은 목표 요인과 능동성의 요인, 그리고 추구활동 요인을 통하여 진단하려는 것이다. 이를 위해 능동성과 추구에 대해 연역적으로 하부 요인을 분석한 후 이들 요인들을 재분류하여 체계화 하고자 한다.

능동성은 긍정적인 지향성이나 행동을 뜻하는 것으로, 요인으로는 상황에 대한 자아 안정성, 의식상태, 사물을 보는 시각으로 구분할 수 있다. 왜냐 하면 지향성이란 하고자 하는 방향성을 의미하고, 현재의 내면상태(자아의 안정성)를 바탕으로 선호하는 가치(가치관)와 정서(감정)에 맞는 추구할 대상을 찾고(사고), 그것을 성취하고자 하는 의도(의지)를 말하기 때문이다. 자아 안정성은 내면의 안내와 불안으로 구분하고, 사물을 보는 시각은 가치관으로 인생, 사람, 시간에 대한 인생관, 대인관, 시간관으로 구분하며, 의식은 사고, 감정, 의지로 구분한다.

추구란 목표가 되는 가치를 실현하는 과정인 바, 그 요인은 목표, 절차, 실천방법, 결과로 구분할 수 있다. 목표는 추구가치·실현 가치로, 절차는 의사결정과 중시 절차로, 실천방법은 행동유형·소통방법·추구도구·추구방법·추구활동으로, 결과는 성취와 실패의 개념으로 구분할 수 있을 것이다.

이 요인들을 능동적 지향성을 합당하고 체계적으로 설명할 수 있게 자아 안정성, 목표, 추구 활동, 활동 결과로 재분류하였다. 즉 능동적인 지향성 추구는 자아가 선호하는 가치실현활동이라 정의하고, 이를 주체 -

목표 - 실행 - 평가의 절차측면에서 파악하여 나열하면 자아 - 선호가치 - 추구활동 - 결과 피드백으로 체계화 할 수 있다. 여기서 능동적인 지향성을 주재하는 자아는 안정성/자아의식/자아시각으로, 선호가치는 추구가치/실현가치로, 추구는 추구절차(의사결정/중시절차)와 추구 방법(행동유형/소통방법/갈등처리/추구도구)으로, 결과 피드백은 성취와 실패로 분류하여 20개 문항을 만들었다. 요약하면 욕구진단 질문지는 안정성(자아상태), 능동성, 지향성, 추구성, 활동성, 피드백을 20개 항목으로 구성하여 진단하고자 한다. 이를 표로 정리하면 다음과 같다.

	정의	분석			구성 요인
욕구	능동적 지향성	능동성		긍정성	선호 욕구
			자아	안정성	자아 안정성
				자아 의식	의지, 사고, 감정
				자아 시각	가치관
			선호가치	추구/실현가치	가치 선호도
		지향성	추구	추구 절차	의사결정/중시절차
				추구 방법	행동/소통/갈등/도구
				결과 피드백	성취/실패

위에서 능동적 지향성 요인들에 대하여 설명하였다. 다음은 능동성의 다른 요인인 긍정성에 대하여 설명한다. 긍정적이라 함은 자치욕, 친애욕, 탐구욕 중 어느 하나의 욕구에 긍정적인 태도를 갖는 것을 의미한다. 긍정적 태도를 취한다는 것은 자신이 하고 싶어 하는 것에 좋게 평가한다는 점에서 착안한 개념이다. 사람은 하고 싶은 것에 대해서는 수용적이지만, 하기 싫은 것에 대해서는 부정적이고 거부적인 태도를 취한다. 이점에서

긍정성은 욕구에 기초를 둔 선호의 호·불호에 대한 개념이다. 어떤 사람은 친애욕에 긍정적인 태도를 나타낼 것이고, 어떤 사람은 탐구욕에 긍정적인 태도를 보일 것이다. 따라서 욕구는 자아의 가치실현 절차 요인들에 대한 선호하는 분야를 파악하는 방법으로 진단할 수 있다는 것이다.

다음은 이 개념들을 응답자가 이해하기 쉽고 응답하기 쉽게 질문을 어떻게 만들 것인가를 검토할 차례이다. 위에 나열한 개념 중 추구 가치와 추구절차, 추구 결과 등 일부 추상적인 어휘는 응답자가 실제 이해하기도 어렵고 답하기도 어렵기 때문에 이를 좀 더 쉽고 편하게 응답할 수 있게 설명할 필요가 있다. 개념의 이해를 돕기 위해서 사용하는 가장 쉬운 방법은 개념을 일상적인 상황으로 사실화하여 설명하는 것이다. 따라서 이들 개념을 설명할 수 있는 상황설정을 시도하였다. 물론 이해하기 쉬운 개념들은 별도 상황 설정이 없이 그대로 질문하였다.

질문의 형태는 응답자로 하여금 주어진 답에서 선택하게 하는 선택형 질문의 방법과 조사 항목에 대한 판단의 강도를 선택하게 하는 등급형 질문의 방법이 있다. 선택형 질문은 찬반형, 다지 선다형, 체크리스트 등이 방법을 말하고, 등급형 질문은 정도를 나타내는 부사를 이용하여 만들어진 질문으로 '매우 그렇다, 대개 그렇다, 보통이다, 대개 그렇지 않다, 전혀 그렇지 않다' 와 같은 형태의 응답을 요구하는 질문이다. 여기서 사용하고자 하는 질문은 욕구의 분류를 자치욕, 친애욕, 탐구욕으로 분류하였기에 이 욕구들의 특성을 분류기준인 개념에 상응하는 질문으로 만들어 두고 이를 선택하게 만들었다. 아래의 예에서 보듯이 ⓐ는 자치욕, ⓑ는 친애욕, ⓒ는 탐구욕에 해당되는 것이다.

질문 : 나의 선호?

응답 : 아래 ⓐ ⓑ ⓒ 중 하나를 고르시오. ( )

      ⓐ 나는 대체로 남의 간섭을 싫어하고 혼자 일하기를 좋아하는 경향이다.

      ⓑ 나는 대체로 사람들과 어울려 일하기를 좋아하는 편이다..

      ⓒ 나는 논리에 맞게 일하기를 좋아하는 편이다.

물론 이렇게 분류하고 구성한 개념이 욕구를 구분하는 방법으로 적합하고 타당한 것인가에 대한 의문이 있을 수 있겠지만, 질문과 응답이 일상적인 상황에서 나타날 수 있는 세가지 욕구의 특성 중 하나를 선택하게 제작되어 있기 때문에 욕구를 구별한다는 측면에서는 타당할 것이다. 다만 분류의 개념이 욕구를 구분하는 개념으로 적당치 않다면 문제가 될 수 있다. 여기서는 하나의 개념을 설명하기 위해서 20개의 하위 개념을 설정하였기에 충분한 설명력을 갖추었다고 봄이 타당할 것이다. 등급형 질문을 이용하는 질문지를 제작하더라도 결국은 '나는 자율적이라 생각한다.' 혹은 '나는 친하기를 좋아한다.' 등의 기준이 되는 하나의 통합적 질문을 하고 다른 문항과 상관관계를 구한 후 이를 요인 분석하는 방법을 택하게 될 것이다. 아니면 통합적 질문 대신에 이미 검증된 설문지가 있다면 이를 기준으로 상관관계를 분석하는 방법을 택할 것이다. 여기서 사용하는 선택형질문의 방법은 각 문항의 응답 내용 자체가 등급형질문법의 통합적 질문에 해당하는 통합적 응답의 형태를 취하고 있고 이 통합적 응답의 수가 20개 이므로 그 타당성은 별도의 검증의 절차를 거치지 않아도 문제가 되지 않을 것이다. 문항간의 상관관계가 아주 높을 것으로 생각되어 향후 진단 자료가 축적되면 요인분석을 통하여 문항수를 간소화할 수 있을 것으로 본다.

상기 내용을 표로 정리하면 다음과 같다. 그리고 이를 기초로 제작된 설문지는 부록에 첨부한다. 설문지 문항의 순서는 앞 뒤로 뒤섞어서 나열하였다.

욕구진단 질문 내용

구분		상황 설정	ⓐ의지중심	ⓑ감정중심	ⓒ사고중심	문항
자아 상태(안정성)						
불안		비판 받으면	존재	수치심	두려움	13
자아 상태		사건기사 대처	비판적	공감	분석. 예측	12
능동적 지향성(능동성/지향성)						
자아 의식	의지	선호 행동	의도 지향	관계 지향	관계 파악	9
	감정	좋은 기분은	행동의 태도	가치감	편안함	10
	사고	혼자 시 관심	진행 사항	인간관계	주변 이해	11
자아 시각	인생관	인생은	목적추구 대상	따뜻한 관계	문제 해결	6
	대인관	사람의 당위성	신의, 의리	정, 따뜻함	상황 적응	5
	시간관	시간관은	현재 중시	과거 중시	미래 중시	7
목표 가치(지향성)						
목표	추구가치	가치 선호도	자율	인정認定	편안함	1
	실현가치	좋은 세상은	정의,공정	사랑	조화	8
추구 활동(추구성/활동성)						
절차	의사결정	주안점은	원칙 준수	관련자 고려	합리추구	15
	중시절차	시행방법	결과 중시	과정 중시	논리	16
방법	추구방법	급한 반응	경계 형성	호의 표시	숙고	2
	추구도구	주장 방법	시행 방법	분위기 대응	논리적 주장	3
	소통방법	사람 만남	경계심	호의적 접견	주변 살핌	17
	갈등처리	비판 대응	무시	호의적 대응	객관적 태도	18
	행동유형	일의 진행	목표 추구	관계 고려	진척 상황	14
활동 결과(활동성/피드백)						
활동		활력감은	활동 시	어울릴 때	탐구 활동	4
결과	성취	난제 완성	능력 확신	인정 요망	전후 관계 정리	19
	실패	실패하면	분노	자기 위로	되돌아봄	20

나. 자기효능감과 자아개념 질문지 구성

　욕구진단 질문과 마찬가지로 자기효능감의 수준을 알기 위해서 무엇을 어떻게 물어야 할 것인지를 설계한 후에 질문지를 제작하여야 한다. 자기효능감을 진단하기 위해서도 먼저 자기효능감의 개념에 대한 접근이 필요하다. 자기효능감이란 자기의 과거 경험에 의존하여 주어진 과제를 잘 수행할 수 있다는 자기 능력에 대한 신념 혹은 지각을 의미하는 것으로 자기가 선호하는 분야에 따라 그 정도가 다르다. '자기효능감은 개인이 특정한 수행을 달성하기 위해 필요한 일련의 행위를 조직하고 실행해 나가는 자신의 능력에 대한 판단' 이라는 Bandura의 정의에서 볼 수 있듯이, 자기효능감은 특정한 수행에 대한 것으로 조직력, 실행력을 포함하는 능력에 대한 자기판단이다. 여기서 살펴보고자 하는 내용인 특정 수행은 의지중심, 감정중심, 사고중심으로 인식한 선호하는 분야이다. 수행의 달성이란 목표의 달성인 업적에 해당되는데, 이 업적은 의욕과 능력, 태도의 함수이다. 아무리 능력이 뛰어나도 하고자 하는 의욕이 없으면 업적은 없고, 아무리 의욕이 뛰어나도 능력이 없으면 업적은 없다. 효능감이 높다고 함은 '할 수 있다'는 신념 이전에 '하고 싶다'는 의욕이 전제라는 의미이다. 따라서 에너지 원천인 3중심으로 파악한 내용에 대한 자기효능감은 의욕, 태도, 능력(조직력과 수행력), 신념(능력에 대한 판단), 과제 내용 등을 통하여 파악할 수 있을 것이다. 이들 요인들을 이루는 하위요인은 의욕요인은 도전정신과 인내력, 태도요인은 자기실현·세계관·인생관, 능력요인은 의사결정력·판단력·위험부담·진행속도, 신념요인은 능력인식·능력신뢰·자기인식·자기주장 수준·자존감·일관성·자아상, 과제요인은 과제선호도·과제타당성·시도·성취 판단 등 20개 항목으로 구분할 수 있다.

따라서 이들 요인을 긍정적 자아와 현실적 자아, 소극적 자아로 구분할 수 있게 질문을 구성하였다. 왜냐 하면 자기 효능감의 수준은 긍정적, 소극적, 현실적인 경우로 파악하여야 하는데, 그렇게 파악하는 것보다 자아개념인 긍정적 자아와 현실적 자아, 소극적 자아로 파악하는 것이 파악이 용이하고 파악의 수준이 심층적이기 때문이다. 예를 들면 자아상에 해당되는 질문의 경우 긍정적 자아개념을 질문할 경우 긍정적인 사람은 자기실현을, 현실적인 사람은 조화로움을, 소극적인 사람은 자기만의 공간을 선호한다는 형태의 질문을 구성할 수 있지만, 효능감이 긍정적인지 소극적인지를 질문하기 어렵다는 것이다. 특히 효능감을 일관되게 인식하지 못하는 경우는 효능감에 대한 질문으로는 문항의 구성이 아주 단조롭지만, 현실적 자아에 관한 질문은 다양한 질문이 가능하다는 점에서 자기효능감과 자아개념이란 양면의 질문방법을 택하게 된 것이다.

문항 구성에서는 위에서 나열한 20개 항목을 질문으로 구성하였으나, 그중 문항의 내용에서 유사한 것과 중복되는 것을 제외하고 15개를 선택한 후, 다시 변별력이 있다고 생각되는 것만 선택하였다. 결과로 문항은 의욕·태도요인으로 인내력·자기실현·적응방법, 신념요인으로는 능력 인식·자기 인식·일관성·자아상, 능력 요인으로는 진행속도, 과제요인으로는 과제선호도·성취 판단 등 10개 항목이 선택하였다. 상기 내용을 표로 정리하면 다음과 같다. 제작된 설문지는 부록에 첨부한다.

자아개념 질문지 내용

구분		상황설정	ⓧ 긍정적 효능감	ⓨ 현실적 효능감	ⓩ 소극적 효능감
과제 요인					
과제 내용	선호도	선호 과제는	어려운 것	능력에 적합한	주제의 타당성
	타당성	과제 타당성	실현 가능한 것	현실적인 것	중요한 것
	성취판단	만족한 성취	의도에 부합	주변의 만족	객관적 인정
달성 요인					
의욕	인내력	스트레스 내성	버티는 경향	회피 경향	불안감수 경향
	도전정신	도전 의미는	자신의 필요	필요에 부응	세상의 변화
능력	진행속도	처리 속도	빠른 마무리	머뭇거림	늦음
	결정	결정 방법은	대범	현실 고려	세심
	판단	좋은 결정은	자족적	현실성	객관적
	위험부담	부담 정도	약간의 부담	불가피한 부담	위험 감소 노력
태도	자아실현	뜻의 실현	적극적	현실적	소극적
	적응방법	인생(삶)은	능력대로 삶	유리한 삶	조심스런 삶
신념 요인					
판단	능력인식	내 능력은	긍정적	미인식	보완 필요
	자기인식	내 실수는	관대	간과	자책
	일관성	일의 진행	일관성 유지	현실적인 시행	타당성 검토
	자아상	나는	자아 실현	조화로운 사람	독립공간 소유

구분의 내용 중 유사하고 중복적인 것은 제외하고
하이라이트로 표시된 내용만 설문지로 선택함.

시간에 대한
관점

시간 관념

　시스템은 목적성, 전체성, 구조성, 기능성, 상호의존성 등의 특성 외에 시간의 흐름에 따라 구조의 결함이나 무질서가 증가하여 체계의 붕괴를 초래한다는 특성을 갖는다. 이는 시간에 따른 변화를 의미하는 것으로서 이 변화는 긍정적인 변화일 수도 있고 부정적인 변화일 수도 있다. 잘 작동되던 기계가 시간이 경과 함에 따라 마모가 생기거나 마찰열에 의한 균열이 일어나 고장이 난다. 이는 부정적인 변화다. 반면 늪지와 같은 생태계는 사람의 손길이 닿지 않고 잘 보전되면 수많은 동식물이 자유롭게 종을 번식하고 성장하는 긍정적인 변화를 만든다. 이와 같이 시간은 사용 방법에 따라 자원이 될 수도 있고, 훼손과 파괴를 만들 수도 있는 것이다. 인생은 삶의 시간이다. 삶의 시간을 어떻게 생각하고, 어떻게 바라보는지에 따라 삶이 즐거울 수도 있고 슬플 수도 있으며, 긍정적이거나 부정적인 변화를 만들 수도 있을 것이다. 시간은 누구에게나 꼭 같이 주어져 있고 시간의 흐름을 꼭 같이 느낄 것 같으나, 성격유형별로 느낌과 관념이 다르다는 것이다. 시간에 대한 느낌과 관념이 다르다는 것은 시간을 사용하는 방법에서 차이를 만든다. 또 시간관은 개인의 습관과도 관련되어 스트레스 내성을 키울 수도 있으며, 스트레스를 쉽게 다룰 수 있는 실마리가 되기도 하기 때문에 주의 깊게 살펴볼 필요가 있다. 의지중심으로 긍정적 자아의 소유한 사람의 시간에 대한 개념은 시간을 자율 확산에 필요한 자원으로 간주할 것이고, 현실적 자아의 소유자는 시간을 현실적이고 편의적 자율의 대상으로, 소극적 자아의 소유자는 시간을 부족한 자율을 보충하고 준비하는 대상으로 간주할 것이다. 감정중심으로 긍정적 자아의 소유자는 시간을 관계를 유지하기 위한 대상으로 간주할 것이고, 현실적 자아의 소유자는 현실적인 인정을 받기 위한 대상으로, 소극적 자아의 소유자는 부족한 자기감정을 보완하고 채우는 대상으로 간주할 것이다. 그리고 사고중심으로 긍정적 자아의 소유자는 시간을 탐구의 대상으로 간주할 것이고, 현실적 자아의 소유자는 현실적인 안정을 얻는 대상으로, 소극적 자아의 소유자는 안정과 편안함을 얻는 노력의 대상으로 간주할 것이다. 이를 좀 더 자세하게 유형별로 살펴보면 다음 표와 같다.

유형	시간은?	느낌	시각視角
1	통제자(외부질서)	'완전'을 추구함에 항상 시간이 부족함.	시계는 나와 맞물린 톱니바퀴다.
2	도움 기회	타인을 후원하는 시간은 즐겁다.	자신의 시계를 타인의 시계에 맞춘다.
3	생산 도구	성과란 시간의 효율을 의미한다.	시간은 성공을 위한 도구이다.
4	특별한 가치의 창조	타인의 감동은 소요된 시간의 가치를 의미한다.	시간은 특별한 정서의 대상이다.
5	관찰 대상	정보 수집과 올바른 판단을 위한 시간 부족을 고민한다.	시간은 (시계 속에서) 지켜보는 부엉이다.
6	성실의 대상	시간은 반드시 지켜야 하고 성실하게 임해야 한다.	시간은 충성해야 할 상전이다.
7	즐길 대상	계획하고 즐기기 위한 시간은 언제나 가능하다.	시간은 나누어 즐길 수 있는 오미자로 만든 피자다.
8	통제 대상	시간도 통제의 대상이다.	시계바늘은 마음대로 조작할 수 있다.
9	자율의 대상	자유로움의 대상(게으름을 피우는 시간은 편안하다).	시계는 물레방아다.

가. 유형 Ⅰ

이들은 시간의 사용도 완벽해야 한다고 생각하므로 시간에 통제를 당하는 듯하다. 시간이라는 기계의 톱니바퀴에 끼여서 끌려가고 있는 느낌이다. 더 검토가 필요한데 시계는 돌고 있다. 완벽을 기한다고 하여도 돌아서면 또 부족한 것 같아 되돌아 보고 개선을 시도하기 때문에 항상 시간이 부족하다. 그리고 마지막에 시간에 쫓겨 화가 치미는 것을 느낀다. 마지막 검토와 확인을 위한 시간이 필요한데, 막상 종료 시간이 임박하여 마음만 급하고 일은 부족한 면이 있으니 답답하다. 주위 사람들을 종용하여 보지만 효과가 잘 나질 않는다. 또 하던 일에 완벽을 기한 후에 다음 일로 넘어가려 하나 마무리가 잘 되지 않는다. 그래서 기다려 달라는 말을 자주 한다.

이들은 해야만 한다는 족쇄 같은 일과에서 벗어나야 한다. 그리고 완벽한 기준에 의거하는 비판적 목소리는 일의 진행을 가로막는 장애물이라는 점도 인식하여야 한다. 지나친 세부 사항보다 전체적인 줄거리에서 사안의 진행을 보는 관점의 전환이 필요하고, 일의 초점을 목표와 결과라는 단순한 구조로 파악하는 것이 바람직할 것이다. 그리고 관련자들에게 일의 분담시키고 그 결과를 믿고 지켜보는 아량과 긴장을 풀고 즐기는 방법을 찾는 것도 바람직할 것이다. 어떤 결과가 되던 세월은 흘러가게 되어 있는 것이다.

나. 유형 II

이들에게 시간은 타인을 돌보기 위한 기회이다. 이들에게서 바람직한 시간의 사용은 타인을 후원하는 시간이고 그렇지 못한 시간은 허전하고 허비한다고 느끼는 마음에 차지 않는 시간이다. 타인을 돕고 타인이 이를 고마워하면 시간은 얼마든지 만들 수 있는 것이다. 이들은 관계 속에 있을 때 자신의 존재감을 인식하게 되므로 타인의 시간에 얻기 위해 노력하고 그들과 함께 시간을 보내려 한다. 이들은 회의도 친분을 나누고 고충을 해결해 주는 시간으로 만들려는 경향이다. 이들에게 중요한 것은 관련 있는 사람과 함께 있어야 의미 있게 일하는 시간이다. 예를 들면 회의 장소를 친밀감을 조성할 수 있는 곳으로 바꾸려 하거나, 회의 후에 어려워 보이는 참여자를 만나 고충을 들어보려 애를 쓴다. 그리고 이런 분위기에 언짢아 하는 자가 있으면 괴롭힘을 주기도 한다. 이들은 회의의 생산성보다 교감할 인간관계에 더 치중한다. 회의 중 실적 부진으로 고충을 당한 사람에게 구원의 손길을 뻗어 주기도 하지만, 자신의 구원에 못마땅해 하면 가차없이 냉랭해 진다.

자신이 하고 있는 일보다 타인의 요구를 먼저 생각하고 이에 반응을 보이려 한다. 회의 중 친한 동료가 논박을 당하고 있으면 이를 구원하기 위해 노력하고 이러한 시간이 의미 있는 시간이라 생각한다. 이들은 혼자 있으면 자신이 가치 없게 되는 것이 아닌가 하고 불안해 한다. 주위의 사람들이 도움을 요청하고 있는 것 같아 보인다. 그래서 이들은 타인의 시간 속에서 산다. 그리고 그들에게서 시간을 할애 받아 같이 보낸다.

이들은 자신의 일을 위한 시간의 중요성을 인지해야 한다. 주변 사람들의 감정과 요구에 지나치게 개입하는 것보다 시간적인 여유를 갖고 물러서서 타인 스스로 앞으로 나아갈 수 있게 하는 것이 진정한 조력이라는 점을 인식하고 자신의 일과 타인의 요구 간에 중요도를 객관적으로 따져 보는 것이 바람직할 것이다.

다. 유형 III

이들에게 시간은 생산물을 만드는 데 필요한 자원이고 도구이다. 시간은 한정되어 있기에 효율적으로 사용해야 생산물이 만들어 진다. 시간도 사용해야 할 도구이므로 이를 이용하지 못하면 마감시간을 놓치고 기회를 잃게 된다. 이들의 일과는 생산과 연결되고 조직화되어 있기 때문에 일정이 지연되는 것은 도구를 효율적으로 사용하지 못했기 때문이라 여기며 참지 못한다. 이들은 차량의 정체나 줄을 서서 기다리는 것, 행사 진행의 차질 등을 참지 못하고 우회하는 방법을 강구하거나 문제해결을 위해 행동을 개시한다. 행동하는 시간만이 생산에 기여하고 있다고 느끼기 때문에 정체되는 것을 그냥 넘기지 못한다. 직장에서 업무를 시간 내에

완료하지 못하면 이를 참지 못하고 간섭하기 시작한다. 이들은 퇴직 후에도 타인이 알아주는 일을 해야 하기 때문에 친구의 사업이나 동료들의 일에 간섭하기를 좋아한다.

이들은 천천히 하는 것이 사후에 발생할 문제를 줄이는 방법이라는 점을 인식하고 타인들이 모두 자기와 같이 빨리 움직이지 않는다는 점을 고려하여 속도를 늦추는 것이 도움이 된다. 이들은 어려울 때 더욱 속도를 내려는 경향이 있는데, 항상 빠른 것이 해결책이 아니라는 점을 이해해야 한다.

라. 유형 IV

이들의 시간 관념은 기계적인 시간이 아니라 주관적이고 정서적인 시간이다. 일에 정서적인 면이 개입되면 시간의 흐름은 매우 빠르게 진행되고 그렇지 않으면 지루함을 느낀다. 이들에게 시간은 시간표에 불가하고 무의미한 순간들이다. 그래서 이들은 꾸물대기를 잘한다. 흥미가 내키지 않는 약속시간에는 늦기 쉽지만 마음이 끌리는 특별한 일이면 미리 가서 기다릴 때도 있다. 경험에 대한 기억은 시간적인 배열이 아니라 정서적인 강도에 따라 나열하려 한다. 이들은 색다르고 특이한 개념이 떠오르기를 기대하며 시간을 소모한다. 특별한 일에 대해 마음을 쓰느라 시간을 보내고 과거의 체험을 정서적으로 깊게 느껴보려고 물러서기도 한다.

이들의 시간에 대한 개념은 주관적이기 때문에 시간 계획이나 만기일 등을 잘못 알고 있을 수 있다. 즉 주관적으로 시간을 기억할 수 있다. 따라서 이들은 일정계획이나 납기일 등을 놓치지 않도록 기억을 환기시킬 필요가 있다. 이들은 일상적인 시간의 중요성을 망각하기 쉬우므로 사안에 특별한 의미를 부여하는 것도 좋은 방법이다.

마. 유형 V

이들은 일련의 일이나 경험들의 흐름을 시간의 순서에 따라 관찰하면서 자기 나름으로 산정하는 시간에 따라 살아간다. 여기서 자기 나름으로 시간을 산정한다고 함은 사안을 반추하고 생각을 가다듬어 사건을 재구성할 수 있는 시간, 즉 정보의 수집과 가공을 위한 시간을 의미한다. 이들에게 시간은 자신과 관련된 존재가 아니고 객관적인 관찰의 대상이다. 공적인 시간은 그들을 얽어 매는 갑갑한 상태이므로 자신을 고갈시키는 것 같이 느낀다. 이들은 자신의 통제하에서 독립적으로 탐구하고 지켜보면서 의미 있다고 생각하는 방식으로 일을 재구성하는 시간이 바람직한 시간이다. 이들은 과거를 이야기 할 때 연대순으로 나열하기를 좋아한다. 이들은 일을 자기 나름의 방식으로 파악하고 관찰해야 하기 때문에 한가지 일에 얽매여 시간을 낭비하지 않으려 하고 시간을 공평하게 배분하려 한다. 계획된 시간이 끝나면 바로 다른 일을 시작한다. 이들에게 정보 수집은 중요한 일이고 시간의 량은 정보의 량에 비례한다는 생각하므로 그들에게 시간은 동질의 가치이고, 사용과 저축이 가능하며, 교환의 대상이다. 내용을 재구성 해야 하므로 항상 시간의 부족을 느끼고 시간에 대해서는 인색하다. 이들에게 외부에서 시간의 사용을 강요하면 시간의 허비라고 생각하고 힘이 빠진다.

이들에게는 개인적인 시간이 필요하다. 개인적인 시간은 이들에게 힘의 원천이 되기 때문에 이들을 효율적으로 일하게 하려면 사전에 예령을 걸어주거나 준비물을 미리 배포하는 것이 바람직하다. 이들은 순서에 따라 일하기를 즐기기 때문에 차근차근 일할 수 있는 분위기를 만들어 주는 것이 좋고 일정이나 일을 미리 이들과 상의하는 것이 좋다.

바. 유형 VI

이들은 편안하기를 원하고 현실적 효능감을 소유하여 변화에 대해 불안을 느끼고 안식처를 구하기 위한 시간을 필요로 한다. 현재의 시간은 언젠가 다가올 위험에 대비하고 안전을 확보하기 위한 순간이다. 따라서 시간은 현재나 미래의 안전과 직결되는 힘이라고 느끼고, 순종해야 할 요소라고 생각한다. 이들에게 시간은 자신이 충실히 지켜야 할 주인이고 상전이며 권위이다. 시간을 지키는 일은 이들에게는 책임 이행의 척도이고 위압적인 것이다. 하지만 규범이나 질서, 권위 앞에서는 시간 할애를 쉽게 한다. 왜냐하면 규범, 질서, 권위는 그들을 지켜줄 안식처이기 때문이다.

이들에게 애매모호함은 어려움을 준다. 명료해야 안정을 느끼기 때문이다. 일의 기준이 주어지면 안정적이고 책임감을 가진다. 스스로 안정을 얻을 수 있도록 사전에 시간에 대한 기준이나 목표를 정하고 일을 시작하는 것이 중요하고 마무리 단계에서 의무감에서 벗어날 수 있게 주변의 지지를 확보하는 것이 바람직하다.

사. 유형 VII

  이들에게 시간은 즐길 대상이다. 시간은 무수히 많고 이제 겨우 시작한 정도에 불가하다. 이들은 즐기고 있는 한 시간은 충분하고 계속하여 즐거운 시간을 하나씩 추가할 뿐이다. 이들은 일을 계획하고 미리 예상하고 있기 때문에 미래의 계획을 도상 연습을 하고 있는 것이다. 계획하는 것 자체가 즐거움이기 때문에 계획한 일을 달성한다는 점보다 계획을 수립하였다는 그 자체가 중요한 것이다. 그러나 구체적이고 상세한 부분을 고려하는 것은 싫어하므로 일을 질질 끌어 지연시키다가 결국에는 망각해 버리고 활력도 사라져 간다. 즉, 마무리가 분명하지 않다는 뜻이다.

  이들은 일이 끝나기 전에 다른 일을 계획하기 때문에 여러 과제를 부여 받는 것이 바람직하다. 짧은 시간에 처리하는 일을 좋아하고 반복적인 일을 싫어한다. 물러나 세부사항까지 검토하는 자세를 가다듬을 필요가 있다.

아. 유형 VIII

  이들에게 시간은 통제의 대상이다. 의지意志의 틀 속에 시간을 구겨 넣어 자신의 보조에 맞추어 시계를 돌아가게 한다. 시간을 아주 잘 지키고 시간 전에 도착하므로 약속시간에 마음 졸일 필요는 없다. 회의 시간에는 모든 사람들이 참석하여야 한다. 자기의 통제하에 있는 사람이 참석하지 않으면 꼭 챙긴다. 원칙을 잘 만들기도 하지만 잘 깨기도 한다. 자신은 어기면서도 타인이 어기면 큰일 난다. 중요한 사안이 결정되면 사안 자체가 하나의 목표로 작용하여 화살처럼 날라간다. 그리고 일이 시작되면 시간은 문제의 대상이 아니다. 시간을 의식하지 않고 일을 마무리 하려고 빨리빨리 진행한다. 중요한 것에 몰두하면 시간은 의식하지 않게 된다. 타인의 의견을 듣고 협력을 구하는 것을 싫어하므로 계획을 세우면 바로 실행에 옮기는 경향이다. 어떤 자가 반대하면 더욱 강하게 맞선다. 상사의 위치라면 반대자를 무참히 짓눌러 버린다.

일을 순조롭게 하기 위해서는 타인의 이해, 합의 등 참여자의 협조가 필요하고, 타인의 감정적인 호의가 생산성도 증가시키며 분위기도 향상시킨다는 점을 상기해야 할 것이다. 어차피 모든 일을 혼자서 완수 할 수 없다. 능력의 차이가 있는 여러 사람이 함께 완수해야 할 일이라면, 서로의 속도 조절은 필수적이다. 너무 몰아붙이지 않는 것이 좋다. 계획단계에서 타인의 합의를 유도하는 것 자체가 어렵겠지만 스스로를 조절하여 함께 완성한다는 기분으로 과제에 접근하는 것이 바람직할 것이다.

자. 유형 IX

시간에 대하여 시계의 작동을 알려주는 벽시계의 추와 같은 감각을 가지고 있어 모든 순간이 동일한 시간으로 느껴지고, 일의 중요성도 유사한 것으로 생각하는 경향이다. 시간 내에 해야 할 여러 가지 과제도 비슷한 중요도를 갖기 때문에 이것 저것 손에 잡히는 대로 일을 진행한다. 바쁜 일이 있는데도 관련된 모든 일을 마무리 하려고 하니 더욱 바쁘기 마련이다. 여행이나 외출을 하려고 하면 준비해야 할 일이 많아 분주하기만 하다. 이들은 시간에 비해 해야 할 일 너무 많다고 느끼며 시간 속에서 헤매는 경우가 많아서 바빠서 정신 없다는 말을 자주 한다. 중요도에 따른 우선순위가 결정되지 않고 마음 가는 대로 일을 진행하기 때문에 일의 진행에 대한 반추를 하기 어렵고 전체적 흐름에 대한 자각과 통찰력이 부족한 상태에서 시간을 흘러 보내게 된다. 항상 바빠 보이기도 하지만, 게으름을 피울 때는 해야 할 일을 모두 잊어버린다. 그래서 최종 기한인 마감에 좇기는 경우가 많다.

계획에 없던 일이 새로 추가되거나 뭔가 변경이 있으면 곧 혼란해지므로 새로운 것을 계획에 끼워 넣기보다 모든 것을 마무리한 뒤에 새로운 일을 추가로 하거나 시간을 충분히 주는 것이 바람직하다. 중요도에 대한 구분이 불명확함으로 시간이 지나야 해야 할 일을 선택하는 경향이라서 중요도와 우선순위를 분명히 전달하여 주는 것이 좋고 과제가 없으면 태만해지는 경향이다. 가능하면 일의 전체적인 청사진을 보여주고 일을 작게 쪼개어 각 단계별로 기한을 정하여 진행하는 것이 좋다.

VII

성격의 발달

01 성격 발달 이론

유기체의 구조가 발달의 과정을 거치는 것과 같이 사람의 성격도 환경과 지속적인 상호작용을 통해서 성숙되고 발달한다. 성격 발달 과정에 대한 설명은 이론에 따라서 차이가 있지만, 일반적으로 성격은 생물학적 요인과 환경적인 요인이 상호작용하여 형성되고 발달한다는 점은 공통적이다. 즉 성격은 타고난 소질과 성장하면서 경험을 통해 습득한 경향성의 복합적인 산물이라고 할 수 있는 것이다(심리학, 이수원 외, 정민사, 1991).

성격 발달 이론의 대표적인 것으로 정신분석이론, 행동주의 이론, 인본주의 이론, 인지 이론 등이 있으나, 프로이트와 에릭슨, 설리반의 이론이 발달 단계를 연령대별로 구분하여 설명하고 있어서 신체 발달과 성격 발달을 비교하면서 이해하기에는 편리하다.

여기서는 성격이 어떻게 단계적으로 발달하는지를 알아보고자 한다. 학자들의 이론 중 비교적 발달의 단계를 구분하기 쉽게 설명한 프로이트(Freud)의 발달 단계와 에릭슨(Erikson)의 전 생애 발달 단계, 올포트(Allport)의 고유자아 발달, 로저스(Rogers)의 인간중심 발달 이론, 머레이(Murray)의 욕구이론, 설리반(Sullivan)의 대인관계이론 등을 간략히 정리하여 본 후, 에니어그램과 어떻게 관련되는지를 살펴 보고자 한다.

가. 프로이트의 정신분석이론

1) 성격 이론

프로이트의 정신분석학 개념은 20세기의 성격이론에 많은 영향을 미쳤다. 그는 정신과 의사로서 치료경험을 토대로 인간의 정신구조와 역동성, 발달 과정을 과학적으로 체계화하려고 하였다. 그는 인간의 마음을 빙산에 비유하고, 물 위에 드러난 작은 부분을 의식으로, 물속의 큰 부분을 무의식과 같다고 보았다. 마음에서 의식보다 무의식이 차지하는 부분이 크다고 생각하였기 때문에 인간의 행동, 느낌, 생각 등의 많은 부분은 의식의 지배하에 있는 것이 아니라 무의식의 지배하에 있다고 보았다. 그는 단순히 성격의 '유형'을 설명하는 것보다 개인이 어떻게 지금과 같은 성격을 가진 존재가 되었는가를 학문적으로 분석하려 하였다. 정신분석학은 자라면서 주로 가족 내부에서 상호작용하는 생물학적이거나 심리사회적 힘이 성격형성에 영향을 미치는데, 개인의 성격은 어린 시절에 그 주요 토대가 형성된다고 하였다.

프로이트는 모든 행동에는 원인과 법칙이 있다고 믿는 결정론자였다. 즉 사고와 감정, 행동은 우연히 일어나는 것이 아니고, 어떤 원인으로 발생함을 설명할 수 있다고 가정하였다(프로이트·스키너·로져스, Robert D. Nye 저, 이영만·유병관 역, 중앙적성출판사, 1991, p. 15). 그는 인간의 사고, 감정, 행동의 원천은 숨겨져 있는 무의식적인 충동과 갈등에 있고, 인간 초기의 경험이 인간 본성에 영향을 미친다는 관점에서 성인의 성격 형성 과정을 탐구하였다. 이와 같이 프로이트의 정신분석이론은 인간의 어떤 행동은 의식하지 못하는 무의식 속의 원인 때문에 일어난다는 정신결정론과 무의식적 동기라는 가정을 기초로 하고 있다.

그는 인간은 외부환경과 상호작용할 뿐만 아니라, 내부에서도 서로 상반되는 방향으로 움직이는 경향성들이 상호작용을 하고 있다고 본다. 이 세 개의 경향성을 id(원욕), ego(자아), super-ego(초자아)라 한다. 이들은 각기 상이한 역할과 기능을 가지며 때로는 협조하고 때로는 반목한다(심리학, 이수원 외, 정민사, 1991, p. 241). 원욕(id는 원욕, 원초아, 원본능 등으로 번역되는데, 여기서는 원욕으로 표기한다.)은 유전되는 것으로 정신에너지의 저장소이며, 여기서 자아와 초자아가 분화되어 나오고 에너지도 공급된다고 한다. 원욕은 내·외적 자극으로 긴장하게 되면 이를 즉각 발산하여 긴장을 완화하려 한다. 이 긴장과 갈등에서 벗어나고자 하는 원리를 쾌락의 원리라 한다.

Ego(자아)는 욕구를 객관적 현실에서 추구하고자 할 때 기능한다. 아이가 욕구를 추구하는 과정에서 현실적인 난관을 맞게 되어 타협이 필요한 상황에 부딪치면, 욕구 에너지를 현실의 요구에 맞게 조정하거나 지연시키는 등의 성향을 취하게 된다. 이를 현실원리라 한다. 현실원리는 자아가 의식적으로 욕구를 통제하여 효과적으로 현실에 적응하게 하려는 심리적인 작용이다. 자아는 원욕의 돌출행동을 제어하고, 환경의 요구를 선택적으로 수용하여 어떻게 욕구의 만족을 취할 것인지를 결정하는 기능을 함으로 성격의 집행자라 한다. 집행자라는 점에서 자아는 갈등하는 원욕과 초자아, 주위 환경의 요구를 통합하는 기능을 한다(성격의 이론, 이상노·이관용 역, 중앙적성출판사, 1992). 이 기능에는 많은 긴장이 따른다.

초자아는 사회화 과정에서 지각하고 학습하여 기억으로 축적한 사회적 기준인 도덕, 양심, 이상, 전통가치 등 내적인 표준으로서 옳고 그름을 결정하는 공인된 도덕 기준이다. 초자아는 내면의 도덕적 결정권자로서 부모가 주는 보상과 처벌에 대한 반응에서 발달한다. 초자아는 옳고 그름과 선악의 판단기준이 되는 양심과 자아이상으로 구성된다. 여기서 양심

은 주로 나쁜 일은 해서는 안 된다는 처벌에서 발달한 것이고, 자아이상
은 긍정적인 반응에서 발달한 것으로 자존감을 갖게 하는 도덕적인 이상
상이다. 선한 행동을 추구하고 악한 행동을 피하게 하는 초자아도 과도하
거나 비현실적으로 추구하게 되면 적응에 문제를 만들기도 한다.

　개인의 성장과정은 어린 시절 자기 독단적인 행동 양식에서 출발하여
가족중심의 집단 생활 과정을 거쳐 학교나 직장 등의 사회생활 과정으로
진입한다. 이 과정에서 어린 시절은 원욕이 지배적이고, 가족 중심의 취학
전의 시기는 집단의 이해를 수용하는 초자아가 발달하는 기간이며, 취학
이후의 사회생활기간은 초자아가 적응하는 시기이다. 자아는 자기를 인
식한 이후부터 원욕과 초자아의 활동을 조정, 통제, 추구하는 조정자의
기능을 한다. 성격의 역동적인 측면을 살펴보면 원욕이 강하면 충동적이
고 본능적이며, 자아가 강하면 현실적이고 초자아가 강하면 도덕적이고
이상적인 성격을 소유하게 될 것이다. 원욕이 지배적인 경우는 자기중심
적인 측면을 가진다는 점에서 에니어그램의 자아 집중과 유사하고, 자아
(ego)가 지배적인 경우는 현실적인 측면이 강하여 현실 집중과 유사하며,
초자아가 지배적인 경우는 환경과의 관계를 강조하는 측면에서 환경 집
중과 유사하다고 할 수 있을 것이다. 이러한 점에서 1장 4항 마절의 '자기
효능감의 인식과 상장과정'에서 긍정적 자기효능감(자아집중)은 아이 - 엄마
관계에서, 현실적 효능감(현실집중)은 아이 - 가족 관계에서, 소극적 효능감
(환경집중)은 아이 - 사회 관계에서 형성된다는 유추가 가능하게 된 것이다.

　프로이트는 성격의 구성에 대하여 원욕, 자아, 초자아 외에 의식, 전의
식, 무의식의 개념을 강조하고 있다. 심리에너지원천의 소재지가 어디인지
를 강조하는 것이다. 의식이 있다고 함은 개인이 어떤 순간의 느낌, 감정,
경험, 기억, 사고 등을 지각하고 있는 것을 말한다. 의식은 우리가 보고
느끼고, 생각하는 것을 관장한다. 전의식 영역은 순간에 접근할 수 있는

것으로 즉시 인식되지는 않지만 다소 주의를 기울이고 애를 쓰면 인식할 수 있는 것을 말한다. 무의식 영역은 욕구나 충동 등 본능에너지가 지배하는 세계로 평상시는 인식하지 못하는 곳으로 프로이트에 의하면 인간 행동의 근원이 되는 곳이다. 이를 그림으로 표시하면 아래와 같다.

구조적 모형과 위상학적 모형의 통합

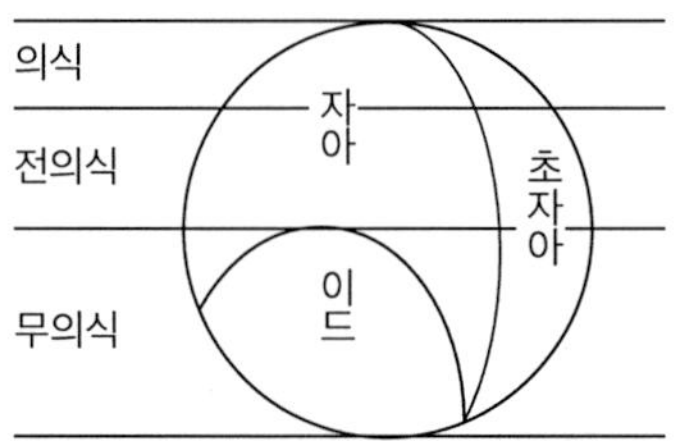

(위 그림은 '프로이트· 스키너· 로져스, 이영만 외 역, 중앙적성출판사, 1991, p. 33'에서 인용)

프로이트에 의하면 심리에너지의 원천인 원욕은 고통을 피하고 쾌락을 얻는 등의 본능에 의존하고 있다. 그러므로 본능은 성격의 엔진과 같은 것이다. 이 점을 달리 표현하면 생존을 위한 기본적인 욕구가 성격의 엔진이라는 점이다. 일반적으로 생리적 욕구를 본능이라고 하지만, 넓은 의미의 본능에는 생리적인 것 외에 사회생활을 위한 심리적인 친애욕이나 성장과 발전을 위한 탐구욕이 포함된다고 보아야 할 것이다. 유아와 양육자의 친교의 과정, 새로운 것에 대한 호기심, 모방학습 등이 그러하다. 이는 성격의 형성에 관한 설명에서 심리에너지의 원천을 욕구체계에서 찾은 것과 유사한 접근이다.

프로이트는 본능을 삶의 본능과 죽음의 본능으로 구분하였다. 삶의 본능은 개체의 생존과 종족의 번영을 위해 관련된 배고픔, 갈증, 성충동 등으로 그는 성본능에 큰 관심을 보였다. 죽음의 본능(또는 파괴의 본능)은 유기체가 안정된 무기적인 상태로 돌아가려는 경향에 그 근거를 두고 있다. 생물은 우주의 생성과정에서 발생한 에너지가 무기물에 작용하여 탄생되고 진화되었다고 한다. 생명의 역동성은 자기 증식적인 변화와 적응을 의미하는데, 변화는 움직이고 있기 때문에 불안정하여 균형을 찾는다. 불안정에서 안정한 상태로 회귀하려는 경향성을 항상성의 원리 혹은 엔트로피(Entrophy)의 작용이라고 한다. 삶과 죽음은 움직임에서 고정으로, 불안정 상태에서 안정한 상태로 순환하는 자연의 원리이다. 이 자연의 원리는 인간이 의식하던 못하던 우리를 지배하고 있는 본능 이전의 것이다.

2) 발달 이론

프로이트는 성격이 다섯 살 이전의 기간에 거의 완성되고, 그 이후에는 기본적 구조가 마무리되는 과정으로 보았다. 그는 성격은 생리적인 성장 과정에서 느끼는 욕구좌절, 갈등, 위협 등 불안의 원인에 반응하는 것이며, 이 갈등이나 불안 해소를 위한 방법을 학습하는 것을 성격의 발달로 보았다. 그리고 동일시(identification)와 치환(displacement)을 좌절과 갈등, 불안감을 해결하기 위한 학습의 방법이라 하였다. 즉 할 수 있다면 동일시를 통하여 성취하고, 성취할 수 없다면 방법을 변경하여 다른 방안으로 욕구를 추구한다는 것이다. 동일시는 마음속에 있는 것을 외부세계에 있는 것과 합치시키는 것으로 원욕의 주관적 심상(정신적 상징)이 객관적이고 현실적인 대상(물리적 대상)으로 에너지를 옮게 가는 과정을 말한다. 치환이란 충동해소를 위해 대상을 선택할 때, 내·외적 장애로 인해 선택할 수 없게 되면 다른 대상으로 바꾸는 것을 말한다. 치환의 예를 들면 부부싸움으로 화가 났을 때, 상대방에게 화풀이 하지는 못하고 개를 걷어차는 것과 같은 것이다. 이와 같이 동일시와 치환을 계속하는 동안에 자극에 반응하는 방법을 반복적으로 학습하게 되고, 이것이 성격의 발달로 진행된다는 것이다.

프로이트는 문화의 발달에 따라 무의식적이거나 본능적 대상선택은 억제되고, 사회적으로 용납되고 문화에 합치하며 창조적인 방향으로 치환이 이루어진다고 하였다. 여기서 고차원적인 문화의 성취를 이루게 하는 치환을 승화라고 한다. 공격성을 스포츠로 분출하거나 성욕을 예술로 표현하는 것 등을 말한다.

심리에너지에는 부족함을 채우려는 욕구와 같이 추진력이 필요한 긴장도 있지만, 싫은 것을 배척하는 억제력이 필요한 긴장도 있다. 외부 환경은 필요한 것을 주기도 하지만 고통과 긴장을 증가시킬 때도 있다. 환경은 배가 고프면 음식을 제공해 주기도 하고 목마르면 물을 공급해 주기도 하지만, 파괴적이고 위협적인 경우도 많다. 자아가 통제할 수 없는 위험한 외부 자극에 압박을 받게 되면, 불안감에 휩싸인다. 과도한 불안에 눌리게 되어 자아가 합리적으로 불안감과 대적하지 못하면 자아는 긴장을 해소하기 위하여 극단적이고 비현실적인 방법을 사용하게 되는데 이것이 방어기제이다.

방어기제의 두 가지 공통점은 무의식 수준에서 작용하여 자기기만적이라는 점과 현실 지각을 왜곡하거나 부정하여 불안을 감소케 한다는 점이다. 주요 방어기제는 억압, 투사, 합리화, 반동형성, 퇴행, 치환, 승화 등이다. 억압은 불안을 야기하는 충동, 공포, 소원 등을 의식세계에서 배제하려는 심리기제이다. 합리화란 자신을 괴롭히는 행동이나 경험에 대하여 그럴듯한 이유를 들어 자신의 무능이나 실패를 두둔하고자 하는 기제이다. 투사는 사회에서 용납되지 않는 충동이나 생각들을 남에게 전가시키는 경우로 충동의 주체를 교체하는 것이고, 반동형성은 무의식적인 내용과는 반대되는 행위를 하는 경우를 말한다. 또 퇴행은 현실이 감당하기 어려운 경우 초기의 발달 단계로 되돌아가는 것을 말한다.

3) 발달 단계

프로이트의 성격 발달이론을 심리성적이론이라 하는데, 이는 성적 충동이 발달 단계에 따라 어떻게 나타나는지에 관심을 가졌기 때문이다. 그는 성적 에너지인 리비도가 발달 단계에 따라 대상으로 하는 성적부위를 달리하여 머문다는 것이다. 다시 말하면 특정발달 단계가 되면 신체의 성적부위가 유쾌한 긴장을 줄 대상이나 활동을 추구하게 된다는 것이다. 각 발달 단계를 보면 다음과 같다.

㉮ 구강기(1~18개월)

성적부위는 입, 입술, 혀로서 주요활동은 빨기와 삼키기로 긴장을 감소시키고 쾌락을 얻으려는 것이다. 이 시기의 긴장은 배고픔과 맞이고, 외부의 억제와 통제 요인은 맛과 양, 시기의 조절이다. 입에서 얻는 쾌락의 원천은 먹는 것을 통한 맛의 느낌과 배고픔의 긴장해소와 포만감에서 오는 쾌감이다. 맛이 있으면 삼키고, 맛이 없으면 뱉는 것으로, 구강적 빨기 단계는 생후 8개월 경까지 지속되며 지식이나 정보의 습득과 소유 등에 밀접한 관련이 있다. 생후 8개월 이후 이유離乳가 시작되고 깨물기 단계가 되면 이를 좌절을 표시하는 무기로 사용하려 하고 공격성이 발달하게 된다. 젖을 먹는 동안은 엄마와 일체감을 느끼나 이후에는 자신을 어머니와 분리된 존재라고 느낀다. 어머니에 대한 개념(어머니상)을 발달 시킨다. 이 시기에 욕구를 적절히 충족시키게 되면 외부와 좋은 신뢰감을 형성하게 되고, 의존과 분리 등 대상과의 관계에 관련된 발달과업을 적절히 성취할 수 있게 되지만, 적절한 만족을 경험하지 못하면 성인기에 의존적, 논쟁적, 비꼬기 선호 등 친밀한 관계를 형성하지 못하는 문제가 발생한다. 배고픔이라는 긴장을 해소하기 위해 적당한 시기에 적당한 양을 사랑 가득한 마음으로 제공한다면, 유아에게 사회성 발달의 기본요소인 신뢰감과 친밀감, 안정감을 형성하는 데 도움이 될 것이다.

㉯ 항문기(18개월 ~ 4세)

이 시기에는 어린이의 관심이 배설기능으로 옮게 가서 리비도의 초점이 항문으로 옮게 가고, 배변훈련을 받게 되면서 외부로부터 통제를 경험하게 된다. 바로 배설하여 시원함을 느끼고자 하는 원욕과 부모가 요구하는 배변 조절 사이에서 자율이 강조되는 시기이다. 항문의 긴장을 제거하는 데서 오는 쾌감을 연기延期시키고, 배설을 올바르게 하면 보상을 받고, 실패했을 경우 부모는 처벌이나 실망감을 표시한다. 적당한 배변훈련은 자율성과 창조적이고 생산적인 성격형성의 기초가 되나, 배변훈련이 잘못되면 분별없고, 충동적이며 의존적인 성격을 형성하게 된다(성격심리학, 임범희, 도서출판하우, 2001, p. 72). 이 시기의 긴장은 대소변의 보유와 배설의 연기에서 오는 항문의 긴장이고, 억제와 통제 요인은 배설의 시기와 장소이며, 조절의 도구는 보상과 처벌이다. 보유로 인하여 쾌감은 연기되지만, 연기로 인하여 보상을 받게 되므로 유아의 입장에서는 새로운 가치감을 형성하게 된다. 지나치게 엄격한 배변 훈련은 보유라는 가치를 지나치게 강조하여 변비를 유발할 수 있고, 완고하고 인색한 성격이 될 수도 있다. 또 억압적이고 강제적인 훈련은 반발심을 유발하여 부적당한 시기나 장소에 배설하여 분노를 나타낼 수도 있다. 이러한 행동은 무질서하고 잔인한 특성으로 발달하기도 한다. 프로이트는 보유에서 저축이나 절약 같은 경제관념이 싹튼다고 가정하였다. 적당한 배변훈련은 자율적이고 생산적이며, 창조적인 인성 형성에 도움이 된다.

㉢ 남근기(4~6세)

리비도의 초점이 성기로 이전한다. 이 시기에는 이성의 존재를 인식하게 되고 성적부위 마찰을 통해 쾌감을 느낀다. 프로이트는 이 시기에 이성의 부모를 소유하고 싶은 욕망과 동성의 부모를 적대시하는 현상을 무의식적인 것으로 보았다. 오이디푸스 콤플렉스(Oedipus complex)와 엘렉트라 콤플렉스(Electra complex)도 이 시기에 발생한다. 이 시기는 운동능력과 언어능력, 인지능력을 갖추고 모방과 탐구활동을 주도적으로 시도하는 시기이다. 이 시기의 긴장은 자기다움의 인정에 대한 욕구이다. 이 시기의 긴장은 자기 중심성과 소유욕이다. 주변의 어떤 사람보다 자신의 존재가 더 중요하고, 자기의 소유가 쾌감의 원천이 되는 때이다. 아버지와 같은 남자다운 사람이 되어야겠다고 생각하는 동성에 대한 모방은 동일시의 과정을 겪게 하고, 이성 부모에 대한 소유 욕망은 오이디푸스 콤플렉스와 엘렉트라 콤플렉스의 원인이 된다. 하지만 이들 콤플렉스가 사회적으로 인정될 수 없는 것임을 알고 이를 무의식 속으로 보내는 억압을 하게 된다. 이들 콤플렉스가 성공적으로 해결 될 경우 성적 역할의 동일시와 성적 정체감을 가지게 되고 성역할 분화가 원만하게 이루어지며, 양심과 도덕의 가치를 느끼는 초자아가 발달하게 된다. 반면 남근기에 고착된 남성의 경우는 대부분은 지나치게 자기 중심적이거나 야심적이며, 죄의식과 과장이 심하다.

㉑ 잠복기(6세~ 사춘기 이전)

성적 관심이 숨어버리는 시기이다. 이 시기에 사회성이 발달하고 관심의 대상은 주로 놀이 세계로 향한다.

㉒ 생식기(사춘기; 12세 전후 ~)

이른바 사춘기는 2차 성징이 나타나는 심리성적발달의 최종단계인 생식기의 시작이다. 남자는 남자다운 특징과 여자는 여자다운 특징들이 나타난다. 이성에 대한 관심이 증대되고 자애적인 추구를 한다. 자기신체를 자극하고 어루만짐으로써 만족을 얻는다는 것이다. 이러한 자애는 외부로 대상선택을 전환한다. 이성친애 활동과 사회적 집단활동에 관심이 고조되고, 장래 직업이나 결혼생활에 대한 관심을 갖게 된다. 자기애적인 행동은 그 대상을 이타적이거나 사회적인 활동으로 전환하면서 성인으로 변화를 추구한다. 사회의 일원으로서 활동은 심리적 안정감을 갖게 한다.

나. 에릭슨의 심리사회발달이론

정신분석이론을 연구하던 학자 중 프로이트와 견해를 달리하여 독자적인 이론을 제시하던 학자들을 신프로이트 학파라고 부르는데, 이들은 공통적으로 사회문화적인 요소들이 인간행동을 결정한다고 주장하였다. 이들 중 에릭슨(Erik H. Erikson, 1902~1994)은 전생애全生涯 발달 단계를 제시하고, 자립과 사회성, 청소년기의 자아정체감 형성을 강조하였다.

1) 심리사회적 발달이론(Psychosocial Theory)

에릭슨은 인간의 생애는 신체·정신적으로 성장하는 유기체와 사회의 상호작용에 의해 성장단계를 구분할 수 있고, 각 단계별로 성격의 발달이 이루어진다고 하였다. 그는 개인과 환경의 상호 적합성을 개인의 능력과 사회 제도간의 적합성이라 한다. 사회에서 성장하고 삶을 영위하는 개인은 사회환경의 요구에 적응하여야 함은 너무나 당연하다. 적응하지 못하면 사회인으로 성장 발전하지 못할 뿐만 아니라 정상적인 생활이 어렵게 된다. 타인과 더불어 집단에서 생활하고, 함께 공동의 선을 추구하는 삶을 영위하기 위해서는 사회생활에 필요한 성품을 갖추어야 한다. 이러한 사회생활에서 요구되는 자질의 발달, 즉 사회성의 발달을 심리사회적(Psychosocial) 발달이라고 한다. 이는 프로이트가 발달 단계를 심리성적(Psychosexual) 발달이라 함과 비교되는 표현이다. 프로이트는 성적에너지인 리비도가 이전하면서 발달이 이루어지다는 것이고, 에릭슨은 사회적 품성이 발달한다는 것이다. 그 시대를 사는 개인의 심리발달은 그 시대를 이루는 사회의 특성인 제도와 가치체계 및 문화에 기반을 둔 사회성에 많은 영향을 받는다는 점에서 심리사회적 발달이라고 한다.

이 이론의 다른 특징은 자아를 강조한다는 점이다. 프로이트는 심리에너지는 원욕에서 출발한다고 하였으나, 에릭슨은 자아를 자율적 자아라고 하고 에너지가 원욕으로부터 파생되어 오는 것이 아니라, 그 스스로의 힘에 의해서 독립적으로 발생한다고 하였다. 이런 점은 인간 행동의 중심에는 자아가 있고 이 자아의 선택에 따라 행동의 방향이 선택된다는 점에서 행동을 합리적이라고 할 수 있는 근거를 찾은 것이다.

그리고 성격의 발달이 전생애에 걸쳐서 이루어진다는 것은 점진적으로 발전하고 목표지향적으로 성장해 가는 유기체의 특성을 반영하였다는 점에서 중요성을 가진다. 점진적인 발달이란 각 단계의 발달 과업의 성취는 다음 단계의 긍정적 발달의 토대가 됨을 의미한다. 또한 각 발달의 단계마다 자아가 사회환경과 상호작용에서 맞게 될 위기를 언급하고 이를 극복하면 얻게 될 자아의 특질과 각 단계에서 나타나는 미덕을 설정하였음은 발달의 차원에서 매우 의미 있는 개념 설정이다.

각 단계의 위기와 위기 극복 시 얻게 되는 자아특질은 대립되는 개념이지만 이들 특성간에 균형을 유지하여야 갈등이 순조롭게 해결될 수 있다고 한다. 즉 대립되는 양 개념 중 어느 하나가 배제된다면 바람직한 발달에 장애가 될 수 있음을 뜻한다. 예를 들면 자율성과 수치감의 발달 단계에서 배변훈련은 자아에 상처가 되지 않을 정도의 수치심을 자극할 때 자율적인 배변 습관을 갖게 된다는 것이다.

2) 발달 단계

㉮ 기본적 신뢰감 대 불신감(Basic trust vs. mistrust)

유아가 편안하게 먹고, 자고, 배변할 수 있는 것은 신뢰감에 기인한다. 유아는 자신에게 안락함을 주는 양육자와 친숙하게 되고, 그 친숙함에 동일시되어 신뢰감을 형성한다. 이러한 신뢰감은 엄마가 잠시 자리를 비우더라도 곧 돌아올 것이라는 기대를 갖게 만든다. 엄마에 대한 내적인 확신감은 환경을 안전한 곳으로, 인간을 양육자이고 신뢰할 수 있는 존재로 인식하게 만든다. 이와 같이 유아가 환경을 신뢰하게 되는 정도는 엄마에게 받은 양육의 질에 의존하게 된다. 엄마에게서 배우는 친밀감, 일관성, 계속성, 동일성 등이 신뢰감 형성에 도움을 준다. 유아의 건전한 발달은 신뢰감에만 의존하는 것이 아니고, 신뢰와 불신의 적절한 조화에서 온다. 어떤 것을 신뢰하고, 어떤 것을 불신해야 한다는 것의 구별은 신뢰와 불신의 개념을 비교 대상으로 인지할 때 분명해지고 이해가 빠르기 때문이다. 이 단계에서 신뢰와 불신의 갈등을 성공적으로 해결하여 얻는 미덕은 희망이다. 갈등해결의 빈도가 증가되면, 유아는 신뢰를 바탕으로 미래의 목표와 전망에서 희망을 갖게 된다. 희망은 유아가 처음 시도하는 사회생활에서 믿음을 유지하게 하는 데 기여하는 개념이다.

　④ 자율성 대 수치심(Autonomy vs. Shame & Doubt)

　이 단계는 프로이트 발달 단계의 항문기에 해당되는 기간으로 대소변을 배출할 것인가 보유할 것인가를 결정해야 하는 갈등을 갖게 된다. 대소변을 배출할 것인지 보유할 것인지, 먹을 것인지 안 먹을 것인지, 걸음을 걸을 것인지 아닌지, 순종할 것인지 떼를 쓸 것인지 등의 선택을 하게 된다. 다시 말해서 자기통제와 타인통제의 갈림길에서 외부의 요구를 어떻게 자발적으로 수용할 것인지를 배우는 시기이다. 자율이란 자기조절능력을 기초로 하는 선택의 행위이다. 자신의 존재감을 훼손하지 않고 자기를 조절할 수 있는 능력을 갖추는 것은 외부의 격려에 힘입는 바가 크다. 자기조절의 실패는 자신의 존재감 저해를 수반하게 되어 수치감을 느끼게 되는데, 약간의 수치감을 느끼는 것은 오히려 자율성을 획득하는 데 도움을 준다. 이런 점에서 대립되는 가치의 적절한 조절이 긍정적인 가치의 획득에 필요하다. 아동이 자신의 방식으로 대·소변을 가릴 수 있게 허용하고 격려하는 것이 자율성 발달에 도움을 준다. 자율성은 전 단계의 신뢰감을 기초로 한다. 신뢰가 없으면 자율에 대한 믿음도 얻을 수 없다. 불안한 신뢰는 자신감의 결여를 가져와 계속 도움을 청하게 된다. 자율성은 신뢰감을 더욱 더 제고시킨다. 이 단계의 원만한 발달은 의지력이란 미덕을 갖게 한다. 의지력이란 내부의 저항감이나 외부의 장애를 극복할 수 있는 힘으로 자기억제나 선택의지를 말한다.

㉰ 주도성 대 죄의식(Initiative vs. Guilt)

신체적, 언어적 자율성을 확보한 아동은 자신의 의지로 상황에 대처해 보고 싶고, 재미 있는 놀이도 해 보고 싶은 욕구를 갖게 된다. 즉 동작능력의 확장과 인지능력의 발달에 의해 아동은 자발적이 되고 지배와 책임을 확장하려 한다. 인지능력의 발달은 호기심을 불러오고 호기심은 모방 행동을 추구하게 만든다. 언어능력과 운동능력의 발달은 활동 범위를 넓이고 의사소통의 길을 열어 다른 아이들과 어울리게 한다. 그 결과 그 자신을 사회의 일원으로 인식하게 되어 자신의 의지대로 생활해 보려는 시도를 하게 된다. 내 마음대로 할 수 있다는 것이 이 유희기의 정체감이다. 이 시기에는 아동에게 탐색을 경험할 수 있는 기회와 자유를 제공하고, 질문을 유도하고 질문에 답해주면 주도성을 육성할 수 있다. 탐색경험의 결과에 지나치게 처벌하거나 무시하면 무가치감과 죄책감을 느낀다. 죄책감은 아동에게 소극성, 의존성, 용기의 부족을 가져온다. 이 단계의 성공적인 발달은 목적지향적이라는 미덕을 갖게 한다. 주도적으로 자신이 하고자 하는 바를 결정하고, 자율적으로 행하는 것을 통해 꿈을 만들어 가도록 하는 것이 중요하다.

㉱ 근면성 대 열등감(Industry vs. Inferiority)

6~11세의 시기로서 학동기라고 한다. 배움을 위해 학교라는 사회에서 경쟁에 노출되는 시기이다. 전 단계가 사회에 발을 내딛는 연습기라면, 학동기는 신체적 정신적인 활동의 결과에 책임을 느끼고 목표의 성취를 위하여 능력을 쌓고 부지런히 노력하는 단계이다. 부지런히 노력한다는 의미를 가진 근면이란 사회적 요구인 신체적, 정신적 요구에 적응하는 최선

의 방법이다. 이시기에 능동적으로 설정한 과제나 외부에서 부여한 일을 할 수 없거나, 성취한 결과가 경쟁자보다 질이나 양에서 모자라면 열등감을 느끼게 되어 자신감을 잃게 된다. 여기서 성취란 자신이 습득한 지식이나 기술, 지위를 포함한다. 근면성을 적절하게 함양하면 능력이란 미덕을 갖게 된다. 이 미덕은 향후 사회, 경제, 정치적 행동에 지대한 영향을 미치게 된다.

⑭ 자아정체감 대 정체감 혼미(Identity vs. Confusion)

12~20세인 청소년기로서 사춘기부터 시작된다. 사춘기에 접어들면서 성적인 성장과 근육의 발달로 사회생활에 필요한 신체적 조건을 갖추게 되고, 심리적으로도 무슨 일이든 주어지면 완성할 수 있는 지적 능력을 구비하게 된다. 신체·정신적 발달에 따라 어른이 되면 어떤 직업을 갖게 될지, 어떤 가정을 꾸리게 될지 등 사회 구성원으로서 사회에 기여할 수 있는 자신의 모습을 그려보게 되고, 그렇게 되기 위해서는 현재 나는 누구이며, 어떤 위치에 서 있는지 등 자신의 모습을 인식하려고 노력한다. 자신이 어떤 재능, 기술, 소질과 능력을 가지고 있으며, 가지고 있는 꿈을 이루기 위해 어떤 자질이 필요하고, 어떤 방법으로 부족한 부분을 채울 것인지 등의 방책을 강구하게 된다. 이렇게 현재의 자기 모습과 미래의 모습을 정립하여 이를 성취하기 위해 끊임없이 노력하거나, 하려는 의도가 분명할 때 자아정체성이 확립되었다고 한다.

이 시기에 사회에서 요구하는 바와 자신의 역할에 대한 분명한 인식이 없으면 이를 정체성 혼미 혹은 역할 혼미라고 한다. 이러한 부적응 현상, 즉 사회에서 자신이 해야 할 역할에 대한 인식이 흐릿한 청소년은 자신의 성장방향과 현재상태를 분명하게 인식하지 못하므로 비행 소년이 되기 쉽다. 정체성 확립을 위해서 현실적인 자기와 자신이 의식하는 자기가 같아야 하고, 보통 사람들이 지각하는 바와 같은 동질성과 일관성을 갖고 있다고 느껴야 하며, 자신의 가치에 대한 자신감을 가져야 한다. 이 시기에 나타나는 미덕은 충성심이다. 신체적으로 성숙하였고 정신적인 면에서도 책임을 다 할 수 있지만 아직 부모의 역할을 하기에는 미흡하다. 또한 성인의 생활을 기대하면서도 성적 자유를 누릴 수는 없다. 이 힘든 기간 중에도 이들은 동일시 하는 사회집단이나 대중적인 인물이 가진 가치와 이념을 추구하려 한다. 이들이 가진 이념이나 가치는 여러 가지 모순이 있어도 이를 신뢰하고 열심히 집중하는데 이를 충성이라 한다. 이들이 추구하는 가치나 이념이 어떤 것인가에 따라 일생의 성패가 좌우되기도 한다.

ⓑ 친밀성 대 고립감(Intimacy vs. Isolation)

20~40세의 성인기는 직업을 얻어 조직의 일원으로서 소득과 소비 생활을 하고, 결혼으로 자녀를 출산하여 가족을 이루며 자녀를 교육하는 시기이다. 이들이 생활하는 사회는 가정과 직장으로서 주로 인적관계와 물적 관계인 경제활동이 생활의 주 범주를 이룬다. 인간관계 위주의 생활환경에서 요구되는 품성은 더불어 생활할 수 있는 친밀감과 타인에 대한 배려이다. 이 친밀감은 성적친밀감을 포함한 친구, 직장 동료, 배우자, 형제자매 등에 대한 사회적 친밀감이다. 이전 단계에서 획득한 자아정체감을 바탕으로 하여 자신의 이미지를 정립하고 외부 관련자와 유대를 형성하여 조직의 일부로서 기능하는 데 필요한 자질을 함양하여야 한다.

조직의 일원이라는 점에서 친밀감을 유지하지 못하면 혼자 고립되는 상황을 맞게 된다. 타인에 대한 배려를 하지 않고 자기 이익에만 급급하게 되면, 친구나 동료들로부터 소원해지게 되고 고립된다. 이렇게 되면 친밀감과 공동의 발전을 추구하는 외부의 요구를 인식하지 못하거나 위협으로 느끼게 되어 점점 더 고립되고 소외감을 갖게 된다.

이 시기에 나타나는 미덕은 사랑이다. 사랑은 유아의 엄마에 대한 사랑, 청년기의 이성에 대한 사랑, 성인의 보살핌 등 여러 형태를 갖는데, 긍정적인 배려를 전제로 한다.

㉠ 생식성 대 침체감(Generativity vs. Self Stagnation)

40~65세의 장년기는 가정에서는 자녀의 교육, 직장과 사회에서는 후배의 양성과 지역사회의 발전이 중요한 과업이 된다. 전 단계에서 습득한 사랑을 미덕으로 하여 원숙한 인간관계를 갖추게 되면 개인, 가족, 사회의 발전에 기여라는 자아실현의 욕구가 발동하게 된다. 사회발전에 기여하고자 하는 욕구와 자아실현의 욕구는 후배를 가르치고 육성하며 보다 나은 사회를 만들고자 노력하게 한다. 생식이란 생물이 자기와 닮은 개체를 만들어 종족을 유지한다는 개념과 낳아서 불린다는 뜻을 가진다. 다시 말해 종의 번성을 의미한다. 사회의 발달은 양적인 종의 번성과 쌓아온 경험과 지식을 전수하여 생활과 문화를 번성케 하는 질적인 문화의 번영을 포함한다. 이런 점에서 생식에 관련된 사회적 요구도 심리사회발달의 요인이 됨을 의미하는 것이다.

이 단계에서 나타나는 미덕은 보호이다. 보호는 타인에 대한 배려로서 작게는 타인을 돌보는 것과 크게는 자질을 개발하는 것을 포함한다. 돌본다는 것은 인간다운 생활을 할 수 있게 필요한 것을 제공하는 것이며, 개발한다는 것은 가르치고 육성하여 자질의 향상을 기하는 것이다.

㉡ 통합성 대 절망감(Integrity vs. Despair)

65세 이후의 노년기는 직업세계에서 은퇴하고 자녀를 출가시킨 후의 기간으로 소득이 줄고 신체적 노화가 진행되어 권위나 물리적 힘이 감소하는 인생을 갈무리하는 기간이다. 육체적·정신적 능력이 줄어드는 변화는 환경에 적응을 어렵게 한다. 무엇보다 마음은 과거의 영화에 머물러 있음에도 불구하고, 새로움에 대한 도전·계획·꿈을 가꾸거나 실현할 수 없어 불안감에 휩싸여 정신적 위기에 봉착하게 된다. 이런 불안감 속에서 심적인 안정을 도모하기 위해서는 지나간 자신의 일생에 대하여 그런대로 만족하고, 최선을 다한 의미 있는 삶이었다는 느낌을 가질 필요가 있다. 미흡했거나 실패한 경우보다는 자녀를 건전하게 성장시켰고, 조직이나 사회에 기여하였으며, 건강을 유지하고 있으니 얼마나 다행인가 라고 생각하고, 이에 감사한다면 남은 생을 평온한 마음으로 보낼 수 있을 것이다. 통합이란 자신의 성공과 실패에 대하여 사회여건을 감안하여 나름의 의미를 부여하고, 가족과 사회 등의 큰 질서의 흐름 속에 자신의 존재를 합류케 하는 것을 말한다.

이에 반해 자기의 인생이 무의미 하였으며 성공할 기회를 놓쳤고, 이제 시작하기에는 시간이 없음을 한탄하게 되면 절망감이 나타나게 된다. 이 경우 지난 인생에 불만을 가지게 되고 불운하였다고 생각하게 되며 세상을 원망하면서 우울한 노년기를 보내게 된다.

이 시기에 나타나는 미덕은 지혜이다. 누구나 실패의 경험이 있다. 이 실패에서 교훈을 얻도록 경험을 재구성하고, 성공의 경험에서 혹시 사회에 누累를 끼치지 않았는지 반성해 보면서 자연계의 질서라는 큰 관점에서 재 해석해 보는 것이 중요하다. 자연계의 질서는 생성, 성장, 번창, 쇠퇴하는 순환의 논리와 음양의 존재법칙을 따른다. 노년기 삶의 지혜는 자신의 삶을 자연계의 질서의 일환으로 통합하여 가는 것이다.

다. 올포트의 자아발달이론

1) 특성론

올포트(Gordon Allport, 1897~1967)는 프로이트, 신프로이트학파의 이론가들, 로져스와는 달리 치료자가 아니었다. 그는 환자나 비정상적인 사람을 대상으로 자기 이론을 설명하거나 발달시키지 않았고, 정상인을 연구의 대상으로 하였다. 그는 '성격은 그의 특징적 행동과 사고를 결정해 주는 각 개인의 정신·신체적 체계 안에 있는 역동적 조직이다(Personality is the dynamic organization within the individual of those psychophysical system that determine his characteristic behavior and thought. 1961, p 28).'라고 정의하였다. 여기서 성격을 개인의 행동과 사고를 결정하는 정신·신체적 체계라 함은 개인의 행동과 사고는 지향성을 갖고 의도와 목적에 따라 기능하는 구조를 갖는다는 것이며, 이는 개인의 특성이 반영된 경향성과 일관성이 있다는 뜻이다. 경향성을 가진 특성은 자극을 처리하여 동등하거나 유사한 반응을 지속적으로 만드는 정신구조를 말한다. 또 역동적인 조직이라는 함은 성격이 끊임없이 변화 발달하나 일정한 질서를 갖고 유기적으로 활동할 수 있게 일관성을 지닌 구조라는 것이다. 요약하면 성격은 다양한 자극이나 상황에 대해 유사한 방식으로 생각하거나 행동하게 하는 심리적 실체라는 것이다. 이 실체는 개인의 의도와 이를 표현한다는 특성을 지니고, 이 특성은 그 사람 특유의 것으로 다른 사람과는 구별되는 독특한 것이다. 이를 특질(traits)라고 한다.

Allport는 특질을 '사람을 비교할 때 유일하게 사용할 수 있는 방식'이라

하고, '다양한 종류의 자극에 같거나 유사한 방식으로 반응할 경향 혹은 사전 성향(predisposition)'라고 정의하였다 (성격심리학, 노 안영 외, p 246). 즉 특질은 자극이나 상황을 유사한 방식으로 생각하거나 행동하게 이끌어 가는 개인 고유의 성향을 말한다. 예를 들면 완벽성이란 다양한 현안을 처리함에 있어 전후 관계나 상호연관성 등을 꼼꼼히 따지는 경향이다. 여기서 생각하거나 행동하게 이끌어 간다는 점에서 특질은 동기화 요인이 됨을 의미한다. Allport는 특질을 개인특질과 같은 문화에 속한 사람들이 공통적으로 갖는 공통특질로 구분하고, 개인특질을 주특질과 중심특질, 이차적 특질로 구분하였다. 주특질은 개인에게 매우 지배적이고 모든 생활에 영향을 미치는 것으로 극히 소수의 사람만이 이 특질을 지닌다고 하였다. Allport는 주특질을 '지배적 열정, 혹은 감정의 지배자'라고 불렀으며, 히틀러 등 별난 인물들이 지닌 특성이 이에 해당된다. 중심특질은 개인이 성격을 이야기 할 때 흔히 사용하는 꼼꼼함, 신경질적, 통제적, 악착 같은 등을 말한다. 이차적 특질은 중심특질보다 일관성이 적고 약하여 가까운 사람만이 인식할 수 있는 것으로 잠꼬대 같은 것을 말한다.

Allport는 행동을 연구하기 위해 과거나 역사를 조사하는 것보다 개인이 미래에 의도하는 것 혹은 추구하는 것이 무엇인가를 질문하는 것이 좋다고 하였다. 즉 행동은 과거보다는 미래에 의하여 지배되는 것으로 보았고, 개인의 희망, 계획, 소망을 검토함으로써 파악할 수 있다고 보았다 (성격심리학, E. Jerry Phares 저, 홍숙기 역, 1992, p. 225).

나아가 그는 과거가 행동을 움직이는 궁극적 원인이 아니라는 것을 '기능적 자율'이라는 개념으로 설명하였다. 기능적 자율이란 특정 행동이나 활동은 당초 정한 목표를 성취하기 위하여 행해졌으나 그 행위 중 어떤 것은 본래 의도하였던 목표에 의한 것이 아니고 독자적으로 새로운 목표에 의해서 행해진다는 것이다. 예를 들면 숙제를 하기 위하여 독서를 하였으나 나중에는 숙제와 관계없이 독서가 좋아서 독서를 하게 된다는 것이다. 즉 숙제가 목표가 아니라 독서가 새로운 목표가 된다는 것이다.

2) 고유 자아

행동의 일관성을 유지하는 특징이 있다고 함은 의식적 동기인 의도를 갖는다는 것이며, 의도를 갖는다고 함은 의식의 주체인 정체성을 갖는 자아가 작용함을 의미하는 것이다. 그래서 행동연구에서 과거보다 소망, 계획, 희망 등 미래의 의도를 연구하는 것이 중요하다는 것이다.

Allport는 자아심리학자라 불리기도 하는데, 이는 그가 자아의 개념에 대해 많은 의미를 개관하였고, 자아의 개념을 많이 사용하였기 때문이다. Allport는 자아라는 의미가 내포된 자아감, 자기존중, 자아정체, 자아상 등 자신을 중요하고, 친밀하게 느끼는 모든 개념을 묶어서 고유자아(Pro-prium)라는 개념을 구성하였다. 고유자아란 스스로 자신의 것이라고 인식하는 모든 것으로 그가 성격의 다양한 요소를 통합하고 일관성 있게 만들기 위하여 준비한 개념이다.

자아의 변화 궤적은 적응의 궤적이기도 하다. 그는 고유자아가 발달하는 과정을 성장 단계별로 제시하였다. 유아기 초기에는 자신을 자아로서 인식하지 못하고, 생후 7~8개월 경에 낯가림을 시작하면서 타인을 인식하기 시작하며, 자아에 대한 인식은 생후 15개월쯤에서 나타난다고 한다. 고유자아가 발달하는 단계를 보면 다음과 같다(성격심리학, 안범희, 도서출판하우, 2001, p. 215).

㉮ 신체적 자아감

출생 후 15개월쯤에 신체적 '나'를 의식한다.

㉯ 자기 정체기

생후 2년경부터 자신이 타인과 구별되는 독립된 존재로 인식한다. 자기의 이름을 알아듣고 말을 하기 시작하는 시기이다. 거울을 보면서 자기를 알게 되면 자신이 같은 사람으로 유지되고 있음을 알게 된 것이고 자기다움을 인식하게 된 것이다.

㉰ 자기 존중감

2세경 신체적 움직임이 자기 마음대로 원만해지면, 하고 싶은 것을 행하는 탐색활동을 하게 되고, 마음대로 되지 않으면 "싫어"라고 한다. 3세 이후에는 경쟁심과 소유욕이 생긴다. '자기 마음대로' 행동한다 함은 의지적인 행동을 하는 것이고, '좋다 싫다'를 표현한다는 것은 자기 정서에 의한 판단을 한다는 것이다. 이는 자기의 성취에 대해 자랑스럽게 생각하는 자존감을 느낀다는 것으로 자기다움에 대한 긍정적 평가를 의식하고 있음을 뜻한다.

㉱ 자아의 확장

4~6세경 자기중심성이 나타나고, 소유욕 때문에 장난감 다툼이 심하다. 자기중심성(自己中心性: Egocentrism)은 이 시기 아이의 사고 특징으로 자기중심으로 사물을 생각하는 것이다. 주변의 가까운 사람을 자기 세계의 일부로 인식하게 되어 말을 할 때 내 집, 내 가족, 우리 유아원 등이 등장한다.

㉮ 자아상

4~6세경 자아의 확장과 동시에 나타난다. 타인의 평가에 관심을 갖고, 자기의 이미지인 자기상이 나타나는 시기이다. 자아상이란 자신의 존재, 능력, 역할 등에 대한 자기 평가와 이상화된 이미지를 말한다. 예쁜 옷만 골라 입으려는 경향이 나타나기도 한다. 타인의 인정이 긍정적인 자아상 형성에 도움이 된다. 주로 부모와의 상호작용으로 형성된다.

㉯ 이성적 대처자로서 자아

6~12세 경 학동기에는 이성과 논리적 사고에 의해 자기문제를 해결하려는 자기 의지를 지각한다. 즉 자신이 합리적이고 논리적인 능력을 문제해결에 적용하려 한다.

㉰ 고유자아 추구

청년기가 되면 삶의 목표를 선택하여 자기성장을 추구하는 경향이 생기고, 꿈을 실현하려 한다. 장기적 목표를 추구하며 삶에 목적 의식과 방향을 부여한다.

3) 성숙한 인간

성격의 성숙을 인간이 형성(becoming)되어 가는 일생의 과정으로 보고, 정신적으로 건전한 사람은 다음 6가지 특성을 가진다고 하였다(성격심리학, 안범희, 도서출판하우, 2001, p. 217~219).

㉮ 자아 확장감: 객관적으로 자신을 볼 수 있는 시각을 지님.

㉯ 원만한 인간관계 형성: 타인에 대한 배려로 따뜻한 관계의 형성과 유지.

㉰ 정서적 안정과 자기 수용: 정서적으로 안정되어 자신에 대해 긍정적인 이미지를 가지고, 자신을 가치 있는 사람이라 생각하고 자신의

감정을 있는 그대로 받아들이는 자기 수용.

㉣ 과업수행능력: 맡은 일을 원만하게 처리하는 문제해결능력 소지.

㉤ 자기의 객관화: 자신을 환경과의 관계에서 이해하는 통찰력과 즐거움과 웃음을 발견하는 유머 감각 소지.

㉥ 통합된 삶의 철학: 자기가 하는 일에 목적과 의미를 부여할 수 있고, 자기의 행동에 대해 윤리적 자부심을 느낄 수 있음.

라. Rogers의 인간중심이론

1) 유기체와 자아

Carl R. Rogers(1902-1987)는 성격의 변화와 발달을 중시하고, 성격구성의 두 가지 요소인 유기체와 자아개념을 바탕으로 발달을 설명하였다. 유기체란 모든 경험이 일어나는 실체를 말하는데 쉽게 표현하면 개인이다. 경험이 유기체 내에서 일어나고 의식되고 자각되므로 이 경험들의 총합이 현상학에서 말하는 현상의 장이다. 여기서 현상이란 대상이나 사건이 아니라 대상이나 사건에 대한 지각과 이해이다. 이 현상의 장(총체적 경험)은 경험의 주체인 자신이 가장 잘 알 수 있는 것이다. 현상의 장은 자신이 체험한 모든 것으로써 자신이 지각한 현실이고, 외부현실은 실재의 세계이다. 따라서 개인의 반응은 자신의 지각과 체험인 현실에 근거한다는 것이다. 개인의 행동을 이해하기 위해서는 그 사람이 자극을 어떻게 체험하고 해석하는지를 알아야 할 것이고, 이를 가장 잘 아는 자는 그 자신이다.

당사자의 지각과 타인의 지각은 차이가 있기 마련이다. 이런 점이 내담자 중심 치료와 비지시적 접근의 근거이다.

자아는 '나'라는 개체가 지니는 특성들에 대한 자기의 지각이고 지각의 패턴이다. 여기에는 타인들과 생활에서 '나'라는 실체가 맺고 있는 관계성에 대한 지각도 포함한다. 자아는 있는 그대로의 '실재적實在的 자아'와 되고자 바라는 '이상적인 자아'가 있다.

2) 인본주의 와 자아실현

Rogers는 사람을 스스로 운명을 통제할 수 있는 능력과 성장 발전의 충분한 잠재력을 가진 존재로 보고, 그러한 능력을 가진 인간성을 연구 대상으로 하였기에 인본주의자라고 한다. 인본주의자들은 사람들에게 그들이 지니고 있는 잠재력을 깨닫도록 하고, 이러한 사실을 자각하면 스스로 잠재력 개발을 위해 노력하고 성장·발전하게 된다는 것이다.

실현이란 내부에 있는 힘으로 스스로를 유지하고 향상·발전시키는 선천적 경향이고, 자아실현이란 자신의 능력과 개성을 완전하게 현실에 실현하는 것이다. 쉽게 말해 자기가 성취하고자 하는 모든 것을 성취하는 것이다. 이는 개인에게 자율성과 자기충족감을 느끼게 하며, 개인의 경험을 확장하고 풍부하게 한다.

3) 성격의 발달

Rogers의 이론에서 유기체와 자아의 개념이 중요한 것은 지각된 자아와 실제 경험 사이에는 일치와 불일치의 논의가 필요하기 때문이다. 자아를 이루는 상징화된 경험(지각된 자기)과 유기체의 경험(실재의 현실 경험)이 일치하면 그 사람은 성숙하고 충분히 기능을 발휘하는 사람이라고 한다(성격의 이론, p. 308).

자아와 유기체 사이의 불일치는 개인으로 하여금 위협과 불안을 느끼게 하여 방어적 행동을 하게 된다. 일치와 불일치에는 두 가지 경우가 있는데, 첫째는 주관적 현실(경험하는 현상의 장)과 외적 현실(사실적인 현실) 사이에 존재하는 것이고, 두 번째는 현실적 자아와 이상적 자아 사이에 존재한 것이다. 현실의 자아와 이상적 자아 사이의 차이가 크면 개인은 만족감을 얻지 못하고 현실에 잘 적응하지 못한다(성격의 이론, C. S. Hall·G. Lindzey 저, 이상로 외 역, 1992, p. 308~309).

유기체와 자아는 자신을 실현하려는 생득적 경향을 가지고 있지만 사회적 환경으로부터 영향을 받는다. 유기체가 경험하는 현상의 장은 사회적 영향의 장인데 여기서 중요한 영향은 타인의 평가이다. Rogers는 타인에 의한 평가가 유기체의 실제 경험과 자기 지각인 자아의 경험 간에 차이가 있음에 연구의 초점을 두고 있다. 예를 들면 자신이 생각하는 자기는 공부를 잘하는 사람인데, 실제로 타인이 평가하는 자기는 공부를 못하는 경우이다. 평가가 무조건적이고 긍정적이면 유기체(현실적 자기)와 자아(지각된 자기) 사이에는 불일치가 생기지 않아서 심리적으로 안정되고 자아가 완전히 기능을 발휘할 수 있다고 한다. 그러나 실제 주위의 평가는 때로는 긍정적이고 때로는 부정적이기 때문에 긍정적이고 가치 있는 것과 부정적이고 무가치한 것에 대한 평가를 통하여 좋은 평가의 조건이 무엇인지를 인지하게 된다. 어린이는 이 가치조건(인정 받는 조건)을 자아개념으로 수용하여 자아를 발전시킨다. 하지만 이 자아개념은 타인의 요구에 응하는 유기체와 지각된 자아의 불일치를 만들어 자아실현을 방해할 수도 있다.

4) 충분히 기능하는 사람

Rogers는 자신이 잠재력을 충분히 발휘하고, 자신의 재능과 능력을 완전히 사용하며 자신의 체험과 잘 화합하는 사람을 충분히 기능하는 사람이라고 하였다. 이들의 특성을 요약하면 다음과 같다.

㉮ 체험에의 개방성
인정 받기 위한 전제조건인 조건가치에 얽매이지 않은 사람은 위협받을 것이 없어 감정과 태도 결정에 자유롭다. 여기서 개방적이라 함은 방어적이지 않다는 의미다. 반대로 방어적인 성격은 조건부의 가치에 얽매이기 때문에 체험을 수용하기 어렵다.

㉯ 매 순간에 충실
매 순간 접하는 체험을 새롭게 지각하고 신선하게 대응함으로써 창의적이고 적응력이 강하다.

㉰ 타인보다 자신을 더 신뢰
자기 신념 대로 행동한다. 자기 자신의 감각에 의존하여 행동하여도 거리낌이 없는 상태를 말한다. 자신의 이성이나 지적 감각에 근거하는 행동보다 느낌에 의존하여 행하는 것이 더 자유롭고 자기 정서에 충실하다는 것이다.

㉣ 자기가 원하는 대로 살 수 있는 자유를 소유

심리적으로 건강하면 선택이나 행동에 자유롭다. 금지된 조건이나 압박을 느끼지 않고 대안 행동의 선택에 자유롭다. 실제의 삶을 완전히 자기 지배하에 두고 있기에 자신의 의지에 따라 미래를 선택하고 그 결과를 확신한다.

마. Murray의 Complex이론

1) 성격의 구조

Murray는 성격은 항상 변화지만 그래도 반복되어 나타나며 행동을 이해하는 데 단서가 될만한 안정성이나 구조가 있다고 하였다. 이 정신 구조를 표현하기 위해 정신분석학에서 id, ego, super-ego 의 개념을 빌려와 이를 발전시켰다(성격의 이론, C. S. Hall·G. Lindzey 저, 이상로·이관용 역, 중앙적성출판사, 1992, p. 227).

Murray는 프로이트의 생각과 같이 원욕(Id)은 충동의 저장소이고, 생태적 동인의 원천이나, 프로이트가 설명한 원시적이고 도덕성이 없으며 탐욕스런 충동 외에 사회에서 용인되는 바람직한 충동도 포함한다고 하였다. 원욕이 원시적 충동과 도덕적 충동을 포함한다고 함은 악과 선 양쪽에 대한 충동을 가지고 있다는 것이다. 그리고 이들의 강도는 사람마다 다르다고 하였다. 이 말은 원욕은 존재의 유지에 필요한 심리에너지로서 신체적 항상성 유지와 정신적 항상성유지를 위하여 사용되므로 개인마다 그 강도가 다르다는 것으로 이해하는 것이 바람직한 해석이라고 생각된다. 이런 의미에서 보면 원욕은 '존재의 항상성 유지에 필요한 심리에너지'라고 정의할 수 있을 것이고, 항상성에 결핍이 생기면 동기로서 작동하게 되는 것이다.

자아(Ego)는 충동이나 동기를 보류시키거나 억제할 뿐만 아니라 다른 동기가 유발할 수 있게 방법을 정비하고 통제한다. 자아는 행동의 중심적 조직자이고 통합자다. 역할은 원욕의 쾌락을 억제하기도 하지만 충동의 표현을 조직화 하고 방향을 부여함으로써 효과적으로 표현하게 하고, 그 질을 향상시킨다. 그리고 원욕과 초자아의 조정자로서 어느 한쪽을 선호하기도 하고, 사회의 필요와 자신의 욕구를 조화롭게 원욕과 초자아를 통합하기도 한다.

초자아(Super-ego)는 문화적으로 형성된 것이다. 개인의 내부에서 그 행동을 조정하기 위해 작용하는 내재화된 문화의 체계이다. 부모, 또래 집단, 유명인사, 혹은 신화나 동화의 가공인물 등이 문화의 대표자로 작용하여 그들의 규범이나 가치를 초자아에 이입시켜 초자아를 형성한다. 프로이트는 5세까지 부모와 자녀의 상호작용에 의해 초자아가 거의 완성되는 것으로 보았으나, Murray는 문화의 영향으로 생애에 걸쳐서 계속 발달한다고 보았다. 그는 원욕에도 바람직한 면이 있다고 하였기에 항상 초자아와 대립적인 관계만은 아니고, 사회적으로 용인되는 원욕은 자아에 의해 초자아에 적합하게 조정되고 조직화되어 유효하게 표현된다는 것이다. 초자아의 발달은 자아이상의 발달과 밀접한 관계를 갖는다. 초자아와 자아이상의 발달에 따라서 자신의 모습을 사회봉사자로 만들 수도 있고, 깡패의 두목으로 만들 수도 있다.

2) 성격체계

머레이는 성격을 개인의 욕구와 환경의 압력간의 상호작용을 통해 나타난 동기의 개념으로 설명하려 하였다. 욕구에 대해서는 성격유형의 형성 부분에서 이미 설명하였다. 욕구가 행동의 내부적 결정요인으로 작용하듯이, 외부환경의 영향인 압력도 행동을 조장하거나 방해하는 요인으로 작용한다. 이러한 압력에는 위험, 무지지無支持, 친애, 공격, 저항, 강압, 결핍, 인정, 거부 등의 압력이 있다.

욕구는 반드시 어떤 특수한 대상을 욕구와 관련시키지는 않을지라도 경험으로 학습된 대상에 대한 이미지와 연결되고, 대상에 대한 개념도 욕구와 연계시키게 된다. 이렇게 대상의 심상心像과 통합된 욕구는 동기로서 작용하여 행동의 초점을 선택하고 맥락을 만들어 그 대상을 추구하게 되는데, 이 행동의 초점을 선택하고 맥락을 만들어 선택된 대상과 연결하는 것을 주제(thema)라는 개념으로 정리하였다. 이렇게 욕구와 환경의 압력이 상호작용하여 동기가 형성되어 성격으로 작용한다. 여기서 욕구와 대상이 연결된 '주제'는 이 장 5항 다절 '성격 유형별 욕망과 행동 형태'에서 언급될 '욕망'과 같은 의미로 해석된다.

3) Complex

프로이트의 콤플렉스는 원욕의 충동과 자아의 불안이 혼합된 상태를 말하고, 융은 개인의 무의식에 잠재된 심리적 매듭을 의미한다. 원욕과 자아의 불안이 혼합된 상태란 하고 싶은 충동은 일어나는데 불안 때문에 어찌하지 못하는 상태를 말한다. 콤플렉스의 일반적 의미는 충격적인 경험이 그 이후의 행동에 뚜렷하고 폭넓은 영향 주는 것을 말하는데, 간단히 표현하면 마음속의 응어리이다. 콤플렉스가 의식과 반응할 때에는 대개 불쾌한 감정을 수반하는 경우가 많다. 열등감 콤플렉스가 있으면 열등감을 느끼면 얼굴이 붉어지는 등 열등감에 사로잡힌 감정적인 반응을 보인다. 대개의 경우 강박적인 사고나 행동을 수반하고 두려움을 나타내기도 한다.

Murray는 아동의 발달과 그 이후 성인의 성격에 뚜렷한 영향을 미치는 중요한 경험을 추출하였는데, 이 경험은 성장하는 어린이에게 특수한 문제를 일으키는 것이라고 하였다. 이들 Complex는 성격의 특징적인 행동양식으로 그 영향은 전 생애에 걸쳐 지속되기도 한다.

Murray가 제시한 출생 후 외부의 힘에 의해서 중단, 좌절 혹은 제한된 유아의 다섯 가지 즐거운 상태 또는 행동은 다음과 같다(성격의 이론, C. S. Hall ·G. Lindzey 저, 이상로 외 역, 1992, p. 242).

① 자궁 내에서의 안전하고 수용적이며, 의존적인 생활은 출생의 고통으로 방해를 받음.

② 안전하고 의존적으로 어머니 팔에 누어서 먹는 젖은 이유離乳가로 중지됨.

③ 배변에 따르는 상쾌한 감각의 자유로운 향락은 배변훈련에 의해서 제한됨.

④ 방뇨에 따르는 상쾌한 감각적 쾌감도 배변훈련으로 제한됨.

⑤ 생식기 마찰에서 일어나는 짜릿한 흥분은 처벌의 위협으로 방해 받는다는 것 등이다. 이 다섯 가지는 신체 발달과 같이 단계적으로 발생하고, 충격으로 작용하여 이후의 발달에 영향을 미치는 Complex의 형태로 성격에 남아있다. 이 다섯 단계는 모든 사람이 경험하지만, 문제가 되는 것은 개인이 어느 단계에 고착되어 있는 경우이다. 이 다섯 단계는 폐소, 구강, 항문, 요도, 성기 단계이다.

㉮ 폐소 Complex

출생이라는 충격적인 자극에 대하여 유아는 당시의 상황과 타고난 감수성에 따라서 다른 반응을 보일 것이다. 첫째는 안전하고 편안하던 자궁 내 상태로 회귀를 원하는 반응, 둘째는 의지할 데 없는 곳에 던져진 것과 같은 반응, 셋째는 갇힌듯한 공간에서 해방된 듯한 반응이 있을 수 있고, 이 반응들에 대한 감각을 강박적이고 지속적으로 느낀다면 이는 콤플렉스가 된다. 이들 3가지 유형의 컴플렉스는 다음과 같다(성격의 이론, 이상노 외 역, 1992, p. 243).

① 출생 전 상태와 비슷한 상태로 돌아가고자 하는 소망과 관련된 단순폐소콤플렉스는 폐소, 어머니 같은 대상, 죽음, 과거, 변화에 저항, 수동성 요구, 고통회피, 은둔, 구호 등을 추구한다.

② 의존할 곳이 없고 무력함에 대한 불안과 관련된 무지지공포콤플렉스는 터진 곳, 추락, 지진, 화재, 가족의 무원조 등에 대한 공포로 나타난다.

③ 질식과 감금으로부터 벗어나는 데 관련된 도피콤플렉스는 도피나 이별과 관련되며, 개방 장소나 신선한 공기 추구, 이동과 여행 욕구, 변화 추구, 폐소공포증, 자율 욕구 등으로 나타난다.

㉯ 구강콤플렉스

이는 이유離乳경험에서 오는 콤플렉스로 하위 콤플렉스와 그 특이 행동은 다음과 같다(이상노 외 역,1992, p. 243).

① 구강의존콤플렉스에는 수동적이고 의존적인 경향과 결합된 구강활동이 포함된다. 우유병 꼭지·젖·엄지손가락과 같은 것 추구, 강박적 섭식, 수동성과 구원에 대한 욕구, 양육해 주는 대상 추구, 금지된 공격적 욕구 등은 구강의 자동적 행동으로부터 추론될 수 있다. 나타내는 행동은 빨기, 먹기, 동정심, 보호, 사랑에 대한 갈망 등이다.

② 구강공격콤플렉스는 구강운동을 공격과 결합시켜 깨무는 것, 딱딱한 대상물 추구, 강한 공격적 욕구, 권위자에 대한 이율배반적 감정, 공격적 투사(환경을 공격적인 대상으로 생각), 고통회피에 대한 욕구, 깨무는 대상에 대한 공포증, 말더듬증 등은 구강의 자동적 운동에서 추론된다.

③ 구강거부콤플렉스는 뱉어내고, 구강운동의 대상물을 혐오하는 것이다. 어떤 음식물에 대한 부정적 추구, 구강의 염증이나 상해 공포, 거부의 욕구, 은둔과 자율 요구, 양육자에 대한 혐오 등으로 나타난다.

㉯ 항문 콤플렉스

이는 배설행위 및 배변훈련에 관련된 사태에서 유래한다. 배출하려는 경향과 보유하려는 경향을 나타내는 두 가지 콤플렉스가 있다(이상노외 역, 1992, p. 244).

① 항문거부콤플렉스에는 설사와 배변 추구, 공격 욕구, 무질서와 오염 또는 비방, 자율요구, 항문 성욕 등이 포함된다.

② 항문보유콤플렉스에는 배설물에 대한 기본적 추구가 포함되지만 겉으로는 그것을 혐오하고, 점잔을 빼고, 부정적 반응을 보이면서 감추고 있다. 여기에는 자율 욕구, 항문성욕, 질서와 청결에 대한 욕구와 소유물 보유욕도 관련된다. 이는 프로이트가 제시한 인색, 청결, 완고성이란 항목과 비슷하다.

㉰ 요도 콤플렉스

이는 Murray가 별로 중요시 하지 않았다. 야뇨증, 오줌지리는 것, 요도 성욕 등이 포함된다. 그는 이러한 증상군을 이카로스(Icarus)콤플렉스(몰락을 자초하는 자아도취적 열망)이라고 하였다. 이것은 아버지(Daedalus)의 충고를 무시하고 밀랍으로 붙인 날개로 날다가 태양에 너무 가까이 날아가서 날개가 녹아서 떨어져 죽었다는 신화의 인물에서 따온 것이다. 불에 대한

추구, 야뇨증, 불멸성에 대한 갈망, 강한 자애, 실패 앞에서 사라져 버리는
야망 등과 같은 특성을 나타낸다(이상노 외 역, 1992, p. 245).

㉮ 거세콤플렉스

이에 대해 Murray는 정신분석학자의 견해보다 한정된 의미와 중요성을
부여하였다. 불안은 성기가 절단될지 모른다는 공상에서 일어난다.

4) 콤플렉스와 에니어그램의 성격유형

콤플렉스 중 폐소콤플렉스는 존재의 탄생과 관련된 반응으로 독립에
관한 것이고, 구강콤플렉스는 자신의 섭식 욕구와 어머니의 수유에 관련
된 것으로 최초의 관계에 대한 반응이다. 항문·요도·거세콤플렉스는 자신
의 생산물을 어떻게 배설할 것인가에 관련된 것으로 언제 어떻게 배설하
여야 안도감을 얻을 수 있을 것인지를 선택하는 반응이다. 폐소콤플렉스,
구강콤플렉스, 항문콤플렉스를 에니어그램의 성격유형과 비교하여 보면
다음과 같다.

유아기의 경험 중 이후 행동에 큰 영향을 미치는 자극 중 출생의 경험
은 산모의 산통이 대단한 것처럼 유아에게도 매우 큰 영향을 미친다고 보
아야 할 것이다. 그 이유는 산모와 태아는 수정의 순간에서부터 영양분,
자극, 편안함을 공유하는 하나의 실체이었기에 출산의 진통에서 오는 자
극과 분리에서 오는 상실감은 태아에게 충격적인 사건이 되기 때문이다.
그런 점에서 폐소콤플렉스는 그 영향의 정도가 매우 크다고 볼 수 있다.
유아에게 출산은 생명과 관련된 호흡, 영양, 감각 등에서 새로운 세상을
접하는 경험이고 물리적 경계인 생활환경이 바뀌는 충격이다. 이와 같이

환경의 경계를 재정립해야 하는 경험에서 발단한 폐소콤플렉스는 에니어그램의 의지 중심과 궤를 같이 한다. 단순폐소콤플렉스는 변화 회피, 자궁상태로 복귀, 고통회피, 수동성 요구, 은둔 등의 특성은 변화를 싫어하는 9번 유형과 유사하다. 무지지공포콤플렉스는 개방된 곳, 추락, 지진, 사고, 원조부재 등에 두려움을 나타냄은 준비를 통해 개선을 추구하는 1번 유형과 유사하다. 또 도피콤플렉스는 개방, 신선한 공기, 여행욕, 변화 추구, 자율 추구 등은 통제를 추구하는 8번 유형과 유사한다.

구강콤플렉스는 어머니의 수유와 이유離乳에 관련된 것으로 좋아하는 젖을 매개로 관계를 어떻게 유지할 것인가를 선택하는 것으로 에니어그램의 감정중심과 관련된다. 구강의존콤플렉스는 빠는 것 추구, 강박적 섭취, 구원에 대한 욕구, 금지된 공격적 욕구 등은 젖을 매개로 외부의 사랑을 얻으려는 것으로 2번 유형과 유사하다. 구강공격콤플렉스는 깨무는 것, 딱딱한 대상 추구, 공격성, 권위자에 대한 이율배반적 감정, 고통회피 등은 성공이라는 매개물을 추구하는 3번 유형과 유사하다. 또 구강거부콤플렉스는 뱉어내는 것, 구강운동 대상물 혐오, 음식물 거부, 등은 유리되어 차별성을 추구하는 4번 유형과 유사하다.

구분	개념 구분	콤플렉스	에니어그램		비고
폐소 콤플렉스	탄생/독립 (경계 재정립)	도피	의지 중심	8 번	해방, 변화추구, 공기 호흡
		단순 폐소		9 번	회귀,변화 기피,수동성,은둔
		무지지 공포		1 번	던져짐,개방/추락/무지지 불안
구강 콤플렉스	섭식/ 관계 유지	구강 의존	감정 중심	2 번	수동/의존적,구원욕,공격 금지
		구강 공격		3 번	깨묾,대상추구,공격성,고통 회피
		구강 거부		4 번	뱉음,대상혐오,유리,차별성
항문.요도. 거세 콤플렉스	배설과 보유/ 안도감	항문 보유	사고 중심	5 번	축적, 숨김, 배설 혐오
		요도, 거세		6 번	편안함(권위)갈망,처벌 불안
		항문 거부		7 번	배설/배출, 쏟아냄, 무질서

　항문·요도·거세콤플렉스는 생산물의 배설, 보유와 관련된다. 이것은 어디에 어떻게 배설할 것인지를 탐색해야 하는 것으로 에니어그램의 사고중심과 궤를 같이 한다. 항문거부콤플렉스는 설사, 배변추구, 공격욕 등으로 생산물인 변을 배설하는 것을 즐기는 것으로 아이디어를 쏟아내기를 즐거워하는 7번 유형과 유사하다. 항문보유콤플렉스는 배설물 혐오, 축적, 부정적 반응 숨김, 자율성 추구 등은 정보와 아이디어를 구하고 축적하는 5번 유형과 유사하다. 요도·거세콤플렉스는 잘못에 대한 처벌의 두려움에 관련된 것으로 불멸성에 관한 갈망, 야뇨증, 자애 등은 질서나 권력에 성실하려는 6번 유형과 유사하다. 콤플렉스와 에니어그램과의 관계를 표로 나타내면 위 표와 같다.

5) 발달 단계

Murray(1968)는 성격 발달에 신체의 발생과 정신의 성숙 과정이 중요한 역할을 한다고 하였다. 첫째, 아동기에서 초기 성인기까지는 새로운 구조가 나타나는 기간으로 외부의 물질로 조직에 필요한 물질을 합성하는 동화작용이 내부에 축적된 물질을 분해하여 에너지원으로 사용하는 이화작용보다 우세하다고 하였다. 둘째, 중년기에는 이미 만들어진 구조와 기능이 보존적 재구조화가 이루어지는 시기로 동화작용과 이화작용이 동등하다고 하였다. 셋째, 노년기에는 구조화의 에너지는 감소하고 존재하는 형태와 기능이 위축되는 시기로 이화작용이 동화작용보다 우세하다고 하였다. 그는 신체활동이 발생하고 퇴화하는 과정과 정신활동이 발달하고 성숙하는 과정이 동조한다고 보았고, 이는 신진대사의 과정에 연유한다고 하였다.

바. 설리반의 대인관계이론

1) 성격 이론

설리반(Harry Stack Sullivan, 1892~1949)은 '성격은 인간생활을 특징짓는 되풀이되는 대인관계상황의 비교적 지속적인 유형이다(Personality is the relatively enduring pattern of recurrent interpersonal situations which characterize a human life).' 라고 정의하였다(The interpersonal theory of psychiatry, Sullivan. H. D, 1953, p.111).

이와 같이 인간의 삶은 대인관계에 의하여 이루어지고, 성격은 대인관계에서 반복적이고 지속적으로 일어나는 관계유형을 말한다고 하였다. 어머니의 뱃속에서 잉태되는 순간부터 어머니와 관계는 시작되었고, 출생과 동시에 가족의 일원으로서 생활이 시작된다. 가족생활을 포함한 사회의 구성원으로서의 사회생활은 사회의 요구에 대응하여 자신의 욕구를 성취하는 것이고, 사회적 존재로서의 역할을 하게 되는 것이다.

여러 사람과의 관계에서 상대방의 자극에 반응하는 행동이나 표현들은 특정한 유형을 갖게 되는데 이것이 성격이다. 인간의 생활 환경을 대인관계와 대물관계로 구분하면, 대물관계는 심리적 교환관계는 아닐지라도 상당부분이 대인관계를 수반하고 있으므로 대인관계가 성격과 매우 의미 있는 상관관계를 가진다고 할 수 있을 것이다.

대인관계의 특성은 심리 에너지의 교환 및 전환관계이고, 지각·기억·사고·상상 등의 모든 심리적 과정이 종합적으로 작용하고 있다는 점에서 매우 역동적이다. 여기서 에너지 교환 및 전환관계가 형성된다고 함은 상호작용에 의한 변화가 활발히 일어난다는 것이고, 기억과 상상 등의 정신작용을 동반한다고 함은 자신이나 상대방에 대한 주관적인 해석과 이미지를 형성한다는 것이며, 지각과 사고 등이 작용한다고 함은 대인관계의 과정이 인지과정을 수반한다는 것이다. 다시 말해서 대인관계에 작용하는 성격은 역동성, 대인 이미지(personification) 형성, 인지과정 등의 특성을 가진다.

대인관계에 근거한 특성 외에 성격의 또 다른 특성은 인간은 존재의 안전과 유지라는 기본적인 욕구를 가진다는 점이다. 인간의 독립된 존재로서의 삶의 제반 활동은 생명의 유지를 위한 자기보호적인 입장을 전제로 한다는 점이다. 인간의 자기보호적이고 이기적인 면은 신체·정신적 활동과 현상의 전제이고, 삶의 방향 선택인 욕구의 출발점이기 때문에 인간의 사고·행동·감정을 이해하고, 문화·사회·경제적 활동을 해석하는 데 기초가 된다. 이 점에서 성격은 자기보호체계의 특성을 지닌다. 이 자기보호체계를 설리반은 자아체계라고 하였다.

㉮ 역동성

설리반은 유기체의 개념을 긴장체계로 보았고, 또 다른 많은 심리학자들과 마찬가지로 성격은 불안을 감소시키는 활동을 그 주요 역할로 하는 에너지 체계라고 생각하였다. 긴장체계는 절대적 이완과 극단적 긴장이라는 양극을 범주로 변화하고, 유기체의 요구에서 오는 긴장과 사회적 불안의 결과로 일어나는 긴장으로 구분하였다(1953, p.36). 유기체의 요구는 생존에 필요한 것으로 음식, 물, 산소, 섹스, 휴식 등을 말한다. 사회적 불안이란 개인이 타자와의 관계 혹은 집단과의 관계에서 느끼는 불안으로 이해의 상충이나 편견, 문화의 차이, 경제·정치적 불평등 등 경제·사회적 원인으로 발생하는 안전에 대한 위험을 말한다. 이런 사회적 불안의 결과로 일어나는 긴장은 주로 대인관계에서 비롯된 것이다. 여러 사람이 모여서 만드는 집단에서의 생활은 상호작용이 일어나고 상호작용은 의사소통의 방법에 의한다. 언어적 혹은 비언어적 표현은 상대방에게는 자극으로 감지되고 정신적 에너지가 작용하여 처리체계를 거쳐 반응을 나타내게 된다. 이러한 자극과 반응의 교환은 상대방의 심리체계인 성격에 따라 어떻게 변할지를 예측하기 어려운 변화무쌍한 것으로 매우 역동적이다.

설리반은 역동성을 '정신의학에 관련된 역동성은 반복적으로 인간관계를 특징짓는 비교적 지속적인 에너지 전환의 형태이고, 인간관계는 사람과 이미지의 기능적 상호작용, 개인적 신호, 개인적 관념 등으로 인간을 특징적으로 구성하는 것이다(The dynamisms of interest to the psychiatrist are the relatively enduring patterns of energy transformation which recurrently characterize the interpersonal relations - the functional interplay of person and personifications, personal signs, personal abstractions, and personal attributions - which make up the distinctively human sort of being. 1953, p.103)'라고 정의 한다. 에너지 전환은 일을 함으로써 일어나고, 일이란 정신적 활동과 신체적 활동인 경험이다. 경험은 어떤 형태의 변화를 만드는 활동을 말하므로 역동성이란 의미 있는 변화를 만드는 일상생활에서 반복되는 신체적 혹은 정신적인 활동을 의미한다. 역동성은 주로 다른 사람과의 관계에서 많이 경험한다. 타인과의 반응의 교환은 에너지의 교환이고 전환이며, 긴장의 조성과 해소의 과정이기도 하다. 긴장은 결핍에 의한 것과 불안의 결과로 나타나기도 한다.

㉯ 대인 이미지(Personification) 형성

대인 이미지란 개인이 자기와 타인에 대하여 머리 속에 그려지는 모습을 말한다. 이것은 과거의 경험이나 자신의 욕구체계, 자신과 주변의 상황 등이 상호작용하여 형성되는 것으로 실제 그 대상을 정확하게 설명하지 못한다. 예를 들면 자신에 대해서는 '좋은 나, 나쁜 나, 나 아닌 나', 타인에 대해서는 '좋은 엄마, 나쁜 엄마', 집단에 대해서는 '도덕적인 종교인, 권위적인 교사, 복지부동한 공무원, 자유분방한 예술가' 등과 같은 평가된 이미지를 만들고, 이는 고정관념이 되어 선입견으로 대인관계에 작용하게 된다. 이 이미지도 개인에 욕구나 불안 정도에 따라 다르게 형성되고, 심리적 특성이 되어 성격의 일부로서 자리 잡게 된다는 것이다.

㉰ 인지과정

설리반은 성격에 있어서 경험을 세 가지로 분하였다(1953, p. 28). 즉 사건을 원시적(prototaxic), 병렬적(parataxic), 통합적(syntaxic) 형태로 인지하고 경험한다는 것이다.

원시적 경험이라 함은 즉각적이고 순간적인 감각, 영상, 느낌으로 인지하고 경험한 것을 말하며 지나가는 흐름의 일부분이다. 이것은 시간적 혹은 공간적인 관계나 의미를 인지하지 못하고 순간만 인식하는 것으로 생후 수개월 동안에서만 찾아볼 수 있는 경험의 형태이다.

병렬적 경험이라 함은 경험간의 관계나 개념을 연관 짓지 못하고 나란히 배열하는 형태로 인지하고 경험하는 것을 말한다. 경험에 의미를 부여하기 시작하는 단계로 논리적으로 관련이 없는 사건이 동시에 일어나면 마치 어떤 관계가 있는 것처럼 연결하려 한다. 서로 관련이 없는 경험에서 인과관계를 찾으려는 사고로 미신迷信이 좋은 예이다.

통합적 경험이라 함은 물리적, 시간적, 공간적 인과관계나 의미를 이해하며, 상징이나 개념을 종합적으로 인지하고 경험하는 것을 의미한다. 언어나 숫자의 개념을 이해하고, 사용하며 과거의 기억을 통하여 미래를 예측하고 통찰하는 등 논리적으로 대상을 경험하는 것을 말한다.

㉺ 자아체계

자아체계는 자기 존재의 유지 발전을 저해할 것으로 인식되는 대상에서 느끼는 불안으로부터 자신을 보호하고 안전감을 확보하기 위하여 대인관계에서 습관적으로 사용하는 심리작용의 체계를 말하며 자아보호체계라고도 한다. 이 자아체계의 목적은 자기보호이고, 수단은 행동이나 태도 혹은 표현 등이며, 피드백을 통한 상호작용과 조정 등의 총체적 심리과정을 포함한다. 아이는 어머니가 정한 규칙, 즉 대소변 가리기, 식사 습관, TV 시청시간 등 금지된 행동은 피하고, 칭찬받고 자아확장적이며 기분 좋은 행동은 즐기는 습관도 자아체계의 일종이다. 자아체계는 자아를 불안으로부터 보호한다는 면에서는 긍정적인 효과가 있으나, 다양한 경험을 통한 창의성, 모험심, 도전정신 등의 자질함양에는 부정적인 면도 있다.

2) 성격의 발달

설리반은 유아에서 성인에 이르기까지 기간을 인간관계가 성격형성에 미치는 영향을 토대로 6단계(유아기, 아동기, 소년기, 청소년 전기, 청소년 중기, 청소년 후기)로 분류하였다.

유아기는 출생 후에서 언어를 사용할 수 있을 때까지이다. 프로이트의 구강기에 해당하는 기간으로 유아는 수유를 담당하는 엄마와의 인간관계를 경험하게 된다. 수유의 경험에서 유아는 좋은 엄마와 나쁜 엄마의 대인 이미지를 형성하게 되고, 시청각의 발달에 따라 연관된 반응을 나타내는 감각과 운동의 연합이 시작된다. 젖꼭지의 감각과 냄새를 통해 젖을 빠는 구강운동도 이와 관련된다. 따뜻하고 관대하며 수용적이고 만족을 주는 안정적인 느낌은 좋고, 차갑고 거부적이며 신경질적인 불안정한 느낌은 나쁘다는 것도 배우는데, 이는 원시적 인지에서 병렬적 인지로 전환되고 있음을 의미한다. 유아가 부모의 기분이나 감정에 대해 매우 예민하게 반응하는 시기이다. 엄마가 울면 애기도 따라 우는 것은 감정이입이 이루어진다 것을 의미한다.

아동기는 언어를 구사할 수 있을 때부터 놀이 친구가 필요할 때까지의 2세부터 6세까지의 시기이다. 언어 사용이 발달하고 성의 개념이 발달한 남자아이는 남성상에 동일시하고, 여자아이는 여성상에 동일시 한다. 이 시기는 주로 병렬적 사고를 하는데 언어의 사용이 원활해지면서 통합적 사고를 하기 시작한다. 추상적 능력이 발달하기 시작하여 소꿉장난을 하는데, 이는 성인을 흉내 내는 통합적 사고가 발달하기 시작함을 의미한다. 언어를 사용함은 물체를 언어라는 이미지로 전환하는 상징활동을 시작한다는 것이며, 자신의 행동에 대한 타인의 언어적 표현을 인정과 거부로 구분하여 인식할 수 있음을 의미한다. 이런 점에서 부모나 주변인의 평가적 표현은 아동의 자아 형성에 큰 영향을 미친다. 부정적 평가는 부정적 자아를, 긍정적 평가는 긍정적 자아의 형성을 유도 한다는 점이다. 특히 지나치게 부정적인 경우는 악의적 변형을 가져와 세계를 부정적이고 적대적으로 보게 한다. 이 악의적 변형은 대인관계를 왜곡시키고 타인들로부터 자신을 격리시킨다. 이 시기의 아동에게 영향을 주는 사회적 관계는 부모와 또래집단의 관계이다.

소년기는 6세에서 11세까지의 기간으로 초등학생 시기에 해당된다. 이 시기는 가족 외에 교사를 포함한 주변 어른들로부터 사회적 규범을 배우게 되고, 집단에서 경쟁과 협동을 경험하게 된다. 또래집단에서 동조를 하지 않으면 소외되거나 경멸을 당하고 경쟁을 통해 우열의 순위가 이루어지는 집단의 규범을 배우게 된다. 각종 규범을 내재화 함에 따라 불안을 야기하는 충동을 사회적으로 수용 가능하고 본래의 욕구도 만족할 수 있는 행동양식으로 치환하는 승화양식을 자기보호체계의 일부로 발전시킨다. 다른 중요한 특징은 통합적 사고의 발달로 자신과 유명인사를 비교하면서 자신이 장래에 어떤 일을 하고 어떤 사람이 될 수 있을지에 대한 동경과 모방을 하는 시도를 한다. 즉 삶의 방향에 대한 개념을 모색한다.

청소년전기는 11세에서 13세의 기간이다. 이 시기는 사춘기에 해당되는 기간으로 생리적 변화와 이성에 대한 욕정을 경험하게 된다. 친구집단의 규범에 동일시하려는 경향이 강해져 미숙한 독립을 시도하기도 하고, 주변의 지나친 압력에 저항감을 나타내기도 한다. 삶이 방향에 대하여 주도적이고 구체적으로 접근하기 시작하며, 자기다움을 찾고자 노력한다.

청소년중기는 13세에서 17세까지의 기간으로 주로 고등학생의 시기이다. 이 시기에는 성적 욕망이 강하게 나타나는 시기이다. 친애욕의 일부는 분리되어 이성에 대한 욕망으로 변하고, 일부는 친교의 욕구로 그 대상을 주로 동성에 집중한다. 즉 이성과 동성에 대한 애정욕구의 분리이다. 또 자신의 삶에 대한 방향을 선택하고 매우 독립적으로 생활하려 한다.

청소년후기는 20세까지의 기간으로 주로 대학생활의 시기이다. 자신의 의지로 선택한 삶의 방향에 따라 생활하는 시기이다. 같은 뜻을 가진 집단의 일원으로 생활하며 자신의 권한을 주장하고 의무와 책임을 지는 매우 독립적인 생활을 한다. 이성의 친구는 한 사람에 집중하고 친밀감을 공유하려 한다.

사. 발달이론들의 비교

1) 발달이론의 종합

상기 Freud, Erikson, Allport, Rogers, Murray, Sullivan 등의 이론에서 성격 발달에 관한 강조점을 발달 단계로 구분하여 간략히 비교하여 살펴보자.

먼저 각 이론의 강조점을 살펴보면, Freud는 발달 단계에 따라 성적 에너지인 충동이 성적 부위를 옮게 가는 시기에 따라 갈등이 만들어지고 이를 해소하기 위한 상호작용 과정에서 고착이 발생하면 성격이 된다고 하였다.

Erikson은 신체·정신적으로 성장하는 유기체의 성장단계와 각 단계별로 요구되는 사회성의 상호작용에 의해 성격 발달이 이루어진다고 하였으며, 각 발달의 단계마다 자아가 사회환경과 상호작용에서 맞게 될 위기를 언급하고, 이를 극복하면 얻게 될 자아의 특질과 각 단계에서 나타나는 미덕에 대해 설명하였다.

Allport는 다양한 자극과 상황에서 유사한 반응을 이끌어 내는 개인의 고유한 경향성을 특질이라 하고, 이 특질이 성격이라 하였다. 그리고 자기라고 느끼는 정신적 실체인 고유자아가 발달하는 과정을 연령대에 따라 구분하여 제시하였으며, 정신적으로 건전한 사람을 성숙한 인간이라고 하였다.

Rogers는 자아실현을 추구하면서 사회환경과 상호작용하는 과정에서 평가적인 자아의 지각이 현실과 조화를 이루는지 아니면 부조화를 이루는지에 따라 성격은 영향을 받는다고 하였다. 그는 현실적 자기(유기체)와 지각하는 자기(자아)의 일치·불일치 개념을 이용하여 일치하면 그 사람은 성숙하고 완전히 기능을 발휘하는 사람이라고 하였다.

Murray는 성격을 개인 욕구와 환경에서 오는 압력의 상호작용으로 일어나는 동기의 개념으로 설명하였다. 또 유아기의 충격적 경험에서 유래한 콤플렉스를 분류하고, 이 콤플렉스가 전 생애에 걸쳐 지속적으로 성격에 영향을 미친다고 하였다.

Sullivan은 삶의 과정 대부분이 대인관계이므로 대인관계가 성격 형성 요인이 된다고 하였다. 대인관계는 사회집단에서 요구하는 규범을 준수하고, 자신의 보호와 발전이라는 관점을 견지하면서 구성원간에 상호작용하는 역동적인 에너지 교환 및 전환관계라 한다. 성격은 성장과 함께 확대되는 사회화 과정에서 심리에너지가 어떤 패턴으로 점진적으로 전환되는 것이라 하였다.

Freud 발달이론은 성적 충동이 성장환경과 관계에서 발생하는 긴장의 고착에 관련된 것이고, Erikson의 이론은 사회환경의 요구에 적응하는 자아의 학습에 관련된 것이다. Allport는 개인의 정신·신체적 체계를 고유자아라 하고, 사고와 행동의 경향성을 결정하는 자아의 특질을 성격으로 규정하였다. Rogers의 이론은 현실적 자아와 이상적 자아의 차이에 대한 인지가 성격에 미치는 영향에 관한 것이다. 그리고 Murray이론은 유기체의 욕구와 환경 압력 간의 상호작용에 의한 동기가 행동의 초점과 맥락을 만들어 대상을 추구하는 것에 관련된 것이고, Sullivan이론은 자아의 대인관계의 성향에 관련된 것이다.

Freud의 성적 충동과 성장환경, Erikson의 자아와 환경의 요구, Allport의 고유자아, Rogers의 이상적 자아와 현실적 자아, Murray의 욕구와 환경 압력, 설리반의 자아와 대인관계 등은 주체의 심리에너지와 객체인 환경에 관한 것이다. 따라서 성격은 주체인 사람의 자아와 객체인 환경의 상호작용과정에서 형성·발달한다는 것이고, 유기체의 추구속성인 욕구와 환경의 요구에 대한 적응관계인 사회성에 관련된 것이다. 이와 같이 주체인 자아와 객체인 환경의 상호작용에 의하여 형성된 성격은 주체인 자아의 반응경향성을 의미한다. 이는 능동적 측면에서 보면 주체의 욕구가 객체의 요구에 작용하는 심리체계이고, 수동적 측면에서 보면 주체인 유기체가 환경에 적응하는 심리체계이다.

다음은 발달 단계에 대하여 살펴보자. 에릭슨이 청소년기 이후의 성년기와 장년기, 노년기의 발달 단계를 열거하였지만, 성인기 이후의 사회심리적 위기요인들(친밀성/고립감, 생산성/침체성, 자아통합/절망감)은 성격의 형성에 관련된다기 보다는 적응의 결과에 관련된 요소로 생각된다. 이런 점에서 위에서 살펴본 이론가들은 모두 성격은 청소년기 이전에 형성되는 것으로 설명하고 있다. 청소년기까지의 이들 이론들을 비교하여 보면 다음 표와 같다. 이 표에서 알 수 있듯이 성격의 발달은 신체의 발달을 기초로 발달하며, 자립적인 존재로서의 자기다움을 형성하여 사회의 일원으로 적용하는 과정이다. 프로이트는 신체기능의 원만한 성장이 원만한 성격을 만든다고 하였고, 에릭슨은 자립(청소년기까지)을 위한 자질을, 올포트는 성숙한 인간을 강조하였으며, 머레이는 출생과 유아시의 욕구의 좌절이 성격형성에 큰 영향을 미친다는 점을 강조하고 있다.

　이들 발달 단계에서 중요한 것은 청소년기까지 사회생활에 충분히 적응할 수 있게 신체·정신적으로 자립할 수 있는 조건을 갖추어야 한다는 점이다. 신체·정신적 원만한 성장에는 성장의 주체이고 적응의 주재자인 자아의 확립이 필수적이다. 자아의 확립이란 개체로서의 자립성과 사회인으로서의 사회성을 의미한다. 이런 점에서 원만한 성장을 위해서는 성장의 주체인 아이의 입장이 존중되어야 한다는 점이다. 그렇지 않으면 자신이 타고난 잠재능력인 가능태可能態를 스스로 완성태完成態로 개발할 수 있는 자질을 갖추기 어렵고, 타인들과 더불어 주도적으로 생활할 수 있는 사회성을 함양하지 못하여 원만한 성격의 발달에 부정적인 영향을 받는다. 이런 점에서 양육자는 유아의 자립을 위한 도우미가 되어야 하고, 유능한 코치가 되어야 할 것이다.

성격 발달 단계 비교

구분	출생기	유아기	아동기	유희기	학동기	청소년
연령		0~1	2~3	4~5	6~11	12~20
프로이트		구강기	항문기	남근기	잠복기	생식기
프로이트		신뢰 /공격	자율 /의존	주도성 /이기심	사회성 발달	자애 대상 전한
에릭슨 — 위기		신뢰 불신	자율 수치	주도 죄의식	근면 열등	정체성 혼미
에릭슨 — 미덕		희망	의지	목적성	능력	충성
올포트		신체적 자아감	자기정체감 자존감	자아확장 자아상	합리적 적응체 자아	고유자아
머레이	폐소 콤플렉스	구강 콤플렉스	항문/요도 콤플렉스	거세 콤플렉스		

	경험		원시적	병렬적	병렬.통합적	통합적	통합적
설리반	사고		이분법적	대인이미지	성인역할극화 악의적 변형	경쟁/협동 자기통제	동성친교 성적욕구 집단생활

2) 발달의 방향

위 표를 통해서 알 수 있는 것은 '첫째, 성격은 점증적으로 형성되어 간다. 둘째, 신체적 발달과 동시에 정신적인 발달이 진행된다. 셋째, 단계별로 정상적인 발달을 못하면 부적응의 잔재가 남는다. 넷째, 성격의 발달은 정신발달의 주체가 외부 환경에 적응하는 과정이다'는 것이다. 신체 발달의 성장과 정신발달의 성숙이 자연스럽게 동조하여야 한다는 것이다. 신체적으로 완전하게 기능할 수 있는 단계가 되려면 정신적으로도 의존적이지 않아야 하고, 자신의 의도에 따라 자신을 조정·통제할 수 있어야 한다. 걸음을 제대로 못 걷는 아이가 독립적일 수 없고, 독립적이지 못한 아이가 환경의 요구에 적합하게 자신을 조절하지 못할 것이다. 즉 자율적으로 기능하지 못한다는 뜻이다. 그러면 정신적 발달은 어느 시기에 어떻게 되어야 할까? 신체 기능의 발달과 그 시기를 같이 하여야 한다는 것이다. 신체적 동작이 자유로운 아이는 자율적이지 못하면 수치감을 느끼게 될 것이고 타인으로부터 신뢰를 얻지 못하게 되어 적응이 어려울 것이다.

이와 같이 신체 발달과 정신 발달이 동조하여 적시에 이루어져야 정상적으로 발달할 수 있는 것이다. 위의 표에 의하면 머레이와 프로이트는 신체적 발달에 기준을 두고 정상적인 발달을 못하면 성인기에 겪게 될 정신적 영향을 논하였고, 올포트와 에릭슨은 정신발달에 기준을 두고 단계별로 획득해야 할 특성을 논하고 있다. 여기서 정신발달은 자아의 발달에 관한 것으로 에릭슨과 올포트는 자아를 강조하고 있음을 뜻한다. 이 표를 11세까지의 어린이 기간만 요약하면 다음과 같다.

연령	신체발달		정신발달		비고	비고
0~1세	구강기	빨고, 배설	신뢰/불신	눈맞춤, 인식	희망	감각기
2~3세	항문기	걸음, 배변	자율/의존	언어, 자기조절	의지력	자율기
4~6세	남근기	운동	주도/이기	의지, 소통	목적성	주도기
6~11세	잠복기	골격의 발달	근면/열등	자아확장	능력	사회화

　사람의 일생은 크게 구분하면 유아기에서 청소년기까지는 배우는 기간(학습기)이고, 성인기와 장년기는 직업을 가지고 일을 하는 근로의 기간(근로기)이며, 노년기에는 직업에서 은퇴하여 인생을 마무리하는 정리기 이다. 모태에서의 기간과 죽음을 목전에 둔 기간은 생활인의 삶이라기 보다는 자연인의 삶이라고 보아야 할 것이다. 따라서 이 기간은 자연스럽게 왔다가 자연스럽게 돌아가는 기간에 해당된다.

　이와 같이 생활인이 삶을 영위하는 기간을 배움의 장(학습기), 근로의 장(근로기), 정리의 장(정리기)으로 구분하여 보면, 배우는 기간에는 능력의 배양에 열중하여야 하고, 근로의 장에서는 배움의 장에서 배양한 능력을 발휘하여 많은 성과를 생산하여야 할 것이며, 정리의 장에서는 자신의 삶에 가치를 부여하고 인생이 허무한 것으로 전락하지 않도록 통합하고 정리해 나가야 할 것이다.

구분	기간	발달	불안	경험의 특징	사회관계	추구
유아기	0~2세	자기 인식	생리적 욕구	수유, 호·불호 판단, 의존적	1:1 관계	만족
아동기	3~6세	언어 사용 활동 능력	소외감, 적대감, 무력감	이분법적 사고(인정/거부), 대인 이미지 형성, 동성에 동일시, 성인 역할 놀이, 악의적 변형	가족관계 내편: 타인	존재감
소년기	6~11세	자주 활동 자기 통제	열등감 소외감	경쟁과 협동, 또래집단 활동, 집단규칙 수용, 승화, 삶의 방향 탐색,	또래 집단	효능감
청소년 전기	11~13세	정체성 확립	자아 혼미	친구 집단에 동일시, 저항적, 미숙한 독립 시도, 삶의 방향 선택, 이성을 향한 행동 양식 발달	친구 집단	정체성
청소년 중기	13~17세	정체성 확립	역할 혼돈	성적 욕망, 동성친구에 집중, 독립적 생활 추구	교우집단	독립
청소년 후기	17~20세	자질 함양	부적응	이성 단일화, 삶의 방향에 정진, 권한·책임관계 분명	다양한 집단	사랑

성격의 형성은 배움의 장에서 거의 완성되므로 이때까지의 성격 발달에 관한 이론을 종합하여 설리반의 발달 단계구분에 맞추어 재구성해 보면 위 표와 같다.

상기 표에서 보듯이 유아기의 아동은 감각적으로 '좋다, 나쁘다'만 인식할 수 있다. 그들에게 긍정적 자아를 확립활 수 있도록 지지支持한다고 함은 감각기의 유아가 불안을 느끼지 않도록 한다는 것이다. Horney의 지적과 같이 유아가 기본적 불안(적대감, 무력감, 소외감)을 느끼게 되면 신경증적 욕구를 발달시키게 되므로 자아보호에 강박적이고 예민한 경향성을 가질 수 있다. 유아는 양육자에게 안전하게 의존할 수 있다고 충분히 확신할 때에만 유아적 의존에서 벗어날 수 있다. 그런 확신이 없다면 양육자에 대한 불안으로 의존에서 벗어날 수 없다. 둥지를 떠나고 싶어도 둥지가 불안하여서 벗어나지 못한다는 의미이다. 이런 점에서 양육자는 유아가 완전히 의존할 수 있게 하여 적어도 둥지의 불안을 느끼지 않게 하여야 될 것이다. 또 유아가 소외감, 적대감, 무력감을 느끼지 않도록 존재를 인정해 주고 지지해 주는 것이 중요한 이유이다. 유아는 형이나 누나와 부모의 친애를 두고 경쟁을 하게 되는데, 이때 어느 한 쪽이 상실감을 느끼지 않도록 부모의 균형 잡힌 지지가 필요하다.

아동기의 아이는 자기중심적인 사고를 함으로써 자신의 존재감에 대한 집착과 소유욕이 강하고 자발적으로 무엇을 해보려는 시도를 한다. 탐색의 기회를 제공하고 그 결과에 대해 무력감을 느끼지 않도록 하여야 한다. 아이와 눈높이를 같이 하여 시행착오를 경험하게 하면 자율성과 주도성을 기를 수 있을 것이며, 이를 통해 자신의 존재감을 기를 수 있을 것이다. 주도성의 발달은 학습능력 제고에 큰 영향을 미친다. 아동기의 부모는 아이를 잘 가르친다고 아이에게 '이것은 뭘까?', '저것은 왜 저럴까?' 등의 질문을 많이 하는데, 잘못하면 아이의 주도성을 빼앗을 수도 있다는 점을 고려해야 할 것이다. 아이에게 주도적으로 설명할 기회를 먼저 부여한 후에 조금씩 의문을 제기하는 방법이 주도성 개발과 사고의 기회를 제공하게 될 것이다. 아동기의 부모는 학습능력 발달에 관심이 많은데 학습은 인지능력발달과 조화롭게 이루어져야 한다. 인지능력수준에 적합하지 않는 학습의 강요는 아이를 지루하게 하거나 거부감을 갖게 하여 오히려 부적응을 초래할 수 있다.

학동기인 소년기의 아이는 학교생활을 통하여 사회생활에서 필요한 규범을 배우고, 친구들과 관계를 만들고 소통하는 등 사회화 과정을 겪게 된다. 사회화에 필요한 자질은 무엇보다 타인에 대한 배려와 정직한 태도이다. 이 시기에는 자기중심적 사고에서 벗어나 통합적 사고를 함으로써 타인을 받아들이고 친구의 입장에서 생각하고 이해하면서 자기 제어를 통해 자아를 확장시킬 수 있다. 자아의 범주를 가족에서 타인과 집단으로 확장하고, 확장된 틀 속에서 자기다움을 정립하여야 할 것이다. 즉 가족생활과 학교생활에서 인정과 거부, 경쟁과 협력, 우월과 열등감, 소외와 친교, 유능과 무능감 등을 자기보호에 대한 호·불호의 입장에서 비교·선택함으로써 효능감에 대한 자기의 신념 체계를 확립하고, 효능감 수준에 따라 자기 나름의 대처방법을 내재화 하는 것이 바람직하다는 것이다. 집단에서 경쟁과 협력은 자신의 능력에 대한 자신감을 배우게 하는 과정이므로 목표를 어떻게 정하고 어떤 행동방향을 선택하는 것이 효율적인가를 배우는 데 중요한 요인이 될 것이다. 이런 과정을 통하여 근면함에 대한 자기 나름의 믿음이 생기고 이를 경험하게 되면 이에 대한 신념을 갖게 된다.

이런 사회화 과정들은 주체인 아이가 객체와 상호작용하는 과정에서 객체의 반응에 근거하여 대응하는 과정이므로 객체의 반응이 우호적이지 못하면 불안에 휩싸여 타고난 가능성을 발휘하기 어렵게 될 가능성이 많기 때문에 지지적인 반응이 매우 중요한 것이다. 그렇지 못하면 소년·소녀에게는 상처를 주게 되고, 상처의 정도에 따라서 그 이후의 발달이나 성격에 영향을 미치게 되는 것이다.

청소년기에는 사회 적응에 필요한 능력을 갖추어야 한다. 사회에 적응한다는 것은 하나의 개체로서 독립적이고 자율적으로 기능을 할 수 있게 자기 정체성을 확립하여야 하고, 친애와 사랑이란 덕목으로 타인과 더불어 생활하면서 원만한 관계를 유지할 수 있어야 할 것이다. 사랑이란 가치를 달성하기 위해서는 동양사상인 인·의·예·지·신仁·義·禮·智·信 등의 도리를 행하는 것이 올바른 방법이다. 또한 일을 수행하는 과정에서 사물과 사안을 처리하려면 지적 능력과 탐구력이 필요함은 주지의 사실이다.

3) 에니어그램과 발달이론

성격 발달에 관한 이론들의 단계별 덕목과 에니어그램과 관계를 살펴보자. 유아기에는 소외감, 무력감, 적대감의 불안을 느끼지 않기 위해 엄마에게서 떨어지지 않으려는 것을 인정하고, 떼를 쓰고 못마땅한 주장이라도 따뜻하게 지지해 주면 '인정해 주어서 좋다'는 친애욕을 긍정적으로 발달시킬 수 있다. 떼를 쓰는 데는 어른이 이해하지 못하는 아이의 입장이 있을 것이다. 아이는 떼를 쓸 때 자기보호적이고 존재를 인정 받으려는 입장에서 부모의 반응을 보고 스스로 행동을 수정해 갈 것이다. 또 아동기의 아이가 자기 주도적으로 시행착오를 겪게 하고 이를 지지해 주면 무력감과 소외감을 느끼지 않아 '내 마음대로 할 수 있어서 좋다'는 자치욕을 발달시킬 것이다. 자발적 시도는 새로운 것을 마음대로 접할 수 있게 할 뿐만 아니라 새로운 것을 탐구하게 만들어 이용 가능한 도구들을 재구성하는 자질인 사고력을 발달 시킬 수 있다.

이와 같이 발달 단계별로 제시한 덕목을 구비하기 위해서는 양육자의 지지가 필수적인 것이다. 이 덕목들과 양육자의 지지는 자아발달에 관한 것으로 에니어그램의 심리에너지 원천인 욕구의 균형 있는 발달에 관련된다. 그리고 격려, 인정, 주도적 시행, 시행 착오, 경쟁과 협력 등은 에니어그램의 자기효능감 발달을 유도해 준다는 점에서도 매우 중요하다. 효능감 발달은 자아발달의 한 측면이므로 주위의 의미 있는 사람이나 집단의 칭찬과 지지는 '평가 받은 자기'로서 자아개념의 평가적 요소를 긍정적인 방향으로 이끌고, 인지적 요소도 강화하여 자기효능감을 제고시키는 데 지대한 영향을 미친다. 자기효능감을 분류할 때 자아의 상태를 긍정적, 현실적, 소극적 자아로 구분하고 소극적 자아는 준비를 하여 반응하고, 현실적 자아는 편의적으로 반응한다고 하였는데, 이 준비와 편의적인 반응은 모두 긍정적 자아감을 갖기 위한 과정이라는 점에 유의할 필요가 있다. 부모가 부정적으로 대응하게 되면 부정적 자아를 형성하게 되고 부정적 자기존중감을 갖게 되어 자기효능감을 제대로 발달시키지 못하게 된다. 효능감을 발달시키지 못하면 소극적이고 자신감이 부족하여 이를 보충하기 위한 과정을 필요로 한다. 그러면 양육자의 긍정적 지지가 있으면 모든 유아들의 성격유형이 자기 효능감이 높은 8번, 2번, 5번 유형이 될까? 그렇지 않다. 그 이유는 실제 효능감 소유 여부와 자기 지각인 신념은 다르기 때문이고, 또 성격의 선천성의 영향 때문이다. 같은 성격유형이더라도 양육자의 지지를 받고 자란 아이는 자존감이 높아 불안을 덜 느끼고, 스트레스 내성이 강하여 자아의 확장과 삶의 질을 제고할 수 있는 정신 건강을 유지할 수 있다. 그리고 효능감을 소극적으로 지각하였다고 나쁜 것이 아니고, 불안의 정도를 낮추고 효능감을 강화하기 위한 노력의 과정은 새로움을 창조하는 밑거름이 되기도 하여 장점으로 작용할 수도 있다.

　이와 같이 성격 발달이론은 에니어그램의 성격형성의 기초인 욕구와 효능감, 정신건강을 원만하게 발달시킬 수 있는 이론적 틀을 제공해 주기 때문에 에니어그램을 연구 함에 있어 반드시 알아두어야 할 기본적인 내용이다.

02 성격의 변화

가. 성격의 문제

제1장에서 성격을 욕구와 자기효능감을 두 축으로 하여 분류하고 유형별로 어떤 특성이 있는지를 알아 보았다. 그러나 성격은 욕구와 자기 효능감으로 진단하고 설명하는 것이 유일한 방법은 아니고, 다양한 도구들이 있다. 예로서 MBTI(Myers-Briggs Type Indicator), MMPI(Minnesota Multiphasic Personality Inventory), 주체통각검사(Thematic Apperception Test: TAT), Big Five 등이 있다. 이 책에서 소개된 에니어그램은 자극 반응 절차를 심리에너지의 흐름으로 파악하고, 성격을 자극 감지와 반응의 과정으로 파악하였다. 심리에너지의 흐름은 욕구(자치욕, 친애욕, 탐구욕)가 동기로 작용하고, 반응의 정도와 방향은 자기효능감 수준에 따라 선호하는 경향이 결정된다고 하였다. 효능감을 선택하게 된 것은 자극-반응이 관계에서 대처하는 방향은 자신의 능력을 기준으로 판단하기 때문이다. 또한 광범한 자아개념보다는 좁은 효능감이 설명력이 뛰어나기 때문이기도 하다. 에니어그램은 자극의 수용방식과 반응방식에 있어서 심리에너지의 흐름을 분류의 근거로 하였기 때문에 반응의 절차와 반응의 강도, 반응의 방향이 모두 망라된

매우 유용한 분류도구라고 생각한다. 물론 아홉 가지 틀로 분류하는 데
는 틈새가 있을 수 있다. 하지만 그 틈새들의 특성도 다음에 설명될 유사
유형이나 날개 등의 설명으로 충분히 보충할 수 있다.

　성격은 환경과의 상호작용에 의해서 발달되어 온 것이기 때문에 성장과
정에서 개체의 적응전략이었다고 말할 수 있을 것이다. 우리가 성격에 문
제가 있다고 한다면 성장과정에서 적응에 문제가 있다는 의미가 될 수도
있다. 그 사람이 사회생활에 큰 문제가 없이 적응하고 있다면, 그 사람의
성격은 사회적으로 용납되는 수준일 것이다. 설사 문제가 있다고 하더라
도 남에게 피해는 주지 않고 남을 언짢게 하거나 번거롭게 하는 수준일
것이다. 또 자신에 대해서도 자학이나 비하를 함으로써 부정적인 감각을
키우는 정도로서 자랑스럽지 못하고, 떳떳하지 못한 정도일 것이다. 그러
나 대부분의 사람들은 사회의 일원으로서 이웃과 더불어 생활하는 데 큰
어려움이 없이 일생을 마무리 한다. 이러한 점에서 일반 사람들의 성격은
자신의 개성으로서 위치를 지킬 뿐 문제를 야기 하지 않는다. 다만 삶의
환경이 원만하지 못하고 스트레스를 받는 상황이라면 자극에 대응하고
반응하는 방법이 상대방을 배려하지 못하고, 자신을 제어하지 못하여 본
래의 의도에서 벗어나 본능수준의 표현과 행동을 할 수도 있는 것이다.
이것은 심하면 범죄의 양상일 수도 있고, 약하면 상대방에게 마음의 상처
를 주는 정도가 될 것이다. 문제는 바로 이 스트레스 상황에서 성격의 각
유형들은 어떤 문제를 만들고 있는지를 이해하고 이것을 예방하기 위해서
는 어떤 생활 태도가 필요한지를 살펴보는 것이 바람직할 것이다.

나. 성격 이해의 필요성

의사意思의 표현과 행동에는 주체인 자신이 있고 객체인 상대방이 있다. 상대방은 말하는 사람의 표현을 감지하여 수용하고, 이를 평가, 판단하여 이에 대응하는 반응을 하게 된다. 이 과정에서 수용자의 평가나 판단은 표현된 내용이나 방법이 자신에게 좋은 것인지 나쁜 것인지, 또 옳은 것인지 그른 것인지를 파악한 것이다. 수용자의 입장에서는 좋고 옳은 것은 선善이거나 이로운 것이지만, 나쁘고 그른 것은 악惡이거나 해로운 것에 해당된다. 하지만 표현자의 입장에서도 자신에게 옳고 좋은 것을 선택하지만 나쁘고 그른 것을 선택하려 하지 않을 것이다. 그러면 이 양자의 입장에서 어떤 것이 선이거나 이로운 것이고, 어떤 것이 악이거나 해로운 것일까? 선과 악의 판단에서 성격 유형에 따라 차이가 있을까? 그리고 차이가 있으면 어떤 차이가 있을까?

선善에 대한 사전적 의미는 올바르고 착하여 도덕적 기준에 맞는 것이라 하고, 악惡은 인간의 도덕적 기준에 어긋나 나쁜 것, 또는 도덕률이나 양심을 어기거나 남에게 피해를 주는 일이라 한다. 도덕이란 사회의 구성원들이 양심, 사회적 여론, 관습 따위에 비추어 스스로 마땅히 지켜야 할 행동 준칙이다. 여기서 선과 악의 기준은 '마땅히 지켜야 할 행동 준칙인 도덕'이고 차이는 '맞다'와 '틀리다'이다. 마땅히 지켜야 할 행동 준칙이 도덕률로써 정해지고 행동의 영향이 타인에게 직접적으로 나타나는 경우는 선과 악의 구분이 분명하다. 그러나 양심에 어긋나지만 타인에게 직접적인 영향이 없다면 이를 악이라 정의할 수는 없을 것이다. 예를 들면 자신의 욕구를 달성하고자 투자계획을 세우고, 부동산 가격이 하락하면 매입해서 호황일 때에 매각하는 적법한 투기 행위를 한다든지, 혼자서 상대방

모르게 하는 비난이나 비판 등과 같은 경우이다. 정도의 차이는 있겠지만 타인에게 직접적으로 피해를 주지 않는다면 이를 악이라고 할 수 없을 것이나, 양심적이지 못하고 윤리적이지 못한 나쁜 행위에 해당될 것이다.

집단과 관련된 행동이 집단의 규준에 맞고 틀리고는 명백하므로 좋은 행동과 나쁜 행동이 명백히 구분되지만, 개인의 사생활은 그 판단자인 개인의 판단 기준에 따르기 때문에 외부에 잘 알려지지 않는다. 자신의 욕구에 맞으면 좋은 것이다. 그리고 자신의 욕구에 틀리면 이것은 원하지 않은 것이고 자신에게 나쁜 것이다. 이것은 좋고 나쁨은 구별되지만 선과 악이란 용어로 표현하기 어렵다는 것이다.

일반적으로 악이라 하면 사회적으로 용납하기 어려운 타인에게 해가 되는 행위이고, 선이라 하면 타인에게 도움이 되는 행위이다. 사회적 차원이 아닌 개인 차원에서 선과 악은 양심과 윤리의 문제이다. 성격이 좋다, 나쁘다는 것은 사회행동에서 개인의 행동이 타인의 정서에 어떤 영향을 미치는지에 따라 구분된다. 미치는 영향이 도움이 되는지 해가 되는지에 따라 선과 악으로 구분될 것이고, 그 영향이 정서상 좋거나 나쁜 감정을 유발하는 정도의 느낌이라면 기분이 좋다 나쁘다는 정도의 반응만 일어날 것이다. 선과 악의 구분이 분명한 행동은 그 내용이 '선이거나 악이지' 성격이 선하거나 악하다고 하지 않는다. 이런 점에서 성격은 대응의 내용보다 대응방식에 초점이 맞추어지는 것이고, 그 초점은 상대방에 대한 배려의 유무이다.

성격이 좋고 나쁨은 반응의 내용이 선과 악, 옳고 그름이 아니라는 점에 유의할 필요가 있다는 것이다. 하지만 그 내용이 상대방의 기대에 어긋나는 것이면 그에 대한 대처방식이 호의적이지는 않을 것이다. 이와 같이 내용과 의사소통의 방식이 상대방의 감수체계에 비추어질 때, 그의 정서와 욕구체계에 따라 호·불호의 반응이 일어난다. 이런 점에서 상대방의 입장과 그의 욕구체계를 이해할 수 있다면, 그것에 맞는 소통의 방식이나 내용으로 대처할 수 있고, 성공적이고 기분 좋은 관계를 유지할 수 있을 것이다. 반대의 경우도 마찬가지다. 성격 유형의 이해가 인간관계에서 필요한 이유가 여기에 있는 것이다.

우리는 상대방이 나와 다르다는 것을 알면서도 나와 같아지기를 바란다. 다르다는 것은 옳고 그름의 문제가 아니고 상대방의 존재를 인정하느냐 않느냐의 문제이다. 다름을 인정하려면 자신이 집착하는 욕구와 욕망은 무엇이고, 상대방이 집착하는 욕구와 욕망은 무엇인지를 분석해 보고, 본성에 얼마나 충실한지를 논리적으로 추리해 보는 성격 이해가 필요하다. 이것은 지피지기知彼知己와 수용受容의 방법이다.

그러면 어떻게 상대방의 성격을 이해 할 수 있을까? 물론 설문지검사를 하면 되겠지만, 일상 생활장면에서는 그럴 수는 없지 않는가? 성격유형의 형성이 욕구체계와 효능감의 조합에 의하기 때문에 상대방의 성격을 파악하기 위해서는 욕구체계와 자기효능감 수준을 이해하면 된다. 이해 방법은 8장의 유형별 특징에서 언급하겠지만 간략히 요약하면 다음과 같다. 의지중심, 감정중심, 사고중심을 아는 방법은 그들의 행동에서 경계형성을 위한 긴장 방식, 친애를 위한 언어·비언어적 표현방식, 안도감을 얻기 위한 생산물(아이디어, 지혜) 추구방식을 살펴보는 방법이다. 또 대화의 분위기에 의지나 내용을 강조하는 긴장이 조성되고 있는지, 아니면 우호적인 평가를 얻기 위한 감정의 흐름이 조성되고 있는지, 혹은 의문을 갖고 아이디어의 수집과 교환(평가나 수집, 분석 등)이 강조되고 있는지를 파악해 보면 도움이 될 것이다. 그리고 사물의 인지가 감각적인지, 지각적인지, 아니면 행동 중심적인지를 파악하는 것도 하나의 방법이다.

다음으로 자기효능감 수준에 대한 이해가 필요한데, 이는 어떻게 자신의 욕구를 추구하는지를 보면 개략적으로 이해할 수 있다. 의지중심유형의 경우, 경계의 형성과 유지를 위해 자기주장적이고 적극적으로 에너지를 행사하는 경우, 변화를 싫어하고 물러나거나 나도 좋고 너도 좋고를 반복하는 경우, 무언가 준비를 하려고 노력하는 약간 소극적인 경우로 구분된다. 감정중심의 경우는 상대방에게 도움을 주는 방법을 찾으려는 경우, 친애의 방식으로 자신의 특성이나 생산품을 보여주려고 노력하는 경우, 독특한 방식으로 내용을 보여주거나 이를 찾으려고 물러나는 경우로 구분할 수 있다. 사고중심의 경우는 관찰에 치중하거나 아이디어의 수집 보관을 위해 물러나거나 정리된 자기생각을 적극적으로 추진하는 경우, 규범이나 의지할 수 있는 사람에게 의존하려 하고 성실하게 임하는 경우, 아이디어를 찾아 여기저기 기웃거리거나 이것저것 재미있는 소재를 찾고 있는 경우로 구분할 수 있다.

다. 성격은 바꿀 수 있는가?

성격의 변화 가능성을 판단하기 위해서는 성격이 유전에 의해서 결정되는 것인지 아니면 성장환경에 영향을 받는 것인지를 논의해 보아야 할 것이다. 유전에 의해 결정된다면 성격은 고정 불변으로 변화가 어렵다는 것이고, 환경에 의해 영향을 받는다고 하면 변화 가능성이 있다는 뜻이다. 이를 알아보기 위해서는 먼저 성격이 어떤 요인으로 형성되는지를 검토한 후 이 요인들이 유전과 환경 중 어느 것에 의해 결정되거나 영향을 받는지를 파악하면 성격의 변화 가능성을 설명 할 수 있을 것이다. 성격의 형성부분에서 성격의 형성은 자극을 감지할 때 정서가 개입되고, 욕구에 의해서 심리에너지가 집중되며, 처리역량과 처리환경에 따라서 에너지를 표출한다고 하였다. 즉 성격에 영향을 미치는 요인으로는 정서, 욕구, 자기효능감, 환경이라고 할 수 있다. 이들 요인들은 모두 의식체계를 관할하는 뇌의 작용에 의한 것이고 뇌는 유전자 지도에 의해서 형성된 것이므로 유전적 영향이 크다는 것은 명약관화한 사실이다.

성격의 유전성에 대한 연구 중 일란성 쌍둥이 연구는 성격의 유전성을 분명하게 설명해 주는 연구이다. 다른 환경에서 자란 일란성 쌍둥이 자매의 성격이 유사하였다는 점은 성격은 유전되는 것이고, 성장환경은 성격에 크게 영향을 미치지 않는다고 해석할 수 있다. 다만 연구가 어느 정도 신뢰성이 있는지는 몇 가지 점에서 고려해 볼 필요가 있다. 첫째, 하나의 연구 사례로 모든 경우가 그렇다고 일반화 할 수 있는지 의문이 있을 수 있다. 둘째, 성격의 어떤 면이 유사하였는지에 대한 분석과, 어떤 진단도구가 사용되었는지에 대한 설명이 필요하다. 만약 요인분석으로 구성된 진단 도구가 사용되었다면 진단 당시의 상황적 요인이 영향을 미쳤을 수도 있었을 것이다. 셋째, 출생 후 입양시기에 대한 설명이 필요하다. 수유와 배변훈련 등이 성격 발달에 영향을 미친다는 정신분석학적 발달이론이 있기 때문에 언제 입양하였는지가 중요할 수 있다. 이런 의문에도 성격이 선천성은 그 정도의 차이는 있겠지만 의심의 여지가 없다.

성격에 영향을 미칠 수 있는 환경요인으로는 태아환경, 출산환경, 수유환경, 배변환경, 유희환경, 면학환경, 가족관계, 신체조간, 경제조건, 동료집단, 문화 등 다양하다. 이들 요인들은 이미 정신분석학적인 발달이론과 사회심리발달이론에서 이론가들이 성격 발달에 영향을 미친다고 주장한 내용들이다. 그러나 이들은 대부분 치료자의 입장에서 환자를 대상으로 한 경우가 많아서 환자가 아닌 정상인의 경우에 얼마나 영향을 미칠 것인지에 대해서는 의문을 제기할 수 있을 것이다. 환자의 경우는 특수한 경험에서 상처가 성격에 영향을 미칠 수 있기 때문이다.

유전과 환경 요인의 영향을 알아보기 위해 일반적으로 성격이 유사하다고 말할 수 있는 일란성쌍둥이, 이란성쌍둥이, 형제자매, 부모-자식의 경우를 유전적 요인과 환경요인으로 구분하여 검토하여 보자.

아래 표의 범례는 경향성을 파악하기 위한 일반적인 추정치에 불가하며, 반드시 그렇다고 말할 수는 없다. 이 표에서 알 수 있듯이 성격에 대한 환경요인의 영향을 주장할 수 있는 근거가 희박한 것은 사실이다. 그러면 왜 학자들은 환경요인이 성격에 영향을 미친다고 하였을까?

요인별 영향 평가표

구분	유전	태아환경	출산환경	이유	배변	가족관계	신체조건	기타환경	추정성격
일란성(쌍)	◎	◎	◎	◎	◎	◎	◎	○	○
이란성(쌍)	△	◎	◎	◎	◎	◎	○	○	△
형제	△	○	○	○	○	○	○	○	△
부모	△	X	X	X	X	X	X	X	△

(범례: ◎ 같다. ○ 유사하다. △ 유사할 수 있다. X 다르다)

환자들과 같이 충격적인 사건으로 인한 경우는 그 충격의 정도가 크기 때문에 영향을 미친다는 것은 확실할 것이다. 그러면 정도가 약한 경우는 어떠할까? 충격적인 경우에서 미루어 추정컨대 약하게 영향을 미칠 것이다. 위의 표에서 'O표의 유사하거나 △표의 유사할 수 있다'에서 유사의 정도가 높아지거나 낮아질 수 있다고 추정할 수 있다는 의미이다.

환경이 성격에 영향을 미칠 수 있는지에 대한 또 다른 접근은 에니어그램에서 찾을 수 있다. 에니어그램에서 성격의 구성은 욕구체계와 효능감

수준에 의한다고 하였다. 그리고 위에서 이들 요인들은 유전적으로 형성된다고 하였다. 그런데 욕구체계는 자극에 대한 뇌의 활성부위에 따라 의지중심, 감정중심, 사고 중심으로 구분된다. 유전은 되지만 활성부위가 의지중심에서 감정중심이나 사고중심으로 또는 감정중심에서 의지중심이나 사고중심으로 바뀌질 수는 있는 것이다. 마찬가지로 효능감 수준도 정서의 변화에 따라 변화 가능한 것이다. 예를 들면 왼손잡이가 훈련에 의해서 오른손잡이가 될 수 있다는 것과 같다.

'내 생각을 이렇게 표출하면 상대방이 어떻게 생각할까?'라고 자신에게 되물어 보고 자기검열을 하는 것이 사람이 갖는 사고력이다. 자기검열을 통하여 내재화된 것이 자극감수의 방법이고 자아개념이다. 이것들은 환경에 적응하는 과정에서 변화를 하게 된다. 청소년기의 성격은 분명하나, 장년기를 넘긴 사람의 성격은 원만해지고 통합적으로 변하기 마련이다. 사회생활을 통하여 타인의 특성을 수용하여 자신의 일부로 만드는 동일시를 하고 모방과 관찰을 통한 학습으로 적응을 하기 때문이다. 아마 인간의 최종적인 성격구조는 누적된 동일시의 결과라고도 할 수 있을 것이다.

또한 삶의 과정에서 역할의 변화와 지위의 변화도 효능감에 큰 영향을 미치게 될 것이다. 성장과정 혹은 성년에서 노년으로 인생을 살아가면서 자신의 사회적·경제적 위치가 변하고, 가족간의 관계도 자녀의 신분에서 부모의 신분으로, 혹은 조부모의 신분으로 변함에 따라 자신의 상대적 위치가 변하고, 상대적 위치가 변함에 따라 자기효능감 역시 조금씩 변화게 되어 성격의 유형 또한 변하게 된다. 유년시절과 청소년 시절에는 학습능력과 체력이 자기효능감 수준 결정에 영향이 크다면, 직업생활을 하는 성년기는 직업과 외모, 권력 등의 영향력이 크다. 노년기에는 경제력과 주변 인맥 등이 영향을 많이 미치게 될 뿐만 아니라 자신의 성숙도 또한 큰 영향을 미치게 된다. 종국에는 인생을 어떻게 보는가에 따라 자기효능감이 변하게 되고, 욕구체계와 강도도 변한 상태로 인생을 마무리 할 것이다.
이때는 성격이란 용어 자체도 아무 의미가 없게 될 것이다. 이와 같이 성
격은 장기간에 걸쳐 변한다. 그러면 성격이 변하면 좋은 것일까?

라. 성격 변화의 방향

　일생에서 타인에게 부담감을 주지 않고 자신도 즐겁고 행복한 마음가짐
으로 생활할 수 있다면 얼마나 좋을까? 즐겁고 행복하기 위해서는 자신
이 하고 싶은 일을 해야 한다. 그런데 사회생활에서는 싫든 좋든 타인들
과 경쟁하고 협력하여야 하며, 이런 과정에서 타인에게 영향을 미치기도
하고 영향을 받기도 한다. 타인에게 미치는 영향이 타인에게도 즐겁고 행
복하다면 좋으련만 실제 나에게 좋은 일이 모두 타인에게도 즐겁고 행복
한 일이 되는 것은 아니다. 다만 타인을 즐겁게 하지는 못하더라도 폐를
끼치지는 않아야 하는데, 이것도 쉬운 일은 아니다. 주어진 자원이 한정되
어 있기 때문이기도 하고, 취향과 동기, 처한 상황이 다르기 때문이기도
하다. 서로 다른 개성을 가진 사람들이 서로 긍정적으로 영향을 주고 받
기 위해서는 자신의 행동이 타인에게 어떤 영향을 미칠까를 항상 열린 마
음으로 고려하고 있어야 할 것이다. 자극에 반응하면서 반응의 과정을 스
스로 의식하고 있다면 이것을 현재에 깨어있다고 말한다. 타인으로부터
욕을 듣는다면 화나는 일이다. 그렇다고 화가 나는 대로 반응한다면 싸움
으로 번질 것은 불을 보듯 뻔한 일이다. 욕을 듣고 있으면서도 자신이 이
를 어떻게 감수하며 반응하고 있는지를 의식하고 있다면 반응의 방향도

제어할 수 있을 것이다. 무의식적으로 반응하는 것이 아니라 자신의 반응 방향을 의식하며 제어하고 있다면 화는 저절로 사그라질 것이다. 또 반응의 방향도 성숙되고 서로가 win-win하는 방향으로 가닥이 잡힐 것이다.

그런데 과연 이렇게 깨어있는 삶을 계속적으로 영위할 수 있을까? 그리고 그렇게 하는 것이 바람직할까? 수행을 직업으로 하는 종교인들은 마음을 깨어있게 하는 데 전력을 기울이는데도 항상 깨어 있는지는 의문스럽다. 아마 일부의 현자를 제외하고는 어려울 것으로 추측해 본다. 하물며 직업전선에서 경쟁이라는 전쟁을 치르고 있는 생활인의 경우는 항상 깨어 있기 어려울 것이다. 그리고 그렇게 되는 것도 바람직하지 않을 것이다.

그렇다면 자신의 성격대로 삶을 영위하는 것은 바람직할까? 생태계의 종種들은 타고난 가능성을 꽃피워 종족의 번영을 누리고자 노력한다. 그리고 순환의 섭리에 의하여 영고성쇠의 생을 영위한다. 사람도 예외가 아니다. 영겁永劫의 기간에서 자연선택(자연계의 생존경쟁에서 적응한 생물은 생존하고 그러지 못한 생물은 저절로 사라지는 일. 찰스 다윈이 진화론에서 제기한 이론)은 어떤 것일지 모르지만 현재를 사는 사람은 현재 자신이 타고난 가능성을 계발 발전시켜 번영과 행복을 구가할 수 있어야 한다. 이것이 주어진 사명이다. 다만 나의 발전이 타자의 발전을 저해하지 않아야 하고, 물질적 발전만이 아닌 진정한 자신의 삶의 가치를 누릴 수 있어야 한다. 또한 인간의 발전이 다른 종의 발전을 저해해서도 안될 것이며, 전체의 합에서 시너지 효과를 얻을 수 있도록 자기 제어를 할 수 있어야 할 것이다. 이것이 자기 성격대로 살 수 없는 이유이다.

이런 관점에서 개인의 성격은 주변의 관계자들과 삶의 질에서 서로 plus-sum이 되게 반응의 방향을 선택하도록 계발 되어야 할 것이다. 어떻게 하여야 그렇게 될 수 있을까? 생태계에서 각각의 종들이 자연선택에 의하여 생태계의 유지 발전에 도움이 되도록 구성되어 있듯이 인간 사회

시스템도 완전하지는 않지만 선택 받은 제도로 구성되어 있고, 이들은 균형을 이루고 있다. 만약 어느 한 쪽이 과하거나 부족하면 균형이 깨어지면서 경쟁을 통하여 새로운 균형이 만들어지다. 이것이 자연 법칙이고 자연의 섭리이다. 사회제도 안에서 개인들은 자신이 맡은 바 일을 최고수준으로 수행하는 것이 바람직하고 성격 또한 타고난 품성에 최선을 다하는 것이 사회의 발전에 바람직하다. 타고난 품성에 최선을 다한다는 의미는 우리 마음의 기능인 지.정.의智.情.意를 최고도로 발휘한다는 것이다. 마음껏 자유롭고, 마음껏 사랑하고, 마음껏 지혜롭게 삶을 영위한다는 것이다. 마음껏 자유롭다고 하여 마음껏 사랑하는 것이 타인에게 해가 될 수 없고, 마음껏 지혜롭다면 마음껏 자유롭다고 하여 타인에 누累가 되는 일은 없을 것이다. 이를 좀더 구체적으로 심리에너지 원천 별로 구분하여 살펴 보자.

1) 의지 중심의 수용과 경敬의 자세

의지중심의 특징은 자율을 침해 받지 않기 위하여 경계를 형성하는 것이다. 그리고 침해를 받는다고 느끼면 분노를 표출하려 한다. 물론 자기효능감의 수준에 따라 유형별 분노를 다루고 반응을 표출하는 방법에서 차이는 있지만, 외부세계와 경계를 유지하는 데 에너지를 쏟는다는 것은 긍정적 상호작용을 통한 상승효과를 기대하는 사회의 요구에 비춰보면 바람직하지 않다. 그리고 경계의 유지를 위해 에너지를 지나치게 쏟고 나면 본인에게도 부담스러워 후회를 수반하는 경우도 있다.

이들에게 필요한 개념은 수용과 개방이고 소통과 공유이다. 자극이나 타인의 반응이 자신의 이해利害, 의견, 생각, 가치관과 다르더라도 경계를 허물어 자신의 영역을 개방하고 타인의 의견이나 주장이 자신의 가슴속으로 들어올 수 있게 수용하는 태도가 필요한 것이다. 일단 자기와 다른 타인의 생각을 수용하면 그들의 입장과 의견을 이해할 수 있고, 타인을 이해하게 되면 자신을 타인에게 이해시킬 수도 있게 된다. 이렇게 소통은 또 다른 소통을 낳게 되고 이해의 폭은 확장되어 공유라는 또 다른 효과를 얻게 된다. 그 결과는 자신도 자랑스럽고 상대방도 자랑스러운 국면이 되어 서로 win-win하는 관계를 만들 수 있다. 구체적인 실천 개념으로는 우리의 전통적인 사상인 경敬을 실천해 보는 것이 바람직할 것이다. 상대방이 마음에 들지 않더라도 일단 상대방의 의견을 존중하고 이를 수용하면 버티는 것보다 마음이 편안해지 것이다. 상대방의 의견이 마땅하지 않더라도 일단 수용하고 해석하면 적어도 자신의 사고의 폭을 넓힐 수 있고, 나아가서는 반대입장을 정리 할 수 있으며, 더 나아가 서로의 의견을 취합하여 새로운 대안을 만들 수 있는 기회를 잡을 수도 있을 것이다. 벽을 만들어 상대방으로 하여금 의견 제시의 기회마저 막아버리거나 반박을 통하여 상대방의 기분을 상하게 하는 경우와 비교하여 보면 얼마나 다행스러운 것인가? 이것이 소통과 상호작용을 통한 상승효과이다.

일반적으로 '경'보다는 '공경'이라는 말이 우리에게 더 익숙한 단어이지만 같은 의미이다. 공경은 사람과 사물을 대하는 공손한 태도이며 상대를 우러러 보는 조심스런 태도를 말한다. 어른들에게 공경하게 대하는 것에 서부터 시작해 익명의 인터넷 댓글, 동료들과 대화, 토론, 회의 등에서 서로를 공경하는 태도를 견지할 수 있다면 이념 대결, 양극화, 시위示威 등의 사회문제가 저절로 해결될 수도 있을 것이다. 이 경敬은 퇴계(退溪 李滉. 1501~1570)가 도덕성을 함양하는 방법으로서 가장 중요시한 사상이다. 퇴계에 있어서 경이란 학문과 수양의 원리이며 동시에 수양의 구체적인 실천 방법이다. 경敬이란 선한 본성을 기르고, 본성이 항상 깨어있게 하며, 내 마음을 돌이켜보고 스스로 경계하고 삼가는 것을 말한다. 경의 상태를 유지한다는 것은 생각과 배움을 겸하고 동과 정을 일관하며, 마음과 행동을 합치시키는 것이라 하였다. 언제 어디서나 경을 실천하는 노력을 꾸준히 기울이면 누구나 성인의 경지에 도달할 수 있다고 한다. 성인의 경지는 차치하고 상대방과 소통의 기술이나 자기계발의 기술로 활용할 수 있는 좋은 도구이다. 상대방을 인정하고 수용하면서 마음껏 자유롭게 자신의 가능성을 발현한다면 행복해지지 않을까? '경이직내 의이방외敬以直內 義以方外'라는 말도 있다. '경으로써 마음을 곧게 하고 의로써 밖으로 드러나는 행동을 반듯하게 한다'는 뜻이다. 이 말의 의미에서 알 수 있듯이 경은 마음을 다스리는 좋은 방안임에는 틀림이 없다.

의지중심적인 성향은 경계를 형성하게 되는데, 이는 코브라가 머리는 쳐드는 것과 같은 형상이다. 이런 감정과 행동을 다른 말로 표현하면 '버럭' 화를 내는 것과 같다. 이런 행동은 심리적 경계를 형성하고 육체적으로 긴장하여 버티는 형국이다. 특히나 스트레스 상황이거나 저조한 감정 상태이면 긴장의 속도는 더욱더 빨라지고 '버럭'의 강도도 훨씬 높다. 신경중적인 행동경향이 나타나게 된다.

이들이 성숙하려면 이 경계를 풀어야 하는 것이다. 경계를 풀고 외곽의 성이 무너지면, 긴장도 풀리고 화도 사라진다. 마치 풍선에 바람이 빠지는 것과 같다. 코브라의 머리는 숙여지고, '버럭' 대들던 공격적 언사도 사라진다. 이것이 수용의 태도이다. 어떻게 경계를 풀고, 수용적인 태도를 취할 수 있을까? 이것이 숙제이다.

어떻게 답을 찾을까? 의지중심의 유형이 경계를 형성하고 행동 지향적인 성향이라면, 감정중심의 유형은 상대방의 눈치를 보면서 마치 동물이 꼬리를 흔들며 반기는 행동을 하는 것과 같은 태도를 보인다. 붙임성이 좋다는 경우이다. 이는 상대방에 의존적이라는 뜻이다. 여기서 의지중심적인 유형은 답을 찾아야 한다. 수용의 태도는 의존적인 태도를 취하는 것이다. '버럭' 하기 전에 상대방의 입장을 헤아려 보는 것이 중요하다. 좋은 말로 하면 '배려'이다. '버럭'과 '배려' 사이의 시간적 공간을 어떻게 만들 수 있을까? 어떻게 의지중심의 '내 뜻 - 내 마음대로'를 버리고 '상대방 입장 고려'를 취할 수 있을까?

태도의 문제이다. 그 순간의 정서 문제이다. 인식을 지배하는 것은 그 순간의 정서이다. 정서를 바꾸어 보자. 이 답은 에니어그램의 통합(활력)의 방향이동에 있다. 1번 유형은 7번 유형에서 즐거움이란 정서를 차용하고, 9번 유형은 3번 유형에서 존경과 성공적이라는 정서를 차용하며, 8번 유형은 2번 유형에서 도움을 줄 수 있는 여유로움을 찾으면 되는 것이다. 이것이 의지중심이 찾는 진정한 자유이다. 의지중심 유형들은 자치욕구를 근거로 '내 마음대로'의 자치를 추구하는데, 진정한 자유는 이 틀 혹은 경계에서 벗어나 여유로운 정서를 갖는 것이 더 큰 자유를 얻는 것이다. 이것이 자아의 확장이다. 에니어그램의 방향이동은 정서의 이동을 의미한다. 에니어그램의 창시자는 정서가 인식을 지배한다는 사실을 알고 있었던 것은 아닐까?

2) 감정중심의 정직

감정중심은 가치감을 유지하기 위해 타인의 평가 대상이 될 매개물을 만들고 이를 타인에게 보여주고 인정받기를 기대한다. 이들이 만드는 매개물은 도움, 성공, 특별함 등의 이미지이다. 유형2는 타인에게 도움을 줌으로서 좋은 평가를 받기를 원하고, 유형3은 성공이라는 매개물을 타인에게 보여주기 위해서 경쟁적이다. 유형4는 매개물로서 특별함을 보여주기 위해서 노력한다. 이들은 자신이 만든 매개물에 동일시 하려 한다. 타인의 시선과 필요, 주의를 의식한다. 타인의 평가를 통해 자신을 바라보는 것이다. 어릴 때부터 자신이 하찮은 사람이 될까 불안해 하고 타인의 호감을 얻어야 가치 있는 사람이라고 생각하였기에 이들은 자신의 모든 것이 공개되면 스스로 가치 없는 사람이 될까 봐 두려워한다. 그래서 이들이 보여주는 것은 매개물이므로 상대방은 이들의 진면목을 볼 수 없다. 진면목을 보기 어렵기 때문에 이들과 흉금을 터놓고 깊은 이야기를 나누기도 어려운 점이 있다. 이들이 타인에게 보이고 인정받기를 원하는 매개물의 뒤편에는 자신을 훌륭하다고 생각하는 자기애적인 감정이 깔려있다. 자기애가 강하면서도 밖으로 보이려는 것은 도움, 성공, 특별함을 나타내는 이미지이다. 이들은 내면을 잘 내보이지 않기 때문에 인간관계는 겉으로는 좋은 것 같으나 실제는 그렇지 못하고 형식적이기 쉽고 진정성이 부족하다. 이들에게 필요한 것은 자기애에서 벗어나 있는 그대로를 내보이는 것이 좋다. 바로 정직이 최고의 덕목이라는 것이다. 정직이 최고의 전략이라는 말이 있는데 이들에게 해당되는 말이다. 내가 내 것을 강조하면 상대방도 마찬가지로 자기 것에 집착하게 된다. 내 것이 중요하다면 상대방 것도 중요한 것이다. 내 것을 내려놓아야 진정한 내 것이 존재하게 된다는 진리를 실행하는 것이 중요하다. 자기애라는 복면을 벗고 자신에게 정직할 때 자신의 진면목을 스스로 볼 수 있고 타인의 인정과 존경을 받을 수 있으며 진정한 사랑을 할 수 있을 것이다. 자기를 있는 그대로 인정하고 수용할 수 있어야 약점을 개선할 수 있고 발전할 수 있는 것이다. 자신의 진면목을 보여주면서 사람을 좋아하고 사교적인 자신의 장점을 활용한다면 활력 있고 매력적인 인간관계를 형성할 수 있을 것이다. 자신의 진정한 가치는 자신이 스스로 만드는 것이지 타인에게서 받는 것이 아니다. 자신의 내면을 통찰하고 자신이 진정 원하는 것이 무엇이며, 어떤 사람이 되고자 하는지 내면의 목소리에 귀를 기울일 필요가 있다. 가식에서 벗어나는 것이 가치 있는 삶이라는 점에 유의하여야 할 것이다.

감정중심의 심리 기저에는 수치심의 불안이 도사리고 있고, 이 불안의 해소를 위하여 상대방에게 붙임성 좋게 행동하는 것이므로, 이들은 수치심의 불안에서 벗어나야 통합의 방향으로 나아갈 수 있는 것이다. 이 수치심의 불안에서 벗어나는 방법은 자신의 진정한 가치를 알고, 이것이 자기다움이라는 자신의 정체성임을 자각하는 정체성 회복이다. 이 정체성 회복은 자기에 대한 정직한 태도에서 비롯된다.

감정중심의 유형들은 수치심에서 벗어나기 위해 상대방에 의존적인 경향이다. 여기서 의존적이라 함은 상대방에 얽매인다는 의미이다. 이 의존적인 경향에서 벗어나기 위해서는 한 걸음 물러나 자신의 진정한 가치를 생각해 보는 여유를 가져야 한다. 다만 4번 유형은 이미 물러나는 성향을 소지함으로 그러하지 않다.

2번 유형은 지금 여기서 물러나 타인으로부터 인정을 받지 않아도 자신이 스스로 가치 있는 사람이라는 점을 인지하여야 한다. 4번 유형과 같이 좀 떨어져서 자신의 독특함과 차별성을 고려해 보라는 것이다. 이 때 정서는 '나는 친교에는 자신 있어'에서 '아니야, 너무 가까이 가면 상대방이 불편할 거야'로 변화를 주고, '상대방에게 여유를 주자'라고 생각해 보자. 2번 들이여, 상대방에 접근하기 전에 한 템포 물러서는 여유를 찾자. 즉 상대방과 잘 친해보고자 얽매이는 의존적 태도에서 한 걸음 물러나 정직하게 자신의 정체성을 찾아보는 여유를 갖자. 마치 공주병·왕자병 걸린 고고한 학처럼. 이런 태도를 가지면 도움형 본래의 성향과 고고함이 균형을 맞출 수 있을 것이다.

3번 유형은 현실적인 가치인 성공과 경쟁력을 추구함으로써 수치심의 불안에서 벗어나려는 유형이다. 이들은 친애욕이 매우 강하여 공격적인 성향을 갖고 있기 때문에 한 템포 물러나기가 매우 어렵다. 그런데 이들이 성숙하려면 주도적으로 애정 공세를 펴지 말고, 상대방의 주도성에 맡게 보는 것이 좋다. 이들이 취해야 할 태도는 자신이 진정으로 경쟁력이 있는지, 성공적인지를 의심해 보고 비교, 분석해 보는 방법이다. 상대방에게 주도성을 넘기고, 자신의 정직성을 의심해 보는 태도를 갖게 되면, 한 템포 생각할 여유를 찾을 수 있을 것이다. 이 여유는 영혼을 자유롭게 한다. 즉 공격적이고 주도적인 성향에서 경청하는 성향으로 상대방 중심으로 분위기를 반전하는 공존의 여유를 찾는 것이 중요하다.

4번 유형은 수치심의 불안에서 벗어나게 할 친애에 대한 효능감이 부족하여 좀더 특별한 준비를 한다. 이들은 차별화된 준비를 위하여 자극에서 한 걸음 물러나는 성향을 가진다. 물러나는 성향에서 벗어나기 위해서는 "지금 여기"라는 현실에 뛰어드는 것이 좋다. 현재의 자신의 표현 행동은 별도의 준비가 없이도 충분히 특별하다는 점을 인식하는 것이 중요하다. 이들에게 필요한 태도는 1번 유형이 갖는 정직한 태도의 성향이다. 정직한 태도를 갖게 되면 자극을 대할 때 자신의 뜻대로 '버럭' 할 수도 있다. 1번은 조심스런 면과 정직성을 갖고 있지만 항시 '버럭' 하는 분노를 숨기고 있다. 4번 유형이 1번에게 배울 태도는 품위 같은 것 생각하지 말고, 정직한 태도로 "지금, 여기"로 바로 진입하는 공격적인 태도이다. "지금, 여기"라는 것은 "정직의 사실성"을 의미하는 것이다. 정직은 시기가 있고 장소가 있다는 말이다. 정직은 필요한 때에 필요한 장소에서 하지 않으면 정직이 아니다. 다른 시기에 다른 장소에서 하는 말은 자기 합리화이고 꾸밈이다. 어차피 습관화된 소극적인 효능감은 변화하기 어려우므로, 의도적으로 자신의 뜻을 추구해 보는 주도성을 회복하는 것이 중요하다. 4번들이여, "지금, 여기"에서 정직을 바탕으로 한 주도성을 회복하자.

3) 사고 중심의 행동지향

　사고중심은 안정감을 얻기 위해 물러나 상황의 재구성을 통해 희망과 기대감이 있는 의지처를 찾는 것에 에너지를 집중한다. 이들은 상황의 전개와 준비, 대처방향 등 미래와 관련된 것에 에너지를 사용하며, 불안해소를 위해 아이디어가 필요하고 개념과 정보를 중요시 한다. 그러면 이들이 정보나 아이디어를 찾으면 행복해 할까? 인생은 변화의 연속이다. 현재의 정보나 아이디어는 변화를 맞게 되면 그 가치를 상실하게 되어 또 부족을 느끼게 되고, 불안해 하게 된다. 외부 환경을 구성하는 요소들의 변화는 같은 생태계의 일원인 개인에게 변화를 요구한다. 변화는 불균형을 만들고, 불균형은 문제를 만들며, 문제는 불편을 만들고, 불편은 새로운 적응을 위한 행동을 준비하게 한다. 문제란 현실을 자신의 가치관, 목적, 목표 등의 기대치라는 관점으로 보았을 때 부족한 부분이다. 기대치가 현실과 같은 상태이면 문제는 없다. 사람은 태생적으로 현재보다 좋은 생활을 하려는 욕구를 가지고 있기 때문에 절대로 현실에 만족하지 않고 보다 더 좋은 것을 추구한다. 재산, 권력, 사랑, 지식 등 무엇이든 더 많은 것을 소유해야 자신이 더 가치 있는 사람이라고 여기고, 더 행복한 사람이라고 생각한다. 그런데 이들이 덜 가진 사람이나 덜 배운 사람들보다 더 행복할까? 행복은 기뻐하는 마음의 상태를 의미하는 것이고, 기쁨은 부족함이 없고 안정적이며 만족스러운 느낌을 말하는 것이다. 정신적이든 물질적이든 부족함을 판단하는 기준은 기대치와 현재상태와 차이를 말하는 것으로 기대치가 낮으면 부족함도 작아지기 때문에 기대치를 낮추면 행복한 마음에 접근하기 쉬워진다는 것은 명백하다. 또 현재는 부족하더라도 미래에 채울 수 있는 확신이 있다면 부족하다고 느끼지 않을 수 있다. 부족한 부분을 만족스러운 상태로 만들려면 부족을 채울 정신적·물질적 가치의 투입이 필요하다. 정신적·물질적 성과물을 만드는 것은 시간, 돈, 정보, 자재, 기술 등 다양한 자원이 투입하고 이를 결합하여 가치를 창출하여야 한다. 이러한 자원은 시·공간적으로 한정되어 있을 뿐만 아니라 조달도 어렵고, 이를 조직화하여 가치물을 만드는 과정도 쉽지 않다. 다시 말해 현상을 개선하는 것은 매우 어렵다는 것이다. 반면 기대치는 마음만 먹으면 언제든지 조정할 수 있다. 행복의 지름길은 기대치를 조정하는 방법이 첩경인 것이다. 매스컴을 통해서 가난하지만 행복해 하는 사람들을 많이 볼 수 있지 않은가? 물론 그 반대의 경우 돈과 지식, 권력을 많이 소유한 사람들이 불행해 하는 모습도 많이 본다.

사고중심이 성격유형을 가진 사람은 안정감을 느낄 매개물의 탐구에 에너지를 쏟고, 그 매개물을 얻어야 그것에 의존하여 불안에서 벗어나 안도감을 느낀다. 이들의 불안은 변화와 현상을 보는 관점 때문이다. 현재의 상태를 누구나 겪는 상태라고 생각하고 더 나쁜 상태를 상정하여 비교하며, 현 상태는 미래에 다가올 변화의 과정에 불과하다고 생각한다면 불안에서 벗어날 수 있을 것이다. 또 자극을 받으면 물러나 사안을 재구성하려 하지 말아야 한다. 바로 그 때의 느낌이나 감각에 의존하여 자기 주도적으로 행동하는 것이 바람직하다. 물러나 궁리에 궁리를 더 하여도 별다른 방법이 없다. 생각은 하면 할수록 복잡해지고 문제가 생기고 불안해지다. 자동차 사고가 나면 환자를 빨리 구출하는 것이 최선이고, 다음 고장난 차는 견인차를 불러서 수리공장에 넣으면 된다. 머리 아프게 궁리해 본다고 다른 방도가 없다. 시간을 끌고 이렇게 저렇게 머리 아파한다고 안심이 되는 것이 아니다. 이들은 성격상 바로 행동해도 타인이 보기에는 꼼수 많이 피운다고 느낄 것이다. 실제 이들이 빨리 행동한다고 해도 의지중심의 사람들에 비해 시간낭비 많이 하였을 것이다. 초상집에 가서 이것 저것 따지지 말고 같이 슬퍼해 주는 것이 최상의 조문 예법이다. 감정의 흐름에 맡게 두는 것이 가장 편안한 방법이다. 사고중심의 사람들은 자신을 공개하기를 꺼려한다. 물러나 내면의 상자에 들어가서 생각하고 내면의 상자가 시키는 대로 하여야 한다고 생각하지만, 이는 타인의 불신만 쌓게 된다. 자신의 내면을 공개하여라. 그래야만 인간관계 최고의 덕목인 신뢰를 쌓을 수 있다. 나를 내보인 만큼 타인으로부터 이해를 받을 수 있다는 점을 명심하여야 할 것이다. 그렇지 않으면 거만하거나 속을 알 수 없는 사람이라는 말을 듣게 될 것이다. 마찬가지로 사고의 산물인 아이디어나 정보도 공개하는 것이 좋다. 혼자 생각하는 것보다 여러 사람이 같이 생각하면 쉽고 다양한 검토를 할 수 있다. 기능도 다양해지고 부작용도 훨씬 적을 것이다. 또 시행에 필요한 자원의 동원도 쉽게 할 수 있을 것이다. 쉬운 일을 어렵게 만들지 말고 어려운 일을 쉽게 만드는 것이 좋을 것이다. 이것이 이들이 좋아하는 체계적 사고의 시너지효과일 것이다. 진정한 상호의존성 파악은 네트워크나 피드백에 있는 것이다. 그리고 변화를 불안으로 받아들이지 말고 긍정적으로 수용하는 것이 바람직하다. 변화 없이 성장 없다. 변화는 퇴보 아니면 성장이다. 그러나 사회는 근본적으로 진화하고 있기 때문에 퇴보하지 않는다. 걱정하지 말고 긍정적으로 생각하고 행동하는 것이 좋다.

사고중심의 유형은 무지의 혼란과 희망 없음의 불안에서 벗어나 안정감을 얻기 위하여 자신의 내면의 상자 속으로 물러나 정보를 수집하고 아이디어를 탐구하여 사안을 재구성하고 판단하려 한다. 이들이 혼란스러움과 희망 없음의 두려움에서 벗어나 성숙하기 위해서는 내면의 상자 속으로 피난하려 하지 말고 현실에 뛰어드는 행동 지향의 태도가 필요하다. '시작이 반이다'는 말이 있듯이 아이디어는 행동하는 데서 창조된다. 머리가 못하는 것을 손발은 할 수 있다는 말을 명심하여야 할 것이다.

5번 유형은 정보와 아이디어를 탐구하는 데는 효능감이 높아 계속 정보를 수집하고 아이디어를 찾아 확실한 판단이 수립되기를 바란다. 하지만 이들이 찾은 정보나 아이디어는 만병통치약이 아니다. 과거에는 적합한 대처방법이었으나 현재는 아닐 수도 있다. 주변 상황이 계속 변하기 때문이다. 물러나 자기만의 세계에 머물지 말고, 지금 그 자리에서 시도함으로써 두려움에서 벗어나는 것이 좋다. 8번처럼 즉시적이고 주도적인 행동지향의 태도를 갖는 것이 좋다. 두려움은 물러남에서 유래할 수도 있다. 행동은 두려움에서 벗어나게 하는 방책이 된다. 이는 후퇴에서 벗어나 공격적인 태도를 지향함을 의미한다. 의지중심의 경우는 인식과 반응 사이에 시간적 여유를 찾지 못하는 급함이 있으나, 사고중심의 경우는 급하게 물러나 내면의 사고공간으로 들어가므로 반응을 보이는 데까지는 시간의 여유가 있다. 단지 내면의 사고상사 속으로 들어가면 밖으로 나오려 하지 않는 경향이 있다. 반응할 때까지 시간적 여유가 있다고 함은 급하게 내면의 방으로 들어가서 반응할 때까지 여유가 있다는 말이다. 하지만 방에 들어가면 잘 나오지 않기 때문에 주도적 행동지향이 어렵다는 것이다.

6번 유형은 무지와 희망 부재의 두려움에서 벗어나 안정감을 얻기 위하여 현실적인 방책을 강구하는데, 이 방책은 기존 질서나 권위에 의존하는 것이고, 의존의 방법은 성실하게 질서와 권위에 따르는 것이다. 사고를 인식의 방법으로 사용하지만, 물러나 내면의 방에서 숙고하지 못함은 이들이 탐구욕이 너무 강하여 안정감을 급하게 구하기 때문이다. 이들은 비교·분석 등의 방법을 선호한다. 비교·분석 등의 기능은 의문을 잉태하기 쉽고, 의문은 두려움을 확대 재생산하기 쉽다. 이 유형은 의심, 공포 등에서 벗어나 9번 유형이 갖는 느긋한 태도에서 안정감을 찾을 필요가 있다. 의존의 태도에서 벗어나 뒤로 후퇴하여 느긋하고 안정적인 태도로 사안을 바라보는 여유를 찾는 것이 성숙의 방책이다.

7번 유형은 공허감과 희망의 부재에서 오는 두려움에서 벗어나고자 하지만, 탐구에 대한 효능감이 소극적이라 정보나 아이디어 탐구에 집중적으로 지속하지 못하고 이곳 저곳 넘나든다. 따라서 다양한 아이디어는 많으나 깊이가 얕다. 안정감을 쉽게 구하려 함으로 즐거움을 찾고, 이에 대한 기대감을 향유하려 한다. 편안함의 방편이 될 수 있는 놀이나 활동을 창조하려 하므로, 재미있는 일을 계획하거나 기대의 꿈속에서 즐기려 한다. 이들이 성숙하기 위해서는 기대와 꿈을 실천할 수 있는 행동 지향의 태도가 필요하고, 5번 유형의 신중성과 분별력을 배울 필요가 있다. 즉 즐거움과 꿈의 기대에 의존하기 보다 후퇴하여 신중하게 행동으로 대처하는 태도를 갖추는 것이 성숙을 위한 방법이다.

4) 정서와 태도 변화

첫 장에서 욕구의 발현은 정서에 기초를 둔다고 하였다. 호·불호, 쾌·불쾌, 편·불편 등의 정서는 하고 싶은 마음인 욕구를 갖게 한다는 의미이다. 성격의 변화는 자극을 수용하는 정서가 변해야 욕구와 욕구의 강도가 변하게 되고, 욕구와 그 강도가 변해야 성격도 변하게 된다는 것이다. 이런 변화과정의 중심에는 자극에 대처하는 태도인 정서가 자리잡고 있다.

의지중심 유형의 수용적 태도, 감정중심 유형의 정직한 태도, 사고중심 유형의 행동추구적인 태도는 모두 자극에 대한 정서의 변화에 기초를 두고 있다. 의지중심의 수용적 태도 지향은 자신의 정신적·물리적 경계를 허물어 대상을 수용하고 교감함을 의미하는 것으로 넓은 의미로 보면 자신의 영역확장이다. 경계가 무너지면 자유를 침해 받을 것 같지만 실제는 영역이 확장되어 더 큰 자유를 누릴 수 있게 되는 것이다. 경계를 개방하는 것은 느낌의 판단기준을 넓히거나 기준을 없애는 것을 의미한다. 여기에 필요한 기준이 공존이고 자연의 섭리이다.

감정중심의 정직한 태도 지향은 타인에게서 좋은 평가를 받기 위해 이미지를 형성하지 말고 자신의 본래 모습 그대로를 정직하게 개방하는 것이 바람직하다는 것이다. 타인과의 좋은 관계는 자신의 존재를 중심으로 맺어지는 것이고, 자신의 존재는 자신의 실재감과 자존감에 기초하는 것이지 거짓감각인 이미지에 의한 것은 아니다. 자신에게 충실하고 정직하기 위해서는 자신의 현재 모습을 사랑할 줄 아는 '이대로도 좋다'는 정서가 필요한 것이다.

사고중심 유형의 행동추구적인 태도 지향은 물러나 상황을 머리 속에서 재구성하는 것보다 조화롭게 행동하는 것이 바람직하다는 것이다. 유기체는 스스로 조직화하는 특성을 이용하여 적절한 시기에 필요한 방향으로 자기를 제어할 수 있기 때문에 물러나 내면의 방에서 안내를 찾지 않더라도 충분히 상황에 대응할 수 있다. 이런 점에서 사고중심 유형들은 사고를 위해 물러서지 말고 자기 조작과 제어능력을 믿고 자극에 임하는 태도가 필요한 것이다.

마. 개성과 조화

사람은 혼자 살지 않고 자연환경과 사회환경 속에서 타인들과 어울러 산다. 유아기에는 가족과 함께 하고, 학창기는 학우들과 함께하며, 장년기는 직장동료들과 함께 한다. 함께 일하고 배우며 즐긴다. 여러 사람이 함께 한다는 것은 혼자 하는 것보다 만족스럽기 때문이다. 하지만 공동체 생활은 희생을 필요로 한다. 서로의 이익에 마찰이 있기 때문이다. 한 개인의 행동은 다른 사람에게 불편을 주기도 하고, 편익을 나누어 가지기도 한다. 능력의 차이와 성격의 차이가 불편을 만드는 불씨가 된다. 특히 성격의 차이는 편익을 주고 받는 것도 아닌데 마음의 상처를 만든다.

앞에서 성격의 차이를 유형이라는 방법으로 분류하고 유형별 특징을 살펴보았다. 먼저 자기의 뜻을 실현하려는 마음, 상대방의 칭찬을 받고 싶은 마음, 지혜와 희망을 찾고 싶어 하는 마음으로 구분하였고, 다음으로 긍정적인 마음, 소극적인 마음, 현실적인 마음으로 구분하여 보았다. 하지만 이런 구분의 내용들은 모든 사람이 다 가지고 있는 인간의 특성인데, 다만 이들 중 어떤 것을 중요시 하는가에 의하여 구분하였을 따름이다. 중요시 하는 정도의 차이가 성격의 차이를 만들 뿐이다. 어떤 성격이 좋고 나쁨이 없기에 어떤 성격을 발달시키고, 어떤 성격을 제거해야 할 것도 없다. 따라서 이 차이는 서로 존중되어야 할 개인들의 특성인 것이다. 이를 우리는 개성이라고 한다. 이런 개성이 없으면 우리 사회는 꼭 같은 유형만 존재하고 다양성이 없어 사회 발전에 걸림돌이 될 것이다.

다양한 개성은 다양한 문화를 만들고, 다양한 문화는 우리에게 다양한 기회를 제공한다. 다양성은 차이를 만들고 이 차이는 같은 사안을 두고 다른 해석과 해결책을 제시하게 되어 의견의 차이를 만들며 다툼을 초래하기도 한다. 이런 과정에서 상대방에 마음의 상처를 주기도 한다. 이 점에서 조화로운 행동이 필요한 것이다.

조화로움은 다름을 전제로 한다. 먼저 차이를 인정하는 것이 중요하다. 차이가 있다는 것은 문제가 있다는 것이 아니고 다르다는 것이다. 옳고 그름의 문제가 아니다. 다른 사람과 차이를 다름으로 인정하라. 자연의 생태계를 보면 답이 있다. 모양과 색, 크기. 종 등 모두 다르지만 어우러져 아름다움을 이룬다. 그리고 상호 편익을 공유한다. 사람도 마찬가지로 자존의 삶과 공존의 삶, 상생의 가치를 공유해야 할 것이다. 상호의존성을 회복하는 것을 의미한다.

자극에 대한 반응 행동은 공존과 상생에 해를 입히지 않으면 조화로운 것이다. 다만 충동적인 경우나 신경증적인 경우는 다른 사람에게 피해를 줄 가능성이 많기 때문에 이를 방지할 수 있는 마음의 준비가 필요한 것이다. 그런 점에서 충동행동과 신경증적 행동에서 벗어날 수 있는 태도의 함양을 위한 방안을 살펴보고자 한다.

행동의 변화는 먼저 어떤 행동을 어떻게 변화시킬 것인지를 알아야 한다. 또한 변화의 대상이 되는 행동에 대해서는 왜 바꾸어야 하는지 변화의 필요성을 스스로 인정해야만 변화가 가능하다. 바람직한 행동은 바꾸려 하지 않을 것이고, 약점은 버리거나 바꾸고자 할 것이다. 약점을 인정하고 어떻게 고칠 것인가를 결정한 후에 그것을 목표로 하여 개선방안과 실천계획을 세우게 된다. 물론 실천계획이 제대로 수행되고 있는지 중간점검이 필요하고, 점검결과를 피드백하여 계획을 보완하거나 일정을 수정하는 등의 절차가 필요하다. 이 계획에는 결과를 강화할 수 있는 계획을 포함하여 습관을 바꾸는 절차까지 포함되면 더욱 좋은 계획이 될 것이다. 또 해결책을 강구함에 있어 주위의 도움이 필요하면 친구나 가족의 도움을 요청하는 것도 매우 바람직할 것이다.

성격에서 문제가 되는 행동은 대부분이 강박적 행동인데 이는 충동에서 시작된다. 성격유형의 구성부분에서 논의한 바와 같이 자아는 본능적 충동과 초자아의 요구를 조절하는 중재자나 집행자의 역할을 한다. 충동을 현실에서 제어할 수 있는 것이 자아의 역할이다. 강박행동도 자아를 확장하여 제어할 수 있다면 충동을 억제할 수 있다는 뜻이다. 그러면 자아를 어떻게 확장시킬 수 있을까? 즉 어떻게 하면 자아가 작동할 수 있을까? 심리에너지가 항상 자아에 머무는 상태를 우리는 의식이 깨어있는 상태라고 한다. 깨어있다는 것은 스스로 심리에너지의 흐름을 인식하고 있다는 것이다. 자신이 경험하는 있는 현재를 빠짐 없이 의식하고 알고 있다는 것이다. 하지만 항상 깨어있다는 것은 불가능하고 피곤한 일이며, 그렇게 하는 것 자체가 스트레스가 되어 우리의 심신을 혼란 속으로 몰아갈 것이다. 화가 나면 화를 내더라도 남에게 피해를 주지 않는 정도의 조절만 할 수 있어도 성공적인 변화일 것이다. 어떻게 할까?

충동을 일어나지 않게 하는 방법은 무엇일까? 자극의 감지체계가 자극을 수용하면 충동을 느끼지 않도록 수용체계인 욕구체계의 작동을 바꾸는 것이다. 욕구체계를 의지·감정·사고중심으로 구분하였는데, 의지중심의 추구 행동은 경계를 형성하려 하고, 감정중심은 가치를 인정 받으려 하며, 사고중심은 안도감을 위한 아이디어와 정보를 탐구, 수집, 축적하려 한다. 이들 욕구는 인간의 특성인 자존적自存的인 삶, 상존적인 삶, 성장하는 삶에 연유하고, 이들의 욕구를 자치욕, 친애욕 혹은 관계욕, 탐구욕이라고 하였다. 충동이 일어나지 않게 하기 위한다면 이 욕구를 내려놓으면 되는 것 아닌가?

의지 중심의 유형들이 자치욕구를 내려놓는 방법은 경계를 풀고 개방하는 것과 객체를 수용하는 것이다. 그리고 나서 상황을 파악하고 상호연관성을 이해하려고 노력해 보는 것이다.

감정중심의 유형들이 친애욕과 관계욕에서 벗어나는 방법은 자신은 충분히 가치 있는 사람이라는 것을 인식하는 것이 중요하다. 타인의 인정을 받지 않아도 좋다고 생각하고, 바로 반응하지 말고 한발 물러나서 상황을 파악해 보는 것이다. 하지만 이들 중 2번과 3번 유형이 한발 물러난다는 것은 쉽지 않을 것이다.

사고중심의 유형들은 물러서지 말고 일단 접근하는 것이 필요하다. 충동적 상황에서 이들은 물러나거나 의존한다. 그러지 말고 몸과 마음이 시키는 대로 행동하는 것이다. 이들에게 행동은 매우 중요하다. 이것은 자아 확장이고 사랑이다.

가. 날개란?

아홉 개의 성격 유형으로 모든 사람의 성격을 정확하게 설명할 수 있을까? 그렇지 않다. 왜냐하면 에너지의 원천과 집중이 같은 경우라도 에너지의 강도에 따라 표현의 형태가 조금씩 다르기 때문이다. 또 각자 처한 상황이 다르기 때문이기도 하다. 정확하게 말하면 인구 수만큼 많은 유형이 있을 것이다. 아홉 가지로 구분한 성격유형은 표준적인 분류에 의한 기본 유형이라면, 각 기본유형은 2개의 날개를 갖는데 에니어그램도형에서 이웃한 유형을 말한다. 날개는 성격번호의 양쪽에 있는 유형으로 기본유형의 특성 외에 생활하면서 갖게 되는 느낌이나 행동에 영향을 미치는 것이다. 예를 들면 1번 유형의 경우 그 이웃에 있는 2번 유형과 9번 유형이 1번 유형의 날개이다. 2번 날개를 가진 1번 유형, 9번 날개를 가진 1번 유형이라는 의미인데, 2가지 날개 중 하나만을 취한다.

이를 에니어그램 도형으로 표시하면 아래 그림과 같다. 즉 2번 유형은 1번과 2번 유형, 2번과 3번 유형의 중간부분의 유형이 있을 수 있음을 말한다. 아래 도형의 경우는, 1번 날개를 가진 2번 유형(2-wing1), 3번 날개를 가진 2번 유형(2-wing3)을 나타내고 있다.

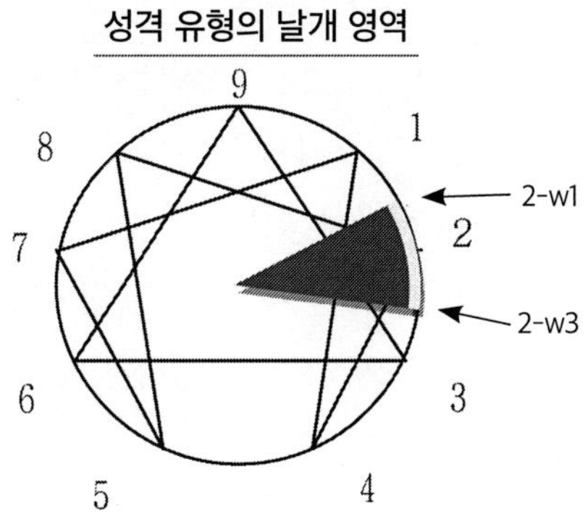

나. 날개 해석

  신체의 성장과 정신적 발달에 따라 개인의 능력은 개발되고 확장되어 활동범위도 점점 더 넓어진다. 신체와 정신적 능력이 확장한다고 함은 뇌의 활용 범위가 넓어지다는 것이고, 이는 뇌신경세포의 연결회로가 점점 더 복잡해 져서 뇌의 같은 부위를 효율적으로 활용한다는 의미와 뇌의 주변 부위를 활용한다는 의미도 될 수 있다. 뇌의 효율적인 활용은 정보의 처리 속도가 빠르다는 것이고, 다양한 회로를 활용함은 뇌를 넓게 활용한다는 것으로 정보의 양이 많아지고 질이 다양해지다는 것이다. 에니어그램에서 날개를 갖는다고 함은 대뇌신경세포의 활용의 범위가 넓어졌음을 의미한다. 이는 자극에 임하여 활성화 하는 뇌의 부위가 넓어진다는 것으로 성격의 기본 유형을 담당하는 뇌의 이웃하는 기능을 활용한다고 추정한다. 이렇게 추정하는 것은 정보의 처리는 동시적으로 일어나고 유사하게 일어나기 때문이다. 추정하여 본다면 간뇌를 중심으로 기능하던 2번 날개를 가진 1번 유형은 1번 유형이 기본적으로 사용하는 회로에 2번 유형이 사용하는 변연계 회로를 병렬적으로 사용하는 것과 같고, 또 9번 날개를 가진 1번 유형은 간뇌 내에서 9번이 주로 사용하는 회로를 병렬적으로 사용하는 것과 같아 보인다. 이런 추정이 가능한 것은 대뇌신경세포는 병렬적인 연결을 통해 재입력을 받는 많은 수렴영역으로 구성되어 있기 때문이다.

또, 다른 뇌의 부위가 함께 활성화 하는 이유는 자아의 확장과정에서 찾을 수 있다. 성장과정에서는 많은 시행착오를 겪게 되는데, 이는 자신의 대처가 잘못 되었음을 반성하게 하고, 자신의 자극수용방법이나 반응방법을 수정하거나 개선하게 한다. 사람들은 사회생활을 하면서 자신의 욕구만 추구하고, 상대방과 상황에 대해서는 무시하고 행동하거나 자연의 순리에 합당하지 않게 처신하기도 한다. 이후에 개선의 여지를 발견하고 후회하며 잘못된 부분을 타당하고 원만한 방향으로 개선하고자 노력한다. 이런 과정을 반복한 이후에 개인은 변화된 처리체계를 습득하게 된다.

이를 날개의 성장이라 하는데, 이는 개인의 성격이 원만해지고 통합되어 가는 성장의 과정이다. 이 성장의 방향은 이웃한 욕구의 추가와 이웃한 유형 특성의 추가이다. 첫째, 욕구의 확장으로 이웃한 욕구가 추가된 경우로 기본유형의 욕구에 날개유형의 특성을 추가하여 이를 목적으로 하여, 기본유형의 특성을 추구하게 된다. 예를 들면 1 wing2의 경우 1번 유형의 욕구인 자치에 2번 유형의 특성인 도움을 추가(자치+도움)하여 1번의 특성인 올바름을 추구(자치와 도움을 위해 올바름을 추구)한다는 것이다. 둘째, 특성의 확장으로 같은 욕구를 원천으로 하면서 날개유형의 특성을 추가하는 경우이다. 예를 들면 2 wing3의 경우는 관계를 위해 도움과 성공을 추구한다는 것이다. 셋째, 에너지 원천의 중앙에 위치한 경우는 욕구가 강하여 기본 유형의 특징을 추구하기 위해서 날개유형의 특징을 추구한다. 예를 들어 3 wing2의 경우는 기본 유형의 특징인 성공을 위해 날개유형(2번)의 특징인 도움을 추구한다는 것이다. 이 내용을 표로 표시하면 다음과 같다.

날개 명칭 부여

유형	욕구	유형특징	날개	날개 추가			비고
				에너지 원천	유형특징	명명	
1	자치	정의	1w9	자치욕	평화	이상주의	자치를 위해 정의와 평화 추구
			1w2	친애욕	도움	사회변혁	자치와 도움을 위해 정의 추구
2	친애	도움	2w1	자치욕	개선	봉사자	친애와 정의를 위해 도움 추구
			2w3	친애욕	성공	안주인	친애를 위해 도움과 성공을 추구
3	친애	성공	3w2	친애욕	도움	매력인	성공을 위해 도움을 추구
			3w4	친애욕	특별	전문가	성공을 위해 특별함 추구
4	친애	특별	4w3	친애욕	성공	귀족	친애를 위해 특별함과 성공 추구
			4w5	탐구욕	정보	보헤미안	친애와 지식을 위해 특별함 추구
5	탐구	지식	5w4	친애욕	특별	인습타파자	안정과 특별을 위해 지식을 탐구
			5w6	탐구욕	신뢰	문제해결자	안정을 위해 지식과 신뢰를 탐구
6	탐구	신뢰	6w5	탐구욕	정보	방어자	신뢰를 위해 지식을 탐구
			6w7	탐구욕	재미	친구	신뢰를 위해 재미를 탐구
7	탐구	재미	7w6	탐구욕	신뢰	엔터테이너	안정을 위해 재미와 신뢰를 탐구
			7w8	자치욕	통제	현실주의자	안정과 통제를 위해 재미를 탐구
8	자치	통제	8w7	탐구욕	재미	자립가	자치와 재미를 위해 통제를 추구
			8w9	자치욕	평화	미련한 자	자치를 위해 통제와 평화를 추구
9	자치	평화	9w8	자치욕	통제	중재자	평화를 위해 통제를 추구
			9w1	자치욕	개선	몽상가	평화를 위해 올바름을 추구

(표에서 날개의 명명은 리소와 허드슨의 에니어그램의 지혜에서 인용)

이를 효능감 측면에서 보면 자기 효능감이 부족한 1, 4, 7번 유형의 경우는 효능감을 강화하여 에너지 원천인 다른 욕구를 추가하는 적극적인 시계바늘 방향으로 성숙하는 경우와, 현실에 매몰되어 효능감을 인식하지 못하고 현실적인 대응을 하는 시계바늘 반대 방향의 특성을 공유하는 소극적인 경우로 나누어 볼 수 있고, 자기 효능감이 강한 2, 5, 8번 유형의 경우는 강한 효능감에서 현실에 매몰되어 효능감을 인식하지 못하고 현실 대응적으로 되는 시계바늘 방향의 특성을 공유하는 경우와, 효능감을 조화롭게 하기 위하여 시계바늘 반대 방향의 욕구의 특성을 추가하여 물타기를 하는 경우로 나눌 수 있다. 현실적 효능감을 가진 3, 6, 9번 유형의 경우는 욕구가 강하여 자기 유형의 특성을 계속 유지하기 위해 양방향 날개유형의 특성을 추가하는 형태를 취하게 된다. 이들은 효능감을 인식하지 못하다가 시계바늘 반대방향의 긍정적 효능감을 발견하는 경우와, 시계바늘 방향의 소극적 효능감을 발견하는 경우로 나눌 수 있다.

각 유형의 날개를 논의하는 것은 성격이 환경의 변화에 적응하여 변화를 보이는 것을 알기 위해서다. 자신이 어느 유형에 속하는지를 알려고 하는데 잘 파악이 안 되는 경우도 있을 것이고, 이쪽 같기도 하고 저쪽 같기도 한 경우도 있을 것이다. 이때 날개 유형을 살펴보면 자신이 유형을 결정하는 데 도움이 될 것이다. 유형진단 시 점수가 가장 높은 기본유형의 양쪽 유형 중에서 높은 점수를 가진 것이 날개에 해당된다.

성격을 진단하여 유형을 알게 되면 전가의 보도를 얻은 것같이 신기해할 수도 있겠지만, 성격유형을 안다고 하여 만병통치약을 얻은 것은 아니다. 자신을 알고 타인을 이해하는 것이 성격을 공부하는 중요한 목적이다. 예를 들면 유아가 짜증을 내고 떼를 쓸 경우, 부모도 같이 짜증을 내는 경우와 아이의 성격이 의지중심이라 자기 경계를 침해 당해서 짜증을 부린다고 이해하는 경우는 부모의 대처방식이 달라지고 이러한 대처방식의 차이는 아이의 성장에 상당한 영향을 미치게 된다. 또 날개에 대해서도 성격 발달의 한 측면이라는 점에서 이해하였으면 한다. 에니어그램을 통하여 자신의 성격을 알자는 것은 인간의 본질을 찾아 자신의 성장과 타인이해를 통해 사회통합을 이루고자 하는 것이기 때문에 날개가 있다는 것을 알고 이것이 자신의 성장해온 한 방향이었음을 알면 되는 것이다.

활력 지점과 스트레스 지점

에니어그램 도형에서 각 유형은 화살표에 의해 연결되어 있다. 예를 들면 9번 유형은 3번과 6번 유형에 연결되어 있고, 1번은 4번과 7번 유형에 연결되어 있다. 한쪽 선은 활력지점과 연결되어 있다고 하고, 다른 한쪽은 스트레스 지점과 연결되어 있다고 한다. 이는 각 유형의 성격이 에너지가 소진되거나 에너지가 상승하여 욕구나 효능감에 변화가 일어나면 그 특성을 유지할 수 없게 되거나, 이루고자 하는 바를 성취하고 좀더 발전적으로 성장하려 한다면 어떤 행동으로 변화해야 하는지를 보여 준다. 각 유형이 그 유형이 특성에서 벗어나 건강한 방향으로 발달하여 성숙하는 경우와, 반대로 그 유형의 특성에 더욱 동일화 되어 더욱더 강박적이고 자기도취적인 방향으로 진행하는 경우를 나타낸다.

가. 스트레스 방향

　이는 스트레스가 증가하면 나타나는 방향이다. 어떤 문제를 해결하려거나 목표를 달성하기 위하여 노력을 경주하여도 상황이 개선되거나 소망이 이루어지지 않을 때, 당사자는 긴장을 하고 중압감을 받게 된다. 중압감을 받게 되면 욕구의 강도와 효능감이 현저히 떨어지고 추진 에너지도 감소하게 된다. 효능감의 저하는 반응에 변화를 가져온다. 반응에 변화가 있다고 함은 각 성격유형의 특성에도 변화가 있다는 뜻이다. 다르게 말하면 다른 유형의 특성을 나타낸다는 것이다.

　이런 변화를 보이는 이유는 추진 에너지가 감소하면 자극을 대하는 태도에 변화를 가져오고, 태도의 변화는 욕구의 변화를 가져오며, 욕구의 변화는 자극인식 에너지인 욕망(욕구 만족을 위해 대상에 작용하려는 마음)의 변화를 수반하기 때문이다. 모든 사람은 자치, 친애, 탐구 등의 욕구를 갖고 있지만, 그 중 어느 하나를 다른 것보다 더 선호한다. 유형의 특성을 추구하다가 에너지가 감소한다는 것은 선호하던 욕구추구의 에너지가 감소한다는 것이다. 추구하던 욕구에 추진력이 떨어지면 차선의 욕구가 대두되게 되어 욕구추구에 변화가 일어나게 되는 것이다. 차선의 욕구가 일어난다고 하여 본래의 욕구가 사라지는 것은 아니고 추구의 방향을 선회하여 스트레스에 대응한다는 의미이다. 이는 목표의 추구를 위한 것일 수도 있고 상황을 호전시키기 위한 것일 수도 있으며, 어려움의 회피를 위한 것일 수도 있다. 어떻든 새로운 추구방법으로 대두되는 것은 희석된 욕구의 형태를 취하게 된다.

　스트레스 상황은 추진에너지의 고갈로 연결되기 때문에 추구 욕구에는 변화가 일어나지만 자기효능감의 변화는 발생하지 않는 경향이다. 다만 4번 유형과 5번 유형의 경우는 4번은 후퇴하여 감정의 방에, 5번은 사고의 방에 갇혀 있는 형태로서 선호하던 욕구에서 벗어나지 못하고 효능감의 변화를 시도한다. 4번 유형 5번 유형은 효능감 변화가 가능하다는 말은 역으로 욕구의 변화가 어렵다는 것으로 내면의 상자 깊숙이 자리하여 자신에 대한 인지와 평가는 변화 가능하나, 기능하는 뇌의 부위가 변화하기 어렵다는 의미이기도 하다. 여기서 변화의 규칙을 정리하여 보면, 스트레스를 받게 되면 효능감의 변화보다는 추구욕망에 변화가 일어나는데, 다만 4번과 5번 유형은 효능감에 변화가 일어난다.

스트레스 방향 이동

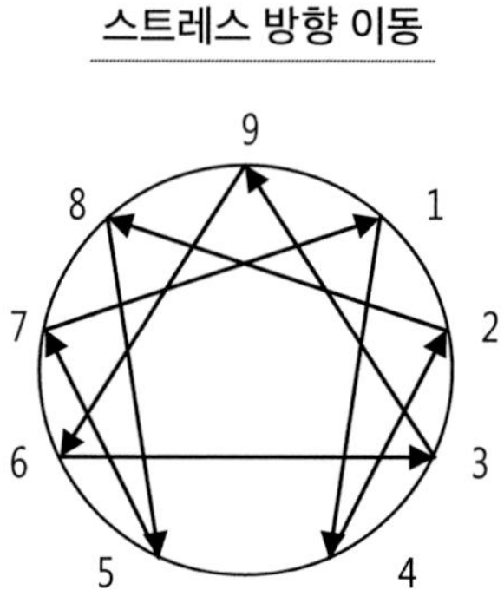

　이들의 변화를 충동적 행동 유형의 구분에서 살펴본 공격형, 의존형, 후퇴형으로 나누어 정리하여 보면 공격형인 1, 3, 8번은 후퇴형인 4, 9, 5번 유형으로 이동하고, 후퇴형인 4, 9, 5번은 의존형인 2. 6, 7번 유형으로 이동하며, 의존형인 2, 6, 7번은 공격형인 8, 3, 1번 유형으로 이동한다. 이런 변화는 지속적으로 스트레스를 받는다는 것을 전제로 하고 있다는 점을 유의하여야 한다. 일시적일 경우는 충동적 행동에 해당되기 때문이다. 정리하면 스트레스 상황이 지속되면 심리에너지가 고갈되고 욕구추구의 인내심이 소진되어 점점 충동적으로 되어 후퇴형에서 의존형으로, 의존형에

서 공격형으로, 공격형에서 후퇴형으로 된다는 것이다.

이런 관계를 위의 도형에서 보면 1번 유형과 8번 공격유형은 긴장감과 중압감이 생기면 공격적인 행동으로 에너지를 소진하여 점점 4번 유형과 5번 유형으로 물러나고, 7번 유형과 2번 의존유형은 타인과 상황에 의존하던 에너지가 고갈되어 즉각적인 반응하는 1번 유형과 8번 공격유형으로 이동하게 된다. 4번과 5번은 위에서 언급한 바와 같이 효능감을 변화시키는데, 효능감이 낮은 4번 유형은 부족한 면을 보완코자 하나 에너지 소진되어 외부 의존적인 2번 유형으로 이동하게 되고, 5번 유형은 탐구에 대한 에너지가 부족하여 이것 저것에 기웃거리게 되는 7번 유형으로 이동한다. 3번 유형은 공격에너지를 소진하고 타인의 인정에 의존하던 에너지가 약해져서 평화를 추구하는 후퇴형인 9번으로 이동하고, 6번 유형은 의심과 불안 때문에 규범이나 권위에 의존하던 에너지가 고갈되어 경쟁하는 3번의 공격유형으로 이동하며, 9번 유형은 에너지가 소진되어 물러나 있지 못하고 상황에 권위나 질서에 의존하는 6번 의존유형으로 이동하게 된다. 이들이 에너지를 소진하는 이유는 스트레스나 장애에 대응하면서 긴장을 하고 있기 때문이다. 이런 관계를 도표로 나타내면 다음과 같다.

스트레스 방향의 변화 요약

유형	욕구	추구 특성	효능감	변화			해석
				욕구	효능감	유형	
1	자치	개선	낮음	친애	낮음	4	에너지 감소 → 경계 약화 → 존재감 유지 → 호의 형성 → 독특 추구
2	친애	도움	높음	자치	높음	8	호의 약화 → 가치감 유지 → 경계 형성 → 외부 통제 추구
3	친애	성공	현실적	자치	현실적	9	경쟁력 약화 → 가치감 약화 → 가치감 유지 → 경계 형성 → 평화 추구
4	친애	특별	낮음	친애	높음	2	자기애 약화 → 독특함 약화 → 가치감 유지 → 관계 의존 → 도움 추구

5	탐구	정보	높음	탐구	낮음	7	탐구력 약화 → 무지의 두려움 → 안정감 유지 → 재미 추구
6	탐구	신뢰	현실적	친애	현실적	3	안정감 약화 → 불신 두려움 → 안정감 유지 → 호의 형성 → 성공 추구
7	탐구	재미	낮음	자치	낮음	1	탐구력 약화 → 두려움 → 안정감 유지 → 경계 형성 → 완벽 추구
8	자치	통제	높음	탐구	높음	5	경계 약화 → 무력감 → 존재감 유지 → 물러남 → 지식/정보 추구
9	자치	평화	현실적	탐구	현실적	6	자율감 약화 → 무력감 → 존재감 유지 → 물러남 → 의존/안정 추구

나. 활력 방향

사람은 환경에 잘 적응하면서 원만하고 만족스러운 생활을 원하나 실제 현실은 여러 가지 장애요인과 타인과 상충되는 이해관계 때문에 정신적·육체적 긴장과 갈등을 경험하게 된다. 환경과 인간관계에서 겪는 어려움을 극복하고 성장하기 위해서는 서로에게 이익이 될 수 있는 발전적인 태도를 갖추어야 할 것이다. 이를 위해서는 먼저 자신의 성격이 갖고 있는 한계점을 극복하여야 한다. 각 유형의 한계점이란 각 중심이 갖고 있는 편협함을 말한다. 각 유형은 에너지의 원천인 자기중심적인 욕구에서 비롯되기 때문에 편협할 수밖에 없다. 또 자극에 대처함에 있어 의지, 사고, 감정의 욕구 중 자신에게 익숙한 것에 무게를 두고 반응함으로써 공존이란 측면에서 보면 균형과 조화를 이룰 수 없는 것이다. 예를 들면 같이 축하하고 즐거워해야 할 상황에서 자신의 처지를 생각하며 비탄해 할 경우나, 아이디어 창출을 위한 심각한 토론 장면에서 히죽대는 경우 등이다. 자신의 강박적 마음에서 벗어나 주도적이고 공존적이며, 발전에 기여하는 방향으로 에너지를 집중하는 지혜가 필요한 것이다. 이 과정은 점진적 에너지 비축의 과정이고 활동영역의 확대 과정이며, 자아확장의 과정이다.

스트레스 지점으로 방향 이동에서 4번 유형과 5번 유형을 제외한 모든 유형에서 욕구추구에 변화가 일어난 것과 유사하게, 활력지점으로 방향이동에서는 2번 유형과 7번 유형만 효능감 변화를 시도하고, 나머지 유형은 욕구의 변화를 시도한다. 2번과 7번은 외부 의존적이고 공존적인 삶을 추구하고 있어서 활동영역의 확대를 이미 이루고 있기 때문에 효능감의 변화를 통하여 조화를 추구한다. 활력지점으로 화살표 번호 이동은 아래 도형과 같다.

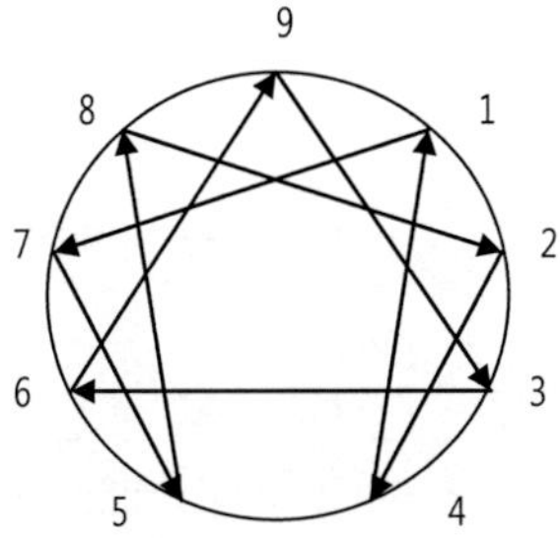

활력 방향 이동

존재의 유지·발전에 집착하는 1번과 8번은 효능감의 변화 없이 침해의 우려에서 만들었던 경계를 허물고 비축된 에너지를 점진적으로 이동하여 올바름을 추구하던 경직적인 1번은 행운을 바라며 나비처럼 자유롭게 착상을 즐기는 7번으로 욕망을 확장하고, 자치를 욕망하며 스스로 만든 영역에 구속되었던 8번은 사랑을 추구하면서 외부 평가에 의존하며 도움행동을 하는 2번으로 욕망을 확장하여 문호를 개방하게 된다. 이러한 욕망의 확장은 집착으로 스스로 만든 구속적인 경계를 허물고 개방하여 가벼운 마음으로 즐거움을 추구하거나, 도움을 베푸는 등 활동의 영역을 확대하는 것으로 삶을 풍요롭게 한다. 7번과 2번은 욕구의 변화 없이 5번과 4번으로 효능감을 조정하여 외부의존적인 경향에서 내부의 안내를 강화하거나, 내적인 자기다움을 찾고자 노력한다. 5번 유형과 4번 유형은 비축된 추진력을 바탕으로 효능감의 변화 없이 8번 유형과 1번 유형으로 욕망을 확장하여 물러서는 경향에서 추진력을 강화하거나, 올바름을 도모하게 된다. 현실적 효능감을 가진 3번 유형은 존경을 받고자 하는 욕망에서 벗어나 성실하게 기여함으로써 신뢰를 회복하는 6번 유형으로 자아를 확장하고, 6번 유형은 희망의 상실에서 오는 두려움에서 벗어나 9번 유형으로 자아를 확장하여 태평스러움과 조화로움을 회복하게 된다. 9번은 게으름에서 벗어나 경쟁적이고 동기부여적인 3번 유형으로 자아를 확장하여 성숙으로 나아가게 된다. 이를 도표로 설명하면 아래와 같다.

활력 방향 변화의 요약

유형	욕구	특성	효능감	다변화(활력 방향)				해석
				욕구	효능감	유형	에너지 사용	
1	자치	개선	낮음	탐구	낮음	7	존재감 확보 → 존재감 방어 → 다양성 추구	벽을 개방하고 재미있는 삶의 태도 모색
2	친애	도움	높음	친애	낮음	4	가치감 확보 → 가치감 확장 → 자기다움 표출	외부 의존적 태도에서 벗어나 자기다움 찾음
3	친애	성공	현실적	탐구	현실적	6	가치감 확보 → 가치감 방어/확장 → 신뢰추구	가식을 벗고 신뢰를 바탕으로 성공 추구
4	친애	특별	낮음	자치	낮음	1	가치감 확보 → 가치감 방어 → 올바름 추구	특별한 감성을 실현 추구(창의성 발현)
5	탐구	정보	높음	자치	높음	8	안정감 확보 → 안정감 확장 → 영향력 추구	비축한 정보를 바탕으로 실행력을 갖춤

6	탐구	신뢰	현실적	자치	현실적	9	안정감 확보 → 안정감 방어/확장 → 조화 추구	신뢰를 바탕으로 조화와 평화를 추구함
7	탐구	재미	낮음	탐구	높음	5	안정감 확보 → 안정감 방어 → 아이디어 구체화	재미 있는 아이디어의 구체화에 에너지 집중
8	자치	통제	높음	친애	높음	2	존재감 확보 → 존재감 확장 → 나눔 추구	경계를 개방하고 공감적인 삶을 추구
9	자치	평화	현실적	친애	현실적	3	존재감 확보 → 존재감 방어/확장 → 경쟁 추구	안주에서 벗어나 경쟁적인 태도 형성

　그런데 왜 이 활력의 방향이 충동적 행동 유형에서 논의 된 바와 같은 공격형은 의존형으로, 의존형은 후퇴형으로, 후퇴형은 공격형으로 순환하는 것일까? 이는 심리에너지가 상승하고 이를 의식적으로 제어할 수 있게 되면 조화와 균형을 추구하게 되어 공격은 의존을 통해 조화를 찾고, 의존은 후퇴를 통해 여유를 찾으며, 후퇴는 공격을 통해 균형을 찾으려 하기 때문이다. 또 스트레스 방향으로 진입은 에너지가 고갈되어 무의식적이고 충동적으로 일어나는 것인 데 반해, 활력방향으로 진입은 의식적으로 인내심을 갖고 조화, 균형, 여유를 추구하는 노력이 필요한 것이고, 의식적인 노력은 에너지를 불어 넣어주는 작업이 필요하다는 의미이다. 의식적으로 에너지를 불어 넣는다는 것은 무의식 행동에서 의식행동으로 바꾸면 시간적 여유를 갖게 되어 성숙한 행동이 일어난다는 것이다. 즉 깨어있는 행동이 된다는 말이다. 1번 유형이 일을 완벽하게 처리하지 못했다는 자책으로 잠을 못 이루고 있을 때, 의식을 7번 유형의 특성으로 흘러 보내면 여유를 회복하게 된다. 즉 즐거운 일을 계획하고 이에 의존하거나 자연의 순리에 의존하게 되면 해결책이 보이고, 큰 틀에서 자신의 집착을 인지하고 타인이나 환경을 수용하게 되어 마음의 안정과 여유를 찾을 수 있다는 것이다.

가. 정신건강-자아의 수축과 확장

같은 성격유형을 가진 사람인데도 유사한 자극에 다른 반응을 보이는 경우가 있고, 같은 사람이 같은 자극을 받았는데도 다른 반응을 나타내는 경우도 있다. 자아가 처한 상황이 다르기 때문이다. 한 사람은 사회·경제적으로 좋은 상태인 반면, 다름 사람은 열악한 상황에 있다면 두 사람의 자아는 머무는 위치가 다를 것이다. 한 사람은 천당에 살고, 다른 사람은 지옥에 살며, 지상에 또 다른 사람이 있다면, 이들의 자극에 대한 반응은 당연히 차이를 보일 것이다. 이와 같이 당사자가 처한 상황에 따라서 같은 자극이라도 다른 반응을 나타내게 된다. 자아의 상태가 건강한지, 보통의 상황인지, 혹은 저조한 상태인지에 따라서 반응이 신경증적일 수도 있고, 충동적일 수도 있으며, 생산적일 수도 파괴적일 수도 있고, 긍정적일 수도 부정적일 수도 있으며, 개방적일 수도 폐쇄적일 수도 있을 것이다.

성격은 유전자에 의해 그 소인을 받고 성장 환경에서 부모의 영향, 신체적 여건, 교육, 경제, 종교, 문화적 요인에 의해 영향을 받아 자극에 일관된 반응을 나타내는 것을 말한다. 이렇게 성격이 환경에 영향을 받는다는 것은 성장하면서 경험과 학습에 의해 변화하고 발달하여 적응해 간다는 것을 의미한다. 이는 신체가 성장하듯이 정신도 개체의 유지 발전을 위해 그 능력을 발달시킨다는 것이다. 이 정신적인 능력의 향상을 우리는 심리발달이라고 한다.

발달의 사전적 의미는 '수정에서 사망에 이르기까지 인간의 모든 생애에서 일어나는 심신의 양적·구조적 변화로서, 미숙한 수준에서 원활하게 되거나, 단순한 것에서 복잡하게 되는 과정을 말하며, 정점에서 쇠퇴하는 과정도 발달에 포함되는 것으로 간주한다(특수교육학 용어사전, 2009, 국립특수교육원)'고 한다. 여기서 정점이 되는 능력이 무엇이며, 여기에 이르는 과정은 어떻게 구분할 것인지가 관심의 대상이다. 그리고 발달과 유사한 개념으로 성숙과 성장이 있다. 성숙(maturation)은 성격을 비롯한 몸과 마음이 어른스럽게 되어 무르익음을 뜻하는 것이나 주로 정신적 측면의 발달을 의미하고, 성장(growth)은 주로 신체적 측면의 변화를 의미하는 경향이다. 발달은 성숙과 성장을 포함하는 상위의 개념으로 사용하나 혼용되기도 한다.

발달이 목표로 하는 정점의 능력은 어떤 것인지를 이해하기 위해서는 이 능력이 어디에 필요한 것이며, 필요로 하는 수준은 어떤 것인지를 이해하는 것이 중요하다. 인간이 생명을 유지하고 삶을 살아가는 곳은 지구라는 별의 어느 지역이고, 그 지역에 사는 사람들과 같은 문화를 공유하며, 같은 규범과 제도에 의한 규제를 받는다. 따라서 이들에게 필요한 능력은 그 지역사회에서 살아가는 데 필요한 요인들이다. 다시 말해, 그 사회의 일원으로서 제 자리에서 원만하게 기능하며, 자신이 가진 가능성을 발휘할 수 있게 하는 능력을 말하는 것이다. 사회의 일원으로서 원만하게 기능한다고 함은 자신이 타고난 자질을 충분히 발휘하여 자아를 실현하는 것을 말한다. 이는 생명체가 갖는 특성이다.

생명의 특성 중 활동과 관련된 특성으로는 목적성, 기능성, 상호의존성 등이 있는데, 사회에서 필요로 하는 능력은 이들 특성과 관련된다. 삶의 목적은 삶의 기쁨으로 충만한 행복이고, 이를 시현하기 위한 기능은 크게는 생태계의 일원으로, 작게는 지역 사회나 조직원 일원으로 기능하면서 기쁨과 슬픔을 공유하고 공감하는 기능을 말한다. 상호의존이란 인간관계 속에서 생명의 유지와 발전에 모자라는 부분을 힘을 모아서 해결하는 물리적·정신적 협업관계를 말한다. 서로의 관계에서 모자라는 부분을 서로 보완하여 성취하고, 기쁨을 주고 받는 삶을 통하여 목적인 행복을 충전하며 타인과 더불어 살아가는 삶의 활동이 상호의존의 보습이다.

발달이론가들(프로이트, 에릭슨 등)의 발달 단계는 정신적 주체인 자아가 신체의 발달에 따라 성숙되어 가는 단계를 이론적으로 설명하고 있는데, 아동기는 이기적이고 자기보존적인 단계로 신체적·정신적 자립을, 학동기에는 향후 사회인으로 진입을 위해 필요한 자질을, 성인기에는 직업인으로서 타인과 더불어 과업을 성취하는 데 필요한 특성을, 장년기에는 자신의 삶을 윤택하게 하는 데 필요한 자기 성찰적인 자질 등을 갖출 수 있어야 한다고 설명한다. 이러한 단계들은 자아가 성숙되고 확장되어 가는 과정들이다. 가족에서 학교, 직장, 지역사회 등의 동료집단으로 삶의 영역을 확장하게 되는데, 이런 확장 단계는 그 단계에 잘 적응할 수 있는 특성이 필요하다는 것이다. 이와 같이 삶의 영역이 확장됨에 따라 자아도 확장되고 성숙되어야 바람직한 생활을 할 수 있는데, 그렇지 못하면 정상적인 사회인으로서 역할을 다 할 수 없다. 이들이 제시하는 발달 단계별 추구가치는 자립심과 사회성, 재능에 해당하는 것들이다.

자립성, 사회성, 재능을 함양하여야 안정적인 자아상태를 이룰 수 있겠지만 모든 사람이 이런 능력을 완벽하게 갖출 수는 없고, 각자의 유전적 요인과 성장 환경, 개인의 노력에 따라 발달의 수준은 차이가 있기 마련이다. 이런 수준 차이는 자극에 대처할 때 심리적 환경에 차이를 만들고, 이 차이는 정신적 건강에 차이를 만들게 된다. 같은 성격유형을 가진 사람일지라도 주도적으로 자신의 뜻을 실현하는 사람과 주도적이지 못한 사람, 사회적응을 잘 하는 사람과 못하는 사람, 재능을 충분히 발휘하는 사람과 못하는 사람은 자극에 대처하는 데 차이가 있다는 의미이다. 다시 말해, 이런 능력의 유무에 따라 자극에 대한 그 사람의 태도를 결정하게 된다. 대처할 수 있는 충분한 능력을 갖춘 사람은 잘 대처하겠지만, 능력을 갖추지 못한 사람은 그렇지 못할 것이다. 하지만 이런 능력을 잘 갖추고 있다고 하더라도 정신적으로 건강한 상태에 있지 않으면 자극에 원만하게 대처하지 못한다. 예를 들면 긍정적이고 타인과 더불어 삶을 살고자 하는 사람과 비판적이고 부정적이며 자기중심적인 태도로 삶을 살아가는 사람은 어떤 문제에 맞닥뜨렸을 때 반응하는 방법에서 상당한 차이가 있다는 것이다. 이와 같은 삶의 태도를 사람의 본성이란 기준에서 건강한 상태, 보통의 상태, 저조한 상태로 구분하여 정신건강상태라고 한다.

정신건강이란 사람이 갖추어야 할 본성에 얼마나 충실한지를 의미한다. 생태계의 종들은 종 고유의 특성과 개별적인 개별성을 지닌다. 종 고유의 특성은 공동의 선을 전제로 그 종種이 생태계에서 생존할 수 있게 선택 받은 성질이다. 개별성은 개인별로 다른 심리에너지가 고착되어 형성된 것으로 공동의 선 위에 껍질로 둘러싸인 것이다. 공동의 선은 종의 존속과 발전에 기여할 수 있는 공존의 지혜로서 열매 속의 핵이라면, 개별성은 개인의 존재의 안전과 발전에 집착하여 형성된 열매의 껍질에 해당되는 것이다. 이 공동의 선을 인간의 본성이라 한다. 이 본성이 존재하지 않았다면 인간은 지구상에 존재하지 못하고 멸망하였을 것이다. 인간이란 종을 존재하도록 견인하고, 종의 번영에 기여한 인간의 본성은 무엇일까?

생명체로서 인간의 본성은 자유, 사랑, 지혜, 수용, 공감, 나눔,정의, 조화, 평등, 평화, 진리 등의 보편적 가치이다. 이를 이루기 위한 방법으로 인의예지仁義禮智를 행하고, 사랑하며 자비를 베푼다. 이런 보편적 가치를 추구하지 않았다면 인간은 집단생활을 할 수 없었을 것이고, 집단 생활을 하지 않았다면 농경생활이 불가능했을 것이며, 육식동물의 먹이가 되었을 것이다. 집단 생활은 서로를 비교하게 하며, 비교는 우열을 가리게 하고, 우열은 경쟁을 유도하여 서로를 발달하게 한다. 집단에서의 우열은 생산과 분배 관계를 서열화하여 지배 구조를 만들게 한다. 지배구조는 집단을 응집하게 하고 외부의 세력과 대항할 수 있는 힘을 기르게 하며, 협동과 질서를 만들게 한다. 협동과 질서는 관계를 공고히 유지할 수 있게 시너지 효과를 발휘케 하고, 분업의 체계를 생성하게 한다. 이런 것 들이 인류를 번영하게 한 요인들이다. 자유, 평등, 평화, 정의, 진리, 인의예지仁義禮智, 사랑, 자비 등을 추구하는 인간의 본성이 없었다면 집단 생활과 이를 지탱하는 협동과 질서도 없었을 것이다. 이를 달리 표현하면 유기체의 목적성은 전체성에서 가치를 부여 받기 때문에 전체에 기여하지 않는 개체의 존재는 의미 있는 존재가 아니다는 말이다. 이런 점 때문에 집단의 발전과 안녕에 기여하는 가치가 인간의 본성이 되는 것이다.

인간이 본성을 추구하면 자신의 마음이 편안해지고, 가치를 느끼며, 자유를 느낀다. 자유롭고, 가치 있고, 편안하며, 마음의 안식을 느낄 수 있는 희망을 가질 때 인간은 살아있는 기쁨을 느끼게 된다. 다시 말해, 행복해진다는 것이다. 기쁘고 행복해지는 이유는 이들 가치가 인간의 기본적 욕구에 해당하기 때문이다. 반대로 집단의 안녕과 발달을 파괴하는 가치를 추구하게 되면 타인에게 피해를 줄 뿐만 아니라 주변으로부터 압박을 받게 되고 따돌림을 당하여 스스로 불안해지며 자유롭지 못하고, 수치스럽고 불편하게 된다. 전체에 기여하지 않고 피해도 주지 않으며, 자기 편의적이고 자기 중심적인 행동을 하는 경우는 스스로 가치 있다는 느낌을 받기 어렵고, 스스로 자랑스럽다는 느낌이나 마음이 편안하다는 느낌도 갖지 못할 것이다. 이런 인간의 본성을 추구하는 공존적이고 상생적인 태도를 심리적 건강상태라 하고, 본성을 저해하는 태도를 저조상태라 하며, 그리고 자존적自存的이고 자기중심적인 태도를 보통상태라고 한다.

어떤 사람이 전철에서 침을 뱉었는데 옆 사람의 신발에 침이 떨어졌다. 피해자는 사과를 요구하였으나 가해자가 이에 응하지 않고 전철에서 내리자 피해자는 따라가면서 사과를 요구하였다. 그 결과 가해자가 무시를 당했다며 칼부림을 하여 여러 사람이 상해를 당했다는 기사가 매스컴을 탄 적이 있다. 이 가해자의 자아는 어떤 수준에 있었을까? 그리고 어떤 성격 유형일까? 충동적이고, 공격적인 유형 중 어느 유형이 아닐까? 중요한 것은 이 가해자의 자아 수준이 아주 위축되어 스스로 반응을 선택할 여유와 자유를 갖지 못하고 있음이다. 자아의 수준이 아주 위축되어 저조한 상태에 놓여 있기 때문에 대립적이고 고립적이며 파괴적인 반응을 보였던 것이다.

위의 사례에서 보는 바와 같이 자아의 수준은 자신과 타인을 이해하는 데 매우 중요하다. 자아의 수준이라 함은 자아가 인간의 본성을 추구하는 정도程度인 자아확장의 수준을 의미하며, 그 정도에 따라 건강한 상태, 보통상태, 저조상태로 구분할 수 있다. 앞에서 자아개념은 개인의 존재감인 정체성에 대한 자기지각의 인지적 부분과, 자기지각의 정서적이고 평가적 부분으로 구성된다고 한 바 있다. 자기를 어떻게 인지하고 어떻게 평가하는지에 따라 자아의 수준이 달라진다는 것이다. 자기를 둘러싼 주변 환경이 어려우면 경제적으로나 사회적으로 자신이 대처할 수 있는 능력과 수단의 범위가 축소되고, 자기에 대한 평가도 위축될 수밖에 없으며 자아는 자유롭지 못한 자아수축의 상태가 된다. 이러한 수축된 상태에서 자아는 존재의 불안, 자기 가치의 상실, 불안정과 절망감으로 인해 자립심, 타인에 대한 배려, 친애, 희망 등을 스스로 느낄 수 없는 상태로 진입하게 된다. 이러한 상태를 저조상태라 한다.

저조상태에서는 자율적 행동, 타인에 대한 사랑, 상황의 재구조화 등 선택이나 판단, 사고 등의 인지기능에 장애가 발생하여 자신의 자유는 구속되고, 판단이나 사고는 비현실적이고 조작적이며 고립적이다. 그리고 행동은 자기와 타인에 파괴적이거나 공격적이고 대결적으로 하게 된다. 위의 사건 기사에서 본 바와 같은 행동은 이런 상태에서 일어나는 것이다. 이런 사건의 피해자가 되지 않으려면 사전에 가해의 징조를 발견하는 것이 급선무다. 이런 행동의 징조는 어둡고 신경질적이며, 타인에 대한 배려를 하지 않는 경우나 우범행위, 무례 등에서 찾을 수 있다. 이런 사람은 저조상태에 놓인 경우로서 이들과 다툼이 있으면 가능한 감정 노출을 피하고, 객관적이고 이성적으로 대처하든지 피하는 것이 좋다. 이런 사람에게 정의를 논하면서 접근하면 우발적인 사고를 유발할 수 있음을 유의하여야 한다.

보통의 상태란 타인에게 피해를 주지도 않고 타인으로부터 피해를 받기도 싫어하는 정도의 자아수준을 말한다. 쉽게 말해 법의 테두리 안에서 무난하게 행동하는 수준이다. 의지의 수준은 자기 경계가 확실하고 자율적이며, 타인을 적극적으로 돕지는 못해도 배려를 통해 피해는 입히지 않으려 한다. 비교적 편안한 상태로 안정감을 느끼는 정도를 의미한다. 타인의 입장을 고려해야 하므로 약간의 충돌과 불편을 느끼는 상황이 되면 타인과 자신을 조작하여 문제가 발생하기도 하여 대인관계에 갈등을 느끼기도 한다. 이들은 자기 방식으로 타인을 응대하고 그에 반응해 주기를 기대한다. 이 상태에 있는 사람의 특징은 자존적_{自存的} 태도와 가치를 중요시 한다. 자존적 가치를 중시한다고 함은 상생을 위한 노력이 필요하다는 말이다.

건강한 상태란 자신이 속한 성격 유형의 장점이 강조되고 상황이 어려워도 안정적인 감정상태를 유지한다. 활력 있고 개방적이며, 생산적이고 지지적이다. 이들은 타인과 더불어 성장하기를 추구하는 공존의 삶과 사회적 가치를 중시하는 자아 수준을 가진다. 가치 판단의 기준을 자신의 개인적 삶보다 집단과 사회발전에 두고, 자연의 순리에 순응하는 삶을 중시한다. 건강한 수준의 사람들은 자신의 역할을 우수하게 수행하고 스트레스를 잘 관리할 뿐만 아니라 정신적으로 자유로워 선택의 폭이 넓다. 이들의 의지는 자신의 뜻이기도 하지만 자연의 순리이며, 사회정의이다. 타인에 대한 배려는 사랑이요 자비이며, 측은지심이다. 이들의 안정감은 공유와 나눔이라는 넓고 깊은 곳에서 오는 편안함으로 매우 균형적이다. 속담에 '곳간에서 인심 난다'는 말이 있듯이 이들의 자아라는 곳간은 크고 풍부하여 나누어도 마르지 않는 샘과 같다.

자아수준을 건강, 보통, 저조상태로 구분하였으나 실제 그 구분은 단절된 것이 아니라 연속선상의 단계적 대역帶域 중 어떤 범위에 속한다. 어느 상태라도 정도의 차이가 있고, 구분도 분명하지 않다. 예를 들면 각 상태마다 3 등급으로 구분한다면 전체는 9단계의 등급이 생긴다. 이때 자아수준은 1등급이나 2등급, 7등급 등으로 분명히 구분되는 것이 아니고, 2~4범위일 수도 있고, 3~4범위일 수도 있으며, 6~8범위 일 수도 있다는 것이다. 마치 온도계와 같은 것이다. 자아의 상태가 좋으면 온도가 올라가고, 자아의 상태가 저조하면 온도가 내려가는 것과 같은 것이다.

중요한 것은 자신이 어떤 상태에 위치하고 있는지를 아는 것이고, 보통 수준에서 저조 상태로 진입하거나 건강상태에서 보통상태로 진입하는 신호를 인식하는 것이다. 이것은 자신의 삶의 태도와 방식, 범위가 자존적自存的인지 아니면 상생적인지, 폐쇄적이고 자기 역할 중심적인지, 혹은 방어적이고 경계적이며 자기통제력을 상실하고 있는지를 살펴보면 쉽게 구분할 수 있을 것이다. 그리고 자아의 수준을 상승시키려면 먼저 삶의 가치를 생산적이고 상보적이며, 수용적이고 공생적인 태도에 두어야 할 것이다. 이것이 자아의 확장에 해당한다. 자아수준을 확장하는 방법은 환경을 긍정적으로 인식하는 것이다. 환경을 긍정적으로 인식하면 사고가 자유롭고, 자유로운 사고는 독립적이고 주도적인 삶을 영위할 수 있게 한다. 그리고 주변을 둘러볼 수 있는 여유를 갖게 하므로 인의예지仁義禮智를 행할 수 있게 만들어 준다. 흔히 스스로를 긍정적이라고 하는 사람은 많다. 하지만 실제로 자기가 속한 환경을 긍정적으로 인식하는 사람은 많지 않다. 긍정은 부정의 반대 개념으로 정서의 측면에서 대상을 좋게 생각하고 능력의 측면에서 가능하다고 생각하는 우호적인 태도를 말한다. 자신의 어려움을 어려움으로 보지 않고 성공을 위한 과정으로 인식하고 주변과 함께 밝은 미래를 꿈꾸는 것이 진정한 긍정적인 면이 아닐까? 이것이 건강 상태로 가는 길이 아닐까?

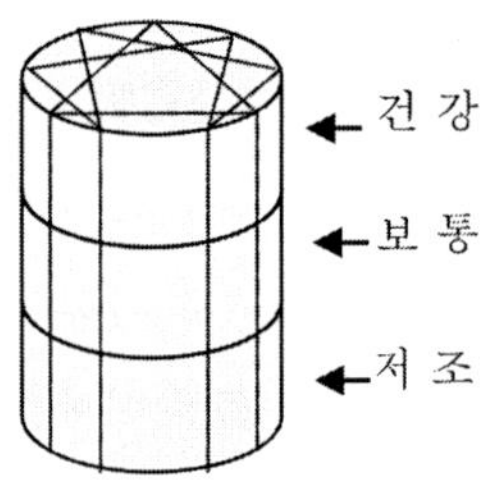

저조한 정신건강은 부정적 인식에서 출발하는데, 이 부정적 인식은 열악한 환경과 억압된 본능적 충동, 부정적 사고체계 등의 산물이다. 중요한 것은 긍정적 시각을 갖는 것이고, 긍정적 시각은 자신에 대한 자기긍정에서 출발한다. 자신을 긍정한다는 것인 자신의 삶에 대한 성찰에서 형성되

는 것이고, 이 삶에 대한 성찰은 지적 장비를 갖추고 적응해 온 축적된 경험을 토대로 미래를 바라보는 통찰력에서 만들어지다는 점에 유의하여야 한다. 따라서 자립심, 사회성, 재능 등의 자질 함양을 위해 노력해야 할 것이고, 미래를 가꿀 꿈을 만들어 가는 것이 중요할 것이다. 요약하면 능력, 꿈 혹은 비전, 긍정적 자아, 본성회복 등이 정신건강을 가꾸는 방법이 될 것이다.

상태간의 구분을 그림으로 나타내면 위 그림과 같다(그림 중 원기둥은 돈 리소의 '에니어그램의 지혜'에서 인용하였다).

나. 정신건강의 결정 요인

정신상태의 건강, 보통, 저조를 결정하는 것은 상황을 인식하고 반응하는 방법에 따른다. 정신건강의 상태는 세상을 긍정적이고 우호적이며 공감적으로 인식하는지, 아니면 부정적이고 비우호적이며 이기적으로 인식하는지, 공격적이고 반사적으로 반응하는지 아니면 지지적이고 느긋하게 반응하는지의 성향에 따른다. 의지중심의 성격유형을 가진 사람이 긍정적으로 인식한다고 함은 자치감을 유지하기 위하여 형성한 경계를 허물고 대상을 수용적인 태도를 취함을 의미라는데, 수용적 태도를 취하면 자치라는 욕구에서 벗어나게 되어 객관적으로 세상을 인식할 수 있게 된다. 감정중심의 사람이 긍정적으로 인식하게 되면 인정과 존경을 받기 위하여 나타내 보이는 이미지의 허울을 벗고 정직하게 대상을 수용하게 되며, 정직한 태도는 자신이 추구하는 친애욕에서 벗어나게 하여 가치를 객관적으로 인식하게 된다. 또 사고중심의 사람이 긍정적으로 인식하게 되면 내면의 상자로 물러나 상황을 재구성하려 하지 않고 , 사회와 생태계의 순리와 본성에 따르게 되며, 편안함을 추구하려는 탐구욕에서 벗어나 대상을 있는 그대로 온전하게 수용할 수 있을 것이다. 그리고 건강한 상태의 사람은 지지적으로 반응한다고 하였는데, 이는 대상의 입장에서 대상의 처지를 이해하고 대상이 원하는 방향으로 반응함을 말한다. 이를 공감이라고 한다.

성격 발달이론부분에서 정신적으로 원만하게 성장하기 위해서는 성장의 주체이고 적응의 주재자인 자아가 확립되어야 하고, 자아의 확립은 개체로서의 자립성과 사회인으로서의 사회성을 갖추어야 한다고 한 바 있다. 이 말은 건강한 정신을 소유하기 위해서는 자아의 확립이 필수적이라는 뜻이다.

그러면 건강한 정신에 필요한 자아상태는 어떠하며, 어떻게 해야 긍정적이고 우호적이며 공감적으로 인식하고, 지지적이고 느긋하게 반응하게 될까? 이러한 인식과 반응의 상태는 정신적으로 풍요한 경우에 가능한 것이다. 정신적으로 풍요하다는 것은 주도적으로 세상사를 해결할 수 있는 능력을 소지하고, 정서적으로 안정적이고 편안하며 즐거운 상태를 말한다. 능력과 정서적 풍요를 소유하였다고 하더라도 이를 본성에 적합하게 사용하고자 하는 의지가 없다면 자기만의 풍요로 끝난다. 이 풍요를 공생과 공존에 합당하게 베푸는 넉넉함이 있어야 건강한 상태가 된다는 것이다. 이 의지는 객체에 대한 수용과 공감의 태도로 나타나고, 정직하고 믿음직하며 윤리적이고 순리에 맞는 행동으로 표출된다. 따라서 정신을 건강하게 유지하는 요인인 자아상태를 풍요롭게 하는 능력, 객체를 대하는 수용과 공감의 태도, 정직하고 믿음직하며 윤리적이고 순리적인 행동에 대하여 설명하고자 한다.

1) 수신修身과 지적 장비知的 裝備

에릭슨의 심리사회적(Psychosocial) 발달 단계에 의하면 사회에서 성장하고 삶을 영위하는 개인은 사회환경의 요구에 적응하여야 한다고 강조한다. 적응하지 못하면 사회인으로 성장 발전하지 못할 뿐만 아니라 정상적인 생활이 어렵게 된다. 이는 사회생활에서 구성원이 갖추어야 할 성품은 공동의 선을 추구하는 자질이라는 의미이다. 에릭슨은 자아가 사회환경과 상호작용에서 맞게 되는 위기와 이를 극복하면 얻게 될 자아의 특질을 설정하고 있는데, 이 중 자립과 관련된 영유아기-유희기-학동기-청소년기까지의 위기와 위기극복에서 얻게 되는 특징은 '신뢰감 대 불신감, 자립심 대 수치심, 주도성 대 죄의식, 근면성 대 열등감, 자아정체감 대 정체감 혼미'이다. 이 특징들은 건전한 사회인이 되기 위하여 갖추어야 할 자질로서 개인의 독립성이 강조된 것들이다. 달리 말하면 이 특질들-신뢰성, 주도성, 근면성, 자아정체감-이 건강한 사회성의 바탕이 되는 자립성이다. 한 마디로 사회를 믿고 목적한 바를 주도적이고 자기답게 실천하는 근면성을 갖춘 사람이 아래에서 언급될 공감하고 순리에 맞는 행동을 할 수 있다는 것이다.

'집에서 새는 바가지 밖에서도 샌다'는 속담이 있다. 이 말은 근본은 언젠가는 들어난다는 뜻일 것이다. 또 가까운 주변은 잘 다스리지 못하면서 타인이나 집단의 일에 왈가왈부하면 수신제가치국평천하修身齊家治國平天下라는 말을 하곤 한다. 이 어귀는 선비가 세상에서 해야 할 일의 순서를 알려주는 표현이다. 먼저 자기 몸을 바르게 가다듬은 후 가정을 돌보고, 그 후 나라를 다스리며, 그런 다음 천하를 경영해야 한다는 의미이다.

이 어귀는 대학大學에 나오는 글로서 원문은 다음과 같다. 사물의 본질을 꿰뚫은 후에 앎이 투철해지고, 앎이 투철해진 후에 뜻이 성실해져서 마음이 바르게 된다. 마음이 바르게 된 후에 몸이 닦아지게 되고 몸이 닦인 후에 집안이 바르게 된다. 집안이 바르게 된 후에 나라가 다스려지고 나라가 다스려진 후에 천하가 태평해진다. 그러므로 천자로부터 일개 서민에 이르기까지 모두 몸을 닦는 것을 근본으로 삼는 것이다(格物以後에 知至하고, 知至以後에 意誠하고, 意誠以後에 心正하고, 心正以後에 修身하고, 修身以後에 家齊하고, 家齊以後에 國治하고, 國治以後에 天下平이니라. 自天子以至於庶人히 壹是皆以修身爲本이니라.)'

삶의 범주별로 인간으로서 지향해야 할 바른 자세를 일러주는 좋은 글귀이다. 격물格物·치지致知·성의誠意·정심正心은 수신修身의 단계이고, 수신修身·제가齊家·치국治國은 평천하平天下의 단계로 규정하고 있다. 수신까지의 단계와 평천하까지의 단계를 구분하여 보면, 전자는 개인의 사생활 부분이고 후자는 사회생활 부분이다. 사생활의 기본을 격물·치지·성의·정심이라 함은 사물의 본질과 존재이유를 완전히 알게 되면 뜻이 성실해지고 마음이 바르게 되며 몸을 닦게 된다는 것이다. 사물事物의 존재 이유와 본질을 완전히 알게 된다는 격물치지格物致知는 자연계의 순환고리인 시스템을 안다는 것이다. 다시 말해 서로 물고 물리는 끈과 그 관계 속에서 그 사물의 존재 이유와 존재양식을 완전히 안다는 것이 격물치지이다. 이는 사물뿐만 이니라 자신이 존재해야 할 이유와 행동 양식도 완전히 안다는 것으로 자신의 완전한 존재성을 알고 행한다는 것이다. 자신의 대한 본질과 존재형태를 알게 되면, 그 본질에 따라 주도적으로 행동할 것이고 사회의 일원으로서의 당위성에 따라 역할을 다할 것이다. 이것은 성격의 발달 부분에서 논의하였던 자립적인 개인, 공감하는 사회인, 순리에 맞게 사는 자연인이 되는 것이다.

자립적인 개인, 공감하는 사회인, 순리에 맞게 사는 자연인이 된다는 것은 생태계의 일원으로서의 목적과 기능을 다하는 인간이 됨을 뜻한다. 이러한 사람이 되기 위해서는 필요한 기능을 발휘할 수 있게 하는 물리적, 정신적 조건을 갖추어야 한다. 물리적 조건이란 충분히 기능할 수 있는 개체로서 신체적 역량인 개체성과 물적·인적 환경을 말한다. 개체의 신체적 역량은 건강한 육체(운동계)와 충분히 기능하는 오감(감각계)이다. 물적 인적 환경이란 자원을 조달하고 투입, 조직, 사용하여 새로운 가공품을 창조할 수 있는 환경을 말한다. 또 정신적 조건이란 자기 스스로를 목표달성에 매진토록 조작할 수 있는 자치능력, 사회의 일원으로 적응할 수 있는 사회적 적응력, 태어난 후 연마한 기능인 재능을 말한다.

능력	물리적 능력	개체성		감각계와 운동계의 신체적 능력
		환경지배력		인적 환경과 물적 환경
	정신적 능력 (지적 장비)	자치능력 (자립성)	독립성	자기 신뢰감
			주도성	가치관, 의욕, 열정, 근면성
		사회 적응력 (사회성)	인간 관계 능력	대면영향력, 소통력, 리더십 등 (공감 영향력)
			업무 관계 능력	기획력, 조직력, 실행력
		재능	대상 구분	인문학, 과학, 예술, 어학
			방법 구분	창의력, 분석력, 논리력, 집중력, 표현력, 개념화 능력 등

자치능력, 사회적 적응력, 재능은 인적·물적 자원에 작용하여 성과를 만드는 중요한 요인으로 이를 지적 장비라고 한다. 여기서 조건이란 준비된 상태를 의미한다는 점에서 능력이라고 할 수 있고 이들을 표로 요약하면 위 표와 같다.

첫째, 자치능력인 자립심은 개체로서 생존할 수 있는 독립성과 이를 유지하고 발전시키는 주도성으로 구분된다. 독립성은 스스로 자기 존재에 대한 신뢰가 필요하고, 주도성은 자신이 나아갈 방향감각인 가치관과 이를 실천하는 실천력 및 실천의 방법인 근면성이 필요하다. 자신은 할 수 있다는 자기 신뢰감과 주도성은 의욕이라는 행동지향의 마음이다. 이들을 요약하면 가치관과 의욕, 근면성을 갖추게 되면 자치능력인 자립심을 갖추게 되는 것이다. 가치관에는 세계를 보는 안목으로 우주나 생태계의 존재의 본질과 인류의 생성과 발달 및 삶의 의미에 대한 견해인 세계관, 자신의 일생 동안 어떻게 살아갈 것인지의 의미와 방향에 대한 관점인 인생관, 그리고 어떤 일을 하면서 삶을 영위할 것인지를 결정하는 직업관이 있다. 세계관은 자연과 인간세계를 이루는 인간과 환경과의 관계에서 개체인 인간이 갖는 의미나 가치에 대한 견해이다. 전체는 의존적인 요소들의 부분의 합보다 크다는 유기체론과 부분의 합이 전체가 된다는 기계론, 진화론과 창조론, 과학적 관점과 윤리적 관점 등이 있다. 인생관에는 낙천주의/비관주의, 현실주의/이상주의, 경험주의/합리주의, 유물론/유심론, 무신론/유신론 등이 있다. 직업관으로는 직업을 생계의 수단으로 보는 견해, 자아실현의 장으로 보는 견해, 천직으로 보는 견해 등이 있다.

세계관, 인생관, 직업관은 대상에 대한 개인의 견해(의견이나 생각)라면, 대상을 보는 태도나 시각인 관점(견해를 규정하는 사고의 기본 출발점)으로는 전체론적 관점과 부분론적 관점, 긍정적 관점과 부정적 관점, 유물론적/유신론적 관점, 목적론/방법론적 관점 등이 있다. 여기서 전체론적 관점은 숲을 보는 관점을 말하고, 부분론적 관점은 나무를 보는 관점을 말한다.

둘째, 사회적응능력인 사회성은 인간관계능력과 업무관계능력으로 구분할 수 있다. 인간관계는 사람과 사람 사이에 성립하는 연결을 말하며, 신체적 혹은 정신적 요소들이 역동적으로 상호작용한다. 신체적 요소로는 외모로 대변되는 대면 영향력이 있다. 정신적 요소로는 의지, 사고, 감정 등이 작용하여 사기, 분위기, 조직 문화를 조성되고, 이들은 의사소통(설득력, 표현력, 대면영향력, 경청력 등), 리더십, 팔로우십(followship), 삶의 질, 동기

유발, 사회통합 등의 요소로 구분할 수 있다. 이들을 한 마디로 요약하면 공감하고 영향을 주고 받는 공감 영향력이라고 할 수 있다. 업무관계능력은 업무를 잘 처리하는 데 필요한 능력으로 업무를 기획하고 자원을 동원하여 조직하며, 목적에 맞게 실행하여 평가하는 능력을 말한다.

셋째, 재능은 위에서 언급한 인간관계능력과 업무관계능력 외에 일을 하는 데 필요한 재주를 말하며, 대상으로 구분하면 인문학, 과학, 예술, 어학 등이 있다. 재능이 실행되는 방법으로는 창의력, 논리적 사고력, 집중력, 개념화 능력, 분석력, 예술적 표현력 등으로 구분할 수 있다.

2) 수용과 공감의 태도

흔히들 생각(판단)한 바에 따라 행동하고, 느낀 바에 따라 생각한다고 한다. 느낌이란 자신이 원하는 바에 맞으면 좋고, 맞지 않으면 싫다는 감각과 지각이다. 자신의 마음에 들어서 좋은 느낌이면 마음이 움직여 인식하게 되는 것이다. 자신의 욕구에 합치되면 "좋다"라는 관점에서 처리할 방향을 선택하게 된다는 것이며, 처리는 할 수 있는 정도에 따라 반응하게 된다는 것이다. 할 수 있다고 판단하면 긍정의 반응을 나타내고, 할 수 없으면 부정의 반응을 보일 것이다. 좋은 느낌을 갖게 되면 긍정적으로 인식하게 되고, 긍정적으로 인식하면 수용하게 되며, 수용하게 되면 존재를 인정하게 되고, 존재를 인정하게 되면 관계가 만들어지고, 관계가 만들어지면 상대방의 의견을 경청하게 되고, 경청하면 공감하게 되고, 공감하면 목적을 공유하게 되어 지지적 반응을 보이게 되는 것이다.

이런 일련의 과정들이 건강한 정신과 건강한 사회를 만드는 길잡이이다. 이 과정 중 수용하는 태도는 공감의 전제와 같고, 공감은 건강한 정신의 기본이 되며 공존과 공생의 기초인 인간의 본성이다. 수용의 첫 단계인 좋은 느낌은 자신의 욕망을 내려 놓아야만 접근하기 쉬운 지각이다. 이 내려놓음은 어디서 찾을 수 있을까? 멀고 먼 수행의 길만이 가능한 방법일까? 모든 수행자는 내려놓음을 성취하였을까? 내려놓는 것과 비우는 것이 생리적으로 가능한 것일까? 감각과 인지의 신경회로는 이미 만들어져있고, 기억도 존재하는데, 입력되는 정보를 기존의 회로나 기억을 참조하지 않고 인식할 수 있을까? 이런 관점에서 보면 '내려놓는 것과 비우는 것'은 기존의 정보처리회로를 새로운 신경회로로 전환시키는 것이다. 기존의 자기 중심적인 처리회로를 인간의 본성이 작용하는 수용과 공감의 회로로 전환하여 인식하는 것이 아닐까? 이런 점에서 보면 '내려놓는다는 것과 비운다는 것'은 실제 비우는 것이 아니고 새로 만들어진 다른 회로로 '채우는 것'이 된다.

욕망에서 벗어나 대상에 좋은 느낌을 갖게 되고 긍정적으로 인식하게 되면 자극을 수용적인 태도로 받아들일 수 있어서 대화를 할 때 상대방의 입장을 이해하고 상대방의 의견을 경청할 수 있다. 대개의 경우는 자신의 욕구에 따라 상대방이 이야기 하는 태도를 보고 이야기의 내용을 듣게 된다. 이야기의 태도나 내용이 싫다면 듣지도 보지도 않게 되는데, 수용적인 사람은 사실 그대로 받아들이고 판단한다. 반응의 경우도 건강한 상태의 사람은 자신의 호·불호에 따라 즉각적으로 판단하지 않고 자신의 경험과 능력에 비추어 가·부可·否의 가능성을 고려하고, 서로 편익을 공유할 수 있는 자세로 응한다. 이런 태도와 자세를 취하는 것을 공감이라 한다. 같은 배를 타고 같은 방향으로 노를 젓는 것이 공감이다. 공감은 상대방의 입장 이해와 백지장을 맞드는 협업의 태도를 갖게 하고, 시너지효과를 만들어 낸다. 공감하지 않고는 목표를 공유할 수 없고, 기능의 정렬이나 통합을 이룰 수 없으며, 상호의존적인 제어나 협업을 기대할 수 없다.

앞에서 수용이 공감의 전제라고 한 바 있다. 이 말은 수용의 정도가 깊어지면 공감수준에 이른다는 의미로 한 말이다. 수용이란 그냥 받아들이는 것이 아니고 타인의 나와 다른 면들을 받아들이고 이를 인정한다는 것이다. 나와 다름을 수용하는 데는 다름을 얼마나 인정하느냐는 정도의 차이가 있다. 다른 상대방의 존재를 인정하는 수준, 상대방의 다른 입장을 이해하는 수준, 상대방의 다른 입장과 처지에 대해 동일시 하는 수준으로 구별할 수 있는데 이를 인정, 이해, 공감이라 한다.

공감을 하게 되면 나눔의 지혜가 생기고, 나눔의 지혜가 생기면 성격유형별 집착인 욕망은 새로운 내용으로 충전되어 공존과 상생의 태도를 갖게 되며 환경을 우호적으로 인식하게 한다. 이러한 인식의 변화는 당사자를 선순환의 고리에 진입할 수 있게 하고 건강한 정신상태를 유지하게 한다. 이 전환의 과정은 Ⅷ장에서 에니어그램 유형별 악순환과 선순환 부분에서 설명될 것이다.

3) 정직과 신뢰

삶은 환경과의 관계 속에서 이루어진다. 외부 환경을 이용하지 않고 혼자 스스로 섭식의 대상을 만들기 어렵고, 혼자 힘으로 외부의 공격을 감내할 수 없다. 어떤 경우이든지 외부 환경과 상호작용하고, 타인과 더불어 인적·물적 교환관계를 유지하여야 생리적으로 생명을 이어가고, 서로 즐거움과 고통을 나누며, 상부상조하여 물적 자원을 공급하고 수요하는 편익을 갖게 된다. 이러한 관계나 제도 등이 사회·경제 시스템이다.

관계가 만들어 짐은 서로 연결이 되었음을 뜻하고 연결은 서로 보이지 않는 끈으로 이어져 있음을 의미한다. 끈을 통신라인이라고 생각해 보자.

라인을 타고 흐르는 전파는 어떤 것일까? 통신선을 통하여 자신의 목소리와 상대방의 목소리가 교환되고 서로의 의도가 소통하게 된다. 소통의 내용물은 화자話者와 청자聽者의 의도이다. 설사 그것이 우스개 소리 일지라도 화자의 의사意思가 실려 있는 교신交信이다. 의사意思는 자신의 바람인 욕구와 효능감이 반영된 내용이다. 즉 소통의 내용은 성격 유형의 특성에 따라 결정된다.

관계의 다리는 끈의 연결과 관계(끈)의 강도에 따라 결합의 강도를 나타내는 응력凝力 혹은 인력引力이 결정된다. 이 인력의 강도는 상호 의존과 응집의 정도에 따라 결정된다. 의존한다고 함은 신뢰한다는 것을 의미한다. 다른 사람에게 물건을 맡기든 아니면 결정이나 도움을 청하든 의존한다는 것은 의존하여도 된다는 믿음을 전제로 한다. 신뢰는 정직에서 출발한다. 내가 정직하면 상대방은 나를 믿게 되고 상대방이 나를 믿으면 나도 상대방을 신뢰하게 된다. 따라서 공감을 형성하려면 상대방을 수용하여 관계를 형성하고, 정직하게 반응하여 상대방의 신뢰를 획득함과 동시에 상대방을 신뢰하면 공감의 장이 마련된다.

정직하다는 것은 사실에 근거한다는 말이다. 사실은 개연성을 용납하지 않는다. 확실하지는 않지만 그럴 수 있다는 개연성은 그렇지 않을 수도 있다는 것이다. 사물의 그림자는 빛의 위치에 따라 변한다. 아침에 본 그림자와 점심에 본 그림자가 다르다. 자신이 본 시점에 따라 그것을 사실이라고 이야기하면 그 사실은 헤아릴 수 없을 만큼 많다. 이와 같이 사실을 말할 때는 그림자를 보고 사실이라 해서는 안 된다. 정보의 사용자가 자신이라면 개연성은 예측으로 치부될 수 있지만, 공공성을 갖는 언론보도나 공지사항 등에는 절대로 개연성이 작용하지 않아야 한다. 공공성을 가진 예측은 여론 조사와 같이 신뢰도를 표시하여 공개하든지 그렇지 않으면 수사를 의뢰하든지 그것도 아니면 공개하지 않아야 한다.

정직하다는 것은 사실에 근거할 뿐만 아니라 필요한 때에 필요한 장소에서 상대방에게 알려주어야 한다. 필요한 때와 장소(앞에서 이를 "정직의 사실성"이라 한 바 있다)에서 알려주지 않고 상대방이 눈치를 채거나 의심스러워 물을 때 이야기 하면 자기 합리화이고 변명이 된다.

다음으로 공감의 에너지가 어떤 결론을 도출하기 위해서는 서로의 꿈을 같이하는 것이 좋다. 서로 목적이 같으면 협동이 가능해지다. 협동은 성과의 분배를 전제로 한다. 성과는 정신적. 물질적인 것을 포함한다. 공정한 배분이 필요하다는 뜻이다. 이런 절차들이 공감의 프로세스이다. 요약하면 공감은 수용-정직-신뢰-공통의 목적 공유-공정한 배분 등의 절차가 필요하다. 이런 절차가 긍정적 인식의 바탕이 된다.

4) 윤리와 순리

요즈음의 정치·경제적 사태들을 보면 수용-정직-신뢰-공유-분배의 절차에 개인의 영달을 위한 거래가 개입하여 정직, 사랑, 조화와 순리에 맞지 않는 반응이 사회를 혼란의 도가니로 몰아가는 것 같다. 사람을 만나서 의사를 교환함에 있어서 사람에게는 정직하고, 사안은 순리에 맞아야 하며, 시·공간이나 관계 등에서는 균형에 맞고 조화로워야 한다는 것이다. 순리에 맞으려면 생태계 전체의 발전에 도움이 되는 대처여야 한다. 타인을 이용하려 하거나, 미래의 보답을 요구하는 등의 은밀한 거래관계는 윤리적 대처가 아니다. 거래관계는 공개적이고 이해관계자들 모두에게 편익이 있어야 한다. 지금의 행동이 매스컴에 공개되어도 한 점 부끄러움이 없어야 하고, 여러 사람들에게 도움이 되어야 윤리적이다. 경제학에서 경제주체를 개인, 가계, 기업, 정부라고 한다. 사회는 이런 주체들의 집합체이고 이들 구성요소들은 서로 의존적으로 기능한다. 한 개인의 행동이 다른 주체들 즉 사회생태계에 피해가 되어서는 윤리적이라고 할 수 없다. 또 자연 생태계를 파괴해서도 윤리적이지 않다. 개인의 이익을 위하여 자연 환경을 파괴하거나 오염시키는 행위는 다른 경제 주체들에게 피해를 주기 때문에 순리에 맞지 않는 것이다.

인간관계에서 많이 회자되는 말이 인맥관리이다. 주변 사람들의 네트워크를 만들어 자신의 능력이 부족하거나 익숙하지 못한 상황에 처했을 때, 네트워크의 지식이나 능력을 이용하여 위험에 대처하고 필요할 경우에는 도움도 주는 상부상조의 인간관계 관리를 말한다. 좋은 말이다. 서로 돕고 사는 것처럼 좋은 것이 어디 있겠나. 하지만 이런 인맥관리가 부정과 부패의 고리가 된다면, 그 결과는 모두가 국민이나 말 없는 다수의 부담이 된다. 같은 모임의 구성원이든 친구든 서로 돕는 행위는 특히 윤리적이어야 한다. 도움을 주고 받는 사람 외에 관련된 모든 사람들에게 공개되고, 그들에게 피해가 없어야 한다. 대처의 결과가 관련된 모든 사람들의 편익에 plus-sum이 되어야 한다. 이렇게 대처하는 사람들의 정신 건강은 건강 상태에 해당된다. 이런 건강상태에서 행위는 긍정적 인식과 관련자들의 편익에 plus-sum적인 대응이다. 반면에 저조생태에서의 행동은 부정적인 인식과 minus-sum적인 대응이다. 물론 보통상태에서의 행동은 타인에게 피해를 주지 않는 정도의 대처이다.

다. 성격 유형별 욕망과 행동 형태

자극에 대처하는 태도의 결정은 상황에 대한 자신의 처지에서 비롯된다. 경기에서 컨디션이 좋은 선수는 자신감을 가지고 경기에 임하지만 그렇지 못한 선수는 스스로 주눅이 들고 불안해 하며 경기 결과를 자신의 능력 보다는 상대 선수의 컨디션에 의존하게 된다. 자신의 경제적, 사회적, 정신적 상황은 자신의 욕망과 기대치가 외부 환경과 관계에서 우위를 점하는지 아니면 열세에 있는지에 따라서 상황을 긍정적 혹은 부정적으로 보는 관점이 결정된다. 이를 인식의 관점이라 한다.

긍정적 관점은 욕구지향적인 측면을 갖는 반면, 부정적 관점은 불안이나 두려움에서 벗어나기 위한 방어적 관점을 갖는다. 긍정적 관점이 이성적이고 주도적이라면, 부정적 관점은 방어적이고 의존적이다. 긍정적 관점을 가진 사람은 준비되고 여유로우며 체계적으로 일을 처리하지만, 부정적 관점을 가진 사람은 반사적이고 감정적이며 우왕좌왕 일에 끌려가면서 대응한다.

긍정적 관점을 가진 사람은 환경을 우호적으로 인식하고 환경으로부터 우호적인 지원을 받지만, 부정적 관점을 가진 사람은 환경을 저항적이거나 적대적으로 인식하고 환경으로부터 도전에 직면한다. 우호적인 환경에서 욕망을 추구하는 경우는 환경이 행위자에게 우호적인 관계를 부여하여 긍정적 동기와 시도 → 긍정적 절차와 시행 → 긍정적 결과와 평가로 이어지는 선순환의 고리에 머물 가능성이 크지만, 비우호적이거나 적대적인 환경에서는 방어적이고 반사적인 대응으로 적대적 동기와 방어 → 파괴적 시도와 방황 → 부정적 결과와 평가로 이어지는 악순환의 고리에 머물게 될 것이다. 선순환의 고리에서 환경은 시너지효과를 제공하지만 악순환의 고리에서 환경은 열악한 고난과 험로를 제공할 것이다.

이와 같이 행위자가 환경을 어떻게 인식하느냐에 따라 다른 절차와 다른 결과를 만든다. 환경을 선택하는 주체는 행위자이고 어떻게 인식하느냐는 행위자의 정신적·물질적 상황에 따라 결정된다. 그런데 같은 상황에 처한 경우에도 사람에 따라 다른 인식을 하고 다른 결과를 만드는 경우를 볼 수 있다. 어떤 사람은 나쁜 상황에서도 안정감을 유지하는데 어떤 사람은 그렇지 못하다. 결과에 대한 기대수준의 차이이다. 몸이 불편하거나 자신의 처지가 불행하다고 생각하는 사람이 병원의 중환자실에 가보면 마음에 변화를 겪는다. 자신보다 훨씬 더 불행한 사람이 많고 그들도 삶을 위해 노력하고 있다는 사실을 통해 자신을 보는 관점이 변하기 때문이다.

관점(기대치 포함)이 바뀌면 환경에 대한 인식도 바뀐다. 적대적이라고 생각한 환경이 적어도 비우호적이지 않다고 한다면 비관적이고 파괴적인 대응은 피할 수 있을 것이다. 그리고 환경으로부터 두려움이나 불안은 느끼지 않을 것이고 반사적이고 대응적이며 파괴적으로 행동하지 않을 것이며 어떻게 해야 좋을지 생각할 여유를 찾을 수 있을 것이다.

그러면 에니어그램 성격유형에 따라 당사자는 환경을 어떻게 인식하고 어떤 불안과 두려움을 가지고 있는지를 살펴보자. 사람은 자신이 부족하거나 가지지 못했다고 느끼는 결핍에서 벗어나고자 욕구를 추구하고, 혹시나 결핍이 지속될까 불안해 하거나 두려워하며 적극적으로 방어행동을 시도한다. 이들의 관계는 아래 표에서 보는 바와 같다. 이 표에서 욕구는 부족을 느끼는 상태에서 벗어나고 싶은 마음을 의미하고, 욕망은 결핍에서 벗어나고자 하는 욕구를 만족하기 위해 대상을 소유하려는 마음을 의미한다. 욕구와 욕망을 구분한 것은 욕망은 인식된 욕구가 '할 수 있다'는 효능감에 의하여 대상을 소유하려는 집착으로 반응하기 때문이다. 그래서 각 유형이 갖는 욕구는 효능감과 작용하여 각 유형의 욕망이 된 것이다.

성격 유형별 욕구와 욕망, 추구 행동

결핍		불안/두려움		창조물	유형별 불안/욕망/추구행동					안정
						주체		대상		
					유형	불안 심리	추구 욕망	예상 불안	추구 행동	
자치욕	자유	침해 받을까 불안하다 怒	간섭/ 침해	경계	8 9 1	허약 갈등 잘못	지배 평화 정의	방치 불화 실수	통제 조정 개선	뜻대로 할 수 있어 좋다 (正,平)
친애욕	사랑	비난 받아 수치스럽다 羞.哀	비난/ 수치	이미지	2 3 4	미움 무시 결함	사랑 존경 품위	거부 실패 평범	도움 경쟁 특별	인정을 받아서 좋다 (喜,樂)
탐구욕	희망	혼란스러워 두렵다 懼	혼란/ 절망	희망 (안식처)	5 6 7	무식 의심 고통	지식 성실 재미	우둔 일탈 불우	현명 의존 구상	안식처가 있어서 좋다 (便,幸)

위 표는 욕구의 종류, 욕구의 원천이 되는 결핍, 결핍으로 인한 불안과 두려움, 불안과 두려움을 피하기 위한 방법으로 만들어진 창조물, 심리에 너지인 욕구와 욕구의 대상 획득능력을 조합한 성격유형, 성격 유형별 욕 망, 욕망을 이루는 방법인 추구행동, 욕망을 성취하였을 느끼는 안정감 등을 설명하고 있다. 여기서 유형별로 행동의 주체인 개인이 스스로에 대 하여 느끼는 불안과 불안 해소를 위한 욕망, 그리고 대상에 느끼는 불안 과 불안 해소를 위한 행동 등을 구분한 것은, 목표와 수단의 관계를 구분 하여 이해하기 위한 것이다. 욕망은 목표이고 추구행동은 목표를 성취하 기 위한 수단이 되는 것이다. 또 예상불안으로 인하여 일어나는 불안 심 리를 회피하기 위하여 욕망하고 추구행동을 한다는 것이다. 예를 들면 8 번 유형은 자기 영역을 방치하여 허약해 보일까 두려워 자치를 욕망하고

이를 위해 지배행동을 한다는 것이다. 1번 유형은 실수하는 잘못이 일어날까 두려워 정의(올바름)를 목표로 개선을 추구한다.

라. 정신건강 상태별 인식·반응·평가

　정신의 건강상태에 따라 환경에 대한 인식과 반응도 달라지고, 결과로 인한 자신에 대한 자기평가도 변하게 된다. 건강한 상태에 있는 사람은 환경을 우호적으로 생각하므로 긍정적으로 인식하고, 공존의 차원에서 반응하며, 결과도 긍정적으로 평가한다. 환경을 우호적으로 수용하므로 잘못을 자신의 탓으로 돌리고, 일이 잘 풀리면 환경에 감사할 줄도 안다.

　보통의 상태에 있는 사람은 환경을 편의적으로 인식하고, 자존自存의 관점에서 반응하며, 현실적으로 평가한다. 환경을 편의적으로 생각하므로 일의 잘못이나 성공도 편의적으로 어떤 때는 내 탓, 어떤 때는 환경 탓으로 돌린다.

　그리고 저조한 상태에 있는 사람은 환경을 비우호적으로 생각하므로 부정적으로 인식하고, 방어적으로 반응하며, 부정적으로 평가하여 피드백한다. 이들은 환경을 비우호적으로 생각하므로 일이 잘못되면 환경을 탓한다. 이들에게 일이 성공적으로 잘 풀리는 경우는 별로 없다. 이 책은 성격이론을 주제로 하기 때문에 이들이 왜 환경을 비우호적으로 인식하는지에 대한 논의를 하지 않았다. 이들 중 일부는 우범적인 행동을 하여 사회문제가 되는 경우가 있음을 고려한다면 이들이 환경을 우호적으로 생각할 수 있게 주변을 가꾸어 주는 사회적 노력이 필요하지 않을까? 이점은 유아의 육아와 어린이들의 성장과정에서 사회적 관심이 필요한 이유이기도 하다.

정신건강 상태별 인식·반응·평가

유형	욕구	효능감	욕망	행동	회피	방어기제	건강			보통			저조		
							인식	반응	평가	인식	반응	평가	인식	반응	평가
							우호적 환경			편의적 환경			비우호적 환경		
							긍정	공존	긍정	편의	자존	현실	부정	공격	부정
8		적극	지배	통제	허약	부정	지배	안내	지원	지배	지도	침해	지배	독재	허약
9	자치	현실	평화	조정	갈등	혼수	평화	중재	화목	평화	순응	불화	평화	냉담	갈등
1		소극	정의	개선	분노	반동	정의	완벽	자존	정의	조심	불완	정의	비판	실수
2		적극	사랑	도움	욕구	억압	사랑	보호	금지	사랑	모성	필요	사랑	조작	미움
3	친애	현실	존경	경쟁	실패	동일	존경	효율	성공	존경	실용	향상	존경	허영	무시
4		소극	품위	특별	평범	승화	품위	심미	개성	품위	고상	허전	품위	심술	결함
5		적극	지식	현명	무식	퇴행	지식	창조	해박	지식	분석	혼란	지식	오만	오해
6	탐구	현실	신뢰	성실	일탈	투사	신뢰	헌신	편안	신뢰	정성	걱정	신뢰	불신	배반
7		소극	재미	계획	고통	합리	재미	비전	낙관	재미	기대	불안	재미	반항	불우

위 도표는 각 유형별 욕망, 욕망을 성취하기 위한 행동, 싫어하는 자극, 자신을 보호하기 위한 방어기제, 그리고 각 상태에서의 인식과 반응, 평가 등을 구분하여 요약한 것이다. 건강한 정신상태의 경우는 환경에 우호적인 관점을 갖기 때문에 욕망의 환경을 긍정적으로 인식하고 공존적으로 반응하며 긍정적으로 평가 한다. 또 보통의 상태인 경우는 편의적 관점을 갖고 욕망의 환경을 편의적으로 인식하고 자존적으로 반응하며 현실적으로 평

가한다. 반면 저조상태인 경우는 비우호적 관점에서 욕망의 환경을 부정적으로 인식하고 공격적으로 반응하며 부정적으로 평가 한다. 예로서 8번 유형이 건강한 상태라면 자치라는 욕망의 대상을 긍정적으로 인식하여 공존의 반응으로 상대방을 안내하고 자신은 인솔하였다고 느낀다. 보통의 상태인 경우는 자치라는 욕망의 대상을 편의적으로 인식하여 자존의 차원에서 지도하는 반응을 보이고 침해 받고 있다고 현실적 평가를 한다. 반면에 저조한 상태이면 자치라는 욕망의 대상을 부정적으로 인식하여 공격적인 반응인 독재를 하고 자신이 허약하다는 부정적 평가를 한다. 도표의 내용은 Ⅷ장 유형별 특징의 선순환과 악순환의 고리에서 설명한다.

마. 선순환과 악순환

1) 정신건강 과 순환고리

에니어그램은 자극에 대한 인식과 반응의 유형을 9가지로 구분하여 해석한 성격유형의 진단 및 해석의 도구이다. 구분의 기준 중 하나인 인식은 사물을 분별하고 판단하여 알게 되는 것인데, 분별하고 판단하는 심리에너지의 원천은 하고 싶은 마음인 욕구이다. 구분의 기준 중 다른 하나인 반응은 인식한 내용에 어떻게 대응할 것인지를 결정하여 표현하는 것인데 자신의 능력에 대한 자기지각인 효능감에 따른다. 인식과 반응은 신경계의 감각회로와 반응(운동)회로를 통하여 이루어지며 익숙하게 사용되어 왔기에 거의 반사적으로 이루어진다.

하지만 자극은 익숙한 것만 있는 것이 아니라서 상황에 따라서는 처리에 많은 고민을 해야 할 때도 있고, 정보를 수집하거나 판단을 위해 비교 분석할 시간이 필요할 수도 있으며, 이해관계자가 많아서 이해를 조정해야 할 때도 있다. 이와 같이 익숙하지 않은 상황에서는 자신의 성격유형에 따라서 인식하고 반응한다기 보다는 상황요인에 의해 조정되고 심사숙고한 뒤에 지연된 반응을 보인다고 해야 할 것이다. 그리고 자신이 처한 물리적 상황이 긍정적이고 우호적일 경우의 인식과 반응은 부정적이고 열악한 경우와는 다르게 나타날 것이다. 이를 정신건강이 좋은 상태 혹은 저조한 상태, 보통의 상태로 구분하여 논의한 바 있다.

인생은 여러 가지 다양한 상황이 연속적으로 변화하며 이어지는 삶의 과정이다. 국가 경제의 주기가 호황기와 불황기가 있듯이 개인의 물리적 상황도 좋을 때도 있고 나쁠 때도 있기 마련이다. 이런 상황의 변화는 어느 누구나 겪는 것인데, 혹자는 이를 슬기롭게 극복하고, 혹자는 불행의 나락에 빠진다. 호·불황에 관계없이 좋은 현상이 계속하여 되풀이 되어 일어나는 상황을 '선순환의 고리'라고 하고, 상황이 계속하여 악화되어 일어나는 경우를 '악순환의 고리'라고 한다. '고리'라는 용어는 연결된 이음매를 가진 원형의 물건을 의미하지만, 여기서는 원인과 결과를 이어주는 순환하는 처리체계를 말한다. 그러면 왜 어떤 자는 선순환의 고리에서 행복을 누리고, 어떤 자는 악순환의 고리에서 벗어나지 못하고 계속하여 나쁜 선택을 거듭하게 될까?

정부의 부정부패 척결과정에서 모 재벌 회장이 자살을 하고 이에 연루된 정치인들이 낙마하거나 수난을 겪는 사건이 있었다. 재벌회장이 된 것과 정치인으로 입신양명한 것은 선순환의 결과일 것이고, 자살을 하고 낙마를 한 것은 악순환의 결과라고 할 수 있을 것이다. 이들이 왜 선순환에서 악순환의 고리로 진입하게 되었을까? 이를 에니어그램에서는 어떻게 설명할 수 있을까?

　정신건강을 논의할 때 사용하였던 그림을 한번 더 살펴보자. 건강한 사람은 자신을 세상의 한 부분으로 인식하고, 자신과 세상을 공존의 목적을 가진 상호의존적이고 개방된 시스템으로 이해하며, 자신의 발전과 세상의 발전을 연계하여 인식하고 반응한다. 반면 보통 상태의 사람은 현재의 시점에서 자기중심적이고 자기 편의적으로 대처하며, 저조한 상태의 사람은 세상을 배타적으로 인식하고 불안과 두려움에서 반사적으로 반응한다. 정신건강 그림에서 볼 수 있듯이 건강한 상태에 있는 사람은 긍정적 인식에서 지지적 행동으로 이어지는 선순환의 고리에 머물고, 저조한 상태의 사람은 부정적 인식에서 감각적 행동으로 이어지는 악순환의 고리에 머물며, 보통의 상태에 있는 사람은 현실적으로 인식하고 자기중심적으로 행동한다. 즉 건강한 상태가 지속되는 경우는 선순환의 고리에서 자극을 처리하여 반응하기를 되풀이 한다는 것이고, 저조한 상태가 지속된다고 함은 악순환의 고리에서 사물을 처리하여 반응하기를 되풀이 한다는 것이다.

2) 순환고리의 변화

　선순환과 악순환의 진행과정을 살펴보기 위해 X축은 시간을, Y축은 정신건강상태를 표시하여 좌표 형태로 그려보면 아래 그림과 같다. X축 아래에 위치한 원은 저조한 상태에 해당되고 윗부분의 원은 건강한 상태에 있었음을 의미한다. T1과 T4는 보통상태, T2와 T3는 건강상태, T5와 T6는 저조상태에 해당되고, T1 ~ T3는 선순환, T4 ~ T6는 악순환의 고리에 해당된다.

　아래 그림에서 원은 자신이 처한 상황으로, T1은 10대, T2는 20대, T3는 30대로 이어진 삶의 궤적이라고 가정해 보자. 이 그림의 경우는 저조한 10대에서 건강한 2~30대를 거쳐, 보통상태의 40대에서 저조한 5~60대를 맞고 있다. 사람마다 이 곡선은 다르게 그려질 것이다. 역대 대통령들의 인생을 이런 형태의 그림으로 그려보면 어떤 모양을 만들까? 그리고 각자各自 지금까지 자신이 살아온 역정을 이런 그림으로 그려보면 어떤 모양이 될까? 그리고 미래의 모양은 어떻게 변할까? 이것이 개인의 역사다. 그 곡선의 모양이 어떻든 오르고 내림은 있기 마련이다. 그러나 어느 누구도 악순환의 고리에서 저조한 상태로 인생을 살고 싶지는 않을 것이다. 모든 사람의 목표는 행복한 삶이다. 그러면 어떻게 해야 건강한 정신을 가지고 선순환의 고리에서 행복하게 삶을 영위할 수 있을까?

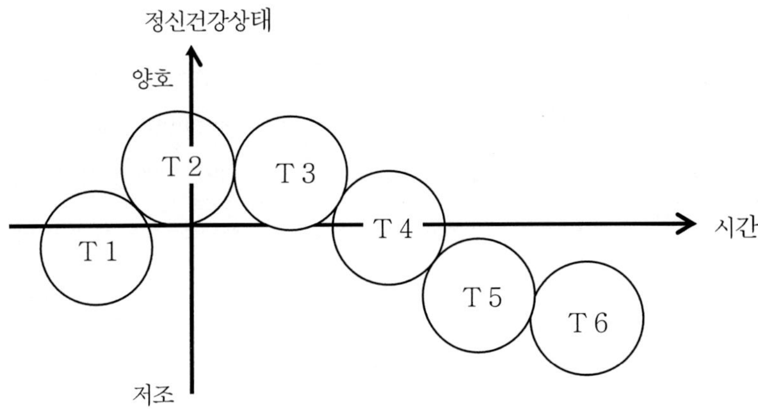

바. 선순환과 악순환의 진행과정

이미 언급한 바 있지만 우호적 환경에서 선순환의 고리가 전개되는 절차는 긍정적 동기와 시도 → 긍정적 시행과 절차 → 긍정적 결과와 평가로 이어지고, 비우호적이거나 적대적인 환경에서 악순환의 고리가 전개되는 과정은 적대적 동기와 방어 → 방어적 시도와 방황 → 부정적 결과와 평가로 이어진다. 다르게 표현 하면 선순환의 고리는 유형별 해당 욕망 → 우호적 환경 → 효능감/성취동기 제고 → 대상에 시도 → 긍정적 결과 → 욕망/환경/효능감/성취동기 등에 긍정적 피드백의 절차를 형성한다. 반면 악순환의 고리는 유형별 해당 욕망 → 비우호적 환경 → 효능감/성취동기 저하 → 불안 증가 → 두려움 발생 → 스트레스에 압도당함 → 대상에 시도 → 부정적 결과 → 욕망/환경/효능감/성취동기/불안/두려움 등에 부정적 피드백의 과정으로 진행된다. 고리를 형성하여 순환한다고 함은 절차적으로 진행된다는 의미이다. 일상 행동에서 선순환과 악순환은 자극에 대한 반응의 심리체계로서 input → 처리체계 → output의 절차를 갖는다. 여기서 input은 자극이고, output은 반응이며, 처리체계는 감각신경계 → 대뇌신경계(시상 - 1·2차 감각피질 - 다중연합피질 - 해마/편도체 - 시상하부/선조체 - 전두엽 - 운동피질) → 운동신경계 → 운동반응의 절차로 이어진다. 대뇌신경계에서의 절차는 순서가 직렬적으로 이어지기도 하지만 대개 병렬적으로 처리되며, 고리를 형성하여 어떤 처리결과는 재입력되어 서로 제어하는 절차가 진행되기도 한다. 그러나 이를 개념적 틀에서 보면 자극 → 입력 → 처리 → 결과 → 반응 → Feed-back 등으로 요약할 수 있다.

선순환과 악순환의 고리도 이와 같은 절차로 파악하여 보면, 자극의 감각에는 인식하는 동기가 작용하고, 처리는 기억 속에 저장되어 있는 자신의 능력을 참조하여 처리결과를 예측·대조·판단하는 절차로 진행되며, 판단의 내용은 행동으로 표현되고, 그 결과는 평가되어 피드백 되는 절차로 이루어진다. 이를 간략하면 동기 → 조직 → 활동 → 결과 → 평가의 절차이고, 이를 생산이나 경영활동에서 사용하는 용어로는 계획(Plan) → 조직(Organization) → 활동(Do) → 평가(See)로 표현할 수 있으며 그림으로 나타내면 아래 그림과 같다. 다만 선순환에는 욕망이 동기로 작용하지만, 악순환에는 욕망이란 동기에서 비롯된 불안과 두려움에서 벗어나고자 하는 탈 불안脫 不安동기가 작용한다.

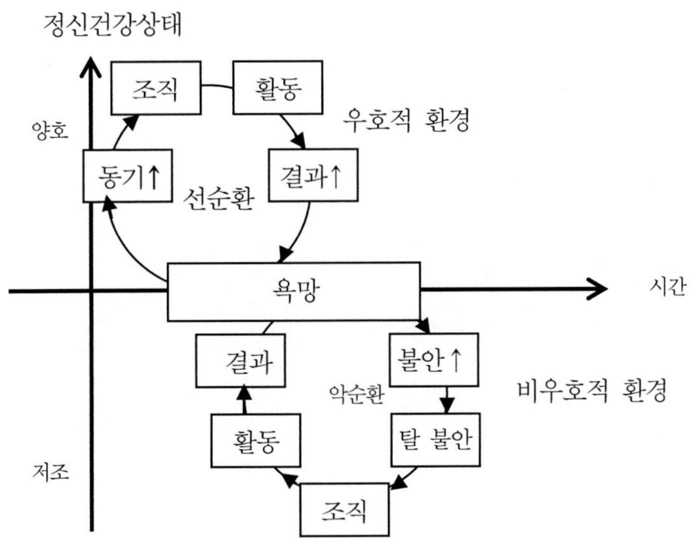

　　조직이란 인적·물적 자원의 결합인데, 가시적 자원으로는 흔히들 3M이라고 하는 사람(Man), 자본(Money), 물자(Material)와 비가시적 자원인 정보

(Information), 기술(Technique), 시간(Time), 고객(Market) 등이 있다. 이 자원들은 순환활동의 모든 절차에 관여하여 강점이나 기회로 작용하기도 하고, 약점이나 위협으로 작용하기도 한다. 그림의 순환고리에서는 투입자원에 변화가 없으면 같은 결과를 산출한다. 정신건강에서도 마찬가지다. 악순환의 고리에 머무는 사람의 경우, 순환의 주체인 개인이나 조직의 가치관·의욕·관점·자질·능력·재능 등에서 변화가 없거나, 관련된 인적·물적 투입자원에 변화가 없다면 악순환은 계속 될 것이다. 다시 말해 순환고리를 바꾸려면 고리를 관장하는 주체 변화, 투입 자원 변화, 처리체계의 변화를 시도하여야 하나, 여기서는 주체인 개인의 정신건강을 서술하는 관계로 관련된 모든 투입자원이나 환경은 불변이라는 것을 전제로 한다.

사. 순환고리의 구별과 전환

1) 선순환과 악순환의 구별

선순환과 악순환을 구별할 수 있는 요인 중 첫째는 선순환에 있는 사람은 환경을 우호적으로 인식하고, 악순환에 있는 사람은 비우호적으로 인식한다는 점이다. 사람의 인식체계는 염색기계와 같다. 부정적인 사람은 모든 입력 정보를 부정적으로 인식하여 부정적으로 반응하고, 긍정적인 사람은 긍정적으로 인식하여 긍정적으로 반응한다. 즉 환경을 긍정적 인식하는 태도가 필요하다는 것이다. 그러면 건강상태를 좌표로 나타낸 그림에서 X축 아래의 저조한 상태에서 X축 위의 양호한 상태로 위치를 옮길 수 있다. 환경을 긍정적으로 인식하거나 부정적으로 인식하는 것은 자신과 환경과의 관계에서 자신에 대한 상대적인 자기평가와 인지에 의한다. 자신이 환경을 제어할 수 있다는 자신감이 있거나, 제어할 수 있는 이용 가능한 자원이 있으면 긍정적으로 인식할 수 있을 것이다. 자신의 능력 여하에 따라서 환경은 우호적일 수도 있고, 비우호적을 수도 있다. 비우호적인 원인을 환경에나 타인에게서 찾지 말고 자신에게서 찾으면 긍정적인 대처가 가능할 수 있다는 의미이다. 즉 선순환은 당사자의 긍정적 관점, 긍정적 환경조성, 긍정적 대처에 의해 선택될 수 있는 것이다.

두 번째는 자신이 욕망하는 바를 자신의 능력으로 성취할 수 있는지를 아는 욕망과 능력(정신건강의 지적 장비 참고)에 대한 분별력이다. 환경을 인식할 때, 욕망이 자신의 능력보다 크면, 추진력이 저항력보다 열세가 되어서 불안을 느끼게 되고, 우호적이라고 느꼈던 환경을 비우호적으로 느끼게 된다. 선순환의 상태에서는 추진력인 능력이 대상을 제어하고 지배할 수 있어서 변하지 않으려는 저항력을 누르고 성공적인 결과를 성취할 수 있다. 악순환의 상태에서는 환경의 저항력이 행위자의 능력보다 우세하여 대상을 제어하거나 지배할 수 없다. 뿐만 아니라 환경은 행위자에 대해 비우호적이거나 적대적으로 작용한다. 또 능력이 부족하면 스스로 자원을 조달하고 운용하기 어렵고, 주변의 도움을 받기도 어렵다. 설사 억지로 환경을 조작하려 하더라도 사회적 저항을 받게 되어 파멸의 나락으로 떨어지기 쉽다. 능력 밖의 일을 추진하려니 불가피하게 타인의 능력을 차용할 수밖에 없고, 타인의 능력을 차용하려니 때로는 부정한 방법을 사용하기도 한다. 다시 말해 과욕은 우호적 환경을 비우호적 환경으로 만드는 요인이 된다는 것이다.

욕구를 성취하는 방법으로 의지중심은 자치를 위해 경계를 만들고, 감정중심은 친애를 위해 꾸밈을 만들며, 사고중심은 망설이며 사안에서 물러나 상황을 재구성하려 한다. 과욕을 부리면 의지중심의 경계는 더욱 강화되고, 감정중심의 꾸밈은 더욱 허상을 만들며, 사고중심의 망설임은 더 엉거주춤하게 만들어 계획의 진행에 차질을 빚게 된다. 이렇게 지나친 경계, 허상, 그리고 엉거주춤함의 결과는 적시에 필요한 조치를 취하지 못하게 됨은 물론 환경을 있는 그대로 보지 못하게 만든다. 이렇게 사실과 다른 인식은 목표에 변화를 초래하여 예기치 못한 환경의 저항을 받게 되고, 과도한 에너지 소비는 부정적인 결과를 낳게 된다. 이와 같이 과욕은 자신이 할 수 있는 것보다 많은 것을 욕망하기 때문에 좋은 결과를 성취할 수 없다. 자신의 능력과 욕망에 대한 분별력을 가지고 자신이 처한 상황에서 자신을 정확하게 평가할 수 있다면 악순환에 빠지지 않을 것이며, 설사 악순환에 머물더라도 선순환으로 전환할 수 있을 것이다.

과욕에서 벗어나는 방법으로 자신의 능력과 욕망을 분별하는 분별력이 필요하기도 하지만, 다른 측면에서는 능력(지적 장비)의 향상을 기하는 것도 매우 중요한 방법이 될 것이다. 긍정적 혹은 부정적 인식도 결국에는 자신의 능력에 의해 결정되고, 환경과 과욕을 제어 할 수 있는지 없는지도 자신의 능력에 따라 결정된다. 물론 이 능력에는 자신이 이용할 수 있는 가용자원의 동원능력도 포함된다. 이런 점에서 선순환과 악순환에 결정적 영향을 미치는 것은 모두 자신의 자질에 관련된 것이지 환경의 탓만은 아닌 것이다. 가용자원이 타인보다 부족하다면 욕망을 줄여서 작게 만족하면 되는 것이다. 동원할 수 있는 가용자원은 작은데 욕망이 크다면 악순환의 고리에서 헤어나기 어렵다. 그리고 가용자원은 많은데 욕망이 작다면, 성취한 것이 작아도 만족은 하겠지만, 주변의 비판을 듣게 될 것이며, 주변의 비판은 비우호적인 환경을 만들고, 비우호적인 환경은 경계나 꾸밈, 망설임을 만들게 하여 부정적 결과를 낳는 악순환의 고리로 빠지게 할 것이다. 결국 환경에 대한 긍정적이거나 부정적 인식도 자기 탓이고,

환경을 제어 할 수 있는 능력의 유무와 이 능력의 함양 여부도 모두 자신의 탓이며, 이들은 자신의 의지와 실행력에 따라 결정되는 것이다.

　세 번째 선순환과 악순환의 구별 요인은 순환의 고리가 개방시스템인지 아니면 폐쇄시스템인지에 따라 구별할 수 있다. 개방시스템은 공유, 공존, 공생, 의존 등의 특성을 갖는 데 비해, 폐쇄시스템은 독점, 독존, 자생, 이기 등의 특성을 갖는다. 개방시스템은 개체성과 전체성, 구조성을 갖고 있으며, 목적과 수단, 원인과 결과를 관련된 하부구조들이 공유한다. 부분이 전체에 기여하도록 연결되어 있어서 아메바처럼 유연하고 유기적으로 대처하는 반면, 폐쇄시스템은 각 부분들이 별개로 독립되어 작동하기 때문에 방향의 수정이나 보완, 피드백 등에 타 부분의 지원을 받을 수 없어서 부분의 오류는 전체를 완전히 마비시키는 결과 결과를 만든다. 이러한 관계는 개방시스템은 스스로 목표를 수정 보완하는 자정自淨능력을 갖는다는 것이고, 폐쇄시스템의 자정自淨능력은 자신의 능력에만 의존하게 된다는 뜻이다. 자정능력을 갖는 개체나 조직은 시행착오를 통하여 하부시스템이 스스로 성장을 위한 노력을 할 수 있어서 시너지효과를 발휘하기 쉽고, 창의적인 사고가 가능하다. 다시 말해 틀림과 착오를 통하여 새로운 것을 배울 수 있고, 새로운 시도를 통해 새로운 것을 창조할 수 있다는 의미이다. 학습은 틀림과 착오의 시정에 의한 것만큼 쉽고 빠른 방법이 없다. 자신이 틀려도 누군가 보완해 주고 지원해 주는 시스템이라면 누군들 새로운 시도를 하지 않겠는가? 하지만 누군가 틀리고 있다는 사실을 관계자는 반드시 알고 있어야 한다. 그래야 보완과 지원을 해 줄 수 있을 것이다. 개방적인 소통이 필요한 이유이다. ‘내가 이런 일을 하고 있으니 틀리는지 한 번 봐 주시오’라고 선언하라는 것이고, 선언을 하지 않더라도 누구나 알 수 있는 시스템이 개방 시스템이다. 개인의 능력이 뛰어난 사람들의 조직이더라도 이들의 조직을 폐쇄시스템으로 운영한다면, 외부의 재난에 무너지기 쉽다. 이런 조직에 재난은 해일海溢과 같이 작용하게 된다. 개방사회에서의 문제는 서로 얽혀 덩어리 형태를 취한 경우가 많다. 이런 문제는 한 부분에서 시작된 문제가 이미 타 부분도 오염시켜 원인이라고 생각되는 어떤 요인을 해결하더라도 전체의 문제는 해결되지 않고 또 다른 문제를 발생시키는 경우가 많다. 개방시스템에서는 한 부분의 해결책을 찾으면 타 부분도 연관된 해결책을 찾아서 관련된 전 부분이 동시에 조정되는 제어체계를 갖추고 있다. 이렇게 시스템이 작동하여야 구성원인 개인과 조직 전체가 윈-윈 하게 되는 것이다.

사회의 구성원으로서 개인은 인간사회와 자연계의 본질을 개방시스템으로 이해하고 이를 실천하는 태도를 갖는 것이 성장의 지름길이 된다. 특히 소극적 효능감을 가진 1번, 4번, 7번의 경우는 더욱 이러한 태도를 취하는 것이 중요하다. 그리고 아이를 기르는 육아는 틀림을 시도하게 하는 것이 창조적으로 기르는 방식이 될 것이다. 그런데 틀림을 시도하는 것도 사회성을 함양하는 대인관계에서는 타인에게 피해를 주지 않는 범위 내에서 용납되어야 한다. 사회성 함양은 틀림을 시도하는 것이 아니라 틀림을 고쳐주는 것이다. 그러나 꾸중을 통한 교정은 창의성을 해칠 우려가 있으니 이해할 수 있게 토론을 통하는 것이 바람직할 것이다.

선순환과 악순환을 구별할 수 있는 네 번째 요인은 장기적 관점과 단기적 관점이다. 환경은 생물과 같아서 살아서 움직이고 변화한다. 자연환경은 자연계의 변화와 맞물려 변화하고 사회환경은 사회의 변화에 따라 끊임없이 변화한다. 현재는 자신의 추진력과 환경의 저항력이 균형을 이루고 있다고 하더라도 환경이 변하면 저항력은 증가하여 순환고리는 변하게 된다. 또 주체와 환경과의 관계에 엔트로피(entropy)가 발생하여 환경 지배력에 누수가 발생하게 된다. 저항력이 증가하여 변곡점을 지나게 되면 선순환의 고리에 머물기 어려워진다. 따라서 변화를 예측하는 준비가 필요하다.

변화를 예측하는 데는 시간의 흐름을 통찰하는 능력을 필요로 한다. 이 통찰력은 장기적 관점을 전제로 한다. 장기적 관점을 갖게 되면 변화의 흐름을 상정하여 환경인 생태계를 조망하게 되고, 생태계의 일원인 자신의 위치를 상상해 보게 한다. 현재의 행동이 장기적으로 환경에 어떤 영향을 미치고 어떤 저항을 받을 것인지를 예측하게 되어 악순환의 단초가 되는 행동은 피하게 된다. 반면, 단기적 관점을 갖게 되면 현실적이고 편의적인 판단을 하게 되어 반사적 행동을 하게 되어 악순환으로 진입할 가능성이 높다는 것이다.

2) 관점의 전환과 순환고리의 전환

선순환으로 전환하기 위해서는 위에서 언급한 분별력, 적절한 욕망, 능력 향상, 시스템 개방, 장기적 관점 등 투입자원에서의 변화가 필요하다. 투입자원에서의 변화란 앞에서 언급한 가시적 자원인 사람, 자본, 물자와 비가시적 자원인 정보, 기술, 시간, 고객 등에서 변화를 의미한다. 사람의 과욕이 문제라면 과욕을 줄이는 변화, 능력이 부족하다면 지적 장비인 능력을 향상시키는 변화, 폐쇄적인 태도라면 개방적으로 바꾸는 변화 등의 투입에서는 변화는 그 결과를 호전시킨다는 것이다. 그러나 이러한 변화의 노력은 모두가 시행하기에는 불편한 것들이다. 자신의 능력이 부족한 줄 알지만 새로운 것을 배우는 데는 시간이 필요하고 귀찮은 일인데 불편하지 않겠는가? 자신의 잘못을 속이지 않고 상대방에게 말한다는 것이 거북하지 않겠는가? 또 자신을 개방함으로써 맞닥뜨리는 상황이 얼마나 곤란하겠는가? 이런 불편을 감내한다는 것은 쉽지 않다. 어떻게 하여야 할까? 불편은 인식의 문제이다. 같은 자극이더라도 어떤 사람은 불편해

하고 어떤 사람은 불편해 하지 않기 때문에 인식의 문제라는 것이다. 인식은 자극을 바라보는 관점에 따라 변하고, 관점은 그 사람이 가진 철학이나 가치관에 따라 결정된다. 인간과 세계, 사물에 대한 근본 원리와 삶의 본질을 이해하는 데 기준이 되는 철학과 대상에 대한 가치의 기준인 가치관(인생관, 세계관, 가치관, 직업관, 시간관, 신조 등)이 관점에 속한다.

불편의 인식도 관점인 철학이나 가치관에 따라 다르다. 각 개인이 갖는 철학과 가치관 중에는 보편적인 진리가 있는데, 인간과 우주의 본질을 꿰뚫는 개념은 시간과 순리이다. 불편한 것을 있는 그대로 인식할 수 있게 하는 보편적 진리는 변화의 관점인 장기적 안목과 순리이다. 순리란 자연계를 지배하는 원리, 원칙으로 이치나 도리라고도 하는데, 인간의 경우는 기본적으로 마땅히 지켜야 할 올바른 가치를 의미한다. 인간은 생태계의 일원으로 생태계의 본질에서 벗어나면 환경에 해를 가하게 된다는 점에서 자신이 속한 가족, 지역사회, 집단, 국가 등의 사회적 환경과 물리적 환경인 생태계에 이로운 가치를 기준으로 자신의 불편을 바라볼 필요가 있다. 자신의 불편이 환경에 편익을 제공한다면 불편이 아니라 환경에 기여하는 것이라는 의미이다.

장기적 관점에서 현재의 불편을 바라보면 제기된 문제를 치유할 수 있는 방편을 찾을 수도 있고, 미래에 대비하는 방법을 예측해 볼 수도 있을 것이다. 자연계는 공존과 순환의 순리를 갖는다. 여름이 있으면 겨울도 있고, 태어남이 있으면 죽음도 있으며, 긴 것이 있으면 짧은 것도 있듯이 변화는 상반되어 교차한다. 이런 공존과 순환의 순리에 따라 현재의 불편을 보면 쉽고 편안하게 불편을 수용할 수 있는 분별력을 가질 수 있을 것이다. 생태계는 공존하고 순환한다는 순리를 알면 선순환도 변화를 잉태하고 있음을 이해하게 되고 다가올 변화에 대한 투입 자원의 조정이 필요함도 예측할 수 있을 것이다.

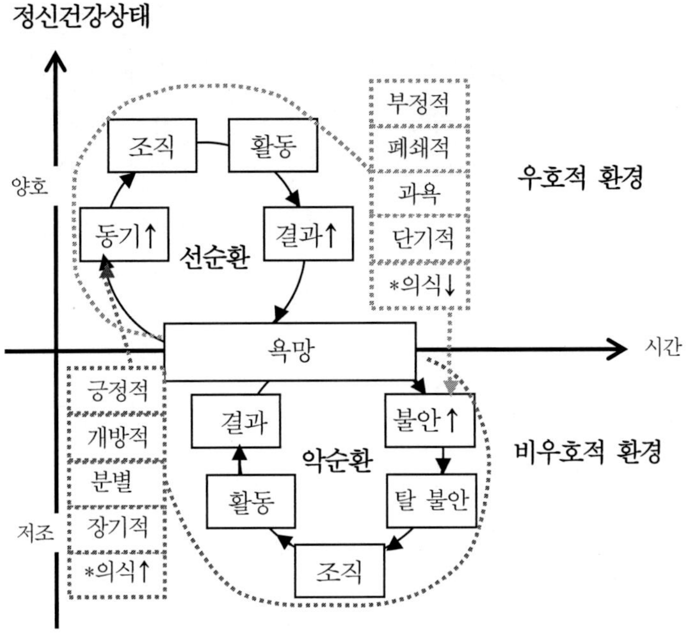

* 의식 ↑/↓ : 의식 집중의 상태로 수용,정직,직면/경계,꾸밈, 망설임

요약하면 선순환과 악순환의 구별점은 관점의 긍정성, 분별력 유무, 욕망의 적절성, 능력 유무, 시스템 개방 유무 등이 있고, 선순환으로 전환하기 위해서는 불편이 따르는데, 이 불편을 해소하기 위해서는 장기적 안목과 자연계와 사회 현상의 본질인 변화의 순리를 내재화하여 사물을 보는 관점을 가져야 한다는 것이다. 선순환과 악순환을 주재하는 자아의 상태와 사물의 처리절차를 그림으로 나타내면 위 그림과 같다.

그림의 내용 중 점선으로 표시된 것은 순환고리의 전환에 관여하는 태도 요인이다. 이 요인 중 과욕은 능력의 과대 평가에 관련된 것으로 긍정

적 효능감을 가진 2, 5, 8번 유형이 범하기 쉬운 경향성이고, 폐쇄적인 면
은 소극적 효능감을 가진 1, 4, 7번 유형이 취하기 쉬운 경향성이며, 단기
적 관점은 현실적 효능감을 가진 3, 6, 9번 유형이 나타내기 쉬운 경향성이
다. 그림에서 선순환 고리와 악순환 고리의 조직, 활동, 결과는 앞 절(라. 건
강상태별 인식·반응·평가)에서 언급된 유형별 건강/저조상태의 인식, 반응, 평가
에 해당되는 내용으로 다음 8장(유형별 특징)에서 자세하게 설명될 것이다.

유형별 특징

(특성, 유의사항, 정신건강, 순환고리, 날개, 장애대처방식)

8번 유형(지배형: 도전자, 지도자, 행동주위자)

가. 성격 개관

유형8은 의지중심의 심리에너지와 긍정적 자기효능감의 조합에 의하여 성격이 형성되어 자신의 의지(뜻)를 확산하고자 하는 지배적 특성을 소유하고, 장애에 직면하면 공격적 충동적 행동, 대항형 신경증적 행동, 반발적인 입장고수 행동을 취한다. 심리에너지 원천이 의지중심이라 자치욕구에 따라 자극을 감지하고, 외부로부터 자신의 영역을 침해 받지 않기 위해 심리적 경계를 형성하며, 외부의 침입이 감지되면 육체적으로 긴장하여 이에 맞선다. 이들은 긍정적 자기효능감을 소유하여 무엇이든지 잘 처리할 수 있다고 생각하므로 자신감이 있고 결단력이 있다. 또 자신에 대해 긍정적인 의식을 갖고 있어 자기를 신뢰하고 자신의 뜻을 쉽게 행동으로 옮기므로 이들을 행동주의자라 부르기도 한다.

이들의 도구는 힘이다. 이들에게 힘이란 경계를 확보하는 힘이고, 타인과 환경을 지배·통제하는 힘이며, 현실을 파악하고 문제를 해결하며 계획을 추진하는 힘이다. 문제가 발생하면 현실을 직관으로 파악하고, 만족스러운 해결책을 찾기 위해 온갖 수단을 동원하고, 대안이 마련되면 이를 강하게 실행하는 추진력을 소유하므로 이들은 통솔자나 리더가 되는 것이다.

이들은 자신의 능력을 신뢰하고 어떤 일이라도 잘 처리할 수 있다고 확신하고 있기 때문에 자기 주장이 강하고, 활력이 넘치고 용감한 모습을 나타내 보이며, 선이 굵고 고집스러우며 남에게 의존하는 것을 피하려고 한다. 이들은 자신이 가진 힘을 바탕으로 공격적이고 책임감이 강하며 싸움을 피하려 하지 않는다. 화가 나면 과격하게 표현하지만 뒤끝은 없다. 강하긴 해도 강한 상대방에게는 그에 걸맞은 대우와 인정을 한다.

이들은 자신이 정의로운 사람이라고 생각하고 약한 자를 도우려 노력한다. 하지만 자신의 심리적 영역 밖에 있는 사람은 거들떠 보려 하지 않는다. 정도나 정의에서 벗어나거나 문제가 발생하면 쏜살같이 끼어들어 쏘아붙이는데, 누가 상처를 받든 신경 쓰지 않는 경향이다. 자신을 진실하고 정직하다고 생각하고 누가 거짓말을 하는지를 알아내는 데는 육감적이다.

이들은 허약함을 회피하기 때문에 자신의 약점을 감추기 위하여 강자로부터 떨어져 있으려 하고, 타인과 가까워지는 것을 허용하지 않으려는 성향이 있다. 이들은 화가 나면 물불을 가리지 않고 그대로 폭발시키며 안하무인이고 위협적이다.

나. 성격 특성

별명	지배자, 행동주의자, 통솔자, 리더, 도전자.
불안	타인의 침해 혹은 통제.
욕망	자기 보호, 자기 일은 자기 결정.
이미지	힘이 넘치는 사람, 기사, 유아독존, 검찰.
세계관	나는 강하다. 약자를 보호하고 정의롭지 못한 자는 응징하여야 한다.
성향	힘에 의한 지배, 허약함을 싫어하고 오만함. 독단적임.
포로	힘과 지배. 허약함을 숨김. 투쟁으로 욕구 성취. 정의로움.
방어기제	부정. 위협적인 현실을 눈감음으로 불안에 대처.
리더십 형태	독재적, 가부장적.
생활신조	정의.
의사소통	직설적, 폭로적, 비난, 장광설, 위협적, 명령조, 과묵.
금언	'짐이 국가다'(루이 14세), '나가자, 싸우자, 이기자' '나는 내 운명의 주인이다.'
대표적 인사	모택동, 사담 후세인, 보리스 옐친, 존 웨인, 김두한, 마피아.
*함정/출구	정의/자비.
*열정/구원	거만함/순수, 소박.
이상상	나는 정의롭고, 강하며, 지배적이다.
유혹/회피	정의/허약.
*건강 상태	현실적, 지도력 있는, 보호적, 권위적, 관대한, 솔직한, 협객, 충실한, 정력적, 강력하고 책임감 있는 통치자.
*보통 상태	지배적, 경쟁적, 직선적.
*저조 상태	독재적, 자기 중심적, 위세를 부리는, 무모한, 방탕한, 공격적, 통제적, 반항적 · 권력에 열광하고 폭력적이며 대결적인 폭한.

* 함정: 습관적 행위 방식,
* 열정: 열렬히 추구하는 것(집착),
* 건강상태: 지지적· 개방적· 상존相存적 상황,
* 보통상태: 자존自存적 상황,
* 저조상태: 대결對決적·고립적·파괴적 상황

다. 유형8과 같은 팀이라면

1) 유형8은 자기 영역 안에 있는 자를 보호한다. 그들의 영역 안으로 들어가라. 얼굴을 자주 보이면 자기 통제하에 있는 것으로 느낀다. 눈에 띄지 않으면 영역 밖이라고 생각하고 싫어한다.

2) 정직하라. 거짓 또한 영역 밖이라고 느낀다. 급하기 때문에 빠르고 정확한 것을 좋아한다. 변명으로 들릴 수 있는 말을 하지 마라. 거짓말이라고 생각한다. 거짓말을 육감으로 찾아낸다. 어렵다고 칭얼대지 마라. 모두 변명으로 알아듣는다. 좋은 결과만 기대한다.

3) 자신이 통제하는 영역은 바람직한 상태이기를 바라고, 누구나 그렇게 생각해 주기를 바란다. 자신에게 보호받고 있는 자들은 당연히 자신을 존경해 주어야 한다. 실력자라고 인정하고 존경을 보여라.

4) 같이 맞서지 마라. 이들이 상사라면 맞서는 즉시 주먹이라도 날아올 것 같아 보일 것이다. 눈에서 불을 쏟아 내면서 비난과 폭언이 날아올 것이다. 또 다음에 보복의 칼날이 기다리고 있을 것이다.

5) 같은 영역에서 일을 시작하면 같은 보상을 얻을 것이다. 만약 일이 잘못 진행된다면 끝까지 같이 그 결과를 책임져야 한다. 그렇지 않으면 같은 영역에 있는 사람이 아니라고 생각한다.

6) 흑과 백은 내편과 남의 편으로 구분되므로 뚜렷한 말로 문제를 설명하여라. 애매모호한 말은 그들에게 통하지 않는다.

7) 대립적인 관계를 만들지 않으려면 조용히 돌아서라. 보복을 받을 염려가 있다. 이해관계가 상충하는 문제가 있다면 솔직하게 미리 충분한 자료를 준비하여 협의하라.

8) 맞서려면 직면하여 맞닥뜨려 보라. 솔직하고 담담하게 자료에 입각하여 맞서라. 그리고 끝까지 서로를 몰고 가라. 아마 분노가 하늘을 찌를 것이다. 그래도 계속하라. 중도 포기는 분노만 남긴다. 분노를 모두 풀게 만들어라. 그러면 원한은 품지 않을 것이다.

라. 유형8인 당신은

1) 느낌보다 사실을 중시하라. 통제 받았다고 느끼는 것과 실제 통제 받은 것과는 다르다. 느낌과 사실은 다르다는 점을 상기하고 사실을 확인하기 전에는 보복하고 싶은 충동을 억제하라. 8번 유형은 직감이 뛰어나기 때문에 느낌을 마치 사실인 것처럼 인식하는 경우가 많다.

2) 급하게 짐작과 느낌만으로 먼저 의견을 제시하지 마라. 그리고 상대방에게 유형2가 갖는 친애의 방법을 사용하라. 상대방이 먼저 말하게 여유를 주고 그들의 말을 경청하여라. 그들의 입장이 되어 보면 적어도 분노를 느끼지는 않을 것이다.

3) 싸움은 같아야 하는 것이다. 누구의 잘잘못이라기보다는 서로에게 원인이 있다. 상대를 욕하지 마라. 아무리 옳은 것이라도 싸움으로 몰고 간 것은 유형8의 책임이 클 것이다. 성격 특성이 그렇다. 그것을 알면 상대를 몰아세우지 않을 것이다. 압박하지 않으면 싸우지도 않을 것이다.

4) 상대방이 옳지 않다고 하여 폭언과 비난을 하거나 위협을 할 이유는 없다. 마치 죽일 듯이 덤비지 마라. 그렇게 할 권한은 없다. 세상의 이치는 주는 것만큼 받는다는 것이다. 돌아서면 자신도 만족스럽지 않고 후회스러울 것이다.

5) 진정한 권한은 상대방이 그 진정성을 이해하고 마음속으로 수용해 줄 때 그 효과가 있는 것이다. 그러나 위협, 비난, 화풀이로 상대방을 억압하여 수용하게 한 것은 진정한 의미의 수용이라고 볼 수 없고, 권한을 제대로 행사한 것이라고 할 수도 없으며, 효과가 있더라도 일시적일 것이다. 괜히 사람만 나쁜 사람이 되는 것이다.

6) 통제를 위해 힘으로 밀어붙이는 것을 잘한 일이라고 생각하지 마라. 그리고 상대방이 인정하지 않고 마지못해 응한 것을 승낙이라고 생각하지 마라. 역효과가 기다리고 있을 것이다. 내용을 다시 한 번 더 질문하고 의견을 경청해 보라. 답은 상대방이 가지고 있다.

7) 구성원들은 조직이나 팀에 참여하면서 이미 상당 부분 목적을 공유하고 있기 때문에 공동의 목적에 기여하고자 하는 의사意思도 가지고 있다. 그들이 공유하고 있는 의사意思가 주인의식이 되고, 희생정신도 되며, 권한이 되기도 한다. 이 점을 상기하고 그들에게 권한을 위임하여 주면 주인의식을 발휘하여 상승효과를 얻을 수 있을 것이다. 내가 주인이라고 하면 상대방은 객이 된다. 참여자 모두가 같이 주인이 되어야 공동의 목적을 성취할 수 있다. 믿고 권한을 확실히 위임하라.

8) 상대방을 지배하거나 비난하고 싶은 충동을 느낀다는 것은 당신 혼자 성취와 만족을 얻겠다는 이기심이며, 당신의 영역을 구축하여 통제하겠다는 의도이다. 아니면, 당신의 약점이 탄로나면 어쩌나 하는 불안의 징조일 것이다.

9) 정의감에서 상대방을 옹호하거나 돌보려고 한다면, 상대방의 입장을 먼저 고려해 보는 것이 좋다. 옹호를 받는 사람은 강자로부터 받는 보호를 '고양이가 쥐 생각하는 것'으로 받아들이기 쉽다. 실제로 당신이 행하는 보호는 당신의 힘을 보여주는 당신을 위한 것일 가능성이 높다. 얄팍한 선입견으로 상대방의 마음을 아프게 하지 않았는지를 신중히 생각해 보라.

마. 8번 유형의 정신건강(Ⅶ장 5항 참고)

　8번 유형은 자극인식의 동기로 자치욕구를 활용하므로 자치를 침해 받지 않으려고 자기 영역에 경계를 형성하고 침입이 감지되면 육체적 긴장을 보이며 맞선다. 긍정적 자기효능감을 소유하여 자신의 의지를 잘 실현할 수 있다고 생각하므로 자신감이 있고 결단력이 있으며 쉽게 실행으로 옮긴다. 이들이 의지를 행사하는 데 사용하는 도구는 힘이다. 경계를 확보하는 것도 힘의 사용이고, 타인을 지배 통제하고 일을 추진하는 것도 힘에 의한다. 이들은 일을 잘 처리할 수 있다고 확신하므로 자기주장적이고 활력이 넘치며 독선적이기도 한다. 이러한 특성은 이들의 지적 장비(자치능력과 사회적응능력, 재능) 수준과 이들이 인간의 본성에 얼마나 충실한가를 나타내는 정신건강에 따라서 다르게 표출된다. 여기서는 정신건강-자아확장과 수축(이 책 Ⅶ장 5항)에서 설명된 정신건강의 상태(건강, 보통, 저조 상태)에 따라 8번 유형의 특성을 살펴보고자 한다.

　건강한 상태에 있는 8번은 공개적, 생산적, 상보적, 수용적이고, 시너지 효과, 삶의 확장, 집단의 공동가치 등을 중시한다. 이들은 자신이 보호하려고 만든 자기 영역을 개방하여 경계를 확장하고, 외부의 침해를 수용하는 아량을 보이며, 행사하던 힘을 적당히 조정하여 조화롭게 사용한다. 그 결과 이들이 집착하던 통제나 지배는 나눔을 중시하는 배려와 공유, 도움이나 봉사의 형태로 나타나게 된다. 이들은 사회 사회발전을 위하여 자유와 평등, 사랑과 평화, 정의와 진리를 추구하여 좁게는 소속된 조직, 넓게는 인류의 공존과 번영에 이바지하려고 한다. 이들은 현실적이고 관대하며, 솔직하고 보호적이며, 책임감이 강해 믿음직하고 정의로운 지도자가 된다. 이들의 행동은 현실을 긍정적으로 인식하고, 관련자들을 배려하고 지지적으로 행동하며, 독점보다는 공유하고 나누려고 함으로써 주변으로부터 인정과 존경을 받는 저명인사로 자리매김한다. 이들의 특성을 한마디로 표현하면, 전체의 발전을 통하여 개인의 발전을 기한다는 것이다.

보통상태의 8번은 자존적, 준법적, Zero-sum, 가정家庭적인 특성을 지닌다. 이들은 개인의 발전을 우선시 하지만 타인에게 피해를 주지는 않는다. 준법적이고 성실하며, 자신의 의지에 따라 자신이 하고 싶어 하는 일들을 추진한다. 일하는 과정에서 장애를 만나면 이를 극복하기 위해 동원할 수 있는 힘을 행사한다. 이런 힘의 행사는 다른 사람을 지배하거나 통제적이지만, 자기 영역에 속하는 사람들에게는 호의적이다. 이들은 패배를 싫어하여 경쟁적이고 공격적이며 자기 주장적이다. 화가 나면 과격하나 뒤끝은 없다. 허약함을 회피하려는 경향이 있어서 자신이 모르는 분야나 할 수 없는 일은 눈감아 버리고 자기 보호적인 입장을 취하여 자신이 약한 면을 인정하지 않으려 하고 부인한다. 좀 당당해 보이기도 하지만 거만해 보이거나 위협적인 면을 보이기도 한다.

저조한 상태의 8번은 비현실적, 파괴적, 폐쇄적, 충동적, 공격적, 불안, 우범적인 특성을 보인다. 이들은 자신의 영역을 지키기 위하여 외부에 폐쇄적이고 파괴적인 면을 보인다. 이런 면들은 자아를 더욱 수축하게 하게 하고 고립적이고 소외적으로 만들어 최악의 경우 반사회적이고 우범적인 경향을 보일 수도 있다. 이들은 사회적으로나 경제적으로 어려운 상태에 놓여 있는 경우가 많으며, 이런 경우 자의식도 위축되고 자신의 능력에 대한 신념도 낮아져서 8번이 갖는 자신감도 제대로 느끼지 못하게 된다. 이 범주에 속하는 사람은 그 정도에 따라 차이가 있지만 냉혹하고 지배적이며, 반항적이거나 투쟁적이고, 유아독존적이고 독재적인 면이 있어서 오만해 보이기도 한다. 화가 나면 주변에 근접을 할 수 없게 폭발적이다. 이들이 이러한 경향을 보이는 것은 자극을 부정적인 관점에서 인식하고 반응하기 때문이다.

정신건강상태를 건강, 보통, 저조 3대역으로 구분하였지만, 실제는 일정 범주를 오르락내리락 하는데, 건강 상태와 보통 상태의 중간에 걸쳐 있을 수도 있고, 보통 상태와 저조 상태의 중간에 위치할 수도 있다. 따라서 자신이 어떤 대역에 위치하는지를 판단하는 것도 중요하지만, 인간의 본성인 가치를 추구하고 공존을 위하여 노력한다는 점에 유의하는 것이 중요하다. 부정적 인식보다는 긍정적으로 인식하고, 폐쇄적이기보다는 개방적이고, 자기중심적이기보다는 환경중심적으로 판단하게 되면, 주변으로부터 인정과 존경을 받고 삶의 기쁨을 느낄 수 있게 되어 좋은 정신건강을 유지하는 방법이 될 것이다.

8번 유형 정신건강 수준

구분		태도/가치	인식/행동	경향성
	건강	공존적, 공개적, 생산적, 상보적, 수용적, 시너지 효과, 삶의 확장	긍정적 인식, 지지적 행동	현실적, 지도력 있는, 보호적, 권위적, 관대한, 솔직한, 협객, 충실한, 정력적, 강력하고 책임감 있는 지도자
	보통	자존적, 준법적, Zero-sum, 가정적家庭的	현실적 인식, 자기중심적 행동	지배적, 경쟁적, 직선적 통치자
	저조	방어적, 비현실적, 자타파괴적, 폐쇄적, 충동적, 공격적, 불안, 우범적	부정적 인식, 감각적 행동	독재적, 자기 중심적, 위세를 부리는, 무모한, 방탕한, 공격적, 통제적, 반항적, 권력에 열광하고 폭력적이며 대결적인 폭한.

(그림 중 원기둥은 돈 리소의 '에니어그램의 지혜'에서 인용 수정)

바. 8번 유형의 선순환과 악순환(Ⅶ장 5항 참고)

1) 정신건강 상태별 인식·반응·평가

8번 유형이 자신의 욕망을 성취하기 위하여 환경과 자극을 인식, 반응, 평가하는 행동양식을 건강 상태별로 구분하면 다음 표와 같다. 건강한 8번은 환경과 자극을 긍정적으로 인식하여 자신의 욕망인 지배를 성취할 수 있다고 생각한다. 이들은 공존과 상생을 바람직한 생의 태도라고 생각하여 환경과 자극에 대하여 안내라는 반응을 보인다. 이들은 자신의 행동 결과를 타인이나 외부에 강조하지 않고 단지 지원하였다고 생각하고 상대방에게 도움이 되었기를 바랄 뿐이다. 이런 생각과 행동은 이들의 긍정적 사고를 더욱 조장하게 되어 이들을 선순환 고리에 머물게 한다. 이를 그림으로 그리면 아래 좌표형태의 그림이 되고, 선순환의 고리는 X축 상부의 원에 해당한다.

보통의 8번은 환경과 자극을 편의적이고 자기중심적으로 인식하여 욕망인 지배를 성취할 수 있다고 생각한다. 이들은 자존적 태도로 환경과 자극에 대처하여 구성원을 지도하는 반응을 보인다. 이들은 자신이 외부의 침해에 노출되어 있다고 생각한다. 이런 생각과 행동은 이들을 더욱 현실적이고 자기 편의적으로 만들어 이들을 보통의 상태에 머물게 한다. 외부 환경은 이들에게 우호적이거나 비우호적인 자극을 주어 변화가 잉태되지만 이런 변화도 자신을 침해할 수 있다고 평가하며 자기편의적으로 대응한다.

정신건강 상태별 인식·반응·평가

유형	욕구	효능감	욕망	행동	회피	방어	건강			보통			저조		
							인식	반응	평가	인식	반응	평가	인식	반응	평가
							우호적 환경			편의적 환경			비우호적 환경		
							긍정	공존	긍정	편의	자존	현실	부정	공격	부정
8	자치	적극	지배	통제	허약	부정	지배	안내	지원	지배	지도	침해	지배	독재	허약

저조한 상태의 8번은 환경과 자극을 부정적으로 인식하여 자신은 자율을 침해 받고 있어서 욕망을 성취하기 어렵다고 생각한다. 이들은 환경과 자극의 침해에서 벗어나기 위해서 공격적인 반응행동을 한다. 이들은 공격적이고 반사적인 행동에도 현실은 별다른 변화를 보이지 않아 자신을 허약하다고 평가 한다. 이런 생각과 행동은 이들의 부정적 사고를 더욱 조장하게 되어 이들을 악순환 고리에 머물게 한다. 이를 그림으로 그리면 아래 좌표형태의 그림이 되고, 선순환의 고리는 X축 하부의 원에 해당한다.

2) 건강상태별 순환고리

건강한 정신상태의 8번 유형은 자신의 지배 욕망을 실천하기 위해 사물을 처리할 때 자신의 능력으로 수행 가능한지 여부를 직관적으로 인지할 수 있어서 자신감을 가지고 일을 수행하고 좋은 결과를 얻는다. 이들은 힘을 바탕으로 하여 타인을 지배하지만, 피지배자들은 지배당하면서도 지배당하고 있음을 잘 인지하지 못하고 있어서 지배를 거부하지 않는다. 이유는 이들의 지배 행위가 지배가 아니라 안내의 형태를 취하기 때문이다. 구성원들을 안내하는 8번 자신도 그저 지도자로서 집단을 잘 안내하고 있음에 만족할 뿐 그들을 지배한다고 생각하지 않는다. 이유는 첫째, 이들은 구성원이 목적한 바를 스스로 성취할 수 있게 안내하고 지원함으로써 우호적인 환경을 스스로 조성하고 환경의 지원을 이끌어 내고 후원을 받는다. 둘째, 환경에 개방적으로 소통하고 그 과정과 결과를 공유할 뿐만 아니라 적절히 피드백 함으로써 능력과 욕망의 균형을 유지하고 있기 때문이다. 과정과 결과를 공유하고 피드백한다고 함은 개방적으로 공감하고 있음을 의미한다. 개방적 관계는 목적을 공유하기 때문에 어느 한 부분이 부족하더라도 다른 부분에서 이를 보충하고 보완하여 주는 특성이 있다. 그런 결과로 지도자는 여유를 찾을 수 있고 여분의 시간과 능력을 비전을 만드는 일과 주변 사람들에 대한 지원이나 도움에 사용할 수 있는 훌륭한 면모를 지닐 수 있는 것이다.

보통의 정신건강을 소유한 8번이 자신의 능력을 과대평가한 경우는 높은 기대감으로 일을 처리하게 되어 자신의 욕망인 지배감을 느끼지 못한다. 지배감을 느끼지 못함에서 오는 불안에서 벗어나고자 능력 향상을 위하여 노력함으로써 균형의 고리로 진입하게 된다. 또 자신의 능력을 과소평가하는 경우는 활동 결과에 대해 자족하는 경향이다. 보통의 상태에 속하는 사람들은 대부분 가족이나 친구 등 자신이 자기영역이라고 생각하는 사람들 속에서 자치를 유지하려고 노력하는 경향이다. 이들은 항상 자신의 영역이 타인의 지배를 받지 않을까 염려하며 무언가 침해를 당하고 있는 듯한 느낌을 갖고 경계심을 놓지 않는다.

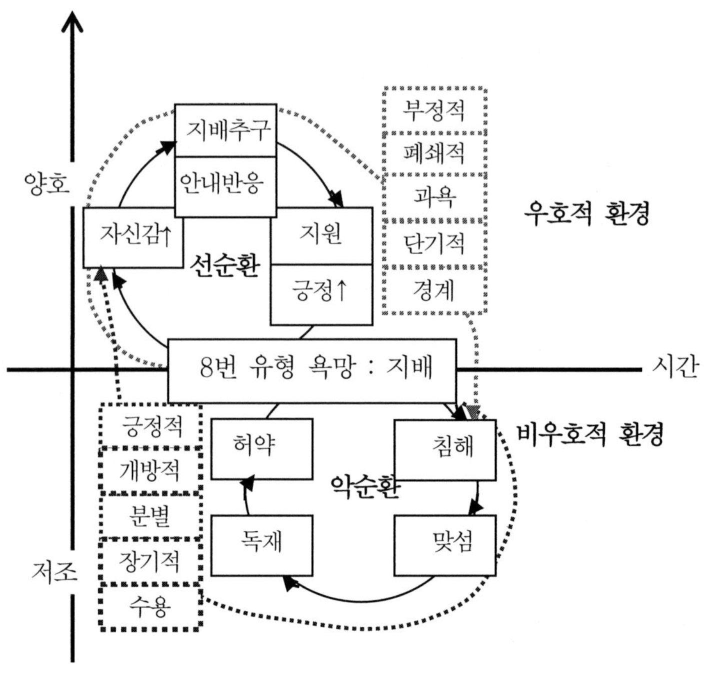

　저조한 상태의 정신건강을 소유한 8번은 환경을 비우호적으로 인식하고, 비우호적 환경이 자신을 침해하고 있다고 생각하여 경계하며, 경계하기 위해 맞서서 버티거나 공격을 해서 물리쳐야 할 대상으로 여긴다. 따라서 이들은 대상을 회피하려 하고, 회피할 수 없다면 공격하여 파괴하거나 지배하려고 한다. 유아독존적이고 이기적인 특성을 갖고 있어서 독재를 하게 되고 이에 반발하면 가차없이 처단하려고 한다. 이들은 자신의 지배적인 행동에도 환경은 우호적인 반응을 보이지 않으므로 자신이 허약하다는 생각을 하고, 허약에서 탈출하기 위해 더욱 공격적인 행동을 하게 된다.

위의 그림에서 알 수 있듯이 악순환의 고리에서 선순환으로 전환하기 위해서는 먼저 자신이 처한 상황을 정확하게 이해하는 것이 필요하다. 자신의 욕망이 자신의 능력에 적정한지, 그리고 자신의 능력인 지적 장비(Ⅶ장 5항 나절)의 수준을 정확하게 파악하고 있는지, 환경이 실제로 비우호적인지 아니면 자신의 인식에서 비롯된 것인지, 비우호적이라면 왜 비우호적인지, 그리고 자신이 개방적으로 처신하고 있는지 아니면 유아독존적이고 이기적으로 생활하고 있는지 등을 파악하여 보는 것이 중요하다. 다시 말해 자신의 약점과 강점, 기회요인과 위협요인 등을 파악하여야 한다는 뜻이다. 이것이 분별력이다. 다음으로는 이런 사실들을 있는 그대로 긍정적으로 인정하고 받아들이는 수용적 태도를 가져야 한다. 그런 연후에 시행하기 쉽고, 할 수 있는 것부터 자신 있게 차근히 진행하면, 자신감과 자존감이 상승하게 되어 긍정적인 태도를 갖게 될 것이다. 즉 환경을 긍정적으로 인식하게 되고 우호적으로 대하게 되어 선순환으로 전환하게 될 것이며, 수용적인 태도로 사물을 접하고 공감하여 건강한 정신상태를 유지할 수 있을 것이다.

경계하여야 할 악순환으로 전환은 자신의 능력을 망각한 과욕으로 환경을 비우호적이고 부정적으로 인식하여 경계를 굳건히 하고 폐쇄적으로 대처하는 것에서 시작됨을 이해하고 이를 잃지 않아야 한다. 이는 자신의 탓이지 결코 환경 탓이 아니다. 수분지족(守分知足)할 줄 아는 것과 '곳간(지적장비)에서 인심 난다'는 속담이 좋은 교훈이 될 것이다. 위 그림의 개방·긍정·장기적 관점에 관해서는 Ⅶ장 5항 사절 '순환고리의 구별과 전환'에 상세히 설명하고 있다.

사. 8번 유형의 날개_(Ⅶ장 3항 참고)

1) 7번 날개를 가진 8번 유형(8 w7 : 자립가)

힘이 있고 자기 마음대로 하기를 좋아하는 아이는 자기 마음대로 되지 않으면 우격다짐으로라도 자기 뜻을 관철하려고 한다. 하지만 성장환경에는 자기보다 힘센 아이나 어른이 있으며, 머리가 좋아 공부 잘 하고, 꾀가 많아 위기를 잘 돌파하며, 친구들을 잘 사귀어 인기가 좋은 아이도 있기 마련이다. 다시 말해 자기 마음대로 잘 되지 않는 것이 현실이다. 이러한 현실에 부딪치면 8번 유형은 자신의 효능감을 제대로 발휘하지 못하여 자신감을 망각하게 되거나, 자신의 욕구를 변화시켜 다른 방향에서 대처하려고 한다. 설령 자기 마음대로 대처하면서 잘 성장한 경우라도 주변을 잘 통제하기 위하여 분위기를 재미있게 만들거나 스스로 즐겨 보고 싶은 욕구를 느끼기도 한다. 이런 경우에 8번 유형은 7번 유형처럼 재미있는 아이디어를 추구하는 경향을 가지게 되는데, 이를 7번 날개를 가진 8번(8 w7)이라고 하고, 이들을 우리는 자립가라고 부른다. 자치와 재미를 위해 통제를 추구하는 이들을 자립가라고 칭하는 것은 즐거움도 하고 싶은 대로 추구하기 때문이다.

이들은 낙천적인 지도자가 된다. 타인을 지배하려고 하면서도 즐거움과 새로운 아이디어를 제시하는 주도적이고 외향적이며, 재미 있고 사교적이며 실용적인 사람이다. 새로운 아이디어를 제안할 뿐만 아니라 결정과 실천도 빠르고, 카리스마 있는 승부사 근성이 있다. 선이 굵고 모험적이라서 위험을 쉽게 부담하는 성향이다. 반면 참을성이 부족하고, 급하여 분별력이 부족할 수 있다.

8 W7과 7 w8의 차이는 전자는 자아경계를 유지하려고 독립적이고 영향력 행사를 강조하는 반면, 후자는 안정을 추구하기 위하여 재미있는 아이디어를 강조하므로 전자에 비해 실천력이 부족하다. 다시 말해 전자는 독립적인 면을 강조하고, 후자는 안정적인 면을 강조한다는 것이다.

날개 명칭 부여

유형	욕구	유형 특징	날개	날개 추가			비고
				에너지 원천	유형 특징	명명	
8	자치	통제	8 w7	탐구욕	재미	자립가	자치와 재미를 위해 통제를 추구
			8 w9	자치욕	평화	미련한 자	자치를 위해 통제와 평화를 추구

(표에서 날개의 명명은 리소와 허드슨의 에니어그램의 지혜에서 인용)

8 w7 이들이 공존적, 공개적, 생산적, 상보적, 수용적인 삶의 태도를 가지게 되면, 이들은 긍정적 인식과 지지적인 행동을 하는 건강한 상태가 되는데, 이 경우 이들은 주변을 즐겁게 하고, 타인에 대한 배려와 사회적 책임을 다하려 하므로 주도적이긴 해도 지배적이지는 않다. 머리 회전이 빠르고 판단력이 뛰어나 일 처리가 시원시원하여 영향력 있는 지도층 인사가 된다.

이들이 자존적, 준법적, Zero-sum적, 가정적家庭的인 삶의 태도를 가지면, 이들은 현실적이고 자기 중심적인 행동을 하는 보통의 평균적인 심리적 상태가 되는데, 이 경우 이들은 독자적인 계획으로 영향력을 행사하려는 자기중심이라는 굴레에 얽매이게 된다. 이들은 다른 사람들보다 우위에 서려고 노력하고 모험을 좋아하며, 자기의 큰 뜻을 행사해 보려는 의도에서 과장하여 표현하거나 무리한 시도를 하기도 한다. 말이 앞서고 진취적이나 대결적이고 참을성이 부족하다. 감정이 무디고 죄책감을 잘 느끼지 못한다.

2) 9번 날개를 가진 8번 유형(8 w9 : 미련한 자/곰)

어느 누구나 자기 마음대로 일하고 싶고, 다른 사람들을 마음대로 지배하고 싶겠지만 타인과의 관계를 생각하고 상황을 고려하여 그렇게 하지 못하는 것이다. 그렇지만 8번 유형은 힘을 행사하더라도 자기영역을 확실하게 확보하려 하고, 허약해 보이는 것을 싫어하며, 의지로 똘똘 뭉친 강하고 직선적인 성향을 보인다. 하지만 이들도 환경의 제약에서 자유롭지는 못하여 환경의 제약을 받게 되면 자신의 의지를 꺾거나 조정하는 타협을 하기도 한다. 이런 과정에서 상황에 매몰된 8번은 자신의 효능감을 인식하지 못하고 9번과 같이 현실과 타협하여 마음의 평화를 얻고자 하는 경우도 있다. 이런 경우를 많이 겪게 되면 이러한 대처방식이 습성이 되어 자극에 대한 대처방식으로 굳어지게 된다. 이를 9번 날개를 가진 8번 유형(8 w9)이라고 하는데, 자치를 위해 통제와 평화를 추구하는 성향이다. 이들을 미련한 자라고 칭한다. 이들을 미련한 곰이라고 부르는 것은 힘은 있으나, 현실 대응적이라서 힘을 제대로 사용하지 못하고 곰처럼 느긋하게 대처하기 때문이다.

이들은 힘과 자신감을 가지고 있으나, 화를 잘 내지 않고 타협적인 지도력을 보인다. 9번처럼 물러서는 경향이 있어서 배후에서 조정하여 처리하는 조심성 있고 치밀한 성향이다. 황소 같이 믿음직하고 우직하여 굼뜨지만 분명하고, 느리지만 단호하다. 자치영역을 중시하므로 영역 안은 내편이고 영역 밖은 타인이다. 영역 밖의 존재에게도 호의적으로 보이는 것 같아도 자기 영역 내의 사람과는 구별한다.

이들이 공존적, 공개적, 생산적, 상보적, 수용적인 삶의 태도를 가지면, 이들은 긍정적 인식과 지지적인 행동을 하게 되는 건강한 상태가 되는데, 이 경우 이들은 힘과 화를 절제할 줄 알고, 타협적인 통제 방식을 취하므로 주변을 잘 돌보는 온화한 리더십을 발휘한다. 어려움에 처하더라도 물러나 조용하게 막후에서 조정하는 실력을 발휘하여 상보적인 결론을 도출한다.

이들이 자존적, 준법적, Zero-sum적, 가정적家庭的인 삶을 영위하면, 이들은 현실적이고 자기 중심적인 행동을 하는 보통의 평균적인 심리적 상태가 되는데, 이 경우 이들은 자기중심적인 타협을 유도하고, 자신의 자율을 확보하기 위하여 전략적인 접근을 함으로써 한가하고 조용하게 지내기를 좋아한다. 친절하고 호의적이나 진실함이 부족하고 친절을 통제를 위한 방편으로 사용하는 경향이다.

아. 8번 유형의 장애 대처방식(IV장 1항 참조)

인생을 108번뇌라고 하듯이 세상사는 마음대로 잘 진행되지 않는다. 그것은 자원의 한계성 때문이기도 하고, 여러 사람들의 이해관계가 얽혀 있기 때문이기도 하다. 가족에 관한 일이든, 직장이나 학교 혹은 지역사회에서의 일이든 어떤 일이나 작용이 있으면 반작용으로 반대나 저항에 직면하게 된다. 이러한 반대나 저항에 부딪쳤을 때 각 성격 유형들은 자신의 의견을 끝까지 고수하여 관철하는 경우가 있고, 반대자의 의견을 수용하여 일을 포기 하거나 수정하여 처리하는 경우도 있으며, 입장고수나 승복 중 어느 쪽을 선택하지 못하고 갈등하면서 불안해 하는 반응을 보이는 경우도 있을 것이다. 이런 경우들을 자기입장고수, 승복, 불안정한 행동으로 구분한다. 그리고 전혀 예상하지 못한 상황에서 갑작스런 자극을 받아 무의식적이고 충동적으로 행동하고 반응하는 경우도 있을 것이다. 8번 유형은 이런 경우 어떤 반응을 보일까? 8번 유형이 반대나 장애에 대처하는 방식을 간단히 말하면 반발적, 공격적, 대항적이다.

반대나 저항에 대처방식

유형	욕구	기본 반응	성격 유형	의식적 수용/거부의 반응			무의식적 반응	
				입장고수 방법	승복	신경증 반응	충동적 반응	방어기제
의지 중심								
8	자치욕	경계형성	지배형	반발	화	대항적	공격적	부정

8번 유형은 자치욕을 자극인식의 틀로 이용하므로 자기 경계를 형성하여 외부의 침해를 방어하려 하고, 긍정적 자기효능감으로 반응하므로 의지의 힘으로 버티고 지배하려는 반응을 보인다. 그래서 이들을 지배형이라 한다. 이들은 저항을 만나면 기본적으로 자기영역을 침해 받았다고 생각하고 반발을 하게 되고 자기입장을 고수하려고 한다.

그러나 상대방이 분명하고 논리적이며 타당하게 반대하는 이유를 설명하면 승복한다. 이 때 승복을 하면서도 자존심에 상처를 받게 되고, 돌아서면 화가 난다. 이런 8번에게 상처를 주지 않으려면 상당한 배려가 필요하다. 의지중심의 유형들은 모두 자신의 의지가 꺾이게 되면 침해를 받은 것으로 느끼게 되어 자존심에 상처를 받는다. 8번 유형 스스로 포기할 수 있게 기회와 시간적 여유를 만들어 주는 것이 현명한 대처 방식이 될 것이다.

갈등상황에서 과민하고 자기애적으로 반응하는 신경증적인 8번 유형은 대항적이다. 이들이 의식적으로 대항적인 것은 의지의 힘이 강하기 때문이다. 긍정적 자기효능감을 소유하여 과민하고 짜증스럽게 되면 강력한 힘으로 대항하게 되는 것이다.

전혀 예상하지 못한 상황에서 갑작스런 자극을 받아 충동적이 되면 매우 공격적인 경향을 보인다. 이들이 공격적인 것은 자기 경계를 위한 힘의 무의식적으로 작용하기 때문이다. 이들은 간뇌의 기능이 활성화 되어 있음으로 긴장에 따른 반응이 매우 빠르다. 가능하면 이들에게 갑작스런 자극은 피하는 것이 좋다.

이들은 현실의 고통스러운 측면을 직면하지 않고 회피함으로써 특정 사건이 지닌 의미의 일부분 또는 전체를 무의식적으로 거부하여 불안이나 다른 불유쾌한 감정을 감소시키고자 부인이라는 방어기제를 사용한다.

가. 유형의 개관

유형9는 의지중심의 심리에너지와 현실적 자기 효능감의 조합에 의하여 형성된 성격 유형으로 자신의 의지를 현실에 맞춰 조정하여 반응하는 특성을 소유하고, 장애에 마주치면 후퇴적 충동적 행동, 유리형 신경증적 행동, 자기옹호적인 입장고수 행동방식으로 대처하는 특성을 지닌다. 심리에너지 원천이 의지중심이라 자치의 관점에서 자극을 감지하고 외부로부터 자신의 영역을 침해 받지 않으려 심리적 경계를 형성하며, 외부의 침입이 감지되면 육체적·정신적 긴장으로 맞서려고 한다. 하지만 자기효능감을 일관되게 인식하지 못하고 있기 때문에 자신감이 없어 심리에너지의 방출을 억제하고, 외부 세계가 수용 가능한 것만 방출함으로써 내·외적으로 경계를 유지한다.

현실적 자아의식을 소유한다고 함은 타인에게 통제나 위협을 가하지는 않지만, 타인으로부터 통제를 받거나 경계를 침해 당할지 모른다는 불안에서 벗어나 자율감를 유지하려면, 적어도 자신을 외부의 침해로부터 방어해야 한다는 자의식을 소유하고 있음을 의미한다. 이들은 의지중심의 중앙에 위치하므로 방어적인 자의식이 매우 강하여 자율을 침해 받지 않으려고 타협하고 중재하는 것에 많은 에너지를 투하한다.

이들의 성취는 자유롭고 평화로운 현실에 적응하는 것으로 균형을 파괴하는 감정이나 상태를 원하지 않는다. 이들은 효능감을 인식하지 못하지만, 강한 욕구를 가지고 있어 이들이 하는 방어행위는 매우 강하다. 특히 상대적으로 약한 객체에 대해서는 적극적으로 힘을 행사하기도 하지만, 강력한 자극에 대해서는 눈을 감아 버리기도 한다. 이들은 현실과 조화를 위하여 자신의 의지를 숨기고 싶어 하므로 평화·융화·조화 등 갈등을 피하려는 의지가 동기가 되어 행동한다. 에니어그램 도형의 꼭대기에 위치하여 의지, 감정, 사고 중심의 중앙에서 모두를 총괄하는 것처럼 보이듯이, 외부와 조화를 유지하려 하기 때문에 온순한 태도에서부터 독립적이고 맹렬한 면까지 여러 유형의 특성을 나타내기도 한다. 때로는 8번 유형의 힘, 7번 유형의 즐거움, 6번 유형의 충성심, 5번 유형의 탐구심, 4번 유형의 예술성, 3번 유형의 경쟁심, 2번 유형의 관대함, 1번 유형의 완벽함을 나타내 보일 수도 있다. 조화를 유지하려 수용적이 되기도 하고, 남에게 위안을 주기도 하며 타인의 입장에 잘 동의하고 그렇게 하는 자신에게 만족한다.

평화로운 것을 좋아하고 주변이 요란스러운 것보다는 동요가 적고 조용한 것을 좋아하며, 수동적이고, 다른 사람에게 부담을 주지 않으려고 한다. 갈등하고 있는 상황을 싫어하므로 양쪽 입장을 가능한 이해하려고 노력하여 수동적 중재자 역할을 한다.

자신이 필요한 것보다는 다른 사람들의 욕구를 더 잘 알고, 다른 사람이 바라는 것을 이루어지게 함으로써 대리 만족을 얻기도 한다. 게으름을 피우며 맛있는 음식을 즐겨 먹고 독서나, TV에 빠지면 시간 가는 줄 모른다. 식사 시간도 잘 지키지 않고 한 쪽에만 열심이다.

이들은 자신감을 인식하지 못하기 때문에 화가 나도 직접적으로 표현하지 못하고 간접적으로 표현한다. 같이 있는 사람도 이들이 화를 어떻게 낼지 예측할 수 없고 실제 화가 났는지도 모를 수 있다. 이들은 심각하게 화를 냈는데 주위 사람들은 화를 냈다고 생각하지 않는다.

다른 사람에 대한 배려하기를 좋아하고, 무엇이든 나누어 주기를 좋아한다. 그리고 받은 사람이 인사가 부족하면 돌아서서 서운해 한다. 이들의 특성은 적응력 있고, 타협적이며, 협조적이고 수용적이다.

나. 성격 특성

별명	중재자, 태평한 사람, 조정자.
불안	쫓기는 것, 분리, 소멸되는 것.
욕망	내면의 자유로움과 평화 유지.
이미지	안정, 차분함, 귀찮아함, 조화, 우유부단.
세계관	조용히 일관되게 기다리면 모든 것이 잘될 것이다.
성향	평화를 좋아하고 싸움을 싫어하므로 주위를 온화하게 함. 귀찮은 일은 가능한 한 피함.
포로	갈등 회피.
방어기제	몰입, 혼수상태.
리더십 유형	참여적, 공유적, 수동적.
생활 신조	내버려 두라, 조용히 살자.
의사소통	태평하고 느긋하게 외부에 맞추는 사교유형.
금언	'상선약수上善若水', '우리 함께 다같이 손뼉을 짝짝.'

대표적 인사	윤보선, 제럴드 포드.
함정/출구	자기 비하/자기 사랑.
열정/구원	게으름/근면.
이상상	주변이 평온하고, 흔들리지 않으므로 좋다.
유혹/회피	자기 경시/갈등.
건강 상태	평화, 겸손, 다정, 수용적, 관대한, 공감적, 개방적, 유쾌한, 인내심 있는(목표 지향적, 이심전심의, 한결같은, 소금과 같은).
보통 상태	순응적, 만사태평, 우유부단.
저조 상태	게으른, 숙명론적, 우유부단한, 강박적인, 냉담한, 판단적(방향 상실, 고집불통, 변화를 싫어하는, 귀찮아 하는, 멍한 상태).

다. 유형9와 같은 팀이라면

1) 유형9는 갈등을 피하고 흘러가는 대로 맡게 두는 경향이므로 책임감이 약하고, 시간에 얽매이게 되면 갑자기 처리하는 우발적인 경우가 허다하다. 이러한 상사를 만날 경우 책임 소재를 명확히 하고자 한다면, 확인사항을 메모하는 등의 상황을 분명히 하고 자신이 취할 활동을 협의하는 조치가 필요하다.

2) 이들이 변화를 싫어하고 무관심하고 우유부단할 경우 침묵할 수 있다. 이를 동의로 생각하지 말라. "예"라는 동의를 액면 그대로 받아 들이지 말라. 분명치 않다면 직접 물어보라. 돌 다리도 두들기는 마음으로 확인하라.

3) 순응적이고 겸손한 이들은 허장성세를 싫어한다. 유유상종이란 말처럼 이들도 상대방이 자신과 같이 순응적이고 겸손하기를 바란다.

4) 만사태평인 이들은 일의 처리가 흐지부지 하고 망각하기 쉬우므로 문서로 기

록을 남기는 것이 좋다. 그리고 진행사항을 수시로 보고하여 관심을 상기시키고 후속조치를 확인하는 것이 좋다.

5) 이들은 자신이 결론을 만드는 것보다 주위의 협의나 토론 내용을 조정하여 결론 내리기를 좋아한다. 하지만 혼자서 결론을 내야 할 경우는 일의 처리가 늦고 업무의 진척도 미루는 경향이 있다. 업무의 중요성이나 상호의존성을 강조하여 상기시켜 주는 것도 바람직할 것이다.

6) 이들이 자신의 가치를 인식하지 못하고 능력을 발휘하려 하지 않거나 참여하기를 꺼려한다면, 그들에게 의견을 물어보고 협력해 줄 것을 요구하면 스스로의 가치와 능력을 재인식할 수도 있다. 그들에게 역할을 분명히 해주라. 보다 큰 책임감을 느낄 때 최선을 다한다.

7) 이들은 자치욕을 중시하는 유형이므로 통제하거나 지배하려 하지 말라. 그러면 강하게 경계를 형성하고 협력하려 하지 않는다. 정기적 회합을 가지면 이들의 게으름을 자극할 수 있고 참여를 유도할 수 있다.

라. 유형9인 당신은

1) 임무의 중요성을 인식하고 시간의 경과에 자신을 맞게 두지 말고 진행중인 업무를 마무리 하라. 마무리를 못하고 끌려가는 것은 바람직하지 않다.

2) 갈등을 피하고자 조정하고 중재하는 것에만 집중하지 말고 당신의 목소리와 의도에 따라 일을 계획하고 추진하라. 목표 없이는 이루어지는 성과도 작다. 꿈을 기록해 가면서 자신감과 실행력을 제고하는 것은 자신의 태도 개선에 큰 도움이 될 것이다.

3) 이들의 불안은 갈등과 긴장이다. 업무상의 성취는 목표를 정하는 의사결정과 참여자들의 공헌에 의해서 이루어지고, 책임은 성과의 평가에 따라 주어진다. 평가에는 긴장과 갈등이 있기 마련인데 이 긴장을 회피하면 개인의 성장은 기대할 수 없다. 긴장과 갈등을 수용하고 자신을 개방하는 것이 좋다.

4) 흐름에 따르고 뒤로 미루는 버릇에서 벗어 나라. 혼돈에서 벗어나 중요한 사항과 긴급한 사안을 구분하라. 그리고 잠자고 있는 자신의 효능감을 일깨워라. 과거에 아주 잘 해냈던 성과를 기억하고 자신감을 불어 넣어라.

5) 조화를 선호한다는 명목으로 자신의 일이 아닌 타인의 업무에 빠져있지는 않는지 자문자답해 보라. 당사자에게 위임하고 결과를 의논해보라. 숨었던 자신의 능력이 발휘될 것이다. 흐름에 맡겨 두었던 많은 과제들의 당사자가 누구인지 구분하여라, 구분하는 것만으로도 상당 부분의 문제들이 해결된다.

6) 당신이 상사라면 동료들의 주장에 귀를 기우려 보아라. 그들은 당신에게 던져준 많은 문제들의 해답을 알고 있다. 미루지 말고 그들에게서 해답을 구하여라. 문제를 공유하면 좋은 답을 바로 찾을 수 있을 것이다.

7) 꼼꼼하고 소심한 유형1들은 당신의 피상적인 면을 충분히 채워줄 것이다. 그리고 갑작스럽게 자극하지 않고 적당히 책임져 주고 결정해 준다면 아주 좋은 팀이 될 것이다.

8) 갈등의 중요성을 인지하라. 갈등은 새로운 발전을 가져오는 요소임을 상기하라. 조화나 평화만이 세상사를 보는 가치기준이 아님을 인식하라. 사안에 따라 본질적인 평가 기준을 채용하라.

마. 9번 유형의 정신건강(Ⅶ장 5항 참고)

9번 유형은 자치욕을 추구하고, 현실적 자기효능감을 가짐으로써 편의적인 방법으로 자신의 자율영역의 침해를 방어하기 위해 경계를 형성하는데, 외부의 침해가 감지되면 육체적인 긴장을 하나 이를 현실에 맞게 조절하려고 한다. 주변 상황을 살피고 그때그때 상황을 보아가며 자신이 할 수 있고 유리한 방안을 선택한다. 그래서 그 시점의 평화를 추구하고 이를 위해 조정하고 중재한다. 갈등을 피하려는 이들은 변화를 꺼려하여 게으름을 피우기를 좋아한다. 이러한 특성은 이들의 지적 장비(자치능력과 사회적응능력, 재능)와 이들이 인간의 본성에 얼마니 충실한가를 나타내는 정신건강에 따라서 다르게 표출된다. 여기서는 이 책 Ⅶ장, 5항 정신건강-자아확장과 수축에서 설명된 정신건강의 상태(건강, 보통, 저조 상태)에 따라 9번 유형의 특성을 살펴보면 다음과 같다.

건강한 상태에 있는 9번은 공개적, 생산적, 상보적, 수용적이고, 시너지 효과, 삶의 확장, 공동의 가치 등을 중시 한다. 자기 영역을 중시하는 이들이 공개적인 입장을 갖게 되면 자신의 영역을 확장하고 영역의 확장은 외부의 에너지를 많이 수용하게 되어 자기의 편익을 넘어서 공동의 편익을 강조한다. 싫어하던 변화를 수용하게 되면 게으름에서 깨어나게 되어 활력을 찾게 된다. 편의적인 인식에서 긍정적 인식으로 변화는 공동의 가치를 지향하는 사고와 행동을 추구하게 하여 갈등을 회피하지 않고 공동의 목표라는 큰 틀에서 해결하게 하여 평화에 기여하게 한다. 이들의 특징은 겸손하고 관대하며, 공감적이고 유쾌하며, 한결같고 이심전심의 공감능력을 갖는다.

보통상태의 9번은 자존적, 준법적, Zero-sum, 가정家庭적인 특성을 지닌다. 이들은 자신의 자유로움을 중시할 뿐만 아니라 자신의 자유로움이 타인에게 피해가 되지 않도록 노력한다. 자신과 자신이 중시하는 자기 영역의 평화를 지키기 위해 외부와 조정하고 타협한다. 이들은 9번 유형의 일반적인 특성인 갈등을 피하고 방어적이며, 변화를 싫어하고 게으름 피우기를 좋아하며, 일반적으로 수용적이고 수동적이며, 타인을 이해하려 하고 타인의 입장에 동조하는 편이다. 이러한 면들은 이들을 순응적이고 만사태평하며 우유부단하게 한다.

저조한 상태의 9번은 비현실적, 파괴적, 폐쇄적, 충동적, 공격적, 불안, 우범적인 특성을 보인다. 갈등을 피하고자 하는 이들의 특성은 현실에서 도피하려 하고 폐쇄적인 경향을 보여 자신이 문제해결의 임무를 맞게 될까 두려워한다. 문제를 직면하기를 꺼려하여 활력을 잃고 무기력하게 된다. 내면의 평화를 유지하려는 마음에서 현실을 직시하지 못하고 거부하며, 외부의 영향력에서 벗어나려고 고립을 자초하기도 한다. 이러한 성향은 부정적인 인식에서 출발하는 것으로 심하면 자신을 방향상실, 고집불통, 충동적, 자포자기의 상태로 몰고 간다.

정신건강상태는 온도계의 대역과 같이 어떤 범주의 대역을 오르락내리락하는 것인 바, 자신이 어떤 대역에 속하는지를 인지할 수 있게 자기 성찰을 하는 것이 필요하다. 자신의 의식이 이기적이고 자기 중심적인 사고에 빠져 있는지, 아니면 개방적인 자세로 외부에서 활력을 보충하고 자기 영역을 확장하고 있는지를 뒤돌아 볼 필요가 있다. 다시 말해 타인과 더불어 공동체의 발전을 위하여 수용적이고, 자기만을 위한 고집이 아니라, 평등(1/n)과 형평(output/input)의 가치가 조화롭게 공존하는 정의로운 사회를 위해 노력하는 것이 중요할 것이다.

구분		태도/가치	인식/반응	경향성
	건강	공존적, 공개적, 생산적, 상보적, 수용적, 시너지 효과, 삶의 확장	긍정적 인식, 지지적 행동	평화, 겸손, 다정, 수용적, 관대한, 공감적, 개방적, 유쾌한, 인내심 있는(목표 지향적, 이심전심의, 한결같은, 소금과 같은).
	보통	자존적, 준법적, Zero-sum, 가정적家庭的	현실적 인식, 자기중심적 행동	순응적, 만사태평, 우유부단
	저조	방어적, 비현실적, 자타 파괴적, 폐쇄적, 충동적, 공격적, 불안, 우범적	부정적 인식, 감각적 행동	게으른, 숙명론적, 우유부단한, 강박적인, 냉담한, 판단적(방향상실, 고집불통, 변화를 싫어하는, 귀찮아 하는, 멍한 상태).

(그림 중 원기둥은 돈 리소의 '에니어그램의 지혜'에서 인용 수정)

바. 9번 유형의 선순환과 악순환(Ⅶ장 5항 참조)

1) 정신건강 상태별 인식·반응·평가

9번 유형은 평화를 욕망하며 이를 위해 조정하거나 중재하는 행동을 보이는 유형이다. 이들이 자신의 욕망을 성취하기 위하여 환경과 자극을 인식, 반응, 평가하는 행동양식을 건강 상태별로 구분하면 다음 표와 같다. 건강한 9번은 환경과 자극을 우호적이고 긍정적으로 인식하여 자신의 욕망인 평화를 성취할 수 있다고 생각한다. 이들은 공존과 상생의 태도로 환경과 자극에 임하여 중재라는 반응을 보이고 전체를 잘 아우른다. 이들은 자신의 행동결과에 대해서도 단지 화목하여 좋다고 생각한다. 이런 생각과 행동은 이들의 긍정적 사고를 더욱 조장하게 되어 이들을 선순환 고리에 머물게 한다. 이를 그림으로 그리면 아래 좌표형태의 그림이 되고, 선순환의 고리는 X축 상부의 원에 해당한다.

보통의 9번은 환경과 자극을 편의적이고 자기중심적으로 인식하여 욕망인 평화를 성취할 수 있다고 생각한다. 이들은 자존적 태도로 환경과 자극에 대하여 순응하는 반응을 보인다. 이들은 자기영역이 불화가 잠재해 있다고 생각한다. 이런 생각과 행동은 이들을 더욱 현실적이고 자기 편의적으로 만들어 자기중심적인 상태에 머물게 한다. 이들은 우호적이거나 비우호적인 환경에 부딪치기도 하지만 자기 편의적인 반응으로 균형을 찾아간다. 균형을 찾아간다고 함은 자기 중심을 유지하여 자기 영역의 평화를 유지해 간다는 뜻이다.

저조한 상태의 9번은 환경과 자극을 부정적으로 인식하여 자신은 자율을 침해 받고 있어서 욕망을 성취하기 어렵다고 생각한다. 이들은 환경과 자극의 침해에서 자신을 방어하기 위해서 냉담한 반응을 한다. 이들은 자신들의 냉담한 행동에도 현실은 별다른 변화 없이 비우호적이고 갈등은 계속된다고 평가 한다. 이런 생각과 행동은 이들의 부정적 사고를 더욱 조장하게 되어 이들을 악순환 고리에 머물게 한다. 이들이 폐쇄적인 경우에는 혼동에 빠져 앞뒤를 가리지 못하고 이분법적인 사고로 행동하는 경향을 보이기도 한다. 이를 그림으로 그리면 아래 좌표형태의 그림이 되고, 선순환의 고리는 X축 하부의 원에 해당한다.

정신건강 상태별 인식·반응·평가

유형	욕구	효능감	욕망	행동	회피	방어	건강			보통			저조		
							인식	반응	평가	인식	반응	평가	인식	반응	평가
							우호적 환경			편의적 환경			비우호적 환경		
							긍정	공존	긍정	편의	자존	현실	부정	공격	부정
9	자치	현실	평화	조정	갈등	혼수	평화	중재	화목	평화	순응	불화	평화	냉담	갈등

2) 건강상태별 순환고리

건강한 정신상태의 9번 유형은 자신의 욕망인 평화를 실천하기 위해 사물을 처리할 때 주변에 갈등이 없는지, 그 갈등이 자신에게 어떤 불편을 줄 수 있는지를 쉽게 인지하고, 자신의 편익을 뛰어넘어 조정하고 중재하여 화목함을 지속적으로 유지한다. 이들이 소속한 집단은 대체로 화기애애하고 단합이 잘 된다는 평을 듣는다. 이들은 환경을 긍정적이고 우호적으로 인식하므로 변화를 거부하지는 않지만, 변화를 꺼려하는 9번 유형 고유의 특성 때문에 소극적인 변화로 대처하려는 경향을 보인다. 하지만 주변 환경의 지원을 개방적으로 수용할 경우는 자신의 편익을 넘어 공동의 편익을 추구하는 공영과 평화의 영역을 확장하는 평화주의자가 된다. 이들이 수용적인 태도로 자신의 편익을 넘어서면 쉽게 변화를 수용하고 추구할 수 있어서 헌신적이고 관대하며, 공감적인 특성으로 갈등을 치유해 나가는 보습을 보인다.

보통의 정신건강상태를 소유한 9번이 자신의 능력을 과대평가한 경우는 자신이 소속한 집단의 평화를 유지하기 위해 조정과 중재를 시도하지만 높은 기대감과 자기 편의적이고 자기중심적이라서 주변의 동조를 얻기 어려워 갈등하게 된다. 이 갈등은 환경을 비우호적으로 인식하게 만들어 물러나서 관망하는 경향을 보이면서 자신의 한계를 스스로 인정하고 평화를 되찾는다. 또 자기 능력을 과소평가하는 경우는 활동의 결과에 만족하는 경향으로 가족과 같은 자기 영역에서 갈등과 변화를 수반하지 않기를 바라면서 조용한 평화를 즐기려고 한다. 즉 현실안주적인 태도를 보인다. 이들은 항상 자신의 영역이 타인의 영향으로 어떤 변화나 갈등이 생기지 않을까 염려하면서도 금새 잊어버리곤 태평스러워 한다.

9번 정신건강상태와 순환고리

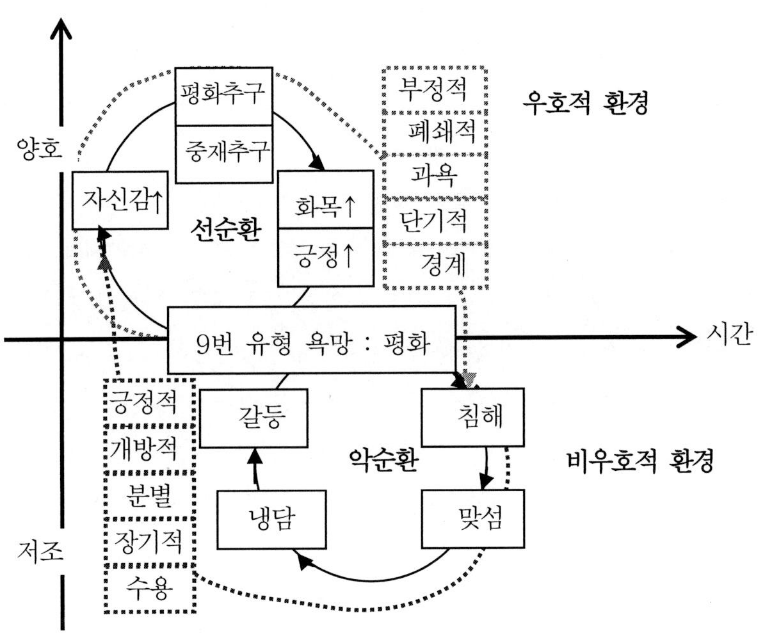

저조한 상태의 정신건강을 소유한 9번들은 환경을 비우호적으로 인식하고, 비우호적 환경은 갈등을 만들 수 있다고 생각하면서 자기 편의적으로 물러서서 혼란스러워 한다. 이들이 자신의 평화를 위해 물러서는 경향은 그들을 고립으로 몰고 가기도 하고 냉담한 사람으로 만들기도 하는데, 심한 경우에는 방향 상실과 자포자기의 형태로 자신을 방치하기도 한다.

9번들이 악순환의 고리에서 선순환으로 전환하기 위해서는 환경의 변화에서 기회와 위협 요인, 자신의 강.약점에 대하여 파악하여야 한다. 특히 자신의 성격 특성과 환경을 긍정적으로 인식하는지, 아니면 부정적으로 인식하는지를 정확히 이해하는 것이 중요하다. 자신이 의지중심이라서 경계를 형성한다는 점, 자신이 현실적 효능감을 가지고 있어서 자기 편의적으로 반응을 보인다는 점, 변화를 꺼려하고 하기 쉬운 한 가지 일에만 빠진다는 점 등을 이해하여야 하고, 환경을 부정적으로 인식하면 경계를 강화하고, 버티며 냉담해진다는 점 등을 주지하여야 한다. 이런 점들을 이해하고 수용하게 되면 환경에 대한 부정적인 인식에서 벗어날 수 있게 되고, 인식에 바뀌면 자신을 개방할 수 있어서 자신의 능력과 주변 환경의 제약을 인지하는 분별력이 생긴다. 분별력은 과욕을 버리게 하여 스스로 만든 갈등에서 벗어나게 하고 마음의 평정을 찾을 수 있게 한다.

악순환에 빠지지 않기 위해서는 환경에서 수용가능하고 자신이 할 수 있는 능력의 범위 내에서 일을 처리하는 태도를 갖는 것이 중요하다. 이들은 시간이 흐르면 변화는 불가피하게 도래하는 것이고 변화는 발전을 위해 필수적이며, 적응하면서 진화한다는 관점을 가지고 변화를 환영하는 자세로 임할 필요가 있다. 환경을 정확히 이해하고 경계를 허물어 변화에 긍정적이고 개방적으로 대처하면, 환경은 자정능력을 발휘하고 우호적으로 작용하여 순기능으로 작용하게 될 것이다. 위 그림의 개방·긍정·장기적 관점에 관해서는 Ⅶ장 5항 사절 '순환고리의 구별과 전환'에 상세히 설명하고 있다.

사. 9번 유형의 날개_(Ⅶ장 3항 참고)

1) 8번 날개를 가진 9번 유형(9 w8 : 중재자)

급한 것이 없고 느긋한 태도를 지닌 9번 유형은 모든 것이 그냥 제자리에 있기를 바란다. 그러나 인생은 변화의 연속이고 해결해야 할 문제의 집합이다.

갈등 없이 마음의 평화를 지키기를 원하는 9번이 갈등에 잘 대처하고 주변의 환경이 무난하게 제자리를 잡고 있으면 자신감이 생기고 인식하지 못하고 있던 자기효능감을 인식하게 되어 자신의 의지를 현실에 적용해보고 싶은 욕구를 느끼게 된다. 이와 같이 긍정적인 자기효능감을 인식하게 되면 8번 유형과 같이 자신의 의지 실현을 추구하는 성향을 가지게 되는데, 이를 8번 날개를 가진 9번 유형(9 w8)이라고 하고, 이들을 중재자라고 부른다. 이들은 9번의 특성인 평화를 위해 통제(8번 특성)를 추구하는 성향이다. 이들을 중재자라 칭하는 것은 9번의 특성인 자기영역의 평화를 위하여 현실에서 조정, 중재, 타협을 시도하고, 또 이를 위해서 8번 유형의 특성인 자신감을 가지고 자기주도적으로 추진하기 때문이다. 9번 유형과 9 w8의 차이는 주도성의 차이이다. 9 w8은 9번 유형의 특성에 8번의 힘을 추가하여 여유를 가지고(9번의 특성) 강력하게 추진하므로 부드러우면서도 힘이 있는 중재자가 된다. 즉 강함, 온화함과 인내심을 무기로 하여 분쟁이나 갈등을 조정, 중재하는 능력을 발휘하는 보호주의적 리더십을 갖게 된다는 것이다. 도를 넘는 주도성으로 중재가 간섭이 되거나, 수습하기 어려운 허풍이 되는 경우도 있으므로 주의할 필요가 있다.

이들은 단호하면서도 타인의 의견을 경청하고, 따뜻하면서도 냉엄한 이중적인 면을 보이기도 한다. 8번의 특성인 내편에게는 우호적이고 내 영역 밖의 사람에게는 차가운 면을 나타내기도 한다.

이들이 공존적, 공개적, 생산적, 상보적, 수용적인 삶을 영위하면, 이들은 긍정적 인식과 지지적인 행동을 하게 되는 건강한 상태가 되는데, 이 경우 이들은 태평스럽고 느긋함에서 벗어나 주변과 상호작용을 통해 수용적이고 상보적이며, 주도적으로 조화를 추구하여 포용적이고 개방적이며, 성숙한 성향을 나타낸다. 중재도 관련된 이해관계를 큰 틀에서 조정하는 능력을 발휘하여 생산적인 결과를 도출한다. 주도적이긴 해도 자기주장적이지 않고, 자신의 힘과 분노를 적절하게 조정할 수 있는 겸손함과 관대함을 지닌다.

날개 명칭 부여

유형	욕구	유형특징	날개	날개 추가			비고
				에너지원천	유형특징	명명	
9	자치	평화	9w8	자치욕	통제	중재자	평화를 위해 통제를 추구.
			9w1	자치욕	개선	몽상가	평화를 위해 올바름을 추구.

(표에서 날개의 명명은 리소와 허드슨의 에니어그램의 지혜에서 인용)

이들이 자존적, 준법적, Zero-sum적, 가정적家庭的인 삶을 영위하면, 이들은 현실적이고 자기 중심적인 행동을 하는 보통의 평균적인 심리적 상태가 되는데, 이 경우 이들은 자신의 자유로움을 중시하여 타인에 대한 배려보다는 자기주장적이고 수용보다는 반응적인 경향을 보인다. 이런 경향은 간섭하기를 좋아하거나 허풍적인 언행을 보이기도 한다.

2) 1번 날개를 가진 9번 유형(9 w1 : 몽상가)

현재의 편안한 상태가 계속되기를 원하고 변화로 인해 번거롭게 되는 것을 싫어하는 9번은 조용한 바다 위를 항해하는 선박처럼 순탄한 여정이 되기를 기대한다. 이들은 항해 도중에 파도를 만나거나 기관에 문제가 발생하여 어려움을 겪는 것처럼 삶에서도 다양한 갈등에 직면하게 되는데, 그런 경우에도 이들은 마음의 평화가 깨어지는 것을 싫어한다. 바다를 항해하는 배는 좋든 싫든 파도를 만나고 예상치 못한 엔진 고장이 일어나기 마련이듯이 인생이란 항해도 여건의 변화와 성장에 따른 새로운 목표의 추구 등으로 장애를 극복해야 할 상황을 만나게 된다. 이런 상황은 쉽게 극복할 수 있는 경우도 있지만, 그렇지 못하고 자신의 방향을 수정하거나 포기하는 경우도 있기 마련이다. 이런 상황을 자주 접하게 되거나 그 결과가 충격적인 경우, 세상의 질서에 적응하고자 노력하게 되고,인식하지 못하고 있던 자기효능감을 소극적으로 인식하게 된다. 이런 경험이 누적되면 이들은 현실질서에 적응하려 하고, 자신의 평화로운 영역을 지키기 위하여 조심스럽게 개선을 추구하게 된다. 다시 말해 9번 특성인 평화를 위하여 1번의 특성인 조심스러움과 올바름을 추구한다는 것이다. 이들을 1번 날개를 가진 9번(9 w1)라 하고, 이들을 몽상가라 칭한다. 이들을 몽상가라 부르는 것은 이들이 올바른 방법으로 평화를 추구하기 때문이다. 현실 세상에 올바르게 평화를 얻을 수 있는 방법이 존재할 수 있겠는가? 이는 몽상에 불가한 것이다.

1번 유형이 완벽을 추구하는 것은 조심스러움 때문인데, 이 조심성은 많은 것을 생각하게 하여 상상력을 풍부하게 하므로 9 w1은 평화롭고 이상적인 세상을 꿈꾸지만 소극성 때문에 실천에 어려움을 겪는 몽상가가 된다. 이들은 조심스럽고 윤리적인 면을 고려하면서 평화를 추구하므로 타인에 대하여 무작정 수용적인 면을 보일 수 있고, 지나치게 여러 가지를 고려하여 불필요한 작업이나 준비를 하는 성향도 있다. 1번 날개를 많이 사용하면 1번과 같이 분노를 억압하는 경향도 나타날 수 있다.

이들이 공존적, 공개적, 생산적, 상보적, 수용적인 삶을 영위하면, 이들은 긍정적 인식과 지지적인 행동을 하게 되는 건강한 상태가 되는데, 이 경우 이들은 태평스러움과 나태함에서 벗어나 조심스럽게 하나하나 준비하고, 개선해 가는 철저함을 나타낸다. 1번의 깐깐함에서 벗어나 공개적이고 수용적인 방식으로 몽상을 현실로 전환하는 비전을 만들어 간다. 조심스러움은 침착하고 성실함으로 억압된 분노는 절제된 온화함으로 표출하는 너그러움을 나타낸다.

이들이 자존적, 준법적, Zero-sum적, 가정적家庭的인 삶을 영위하면, 이들은 현실적이고 자기 중심적인 행동을 하는 보통의 평균적인 심리적 상태가 되는데, 이 경우 이들은 지나치게 철저함을 추구함으로써 의도한 중재나 조정을 어렵게 만들 수 있고, 윤리나 도덕이 강조됨으로써 타인이 수용할 수 없는 타협안을 만들어 중재에 실패하기도 한다. 느긋하고 순응적이라 철저하게 준비하고자 하면서도 실천하지 못하고, 불필요한 사항을 늘어놓게 되어 주변을 복잡하게 만들기도 한다.

아. 9번 유형의 장애 대처방식(Ⅳ장 1항 참조)

개인이 삶은 복잡하다. 개인적인 인간관계가 그러하고, 물질적인 경제 사정이 그러하며, 집단의 일원으로서 집단의 목적을 수행하거나 갈등을 겪을 때도 그러하다. 복잡한 관계 속에서 개인이 자신의 이해에 맞는 일을 수행하려면 주변 환경으로부터 저항을 받게 되는 것은 너무도 자명한 것이다. 사회의 일원으로서 개인이 어떤 목적을 성취하기 위한 활동을 하면 관련된 인적 물적 관계가 영향을 받고 반작용을 일으키기 때문이다. 반작용은 추진력에 대한 저항력을 의미하고 이는 당사자에게 인적 물적 압력을 가하게 되고, 이 압력은 심리적 불안이나 갈등으로 발달한다.

반대나 저항에 대처방식

유형	욕구	기본 반응	성격 유형	의식적 수용/거부의 반응			무의식적 반응	
				입장고수 방법	승복	신경증 반응	충동적 반응	방어기제
				의지 중심				
9	자치욕	경계형성	평화형	자기옹호	화	움츠림	후퇴적	혼수상태

(자기 옹호 : 소극적 자기 두둔)

이렇게 저항이나 반대에 직면했을 때 9번 유형은 어떤 반응을 나타낼까? 이미 언급한 바와 같이 저항에 직면하게 되면, 각 성격 유형들은 자신의 의견을 끝까지 고수하여 관철하려는 경우가 있고, 반대자의 의견을 수용하여 일을 포기 하거나 수정하여 처리하는 경우도 있으며, 입장고수나 승복 중 어느 쪽을 선택하지 못하고 갈등하면서 불안해 하는 반응을 보이는 경우도 있을 것이다. 이런 경우들을 자기입장고수, 승복, 불안정한 행동으로 구분한다. 그리고 전혀 예상하지 못한 상황에서 갑작스런 저항이란 자극을 받아 무의식적이고 충동적으로 행동하는 반응하는 경우도 있을 것이다.

9번 유형은 자치욕을 자극인식의 틀로 이용하므로 자기 경계를 형성하여 외부의 침해를 방어하려 하고, 현실적 자기효능감으로 반응하므로 의지의 힘을 행사하기보다는 현실과 타협하거나 조정하려고 한다. 그래서 이들을 평화형이라 한다. 9번 유형이 장애에 직면하면 근본적으로 움츠리고 후퇴하여 자기옹호를 한다.

이들은 저항을 만나면 자기영역을 침해 받아 평화가 방해를 받았다고 생각하고 자기옹호를 하게 된다. 이들이 자기옹호적인 것은 자율감을 유지하기 위하여 의지의 힘을 사용하게 되면 저항에 맞닥뜨려 평화를 유지할 수 없기 때문에 저항에 적절히 대응하기 위한 방편을 택한 것이다. 인간은 근본적으로 자기 긍정적이다. 사람은 이성적으로는 자신의 잘못을 인정할 수 있더라도 감성적으로는 이 자기긍정성에서 벗어나기 어렵다. 그래서 택할 수 있는 대처방식이 소극적으로 자기를 두둔하는 자기 옹호이다.

그러나 상대방이 분명하고 논리적이며 타당하게 반대하는 이유를 설명하면 이성적으로 승복한다. 이 때 승복을 하면서도 자기에 대한 긍정적 인식인 자존심은 상처를 받게 되어, 돌아서면 화가 난다. 이런 9번에게 상처를 주지 않으려면 상당한 배려가 필요하다. 의지중심의 유형들은 모두 자신의 의지가 꺾이면 침해를 받은 것으로 느끼게 되어 자존심에 상처를 받는다. 9번 유형 스스로 포기할 수 있게 기회와 시간적 여유를 만들어 주는 것이 현명한 대처 방식이 될 것이다.

갈등상황에서 과민하고 자기애적으로 반응하는 신경증적인 9번 유형은 움츠리고 물러나는 유리(Moving away)경향이다. 이들이 상황에서 유리되는 것은 자신의 의지의 힘을 잘 인식하지 못하기 때문이다. 현실적 자기효능감을 소유하여 과민하고 짜증스럽게 되어도 현실의 벽을 넘지 못하고 의식적으로 유리遊離되는 것이다.

전혀 예상하지 못한 상황에서 갑작스런 자극을 받아 충동적이 되면 매우 후퇴적인 경향을 보인다. 이들이 무의식적으로 후퇴적인 것은 평화를 유지하기 위하여 자기 경계를 위한 힘이 무의식적으로 배수의 진을 치도록 작용하기 때문이다. 이들은 간뇌의 기능이 활성화 되어 있음으로 긴장에 따른 반응은 매우 빠르다.

이들이 주로 사용하는 방어기제는 혼수상태이다. 혼수상태란 불안한 상태에서 자신을 보호하기 위하여 자신은 상관 없는 일이라 회피하고 긴장상황에 자신은 적합하지 않다고 느끼며, 타인이 해결해 주기를 바란다. 긴장을 느끼는 일이 발생하여 급하게 진행되면 아무 생각이 없는 상태에 빠져 현실을 직면하지 못하고 도피하려 하고, 갈등이 발생하면 이를 회피하고 잊기 위해서 다른 일이나 놀이 등에 중독되듯이 빠진다.

03

1번 유형(조심형)

가. 유형의 개관

유형1은 의지중심의 심리에너지와 소극적 효능감의 조합에 의하여 형성된 성격을 소유하고, 장애에 직면 시 공격적 충동적 행동, 접근형 신경증적 행동, 입장견지적인 입장고수 행동방식을 취한다. 심리에너지 원천이 의지중심이라 자극 감지 동기로 자치욕구를 에너지로 하여 외부로부터 자신의 영역을 침해 받지 않으려고 심리적 경계를 형성한다. 외부의 침입이 감지되면 맞서려 하나, 소극적 자기효능감 때문에 자신감이 부족하여 완벽이라는 준비를 거쳐 반응을 보인다. 자기 검열을 통하여 분노의 분출을 억제하며 울분을 느끼는 경우가 많다.

이들의 반응은 외부의 침해를 막기 위하여 긴장하고, 에너지를 자의식 속으로 집결시켜 경계를 형성하는 내향적이다. 이 때 충동적인 자극을 접하면 집결된 에너지가 폭발적으로 분출하기도 한다. 하지만 자기 검열이 매우 강하여 어지간한 자극은 참아낸다. 이들을 조심형이라고 한 것은 자기 검열이 매우 강하고 걱정이 많기 때문이다. 이들은 자신이 만족스러운 결과를 만들기 위하여 열심히 노력하고, 그렇게 함으로써 자신의 경계가 더욱 공고히 되면 자신의 존재가 굳건해진다고 생각한다. 이들이 일의 마무리에 신경을 쏟는 것은 실패에 대한 불안 때문이기도 하다. 실패의 불안 때문에 스스로를 자기 검열하고, 진행되고 있는 일의 잘못이 없는지를 되짚어 보곤 한다. 부족한 점을 발견하면 별일도 아닌 것을 혼자 고민하면서 밤잠을 설친다. 타인도 열심히 노력하기를 바라고, 잘못은 스스로 바로잡기를 기대하면서 자아비판 내용을 타인에게 투사하기도 한다. 비판적이고 공격적인 면은 자기 주변은 물론 자기 자신에 대해서도 좋지 않은 관계를 형성하게 한다. 특히 이들이 분노를 억제하려고 노력하나 갑작스러운 자극에 쉽게 분출하고 일단 터지면 화산과 같으나 이내 후회하고 잠잠해진다.

이들은 소극적이고 내향적 성향을 가지고 있고, 자신에 대한 평가도 소극적이라 만족스러운 평가를 받을 수 있는 결과를 얻기 위하여 관심사의 개선에 정력을 쏟는다. 자신과 주변을 더 좋게 만들고, 삶을 올바르게 살아가려고 노력한다. 주변의 물건이나 제도, 창작물을 보면 '어디에나 실수가 있기 마련이다'라고 느끼며 잘못된 부분을 쉽게 찾아낸다. 이렇게 실수나 오류를 찾아내는 것에서 성취감을 느끼기도 한다. 그리고 이 실수나 오류는 개선할 수 있다고 생각하고 해결책을 찾기 위해 집중한다. 조직에서 업무의 개선을 추구하고, 새로운 시도를 하는 이들은 과제나 보고서를 미리 준비해 두고 불완전한 점이 없는지 계속 검토한다. 조직의 규정이나 사실에 아주 충실하기 때문에 융통성이 없다. 이들에게 잘못을 지적하려면 규정에 어떻게 위배되었는지를 지적해야 한다. 원칙에서 벗어나 이들의 양해를 구하는 것은 어렵다. 그렇게 하려면 더 상위의 중요한 가치를 언급하고 이해시켜야 설득이 가능할 것이다.

원칙적이고 목표가 분명하며 자신을 잘 통제하고 완벽주의 기질이 있다. 원칙적이고 이상주의적이라 관대하지 못하며 비판적이고 세상에는 오직 옳은 길만 있다고 믿는다. 접근형이라 초자아에 순종적이며, 자신은 다른 사람들보다 윤리적이라고 생각하고 실수를 두려워한다. 특성을 요약하면 올바르게 행동하고, 진지하며, 책임감 있고, 자신을 개선시키려 하며, 부지런하고, 이상적이며, 자신에게 엄격하고 자신을 신뢰하고 있다. 이들이 자주 쓰는 표현은 '그럴 수밖에 없다. 그래야 된다.' 등이다.

나. 성격 특성

별명	모범생, 개혁가, 교사.
불안	나쁘고, 결점 있고, 악하고 부패하게 되는 것.
욕망	선하고 덕이 있으며 완전한 것.
이미지	신중, 고지식, 자제적, 정의로우나 까다로운 사람.
세계관	내가 올바른 길을 가르쳐 주겠다.
성향	완벽을 기하고, 공정과 정의 추구. 냉정, 곧잘 분개. 자질구레한 부분까지 신경 씀. 규칙에 얽매임.
포로	완전에 집착하여 자신과 주변에 불만을 느낌. 사소한 일에도 초조, 긴장함. 화를 내는 불완전함에 또 화가 남.
방어기제	반동형성(욕구와 반대 경향의 행동. 예: 계모의 전처 자식 사랑). 대체행위. 분노를 억제하며 의젓하게 행동.
리더십 유형	규정 대로, 개선 지향.
생활 신조	완전 무결.
의사소통 유형	설교조, 훈계조, 잔소리.
금언	'귀중한 것치고 쉽게 얻어 지는 것 없다', '싼 것이 비지떡', '악법도 법이다.'
대표적 인사	공자, 마아가렛 대처, 청교도.
함정/출구	완전/변화 과정으로 인식.
열정/구원	분노/수용.

이상상	정직하고, 열심히 일하며, 규칙을 지킨다.
유혹/회피	완전/분노.
건강 상태	이상주의적, 윤리적, 자제적, 공정한, 원리 원칙적, 책임감, 열성적, 까다롭고, 용의주도.
보통 상태	완전주의자, 갈팡질팡, 세심함.
저조 상태	융통성 없는, 걱정 많은, 원칙만 강조, 판단적, 통제적, 비판적.

다. 유형1과 같은 팀이라면

1) 자기효능감이 부족한 유형1은 깔끔하게 준비된 상태를 좋아한다. 의견을 나눌 때 사안의 목적과 관련된 요인들에 미치는 영향을 깔끔하게 분류, 정리하는 것이 좋다. 이론과 실제가 연관되게 설명되면 더욱 좋아한다.

2) 보편적 가치인 예의, 정의, 윤리 등을 중시하므로 정중하고 신중하게 대하라. 편안하고 친밀하게 대하기 위해 예의에 벗어나는 태도는 이들에게 화를 나게 만들 수 있다.

3) 계획대로 일을 진행하여라. 이들은 시간에 엮어서 사안을 처리하므로 약속을 지킬 것을 기대한다. 계획대로 수행하지 못할 경우는 대안을 가지고 사전에 협의하라. 대안이 없으면 불안해 하므로 반드시 대안을 준비하라.

4) 의지중심의 사람들은 자존심을 상당히 중요시 한다. 자존심이 침해 받았다고 느끼면 분노를 느낀다. 순리에 벗어나지 않고 이론적으로 설명 가능하면 효과적이다. 농담이나 유머는 점잖고 정중한 표현을 좋아한다. 예령이 필요하다. 갑작스러운 반전은 하지 않는 것이 좋다.

5) 완벽을 추구하기 때문에 이들에게 절차는 매우 중요하다. 관계자들과 사전 협

의는 물론이고 위계질서를 지키도록 노력하라. 그렇지 않으면 상당히 불편해
한다.

6) 완벽을 추구하지만 실수에 대해서는 비교적 관대하다. 그러나 실수에 대해 정
직하지 못하면 그렇지 않다. 실수를 정중히 시인하라.

7) 이론적이고 체계적인 것을 선호하므로 정의를 명백히 하거나 목적을 분명히
하는 것을 좋아한다. 사안을 규정에 따라 처리하는 것이 좋고, 결정을 요한다
면 요구사항을 분명히 하여라. 완벽을 즐기기 때문에 요구한 내용이라면 요구
에 응하고자 노력하라.

8) 이들의 의견에 직접적인 반대는 가능한 피하는 것이 좋다. 잘못하면 자존심을
상하게 할 수 있기 때문이다. 반대 의견을 제시할 경우는 '만약 이렇게 하면 어
떻겠는지?' 아니면 '예를 들면 이 방법은 어떨까?' 라고 질문의 형태를 취하는
것이 바람직하다. 비판은 싫어하지만 타인이 요구를 수락하는 일은 잘 한다.
같이 일하려면 허락을 구하는 절차를 지켜라. 상당히 도움이 될 것이다.

9) 설교나 강의 형태의 잔소리를 많이 한다. 이 잔소리는 당신을 도와주기 위한 것
임을 명심하라. 긍정적인 반응을 보이면 상당히 유익한 결과를 얻을 수 있다.

10) 완벽을 기대하기 때문에 자신의 일은 자신이 책임지기를 요구한다. 당신이 한
말은 꼭 실천하고 책임을 져라.

라. 유형1인 당신은

1) 세상은 당신이 생각하는 것처럼 완벽하지 않다. 보기에는 엉성한 것 같으면서도 엉성한 것끼리 서로 조화를 이루면서 생태계를 유지 발전시킨다. 사람이 사는 세상도 같은 원리이다. 알고 보면 당신 자신도 완벽하지 못한 것처럼 타인에게서 완벽한 것을 지나치게 요구하지 말 것이며, 아버지 같은 설교나 비판은 상대방의 기분을 상하게 할 수 있음을 상기하라. 사람들은 도덕군자나 짜증스러운 비판자가 주변에 있는 것을 달갑게 생각하지 않는다.

2) 당신이 말하는 조언은 당신의 생각과 관계없이 상대방이 듣기에는 설교적인 비판과 나무람으로 받아들일 수 있다는 점을 명심하라. 지적 받아 기분 좋을 사람 없다. 기분이 좋아도 남의 의견 수용하기 힘든 법인데 나쁜 기분으로 당신의 의견을 수용하겠는가? 비판이 심하면 동료들은 자신의 실수를 당신에게 숨길 것이며, 결국 정보만 차단될 것이다.

3) 문제에 대한 해결책은 문제를 보는 시각이나 가용할 수 있는 자원의 상황에 따라 다르다. 반드시 당신이 제시한 대안이 옳다고 믿지 마라. 당신의 비판이 옳을 수도 있지만, 그것에 집착하게 되면 큰 그림이 보이지 않는다. 당신의 꼼꼼함과 소심함이 비판을 위한 비판을 만들 수도 있다. 사실관계를 파악하는 힘을 함양하라.

4) 상대방을 당신의 이론에 옴짝달싹 못하게 얽어 매지 마라. 목적은 상대방에게 변화를 만들자는 것인데 상대방이 당신에게 완패했다고 생각하면 기분만 나쁠 것이다. 친절한 안내자로서 비판보다는 격려로 그들의 용기를 북돋아 주고 그들 스스로 희망을 느끼고 즐겁게 변화에 동참하게 유도하는 것이 바람직한 방법이다. 그들의 변화가 당신에게 큰 보람을 줄 것이다.

5) 당신의 열정이 보기에 따라서 화난 것으로 보일 수 있다. 억제된 분노가 당신의 입가에 흐르면 상대방은 당신을 이상한 눈으로 보게 된다. 사안을 수용하고 타인을 수용하는 마음의 자세를 견지하라. 그럴 수도 있다고 여유롭게 생각하면 당신의 표현은 한결 부드러워질 것이다.

6) 자신의 실수에 좀 관대해질 필요가 있다. 완벽하지 못하다고 자신을 학대할 필요는 없다. 이미 지나간 일이고 되돌릴 수 없는 일이다. 과거의 실수를 통해서 배웠다는 것으로 만족하라. 실수하지 않았다면 배우지 못했을 것 아닌가?

마. 1번 유형의 정신건강(Ⅶ장 5항 참고)

　1번 조심형은 의지중심으로 자치욕구를 추구하므로 자기영역을 침해받지 않으려고 경계를 형성하고, 외부 침입이 감지되면 이를 방어하려 하지만, 소극적 자기효능감을 소유하여 자신감이 부족하여 준비에 준비를 거듭한 후에 반응을 나타낸다. 준비를 많이 하므로 완벽을 기하려는 것 같아 보여 이들을 완벽주의자라고도 한다. 그러나 실제로 당사자들은 부족하다고 생각되는 점을 보완하는 것에 불가 하다. 이들의 소극성은 주변 환경의 요구조건을 잘 알고 있어서, 이 요구조건에 비추어 자기검열을 하는 데서 비롯되는 것이다. 이들의 자기검열은 실패로 자기영역을 침해 당하지 않으려는 방어의 수단이기도 하다. 이들의 소극적이고 내향적이며 조심성이 많아 윤리나 도덕에 벗어나지 않으려 자기 통제를 잘 한다. 이러한 특성은 이들의 지적 장비와 이들이 인간의 본성에 얼마나 충실한가를 나타내는 정신건강에 따라서 다르게 표출된다. 여기서는 이 책 Ⅶ장, 5항 정신건강-자아확장과 수축에서 설명된 정신건강의 상태에 따라 1번 유형의 특성이 어떻게 나타나는지를 알아보자.

건강한 상태에 있는 1번은 공개적, 생산적, 상보적, 수용적이고, 시너지 효과, 삶의 확장, 공동의 가치 등을 중시한다. 이들이 공개적이고 수용적이면, 이들의 특성인 조심스러움이 그 영역을 확장하여 사회의 개혁에 긍정적이고 인도적인 경향을 갖게 되어 사회 경제 시스템의 발전에 기여하게 된다. 이들은 형평과 정의, 윤리, 신의信義 등의 원칙을 강조하고 매사에 분명하다. 이들은 사회 안전망이나 리스크 관리에도 관심이 많아 매뉴얼이 질서정연하게 정리되기를 바란다. 이들은 청교도 같은 고결함과 공정성을 강조하는 엄격하고 솔선수범하는 성향을 가지고 있어 누구나 믿고 따른다. 이들은 이성적이고 논리적이라 설득력 있고 자제력이 뛰어나다. 이들의 조심스러움은 완벽한 준비를 하게 하고 끊임없이 학습하게 하며, 단정하고 모범적이며 성실한 사람으로 만든다. 이들의 준비와 노력은 분석능력과 개념화 능력을 함양하게 하여 발전 지향의 특성을 강화하게 한다.

보통상태의 1번은 자존적, 준법적, Zero-sum, 가정家庭적인 특성을 지닌다. 이들은 조심스러워 맡은 일을 열심히 하고 완벽을 기하려 하므로 큰 틀에서 전체를 보지 못하는 성향을 지닌다. 이런 성향 때문에 세부적인 일에 빠져서 시간을 낭비하기도 한다. 사람에게는 직분이라는 것이 있다. 그 사람의 지위에 따라 해야 할 일도 다르다는 의미이다. 큰 틀에서 전체적인 일의 진행을 디자인해야 할 직위에 있는 사람은 세세한 일보다는 큰 그림을 그려야 한다. 보통상태에 있는 1번은 자기 영역에서 자기중심적인 성향이어서 숲을 보지 못하고 나무만 볼 수도 있다. 자신의 존재에 충실한 이들은 의무감이 강하고 세심하고 개혁적인 성향 때문에 윤리적이고 비판적이며, 자신이 가진 기준을 강조한다.

저조한 상태의 1번은 비현실적, 파괴적, 폐쇄적, 충동적, 공격적, 불안, 우범적인 특성을 보인다. 소심하면서 자기 영역을 중시하고, 폐쇄적인 이들은 융통성이 없어서 충동적이고 비난적인 성향을 갖는다. 그리고 하찮은 일에 목숨을 거는 것 같은 독선적인 성향이다. 폐쇄적인 소심함은 자아 축소적인 경향을 부채질 하여 정신건강을 나쁘게 만들고 자기 통제를 할 수 없게 한다. 그리고 평소에 잘 억제하던 분노도 쉽게 폭발하는 경향을 만든다. 이들은 정신건강상태를 표시하는 온도계의 대역이 어떤 상태인지에 대한 자기 성찰이 필요하다. 현실을 수용하고 자신이 왜 폐쇄적이고, 부정적인 인식 패턴을 갖게 되었으며, 신중하지 못하고 반응적인 행동을 하는지에 대한 성찰이 필요한 것이다.

1번 유형 정신건강 수준

구분		태도/가치	인식/반응	경향성
	건강	공존적, 공개적, 생산적, 상보적, 수용적, 시너지 효과, 삶의 확장	긍정적 인식, 지지적 행동	이상주의적, 윤리적, 자제적, 공정한, 원리 원칙적, 책임감, 열성적, 까다롭고, 용의주도. : 개혁자
	보통	자존적, 준법적, Zero-sum, 가정적家庭的	현실적 인식, 자기중심적 행동	완전주의자, 갈팡질팡, 세심함. 의무감. : 완벽주의
	저조	방어적, 비현실적, 자타 파괴적, 폐쇄적, 충동적, 공격적, 불안, 우범적	부정적 인식, 감각적 행동	융통성 없는, 걱정 많은, 원칙만 강조, 판단적, 통제적, 비판적.

(그림 중 원기둥은 돈 리소의 '에니어그램의 지혜'에서 인용 수정)

정신적으로 건강 하려면 인간의 본성에 대한 이해와 이를 실천하는 의지가 필요하다. 경제적으로 부유하다고 모두가 행복하지 않고, 경제적으로 궁핍하다고 모두가 불행한 것도 아니다. 마음가짐을 인간의 본성에 바탕을 두고 자극에 임하면 건강한 정신상태를 유지 할 수 있고 마음의 평정을 찾을 수 있을 것이다.

바. 1번 유형의 선순환과 악순환(Ⅶ장 5항 참고)

1) 정신건강상태별 인식·반응·평가

1번 유형은 올바름을 욕망하며 이를 위해 완벽해 지려고 조심하고 개선을 추구하는 유형이다. 이들이 자신의 욕망을 성취하기 위하여 환경과 자극을 인식, 반응, 평가하는 행동양식을 건강 상태별로 구분하면 다음 표와 같다. 건강한 1번은 환경과 자극을 우호적이고 긍정적으로 인식하여 자신의 욕망인 올바름을 성취할 수 있다고 생각한다. 이들은 공존과 상생의 태도로 환경과 자극에 임하고 사물을 정당하게 처리하려고 한다. 이들은 자신의 행동결과에 대해서도 만족스럽게 생각하고 자랑스럽게 여긴다. 이런 생각과 행동은 이들의 긍정적 사고를 더욱 조장하게 되어 이들을 선순환 고리에 머물게 한다. 선순환에 있는 이들은 정의로운 개선주의자가 된다. 이들은 윤리적이고 이상적인 사회 건설에 기여하는 원칙주의자이다. 이를 그림으로 그리면 아래 좌표형태의 그림이 되고, 선순환의 고리는 X축 상부의 원에 해당한다.

보통의 1번은 환경과 자극을 편의적이고 자기중심적으로 인식하여 욕망인 올바름을 성취할 수 있다고 생각한다. 이들은 환경과 자극으로부터 자기영역이 침해 받지 않도록 조심스러운 반응을 보인다. 이들은 항상 세상 사는 불완전하고 개선할 소지가 있다고 생각한다. 이런 생각과 행동은 이들을 더욱 준비하고 보완하게 만들며 이들을 자기영역에 집중하게 한다. 이들은 우호적이거나 비우호적인 환경에 부딪치기도 하지만 조심스러운 반응으로 균형을 찾아간다. 균형을 찾아간다고 함은 자기 중심을 유지하여 자기 나름의 올바름을 유지하려고 노력한다는 뜻이다.

저조한 상태의 1번은 환경과 자극을 부정적으로 인식하여 자신의 자율은 침해 받고 있어서 욕망을 성취하기 어렵다고 생각한다. 이들은 환경과 자극의 침해에 대해 비판적인 반응을 한다. 이들은 비판적 행동에도 주변 환경은 별다른 변화를 보이지 않고 비우호적인 상태를 유지하고 있어서 이들은 자신의 행동을 실수의 연발이라고 생각한다. 이런 생각과 행동은 이들의 부정적 사고를 더욱 조장하게 되어 이들을 악순환 고리에 머물게 한다. 이들이 폐쇄적인 경우에는 자신의 뜻에 거슬리는 자극에 대하여 이분법적이고 비판적이며 쉽게 분노하는 특성을 지닌다. 이를 그림으로 그리면 아래 좌표형태의 그림이 되고, 선순환의 고리는 X축 하부의 원에 해당한다.

정신건강 상태별 인식·반응·평가

유형	욕구	효능감	욕망	행동	회피	방어	건강			보통			저조		
							인식	반응	평가	인식	반응	평가	인식	반응	평가
							우호적 환경			편의적 환경			비우호적 환경		
							긍정	공존	긍정	편의	자존	현실	부정	공격	부정
1	자치	소극	정의	개선	분노	반동	정의	완벽	자존	정의	조심	불완	정의	비판	실수

2) 건강상태별 순환고리

건강한 정신상태의 1번 유형은 자신의 욕망인 올바름을 실현하기 위해 사물을 처리할 때 진실을 탐구하고 정당한 일을 수행하려고 한다. 이들이 일을 정당하고 완벽하게 처리하려 함으로써 같은 팀의 구성원들은 짜증스럽고 부담스럽게 느끼리라 예상할 수 있지만, 건강한 1번 유형은 쉽고 올바르게 방향을 제시하고 지혜롭게 처리하여 구성원들이 자랑스럽게 참여하도록 만든다. 이들이 일을 쉽게 만드는 방법은 그들의 특기인 완벽의 기준을 개방적이고 융통성 있게 활용하는 것이다. 반드시 지켜야 할 기준과 그렇지 않아도 될 기준을 명확히 구분하여 중요하지 않은 것들은 과감히 구성원들의 의견을 수용함으로써 민주적인 방식의 집단 규범을 만들고, 이를 활용하는 것이 이들의 지혜이다. 개인적인 일에도 중점관리를 행함으로써 꼼꼼함에서 시원함으로 변화를 만든다. 이렇게 시원하게 일 처리하는 것도 건강한 1번의 올바름이고 완벽에 해당하는 것이다. 이것은 개방시스템의 자기증식원리를 활용한 것이고 긍정적 인식과 지지적 행동에 바탕을 둔 것이다. 개방시스템은 목표만 분명하면 부분시스템들이 스스로 투입자원을 조절하고 제어하여 자신의 발전을 기하려는 지향성을 갖고 있기 때문이다. 이들은 이상적이고 윤리적이며, 용이 주도하고 열정적이다.

보통의 정신건강을 소유한 1번 유형은 자존적이고 이기적이므로 상황이 완벽하지 않고 어딘가 부족하고 미흡한 것으로 판단하여 올바름과 조심에 집착하는 경향을 갖는다. 하지만 개인의 능력은 한계가 있고, 환경은 항시 변화를 잉태하고 있기 때문에 완벽이란 항구적으로 존재하지 않는 개념에 불가하다. 불가능을 쫓는다는 것은 피곤한 일이고 스트레스 받는 일이다. 그리하여 자신의 이룰 수 없는 기준을 내려 놓고 자신과 타협하게 된다. 일종의 자기 중심적이고 현실적인 행동이다. 이들은 완벽주의자이고, 세심하며 의무를 중시하는 조심스러운 사람들이다.

저조한 상태의 정신건강을 소유한 1번들은 잘못이나 실수를 걱정하고 환경을 비우호적으로 보기 때문에 행동하기를 꺼리는 경향을 갖는다. 이러한 경향은 이들을 부정적이고 폐쇄적으로 만들어 더욱 경계를 강화하고 걱정을 가중함으로써 본래의 올바름에 대한 욕망을 비판과 버팀, 방어와 공격의 양상으로 전환하게 만든다. 이들은 융통성 없고, 비판적이며 수시로 분노를 터뜨리는 배타적인 외골수들 이다.

1번 정신건강상태와 순환고리

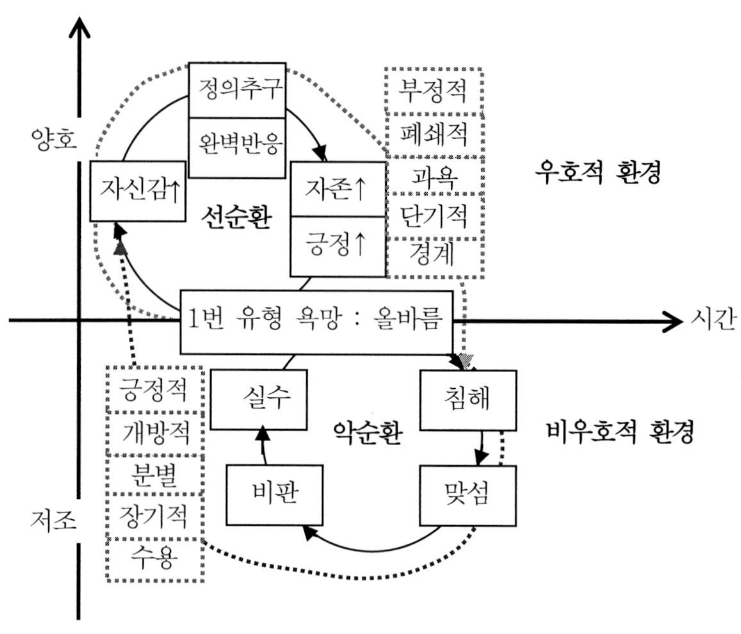

1번 유형이 악순환의 고리에서 선순환으로 전환하기 위해서는 환경에 대한 정확한 인식과 환경을 사실 그대로 수용하는 태도가 필요하다. 그리고 자신의 기대와 능력에 대해 이해하고 인정하는 분별력이 요구된다. 이것이 지피지기知彼知己이다. 다음은 주체인 '나'와 객체인 '환경'간의 소통의 끈을 보완하여야 한다. 소통의 끈은 정보를 감지하는 끈이고, 반응을 전달하는 끈이다. 아는 만큼 보이고, 보이는 만큼 이해할 수 있고, 이해하는 만큼 나눌 수 있다. 나눔은 공감을 만든다. 먼저 통로를 크고 다양하게 확보하고, 교환되는 정보의 량을 늘리고 질도 향상시켜야 한다는 뜻이다. 쉽게 말해 자신을 더 개방하고 타인을 더 수용하고 공감하라는 말이다. 이 또한 매우 불편할 것이다. 이 불편을 해소하려면 더불어 사는 삶, '네가 행복하면 나도 행복하고, 너의 말이 맞아야 내 말이 맞는다'는 억지 같은 관점을 가질 필요가 있는 것이다. 위 그림의 개방·긍정·장기적 관점에 관해서는 Ⅶ장 5항 사절 '순환고리의 구별과 전환'에 상세히 설명하고 있다.

사. 1번 유형의 날개(Ⅶ장 3항 참고)

1) 9번 날개를 가진 1번 유형(1 w9 : 이상주의자)

1번 유형은 자치욕을 추구하여 자신의 존재감을 찾으려 노력하고, 자기 효능감이 약하기 때문에 조심스럽게 올바름을 추구함으로써 주위로부터 침해 받지 않고 자신의 욕구인 자치를 보존하려고 한다. 그러나 현실은 그렇지만은 않다. 자신의 능력이나 배경 등에 대한 외부의 평가는 실제와 차이가 있을 수 있고, 의견의 차이로 주변의 비난을 받을 수도 있으며, 또 자신의 잘못으로 꾸중을 들을 수도 있다. 이러한 과정에서 자신의 효능감과 욕구에 변화가 만들어 지기도 한다. 그 결과로 날개가 발달하게 된다.

1번 유형은 자치욕과 소극적 자기효능감을 소유하여 조심스럽게 현실에 대처하는데, 이들이 현실상황에서 어려움에 부딪쳐 현실에 타협하거나 조정하여야 할 상황을 맞게 되면, 9번과 같이 현실적 대응으로 상황에 대처하게 된다. 이러한 대처방식이 장기간 지속되거나 내재화 되면, 이들은 9번 날개를 가진1번(1 w9)이 된다. 우리는 이들을 이상주의자라고 한다. 이들이 이상주의인 것은 개혁적이고 평화적으로 자유로움을 추구하기 때문이다. 1번은 자치를 추구하므로 외부의 자극에 대해 경계를 형성하며 버틴다. 하지만 9번 날개를 가진 1번은 현실에 맞게 대응하면서 추구한다. 이들은 의지중심이므로 자극에 신체적 긴장을 느끼고, 본능적으로 반응하며, 스트레스에 소화기관이 민감하게 반응한다.

날개 명칭 부여

유형	욕구	유형 특징	날개	날개 추가			비고
				에너지 원천	유형 특징	명명	
1	자치	개선	1w9	자치욕	평화	이상주의	자치를 위해 올바름과 평화 추구
			1w2	친애욕	도움	사회변혁	자치와 도움을 위해 올바름 추구

(표에서 날개의 명명은 리소와 허드슨의 에니어그램의 지혜에서 인용)

이들이 공존적, 공개적, 생산적, 상보적, 수용적인 삶을 영위하면, 이들은 긍정적 인식과 지지적인 행동을 하게 되는 건강한 상태가 되는데, 이 경우 이들은 1번 유형이 갖는 조심스럽고 세심함을 현실적으로 실현하게 된다. 이들은 내향적이고, 차분하며, 학구적인 특성을 발휘하여 관대하고, 친절한 면을 보인다. 자신이 갖고 있는 의지의 힘을 현실에 맞게 구현함으로써 생태계의 순리를 이해하고 적응하려는 특성을 나타낸다.

이들이 자존적, 준법적, Zero-sum, 가정적家庭的인 삶을 영위하면, 이들은 현실적이고 자기 중심적인 행동을 하는 보통의 평균적인 심리적 상태가 된다. 이들은 타인에게 해를 입히거나 법에 어긋나는 행동을 하지는 않지만, 사회적 봉사나 서비스에도 참여하지 않는다. 이들의 특성은 자기 중심적이라 비교적 긴장된 모습을 보이고, 냉소적인 면을 보인다. 순응적이면서도 조심스러움을 나타낸다. 조심스러워 혼자 있기를 좋아하고 겸손해 한다.

2) 2번 날개를 가진 1번 유형(1 w2 : 사회변화주의자)

사람의 성격은 유전적으로 부여 받은 소인이 아동기와 청소년기를 통하여 일관성 있는 반응체계로 굳어진 것이다. 성격으로 굳어지는 과정에서 자신이 시도하는 모든 일들은 자신의 뜻대로 순조롭게 진행되는 것이 아니라, 장애나 저항을 받게 되고, 이 저항에 대처하는 과정에서 자극에 대한 반응방식은 당초의 방법이 수정 없이 그대로 간수될 수도 있지만, 조금씩 수정과 변화를 맞기도 한다. 이 수정과 변화는 욕구의 추가나 효능감의 변화를 가져와 새로운 형태의 성격이 된다. 이 새로운 양상의 성격을 날개라고 한다.

자유라는 가치를 추구하기 위해 조심스럽게 반응하는 1번 유형이 현실적응 과정에서 긍정적으로 성숙하게 되면 타인에 대한 배려를 하게 되고, 이러한 배려는 도움이라는 2번 유형이 갖는 특성을 자신의 자치욕에 추가하여 추구하게 한다. 결과로 2번 날개를 가진 1번 유형(1 w2)은 자치와 도움을 위하여 올바름을 추구하는 특성을 지닌다. 이들은 1번 유형이 갖는 자유를 위한 조심스럽고 세심한 개선의 추구라는 특성에 도움이라는 욕구가 추가되어 감성이 존중되는 인간적인 사회로 변화를 추구하는 사회변화 주의자가 되는 것이다.

이들은 1번 유형이 갖는 특성인 조심스러움과 올바름, 완벽 등의 속성을 지니고 있으면서 2번의 특성인 도움도 추구한다. 이들의 뇌는 의지중심의 간뇌와 감정중심의 변연계가 동시에 활성화 된다. 이들의 자극을 자치욕과 도움이라는 관점에서 인식하나 자기효능감은 여전히 소극적이라서 조심스럽게 올바름을 추구하려고 한다. 도움을 올바르게 추구함으로써 사회변화를 시도하려는 이들은 1번 유형의 몸통을 가지고 있어서 의지중심의 특성을 많이 지니고 있다.

이들이 공존적이고 개방적이며, 긍정적이고 지지적인 행동을 하는 건강한 심리상태일 경우, 1번 유형이 갖는 기본적인 올바름 추구와 2번 유형의 인간적인 사랑이 혼합된 특성을 나타낸다. 이들은 좋은 사회를 만들기 위해서는 어떤 어려움도 감내한다. 이들은 1번 유형의 경계를 형성하는 것에서 벗어나 타인과 관계 맺기를 좋아하고 변화를 위한 설득을 시도하며, 변화에 관심을 유도하기 위하여 노력한다.

자존적이고 자기중심적인 보통수준의 심리상태를 가진 2번 날개를 가진 1번의 경우는 사회 변화를 자기중심적으로 추구하려고 시도하므로 매우 열정적인 면을 나타낸다. 이들은 의지중심이라 자기의 의도를 추구하려 하므로 비판적이고, 실패할까 불안해 하며, 의지가 꺾이면 분노를 느낀다.

아. 1번 유형의 장애 대처방식(Ⅳ장 1항 참고)

학교에서 학업에 종사하는 학생이나, 사회에서 생업에 종사하는 사람들, 모두 자신이 해야 할 과제가 있고, 이 과제를 수행할 때 나름의 장애물을 만나게 된다. 이 장애는 자신에서 연유하는 것도 있지만, 대부분이 외부로부터 오는 물적·인적 한계, 규제나 갈등 등이다. 이들은 정치, 경제, 사회, 문화 등 여러 분야에 걸쳐 발생하는 것들이다. 예를 들면 국가에서 어떤 나라와 자유무역협정을 체결하려면 기업과 농민, 시민단체 등의 이해관계가 달라서 장애에 직면하기도 하고, 개인이 집을 증축하려면 각종 법규의 제재를 받게 되고, 이웃의 반대에 부딪치기도 한다. 심지어 연애결혼을 하려고 해도 가족의 반대에 직면하여 괴로워하거나 마음의 상처를 입는 경우도 허다하다.

반대나 저항에 대처방식

유형	욕구	기본 반응	성격 유형	의식적 수용/거부의 반응			무의식적 반응	
				입장고수 방법	승복	신경증 반응	충동적 반응	방어기제
의지 중심								
1	자치욕	경계형성	조심형	입장견지	화	접근적	공격적	반동형성

(입장 견지 : 입장 고수를 위해 반대 입장을 고려하면서 적극적인 저항 극복.)

이들 장애를 내용적인 면에서 살펴보면 이용 가능한 자원의 물리적 한계, 이념의 갈등, 목적의 차이, 동원되는 수단의 갈등 등 다양하다. 장애의 내용이 겉으로 보기에는 다양하고 복잡해 보이지만 실상은 관련된 이해관계자들의 이해가 서로 다르다는 것으로 수렴한다. 연애결혼에 반대하는 부모는 성장배경과 집안의 환경을 중시하여야 행복하다는 의견이고, 당사자는 당사자의 사랑이 중요하다는 의견이다.

이와 같이 삶에서 직면하는 반대나 저항은 우리 삶의 일부분이고, 어떤 일의 수행에서나 반드시 만나게 되는 절차와 같은 것들이다. 이것이 없으면 일이 아니고, 삶이 아닐 것이다. 무슨 일이든 음지와 양지가 있고, 길고 짧음이 있으며, 높고 낮음이 있듯이 작용이 있으면 반작용은 반드시 따르기 마련이다.

어쨌든 반작용을 만나게 되면 이 반작용은 팽팽한 고무풍선처럼 펑 터질 수도 있고, 바람 빠진 풍선처럼 물컹할 수 도 있으며, 안개처럼 사라질 수도 있는 것이다. 일을 추진 하는 당사자의 경우 자신의 의견을 끝까지 고수하여 관철하는 경우가 있고, 반대자의 의견을 수용하여 일을 포기 하거나 수정하여 처리하는 경우도 있으며, 입장고수나 승복 중 어느 쪽을 선택하지 못하고 갈등하면서 불안해 하는 반응을 보이는 경우도 있을 것이다. 이런 경우들을 자기입장고수, 승복, 불안정한 행동으로 구분한다. 그리고 전혀 예상하지 못한 상황에서 갑작스런 자극을 받아 무의식적이고 충동적으로 행동하고 반응하는 경우도 있을 것이다. 어떤 경우에 입장을 고수하고, 승복하게 되며, 불안정한 신경증적인 행동과 충동적인 행동을 나타내게 되는지는 그 내용에 따라 다르다.

1번 유형이 반작용을 만나게 되면 어떤 반응을 나타낼까? 1번 유형은 자치욕을 자극인식의 틀로 이용하므로 자기 경계를 형성하여 외부의 침해를 방어하려 하고, 소극적 자기효능감으로 반응하므로 조심스럽게 반응한다. 그리하여 조심스럽게 자기 입장을 정리하고 견지하려고 한다. 견지하려는 것은 자치욕 때문에 가능하면 자신의 의지를 굽히려 하지 않기 때문이다. 그러나 8번과 같이 반발을 하지는 않는다. 그리고 9번과 같이 자기를 옹호하려고도 하지 않는다. 그렇다고 자기의견을 버리고 상대방의 의견에 쉽게 동조하지도 않는다.

그러나 상대방이 분명하고 논리적으로 1번의 잘못을 지적하면 승복한다. 이 때 승복을 하면서도 자존심에 상처를 받게 되고, 돌아서서 화를 낸다. 이런 1번에게 상처를 주지 않으려면 상당한 배려가 필요하다. 의지 중심의 유형들은 모두 자신의 의지가 꺾이게 되면 침해를 받은 것으로 느끼게 되어 자존심에 상처를 받는다. 1번 유형 스스로 포기할 수 있게 기회를 만들어 주는 것이 현명한 대처 방식이 될 것이다.

갈등상황에서 과민하고 자기애적으로 반응하는 신경증적인 1번 유형은 접근적이다. 이들이 접근적인 것은 갑작스런 자극이 아닌 경우 이들은 비교적 의식이 깨어있다. 이들이 의식적인 경우는 상당히 조심스러워 초자아의 명령에 의존적이다. 그래서 갈등을 피할 방법에 접근하는 것이다. 이들은 저항에 접근함으로써 갈등에서 벗어나긴 하나 쉽게 자신의 의지를 버리지는 않는다. 접근한다고 이들이 승복한다고 생각하는 것은 아직 선부른 판단이다.

전혀 예상하지 못한 상황에서 갑작스런 자극을 받게 되면 매우 공격적인 경향을 보인다. 이들이 공격적인 것은 자기 경계를 위한 육체적 긴장을 유지하고 있기 때문이다. 이들은 간뇌의 기능이 활성화 되어 있음으로 긴장에 따른 반응이 매우 빠르다. 8번은 의지의 힘이 강하여 공격적임이 당연시 되지만 1번의 경우는 왜 공격적일까? 1번이 소극적 자기효능감을 소유하고 있기는 하지만 무의식인 경우는 의지중심의 에너지 원천인 본능이 먼저 작용하기 때문이다. 가능하면 이들에게 갑작스런 자극은 피하는 것이 좋다.

이들이 주로 사용하는 방어기제는 반동형성이다. 반동형성은 금지된 충동을 억제하기 위하여 그 반대의 경향을 강조함으로써 스스로 수용하기 어려운 충동을 제어하려는 심적인 태도 또는 습성을 말한다. 지그문트 프로이트(Sigmund Freud)가 강박신경증 환자에게서 발견한 것이지만 건강한 사람에게서도 흔히 볼 수 있는 방어기제(mechanism of defense)의 일종이다. 부모에게 꾸중을 들은 아이가 친구나 개에게 화풀이를 하는 것과 같은 안전한 방식의 욕구해소의 통로도 이에 포함되지만, 억압된 충동이 위장된 출구로 나가는 전위(displacement)와 같은 방식도 있는데, 이는 공격성이 억압되어 있는 경우에 극단적으로 친절해지는 것을 말하며 과장·강박성 등이 특징이다. 이 방어기제는 금지된 충동을 모조리 차단함으로써 원래의 억압을 보충하려는 노력으로, 억압된 소망을 정반대의 것으로 차단한다. 예를 들어 여동생을 시기하고 미워하여 적의에 찬 행동 때문에 처벌을 받은 어린 소녀가 여동생에게 정반대의 감정인 지나친 사랑과 친절을 베푸는데, 이는 자신에게 용납되지 않은 공격적 소망을 막아내기 위한 결사적인 방벽인 것이다(두산백과).

04

2번 유형(도움형)

가. 성격 개관: 나는 사람들을 잘 보살핀다.

2번 유형 도움형은 감정중심의 심리에너지와 긍정적 효능감의 조합에 의하여 형성된 성격 유형으로, 장애에 직면하면 의존적 충동행동, 접근형 신경증적 행동, 자기옹호적인 입장고수 행동을 한다. 심리에너지 원천이 감정중심이라 자극 감지의 동기로 친애욕구를 활용하는데, 타인에게 잘 보여 인정과 존경을 추구하는 전략을 갖고 있기 때문에 솔선해서 유대 관계를 형성하려고 한다. 이들은 남들에게 잘 보이려는 전략으로 보살핌을 주고 타인이 이에 감사할 것을 애써 구하려 하므로 도움형이라 한다. 타인에게 후원적이고 보호적인 반면에 자신은 남의 도움을 받기 싫어한다. 이들의 특성을 요약하면 타인을 후원하고 자신이 가치 없게 됨을 피하며 자신의 욕구를 숨긴다는 것이다.

2번 유형들은 스스로 사랑을 받지 못하고 가치 없는 사람이 될지 모른다는 불안에서 타인을 후원하거나 돌봄으로써 자신의 가치를 인정받으려는 유형이다. 이들은 사랑을 베푸는 데는 자기효능감이 높아 스스럼없이 다가가 온정의 손을 내민다. 관대하고 자신의 감정을 잘 드러내며, 사람들을 즐겁게 해 주고 남을 도와주기를 좋아하는 친절한 사람이다. 이들은 사랑 받고 존경 받으며 이기심 없는 봉사의 대가代價로 타인의 사랑을 얻는 것처럼 느낀다. 그러나 이들의 도움은 이기심 없는 봉사가 아니고, 내심에는 사랑과 존경을 얻기 위한 욕구가 내재하고 있다. 자신의 후원이나 돌봄에 사랑이나 존경이라는 평가가 없다면 이들은 매우 실망한다. 이렇게 사랑 받고 싶은 욕망이 강하지만, 이 사실을 인정하지 않는다. 이런 점에서 이들은 타인에 매우 의존적인 사람이다.

이들은 다른 사람들에게 관대하고 너그럽게 대하며 그들을 위하여 어떤 일을 할 때 삶이 의미 있고 만족스러운 것으로 느낀다. 이들이 베푸는 사랑과 관심, 친절은 자기 가슴을 따뜻하게 하며 자신을 가치 있는 사람이라 느끼게 한다. 이들의 관심은 다른 사람들의 필요를 채워 주는 것이며, 이것을 자신의 삶의 과제로 생각한다. 반면 자신의 감정은 자각하지 않고 있다. 주위사람들의 감정을 쉽게 읽고 동조하며 환경에 적응력이 좋다.

나. 성격 특성

별명	수호천사, 간호사, 후견인.
불안	누구에게도 사랑받지 못하고, 소용되지 못하는 것.
욕망	사랑받는다는 느낌.
이미지	원조자, 카운슬러, 간호사.
성향	곤란한 사람을 돌보지 않고는 못 배김. 사랑을 주고 대가로 사랑을 받고자 함.

포로	자신의 욕구를 부인. 도움을 주려는 노력. 무의식적으로 타인의 공경과 감사를 요구. 소용되지 못할까 두려워함.
방어기제	억압(자각하고 싶지 않은 것을 무의식 중에 의식 밖으로 몰아냄). 부정적인 충동과 감정을 억압함.
리더십 유형	격려자.
생활 신조	나는 필요한 사람이다.
의사소통 유형	관심을 보임, 충고적, 사적인 간여.
금언	칭찬은 고래도 춤을 추게 한다.
대표적 인사	테레사 수녀, 유대인 어머니.
함정/출구	봉사/자기 사랑.
열정/구원	자만/겸손.
이상상	사랑스럽고, 이기심이 없으며, 남을 도운다.
유혹/회피	친절/숨겨진 욕구.
건강 상태	보호적, 애정적, 인정 많은, 민감한, 헌신적, 통찰력 있는, 관대한, 사랑을 주고, 열정적.
보통 상태	모성애, 헌신적, 능동적.
저조 상태	지배적, 조작적, 아첨자, 신경질적, 과시적.

다. 유형2와 같은 팀이라면

1) 이들은 봉사와 돌봄에 대한 욕구를 한없이 실행하고 싶어한다. 접근하기 위하여 호의, 칭찬, 동조, 공감, 도움 등 다양한 관계 기술을 선보일 것이다. 어떤 경우는 간섭이라고 느낄 수도 있고, 지나치게 치근거린다고 느낄 수도 있겠지만, 이런 그들의 행동에 대해 긍정적으로 수용해 주어라. '그래 나도 원하는 바야, 내게 꼭 필요한 것인데 돌봐 주니 고맙다' 등으로 응수해 준다면 유형2들은 활

력을 얻을 것이다. 하지만 당연히 받아줄 것으로 생각한 도움을 거절하면 그들은 대단히 서운해 한다.

2) 유형2들은 자신의 욕구를 가치감에서 찾는 사람이다. 이들은 타인들이 자기를 필요로 하니 자신은 가치 있는 사람이다라고 생각한다. 외부로부터 가치를 인정 받지 못하면 이들은 수치심을 느끼고 정서적으로 불안해 하고 활력을 잃게 될 것이다. 이들을 창피하게 하지 마라.

3) 유형2는 타인의 필요에 잘 응한다. 불편이 있으면 스스럼 없이 말하고 다정하게 대하라. 다정함에 쉽게 감응하고 당신의 요구에 기뻐하고 활력을 보일 것이다. 타인을 돌보고 돕는 데는 선수들이다.

4) 이들은 '당신의 도움이 있어서 정말 다행이야'라는 말을 들으면 좋아한다. 칭찬의 말은 이들에게는 영양제와 같다. 반면 거절이나 친구의 가치를 인정하지 않는 말은 독소와 같이 싫어한다.

5) 이들은 상사로부터 듣는 말과 부하로부터 듣는 말에 대한 정서가 매우 다르다. 상사로부터 듣는 꾸중은 기분 나쁜 꾸중 정도의 의미이나 부하로부터의 반발과 대꾸는 가치감에 대한 도전으로 받아들일 수 있다.

6) 그들이 당신을 후원하고 도우려고 한다고 당신도 그를 같은 방식으로 대하지 마라. 자신의 필요와 욕구를 거부하는 유형이므로 무엇을 받는 데 익숙하지 못하다. 당신이 편안해 하면 유형2는 기분 좋아한다.

라. 유형2인 당신은

1) 타인으로부터 인정받고 칭찬 받음에서 당신의 가치를 찾으려 하지 말고 당신 자신의 중요성과 스스로의 개성에서 정체성을 자각하라. 진정한 사랑은 주는 것 자체이지 받은 자의 칭찬이나 감사의 표시가 아니다. 반응에 의존하여 의미를 찾지 말고 대상으로부터 자유롭고 새로운 개념을 찾아 자신의 내면을 통찰할 수 있는 기회를 만들어라. 그리고 있는 그대로의 자신을 사랑하라.

2) 지나친 도움이나 관심은 타인에게 부담을 주고 간섭하는 것으로 오해를 받게 된다. 줄 것 다 주고 욕 먹을 것 없지 않는가? 타인의 문제는 타인의 문제일 뿐이다. 그들의 문제를 당신의 문제로 만들지 마라. 그들은 당신의 도움이 필요하지 않을 수도 있음을 알아야 한다. 도움이 필요한 것처럼 보이는 것은 당신의 의존적인 성향에 기인한 것임을 자각하라. 대상에 의존하지 말고 독립하라.

3) 당신이 필요한 것을 타인에게 요구하고 도움을 청하는 것이 나쁜 것이 아니다. 그리고 창피한 것도 아니다. 사회적 동물로서 인간은 서로 도움을 주고 받으며 살고, 고마움도 주고 받는 것이다. 당신만 상대방에게서 중요한 인물이 아니고 서로가 서로에게 중요한 인물이라는 점을 간과하지 마라.

4) 타인의 요구에 너무 신경 쓰지 말고 자신이 할 일에 충실 하라. 일을 할 시간에는 일을 하는 것이 중요하다. 일은 탐구의 영역이다. 설사 사람의 문제라도 정으로 해결할 문제와 탐구로 해결할 문제는 다르다. 정으로 탐구를 대체하지 마라.

5) 도움을 준다는 명목 하에 조종하려 들지 마라. 인간관계에서 중요한 덕목은 정직이다. 정직하지 않은 사랑은 이기적이고 가식이다. 도움을 주었으니 그만한 대우를 받는 것이 당연하다고 믿겠지만, 대우를 기대하는 도움은 사랑이 아니라, 원하는 것을 얻기 위한 조종에 불가하다.

마. 2번 유형의 정신건강(Ⅶ장 5항 참고)

　　2번 도움형은 감정중심으로 친애욕구를 추구하고, 긍정적 자기효능감을 소유하여 친애에는 자신감을 갖고 있다. 친애에 자신감이 있다는 것은 타인의 호감을 얻기 위해 호감을 표시하는 데 자신이 있다는 의미이다. 이들이 표시하는 호감은 타인과 유대관계를 형성하려는 것으로 보살핌을 주거나 후원하는 것이다. 이들은 가치 없는 사람이 되어 수치심을 느끼지 않으려고 도움을 주고 상대방으로부터 인정을 받아 자신이 가치 있는 사람이라고 생각하려는 것이다. 이들이 호감을 베푸는 것은 마치 자신의 욕구가 없는 것처럼 보이기도 하지만 실제는 인정받기 위한 것이기 때문에 조작적인 면이 숨어 있는 것이다. 이러한 특성들은 이들의 지적 장비와 이들이 인간의 본성에 얼마니 충실한가를 나타내는 정신건강에 따라서 다르게 표출된다. 여기서는 이 책 Ⅶ장 5항 정신건강-자아확장과 수축에서 설명된 정신건강의 상태에 따라 2번 유형의 특성이 어떻게 나타나는지를 알아보자.

　　건강한 상태에 있는 2번은 공개적, 생산적, 상보적, 수용적이고, 시너지 효과나 삶의 확장, 공동의 가치 등을 중시 한다. 이들은 자신의 필요를 돌보지 않고 타인의 형편을 배려하고 돌본다. 이들의 의도적 도움이 정직하고 공개적으로 행해지면, 사랑에서 우러나는 순수한 도움이 되고, 인간의 본성인 사랑과 자비, 나눔 등의 가치로 승화하게 된다. 그래서 이들은 타인의 감정에 공감하고 헌신적으로 주변을 돌본다. 이들은 상대방의 마음을 읽는 특별한 능력을 소유하고, 상대방을 감격하게 하는 격려의 기술을 가지고 있으며, 의심하지 않고 신뢰하는 따듯한 마음을 소유하고 있다. 이들의 배려는 상대방의 실수에 가혹하지 않고, 대가를 바라지 않고 헌신적이며, 겸손하고 진심으로 포용하는 인본적인 가치를 실현하는 사람들이다. 이들을 한마디로 요약하면 인의예지仁義禮智를 실현하는 사람들이다. 이런 결과로 이들은 보이지 않게 영향력을 갖는 실력자가 된다.

보통상태의 2번은 자존적, 준법적, Zero-sum, 가정家庭적인 특성을 지닌다. 이들은 도움을 주지만 자기중심적이고 편의적이다. 이들은 2번 유형의 일반적 특성을 나타내는 사람들로서 이들의 내면 깊숙한 곳에는 자신의 가치를 인정받아야 한다는 생각과 다른 사람들이 자신의 도움을 필요로 한다고 생각을 가지고 있다. 그러나 이들의 의도는 선의적 이고, 이들은 조건 없이 사랑한다고 생각하며, 실제 정성을 다해 배려하고 도움을 준다. 이들은 친구를 많이 갖기를 원하고, 그들의 호감을 얻으려 하며, 타인에게 필요한 존재가 되기를 원하는 개인적인 관계를 좋아한다. 타인의 주의와 관심을 끌려는 마음 때문에 자유롭지 못하다. 일반적으로 친절하고, 이타적이며 남을 잘 돌보는 사랑스럽고 적응력이 강한 사람들이다.

<u>2번 유형 정신건강 수준</u>

구분		태도/가치	인식/반응	경향성
	건강	공존적, 공개적, 생산적, 상보적, 수용적, 시너지 효과, 삶의 확장	긍정적 인식, 지지적 행동	보호적, 애정적, 인정 많은, 민감한, 헌신적, 통찰력 있는, 관대한, 사랑을 주고, 열정적.
	보통	자존적, 준법적, Zero-sum, 가정적家庭的	현실적 인식, 자기중심적 행동	모성애, 헌신적, 능동적.
	저조	비현실적, 자타 파괴적, 폐쇄적, 충동적, 공격적, 불안, 우범적	부정적 인식, 감각적 행동	지배적, 조작적, 아첨자, 신경질적, 과시적.

(그림 중 원기둥은 돈 리소의 '에니어그램의 지혜'에서 인용 수정)

저조한 상태의 2번은 비현실적, 폐쇄적, 충동적, 공격적, 불안, 우범적인 특성을 보인다. 도움을 주고자 하나 폐쇄적이고, 비현실적이며, 자기애적이라서 타인을 조작하려 하고, 고압적이며, 의무감을 느껴 스스로 부담스러운 마음을 갖는다. 의지, 사고, 습성은 도움을 행하는 것을 선호하는데 실제 도움을 행하는 것은 부담스러운 상태이다. 그래서 이들의 도움은 이기적이다. 도움의 속성은 이타적인데 이기적으로 사용되는 상태에 처한 이들은 불안하여 이들의 행동은 공격적일 수도 있고, 충동적일 수도 있는 것이다. 또한 도움을 주고도 인정 받지 못하면 괴로워하고 자신이 희생당했다고 생각하기도 한다.

2번 유형의 본성회복은 숨기고 있는 이기심(인정 받고 싶은 마음)을 내려놓는 것이 아닐까? 스스로에게 정직하고 스스로를 신뢰하며, 존재 그 자체로도 충분히 가치 있다는 자신감 회복을 위한 자기격려로 내면의 자가발전自家發電과 타고난 특성인 사교력을 바탕으로 관계를 통한 활력 넘치는 에너지 충전이 약이 되지 않을까? 저조한 정신건강은 부정적 인식에서 출발하는데, 이 부정적 인식은 열악한 환경과 억압된 본능적 충동, 부정적 사고체계 등의 산물이다. 그래서 무엇보다 중요한 것은 긍정적 시각을 갖는 것이고, 긍정적 시각은 자신에 대한 자기긍정에서 출발한다. 하지만 자기긍정은 지적 장비를 갖추고 적응해온 축적된 경험에서 만들어진다는 점에 유의 하여야 한다.

바. 2번 유형의 선순환과 악순환(Ⅶ장 5항 참고)

1) 건강상태별 인식·반응·평가

2번 유형은 사랑 받기를 욕망하며 이를 위해 다른 사람을 돕거나 돌보아주는 유형이다. 이들이 환경과 자극을 인식, 반응, 평가하는 행동양식을 건강 상태별로 구분하면 다음 표와 같다. 건강한 2번은 환경과 자극을 긍정적으로 인식하여 자신의 욕망인 사랑을 받을 수 있다고 생각한다. 이들은 공존과 상생의 태도로 환경과 자극에 임하여 보호하고 사랑하는 반응을 보인다. 이들은 자신의 행동에 대해 자긍심을 가지고 상대방에게 도움이 되었기를 바란다. 이런 생각과 행동은 이들의 긍정적 사고를 더욱 조장하게 되어 이들을 선순환 고리에 머물게 한다. 이때 이들은 보호자 혹은 수호천사가 된다. 이를 그림으로 그리면 아래 좌표형태의 그림이 되고, 선순환의 고리는 X축 상부의 원에 해당한다.

보통의 2번은 환경과 자극을 편의적이고 자기중심적으로 인식하여 욕망인 사랑을 받을 수 있다고 생각한다. 이들은 환경과 자극에 대하여 자기영역의 구성원을 헌신적 모성으로 돌보는 반응을 보인다. 이들은 자기영역에 있는 사람들이 자신을 필요로 하고 있다고 생각한다. 이런 생각과 행동은 이들을 더욱 자기중심적이고 편의적으로 만들어 이들을 보통의 상태에 머물게 한다. 외부 환경이 이들에게 우호적이거나 비우호적으로 변해도 자극을 편의적으로 인식하고 반응한다.

저조한 상태의 2번은 환경과 자극을 부정적으로 인식하여 자신의 가치를 정직하게 느끼지 못하고, 미움을 받는다고 생각하며 스스로 욕망을 성취하기 어렵다고 생각한다. 이들은 미움을 받는다는 생각에서 벗어나기 위해서 공격적인 반응행동을 하는데 이것이 조작이다. 이들은 조작적인 행동에도 현실은 별다른 변화를 보이지 않아 자신은 계속 미움을 받고 있다고 평가 한다. 이런 생각과 행동은 이들의 부정적 사고를 더욱 조장하게 되어 이들을 악순환 고리에 머물게 한다. 이들은 환경을 부정적이고 비우호적으로 인식하여 꾸밈이 과하고 속이려 하며 타인을 조작하려 하고 신경질적이고 과시적인 경향을 지닌다. 이를 그림으로 그리면 아래 좌표형태의 그림이 되고, 선순환의 고리는 X축 하부의 원에 해당한다.

정신건강 상태별 인식·반응·평가

유형	욕구	효능감	욕망	행동	회피	방어	건강			보통			저조		
							인식	반응	평가	인식	반응	평가	인식	반응	평가
							우호적 환경			편의적 환경			비우호적 환경		
							긍정	공존	긍정	편의	자존	현실	부정	공격	부정
2	친애	적극	사랑	도움	욕구	억압	사랑	보호	긍지	사랑	모성	필요	사랑	조작	미움

2) 건강상태별 순환고리

건강한 정신상태의 2번 유형은 자신의 욕망인 사랑을 받기 위해 타인을 도우려고 한다. 이들이 도우려는 행동은 보호적인 경향을 보여 인정 많고 헌신적이며, 겸손하고 포용적이라 주변에 따뜻함이 피어난다. 이들이 소속한 집단은 어려움에 봉착하여도 이들의 따뜻함 때문에 쉽게 인간적인 분위기를 회복한다. 이들의 돌봄의 손길은 순풍과 같이 부드럽고 전염성이 강하여 주변을 쉽게 매료시키는데, 이는 이들이 갖고 있는 공감능력과 배려와 격려의 기술 덕분이다. 이들의 공감능력은 자신을 정직하게 내보이고, 자신이 내려놓은 마음의 자리에는 타인에 대한 배려심이 자리잡게 하는 개방성에 기초한 것이고, 배려의 기술은 자신보다 타인을 먼저 생각하고 그들의 입장을 이해하는 이타성利他性에서 비롯된 것이며, 격려의 기술은 아픔을 같이 나누어 같은 입장에 있음을 확인시키고 새로운 희망을 제공하는 남다른 능력을 갖고 있기 때문이다. 이러한 능력은 자신에게 긍지를 갖게 함은 물론 지역이나 문화를 초월하여 평등하고 넓게 사랑을 베풀게 하는 박애주의자가 되는 원동력이다.

보통의 정신건강을 소유한 2번들의 자기중심적 고리는 자기세계가 생태계의 중심에 있다고 생각하고 사물을 인식하므로 자존적自存的이고 이기적인 반응을 보이게 된다. 이들의 사랑 받고 싶은 욕망은 자기중심의 모성적 반응을 보이고, 자신의 영역(예: 가족)에 속하는 사람들은 자신의 도움을 필요로 한다고 생각한다. 이러한 모성적 반응은 자신의 도움에 대한 인정을 받고자 하는 욕구가 감추어져 있다. 이 자존적自存的 순환고리는 자기영역 내에서는 개방적이나 외부영역에는 폐쇄적이라 외부로부터 에너지를 공급받지 못한다. 반면 자기영역 내에서는 시행착오가 수정되고 보완되어 목표 지향적으로 피드백을 받게 된다. 이 말은 자기영역(가족)에서 사랑 받고 싶은 욕망에서 수행한 도움과 보살핌은 인정을 받고, 이 인정으로 긍지를 느껴 다시 돌보아 주는 순환고리에 맴돌게 된다는 의미이다. 설사 보살핌이 인정을 받지 못하더라도 이들은 자기영역의 목표를 공유하고 있기 때문에 같은 고리에 머물게 된다.

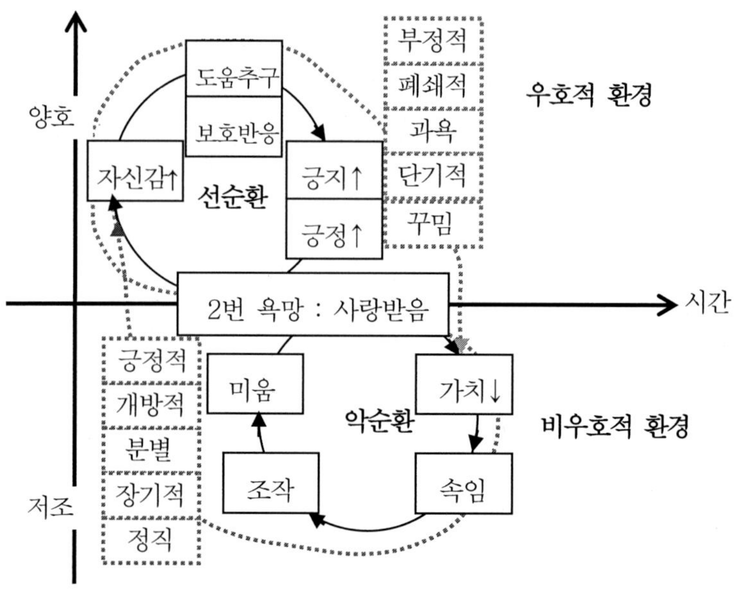

　저조한 상태의 정신건강을 소유한 2번들은 환경을 부정적이고 비우호적으로 보기 때문에 비우호적인 상황을 우호적으로 만들어 사랑을 받을 수 있도록 상황을 조작하고 사실을 숨기는 반응을 보인다. 이런 조작은 자연스럽지 못하여 거짓임이 드러나고, 거짓은 신뢰를 무너뜨려 관계를 악화시키는 결과를 초래한다. 이 악순환의 고리는 거짓이 더 큰 거짓을 낳아 결국에는 이들을 나락에 빠지게 만든다.

　2번들이 악순환의 고리에서 선순환으로 전환하기 위해서는 꾸밈과 거짓에서 벗어나 정직한 마음가짐을 가져야 한다. 정직이란 먼저 자신에게 정직해야 타인에게도 정직해진다. 자신을 있는 그대로 알기란 쉬운 일이 아니지만 그래도 자신의 능력, 자신의 성격, 자신의 위치, 가치관, 목표 등 자신의 현재와 과거 모습을 정확히 인식하여야 자신에게 정직해질 수 있다. 자신을 바르게 알고 이를 바르게 알리는 것이 정직이다. 자신의 있는 그대로 본래의 모습을 알리는 데는 용기가 필요하다. 사람은 누구나 전지전능하지 않아 모자라는 부분이 많다. 이 약점을 안다는 것은 이를 고칠 수 있다는 의미이기도 하다. 특히 이를 타인에게 알릴 수 있다는 것은 외부의 도움을 받아서라도 개선할 용기가 있다는 것이다. 정직은 신뢰의 바탕이 되기에 인간관계의 초석이다. 정직하지 않으면 신뢰를 회복할 수 없고, 신뢰하지 않으면 인간관계를 유지 할 수 없다. 위 그림의 개방·긍정·장기적 관점에 관해서는 Ⅶ장 5항 사절 '순환고리의 구별과 전환'에 상세히 설명하고 있다.

사. 2번 유형의 날개(Ⅶ장 3항 참고)

1) 1번 날개를 가진 2번 유형(2 w1 : 봉사자)

날개는 성장하면서 현실에 적응하는 과정에서 욕구나 효능감에 변화가 생겨서 추구하는 목표나 반응방법이 다양화 한 것이다. 2번 유형은 자신의 가치감을 외부로부터 인정받기 위하여 도움이라는 이미지를 외부에 표현하는 유형인데, 현실에 대처하면서 외부 의존적인 경향에서 자기중심의 자기다움을 찾게 되면, 조심스럽게 자아경계를 형성하는 성향을 갖게 되는 경우가 있다. 이 경우 2번 유형이 1번 유형의 조심스런 의지적 반응을 나타내게 되는데 이를 1번 날개를 가진2번 유형(2 w1)이라 한다.

　이들은 2번의 욕구인 친애와 1번의 반응 특성인 올바름을 목적으로 하여, 2번의 반응 특성인 도움을 추구한다. 다시 말해 친애와 올바름을 위하여 도움을 추구한다는 것이다. 이들을 봉사자라 칭한다. 2번 유형의 에너지 원천인 친애에 1번 유형의 특성인 올바름이 추가 된 것이다. 그래서 의존적인 도움자에서 주도적인 봉사자가 된 것이다. 2번이 의존적인 도움이라면 이들(2 w1)은 이타적인 봉사를 하게 된다. 사회적인 복지에 관심이 많으나 조심스러움 때문에 조용히 실천한다.

날개 명칭 부여

유형	욕구	유형 특징	날개	날개 추가			비고
				에너지 원천	유형 특징	명명	
2	친애	도움	2w1	자치욕	개선	봉사자	친애와 올바름을 위해 도움 추구
			2w3	친애욕	성공	안주인	친애를 위해 도움과 성공을 추구

(표에서 날개의 명명은 리소와 허드슨의 에니어그램의 지혜에서 인용)

　이들이 공존적, 공개적, 생산적, 상보적, 수용적인 삶을 영위하면, 이들은 긍정적 인식과 지지적인 행동을 하게 되는 건강한 상태가 되는데, 이 경우 이들은 2번 유형이 갖는 외부에서 인정 받고자 하는 이미지인 도움을 자신의 의지로 공생적이고 상보적相補的인 입장에서 실천하게 된다. 돈 리소는 '에니어그램의 지혜'에서 '이들은 1번 유형의 도덕 관념과 2번 유형의 동정심이 결합되어 인간의 고통을 들어주고자 하는 강한 욕망을 느낀다'고 하였다. 이들은 1번 유형이 갖는 조심성을 지니고 남들을 돕는다. 2번의 감성에 1번의 의지를 소유하여 따뜻한 감성을 잘 실천하는 경향이라 여건이 어려운 사람들을 위해 남들이 꺼려하는 일도 기꺼이 하려고 한다.

이들이 자존적, 준법적, Zero-sum적, 가정적家庭的인 삶을 영위하면, 이들은 현실적이고 자기 중심적인 행동을 하는 보통의 평균적인 심리적 상태가 되는데, 이 경우 이들은 봉사를 자기 중심적으로 행하려고 한다. 이러한 경향은 2번의 특성인 도움과 상치되는 점에서 이들은 갈등하기도 한다. 또 가족적인 문제와 친애라는 점에서도 갈등하기도 한다. 도움을 주고도 이를 자신의 입장에서 해석하려 하여 자신이 희생하였다고 느낀다. 타인이 하기 싫어하는 일을 하면 자신의 희생정신과 의무감이 발휘되었다고 생각한다.

2) 3번 날개를 가진 2번 유형(2 w3 : 안주인)

날개 유형은 성장하면서 현실에 대처하는 과정에서 욕구나 효능감에 변화가 발생하여 추구하는 목표와 반응방법이 다양화 된 결과이다. 2번 유형이 현실에서 어려움에 부딪쳐 타협하거나 조정하여야 할 상황을 맞게 되면, 긍정적인 효능감을 상실하여 3번과 같이 현실적 대응으로 상황에 대처하는 경우가 있다. 이러한 대처방식이 장기간 지속되거나 내재화 되면, 이들은 3번 날개를 가진 2번(2 w3)이 된다. 우리는 이들을 안주인이라 한다.

2번 유형이 도움이란 이미지를 보여주고 인정을 받고자 하였으나, 현실에서 이것이 원만하지 않아 자기효능감을 인식하지 못하는 상황이 되면 현실에 더 의존적으로 되어 편의적 대응인 성공이란 이미지를 내보이게 된다. 이들은 2번과 3번의 욕구인 친애를 목적으로 하여, 2번과 3번의 반응 특성인 도움과 성공을 통합적으로 추구한다. 다시 말해 친애를 위하여 도움과 성공을 추구한다는 것이다. 이들이 안주인인 것은 가족의 우애를 위하여 기꺼이 도움을 주고, 이렇게 하는 것이 성공을 일구는 것으로 생각하는 안주인의 특성과 같기 때문이다.

이들이 행하는 도움은 자신의 능력이다. 2번의 도움은 도움을 인정받기 위한 것이라면, 2 w3의 도움은 친애를 위한 능력인 것이다. 친애를 구하므로 사교적이고, 성공을 추구하므로 야심적이며, 친절하고 일 중심적이다. 도움과 성공이란 이미지를 보이려 하므로 팀이나 모임을 활성화하는 데 충분한 역할을 한다.

이들이 공존적, 공개적, 생산적, 상보적, 수용적인 삶을 영위하면, 이들은 긍정적 인식과 지지적인 행동을 하게 되는 건강한 상태가 되는데, 이 경우 이들은 2번과 3번 유형이 갖는 외부에서 인정 받고자 하는 이미지인 도움과 성공을 공생적이고 상보적相補的인 입장에서 실천하게 된다. 상대방의 입장에서 그들의 기분을 고려하여 반응하고, 자신이 가진 재능도 공유하려고 한다. 자신의 만족과 타인의 만족을 동시에 추구한다는 것이다.

이들이 자존적自存的, 준법적, Zero-sum적, 가정적家庭的인 삶을 영위하면, 이들은 현실적이고 자기 중심적인 행동을 하는 보통의 평균적인 심리적 상태가 되는데, 이 경우 이들은 안주인의 역할을 자기 중심적으로 행하려고 한다. 타인에게 도움을 주는 것이 타인의 입장이 아니라 자신의 입장이 반영된 것으로 타인을 유혹하는 면일 수도 있다. 이들은 2번과 3번의 특성이 결합되고 자기중심적인 입장이라서 사교적이고, 관계를 중시하는 점에는 과장된 면이 있을 수도 있다. 그리고 자신의 행적을 인정 받고 보상 받으려는 경향도 보인다. 이런 점들은 오만으로 나타나기도 한다.

사. 2번 유형의 장애 대처방식(Ⅳ장 1항 참고)

　삶이란 그들이 어떤 직업을 갖든 양지가 있으면 음지가 있고, 좋은 일이 있으면 나쁜 일이 있듯이 작용에 따른 반작용이 있다. 도움형인 2번 유형이 이런 반작용인 저항이나 반대에 직면했을 때 어떤 반응을 보일까? 앞에서 설명한 바와 같이 자기 입장을 고수하는 경우, 저항에 승복하는 경우, 불안정한 상황에서 자극에 자기애적이고 과민하게 반응하여 신경중일 경우, 전혀 예상치 못한 반대에 충동적으로 반응하는 경우로 구분할 수 있을 것이다.

　2번 유형은 친애욕의 틀로 자극을 인식하고 긍정적 효능감으로 반응한다. 친애의 도구로는 도움이라는 이미지를 이용하고 이 이미지를 통하여 타인에게서 인정과 존경을 받으려고 한다. 그리하여 자기 긍정적으로 자기 입장을 정리하고 옹호하려고 한다. 옹호하려고 한다는 것은 자신의 입장을 변호하거나 보호하면서 자신의 느낌을 유지하려는 것으로 이는 자신에 대한 긍정적 인식에서 출발하여 자신의 입장을 고수하려는 것을 말한다. 그러나 주변 상황이나 힘의 논리에 의하여 저항력에 승복할 수밖에 없는 처지가 되면 2번 유형은 수치심에 적대감을 갖게 된다. 2번 유형이 적대감을 느끼지 않게 하려면 이들이 수치심을 느끼지 않도록 배려하든지 명분을 세워주는 것이 바람직할 것이다. 승복이란 두 손 들고 백기 투항하는 것과 같은 것이므로 적대감을 느끼게 되는 것이다. 승복을 하면 자신의 의견을 포기 하든지 아니면 반대의견을 수용하여 당초의 계획을 수정하여 추진하는 것을 말한다.

반대나 저항에 대처방식

유형	욕구	기본 반응	성격 유형	의식적 수용/거부의 반응			무의식적 반응	
				입장고수 방법	승복	신경증 반응	충동적 반응	방어기제
감정 중심								
2	친애욕	가치 추구	도움형	자기옹호	적대감	접근적	의존적	억압

(자기 옹호 : 소극적 자기 두둔)

이들이 예상하지 못한 갑작스런 자극을 받게 되는 충동적 상황에서는 매우 의존적인 경향을 보인다. 이들이 무의식적으로 의존적인 것은 인정을 받기 위하여 타인의 주의에 관심을 갖고 있고 관심을 확보하는 데 자신감이 있기 때문이다. 의존적이라 함은 반대나 저항에 따른다는 의미인데, 승복하는 것과는 달리 맡게 의지한다는 의미에 가깝다.

이들이 주로 사용하는 방어기제는 억압이다. 억압이란 의식에서 고통스럽고 불쾌한 관념·사고·기억을 무의식 속에 가두어 넣으려는 마음의 작용을 말하는 정신분석학 용어이다. 이 작용은 의식적으로 행하여지는 것이 아니라 무의식적이고 자동적으로 행하여진다. 이 점이 의식적이고 의지적으로 행해지는'억제抑制'와 다르다. 억압의 결과로 고통스러운 사고나 관념은 의식 안에 존재하지 않게 되지만(망각되어), 그 힘은 없어지지 않고 무의식 안에 남아서 인간의 행동을 지배한다. 실언失言, 익살, 꿈, 혹은 노이로제 증세로 나타난다(두산백과).

05

3번 유형(경쟁형)

가. 성격의 개관 : 부지런한 사람(성취자, 실용주의자)

3번 유형 성공형은 감정중심의 심리에너지와 현실적 효능감의 조합에 의하여 형성된 성격유형으로 장애에 직면하면 공격적 충동행동, 대항적 신경증적행동, 입장견지적인 입장고수방식으로 대처하는 유형이다. 심리에너지 원천이 감정중심이라 자극 감지의 동기로 친애욕구를 활용하고, 현실적 자기 효능감을 소유하여 이들이 추구하는 친애욕구는 상대방에게서 인정, 존경 등의 우호적 반응을 얻는 데 중점을 두고 있다. 또 방어적이고 현실적인 자아개념을 소유한다고 함은 타인에게 친애 행위를 하지만 그 행동 이면의 의도는 타인으로부터 가치 없는 사람으로 인정되어 수치심을 느끼지 않도록 자신을 방어해야 한다는 자의식이 작용하고 있음을 의미한다. 이들이 감정중심의 중앙에 위치하므로 방어적인 자의식이 매우 강하여 타인으로부터 인정과 존경을 받을 수 있는 창조물인 성공이란 이미지를 만들어 보여주는 데 에너지의 많은 부분을 투하한다.

이들의 신경증적 행동에서 대항적이고 자기주장적이라 함은 방어행동에 많은 심리에너지를 동원하기 때문이다. 실패로 인해 가치 없는 사람이

되는 불안에서 벗어나기 위해 행하는 방어행동은 성공이라는 생산물이
타인의 주의와 관심, 인정을 받을 수 있도록 자기를 적극적으로 홍보해야
하므로 자기주장적이다. 신경과민의 상태에서는 맞서는 경향을 보이기 때
문에 대항적이라 한다.

이들이 남들에게 잘 보이려는 전략은 자신이 성공한 사람임을 알려 주
변 사람들로부터 인정을 받고 있다는 느낌을 얻기 위함이다. 감정 중심의
중앙에 위치하여 가치감의 욕구가 매우 강하여 이 강한 욕구 때문에 내면
에 있는 자기효능감을 일관되게 인식하지 못하고 자신의 가치를 자신의
겉모습에서 구한다. 이들의 겉모습은 자신이 이룬 업적과 성과물이며 자
신의 가치를 인정 받을 수 있는 대상물이다.

이들의 성공이란 타인들이 그들에게 갖는 좋은 인상이다. 이들의 성취
는 가치 있는 일을 달성하여 성취감을 느끼는 것이라기 보다 남들이 그들
의 생산물을 인정하고 호감을 보이는 것이다. 성공을 통해 타인에게 좋은
이미지를 보여줌으로써 그들의 가치를 입증하려고 한다.

유형3의 주의와 에너지는 외향, 내향 양쪽으로 향한다. 이들은 친애욕
과 관계욕이 강한 감정 중심의 중심에 위치하고 있고, 현실적인 자아개념
을 소유하고 있기 때문에, 외부로부터 인정받지 못할 자기의 이미지는 내
면에 숨기려 하고, 타인의 호감을 얻을 수 있는 이미지는 외부로 표출하려
고 한다. 이렇게 이미지를 일부는 숨기려 하고 일부는 표출하려 하므로
이들이 심리 에너지는 내·외부 양쪽으로 향하게 된 것이다.

이들의 성격 특성을 요약하면 성공을 쫓는다는 것과 실패를 두려워한
다는 것이고, 성공은 생산물 자체와 그 생산물을 만드는 과정의 효율성을
의미한다. 생산물과 효율성에서의 성공은 경쟁력을 가진다는 의미이므로
경쟁을 좋아한다. 이들에게서 평가의 척도는 타인이 인정하는 성취이고,
실패는 창피스럽고 그릇된 것이다.

이들은 자기효능감을 인식하지 못하고 있지만 욕구가 강하기 때문에 노력하면 된다는 점에 대한 확신이 강하다. 따라서 대응이 뛰어나고 열심히 하며, 자신이 이룬 업적과 성과를 통해 평가 받고, 사랑 받고 싶어 하며, 경쟁심이 강하고, 자기의 장점을 드러내 보이기 좋아한다. 좋은 인상을 풍기고 사교적이며, 실제보다 더 능력 있고 생산적인 것처럼 보인다. 회사와 같은 일정 규모의 조직에서는 승진이 빠른 편이다. 또 효율성이 요구되는 곳에서는 최적임자이다. 이들을 대표하는 단어로는 열심, 지도력, 열정, 희망적, 동기부여, 효율성, 실용적, 좋은 인상 등이다.

나. 성격 특성

별명	실행자, 동기유발자, 경영자, 성취자.
불안	실패한 사람, 가치 없는 사람.
욕망	가치 있는 존재이고, 그렇게 받아들여지고 있다고 느낌.
이미지	성공제일주의, 능률주의, 실력자, 리더, 관리자.
성향	수단을 가리지 않는 성공. 실패를 두려워함.
포로	삶의 가치는 일의 성공임. 실패는 용서받지 못한다는 생각. 인생을 성공이란 척도로 평가.
방어기제	동일시. 이것으로 자아존중감을 고양하고 실패감에 대처함. 일이 곧 자아라고 동일시함.
리더십 유형	업무지향적. 훈수적.
생활 신조	최선을 다하라. 불가능은 없다.
의사소통 유형	아첨. 집요한 주장. 자기 선전.
금언	수단과 방법을 다하라. 뼈빠지게 일하기.

대표적 인사	지미 카터.
함정/출구	효율/비효율의 허용(순응).
열정/구원	속임수(기만)/정직(진실성).
이상상	성공적이고, 유능하며, 능률적이다.
유혹/회피	효율성/실패.
건강 상태	목표지향적, 부지런, 자신감, 효율적, 자율적, 실질적, 정열적, 유능, 진실, 믿음직함.
보통 상태	실용주의자, 출세지향, 역할 지향.
저조 상태	경쟁적, 기회주의적, 자기 도취적, 허영적, 일중독자.

다. 유형 3과 같은 팀이라면

1) 유형3은 생산품이 중요하고 생산을 위한 효율이 중요하다. 효율이란 단위시간 당 투입 대비 산출량을 의미한다. 투입량을 줄이고 산출량을 늘리거나 투입되는 시간을 단축시켜야 한다. 그러기 위해서는 계획적인 관리가 필요하다. 이들과 약속을 한다면 시간을 확실히 지킬 것이며 약속 없이 이들을 만날 생각은 하지 않는 것이 좋다.

2) 이들에게 시간은 효율의 도구이므로 이들과 만남은 미리 준비하고 계획을 세워 단도직입적으로 사안의 핵심으로 들어가는 것이 바람직하다. 유형3은 시간의 낭비를 싫어한다. 변죽만 치지 말고 숨김없이 핵심을 말하라. 가능하면 요약하고 결과와 요점을 강조하라.

3) 간섭을 듣는 것도 시간의 낭비라고 생각한다. 이들이 일할 때 번거롭게 굴지 마라. 방해한다고 생각한다. 필요한 것은 그들의 생산품을 인정해 주는 방안을

생각한다면 좋은 관계를 유지할 수 있을 것이다.

4) 이들은 일하는 것을 좋아하고 경쟁하는 것을 마다하지 않는다. 같이 경쟁을 하면 협조관계를 유지하기 어렵다. 경쟁자가 아니라면 경쟁하지 말고 협력하라.

5) 효율을 중시하므로 유형3에게 하겠다고 약속했으면 반드시 계획대로 실행하라. 계획이 제대로 수행되고 있는지 피드백 받기를 좋아한다. 진행 중간 중간에 일의 성과를 인정하고 칭찬해 주면 더욱 열심히 일할 것이다.

6) 하지만 당신이 업무를 잘 수행하였다고 유형3으로부터 칭찬 받고 보상 받는다는 생각은 하지 마라. 그들에게 이런 일은 당연한 것이다.

라. 유형 3인 당신은

1) 유형3은 타인의 필요, 칭찬, 인정을 받아야 가치 있는 사람이라고 느끼지만, 자신의 가치는 반드시 타인의 인정에 의한 것이 아니고 존재 그 자체로 이미 가치가 있음을 자각해야 한다. 생태계에서 조그마한 야생화 하나도 그 나름의 존재 이유와 역할이 있듯이, 우리의 존재는 충분한 가능성을 가지고 있다. 다만 우리가 이를 발견하지 못하거나 활용하지 못하여 그 가치가 빛을 발하지 못하고 있을 따름이다. 인생과 일은 불가분의 것으로 경쟁적으로 쟁취하여야 하는 것으로 인식하겠지만, 일을 자신의 정체성에서 분리해 보는 것은 어떨까? 일하고 놀고, 공부하는 것이 인생이다. 일 중독에서 벗어나라. 휴식을 통해 긴장을 풀고 일이 아닌 정情으로 인간관계를 개선하라.

2) 경쟁에서 승리하겠다는 중압감에서 벗어나라. 경쟁에서 승리가 인생에서 승리가 아님을 자각하라. 일은 인생의 한 부분에 불가하다. 가족도 중요하고 친구

도 중요하며, 사회의 일원으로서 보람 있는 일도 많다. 경쟁에서 벗어나면 스트레스에서도 해방된다. 구태여 타인의 호의적 반응에 목 매지 마라. 이길 때도 있고 질 때도 있는 것이다. 오르막이 있으면 내리막도 반드시 있다. 경쟁은 경쟁을 낳을 뿐이다. 경쟁은 결코 행복과 편안함을 주지 못한다. 불안에서 벗어나고자 성공하려고 했는데 결국에는 더욱 불안에 휩싸이게 된다.

3) 상대방의 입장을 이해하는 것도 당신 업무의 일부분이라는 것을 명심하라. 당신의 목표 달성에는 그들의 도움이나 공헌이 반드시 필요하다. 그들의 진심 어린 도움 없이는 좋은 성과를 얻기 어렵다. 그들이 당신의 자산임을 명심하고 그들의 안정과 안전, 그들의 만족에 관심을 보여라.

4) 성공은 일의 효율성만이 그 평가 기준이 아니다. 효율성은 작은 성공에는 의미 있는 평가의 기준이 될 수 있지만, 큰 성공에는 개념화 능력이나 조직의 활성화 능력이 더 중요하다. 조직의 활성화는 구성원의 공헌 의지가 가장 중요한 요인이다.

5) 자연의 순리에 따라 생장성쇠生長盛衰의 리듬을 배워라. 자신의 능력을 성찰하고, 여유를 찾을 수 있게 일정표를 조정하라. 물러나서 자신을 성찰할 기회를 만들고 부족한 점을 찾아 보완하라. 앞만 보고 전진하지 말고 옆과 뒤도 돌아보면 평소에 못 보았던 아름다운 것들이 많이 보일 것이다.

6) 조급하게 결론에 도달하지 말고, 우선 해 놓고 나중에 문제를 바로잡으려는 당신의 경향성을 경계하라. 호미로 막을 것을 가래로 막는 불상사가 생긴다. 중요한 것을 먼저 챙기면 여유시간이 보인다. 급한 일에 쫓기다 보면 중요한 문제를 빠트려 문제를 확대하게 된다.

7) 항상 정직하라. 겉모습에 너무 얽매이지 말라. 주위를 의식하여 자신의 겉모습을 가장하려 하지 마라. 겉옷만 좋게 포장한다고 내용물이 바뀌는 것은 아니다. 그리고 진심을 다하지 않는 인간관계는 오래가지 못하고 깊게 소통하지도 못한다.

마. 3번 유형의 정신건강(Ⅶ장 5항 참고)

3번 경쟁형은 감정중심으로 친애욕구를 추구하고, 현실적 자기효능감을 소유하여 편의적인 방법으로 호감을 얻기 위해 주의를 집중한다. 이들은 친애의 욕구가 매우 강하면서도 자신의 욕구를 현실에 표출하면 타인의 인정과 존경을 받지 못할까 두려워 성공이라는 이미지를 만들어 이를 통하여 호감을 얻고자 노력한다. 이들은 현실에서 필요한 가치를 수용하고 이에 대응해야 불안에서 벗어날 수 있다고 생각하므로 현실의 요구에 응하고 인정을 받으면 성공적이라 느낀다. 이들은 친애욕구가 강한 만큼 성공을 추구하는 강도도 매우 강하여 공격적이고 경쟁적인 태도를 취한다. 이들의 주의와 에너지는 외향/내향 양쪽으로 향한다. 공격적이고 경쟁적인 태도를 취할 때는 외향적이나, 외부로부터 호감이나 인정을 받지 못할 내용은 내면으로 숨기려 하기 때문에 내향적으로 되기도 한다. 현실적이라 생산성과 효율성을 강조하고, 노력하면 된다는 확신을 가지고 있어서 대응이 뛰어나고 임기응변이 좋다. 이러한 특성은 이들의 지적 장비와 이들이 인간의 본성에 얼마니 충실한가를 나타내는 정신건강에 따라서 다르게 표출된다. 여기서는 이 책 Ⅶ장 5항 (정신건강-자아확장과 수축)에서 설명된 정신건강의 상태에 따라 3번 유형의 특성이 어떻게 나타나는지를 알아보고자 한다.

건강한 상태에 있는 3번은 공개적, 생산적, 상보적, 수용적이고, 시너지효과나 삶의 확장, 공동의 가치 등을 중시한다. 이들은 자신의 가치가 타인들의 인정에 의존한다는 관점에서 벗어나게 된다. 이들은 의존적이던 자아를 확장하여 자율적이고 의지적인 정체성을 회복함으로써 자신이 진정으로 원하는 것이 무엇인지를 알게 된 것이다. 의존적이던 사람이 자립적이고 따뜻한 감성을 가진 사람이 되어 타인에게 너그러운 존재가 된다. 이들이 추구하는 성공은 잘 보이기 위한 개인적인 성공이 아니고 주변이 함께 나눌 수 있는 성취이고 성공인 것이다. 이들이 즐기는 경쟁은 자기만의 경쟁이 아니라 조직 전체의 경쟁력이 되는 것이다. 사회와 함께 비전을 갖고 성취해 가는 멋쟁이들의 집단이 되는 것이다. 이들은 자신을 소중하게 여기고 열정적이며, 관련자들을 함께 성취시키는 영향력을 지닌다. 이들은 자신감을 가지고 어떤 어려운 일도 해결할 수 있다는 해결사이며, 설득력을 발휘하여 조직의 역량을 목표지향적으로 이끌어 내어 주변의 호감을 얻는다.

보통상태의 3번은 자존적自存的, 준법적, Zero-sum, 가정家庭적인 특성을 지닌다. 이들은 자기중심적이고 편의적이라 성공을 지향하고 경쟁적이며 현실질서를 중시하는 3번 유형의 일반적 특성을 나타내는 사람들이다. 이들은 다름 사람들이 못하는 성취를 이룸으로써 경쟁력이 있고 가치 있는 사람임을 증명하려 끊임 없이 노력한다. 이들은 실패에 대한 불안이 강하여 성공이라는 이미지에 집착하고 자신의 존재를 드러내 알리려고 노력한다. 자신을 홍보하고 경쟁하며, 목표를 완수했을 때의 박수에 목말라 한다. 그래서 성취를 위한 효율을 중시하고 일을 하지 않으면 허전하여 어떤 일이건 발을 담그려고 여기저기 얽히기를 좋아한다. 지연·학연·OB 모임 등 네트워크 관리에 달인이다.

<h1 style="text-align:center">3번 유형 정신건강 수준</h1>

구분		태도/가치	인식/반응	경향성
	건강	공존적, 공개적, 생산적, 상보적, 수용적, 시너지 효과, 삶의 확장	긍정적 인식, 지지적 행동	목표지향적, 부지런, 자신감, 효율적, 자율적, 실질적, 정열적, 유능, 진실, 믿음직함.
	보통	자존적, 준법적, Zero-sum, 가정적家庭的	현실적 인식, 자기중심적 행동	실용주의자, 출세지향, 역할 지향.
	저조	방어적, 비현실적, 자타 파괴적, 폐쇄적, 충동적, 공격적, 불안, 우범적	부정적 인식, 감각적 행동	경쟁적, 기회주의적, 자기 도취적, 허영적, 일중독자.

(그림 중 원기둥은 돈 리소의 '에니어그램의 지혜'에서 인용 수정)

　　저조한 상태의 3번은 비현실적, 폐쇄적, 충동적, 공격적, 불안, 우범적인 특성을 보인다. 이들은 호감을 얻기 위해 비현실적인 사고와 행동을 한다. 이들은 성공에 대한 자신감을 상실하여 불안해 하고 실패에 대해 두려워하면서도 주변의 호감은 얻고자 원칙에서 벗어나고 정직하지 못한 경향이 있다. 그래서 진실성이 없고 기회주의적인 면을 보이기도 한다. 이러한 면들은 자기기만과 허영으로 나타나기도 하는데 이는 자신과 상황에 대한 비현실적인 인식과 주변의 호감을 얻어야 한다는 집착 때문이다. 자기 자신에 솔직하고 현실을 대응적이고 즉흥적으로 반응하지 말고 물러나 자신의 지적 장비를 점검하고 자유 사랑, 정의, 진리 등의 본성에 충실하려는 노력이 필요할 것이다.

바. 3번 유형의 선순환과 악순환(Ⅶ장 5항 참고)

1) 건강상태별 인식·반응·평가

　3번 유형은 존경 받기를 욕망하며 이를 위해 다른 사람과 경쟁하고, 성공한 이미지를 보여주고 인정받고자 하는 유형이다. 이들이 자신의 욕망을 성취하기 위하여 환경과 자극을 인식, 반응, 평가하는 행동양식을 건강 상태별로 구분하면 다음 표와 같다. 건강한 3번은 환경과 자극을 긍정적으로 인식하여 자신의 욕망인 존경을 성취할 수 있다고 생각한다. 이들은 공존과 상생의 태도로 환경과 자극에 임하여 효율적으로 처리하는 반응을 보이고 자신의 행동에 대해 성공적이라고 평가한다. 이런 생각과 행동은 이들의 긍정적 사고를 더욱 조장하게 되어 이들을 선순환 고리에 머물게 한다. 이들의 행동 유형은 경쟁을 좋아하지만, 환경에 우호적인 관계를 유지하며 선의로 경쟁한다. 이를 그림으로 그리면 아래 좌표형태의 그림이 되고, 선순환의 고리는 X축 상부의 원에 해당한다.

　보통의 3번은 환경과 자극을 편의적이고 자기중심적으로 인식하여 욕망인 존경을 성취할 수 있다고 생각한다. 이들은 자기중심적이라서 환경과 자극에 대하여 실용적인 반응을 보인다. 이런 실용적인 행동에 대해 이들은 주변 환경이 향상을 보이고 있다고 생각한다. 이런 생각과 행동은 이들을 더욱 현실적이고 자기 편의적으로 만들어 이들을 보통의 상태에 머물게 한다. 이들은 외부 환경이 변해도 이를 편의적으로 인식하고 반응한다.

　저조한 상태의 3번은 환경과 자극을 부정적으로 인식하여 자신이 무시받고 있다고 생각하며 스스로 욕망을 성취하기 어렵다고 생각한다. 이들은 무시 받는다는 생각에서 벗어나기 위해서 분수에 넘치고 실속이 없는 겉모습인 허영적인 반응을 보인다. 이들은 자신이 보이는 허영적인 겉치레에도 현실은 별다른 변화를 보이지 않아 자신은 계속 무시당하고 있다고 평가 한다. 이런 생각과 행동은 이들의 부정적 사고를 더욱 조장하게 되어 이들을 악순환 고리에 머물게 한다. 환경을 부정적이고 비우호적으로 인식하여 꾸밈이 과하고 실속 없는 겉치레로 반응하는 이들은 자기기만적인 형태를 보이는 경향이다. 이를 그림으로 그리면 아래 좌표형태의 그림이 되고, 선순환의 고리는 X축 하부의 원에 해당한다.

정신건강 상태별 인식·반응·평가

유형	욕구	효능감	욕망	행동	회피	방어	건강			보통			저조		
							인식	반응	평가	인식	반응	평가	인식	반응	평가
							우호적 환경			편의적 환경			비우호적 환경		
							긍정	공존	긍정	편의	자존	현실	부정	공격	부정
3	친애	현실	존경	경쟁	실패	동일	존경	효율	성공	존경	실용	향상	존경	허영	무시

2) 건강상태별 순환고리

건강한 정신상태의 3번 유형은 자신의 욕망인 존경을 받기 위해 경쟁하여 성공한 모습을 보인다. 이들의 경쟁적인 행동은 개인적인 경쟁력이 아니라 소속 집단이 공존할 수 있는 경쟁력으로 전체의 효율을 중시하는 유능하고 생산적인 지도자의 면모를 지닌다. 이들은 환경을 우호적으로 인식하기에 타인의 평가에 의존하던 경향에서 벗어나 목표지향적이고 실질적이며 과업 중심적으로 사고하고 행동함으로써 집단의 성공에 기여하고자 노력한다. 이런 기여를 통하여 주변에서 존경을 받는다고 느낄 때, 그들은 욕망을 성취한 것에 스스로 만족해 한다. 이들은 성취를 혼자 차지하기 위한 것이 아니라 관련된 사람들과 함께 공유하고 나눌 수 있는 공익적인 것이라 인식함으로써 생산물 자체를 통한 인정과 존경보다는 공유와 상보적인 기여를 통하여 존경을 받기를 원한다. 이들은 참여자들을 목표지향적으로 동기부여 하는 데 탁월한 감각을 소유하여 정신적 물질적 인센티브를 잘 활용하는 경향이다.

보통의 정신건강을 소유한 3번들의 자존적 고리는 생태계, 자기영역, 자기세계 중에서 자기영역과 자기세계에 의식의 초점을 두고 있다. 그래서 이들이 존경 받고 싶은 욕망의 대상도 자기영역 속의 사람들이다. 예를 들면 우리 가족, 우리 회사 등 자신이 소속한 집단의 구성원으로부터 존경을 받고 싶은 것이다. 이들의 행동은 주로 실용적인 경향을 갖는데 실제로 자신에게 유용한 것을 행한다는 뜻이다. 이 행동의 기준은 자신과 자신이 소속한 집단의 쓰임새이다. 이들의 순환 고리는 그 폭이 아주 작은 자기중심의 원에 해당된다. 이들은 자신이 향상을 보이고 있으면 가까운 주변으로부터 존경을 받을 수 있다고 느끼며 만족한다.

저조한 상태의 정신건강을 소유한 3번들은 환경을 부정적이고 비우호적으로 보기 때문에 비우호적인 상황을 우호적으로 만들어 존경을 받을 수 있게 하기 위해 비현실적이고 실속이 없는 겉치레를 중시한다. 이런 겉치레가 이내 거짓임이 밝혀지면 주변의 존경은 비난으로 되돌아 온다. 이 비난은 두려움으로 작용하고 효능감과 자존감을 떨어뜨려 다시 겉치레와 속임을 행하는 악순환이 계속된다.

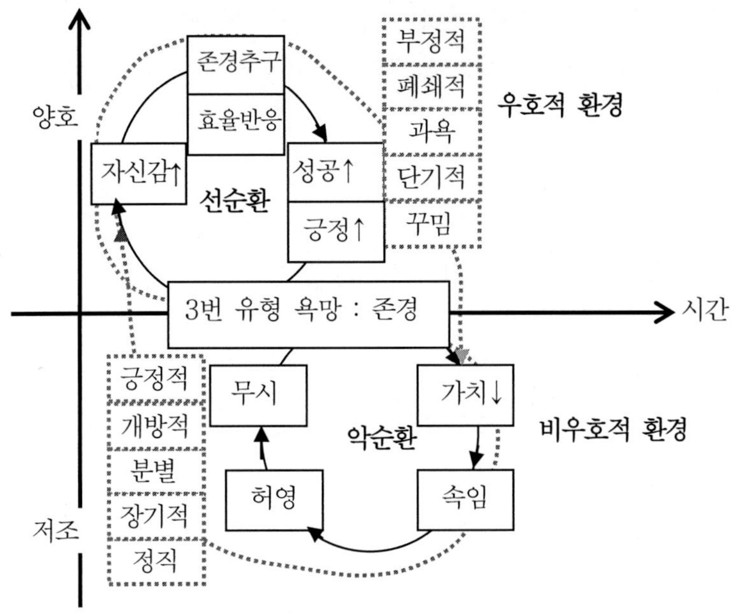

　　3번들이 악순환의 고리에서 선순환으로 전환하기 위해서는 꾸밈과 거짓에서 벗어나 자기 자신에게 정직하여야 한다. 3번의 경우는 성공과 존경에 대한 욕망이 매우 커서 자신에 정직하기가 어렵다. 그리고 실제 자신이 꾸민다는 것 자체를 인식하기도 쉽지 않다. 그래서 꺼꾸로 생각하여 자신이 두려움이나 불안이 있다면 일단은 꾸밈을 사용하고 있다고 생각하는 것이 쉬운 방법이다. 꾸민다는 전제하에 자신을 보면 개략적으로 자신의 상태를 이해하기가 쉽다. 자신에 정직해지면 분별력도 생기고 욕망을 내려놓을 수 있는 여유도 찾게 될 것이며, 개방성과 긍정성도 갖추는 계기가 될 것이다. 그리고 진정한 존경은 외부의 타인에게서 모락모락 솟

아나는 것이라는 점도 알게 될 것이고, 공존의 가치가 필요하다는 점도 이해할 수 있을 것이다. 이런 인식을 갖는 것이 선순환으로 진입하고 있음을 나타내는 것이다. 위 그림의 개방·긍정·장기적 관점에 관해서는 Ⅶ장 5항 사절 '순환고리의 구별과 전환'에 상세히 설명하고 있다.

사. 3번 유형의 날개(Ⅶ장 3항 참고)

1) 2번 날개를 가진 3번 유형(3 w2 : 매력자)

날개 유형은 성장하면서 현실에 대처하는 과정에서 욕구나 효능감에 변화가 발생하여 추구하는 목표와 반응방법이 다양화 한 것을 말한다.

3번 유형은 자신의 가치감을 외부로부터 인정 받기 위하여 성공이라는 이미지를 외부에 표현하는 유형인데, 현실의 적응하는 과정에서 효능감에 변화가 생겨 성공이라는 이미지를 인정받기 위해서 인본적인 2번의 특성인 도움이라는 이미지로 대처하는 경우가 있다. 이러한 대처방식이 장기간 지속되거나 내재화 되면, 3번 유형의 성공이라는 가치를 추구하기 위하여 2번의 도움이라는 이미지를 나타내게 되는데, 이를 2번 날개를 가진 3번 유형(3 w2)이라 하고, 이들을 매력자라고 칭한다.

날개 명칭 부여

유형	욕구	유형 특징	날개	날개 추가			비고
				에너지 원천	유형 특징	명명	
3	친애	성공	3w2	친애욕	도움	매력인	성공을 위해 도움을 추구.
			3w4	친애욕	특별	전문가	성공을 위해 특별함 추구.

(표에서 날개의 명명은 리소와 허드슨의 에니어그램의 지혜에서 인용)

　2번과 3번 유형은 같은 감정중심으로 외부의 인정을 통하여 자신의 가치감을 느끼게 되는데, 3번 유형은 친애욕이 매우 강하여 자신의 이미지인 성공이라는 이미지에 강하게 집착하게 되고 이를 달성하는 데 자신감을 얻게 되면 자기효능감이 높아져서 2번과 같이 도움이라는 반응을 나타내게 된다. 즉 2번 날개를 가진 3번(3 w2)은 성공을 위하여 도움이라는 이미지를 나타내고, 결과로 이들은 '도움을 줄 수 있으니 성공적이고, 성공적이니 가치 있는 사람이다'라고 생각하게 된다. 이들은 현실적이고 친절하며 너그럽다. 개인적인 성공이 중요하고 매력적인 사람이 되어야 한다고 생각한다.

　이들이 공존적, 공개적, 생산적, 상보적, 수용적인 삶을 영위하면, 이들은 긍정적 인식과 지지적인 행동을 하게 되는 건강한 상태가 되는데, 이 경우 이들은 2번 유형이 갖는 외부에서 인정 받고자 하는 이미지인 도움을 공생적이고 상보적相補的인 입장에서 실천하게 된다. 이들은 활력 있고, 활달하며, 너그럽다. 이들은 공생적이라 개인적이고 가정적인 인정보다는 공적이고 사회적인 인정을 중시한다.

　이들이 자존적自存的, 준법적, Zero-sum적, 가정적家庭的인 삶을 영위하

면, 이들은 현실적이고 자기 중심적인 행동을 하는 보통의 평균적인 심리
적 상태가 되는데, 이 경우 매력 있는 사람이 되려는 이들의 노력은 개인
이나 가족에 국한된 좁은 범위의 인정을 중시하는 경향이다. 도움을 주
고 인정을 받으면 기분이 좋고, '나 아니면 안돼'라는 자기중심적인 사고를
하며, 인정이라는 타인의 평가에 집착하기도 한다.

2) 4번 날개를 가진 3번 유형(3 w4 : 전문가)

날개는 성장하면서 현실에 적응하는 과정에서 욕구나 효능감에 변화가
생겨서 추구하는 목표와 반응방법이 다양화 한 것이다. 3번 유형이 존경
을 추구하다가 어려움에 부딪쳐 현실 가치에 적응해야 할 상황을 맞게 되
면, 효능감에 변화가 생겨 4번과 같이 소극적으로 상황에 대처할 경우가
있다. 이런 방식은 외부현실이 자신의 힘으로 대처하기에는 버겁고 일시
적이고 편리한 3번의 대응적 방식으로는 해결할 수 없어 조심스럽고 소극
적으로 적응한 결과로 익숙해지고 내재화된 대처방식이다. 이들을 4번 날
개를 가진 3번(3-w4)이라 한다.

3번과 4번 유형은 같은 감정중심으로 자신의 가치감을 외부의 인정을
통하여 느끼게 되는데, 3번 유형은 친애욕이 매우 강하여 자신의 이미지
인 성공이라는 이미지에 강하게 집착하게 되지만, 이를 달성하는 데 자신
감을 잃게 되면, 자기효능감이 낮아져서 4번과 같이 차별화 혹은 품위라
는 이미지를 나타내게 된다. 즉 4번 날개를 가진 3번(3 w4)은 성공을 위하
여 차별화라는 이미지를 나타내고, 결과로 이들은 '다르고 개성적이니 성
공적이고, 성공적이니 가치 있는 사람이다'라고 생각하게 된다. 이들의 성
공을 위한 차별화된 이미지는 전문성을 나타내는 것으로 이들은 자신의

일에 열정적이다. 이들을 전문가라 칭한다. 이들은 자신의 개성을 살릴 수 있는 일에 열정적이고, 타인이 평판에 민감하며, 품위가 있어야 성공적이라고 생각한다.

이들이 공존적, 공개적, 생산적, 상보적, 수용적인 삶을 영위하면, 이들은 긍정적 인식과 지지적인 행동을 하게 되는 건강한 상태가 되는데, 이 경우 이들은 3번의 특성인 성공을 위하여 4번 유형이 갖는 외부에서 인정받고자 하는 이미지인 다름을 공생적이고 상보적相補的인 입장에서 실천하게 된다. 이들은 4번 유형처럼 소극적이고 섬세하게 감정을 처리하여 진지한 면이 있다. 이들은 공적으로 전문성을 발휘하므로 사회나 조직의 발전에 기여하는 성취인이 된다.

이들이 자존적自存的, 준법적, Zero-sum적, 가정적家庭的인 삶을 영위하면, 이들은 현실적이고 자기 중심적인 행동을 하는 보통의 평균적인 심리적 상태가 되는데, 이 경우 성공이란 자기중심적인 야망이 자리잡고 있어서 거만함이 나타날 수 있다. 이들의 차별화된 이미지는 자존적인 경향이라 자기 이익에 급급한 편협함을 보일 수도 있다.

아. 3번 유형의 장애 대처방식(Ⅳ장 1항 참고)

　생명을 유지한다고 함은 생명활동에 필요한 의식주의 자원이 필요하고 이 자원을 확보하려면 재화나 서비스 등 반대급부를 지불하여야 하며, 재화나 서비스를 얻기 위해서는 일을 해야 한다. 일을 한다는 것은 사물에 사람의 물리적 정신적 힘이 작용함을 의미하며, 이 작용에는 반드시 반작용이 따른다. 음식물을 구입하는 것을 가장 단순하게 정리하면, 음식물을 취득하는 행위(작용)에는 소유자의 저항(반작용)을 받게 되므로 이 저항을 무마하는 대가가 재화를 지불하는 것이라고 할 수 있다. 다행스럽게 돈을 지불할 수 있는 경우는 돈으로 해결 가능하지만 돈이 없는 경우는 어떠할까? 배가 고파서 꼭 먹어야 한다면 절도를 하게 되든지, 먹는 것을 포기 하든지, 배고픔의 불안에서 초조해 하며 절도를 할까 아니면 구걸을 해 볼까 등 갈등에 휩싸일 것이다.

　이와 같이 활동에서 얻는 것이 있으면 반드시 그 작용에 대한 저항력이 있다. 이것은 작용 반작용의 법칙으로 뉴턴의 운동법칙 중 제3법칙으로 A물체가 B물체에게 힘을 가하면(작용) B물체 역시 A물체에게 똑같은 크기의 힘을 가한다는 것이다(반작용). 즉 물체A가 물체B에 주는 작용과 물체B가 물체A에 주는 반작용은 크기는 같으나 방향은 반대이다. 건너편 언덕을 막대기로 밀면 배가 강가에서 멀어지는 경우가 그 예이다.

유형	욕구	기본 반응	성격 유형	의식적 수용/거부의 반응			무의식적 반응	
				입장고수 방법	승복	신경증 반응	충동적 반응	방어기제
감정 중심								
3	친애욕	가치 추구	성공형	입장견지	적대감	대항적	공격적	동일시

(입장 견지 : 입장 고수를 위해 반대 입장을 고려하면서 적극적인 저항 극복.)

경쟁형인 3번 유형이 이런 반작용인 저항이나 반대에 직면했을 때 어떤 반응을 보일까? 앞에서 설명한 바와 같이 자기 입장을 고수하는 경우, 저항에 승복하는 경우, 불안정한 상황에서 자극에 자기애적이고 과민하게 반응하여 신경증적일 경우, 전혀 예상치 못한 반대에 충동적으로 반응하는 경우로 구분할 수 있을 것이다.

3번 유형은 친애욕을 자극인식의 틀로 이용하고 현실적 효능감으로 반응하며 성공이란 이미지를 형성한다. 이들은 이 이미지를 외부로부터 인정 받음으로써 자신의 가치를 입증하려 한다. 이들은 현실적 자기효능감을 소유하여 현실의 상황에 따라서 자기편의적인 반응을 보인다. 이들은 친애욕이 매우 강하여 이해관계가 상반되는 저항에 마주치게 되면 자신이 형성한 성공이란 이미지를 계속 유지하기 위하여 자신의 입장을 견지하려고 한다. 그러나 이들은 현실적이라서 4번과 같이 품위를 지키려 반발하지도 않고, 2번과 같이 양면성(자아긍정과 타인의 필요에 대응)을 조정하기 위해 자기입장을 옹호하려 하지도 않는다. 이들은 성공이란 이미지를 유지하면서도 현실적으로 저항에 타협적으로 택한 방식이 입장견지이다.

이들이 저항이란 반작용을 돌파하지 못하고 반대에 승복하게 되면, 인정받고 싶은 욕구에 상처를 입게 되어 수치심에서 적대감을 느낀다. 이들은 경쟁심이 강하여 적대감의 정도도 강하다. 그러나 현실적이기 때문에 그 적대감을 현실적으로 잘 표현하지 않는다.

이들이 열등감이나 스트레스, 갈등 등의 신경증적 상황에서 과민하고 자기애적이면 의식적으로 대항적인 반응을 나타내게 된다. 이들은 자기 보호를 위해 자기중심적이고 자기 확장적이며 경쟁적이라서 자아를 강화, 팽창하여 성공이란 이미지를 유지하려 하므로 대항적이다. 쉽게 말해서 신경질이 나면 자기확장적으로 행동한다는 뜻이다.

이들은 예상하지 못한 상황에서 갑작스런 저항을 받게 되면 공격적으로 된다. 이들이 무의식적으로 공격적인 것은 친애욕이 매우 강하여 경쟁적이기 때문이다. 이들의 공격력은 자신이 현실적으로 우위에 있다고 생각되었을 때 그 강도가 높아진다.

이들의 방어기제는 동일시이다. 동일시란 다른 개인이나 집단의 특징을 자신의 것과 동일하게 여기는 것을 말한다. 예를 들면 학생이 스승을 부모처럼 생각하는 경우이다. 그리고 타인을 자기의 대신이라고 보는 경우나, 타인의 목적이나 가치를 자기의 것으로 받아들여 그것이 마치 자기의 가치나 목적인 것처럼 되는 경우이다. 예로서 자신을 극중의 인물로 느끼는 경우와 사회적 규범을 자신의 양심으로 내재화하는 경우 등이다.

4번 유형(품위형)

가. 성격의 개관

    4번 유형 품위형은 감정중심의 심리에너지와 소극적 효능감의 조합에 의해 형성된 성격유형으로 장애에 직면하면 후퇴형 충동행동, 유리형 신경증적 행동, 반발적 입장고수방식으로 대처하는 유형이다. 심리에너지 원천이 감정중심이라 자극 감지의 동기로 친애욕구를 활용하는데, 친애에 대한 소극적 자기효능감을 소유하여 친애하는 감정을 느낌 그대로 표현하지 못하고 심오한 의미를 지닌 것처럼 치장하여 독특하게 표출하려고 한다. 친애에 대한 소극적 자기효능감을 가졌다고 함은 타인과 관계를 유지하고 감정을 교환하는 데 원만하지 못하다는 의미이고, 타인으로부터 사랑의 감정을 수용함에 있어서도 자연스럽지 못하다는 것이다. 이러한 감정의 교류에 자신감이 부족함은 자신을 평가하고 인지함에 있어 자신에게 어떤 부족함이 있다는 느낌을 갖기 때문이며, 이 부족함 때문에 제대로 사랑을 받지 못했다는 상실감을 느낀다. 유형1과 마찬가지로 소극적 효능감을 가진 사람은 효능감을 보충할 방법을 찾게 된다. 유형4가 찾은 주의를 끌 수 있는 방법은 자신만의 독특한 방법으로 표현하는 것이다.

독특한 방법은 예술적, 열정적, 심오한, 탄식적, 창의적, 극적인 표현이다. 소극적 자아개념 소유 하였다고 함은 대상과의 관계 탐색 및 유지, 발전에 적극적이고 공격적이지 않고, 뒤로 물러나 내성을 통하여 조심스럽게 접근한다는 의미이다. 그리고 일의 처리 후에도 부족한 점이 없는지 피드백을 계속하고 주변과 감정의 공유를 희망한다는 것이다.

유형4들은 평범한 감정의 표출로 타인들로부터 무시당할까 불안해 하며, 평범함을 회피한다. 또 이들은 상실감을 회피한다. 이들의 상실감은 안락한 가족에게서 이탈하였다는 느낌과 암흑세계에 빠져들었다는 느낌을 갖는 것이다. 가족관계에서 이탈하였다 함은 아버지나 가족 중 중심인물로부터 사랑을 잃게 되었다는 상실감을 말하고, 이 상실감의 원인을 자신에게 있다고 생각하고 사랑을 받기 위해서 자신을 독특하게 표현하려 하는 것이다. 감정중심의 사람이 암흑세계에 빠졌다는 것은 자신의 가치감을 송두리째 잊어버리는 느낌을 갖게 하여 우울증을 느끼게 하는 경우도 있지만, 이들은 우울함을 통해서도 독특함의 일면을 느끼기도 한다. 감정중심의 유형들은 타인의 인정과 칭찬, 호감을 통하여 가치감을 느끼기 때문에 유형4들의 독특하다는 느낌은 특별하다는 의식을 갖게 할 수도 있다.

이들은 차별성을 추구하지만 결코 충분해 하지는 않는다. 채우고 나면 또 부족하고 또 채워도 마찬가지다. 몇 번씩 계속하여 새로운 방법을 시도하고 창조하며 심오한 감정을 처리하고자 노력한다. 이러한 재창조의 시도는 예술품을 만드는 과정이기도 하다. 그리고 과거의 상실감은 이제 치유될 수 없는 것으로 탄식하기도 한다. 부족감은 부러움이라는 집착을 만들고 가치의 비교라는 방법을 계속적으로 사용하며, 일종의 피해의식을 갖게 만들기도 한다. 부러움이 심해지면 극심한 갈망과 과장된 표현을 사용하는 경우도 있다. 이러한 갈망과 과장된 표현은 이들을 예술의 세계로 이끌기도 하고, 이루어질 수 없는 무엇에 항상 끌리고 있는 듯하여, 내면의 세계에서 인생의 의미를 찾는 것 같아 보이기도 한다. 떨어져 있는 친구나 애인을 자주 생각하며 예술가 기질이 있다.

수치심을 피하려는 이들은 창조적이고 개성이 강하며 내성적이다. 비극을 좋아하고 슬픈 감정에 쉽게 빠져든다. 이들의 특성을 표현하는 단어로는 감수성, 창작력, 공감력, 강렬함, 낭만적, 독특함, 열정적, 이상적 등이다.

나. 성격 특성

별명	낭만주의자, 예술가, 창조자, 개인주의자.
불안	가치 없어지는 것, 평범함.
욕망	자기다움과 자신의 가치를 찾는 것.
이미지	창조적, 독특함, 독자적, 감성 풍부, 낭만주의, 평범 회피, 예술가, 작가, 품위 있는, 우아한.
성향	독특하고 독창적이며 감동을 중시함. 예술적/행동적/평범을 싫어하는 경향. 질투/선망의 경향.
포로	평범을 피하고 특별한 존재란 느낌. 버림받은 고통, 고독감 등 자신만이 느끼는 비극에 의해 자신을 특별시 함. 희로애락 등의 감정이 강렬할 때 느끼는 보람과 감동을 갈망함.
방어기제	승화.
리더십 유형	낭만적이고 열정적인 드라마감독.
생활 신조	'차별화된 자기다움의 창조.'
의사소통 유형	오래 끌며 비탄하고 감동적이며 극적이고 심오한 표현.
금언	잘하는 것만으론 충분하지 않아.
대표적 인사	빈센트 반 고흐.

함정/출구	특별함/평범에서 비범 추구.
열정/구원	선망/자기 신뢰.
이상상	독창적이고, 민감하며, 교양 있다. 품위 있다.
유혹/회피	고유성/평범함.
건강 상태	세련된, 온화한, 심미가, 직관적, 창조적, 표현력 있는, 연민적인, 민감한.
보통 상태	유미적, 낭만적, 고상한 기호.
저조 상태	우울한, 고집센, 자의식이 간한, 건방진, 오만한, 심술적, 자기 몰두.

다. 유형4와 같은 팀이라면

1) 그들은 자기효능감이 낮다는 것을 알기 때문에 항상 자기 검열을 한 후에 일을 처리 한다. 자기검열을 하였다고 하여 그들이 이성적이거나 의지적이 되는 것은 아니고 단지 감정 표출의 방식에서만 차이를 만든다. 그들의 욕구체계를 바꾸라고 하면 감정을 건드리는 것이 되어 미움을 받기 쉽다. 그들을 변하게 하는 것은 그들의 가치감을 인정해 주는 방법이다. 그들은 자신이 정서적이고 극단적인 방법으로 흘러간다는 것을 알고 있으므로 인정해 주면서 진실성을 갖고 다른 방향으로 유도하면 유형4가 갖는 정서적 독특함을 충분히 협의할 수 있다. 그러나 유형4를 통제하려고 한다면 독특함을 포기하려 하지 않을 것이다. 진실성 없이 그들에게 정서적 독특함을 포기하라 함은 그들의 뿌리를 흔드는 것과 같은 것이다.

2) 유형4는 차별화라는 점에서 강력한 개인적 비전을 열정적이고 극적으로 실현하려 하므로 그들은 혁신적 리더도 될 수 있고, 급진적인 아이디어를 실현하는

리더가 될 수도 있다. 하지만 그들은 자기효능감 낮음 때문에 자신의 비전도 타협할 수 있다는 자세를 취한다. 그들의 권위는 알고 있는 지식의 범주 안에 기반을 두고 있고 권위의 표현도 독창적이기 때문에 존경을 받기도 하지만, 지나치면 오만하다는 평판을 얻을 수도 있다. 그들의 비전을 실현할 수 있게 인정하고 환경을 우호적으로 유지하는 것이 좋다.

3) 유형4에게 도움을 요청하려면 결과물을 요구하지 말고 사실을 자기의 방식으로 설명하게 하거나 독창적인 방식으로 표현하게 하면 쉽게 접근할 수 있을 것이다.

4) 유형4는 감정중심이라 기본적으로 인정받기를 좋아하고 친하게 지내는 것을 선호하므로 그들을 열심히 일하게 하려면 칭찬을 많이 하는 것이 좋다. 그들은 특별한 감상을 가지고 사물을 보는 특징을 가지고 있기 때문에 남다른 통찰력을 지니고 있음을 인정해 주라. 그리고 그들의 재능이 얼마나 중요하게 활용되고 있는지를 알려주면 열성적으로 업무를 수행할 것이다. 그들은 자신의 아이디어가 수용되고, 이해되고, 올바로 평가되었다는 느낌을 갖고 싶어 한다.

5) 유형4의 감정을 그들의 입장에서 이해하라. 그들의 느낌에 이유를 묻거나 시비를 가리려 하지 마라. 내면 속으로 숨어 버리면 다시 부상浮上하는 데 시간을 요하게 된다.

6) 그들의 감정은 변화가 많아 지레짐작으로 속단하기 어렵다. 추측으로 대응하지 말고 진실성을 보이는 것이 좋다. 모르면 모른다고 이야기 하거나 그냥 이해해 주는 것이 좋다.

7) 그들은 공감하기를 원하고 있으므로 공감을 보이는 것이 좋다. 공감하는 마음도 그들은 자기 나름의 방식으로 수용하므로 지나치면 역효과를 만들 수 있음을 간과하지 마라. 특별하게 공감을 표현하면 좋아하겠지만 어려우면 있는 그대로를 보여 주어라.

8) 분명하게 맡게 주지 않으면 일을 맡으려 하지 않는다. 물러서기를 좋아하기 때문이다. 하지만 위임 받은 일은 자기 나름의 방식으로 소화해 낸다.

라. 유형4인 당신은

1) 물러나려 하지 마라. 물러나면 당신의 감성은 가라앉는다. 나아가 맞서서 감성의 엔진을 계속 가동하라. 감성이 가라앉으면 우울해지기 쉽다. 우울함은 블랙홀 같이 당신의 건전한 감성을 부정적인 감성으로 몰아간다. 운동으로 여기서 벗어나라. 육체적 에너지는 정신 에너지에 활력을 불어 넣어 주는 최고의 보약이다. 특히 여러 사람과 같이 하는 운동은 당신이 좋아하는 관계에 대한 욕구를 일깨워줄 것이다.

2) 당신의 의식을 가슴에만 집중하지 마라. 당신은 머리도 있고 의지도 있음을 자각하고 의식을 이성이나 의지에도 머물게 하라. 자신의 감각을 표현하되 이성적인 방법을 동원하면 더욱 논리적이고 가치 있어 보임을 경험해 보라. '좋다, 예쁘다, 창의적이다'라는 타인의 평가와 인정에 머물지 말고 자율적으로 행동에 옮게 자신의 의지력을 경험해 보아라. 개인적인 감정의 심오함에서 타인들의 공감을 얻도록 설명하는 방법을 배워라. '꿈꾸고 있다'는 평판을 뛰어넘기 위해서는 꿈은 이룰 수 있는 방법이 있다고 그 방법을 설명하는 것이 좋다.

3) 상실감은 누구나 경험하는 것이며 수시로 맞닥뜨리는 느낌이다. 왔다가 지나가는 감정의 일부일 따름이다. 너무 어렵게 생각하지 마라. 누구도 당신과 따뜻한 감정교환을 싫어하지 않으며 친하고 싶어한다. 다만 이해관계와 옳고 그름의 판단에서 차이를 보일 뿐이다. 이해관계와 옳고 그름은 일시적인 현상으로 상황이 변하면 언제나 바뀔 수 있는 것이다. 소설에서 읽은 경험으로 생각하라.

4) 표현에 골몰하지 마라. 느낀 대로 표현하면 되는 것이지 표현 방식에 너무 얽매이는 것은 바람직스럽지 못하다. 당신의 가치는 존재 그 자체로 충분하고, 느낌 그 자체로 충분한 대응이다. 당신은 감수성이 뛰어나므로 느낌대로 표현하여도 독특한 면을 가지고 있음을 인지하고, 심오하게 나타내려고 고민하지 마

라. 당신이 중요하다고 생각하는 것은 타인들도 그렇게 생각하고 있기 때문에 특별하게 표현하지 않아도 괜찮다는 점을 인식하는 것이 좋다. 만약 당신이 감정의 소용돌이에 빠졌다고 생각되면 한번 되돌아 보고 이성적으로 사고하여 보라. 평범함에 대한 회피 때문인지, 평소 갖고 있던 상실감 때문인지, 아니면 진정으로 창의적이고 예술적인 감각이 필요해서 그런 것인지를 살펴보면 해답은 가까운 곳에 있을 것이다.

5) 당신의 감성을 기초로 하여 타인을 판단하지 마라. 아무리 아름다운 불꽃놀이라도 물이 필요한 곳에 적용할 수 없는 것이다. 각자 자기가 선호하는 감성이 있고, 욕구가 있어 당신의 입장으로 타인을 판단함은 적합하지 않다. 특히나 당신은 타인과 비교하면 대체로 독특하다는 점은 스스로 알고 있을 것이다.

6) 공유하기를 좋아하고 독특하기를 좋아하는 당신의 특성 때문에 사업관계의 정보를 개인간 친교의 도구로 유출하지 않는지 유의하라. 공과 사는 분명히 구분하는 것이 좋다.

마. 4번 유형의 정신건강(Ⅶ장 5항 참고)

4번 유형은 감정중심이라 자극 감지의 동기로 친애욕구를 활용하는데, 친애에 대한 소극적 자기효능감을 소유하여 친애하는 감정을 느낀 그대로 표현하지 못하고 특별한 것으로 치장하여 독특하게 표현하려고 한다. 친애에 소극적인 자기효능감을 소유한다고 함은 감정의 처리에 소심하여 자신감이 부족하다는 의미로 감정을 있는 그대로 표현하지 못하고 조작적으로 나타내려고 한다는 것이다. 이는 자신의 불만족스런 감정 처리를 어떻게든 멋있게 처리해 보고자 하는 의도가 작용함을 말한다. 이들의 의도는 특별한 표현이다. 특별하게 표현하여 호감을 얻고자 한다. 이들이 사용하는 독특한 방법은 예술적, 열정적, 심오한, 탄식적, 창의적, 극적인 표현 등이다. 소극성 때문에 뒤로 물러나는 경향이며, 일을 끝내고도 돌아서서 피드백을 계속하며, 주변의 반응을 살핀다. 이러한 특성은 이들의 지적 장비와 이들이 인간의 본성에 얼마나 충실한가를 나타내는 정신건강에 따라서 다르게 표출된다. 여기서는 이 책 Ⅶ장 5항 정신건강-자아확장과 수축에서 설명된 정신건강의 상태에 따라 4번 유형의 특성이 어떻게 나타나는지를 알아보고자 한다.

건강한 상태에 있는 4번은 공개적, 생산적, 상보적, 수용적이고, 시너지 효과나 삶의 확장, 공동의 가치 등을 중시 한다. 이들은 감정처리의 소심함에서 벗어나 좀더 자유로워진다. 감정처리에 자신감을 회복한 이들은 자신의 가치감을 찾고 섬세함과 탁월한 감수성을 자신감 있고 주도적으로 표현하게 함으로써 물러서지 않고 스스로를 창조적으로 드러낸다. 호감을 얻기 위한 의존에서 벗어나 주도적이고 의지적으로 표현하려 함으로써 개성적인 표현을 하게 된다. 자신감과 자유로움은 감정을 타인과 나눌 수 있게 하여 공감적이고 집단에 기여할 수 있게 발전한다. 이들은 특별히 품위를 지키려 하지 않아도 품위 있어 보이고 고상한 품격을 느끼게 만든다. 이러한 면들은 이들을 열정적으로 만들고 예술가적인 경지의 작품을 창조할 수 있게 한다.

보통상태의 4번은 자존적, 준법적, Zero-sum, 가정家庭적인 특성을 지닌다. 이들은 자기중심적이고 편의적이라 평범함이나 상실감을 회피하는 일반적인 4번 유형의 특성을 지닌다. 이들은 잘못된 감정 표현으로 주변에서 호감을 얻지 못할까 불안해 하면서 좀더 나은 감정 처리를 위해 노력한다. 이들의 조작적인 감정 처리는 자유롭지 못하여 인위적인 냄새를 풍기는 부자연스런 면을 보이기도 하지만, 이들의 상상력과 섬세함은 대체로 낭만적이고 따뜻하여 자기 스타일을 좋아하는 조금 별난 친구로 자리매김한다. 이들은 남들이 자신의 존재를 인식하지 못하고 자신의 독특함을 알아주지 않을까 걱정하고 자신에게 관심이 없을까 시험하며 주변을 살피게 된다.

　저조한 상태의 4번은 비현실적, 폐쇄적, 충동적, 공격적, 불안, 우범적인 특성을 보인다. 이들은 호감을 얻기 위해 비현실적인 사고와 행동을 한다. 이들의 조작적인 감정처리는 튀는 행동을 하게 하고, 평범함을 극단적으로 회피하게 하여 인위적인 인상을 주게 되고, 심하면 천박한 수준으로 만들기도 한다. 주도성을 상실하여 자유롭지 못하여 주변을 너무 의식하고 타인의 눈치에 의존적이라 피곤해 하고 불편해 한다. 타인의 감정에 의존적이라 자기다운 정체성과 일관성이 부족하여 '~하는 척' 하기를 잘하고, 질투심을 강하게 나타내기도 한다. 자신의 특별함을 인정해 주지 않는 주변에서 물러나려 하여 우울해지고 자기도취의 경향을 보이기도 한다. 이들은 호감을 얻기 위해 타인에게 접근하고, 타인이 다가와 주기를 바라는데, 실제로 다가가면 평범한 모습이 탄로날까 두려워 물러나는 '가까이 하기에는 너무 먼 당신'이 되기도 한다.

구분		태도/가치	인식/반응	경향성
	건강	공존적, 공개적, 생산적, 상보적, 수용적, 시너지 효과, 삶 확장	긍정적 인식, 지지적 행동	세련된, 온화한, 심미가, 직관적, 창조적, 표현력 있는, 연민적인, 민감한.
	보통	자존적, 준법적, Zero-sum, 가정적家庭的	현실적 인식, 자기중심적 행동	유미적, 낭만적, 고상한 기호.
	저조	방어적, 비현실적, 파괴적, 폐쇄적, 충동적, 공격적, 불안, 우범적	부정적 인식, 감각적 행동	우울한, 고집센, 자의식이 간한, 건방진, 오만한, 심술적, 자기 몰두.

(그림 중 원기둥은 돈 리소의 '에니어그램의 지혜'에서 인용 수정)

저조한 상태의 4번이 이 상태에서 벗어나기 위해서는 자기긍정과 주도성 회복이 중요하다. 자기 긍정은 자신을 정직하게 볼 수 있어야 가능하다. 자신의 참 모습은 특별하지 않아도 좋다는 자기 인식의 변화를 통해서만 가능한 것임을 인정하게 되면 스스로를 볼 수 있게 된다. 사람의 평균값은 평범하다는 단순한 진리를 이해하고 평범한 자기 모습을 인정하게 되면 자신의 특별함이 보이게 된다. 특별이란 개념은 평범에 비교되는 개념으로 평범을 인정하지 않으면 보이지 않는 개념이다. 평범함을 이해하고 특별함을 찾게 되면 자신감을 회복하게 되고 소심한 감정에서 좀더 자유로워질 것이고, 이 자유로움은 자신이 갖고 있는 고유한 상상력과 창조성을 선물할 것이다.

바. 4번 유형의 선순환과 악순환(Ⅶ장 5항 참고)

1) 건강상태별 인식·반응·평가

4번 유형은 품위 유지를 욕망하며 이를 위해 특별한 이미지를 보여주고 이를 통해 자신의 가치를 인정받고 싶어한다. 이들의 특별한 행동 유형은 심미적이고, 고상하며, 심술을 부리는 경향이다. 이들이 품위를 지키려는 욕망의 뒷면에는 자신을 이해하고자 하는 욕망이 자리하고 있다. 이들이 자신의 욕망을 성취하기 위하여 환경과 자극을 인식, 반응, 평가하는 행동양식을 건강 상태별로 구분하면 다음 표와 같다.

건강한 4번은 환경과 자극을 긍정적으로 인식하여 자신의 욕망인 품위를 지킬 수 있다고 생각한다. 이들은 공존과 상생의 태도로 환경과 자극에 임하여 심미적으로 처리하고 자신의 행동에 대해 개성이 있다고 평가한다. 이런 생각과 행동은 이들의 긍정적 사고를 더욱 조장하게 되어 이들을 선순환 고리에 머물게 한다. 이들이 환경을 우호적으로 인식하는 선순환의 고리에 머물 때, 이들은 예술가적 직관과 창조적 표현력을 지닌다. 이를 그림으로 그리면 아래 좌표형태의 그림이 되고, 선순환의 고리는 X축 상부의 원에 해당한다.

보통의 4번은 환경과 자극을 편의적이고 자기중심적으로 인식하여 욕망인 품위를 성취할 수 있다고 생각한다. 이들은 자기중심적이라서 환경과 자극에 대하여 고상한 반응을 보인다. 이들은 소극성 때문에 이런 고상한 행동의 결과에 대해 주변으로부터 인정을 제대로 받지 못한다고 생각하고 허전해 하는 경향이다. 이런 생각과 행동은 이들을 더욱 현실적이고 자기 편의적으로 만들어 이들을 보통의 상태에 머물게 한다. 이들은 외부 환경이 변해도 이를 편의적으로 인식하고 반응한다.

저조한 상태의 4번은 환경과 자극을 부정적으로 인식하여 자신이 결함이 있다고 생각하며 스스로 욕망을 성취하기 어렵다고 생각한다. 이들은 결함에서 벗어나기 위해 정상적인 방법을 동원하기 보다 투정적인 심술을 부린다. 이렇게 심술을 부리는 것은 또 다른 결함이 되어 이들을 괴롭힌다. 이런 결과로 이들은 더욱 부정적 사고를 하게 되어 계속 이들을 악순환 고리에 머물게 한다. 이들이 악순환의 고리에 머물 때는 자신에만 몰두하고 오만한 고집불통의 성향을 지닌다. 이를 그림으로 그리면 아래 좌표형태의 그림이 되고, 선순환의 고리는 X축 하부의 원에 해당한다.

정신건강 상태별 인식·반응·평가

유형	욕구	효능감	욕망	행동	회피	방어	건강			보통			저조		
							인식	반응	평가	인식	반응	평가	인식	반응	평가
							우호적 환경			편의적 환경			비우호적 환경		
							긍정	공존	긍정	편의	자존	현실	부정	공격	부정
4	친애	소극	품위	특별	평범	승화	품위	심미	개성	품위	고상	허전	품위	심술	결함

2) 건강상태별 순환고리

건강한 정신상태의 4번 유형은 자신의 욕망인 품위를 지키기 위해 차별화된 행동을 하려 하고, 이들의 차별화된 행동은 아름다움과 예술적 가치를 창조하는 경향을 지닌다. 이들의 이런 행동 이면에는 4번 유형의 특성인 자신의 가치를 인정 받고 싶어 하는 욕구와 감정처리의 소심함이 자리하고 있다. 건강한 상태에서는 소심함에서 벗어나 자신의 감정을 숨김 없이 우호적인 외부에 자신 있게 내보임으로써 세련된 예술적 가치를 만들어 내는 것이다. 이들은 온화하고 연민적이며 심미적인 특성을 가지고 있음은 물론 탁월한 감수성을 바탕으로 감정의 나눔에도 긍정적이라 뛰어난 공감능력을 갖고 있다. 이들의 감정처리의 자신감은 자신에게 정직하고 환경을 우호적으로 생각하며, 자신의 정을 있는 그대로 표현하여도 환경에서 수용 가능하다고 판단하기 때문이다.

보통의 정신건강을 소유한 4번들의 자기 중심적 고리는 이들이 자기영역과 자기세계에 의식의 초점을 두고 있어서 감정의 나눔에 어색한 면이 있다. 자신과 우호적인 환경인 자기영역에서는 온화하게 자신의 개성을 잘 표현하나 외부영역에는 평범함을 회피하고 특별함과 고상함을 표현하려는 경향 때문에 자신감도 감소하고 꾸밈도 심해져서 진실성이 떨어지는 결과를 만든다. 이런 결함으로 자신의 가치가 손상되지 않을까 하는 불안에서 허전함을 느끼는 상태에 이른다. 이 허전함에서 벗어나고자 다시 품위를 욕망하게 되고 고상한 표현으로 자신을 꾸미게 된다.

저조한 상태의 정신건강을 소유한 4번들은 환경을 부정적이고 비우호적으로 보기 때문에 불안해 하고 자신의 결함이 드러나 품위를 떨어뜨릴까 두려워하며 주변에 심술을 부리기도 한다. 이들의 심술은 자신이 무시당하고 있다고 스스로 평가하고 자신을 무시하는 외부에 대하여 내보이는 적대적인 반응의 일종이다. 이런 행동은 자신을 더욱 옥조여 외부로부터 외면당하게 하거나 멀어지게 하는 경향이다. 4번 유형의 물러서는 경향과 자신의 본 모습을 숨기려는 경향은 자신의 현재 모습과 품위라는 욕망의 차이에서 생기는 결함을 인정하지 않기 때문으로 이 차이가 크면 클수록 속임의 정도도 크고 빈도도 많아져 악순환은 계속된다.

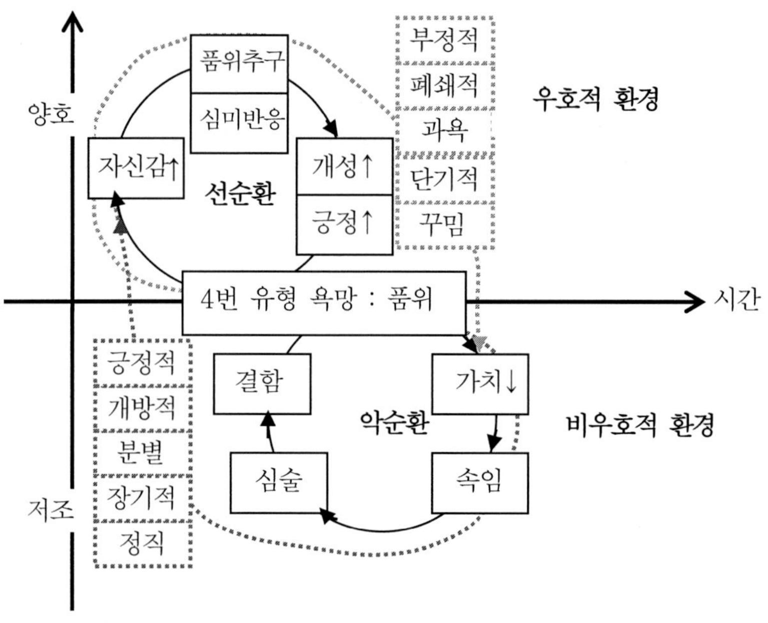

　4번들이 악순환의 고리에서 선순환으로 전환하기 위해서는 2번이나 3번 유형과 마찬가지로 꾸밈과 거짓에서 벗어나 자기 자신에게 정직하여야 한다. 자신의 현재 모습과 기대치의 차이를 인정하고 수용하게 되면 불안에서 벗어날 수 있고, 비우호적 이었던 외부 환경에 대한 인식을 우호적 인식으로 전환할 수 있다. 자신의 욕망을 내려놓고 자신의 실제 모습을 보여주며, 환경을 수용하면 환경은 스스로 제어하고 보완하는 기능을 제공해 준다. 환경과 행위자가 같은 체계 안에서 맞물려 돌아가는 형국이 되는 것이다. 이렇게 되면 환경은 긍정적이고 우호적으로 작용하게 되고, 우호적인 환경 인식은 자신감을 형성하게 하여 본연의 개성인 품위를 창

조의 형태로 발현하게 되는 것이다. 위 그림의 개방·긍정·장기적 관점에 관해서는 Ⅶ장 5항 사절 '순환고리의 구별과 전환'에 상세히 설명하고 있다.

사. 4번 유형의 날개(Ⅶ장 3항 참고)

1) 3번 날개를 가진 4번(4 w3 : 귀족)

날개 유형은 성장하면서 현실에 대처하는 과정에서 욕구나 효능감에 변화가 발생하여 기본 유형이 추구하는 목표와 반응방법이 다양화 한 것을 말한다.

날개 명칭 부여

유형	욕구	유형 특징	날개	날개 추가			비고
				에너지 원천	유형 특징	명명	
4	친애	특별	4w3	친애욕	성공	귀족	친애를 위해 특별함과 성공 추구
			4w5	탐구욕	정보	보헤미안	친애와 지식을 위해 특별함 추구

(표에서 날개의 명명은 리소와 허드슨의 에니어그램의 지혜에서 인용)

4번 유형은 자신의 가치감을 외부로부터 인정 받기 위하여 차별이라는 이미지를 외부에 표현하는 유형인데, 현실에 적용하는 과정에서 효능감이 변화하여 4번 유형의 차별이라는 이미지와 3번 유형의 성공이라는 이미지를 통합적으로 나타내 보이는 경우가 있다. 이러한 대처방식이 장기간 지속되거나 내재화 되면, 감정중심이 추구하는 가치감을 인정받기 위하여 3번 유형과 4번 유형의 반응 특성인 성공과 차별의 통합적 이미지를 나타내게 되는데, 이들을 3번 날개를 가진 4번 유형(4 w3)이라 하고, 귀족이라고 칭한다.

　4번 유형이 왜 3번 유형의 특성을 통합적으로 사용할까? 4번 유형은 자신의 가치를 보여주기 위해 차별성을 추구하였는데, 현실에서 차별성의 추구가 어려워지면 자기효능감을 상실하여 효능감을 인식하지 못하고 현실에 편의적으로 대응하는 성향을 갖게 된다. 현실에 편의적으로 대응함은 현실의 요구에 응하면서 자신의 가치감을 인정받으려는 것인데, 이들이 나타내는 이미지는 성공적인 특권층인 귀족과 같은 품위이다. 이들은 4번과 같이 섬세한 감정을 소유하고 소심하여 소극적이나 자부심은 강하다.

　이들이 공존적, 공개적, 생산적, 상보적, 수용적인 삶을 영위하면, 이들은 긍정적 인식과 지지적인 행동을 하게 되는 건강한 상태가 되는데, 이 경우 이들은 4번과 3번 유형이 갖는 외부에서 인정 받고자 하는 이미지인 다름과 성공을 공생적이고 상보적相補的인 입장에서 실천하게 된다. 이들은 특별함을 사회로부터 인정받을 수 있도록 대중성 있게 표현하려 하므로 신중하다. 서민적인 것도 예술적으로 승화시키려 하고, 진정한 멋과 품위를 얻고자 노력한다. 평범 속에서 비범을 찾는 유형과 서민과 함께하는 귀족과 같은 유형의 성향이다.

　이들이 자존적, 준법적, Zero-sum적, 가정적家庭的인 삶을 영위하면, 이들은 현실적이고 자기 중심적인 행동을 하는 보통의 평균적인 심리적 상태가 되는데, 이 경우 4번이 갖고 있는 자기중심적인 감정적 차별성이 자기애로 나타나기도 하고, 잘난 척하는 모습을 보이기도 한다. 사치스럽고 고급스러우며 세련된 것을 좋아하고, 그렇게 표현하려고 한다.

2) 5번 날개를 가진 4번 유형(4 w5 : 보헤미안)

성격은 유전적으로 부여 받은 소인이 성장과정에서 일관성 있는 반응 체계로 굳어진 것이다. 성격으로 굳어지는 과정은 인적·물적 환경의 다양성과 변화에 적응하는 과정으로 자신의 뜻대로 순조롭게 진행되는 때도 있지만 대부분의 경우가 어려움을 극복하면서 배우고 성장하는 과정이다. 새로운 것을 학습하고 새로운 관계를 만들어 가는 것은 상호작용의 산물로서 자극과 반응 혹은 작용과 반작용의 교환과정이기도 하다. 이런 교환과정에서 인간관계는 개인의 생활반경 안에서 유사한 자극과 반응이 반복되는 경우가 많고, 관련자도 한정되어 있어서 유사한 상호작용에 익숙하여지고 일관성도 갖게 된다. 이렇게 일관성 있는 자극-반응체계를 확립하는 데는 많은 경험이 필요하고 많은 시간이 필요하다. 성장이란 긴 기간 동안의 경험은 피드백을 통하여 재시도되고 수정되거나 조정되어 습관으로 고착되어 간다.

삶의 과정에서 추구하는 가치가 다양해지고 욕구에 변화가 생기면, 변화된 욕구에 따른 효능감이 적용된다. 4번 유형은 다름이라는 특성을 통하여 자신의 가치를 인정 받으려는 유형인데, 다름의 추구가 그 깊이를 더하여 가면 탐구의 영역이 된다. 이 탐구는 내적 안내를 찾는 사고의 영역이다. 4번 유형이 사고의 영역으로 욕구를 확대하게 되면 차별화 된 내면의 안내를 추구하게 된다. 탐구의 방법은 차별화된 독특한 방법이다. 이와 같은 이유로 4번의 특성인 친애를 위한 차별화와 5번의 특성인 지식을 탐구하게 된다. 이들이 5번 날개를 가진 4번 유형(4 w5)인데 친애와 지식을 위해 특별함을 추구한다. 우리는 이들을 보헤미안이라고 칭한다. 보헤미안이란 체코의 보헤미아 지방의 유랑민족인 집시를 지칭하는 말로서, 속세의 관습이나 규율 따위를 무시하고 방랑하면서 자유분방한 삶을 사는 시인이나 예술가를 말한다. 이들에게 예술은 친애와 지식에 해당되고 방랑이나 자유분방함은 특별함이다. 4 w5는 개인적인 차별화를 탐구하므로 기존의 관습이나 규율에 도전적이고 새롭고 현재와 다른 차별화된 신비롭고 상징적인 것 등을 탐구하는 성향을 지닌다. 이런 점에서 이들을 보헤미안이라고 칭하는 것이다.

이들이 공존적, 공개적, 생산적, 상보적, 수용적인 삶을 영위하면, 이들은 긍정적 인식과 지지적인 행동을 하게 되는 건강한 상태가 되는데, 이 경우 이들은 자신의 가치감을 인정 받기 위해 4번과 5번 유형이 갖는 특성을 통합한 차별화된 내면의 안내(지혜)를 공생적이고 상보적相補的인 입장에서 얻고자 노력하게 된다. 이들은 아주 독창적이고, 내향적이며, 개인적이다. 이들은 관습이나 권위에 구애를 받지 않고 자유로운 내면의 안내에 따라 사고하고, 자유로운 내면의 감성을 그대로 표현하려고 한다. 이런 점에서 이들에게서 예술가적인 특성이 나타나게 된다. 새롭고 독창적인 이론이나 영역에 관심을 보이기도 한다.

이들이 자존적, 준법적, Zero-sum적, 가정적家庭的인 삶을 영위하면, 이들은 현실적이고 자기 중심적인 행동을 하는 보통의 평균적인 심리적 상태가 되는데, 이 경우 이들의 차별화된 내면의 안내는 자기중심적이라는 굴레에 얽매어 구속된다. 상상의 세계가 기존의 제도나 틀에서 벗어나지 못하고 신비하고 상징적인 것들에 이끌리어 반항적이고 비현실적인 감상으로 흐르는 성향을 나타내게 되어 아웃사이드가 되기도 한다.

아. 4번 유형의 장애 대처방식(IV장 1항 참고)

품위형인 4번 유형이 어떤 일을 수행할 때 저항이나 반대에 직면하면 어떤 반응을 보일까? 앞에서 설명한 바와 같이 자기 입장을 고수하는 경우, 저항에 승복하는 경우, 불안정한 상황에서 자극에 자기애적이고 과민하게 반응하여 신경증일 경우, 전혀 예상치 못한 반대에 충동적으로 반응하는 경우로 구분할 수 있을 것이다.

반대나 저항에 대처방식

유형	욕구	기본 반응	성격 유형	의식적 수용/거부의 반응			무의식적 반응	
				입장고수 방법	승복	신경증 반응	충동적 반응	방어기제
감정 중심								
4	친애욕	가치 추구	품위형	반발	적대감	움츠림	후퇴적	승화

4번 유형은 친애욕을 자극인식의 틀로 이용하므로 타인의 주의를 끌 수 있는 차별화된 표현을 통하여 타인의 인정 받고 싶어한다. 이들은 소극적 자기효능감을 소유하여 타인으로부터 인정과 칭찬을 받는 데 필요한 수단인 사회적 기술(관계의 기술)이 부족하다고 느끼고 움츠리지만, 감정중심이라 자신의 감정을 이해하는 사람들과 깊은 관계를 맺기를 바란다. 소심하고 세심한 감정을 소유한 이들이 저항을 만나게 되면 내심으로는 덜컥 겁을 먹고 움츠려 유리된다. 그러나 자신의 입장에 자신감을 갖는 경우, 외부의 저항은 이들의 품위를 떨어뜨리는 것이고 수치심을 느끼게 하는

것이므로 이들은 저항에 반발하면서 자신의 입장을 고수하려고 한다.

4번은 자아축소적 자아이미지를 갖고 있어서 자존감이 낮은 편이다. 낮은 자존감 때문에 이들은 자아이상을 개발하여 보상하려고 한다. 하지만 자신의 현실은 자아이상에 미치지 못함으로 수치심을 느낀다. 이들이 저항이나 반대를 돌파하지 못하고 승복하게 되면 자신의 가치를 인정 받지 못함으로써 품위에 손상을 입었다고 생각하여 수치심을 느끼고 적대감을 느낀다.

이들이 열등감이나 스트레스, 갈등 등의 상황에서 과민하고 자기애적이면 의식적으로 유리되는 신경증적인 반응을 나타내게 된다. 이들은 자기 보호를 위해 자기중심적이고 자기 축소적이며 감상적이라 쉽게 움츠려 유리된다. 실제는 움츠리면서도 품위를 지키려고 아무 일도 없었던 것처럼 행동한다. 자신을 장막 속으로 숨김으로 주변에서 알기 어려운 사람이 된다.

이들은 예상하지 못한 상황에서 갑작스런 저항을 받게 되면 무의식적으로 후퇴적이다. 이들이 후퇴적인 것은 소극적인 자기효능감을 소유하였기 때문이다. 이들에게 충동적인 자극은 마음의 상처를 주기 쉽다. 가능하면 충동적인 상황은 피하는 것이 좋다.

이들의 방어기제는 승화이다. 승화란 정신분석 이론에서 사용되는 개념으로서, 원시적이고 사회적으로 받아들여지기 어려운 동기나 욕구를 사회적으로 용납될 수 있는 동기나 욕구로 대치시키거나 발전시키는 일을 의미한다. 정신분석에서는 원시적인 욕구와 본능을 문화적인 동기로 대치함으로써 문화가 발달되는 것으로 설명하고 있다. 사회적으로 용납되지 않는 욕구나 충동을 예술활동이나 운동, 종교활동 등으로 전환하는 것이 여기에 속한다.

5번 유형(탐구형)

가. 5번 유형의 개관: 현명한 사람

5번 유형 탐구형은 사고중심의 심리에너지와 긍정적 효능감의 조합에 의하여 형성된 성격으로 장애에 직면하면 후퇴형 충동행동, 유리형 신경증적 행동유형, 입장견지적(적극적 저항 극복) 의견고수 방식으로 대처하는 유형이다. 심리에너지 원천이 사고중심이라 자극 감지의 동기로 탐구욕을 활용하는데, 이들은 외부와 관계를 맺을 때 아이디어나 정보를 매개로 하며, 사람보다는 주변의 상황을 살펴보고 이해하고 설명 가능하게 파악하려 하며, 사전조사를 통하여 정보를 다듬고 철저히 연구하여 예측 가능성을 확보하려고 한다. 이들의 외부와 소통의 길은 사고에 의존하므로 인간관계의 문제를 회피하려는 성향을 보여 냉정하다는 평을 듣기도 한다. 사고중심의 모든 유형들은 과제의 처리 방향이 혼미하거나 희망이 없으면 두려움을 갖게 되므로 희망이라는 의지할 곳을 찾는다. 유형5가 찾은 희망은 정보나 아이디어이다. 이들은 외부에서 삶의 지혜를 얻을 수 없거나 주어진 정보를 믿을 수 없다는 생활 방식에서 자라온 관계로 외부로부터 지혜를 구하지 않고, 혼자 힘으로 해결하고자 해결책을 만들고 정보를 수집하고 축적하여 이를 지혜에 대체하려고 한다. 이들은 사고를 하는 데는 긍정적 자기효능감을 소유하여 사고하기 좋은 내면으로 물러난다. 이들은 혼자 힘으로 편안함을 구할 수 있다는 자신감을 가지고 있다. 이들이 찾는 희망은 앎, 정보, 아이디어로서 이를 비축하는 데 노력을 기울인다. 그리고 충분히 안전함을 찾는 기술을 얻고 축적할 때까지 물러나 있다. 이들은 사고의 특성인 이해력, 분석력, 통찰력이 있으며 아이디어나 정보로 무장하였을 때 지혜를 얻었다고 생각하며 편안해 한다.

이들의 관심사는 '부분과 전체와의 관련성'이며, 이에 대한 정보나 지식을 바탕으로 취득한 이해나 분석 및 판단이다. 이들은 의지중심에 속한 사람들처럼 자신의 위치를 다지려고 하지 않는다. 그리고 감정중심에 속한 사람들처럼 타인에게 초점을 맞추려고도 하지 않는다. 전체를 둘러보고 자신과 타인과의 위치를 파악하여 상황이 어떻게 전개되는지를 이해하려고 한다. 타인의 입장에서 자신을 봄으로써 객관적이고 타인의 입장이나 심정을 이해한다.

이들은 긍정적인 자아 개념에서 자라났기 때문에, 모든 것에 대한 자신의 아이디어를 갖고 있고, 자신의 통찰을 남에게 이야기 할 수 있어야 마음이 편안해진다. 자기 성취를 위하여 스스로 연구하고 심사 숙고하여 현실을 올바로 이해할 필요가 있다고 생각한다. 이들이 중요시하는 것은 모든 것에 대해서 잘 알고 있어야 하고 자신의 정보와 앎을 축적하여 일들의 상호관계를 잘 파악하고 자신만의 판단을 확보하는 것이다.

분별력 있고 창의적이며 혼자 떨어져 있기를 좋아하며 자신의 마음을 잘 드러내지 않는다. 다른 사람과 감정적 거리감을 두고 있으며, 자신의 사적 영역을 지키려고 한다. 남의 일에 쉽게 개입하려 하지 않으며, 말하거나 행동하기에 앞서 충분히 생각할 시간을 필요로 한다. 이들은 세상을 다 이해하고 싶어한다.

대학교수나 수도자의 길이 가까이 있다. 이들의 특성을 표현한 단어로는 학습, 지식욕, 신중, 위기상황에서 침착함, 비밀을 지킴, 단순한 것의 가치를 앎, 믿을 수 있음 등 이다.

나. 성격 특성

별명	사색가, 현인, 탐구자, 관찰자, 철학자.
두려움	어리석게 보이는 것.
욕망	이치를 밝히는 것.
이미지	박식, 정보수집, 축적, 현명, 방관자, 관찰자, 연구자.
성향	현명/신중하고 자신을 잘 앎. 조사하고 연구하는 타입으로 정보를 중시함. 공허하여 정보/지식에 몰두하고 인색함.
포로	예리한 관찰자로 모조리 받아 비축하고 의미를 부여하며 재구성하려 함. 침묵하여 주위를 당혹하게 하고 방관자적 태도를 취함. 올바른 판단을 위해 혼자 배우고 추구하려는 사고 방식을 견지.
방어기제	퇴행(과도한 긴장이나 도전에 직면 시 미성숙/부적절한 행동으로 되돌아감).
리더십 유형	대리인에 의한 원격조종 리더십.
생활 신조	나는 생각한다 고로 존재한다.
의사소통 유형	통신, 논리적, 장황한 보고서.
금언	조용한 산책. 아는 것이 힘.
대표적 인사	에디슨, 빌 게이츠.
함정/출구	지식/사회적 관여.
열정/구원	인색/공유, 초연성.
이상상	현명하고, 영리하며, 수용력이 풍부하다.
유혹/회피	앎/공허.

건강 상태	객관적, 끈기 있는, 감수성 있는, 지각력 있는, 창의적, 현명함, 정력적.
보통 상태	분석적, 거리 두기, 추상적.
저조 상태	오만한, 고독자, 냉소적, 고집, 비판적, 부정적, 인색한, 고립, 허무주의, 괴짜.

다. 유형 5과 같은 팀이라면

1) 유형5는 내부에 축적된 정보를 좋아한다. 그들은 내부에 축적된 정보가 자신의 강점이 되고, 통찰력을 부여할 수 있는 지혜가 되기를 원한다. 그들에게 정보는 그들이 물러나 있다가 앞으로 나갈 수 있는 방패와 창이다. 사고 중심적인 유형들의 공통점은 상황의 재구성이며, 이들에게 희망이 되는 도구는 지식이고 정보인 것이다. 이들에게는 축적할 수 있는 많은 정보와 상세한 자료를 제공하면 좋아한다.

2) 축적된 자료가 없으면 불안해 하므로 앞으로 나서기를 꺼려한다. 회의나 모임에 그들을 참석하게 하려면 미리 정보를 많이 제공하는 것이 좋다. 정보가 많으면 자신감이 생겨 결정에 주저함이 사라진다.

3) 그들은 자신이 잘 알고 있는 것에 대하여 의견을 교환하고 상세하고 꼼꼼하게 파고 들어도 관대하게 대하지만 범위를 벗어나 그들이 정보를 가지지 않은 것을 질문하거나 따지면 자신을 비난하거나 몰아세운다고 생각한다. 가능하면 예정되어 있는 범위에서 논의를 하는 것이 바람직하다. 필요하다면 예령을 걸어주고 여유를 주는 것이 좋다. 그들에게 여유가 필요한 것은 물러나 상황을 재구성하고 희망이 될 길안내를 찾을 수 있기 때문이다. 그들이 토론이나 협의

중에 반응을 보이지 않고 침묵을 지킬 때는 방해하지 말고 조용히 여유를 즐기게 하는 것도 좋은 방법이다. 물러서는 반응을 보이는 4번 유형이나 9번 유형의 경우도 마찬가지로 그들에게 한번 물러설 여유를 주는 것은 그들에게 수치심이나 불안을 주지 않고 접근할 수 있는 방안이 된다.

4) 의지 중심적인 유형들이 자율의 경계를 유지하는 것이 중요하다면, 사고 중심적인 유형들은 사고의 경계를 유지하는 것이 중요하고 그 경계의 침해를 싫어한다. 그들만의 공간은 그들의 사생활이 될 수도 있고, 사고의 놀이터가 될 수도 있다. 물리적으로나 정신적으로 경계 지워진 공간을 마련해 주도록 배려하는 것이 좋다. 모든 심리에너지 원천은 개체의 생존과 유지, 발달욕구에 근거하지만, 어느 한쪽을 선호하므로 다른 기능을 필요로 하는 경우에도 선호하는 기능을 사용한다는 점을 고려해 보면, 모든 유형들은 자기 나름의 놀이터가 필요한 것이다. 놀이의 방법이 조금씩 다를 뿐이다. 한쪽은 자율의 놀이터가 필요하고, 다른 한쪽은 감성의 놀이터, 또 다른 한쪽은 사고의 놀이터가 필요한 것이다.

5) 5번 유형들은 자신이 재구성한 정보나 아이디어를 중시한다. 주위의 좋은 아이디어라도 자신이 재구성해 보고 다시 해석하여 평가하기 전에는 전폭적인 지지를 잘 하지 않는다. 밀어붙이는 식의 접근은 평가를 인색하게 만든다는 점을 유의하여라.

6) 5번 유형들은 자신이 준비할 시간적 여유도 필요하지만 상대방도 충분한 준비를 할 것을 요구한다. 사전에 많은 연구와 준비를 하였음을 시사示唆하여라.

라. 유형 5인 당신은

1) 직업세계에서 혼자 자기 완결적으로 할 수 있는 업무는 별로 없다. 혼자만이 물러서서 자기의 영역에서 일 한다는 것은 바람직하지도 않다. 상대방을 수용하고 자신의 아이디어를 제안하여 공유함으로써 전체의 발전을 통하여 자신의 발전도 기할 수 있음을 간과하지 마라. 물러나 자신의 정보에 집착하지 말고 과감히 공개하라. 그러면 타인과 시너지 효과를 만들 수 있을 것이다. 또한 상대방이 당신을 이해할 수 없는 사람이라고 생각하지 않고 이해할 수 있게 만들려면 처음부터 입장을 밝히는 것이 좋다. 공개된 자신의 모습도 있지만 숨겨진 모습도 많다는 점을 이해하고, 상대방이 자신을 이해하지 못한다고 생각하지 마라. 자신이 보인 것만큼 상대방으로부터 이해 받을 수 있다. 나를 비우면 상대방이 나에게 들어올 공간이 생긴다. 이것이 진정한 이해이고 공감이다.

2) 당신만의 공간에서 만들어진 아이디어나 가공한 정보가 전체에 얼마나 도움이 되는지를 객관적으로 평가하여라. 그리고 표현에 신중하여라. 당신은 예사롭게 표현하였음에도 상대방은 거만하다고 생각하기 쉽다. 이는 당신 성격의 특성이 자신이 지혜롭다는 점에 효능감을 갖고 있다고 느끼기 때문이다. 자신이 잘 안다고 생각하여 타인의 말에 끼어들기 쉽다. 경청하는 습관을 기르는 것이 좋다.

3) 아무리 많이 생각하고 계획하여도 실행에 옮기지 않으면 무용지물이라는 점에 유의 하여라. 실행하기 좋고 인간의 감성이 어우러진 아이디어를 만들어라. 사고 유형에서 실수하기 쉬운 점이 너무 이성적이어서 감성이 무시되거나 시행하기 어려운 계획을 만들기 쉽다는 점 때문이다. 아무리 좋은 제안 일지라도 그 중심에 인간의 감성이 무시되면 비효율을 만들고 오랫동안 지속될 수 없다.

4) 성격의 특성이 사적인 공간을 좋아하고 물러나기를 편안해 한다는 점에 유의 하여라. 이 특성 때문에 비밀이 많다는 오해를 받아 타인의 협조를 구하기 어

려운 경우가 많다. 물러서려고 할 때 자신의 입장을 분명히 하고 물러서라. 정보가 더 필요하여 수집하기 위한 시간이 필요하다고 밝히고 당신의 대처 방향과 계획을 말하여라. 회피하거나 도망간다는 오해를 받을 수 있다.

마. 5번 유형의 정신건강(Ⅶ장 5항 참고)

5번 유형은 사고 중심이라 자극 인식의 동기로 탐구욕을 활용하는데, 외부와 관계를 맺을 때 아이디어나 정보를 매개로 대처한다. 사람보다는 주변 상황을 살펴보고 이해하고 설명 가능하게 파악하려 하며, 자기 나름의 상황을 정리하고 난 후에 반응하려 하므로, 물러나 숙고하느라 행동이 늦고, 머뭇거리는 경향이다. 상황의 흐름을 파악하려는 경향 때문에 인간관계의 문제를 회피하려는 성향도 보여 냉정하다는 평을 듣기도 한다. 사고중심의 유형들이 갖는 공통의 특성은 상황을 정리하지 못하고 대처할 방향이 혼미해 지면, 불안해 하고 희망이라는 동아줄을 갈망하여 정보나 의지할 곳에 매달린다는 것이다. 5번 유형이 찾은 의지하는 곳은 정보와 아이디어 이고, 이를 확보하는 데는 자신감을 가지고 있다. 그래서 내면의 상자로 물러나 자가발전自家發電을 하고 해결책이 보이면 이를 지혜로 삼아 내면의 상자에서 빠져 나오게 된다. 이러한 관계로 이들은 분석적이고 통찰력이 있으며, 객관적이고 자신의 입장이 분명하며, 먼저 생각하고 다음에 행동하는 신중한 사람이다. 이러한 특성은 이들의 지적 장비와 이들이 인간의 본성에 얼마니 충실한가를 나타내는 정신건강에 따라서 다르게 표출된다. 여기서는 이 책 Ⅶ장 5항 정신건강-자아확장과 수축에서 설명된 정신건강의 상태에 따라 5번 유형의 특성이 어떻게 나타나는지를 알아보고자 한다.

건강한 상태에 있는 5번은 공개적, 생산적, 상보적, 수용적이고, 시너지 효과나 삶의 확장, 공동의 가치 등을 중시 한다. 이들은 자가발전自家發電도 하지만 외부에서 에너지를 충전 받으려고 한다. 마음을 열고 물러나는 성향에서 벗어나 외부와 소통하려 하므로 모든 일에 적극성을 보이고 공동의 비전을 제시한다. 이들의 지혜에 대한 자신감은 철저하게 준비하고 분석하며 검증하는 특성으로 발전하여 결함을 잘 발견하고 논리적이고 합리적으로 사물을 설명한다. 그리고 상황을 새로운 시각과 입장으로 통찰하여 재구성함으로써 새로운 개념을 만들어 내는 창조적인 지식인이 된다. 이들이 탐구에 대한 자신감은 놀라운 집중력을 만들어 내고 이 집중력은 자신이 추구하는 목적의 성취에 지렛대 역할을 한다. 이 집중력을 통하여 독창적인 아이디어나 발명품을 창조하게 되는 것이다.

보통상태의 5번은 자존적, 준법적, Zero-sum, 가정家庭적인 특성을 지닌다. 이들은 5번 유형의 일반적 특성을 지닌다. 이들은 자기 중심적이면서도 자기확신이 부족하여 내면의 상자에 머물기를 좋아한다. 많이 연구하고 지식을 흡수하기 위해 노력하며 정보를 축적하고 이를 공유하려 하지 않는다. 이들은 예민하고 사색적이며 비밀스럽다. 혼자 지내기를 좋아하고 탐구에 집중한다. 이들은 주변에서 일어나는 모든 것을 잘 이해 할 필요가 있다고 생각하고, 정보와 지식을 축적하여 상황의 상호관계를 파악하고 판단할 수 있어야 한다고 생각한다. 합리적으로 판단하기를 좋아하여 타인과 감정적 교류에 거리를 둠으로써 자신의 사적인 영역을 지키려 하고, 남의 일에 개입하려 하지 않는 성향이라 외부에서 에너지를 보충 받기 어렵다.

저조한 상태의 5번은 비현실적, 폐쇄적, 충동적, 공격적, 불안, 우범적인 특성을 보인다. 이들은 내적 안내인 지혜를 폐쇄적이고 비현실적으로 찾고자 하여 고립되거나 공상적이고 환상적인 공간에 머물고 있다. 이들의 폐쇄성은 구두쇠의 성향을 낳고, 소유한 정보도 숨김으로써 자신만의 공간에서 혼자서 비현실적인 정보를 즐기기도 하지만, 외부와 차단된 공허감을 탐욕으로 채우기도 한다. 이들은 시야가 좁아서 현실을 제대로 파악하지 못하고 지엽적인 사실에 얽매여서 엉뚱한 결과나 오류를 만들기도 한다. 이들은 지적이고 논리적인 독선에 빠지기도 하는데, 이는 이들이 가진 많은 정보의 량, 지엽적인 분석력, 숲을 보지 않고 나무만 보는 통찰력의 부족에 기인한다. 이들은 냉소적이고 오만한 괴짜가 되기도 한다.

저조한 상태의 이들이 폐쇄성과 비현실성에서 벗어나기 위해서는 내면의 상자에서 오래 머물지 말거나, 내면의 상자 속으로 들어가지 않아야 한다. 그러기 위해서는 '지금 여기에서' 느낀 대로 바로 행동하는 태도를 취하는 것이 바람직할 것이다. 세상과 연결 통로를 유지하고 감정을 교환하는 장에 적극적으로 참여하여 자신의 존재감에 무게를 줄이면 자연히 마음도 가벼워지고 자유로워질 것이다.

5번 유형 정신건강 수준

구분		태도/가치	인식/반응	경향성
	건강	공존적, 공개적, 생산적, 상보적, 수용적, 시너지 효과, 삶 확장	긍정적 인식, 지지적 행동	객관적, 끈기 있는, 감수성 있는, 지각력 있는, 창의적, 현명함, 정력적.
	보통	자존적, 준법적, Zero-sum, 가정적家庭的	현실적 인식, 자기중심적 행동	분석적, 거리 두기, 추상적
	저조	비현실적, 자타 파괴적, 폐쇄적, 충동적, 공격적, 불안, 우범적	부정적 인식, 감각적 행동	오만한, 고독자, 냉소적, 고집, 비판적, 부정적, 인색한, 고립, 허무주의, 괴짜.

(그림 중 원기둥은 돈 리소의 '에니어그램의 지혜'에서 인용 수정)

바. 5번 유형의 선순환과 악순환(Ⅶ장 5항 참고)

1) 건강상태별 인식·반응·평가

5번 유형은 무식의 혼란을 회피하고 지혜롭기를 욕망하며 이를 위해 현명하게 행동하려고 물러나 생각하고 또 생각하는 경향을 갖는다. 이들이 자신의 욕망을 성취하기 위하여 환경과 자극을 인식, 반응, 평가하는 행동양식을 건강 상태별로 구분하면 다음 표와 같다.

건강한 5번은 환경과 자극을 긍정적으로 인식하여 자신의 욕망인 지혜를 얻을 수 있다고 생각한다. 이들은 공존과 상생의 태도로 환경과 자극에 창조적으로 반응하고 자신의 행동에 대해 자신이 해박하다고 평가한다. 이런 생각과 행동은 이들의 긍정적 사고를 더욱 조장하게 되어 이들을 선순환 고리에 머물게 한다. 이를 그림으로 그리면 아래 좌표형태의 그림이 되고, 선순환의 고리는 X축 상부의 원에 해당한다.

보통의 5번은 환경과 자극을 편의적이고 자기중심적으로 인식하여 욕망인 지식을 성취하려고 한다. 이들은 자기중심적이라서 환경과 자극에 대하여 분석적인 반응을 보인다. 이들은 내면의 상자로 물러나려는 성향 때문에 이런 분석적인 행동의 결과에 대해서도 분석적으로 보아 자신을 혼란스러워 하는 경향이다. 이런 생각과 행동은 이들을 더욱 현실적으로 만들어 이들을 보통의 상태에 머물게 한다. 이들은 외부 환경이 변해도 자기 편의적으로 분석하려는 태도로 반응한다.

정신건강 상태별 인식·반응·평가

유형	욕구	효능감	욕망	행동	회피	방어	건강			보통			저조		
							인식	반응	평가	인식	반응	평가	인식	반응	평가
							우호적 환경			편의적 환경			비우호적 환경		
							긍정	공존	긍정	편의	자존	현실	부정	공격	부정
5	탐구	적극	지식	현명	무식	퇴행	지식	창조	해박	지식	분석	혼란	지식	오만	오해

저조한 상태의 5번은 환경과 자극을 부정적으로 인식하여 자신이 오해받고 있다고 생각하며 스스로 욕망을 성취하기 어렵다고 생각한다. 이들이 오해에서 벗어나기 위해 하는 반응은 정상적인 행동이라기 보다는 비현실적인 오만이다. 이들이 오만하게 된 것은 이들이 현실을 부정적으로 인식하고 있기 때문이다. 이런 오만한 행동에도 주변은 자신에 대해 아무런 변화를 보이지 않아 더욱 환경을 부정하는 태도를 갖게 만든다. 이 또한 새로운 오해가 되는 것이다. 이런 결과로 이들은 계속 악순환의 고리에 머물게 된다. 이를 그림으로 그리면 아래 좌표형태의 그림이 되고, 선순환의 고리는 X축 하부의 원에 해당한다.

2) 건강상태별 순환고리

건강한 정신상태의 5번 유형은 자신의 욕망인 지식을 지혜라고 생각하고, 지혜를 얻기 위해 많은 지식을 습득하려 하고 새로운 것을 창조하여 환경에 영향을 미치려고 한다. 지혜의 사전적 의미는 사물의 이치를 빨리 깨닫고 사물을 정확하게 처리하는 정신적 능력이다. 이들이 이치를 빨리 깨닫는다는 것은 감수성이 좋아서 관련된 정보를 빨리 감수한다는 점과 사물의 본질을 꿰뚫어 보는 통찰력을 지닌다는 의미이다. 본질을 이해한 다고 함은 그 사물의 구성요소뿐만 아니라 존재이유와 존재양식을 안다 는 것이다. 존재이유는 생태계에서 서로 의존적인 사슬을 만드는 근거가 되고, 존재양식은 시간이 흐르면서 만들어진 존재의 방식으로서 이를 안 다는 것은 미래의 다양한 변화를 예견할 수 있는 가능성을 지닌다는 것 이다. 아무리 뛰어난 사람이라도 이를 직관적으로 알 수는 없다. 다만 지 식의 습득을 통하여 이들을 학습하고 직·간접의 경험을 통하여 체득한 바를 실제로 현실에 적용할 수 있으면 지혜롭다고 할 수 있을 것이다. 건 강한 5번은 5번의 특성인 물러나 생각하는 습관에서 벗어나 유연하게 사 물에 직면하여 지식을 습득하고 이를 분석, 가공하여 새로운 개념이나 물 건으로 창조하는 능력의 소지자이다. 이들이 세상의 본질을 이해하고 사 물에 직면하는 여유를 찾게 되면 공공의 필요를 쉽게 파악하여 새로운 비전을 만들어 제시하고 전파하는 조용한 전문가가 된다. 이들은 부분에 얽매이지 않고 세상의 근본이 되는 원리와 본질을 꿰뚫어 보는 철학을 소 유하고 있다.

보통의 정신건강을 소유한 5번들의 자기중심적 균형고리는 이들이 자기세 계에 의식의 초점을 맞추어 욕망인 지식을 구하고, 탐구 전문가 기질을 발휘 하여 분석하여 이해하며 이를 재구성하는 것이다. 이들은 자신이 조용히 혼 자서 하는 일을 좋아하고, 자신이 욕망하는 현명함을 자기영역에서 이루려 고 한다. 이들의 영향력의 범위는 오직 자기영역에 한하고, 이 영역 안에서 자신의 특기인 탐구를 즐긴다. 대부분의 전문가 집단이 여기에 속한다. 이들 은 외부세계의 상황은 혼란스러워서 여기에 휘말리면 자신도 혼란스럽게 된 다고 생각하는데, 실제 이들이 외부세계에 들어가 혼란스러운 상황을 맞으 면 어쩔 바를 몰라 하며 뒤로 물러나 상황을 재구성하려고 한다.

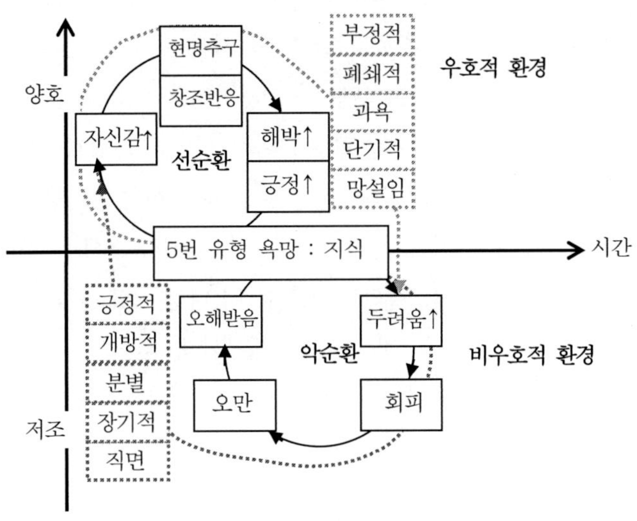

    저조한 상태의 정신건강을 소유한 5번들은 혹시 무식하여 세상을 이해하지 못하고 세상에서 따돌리고 거부당할까 불안해 하고 두려워한다. 이들은 세상을 비우호적이라 인식함으로써 외부인들을 관심이나 호의를 오해하고 회피하며 부정하려고 한다. 그러나 이들은 탐구욕이 강하고 스스로 충분히 세상을 이해할 수 있다고 생각하므로 비우호적인 세상에 대해 냉소적이고 오만한 경향을 보인다. 외계를 부정함으로써 생기는 폐쇄성은 구두쇠적이거나 탐욕적인 경향을 만들고, 이는 더욱 외부와 차단된 생활을 하게 만들어 불안을 더욱 가중하게 된다. 불안의 증가는 사물을 회피하게 하고, 회피의 결과는 오만한 모습으로 나타난다.

    5번들이 악순환의 고리에서 선순환으로 전환하기 위해서는 환경을 우호적으로 보는 관점의 전환이 필요하다. 세상은 무식한 사람도 있고 유식한 사람도 있으며, 유식하다고 하는 사람도 그 분야에서만 유식한 것이지 타 분야에서는 그렇지 않다. 또 안다고 하지만 실제 머리로만 알고 행동하지 못하는 죽은 지식만 가진 경우도 많다. 즉 지식은 가졌지만 지혜는 갖지 못한 것이다. 소위 무식하다고 하는 사람도 살아온 연륜과 경험에서 얻은 지혜를 가진 사람도 많다. 대학 교수로 환갑을 맞은 사람과 시장에서 장사를 하면서 환갑을 맞은 사람이 마주앉아 세상 사는 이야기를 한다면, 누가 더 지혜로울까? 단정하기 어려울 것이다. 책에서 문서로 배운 지식은 교수출신이 많겠지만 세상 물정은 상인이 더 나을 수도 있을 것이다. 이와 같이 무식을 책에 나오는 지식만으로 재단할 문제는 아니다. 이런 관점에서 보면 세상사를 두려워하고 비우호적이라 인식할 이유가 없는 것이다. 따돌림을 당하는 것은 타인들이 따돌려서 거부당하는 것이 아니라 자신이 그런 행동을 하기 때문이다. 관점을 바꾸고 같은 방향을 같은 눈높이로 보면 동료가 되는 것이다. 이것이 분별력이다. 회피하거나 물러서지 말고 망설이지도 말며 직면하여 방향과 높이를 맞추는 노력이 필요한 것이다. 이러한 노력은 자신을 개방적으로 만들고 다양하게 만들 것이다. 위 그림의 개방·긍정·장기적 관점에 관해서는 Ⅶ장 5항 사절 '순환고리의 구별과 전환'에 상세히 설명하고 있다.

사. 5번 유형의 날개(Ⅶ장 3항 참고)

1) 4번 날개를 가진 5번 유형(5 w4 : 인습타파주의자)

일관성 있는 자극-반응의 체계인 성격의 형성은 성장의 과정에서 인적·물적 상호작용의 결과인데, 이 상호작용은 실패와 성공, 기쁨과 슬픔, 불안과 안도 등 다양한 경험과 장기간의 시행착오를 포함하고 있다. 자신의 욕구와 효능감에 따라 일관성 있는 인식과 반응체계를 확립하였다가도 새로운 경험을 하게 되면 자신의 반응체계가 변화를 맞게 되어 수정되고 조정된다. 이 변화를 통하여 각 유형의 날개가 형성되는 것이다. 날개라는 말의 의미에서 알 수 있듯이 날개가 생겼다고 몸통에 변화가 있는 것은 아니다. 각 유형의 특성은 기본적으로 유지한다. 다만, 욕구의 다변화로 의지, 사고, 감정의 폭이 넓어지고, 그 효능감에 변화가 있다는 의미이다.

날개 명칭 부여

유형	욕구	유형 특징	날개	날개 추가			비고
				에너지 원천	유형 특징	명명	
5	탐구	지혜	5w4	친애욕	특별	인습타파자	안정과 특별을 위해 지혜를 탐구
			5w6	탐구욕	신뢰	문제해결자	안정을 위해 지식과 신뢰를 탐구

(표에서 날개의 명명은 리소와 허드슨의 에니어그램의 지혜에서 인용)

5번 유형은 안정감을 얻고자 지식을 탐구하는 유형인데, 지식 탐구 중

기존 질서와는 다른 독창성에 심취하게 되면 4번 유형의 차별성을 새로운 욕구로 추가하여 추구하게 된다. 이를 4번 날개를 가진 5번 유형(5 w4)이라고 하고, 이들을 인습타파주의자라고 칭한다. 이들이 인습타파주의자라 칭하는 것은 기존의 질서에서 5번 유형의 특성인 안식처를 찾고, 4번 유형의 특성인 차별적인 것을 탐구하기 때문이다. 이들은 5번 유형의 호기심과 통찰력이 있고, 4번 유형의 감성과 열정을 갖는다. 두 유형의 특성인 물러나는 성향이 강하고 내향적이며 예민한 감성과 탐구의 깊이가 깊어서 변덕스러움도 지닌다. 기본적으로 몸통은 5번이므로 합리성에 깊은 감성을 부여하여 신비롭고 환상적인 감성에는 빠지지 않는다. 감정의 기복이 심하고 상상의 세계를 좋아한다.

이들이 공존적, 공개적, 생산적, 상보적, 수용적인 삶을 영위하면, 이들은 긍정적 인식과 지지적인 행동을 하게 되는 건강한 상태가 되는데, 이 경우 이들은 자신의 편안함과 독특함을 공생적이고 상보적이며 긍정적으로 탐구하려 하므로 자신의 독특한 비전을 표현하려고 한다. 이들은 사회제도나 공공 정책 등 사회적 측면에서의 혁신을 추구하거나 새로운 발명품의 창조 등 창의적인 성향을 갖는다.

이들이 자존적, 준법적, Zero-sum적, 가정적家庭的인 삶을 영위하면, 이들은 현실적이고 자기 중심적인 행동을 하는 보통의 평균적인 심리적 상태가 되는데, 이 경우 이들의 탐구와 열정은 자기중심이라는 굴레에 얽매여 구속된다. 기존의 질서를 자기중심에서 바라보고 개선하려 하기 때문에 타인과 부딪칠 경우가 많아 어려움을 겪는다. 독자적이고 독특한 판단으로 주변에서 멀어지고 쉽고, 자기만의 세계에 빠질 수 있다.

2) 6번 날개를 가진 5번 유형(5 w6 : 문제해결자)

성격은 인식-반응체계로서 인식의 방법이 바뀌고, 반응의 방법이 바뀌면 성격유형에 변화가 생긴다. 날개 유형은 인식과 반응의 방법에 일부 변화가 일어나는 경우로 기본적인 유형이 완전히 변화는 것은 아니고, 기본의 유형 특성이 다변화 하여 다른 특성이 추가되는 것인데, 이 추가로 인하여 반응의 심도나 폭에서 변화를 만들어 세분화되는 경향을 낳는다.

5번 유형은 정보를 많이 축적하여 상황을 재구성할 지혜를 얻어야 편안해 하는 유형인데, 정보를 탐구하는 과정에서 어려움에 부딪치면 심리에너지가 감소하여 자기효능감을 인식하지 못하는 상황을 맞게 되고 이렇게 효능감을 인식하지 못하게 되면 현실적으로 편리한 대응적이고 반응적인 상태에 놓이게 된다. 이러한 반응적인 상태는 6번 유형의 특성인 질서나 권위에 의존하는 성향이 된다. 5번 유형의 기본적인 특성을 유지하면서 6번의 특성도 같이 추구하는 유형을 6번 날개를 가진 5번 유형(5 w6)이라 하고, 이들을 문제해결자라 칭한다. 이들은 편안한 안식처를 탐구하기 위하여 정보와 신뢰를 추구하는 유형이다. 이들을 문제해결자라 칭하는 것은 어려움에 처하면 5번이 갖는 탐구력과 6번이 갖는 두려움에서 벗어나고자 문제를 미리 상정하는 특징 때문이다. 그리고 이들은 사건을 재구성하기 위해 신뢰(6번 유형의 특징)할 수 있는 정보와 지식(5번 유형의 특징)을 구하고 축적한다는 점 때문이기도 하다. 신뢰할 수 있는 정보와 지식이란 해결책을 말하는 것으로 이를 구하는 방법은 5번의 특기인 체계적이고 논리적 방법인 수학이나 과학적인 지식에 의존하는 성향이다. 따라서 조직적이고 세밀하며, 좋은 결론을 이끌어 내고 예측 가능한 추리의 기반을 만든다. 사고중심이라 혼자 있기를 좋아하는 성향이다.

이들이 공존적, 공개적, 생산적, 상보적, 수용적인 삶을 영위하면, 이들

은 긍정적 인식과 지지적인 행동을 하게 되는 건강한 상태가 되는데, 이
경우 이들은 자신의 편안함과 신뢰할 수 있는 안식처를 공생적이고 상보
적이며 긍정적으로 탐구하려 하므로 조직적이고 체계적인 방법을 사용한
다. 조직적이고 체계적인 방법이라 함은 목적추구적이고 상호의존적인 관
계를 바탕으로 문제의 해결방안을 모색하고 이를 공유하여 갈등을 봉합
할 수 있는 통합적 문제해결방법을 의미한다. 이렇게 마련된 방안은 이해
관계자들에게 공생적이고 상보적인 것이라서 서로 win-win할 수 있는 대
안이 된다. 이들은 엔지니어링, 발명, 협상 등에 관심이 많고, 실질적이고
협력적인 문제를 잘 처리한다.

　이들이 자존적, 준법적, Zero-sum적, 가정적家庭的인 삶을 영위하면, 이
들은 현실적이고 자기 중심적인 행동을 하는 보통의 평균적인 심리적 상
태가 되는데, 이 경우 이들의 탐구와 신뢰는 자기중심이라는 굴레에 얽매
여 구속된다. 순수하고 지적이며 수학, 과학, 기술 등 세밀한 정보를 축적
하고, 분석적으로 사안을 처리하는 성향이다. 권위나 질서에 의존하는 성
향을 나타내기도 하여 권위적인 모습을 보일 수 있다. 이들은 주변을 자
기 나름의 관점에서 재구성하기를 좋아하고 논리적인 접근을 좋아하여
논쟁적일 수 있고, 자신의 관점을 고수하려는 성향이다.

아. 5번 유형의 장애 대처방식(IV장 1항 참고)

　5번 유형은 탐구욕을 자극인식의 틀로 이용하여 편안함을 추구하고, 긍
정적 자기효능감을 소유하여 사건을 재구성하고 정보를 수집하는 데는 자

신감을 가지고 있는 탐구형이다. 5번은 사물의 변화를 주의 깊게 관찰하고 이치를 숙고하는 데 많은 시간을 할애한다. 이들은 관찰과 정보를 수집하여 재구성함으로써 지식을 쌓고, 쌓인 지식을 바탕으로 자신감을 느낀다. 이들은 자신이 쌓은 지식을 활용해 보고, 그 결과가 좋은 방향으로 진행되거나 다른 사람들이 자신의 지식을 인정해 주면 성취감을 느낀다.

탐구형인 5번 유형이 어떤 일을 수행할 때 저항이나 반대에 직면하면 어떤 반응을 보일까? 앞에서 설명한 바와 같이 자기 입장을 고수하는 경우, 저항에 승복하는 경우, 불안정한 상황에서 자극에 자기애적이고 과민하게 반응하여 신경증적일 경우, 전혀 예상치 못한 반대에 충동적으로 반응하는 경우로 구분할 수 있다.

반대나 저항에 대처방식

유형	욕구	기본 반응	성격 유형	의식적 수용/거부의 반응			무의식적 반응	
				입장고수 방법	승복	신경증 반응	충동적 반응	방어기제
사고 중심								
5	탐구욕	안식처 물색	탐구형	입장견지	두려움	움츠림	후퇴적	퇴행

(입장 견지 : 입장 고수를 위해 반대 입장을 고려하면서 적극적인 저항 극복)

5번 유형들의 이상은 아이디어를 축적하고 이것을 타인에게 설명하고, 타인이 이를 수용하고 활용해 주기를 희망한다. 이들이 중시하는 것은 지식, 통찰, 정보, 지혜 등이다. 이들은 이미 알려진 지식보다는 새로운 것을 탐구하는 데 흥미를 느끼고, 다른 사람들이 모르는 것을 자신만이 알고 있다는 데 성취감과 만족감을 느낀다. 이렇게 남들은 모르는 지식이 이들의 안식처이다. 이들은 전문가 수준의 전문성이나 지식, 능력 등을 느낄 때 편안함을 느끼고, 이러한 지식을 찾는 데 자신감을 가지고 있다. 이런 5번 유형들이 저항을 만나게 되면 물러서서 상황을 재구성하기 시작한다. 이들은 자신이 추구하고자 하는 일에 상당한 정보와 지식을 가지고 있다고 생각하므로 자신의 입장을 적극적으로 견지하게 되고, 저항에 대해 자신의 입장을 어떻게 설명하고 이해를 구할 것인지를 숙고한다.

5번 유형이 어떤 이유에서 저항에 승복을 하게 되면 두려움을 느끼게 된다. 자신은 자신이 추구하는 일에 상당한 정보를 가지고 있었다고 생각하고 있었는데, 막상 저항에 직면하여 자신의 생각을 추진할 수 없는 입장이 되면, 자신에 대해 실망감을 느끼고 무엇이 잘못되었을까 하는 반추와 함께 두려움을 느끼게 되는 것이다.

5번 유형이 저항에 대한 갈등으로 불안해 지면 움츠려 유리되는 경향이다. 근본적으로 사고중심은 물러나 숙고를 하는 편이고, 숙고를 위한 내면의 상자를 필요로 한다. 5번들은 숙고에는 익숙하고 자신감이 있기 때문에 물러나는 경향인데, 이들이 과민하고 불안하며 짜증스런 신경증적인 상황이 되면 의식적으로 움츠려 드는 것이다.

5번 유형이 예상하지 못한 충동적인 상황에 놓이게 되면 일단 후퇴적이다. 내면에 있는 피난처로 무의식적으로 후퇴하여 안정감을 찾는 것이 급선무이기 때문이다. 후퇴를 한 후 다시 상황을 정비하기 시작한다.

이들이 사용하는 방어기제는 퇴행이다. 퇴행이란 사람이 어떤 장애나 욕구불만에 빠져 현재 정신발달 수준 이전의 발달단계로 되돌아가 미숙한 행동을 하는 것을 말한다. 정신분석에서는 리비도의 발달단계에 따라 초기단계로 되돌아가는 점을 강조하지만 게슈탈트심리학心理學의 레빈 등은 미발달단계에의 역행逆行보다는 행동이 단순하고 미분화되는 점을 강조한다. 원래 연령에 상응한 발육·성장을 하던 아이가 동생들의 출생으로 어머니나 가족의 애정과 관심을 예전처럼 충분히 받지 못하면 어린애 모양의 서투른 말 사용, 손가락 빨기, 오줌 싸기 등 저보다 어린 아이들의 행동을 취하는 경우 등이 이에 해당한다. 성인 중에도 욕구불만이나 최면상태·신경증 등의 경우에는 퇴행반응을 나타내는 사람도 있다.

가. 성격의 개관: 안전을 추구하는 충실한 유형

6번 유형 성실형은 사고중심의 심리에너지와 현실적 효능감의 조합에 의하여 형성된 성격유형으로 장애에 직면하게 되면 의존적 충동행동, 접근적 신경증적 행동, 반발적 의견고수 방식으로 대처하는 유형이다. 심리에너지 원천이 사고중심이라 자극 감지의 동기인 탐구욕을 활용하여 지혜를 찾고자 하나, 효능감을 일관되게 인식하지 못하여 외부의 지혜에 의존하려는 경향을 보인다. 이들이 찾는 신뢰할 수 있는 의지처는 권력이나 재물이 될 수도 있고, 규범이나 질서가 될 수도 있다. 이들은 편안함의 추구에 대한 욕구가 매우 강하기 때문에 이들이 찾은 희망과 내면의 안내가 혹시나 허구가 되지는 않을까 걱정하고 의심하기도 하여 항상 근심과 걱정이 많은 사람들이다. 그래서 이들은 찾은 권위나 질서에 더욱 성실할 수밖에 없다.

이들은 희망이 있어야 돌파구를 찾은 것으로 인식하고 안정감을 느끼기 때문에 신뢰할 만한 의지처가 없으면 두려움을 표출하며 타인의 승인을 통한 안정감 회복을 시도한다. 이들의 근심과 걱정은 집착과도 같은 것으로서 이 집착에서 벗어나는 방법은 회피나 도피를 선택하거나 맞서서 처리하는 두 가지 경향을 갖는다. 첫째 방식은 두려움에 사로잡혀 온순한 척, 협조적인 척, 비위를 맞추는 것 같은 조심스러운 태도를 취하고, 겉으로는 걱정이 없는 것 같이 보인다. 이들은 비굴하게 보일 수도 있지만, 두려움을 직접적으로 표현하지 않고 태평스럽고 안정적인 것 같이 보임으로서 주변을 안심하게 만든다. 둘째 방식은 첫째 방식과 대조적으로 근심과 걱정을 느끼지 못함을 두려워하는 경우인데, 이들은 미지의 위험을 상정하여 해결하려고 한다. 이들이 미지의 위험을 상정하여 문제를 미리 찾고 이를 해결하려 하기 때문에 이들에게 문제해결자라는 별명을 부여 하기도 한다. 이들은 공포를 찾아 나서는 폭력배나 경찰관, 군인 등으로 자신의 두려움이나 공포에 적극적으로 맞서며 적과의 동침도 마다하지 않는다. 6번 유형들은 대부분 이 두 가지 방법 중 하나만을 선택적으로 사용하지 않고 두 가지 방법을 함께 사용하는 양면성을 가진다. 이들이 이 두 가지 방법을 함께 사용하는 이유는 현실적 효능감을 소유하기 때문이다.

6번 유형들은 그들이 의존하는 사람들에게도 불신을 갖고 배반 당하지 않을까 걱정을 하게 된다. '누구를 믿을 수 있을까?'라는 의문에 대한 태도에도 신뢰를 바탕으로 하는 경우에는 성실함과 충성스러움을 보이는 부류가 있고, 불신을 바탕으로 최악의 경우를 상정하고 예견되는 위험에 대처하는 부류가 있는데, 어느 쪽이든지 근심과 걱정을 일시적으로 유예하는 데 불가할 뿐, 계속하여 또 다른 근심과 걱정이 일어난다.

이들이 책임감이 강하고 타인들에게 호감을 주거나 동정심이 많고 충실하며 의무감이 강한 것은 위에서 언급한 우선 믿고 보자는 방법을 사용하기 때문이다. 이러한 특성 때문에 이들은 절친한 사람, 자기편의 사람, 혹은 신념을 위해서는 헌신적으로 대처한다. 사람들은 팀웍을 필요로 할 때는 이들을 필요로 하고 없으면 아쉬워한다. 또 의심에 에너지를 투하하고 있음으로 조심스럽고 신중하며 일을 질질 끄는 경향도 있다. 이들의 특성을 나타내는 단어로는 따뜻함, 신중함, 직관적, 보호적, 민감, 공평, 정의감 등이다.

나. 성격 특성

별명	성실한 회의론자, 선의의 비판자, 충성인, 신봉자
두려움	희망 없음, 의지할 곳 없음.
욕망	안정과 희망을 찾는 것.
이미지	충실, 성실, 책임감, 복종, 준법정신, 겁이 많음, 조직 우선.
성향	성실한 사람. 규칙/규범을 존중하고 그에 따라 행동. 두려워하고 겁이 많음.
포로	주위의 기대 때문에 염려하고 불안해 함. 제도·규칙·규범에 의존하며, 그에 따라 행동하거나 결정하여야 안심함. 어려운 상황에서 사람보다 규칙을 우선함.
방어기제	투사(자기기만, 수용하기 싫은 소망/충동을 타인 탓으로 돌림).
리더십 유형	팀워크 중시, 자기편을 단결시킴, 측근 옹호.
생활 신조	철저한 준비.
의사소통 유형	경고성, 통제적, 근심스러운.
금언	조심하자. 신중하게 행하라.
대표적 인사	프로이드, 햄릿.
함정/출구	안전/믿음.
열정/구원	공포/용기.

이상상	순종적, 신실, 충성스럽다.
유혹/회피	안전추구/의심.
건강 상태	스스로에 의존, 용기 있는, 충실한, 호감적인, 온화한, 분별력 있는, 재치 있는, 책임감 있는, 헌신적, 조력자, 상상력 있는.
보통 상태	의무에 충실, 조심스러움, 반항적, 권위적.
저조 상태	의심하는, 경쟁적, 박해자, 시험하려 하는, 방어적, 예측 불허, 편집적, 판단적, 공격적, 비겁한, 통제적.

다. 유형 6과 같은 팀이라면

1) 유형6이 추구하는 것은 신뢰이므로 그들과 관계를 유지하고 싶으면 신뢰를 형성하는 것이 중요하고, 진실성을 가지고 대화할 것이며, 신중하고 꼼꼼하게 일을 처리하여야 할 것이다. 유형6은 약속이 성실하게 이행되는 지를 확인하려고 할 것이다.

2) 유형6들은 의심이 많기 때문에 그들에게서 신임을 얻기가 쉽지 않다. 작은 약속이라도 성심 성의껏 이행하여라. 작은 성의와 진심이 쌓여야 신뢰가 형성되므로 인내를 갖고 기다려야 할 것이다. 신뢰란 상대방의 기대에 부응한 결과가 축적되어서 만들어진다는 점을 유의하여야 할 것이다.

3) 이미 그의 결심이 확고한 사안에 대하여 유형6과 승-패를 가리는 논쟁을 하려는 것은 바람직하지 않다. 신뢰란 일관성이 있어야 하므로 유형6은 일관성을 방해하는 일로 혼란스러워지는 것을 싫어한다. 필요하다면 대안이 있는 토론을 하거나, 참가 인원을 확대하여 발전적인 토론을 하는 것이 바람직하다.

4) 근심과 의심이 많은 유형6에게 과장하거나 거짓말을 하지 마라. 정직이 최고

의 전략이 될 수 있다.

5) 신뢰와 충성심을 분명히 하지 않으면 의심을 받는다. 자기편이 아니라고 생각
되고 의심스럽다고 느끼면 가차없이 버리지만 같은 편이라 믿으면 든든한 방어
벽이 되어준다. 솔직하고 정직하게 당신을 내보이면 한없이 관대해진다. 아첨
을 하거나 불필요하게 친절하면 당신이 무슨 꿍꿍이가 있는 것이 아닌지 의심
하게 된다.

6) 유형6은 상대방이 자신을 믿지 못하는 것이 아닌지를 계속하여 관찰하고 있
으므로 강압적인 방법으로 움직이게 하면 자신을 못 믿는다고 생각하여 저항
을 받기 쉽다. 작업지시를 해야 할 경우라면 신뢰를 전제로 하여 진실되게 이
유나 상황을 잘 설명하는 것이 좋다.

7) 유형 6은 지레걱정이 많은 사람이므로 예측가능성을 확보하여 주는 것이 좋
다. 전혀 생각지도 못한 일을 맡기게 되면 두려워한다. 예측가능하고 확인할
수 있는 자료나 관여하는 사람 등을 알려주면 안정을 찾는 데 도움이 될 것이
다. 유형6이 두려움으로 억지나 억측을 부리더라도 부정하지 말고 그들의 입
장에서 검토하고 점검하여 주는 배려를 보여 주어라. 헌신적이고 용기 있는 모
습을 보일 것이다.

라. 유형 6인 당신은

1) 유형 6은 외부에서 해결책을 찾으려 하기 때문에 의심하고 근심하고 걱정한다. 하
지만 근본적인 해결은 자신만이 가능하다는 것을 인식하여야 한다. 외부의 조건
들을 의심할 필요 없이 자신의 계획에 따라 자신이 취할 수 있는 자원을 선택하고

수단을 동원하는 데 최선을 다하고 결과를 겸허히 수용하는 것이 중요하다.

2) 신뢰는 외부의 기대에 부응하는 결과를 만들면 자연히 주어진다. 구태여 쌓고자 노력할 것이 아니라 자신을 믿고 자신의 꿈과 계획을 스스로 만들고 유형6의 특성을 발휘하여 잠재적 문제와 위험요인을 스스로 상정하고 해결한다면 자기효능감도 회복하게 되고 성취에 따른 만족감도 향유할 수 있을 것이다.

3) 유형 6의 장점인 잘못을 찾아내거나 위험요인을 예견하는 재주를 발휘하여 관심사의 함정을 밝혀내고 관련된 사람들과 함께 해결책을 강구해 나간다면 팀웍의 향상과 창의적인 분위기 조성에 상당한 도움을 줄 것이다. 문제는 유형 6이 개방적인 태도를 취할 것인지 여부에 달려있다. 개방은 시스템을 목적 지향적이고 공정하며, 자기 증식적이고 자기 제어가 가능하게 만드는 요소임을 명심하여야 할 것이다. 놀이터인 사고의 장을 개방하여 타인과 더불어 아이디어를 교환하는 장소로 활용하고, 신뢰를 얻는 장소로 활용하는 것이 바람직할 것이다.

4) 의심보다는 긍정의 힘이 크다는 것을 인식하여야 한다. 의심하기에 앞서 감사해 하고 비난하기 보다는 칭찬을 앞세운다면 누가 당신을 좋아하지 않겠는가? 칭찬은 고래도 춤을 추게 만든다고 하지 않는가? 누가 잘못했는가가 중요하지 않고 어떻게 해결할 것인가가 중요하고, 개인의 만족보다는 전체의 만족이 훨씬 더 중요하다.

5) 자신의 잘못을 솔직하게 공개하라. 실수는 성공을 배우는 최고의 기회라는 점을 믿어라. 반대 의견이나 잘못을 진심으로 수용하지 못하면 변화의 단초를 찾을 수 없다. 또 변화의 과정 없이는 성장할 수 없다는 점을 유의하여라.

마. 6번 유형의 정신건강(Ⅶ장 5항 참고)

　　6번 유형은 사고중심이라 자극 인식의 동기로 탐구욕을 활용하여 희망
인 내적 안내를 찾고자 하나, 희망을 찾는 효능감을 일관되게 인식하지
못하여 현실적인 외부의 안내에 의존하려는 경향을 보인다. 이들이 의존
하려는 곳은 외부의 권위나 질서이다. 이들이 권위나 질서에 의존하게 되
면 이들이 추구하는 가치인 편안함을 느낄 수 있기 때문이다. 이들은 편
안함에 대한 탐구욕이 매우 강하기 때문에 현재의 편안함을 잃을까 두려
워하고 자신이 찾은 희망과 내면의 안내가 허구는 아닐까 걱정하고 의심
한다. 이런 이유로 이들은 의심이 많다. 이들이 근심과 걱정에서 벗어나기
위해서 도피나 대항하는 방법으로 대처한다. 도피하는 방식으로는 온순
한 척, 협조적인 척하는 조심스러운 태도로 걱정이 없는 것처럼 행동하는
것이고, 대항하는 방식으로는 잠재된 위험을 미리 상정하여 이를 해결하
는 것이다. 6번 유형은 현실적 효능감을 갖기 때문에 이 두 가지 성향을
함께 갖는 양면성을 갖는다. 충성심과 책임감이 강하고 일탈을 피하고 조
직에 현신적이며, 신중하고 보호적인 성향을 갖는다. 이러한 특성은 이들
의 지적 장비와 이들이 인간의 본성에 얼마니 충실한가를 나타내는 정신
건강에 따라서 다르게 표출된다. 여기서는 이 책 Ⅶ장 5항 정신건강-자아
확장과 수축에서 설명된 정신건강의 상태에 따라 6번 유형의 특성이 어떻
게 나타나는지를 알아보고자 한다.

　　건강한 상태에 있는 6번은 공개적, 생산적, 상보적, 수용적이고, 시너지
효과나 삶의 확장, 공동의 가치 등을 중시 한다. 이들은 스스로 효능감을
인식하지 못하여 외부에서 지혜를 찾던 집착에서 벗어나 자기 내면에서
안내를 찾게 되어 이를 희망으로 하여 안정감과 편안함을 느끼고 주도적

인 삶을 영위한다. 이들의 안정적이고 편안한 마음은 의심이 많던 성향에서 환경의 흐름을 신뢰하는 성향으로 변하여 주변 사람들을 편안하게 대하고 협동을 이끌어 내며, 공동체의 목적에 성실한 모습을 보인다. 이러한 성향은 6번 유형의 특성인 성실함과 충성심이 공동체 형성과 발전의 기본 가치(정의, 사랑, 자유, 평등, 진리 등)와 융합하여 이루어 진 결과이다. 이들은 용기 있고 헌신적이며, 온화하고 분별력 있으며, 책임감 있는 조력자이다.

　보통상태의 6번은 자존적, 준법적, Zero-sum, 가정家庭적인 특성을 지닌다. 이들은 6번 유형의 일반적 특성을 지닌다. 이들은 자기 중심적이면서도 자기확신이 부족하여 편의적이고 현실적인 반응을 하는 데 의무를 잘 지키고, 책임감이 강하며, 외부의 지원에 충실하여 더 많은 지원을 얻으려고 한다. 이들은 조직의 규범과 질서를 잘 지키고, 다른 사람들도 그렇게 행동하기를 바란다. 이들은 질서에서 벗어나는 일에는 반항적이거나 권위적인 면을 나타낸다. 이들은 안정을 위협받을까 혹은 배신당하지 않을까 두려워 의심을 하고, 이러한 의심 때문에 조심스럽고 우유부단해 지기도 한다.

구분		태도/가치	인식/반응	경향성
	건강	공존적, 공개적, 생산적, 상보적, 수용적, 시너지 효과, 삶 확장	긍정적 인식, 지지적 행동	스스로에 의존, 용기 있는, 충실한, 호감적인, 온화한, 분별력, 재치, 책임감, 헌신적, 조력자, 상상력
	보통	자존적, 준법적, Zero-sum, 가정적家庭的	현실적 인식, 자기중심적 행동	의무에 충실, 조심스러움, 반항적, 권위적.
	저조	방어적, 비현실적, 자타파괴적, 폐쇄적, 충동적, 공격적, 불안, 우범적	부정적 인식, 감각적 행동	의심하는, 경쟁적, 박해자, 시험하려 하는, 방어적, 예측 불허, 편집적, 판단적, 공격적, 비겁한, 통제적.

(그림 중 원기둥은 돈 리소의 '에니어그램의 지혜'에서 인용 수정)

　　저조한 상태의 6번은 비현실적, 폐쇄적, 충동적, 공격적, 불안, 우범적인 특성을 보인다. 이들은 내적 안내인 지혜를 찾고자 하나 현실을 부정적으로 인식하여 의심하고 불안해 하여 내면의 안내를 찾지 못하고 외부에 더욱 의존하게 된다. 이들의 의존은 누구의 지시나 매뉴얼이 없으면 움직이지 않으려는 복지부동이 되기도 한다. 이들의 불안과 의심은 자신을 폐쇄적으로 만들어 충성심이나 성실성은 이기적 경쟁심을 강화하여 다른 사람에 공격적이고 파괴적인 면을 보이기도 한다. 이들은 타인의 신뢰나 칭찬까지도 비현실적이고 부정적으로 인식하여 의심하고 걱정하고 불안해 한다.

　　저조한 상태의 이들이 부정적 인식에서 벗어나기 위해서는 자신의 장점을 발견하고 의존에서 벗어나야 한다. 자신의 안정감은 누구로부터 받는 것이 아니라 스스로 자신의 상황을 긍정적으로 이해하는 노력이 필요하다. 세상은 시간이 지나면 발전된 모습으로 변화하고, 현재는 발전하는 과정의 어느 점에 있다는 진화론적인 관점을 갖는 것이 좋다. 겨울이 지나면 봄은 반드시 온다는 확신이 필요한 것이다. 불안도 의심도 편안함과 신뢰의 다른 모습에 불가하다는 점을 인식하는 것이 중요하다. 부자도 자기보다 더 많은 재산을 가진 자를 보면 초라해지고, 자기보다 못한 자를 보면 자신이 부자인 것 같아 보이듯이 불안과 의심도 이와 같은 것이다.

바. 6번 유형의 선순환과 악순환(VII장 5항 참고)

1) 건강상태별 인식·반응·평가

6번 유형은 규범에서 벗어나는 일탈을 회피하고 신뢰받는 생활을 욕망하며 이를 위해 질서나 규범, 권위 등에 의존적인 성실한 행동을 한다. 이들이 자신의 욕망을 성취하기 위하여 환경과 자극을 인식, 반응, 평가하는 행동양식을 건강 상태별로 구분하면 다음 표와 같다.

건강한 6번은 환경과 자극을 긍정적으로 인식하여 성실하게 생활하면 내적 안내인 신뢰를 찾을 수 있다고 생각한다. 이들은 공존과 상생의 태도로 환경과 자극에 헌신적으로 반응하고 그 결과로 편안함을 성취하였다고 평가한다. 이런 생각과 행동은 이들의 긍정적 사고를 더욱 조장하게 되어 이들을 선순환 고리에 머물게 한다. 이를 그림으로 그리면 아래 좌표 형태의 그림이 되고, 선순환의 고리는 X축 상부의 원에 해당한다.

보통의 6번은 환경과 자극을 편의적이고 자기중심적으로 인식하여 욕망인 신뢰받음을 통해 편안해질 수 있다고 생각한다. 이들은 성실하고 자기중심적이라서 환경과 자극에 대하여 진정한 정성을 보인다. 이들은 편안함에 대한 욕구는 강하나 효능감을 인식하지 못하여 의심이 많고 걱정이 많다. 이런 의심과 걱정은 이들을 더욱 현실적으로 만들어 이들을 보통의 상태에 머물게 한다. 이들은 외부 환경이 변해도 의심하고 걱정하며 자기 편의적인 태도를 보인다.

저조한 상태의 6번은 환경과 자극을 부정적으로 인식하여 불신한다. 이들의 환경에 대한 불신은 욕망인 신뢰받음에 의해 편안함을 성취하기 어렵다고 생각하게 만든다. 이들의 불신 반응은 현실을 부정적으로 인식하고 배반당하였다고 평가하기 때문이다. 이들은 배신당했다는 평가는 더욱 환경을 부정하는 태도를 갖게 만든다. 이런 결과로 이들은 계속 악순환의 고리에 머물게 된다. 이를 그림으로 그리면 아래 좌표형태의 그림이 되고, 선순환의 고리는 X축 하부의 원에 해당한다.

정신건강 상태별 인식·반응·평가

유형	욕구	효능감	욕망	행동	회피	방어	건강			보통			저조		
							인식	반응	평가	인식	반응	평가	인식	반응	평가
							우호적 환경			편의적 환경			비우호적 환경		
							긍정	공존	긍정	편의	자존	현실	부정	공격	부정
6	탐구	현실	신뢰	성실	일탈	투사	신뢰	헌신	편안	신뢰	정성	걱정	신뢰	불신	배반

2) 건강상태별 순환고리

6번 유형은 사고중심으로 탐구를 통해 내면의 안내인 희망을 찾는 데 자기효능감을 일관되게 인식하지 못하여 외부 의존적인 신뢰받음에서 그 답을 얻는다. 건강한 정신상태의 6번들은 환경을 우호적이고 긍정적으로 인식하므로 자신의 욕망인 신뢰받음을 실현하기 위해 헌신적인 행동을 한다. 환경이 자신에게 우호적이니 자신도 환경에 성실할 수밖에 없어 당연히 헌신적인 것이다. 이들은 외부 질서나 규범에 충실하여 공동의 목표 달성을 위해 구성원들을 성심으로 보살피고 조직에 충성심을 발휘하는 모범생의 자세를 보인다. 이들은 사고 중심이 갖는 망설임에서 벗어나 사물에 직면하고 잠재된 문제도 거리낌 없이 상정하여 해결에 앞장서는 모습을 보인다. 또 환경을 우호적으로 인식함으로써 의심이 많은 6번 유형의 특성에서도 벗어나게 된다. 대인관계에서 신뢰는 관계를 돈독히 할 뿐만 아니라 응집력을 강화하여 시너지 효과를 만들어 업무효율을 제고하게 하므로 조직에서 이들의 기여는 대단한 것이다.

보통의 정신건강을 소유한 6번들은 자기세계에 의식의 초점을 맞추어 목적이나 역할에서 욕망인 신뢰를 구하고 충실 하려는 반응을 보이지만, 자기확신이 부족하여 자신이 우유부단하다고 생각하는 경향이다. 이들의 자존적이고 자기중심적인 순환고리는 자기세계에 성실하려는 동기를 갖고 이를 실행하고 편안함을 구하는 피드백을 취한다. 이들은 의무감과 책임감이 강한 것은 안정을 위협받을까 불안하여 성실하게 대처함으로써 이를 해소하기 위함이다.

저조한 상태의 정신건강을 소유한 6번은 환경을 비우호적이고 부정적으로 인식함으로써 사고思考로 상황을 재구성하지도 못하고, 의존하여 편안함도 얻을 수 없음을 두려워한다. 6번이 찾은 내면의 안내는 신뢰이지만, 저조한 상태의 6번은 자신이나 환경이 서로 다른 방향으로 작용하여 마치 배반의 형국이 되어감을 두려워한다. 이러한 두려움 때문에 이들은 상황에 진입을 회피하게 되고 진입하더라도 의심으로 일관하여 서로 불신하는 관계를 초래한다. 이들이 갖는 불신은 관계를 악화시켜 파경으로 끌고 감은 물론 이들을 더욱 폐쇄적으로 만든다. 폐쇄성은 이들이 회피하고자 하는 일탈행동으로 이들을 더욱 불안하게 하고, 이들의 탐구욕을 제한하고 현실적응력을 떨어뜨려 악순환을 가중시킨다.

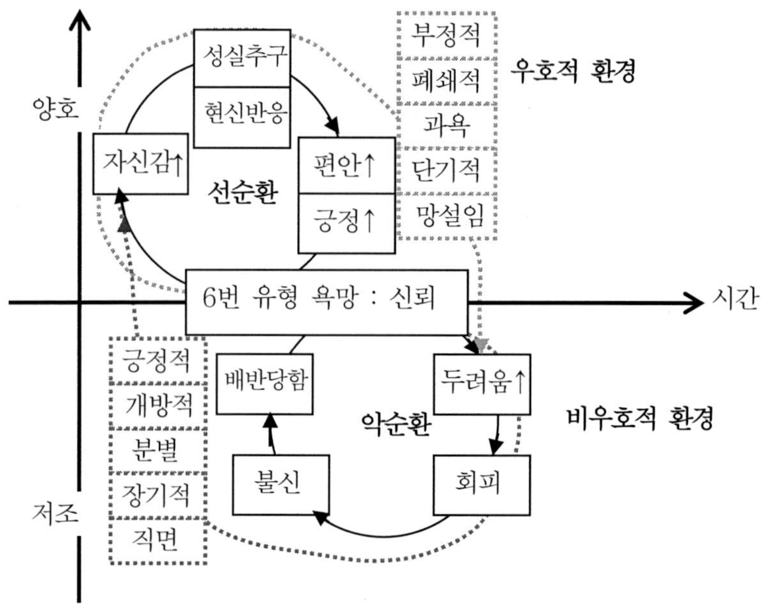

　6번들이 악순환의 고리에서 선순환으로 전환하기 위해서는 환경을 우호
적으로 보는 관점의 전환이 필요하다. 세상의 규범이나 질서, 혹은 권위
는 사람이 만든 것으로 정의롭고 선하여 사고와 행동의 범주가 될 수 있
지만, 모든 상황을 다 통제할 수 있는 절대적은 것은 아니다. 특히 변화가
빠르고 다양한 현실에는 더욱 그러하다. 6번들이 싫어하는 일탈도 일종
의 다양성으로 반드시 회피하고 두려워할 내용만은 아니다. 또 환경이 비
우호적이라고 부정적으로 인식할 필요도 없다. 개인이 환경을 쉽게 바꿀
수 있는 것은 아니다. 개인이 바뀌면 관계는 우호적으로 변할 수 있다. 자

신을 변화시켜 환경과의 부정교합을 바른 교합으로 만들면 되는 것이다. 이렇게 하는 것이 분별력이다. 규범에서 벗어남을 망설이거나 회피하지 말고 자신과 규범의 어긋남에 직면하여 수용하는 자세를 취하면 일탈은 통합으로 이어질 것이다. 위 그림의 개방·긍정·장기적 관점에 관해서는 Ⅶ장 5항 사절 '순환고리의 구별과 전환'에 상세히 설명하고 있다.

사. 6번 유형의 날개(Ⅶ장 3항 참고)

1) 5번 날개를 가진 6번 유형(6 w5 : 방어자)

삶은 변화와 문제해결의 연속이고 즐거움과 괴로움, 불안과 안도감, 기쁨과 슬픔, 절망과 희망 등이 연속적으로 일어나는 생명의 여정이다. 낮음이 있어야 높음이 있고, 추함이 있어야 아름다움이 있으며, 음지가 있어야 양지가 있듯이 삶도 상반되는 개념이 상존하여야 성장과 성숙의 의미를 느낄 수 있을 것이다. 성격도 이와 같이 자극에 대해 호·불호, 쾌·불쾌의 정서가 작용하고, 정서에 따라 인식하고 반응하는 성향이 익숙해진 것이다. 이 과정은 유전자 지도에 따라 단번에 형성되는 것이 아니고 신체의 성장에 따라 정신의 발달이 이루어지고, 사회화를 통해 성숙하는 긴 기간을 필요로 한다. 이 여정은 생명의 특성인 자기증식성, 자기조작과 자기제어, 반응과 조절 등의 활동을 통해 시행착오를 겪은 후에 일관성 있는 체계를 구축하게 되는 것이다.

유형	욕구	유형 특징	날개	날개 추가			비고
				에너지 원천	유형 특징	명명	
6	탐구	신뢰	6w5	탐구욕	정보	방어자	신뢰를 위해 지혜를 탐구.
			6w7	탐구욕	재미	친구	신뢰를 위해 재미를 탐구.

(표에서 날개의 명명은 리소와 허드슨의 에니어그램의 지혜에서 인용)

자신의 욕구와 효능감에 따라 일관성 있는 인식과 반응체계를 확립하였다가도 새로운 경험을 하게 되면 자신의 반응체계가 변하고 수정되며 조정된다. 이 변화를 통하여 각 유형의 날개가 형성되는 것이다. 날개라는 말의 의미에서 알 수 있듯이 날개가 생겼다고 몸통에 변화가 있는 것은 아니다. 각 유형의 특성은 기본적으로 유지한다. 다만, 욕구의 다변화로 의지, 사고, 감정의 폭이 넓어지고, 그 효능감에 변화가 있다는 의미이다.

6번 유형은 편안함 탐구에 대한 욕구가 매우 강하여 혹시 편안함을 찾지 못할까 매우 두려워한다. 이러한 두려움 때문에 자기효능감을 제대로 인식하지 못하고 현실에 대응적으로 반응한다. 이러한 6번 유형이 현실에 대응하는 과정에서 자기 나름의 결과를 얻게 되어 자기효능감을 긍정적으로 인식하게 되면 5번 유형과 같이 정보 탐구에 긍정적 신념을 갖게 된다. 이런 경우 이들은 5번 날개를 가진 6번 유형(6 w5)이 되는데, 이들은 6번의 특성인 신뢰를 목표로 하여 5번과 같이 지혜를 탐구한다. 우리는 이들을 방어자라고 칭한다. 이들을 방어자라고 칭함은 6번이 갖는 강한 두려움에서 벗어나 안정을 얻을 수 있는 신뢰(확신)를 획득하기 위하여 5번의 특성인 정보나 지혜로 상황을 재구성하기 때문이다. 이들은 자신이 의존하는 질서나 권위를 지혜로 생각하고 신뢰하며, 안정적이고 신중하다. 기존의 질서나 권위에는 법과 지도층 인사, 논리적 사고를 필요로 하는 수학이나 과학과 같은 학문도 포함된다.

이들이 공존적, 공개적, 생산적, 상보적, 수용적인 삶을 영위하면, 이들은 긍정적 인식과 지지적인 행동을 하게 되는 건강한 상태가 되는데, 이 경우 이들은 신뢰할 수 있는 안식처를 공생적이고 상보적이며 긍정적으로 탐구하려 하므로 사회제도나 정책 등을 깊이 있게 분석하여 사회적 안전망을 확보하려고 한다. 자신이 왜 두려워하는지를 합리적으로 파악하여 긍정적으로 대응한다.

이들이 자존적, 준법적, Zero-sum적, 가정적家庭的인 삶을 영위하면, 이들은 현실적이고 자기 중심적인 행동을 하는 보통의 평균적인 심리적 상태가 되는데, 이 경우 이들의 안정은 자기중심이라는 굴레에 얽매여 구속된다. 안정에 대한 의심으로 신뢰할 수 있는 안식처를 논리적이고 합리적으로 탐구한다. 자신의 안정을 해하려고 한다는 의심이 들면 비판적이 된다. 긍정적 효능감을 갖게 되어 두려움에서 점차 벗어나 차분해지고 편안해지는 경향이다. 6번에 비해 의존적인 태도에서 벗어나 자기다움을 찾고 타인이 승인이나 조언에서 벗어나는 경향이다.

2) 7번 날개를 가진 6번 유형(6 w7 : 친구)

사회에 적응과정에서 욕구나 효능감의 다변화로 인식과 반응체계가 변하게 되면 성격도 변화를 가져온다. 여기서 유의하여야 할 것은 근본적으로 욕구나 효능감이 변하는 것이 아니고 기본을 유지하면서 다변화하고 확장한다는 점이다. 그래서 이런 변화를 날개라고 하는 것이다. 날개가 있음은 몸통이 있음을 뜻하고, 몸통은 날개가 생성하더라도 그대로 유지한다. 하지만 몸통으로 현실에 대처하던 방식은 날개의 출현으로 인해 변화를 맞게 된다는 점이 다른 점이다.

6번 유형은 안정(편안함)에 대한 욕구가 매우 높아서 두려움에 대한 불안도 매우 높다. 이 두려움 때문에 자신의 욕구를 적극적으로 추구하지 못하고 현실적인 편안함으로 대응한다. 현실적인 대응을 통하여 매몰되어 있던 효능감을 인식하게 되어 소극적 효능감을 갖게 되면 7번 유형의 재미를 탐구하게 되고 적극적 효능감을 갖게 되면 5번 유형의 지혜를 탐구하게 된다. 소극적 효능감을 갖는 경우를 7번 날개를 가진 6번 유형(6 w7)이라고 한다. 우리는 7번 날개를 가진 6번 유형을 친구라고 칭한다. 이들은 6번 유형의 신뢰를 목표로 하여 7번 유형의 재미를 탐구한다. 이들을 친구라고 칭함은 6번이 안정을 얻을 수 있는 신뢰(확신)를 획득하기 위하여 7번의 특성인 재미있는 아이디어를 탐구하는데 이들이 외향적이라서 이 재미를 주변과 공유하려 하기 때문이다. 다시 말해서 낙천적인 이들은 타인들과 더불어 재미있는 외부활동을 통하여 안정을 얻으려 하기 때문에 친구라 칭하는 것이다. 이들은 질서나 권위를 신뢰하고 그에 의존적이었던 반응방식을 7번의 특성인 재미있는 아이디어를 탐구하는 반응방식으로 대체한다.

이들이 공존적, 공개적, 생산적, 상보적, 수용적인 삶을 영위하면, 이들은 긍정적 인식과 지지적인 행동을 하게 되는 건강한 상태가 되는데, 이 경우 이들은 두려운 시각으로 보던 사물을 낙천적으로 보게 되어 권위나 질서에 의존적인 모습에서 벗어나 편안하고 넉넉한 마음을 가진 활달하고 친근한 친구가 된다. 이들은 친구와 상보적이라 주변의 안정과 즐거움을 위해 자신이 희생할 수도 있다. 이들은 개방적이고 외향적일 때 열정과 활력을 느낀다.

이들이 자존적, 준법적, Zero-sum적, 가정적家庭的인 삶을 영위하면, 이들은 현실적이고 자기 중심적인 행동을 하는 보통의 평균적인 심리적 상태가 되는데, 이 경우 이들의 안정은 자기중심이라는 굴레에 얽매여 구속된다. 친구이면서도 자기중심적이라 자신의 이해와 안정을 중시하는 이기성을 보이고, 과장되게 표현하며, 자기중심의 즐거움을 추구하기도 한다. 자기자신의 문제를 개방하기를 꺼려하고, 상대방이 자신이 의존할 수 있게 자신을 수용해 줄 것을 희망한다. 그냥 즐거운 친구가 되기도 하지만, 이들은 중요한 사안을 신뢰하는 친구에게 조언을 구하는 모습도 보인다.

아. 6번 유형의 장애 대처방식(Ⅳ장 3항 참고)

6번 유형은 탐구욕을 자극인식의 틀로 이용하여 편안함과 안정감을 추구하고, 현실적 자기효능감을 소유하여 현실에 대응하면서 사물을 재구성하는 성실형이다. 현실적으로 대응한다고 함은 편안함과 안정감을 추구하기 위하여 현실에 타협하고 조정하면서 편의적으로 반응하는 것을 의미한다. 현실적인 편안함의 탐구는 이들이 안정감에 대한 욕구가 매우 강하기 때문인데, 가장 쉽고 가까운 방법은 어디에 의존하거나 도움을 받는 것이다. 이 방법이 현실적인 외부의 질서나 권위에 의존하는 것이다. 그리고 찾은 질서나 권위를 놓지 않으려 하고 그것에 성실하려고 한다. 그래서 이들이 성실형이다.

안정감에 대한 욕구가 매우 강하나 이들은 의심도 많고, 충성심도 강하며 성실하다. 안정적이라 함은 고정적이고 지속적이며, 변화가 적은 경우이다. 그러면서도 6번들은 안정을 방해하는 것에는 반항적이다. 이는 안정에 대한 욕구 때문에 의심을 하게 되고 안정을 해하는 것에는 반항적이되는 것이다. 자신의 신념을 위해 투쟁도 불사한다. 이들이 안정감에 대한 욕구가 강하다고 함은 안정감에 대한 불안이 크다는 의미도 된다. 이들이 탐구하는 것은 안정을 찾아 의존할 수 있는 곳이다. 자신의 신념, 법과 질서 혹은 권력과 재력 등이 여기에 해당한다.

반대나 저항에 대처방식

유형	욕구	기본 반응	성격 유형	의식적 수용/거부의 반응			무의식적 반응	
				입장고수 방법	승복	신경증 반응	충동적 반응	방어기제
사고 중심								
6	탐구욕	안식처 물색	성실형	반발	두려움	접근적	의존적	투사

성실형인 6번 유형이 어떤 일을 수행할 때 저항이나 반대에 직면하면 어떤 반응을 보일까? 앞에서 설명한 바와 같이 자기 입장을 고수하는 경우, 저항에 승복하는 경우, 불안정한 상황에서 자극에 자기애적이고 과민하게 반응하여 신경증적일 경우, 전혀 예상치 못한 반대에 충동적으로 반응하는 경우로 구분할 수 있을 것이다.

이들은 안정을 취하고 싶으나 자기효능감을 인식하지 못하고 현실의 요구에 대응하지 못할까 불안을 느끼고 있기 때문에 외부의 기대에 부응하려고 애를 쓴다. 이들은 환경 대응에 집중함으로써 책임의식을 강하게 느끼고, 자신에게 요구되고 기대되는 것에 대한 염려와 두려움을 느끼고 살아간다. 이들은 정신적으로 성장하고 가치 있는 사람이 되기 위해서는 의지할 수 있고, 내적 안내자가 될 수 있는 규범과 규칙(외부에서 찾은 지혜)을 충실히 지키고 의무를 충실히 이행하는 것이 중요하다고 생각한다. 이들에게 올바르다는 것은 단지 질서를 지키는 것이고, 그릇됨은 질서를 어기는 것으로 단순하게 질서와 규범에 의존한다. 이들은 질서에 의존하는 것이 올바름이라 한정함으로써 올바름에 대한 잘못된 인식을 갖고 있다. 이들이 외부의 저항을 만나게 되면 방해가 올바르지 않다고 생각하고, 안정을 방해 받게 되어 반발하며 외부를 얼마나 신뢰해야 할 것인 의심하게 된다.

6번 유형이 어떤 이유에서 저항에 승복을 하게 되면 두려움을 느끼게 된다. 이들에게 문제의 사안은 외부 여건이 충분히 반영되고, 외부의 질서와 권위에 합당한 것으로 생각하였기에 저항에 승복하여야 한다는 상황이 매우 당황스럽고 두렵게 느끼는 것이다. 물론 이들의 두려움에는 이들의 특성인 의심이 많다는 점에도 원인이 있다.

6번 유형이 저항에 대한 갈등으로 불안하고 짜증스러운 신경증적 상황이 되면 접근적인 경향이다. 근본적으로 사고중심은 물러나 숙고를 하는 편이데 6번은 현실적이라서 현실의 질서에 의식적으로 접근적이다. 현실의 질서는 자신이 이제껏 의존하던 질서가 아니라 새로운 질서이고 권위인 것이다.

6번 유형이 예상하지 못한 충동적인 상황에 놓이게 되면 일단 무의식적으로 의존적이다. 이들이 의존적인 것은 이들이 충동에 처하면 본능적으로 현실에 의존하기 때문이다. 신경증적인 경우와 차이는 신경증적일 경우는 의식적으로 반응하기 때문에 접근적이고, 충동적인 경우는 갑작스런 본능적인 반응이기 때문에 의존적인 것이다.

이들이 사용하는 방어기제는 투사이다. 투사란 다른 사람들도 자신의 태도나 감정과 똑같은 것을 가졌다고 단정하려 드는 경향으로 아이들에게서 흔히 볼 수 있다(두산백과). 또 자기 자신이 스스로도 납득하기 어려운 사고思考, 감정, 만족할 수 없는 욕구를 갖고 있는 경우에 그것을 타인에게 돌려 버리는 것과 같은 무의식적인 마음의 움직임이다. 이것은 방위기제防衛機制의 한 가지로 동일시同一視의 한 형태이다. 스스로도 용인할 수 없는 자신의 충동이나 태도 혹은 행동을 다른 사람이나 환경의 탓으로 돌리는 것을 말한다. 테니스를 할 때 실수로 공을 잘못 치고서는 자기 테니스 채를 탓하는 경우가 이 예에 해당한다. 대체로 투사는 열등감을 은폐하려는 행동을 중심으로 전개되며, 완고한 심성을 지닌 사람이나 비현실적 기준을 갖는 사람들에게서 가장 많이 나타난다.

가. 성격 개관: 늘 바쁘며, 재미를 계획하는 유형

7번 유형 나비형은 사고중심의 심리에너지와 소극적 효능감의 조합에 의하여 형성된 성격 유형으로 장애에 직면하면 의존적 충동행동, 대항적 신경증적 행동, 자기옹호적인 의견고수 방식으로 대처하는 유형이다. 심리에너지 원천이 사고중심이라 자극 감지의 동기로 탐구욕을 활용하는데, 이들은 깊이 탐색하는 데 자신감이 부족하여 마음의 안정감과 편안함을 쉽게 구할 수 있는 즐거움을 선택하고 이에 대한 기대감을 향유하려고 한다. 그리고 가능하면 편안함의 방편이 될 수 있는 놀이 같은 일이나 활동을 계획하게 되는데, 이것이 습관이 되어 재미있는 일의 계획을 좋아하고, 항상 이런 계획들이 백화점에 진열된 상품처럼 머리 속에 진열되어 있다. 이들의 창조물인 계획은 고통 회피와 즐거움을 전제로 만들어 진 것이므로 실현 가능 여부는 조금 소홀히 하는 경향이다.

이들은 안식처인 꿈속에서 배후에 있는 즐거움을 누리려고 한다. 그러나 정작 이들이 누리는 것은 즐거움 자체라기 보다는 그에 대한 기대감이다. 이들의 꿈은 재미를 동반하고 있어서 하는 일이 마치 취미 생활을 하는 것처럼 보인다. 이들은 자기효능감이 부족하고 소극적이기 때문에 책임과 깊은 관여를 회피하려 하고, 회피의 방편이나 위장 전술로 또 다른 대안을 만들어 간다. 이들은 사안을 새로운 시각으로 보는 감각을 활용하여 가능성을 발견하는 데는 특별한 재능을 발휘하며, 수행할 수 있는 것보다 많은 아이디어를 창안한다. 일을 끌어 들이기는 하였으나, 통상적이고 상투적인 진행방식이나 변화에서 오는 번거로움을 감내하기 싫어하고 고된 일을 싫어하여 오래 머물지 못하고 또 다른 꿈을 찾아 나선다. 아이디어가 풍부하여 항상 옮게 갈 계획이 준비되어 있어서 이 계획에서 저 계획으로 나비처럼 옮게 다닌다. 따라서 시작은 요란하나 깊이가 없고 결과를 제대로 만들지 못한다.

이들은 꿈과 기대감이 있어야 즐거움과 안정감을 느끼기 때문에 즐길 꿈이 없으면 두려움에 불안해 한다. 이들이 고통을 직면하지 못하고 피하려고 하는 것은 자기효능감 부족과 소극성 때문이다. 인내와 끈기로 고통을 극복하지 못하면 자신감을 회복하기도 어려울 뿐만 아니라 자신이 찾고 있는 진정한 즐거움도 얻지 못한다는 점을 인식하여야 할 것이다. 그리고 고통에 대한 인식의 전환이 필요할 것이다. 산모가 산통을 겪지 않고는 아이의 웃음소리를 듣는 기쁨을 누리지 못하듯이 고통이란 피할 수 있는 것이 아니라, 좋은 결과를 얻기 위하여 치러야 할 대가인 것이다. 어려움과 불편을 참고 견디어 내면 그 불편은 하나의 씨앗이 되어 큰 수확과 행복을 가져다 주는 밑거름이 될 것이다. 고통을 희망으로 보는 인식의 전환이 유형7들에게는 꼭 필요한 것이다.

이들은 효능감이 부족하므로 고통 회피, 즉흥적, 변덕스러움과 산만함을 지닌다. 또 편안하기를 갈구하기 때문에 욕심이 많아 다양하고 많은 정보를 축적하려고 한다. 다양한 정보로 인해 이들은 재주가 많아 보이고, 이를 기초로 외향적이고 고비가 풀린 말처럼 이리저리 배회하기를 즐긴다. 영혼이 자유로운 사람으로 보이고 영원한 청춘이며, 피상적이고, 모험을 좋아한다. 직장에 입사하자 얼마 지나지 않아 '그만두어야지'라는 말을 서슴지 않고 하여 주의를 당혹스럽게 만들기도 한다.

의무 이행에 약하고, 여러 가능성들을 열어 두고 싶어 하며, 즐거운 분위기를 잘 마련한다. 시작한 일을 끝마치기 전에 다른 일들을 계획하고, 그 일들의 윤곽을 여기저기에 흘리고 다니기 때문에 주위를 난처하게 만들기도 한다.

이들이 대항적이고 자기주장적인 신경증적 행동유형을 보이는 것은 효능감이 부족하여 주변의 지지를 확보하여야 하므로 자기 주장적인 행동을 할 수밖에 없다. 이들은 스트레스의 고통을 피하기 위해서는 재미있는 계획이나 망상으로 대항하고 퉁명스러워진다. 이들에게는 떠도는 소문도 진실처럼 보이고 마치 바로 실행될 것과 같은 사안으로 둔갑하여 기대감을 형성하기도 한다. 연기처럼 부풀어진 기대감은 이들의 자기 주장적인 힘을 받아 피어나기 시작하면, 이들은 또 다른 불쏘시개를 찾아 불을 옮게 붙이기 시작한다.

이들의 충동행동이 의존적인 것은 자기효능감 부족과 소극성 때문에 자신의 꿈과 계획을 관철하지 못하고 외부의 굴레에 의존한다는 의미이다. 물론 사안 자체가 실현가능성이 약하기 때문에 환경에 의존적일 수밖에 없기도 하지만 충동적 상황에서는 환경의 압력을 극복할 힘이 이들에게는 부족한 것이다. 이러한 점은 이들을 강력한 리더의 감독하에 있는 팀의 일원이나 목표가 분명한 조직에 배속시키면 좋은 결과물을 얻게 할 수도 있다.

이들의 특성을 나타내는 단어로는 재미, 새로움, 명랑한, 상상력, 낙천적, 즉흥적, 모험, 실없는, 빈둥거리는, 자유로운, 말이 앞서는, 호기심이 많은, 다재 다능한, 기지 있는 등이다.

나. 성격 특성

별명	몽상가, 계획자, 모험주의자, 낙관주의자.
두려움	고통 받는 것.
욕망	기대감에 사로잡힘.
이미지	낙천가, 명랑, 활달, 쾌락주의, 빈둥거리며 태평하게 지내는 사람, 변덕스러움, 중도 포기, 향락주의.
성향	고통과 괴로움 회피. 장래를 낙천적으로 생각하고 명랑하고 밝은 기분으로 행동.
포로	육체적/심리적 고통을 피함. 즐거움 자체가 인생이며 즐겁게 되도록 꿈꾸고 계획함. 낙관주의로 일의 밝은 면만 봄.
방어기제	합리화(실패나 상실 등으로 상처받은 자아를 그럴듯한 이유로 변명하려 함).
리더십 유형	배회 관리, 즉흥적 아이디어 나열, 개인정보망 형성.
생활 신조	비상飛上을 꿈꾸자.
의사소통 유형	브레인스토밍, 명쾌하고 신속한 아이디어, 터무니 없는 가정.
금언	내가 생각하는 것처럼 나쁘진 않다. 내일 아침이면 더 좋아질 것이다.
대표적 인사	피터 팬.
함정/출구	몽상/분별력.
열정/구원	방종/절제.
이상상	낙천적이고, 행복하며, 멋지다.
유혹/회피	공상(계획)/고통.
건강 상태	낙관적, 자발적, 매력적, 재미 있는, 기지 있는, 영감적, 행복한, 다재 다능한.
보통 상태	지나친 활동성, 쾌락주의, 피상적.
저조 상태	완고한, 자기 도취적, 과도한, 반항적, 소유욕, 집중 불가, 절제불가, 광적인, 충동적, 천박한.

다. 유형 7과 같은 팀이라면

1) 유형 7의 외부와 연결하는 끈은 기대감과 꿈이다. 꿈은 실현을 전제할 수도 있지만 단지 꿈으로서 생명을 다하는 경우도 많다. 실현이 어려운 것은 환경의 제약과 기술의 한계가 있기 때문이다. 이들은 이 한계를 극복하려 들지 않는다. 이 한계의 극복에는 고통이 따르고 시간이 필요한데 이들은 고통을 극복할 효능감을 갖지 못하므로 회피하고자 한다. 그들의 참신한 아이디어를 실현할 수 있게 지원할 수 있는 방안을 마련하고 그들이 계속 관여할 수 있게 만들어라.

2) 유형 7의 꿈은 혼자서 해결하기에는 버겁고 자기 변명에 불가한 경우도 있지만 구체화 하면 매우 창의적이고 가치 있는 사안도 있음을 간과해서는 안 된다. 이들의 꿈과 열정, 비전에 편승하여 당신의 실행력을 공유한다면 좋은 결과를 만들 수 있다. 유형7들은 근본적으로 자기의 아이디어에 타인이 편승해 공유해 주기를 기다리고 있는 사람이다.

3) 유형 7들은 가정법을 좋아한다. 가정을 현실화하는 데는 질문이 가장 유효한 도구이다. 계속 질문하여 그들의 아이디어를 구체화하고, 어떠한 지원이 필요한지를 타진하라. 비판하지 말고 시간의 여유를 준다면 더욱 알찬 대안이 만들어질 수 있다. 시간의 여유를 주지 않고 계속 밀어붙이면 유형7들은 겁을 먹고 도망가 버린다. 자유로운 공간을 만들어 주되, 그 공간은 반드시 경계나 기한을 정하여 주어야 하고, 필요한 지원을 하여 책임감을 느끼게 만들면 좋을 것이다.

4) 조바심과 비판은 이들의 자유로움을 강탈하여 같이 머물 수 없게 만든다. 이들에게 자유로움은 삶의 가치를 느낄 수 있게 하는 영혼의 놀이터이다. 이 자유로움이 사라지면 이들의 두뇌는 정지하고 감각 자체가 오작동을 하게 된다. 합리화라는 방어기제만 이들을 지배할 것이다.

라. 유형 7인 당신은

1) 당신은 영혼이 자유로워 가볍고, 동시 다발적이며, 많은 아이디어를 창출하나 오래 지속하지 못하고, 관여하기를 좋아하나 깊은 관여는 싫어하는 특성을 지니고 있음을 통찰하여야 할 것이다. 많은 아이디어도 좋지만 비현실적인 것은 꿈으로만 간직하는 분별력이 필요하다는 점을 간과하지 말아야 할 것이다. 아이디어의 목적을 분명히 하고 목적에 부합되는 방안을 제시한다면 분별은 스스로 분명하여 짐을 명심하여야 한다.

2) 합목적적이라고 생각되면 자원동원의 방법을 구체화하고 절차를 정하여 시행하도록 하여야 한다. 수단을 어떻게 동원할 것인가를 고려하지 않고 이것 저것 집적거리면 주변으로부터 신뢰를 얻지 못할 우려가 있음을 간과하지 말고 절제할 필요가 있다. 아이디어라고 말하지만 듣는 사람에 따라 잡동사니나 불만으로 받아들일 수도 있고, 시행 가능성이 없는 공상에 불가하다는 평을 들을 수 있다.

3) 기회를 포착하여 날아오르려고 한다면 세상과 연결할 연결고리나 끈을 준비하고 이를 튼튼히 하여야 할 것이다. 다양하고 참신한 아이디어는 환경이 수용할 준비가 되어 있지 않은 경우가 많다. 이를 수용할 수 있는 환경으로 만들기 위해서는 연결고리가 필요한데, 이 고리는 정보 처리기술이나 물리적 변화 기술로서 이를 채용하지 않고는 아이디어가 현실화 할 수 없는 것이다. 유형7인 당신은 기술 소유자를 찾고 동원할 수 있는 능력을 발휘할 수 있어야 비상할 수 있음을 유의하고, 계획을 공개하기 전에 철저한 사전 검토를 하여야 할 것이다. 머리에 떠오른다고 모두 필요한 아이디어가 아님을 염두에 두고 생각나는 대로 입 밖으로 쏟아내지 않는 것이 좋다. 실현하고 싶은 아이디어가 많다면 중요도를 근거로 우선 순위를 정하여 가장 좋은 안을 먼저 시행하는 슬기를 발휘하여라.

4) 당신의 상사는 당신의 특성을 이해하고 조직의 효율을 제고하기 위하여 조직의 틀에 당신을 얽어 매어 두려고 할 것이다. 스스로 얽매였다고 생각하지 말고 당신의 약점을 보완해 주기 위한 방편이라고 생각하고 이를 이용하는 지혜를 발휘하는 것이 바람직할 것이다.

5) 일을 하는 중간에 다른 사안으로 옮게 가는 것을 피하라. 당신이 시작한 일이라면 끝까지 책임감 갖고 완수하도록 하고, 그 결과의 평가를 분명히 하여라. 분별력과 절제, 끈기, 책임감이 없으면 침착하지 못하고 충동적이며, 자기도취적인 사람으로 오해 받기 쉽다.

마. 7번 유형의 정신건강(VII장 5항 참고)

7번 유형은 사고중심이라 자극 인식의 동기로 탐구욕을 활용하는데, 이들은 깊이 탐색하는 데 자신감이 부족하여 쉽고 가볍게 구할 수 있는 즐거움에서 안정감과 편안함을 구하려 하며, 이에 대한 기대감을 향유하려고 한다. 이들은 재미있는 일의 계획을 좋아하고, 항상 이런 다양한 계획들이 머릿속에 진열되어 있다. 이들의 계획은 고통의 회피와 즐거움의 추구에서 만들어 진 것이므로 실현가능성보다는 꿈과 같은 것들이다. 이들은 자기효능감이 소극적이라 책임과 같은 깊은 관여는 회피하려 하는데, 회피의 방편으로 다른 대안을 만들어 낸다. 여러 가지 방안을 창출하기는 하였으나, 시행의 번거로움과 난관의 극복, 고통 회피 성향 때문에 정작 시행에는 몸을 사린다. 어려움에 부딪치면 또 다른 꿈을 찾아 떠난다. 마치 나비가 여기저기 옮게 다니며 꿀을 모우는 것과 같이 이 계획에서 저 계획으로 나비처럼 옮게 다닌다. 이들은 소극적 효능감 때문에 즐길 기대감이 없으면 두려워하거나 불안해 하고 고통을 회피하려 하는 것이다. 이러한 특성은 이들의 지적 장비와 이들이 인간의 본성에 얼마니 충실한가를 나타내는 정신건강에 따라서 다르게 표출된다. 여기서는 이 책 Ⅶ장 5항 정신건강-자아확장과 수축에서 설명된 정신건강의 상태에 따라 7번 유형의 특성이 어떻게 나타나는지를 알아보고자 한다.

건강한 상태에 있는 7번은 공개적, 생산적, 상보적, 수용적이고, 시너지 효과나 삶의 확장, 공동의 가치 등을 중시 한다. 이들은 자신의 아이디어를 성숙시키는 데 부족하였던 에너지를 외부에서 공급받을 수 있게 수용적이고 공개적인 입장을 취하여 난관을 극복하고, 고통을 직면하여 대처함으로써 산통產痛 극복의 진정한 기쁨을 찾게 된다. 이러한 경험은 즐거움만 찾아 옮게 다니는 성향에서 벗어나 아이디어의 실현에서 오는 즐거움을 만끽하게 하는 다재 다능한 성향을 갖게 한다. 이들은 자신의 다양한 취향과 정보력을 집단의 발전에 필요한 보편적인 가치를 위해 사용함으로써 주변으로부터 자발적이고 낙관적이며 재미있는 활력공급자라는 평을 듣게 한다.

보통상태의 7번은 자존적, 준법적, Zero-sum, 가정家庭적인 특성을 지닌다. 이들은 7번 유형의 일반적 특성을 지닌다. 이들은 소극적인 효능감을 소지하여 아이디어를 숙성시켜 완성하지 못하고 새로운 것을 쫓아 배회하기를 좋아하고, 여기저기서 정보를 물어 나른다. 아이디어는 많으나 산만하고 집중적이지 못하여 피상적이다. 다양한 아이디어를 갖기 위해 외향적이고 활동적이며, 즐거움을 쫓기 때문에 소비지향적이기도 한다. 자기중심적인 성향 때문에 정보를 많이 축적하여 자신의 존재감을 강조하기도 한다. 즐거운 분위기는 좋아하면서도 깊이 빠져들지는 않고, 의무 이행은 약한 성향이다.

저조한 상태의 7번은 비현실적, 폐쇄적, 충동적, 공격적, 불안, 우범적인 특성을 보인다. 이들은 내적 안내인 지혜를 찾고자 하나 소극성 때문에 깊이 있게 탐구하지 못하고, 폐쇄적인 태도 때문에 책임을 피하고, 충동적으로 행동하며, 절제하지 못하는 성향을 보인다. 현실을 부정적으로 인식하여 자신의 몫보다 타인의 몫이 크다고 느끼며, 자기 입장만을 강조하여 주변환경을 고려하지 않거나 쾌락을 탐닉하여 자기도취적이고 과도한 성향을 보이기도 한다. 이러한 성향 때문에 탐욕스럽게 보이기도 하며, 비현실적이고 절망적인 인식으로 불안과 두려움에서 우울해 하거나 무기력해지기도 한다.

7번 유형 정신건강 수준

구분		태도/가치	인식/반응	경향성
	건강	공존적, 공개적, 생산적, 상보적, 수용적, 시너지 효과, 삶 확장	긍정적 인식, 지지적 행동	낙관적, 자발적, 매력적, 재미 있는, 기지 있는, 영감적, 행복한, 다재 다능한.
	보통	자존적, 준법적, Zero-sum, 가정적家庭的	현실적 인식, 자기중심적 행동	지나친 활동성, 쾌락주의, 피상적
	저조	방어적, 비현실적, 자타 파괴적, 폐쇄적, 충동적, 공격적, 불안, 우범적	부정적 인식, 감각적 행동	완고한, 자기 도취적, 과도한, 반항적, 소유욕, 집중 불가, 절제불가, 광적인, 충동적, 천박한.

(그림 중 원기둥은 돈 리소의 '에니어그램의 지혜'에서 인용 수정)

저조한 상태의 이들이 부정적 인식에서 벗어나기 위해서는 현실을 있는 그대로 받아 들이는 것이 중요하다. 현실을 수용하고 인정해야 나아갈 방향을 정립할 수 있기 때문이다. 현실을 수용한다는 것은 반작용을 보이지 않고 물러나 현실을 받아들인다는 것으로 불안과 고통을 직면한다는 것이다. 불안에 반응하면 긴장되고 두려우며 부정적인 면들이 엄습해 오지만, 이에 반응하지 않고 객관적으로 바라보면 그저 지나가는 바람과 같은 것이 아닐까? 골짜기에 내려서면 더 내려갈 곳은 없고 올라갈 길만 있듯이 현실이란 바닥에서 자유로움을 찾는 것이 중요하다. 물론 이는 쉬운 일이 아님은 당연하다. 그래도 그 길이 나락에서 솟아날 방향임을 체득해야 한다. 바쁘고 분주한 내면의 상자를 한 편에 돌려놓고 물러서서 바라보는 여유를 찾게 되면 즐거움이 편안함이 아니라는 것을 이해하게 될 것이다. 진정한 편안함은 인간의 보편적인 가치인 본성에 충실할 때 얻게 되는 생동감에서 오는 기쁨이 아닐까?

바. 7번 유형의 선순환과 악순환(Ⅶ장 5항 참고)

1) 건강상태별 인식·반응·평가

7번 유형은 고통과 불편을 회피하고 재미나 행운이 있기를 욕망하는 유형으로 재미있는 계획의 기대에 빠져 즐거워한다. 이들이 자신의 욕망을 성취하기 위하여 환경과 자극을 인식, 반응, 평가하는 행동양식을 건강상태별로 구분하면 다음 표와 같다.

건강한 7번은 환경과 자극을 긍정적으로 인식하여 재미있는 다양한 계획이나 아이디어(idea)를 갖게 되면 편안함을 얻을 수 있다고 생각한다. 이들은 공존과 상생의 태도로 환경과 자극에 임하여 계획을 준비하고 그 결과를 낙관적으로 평가한다. 이런 생각과 행동은 이들의 긍정적 사고를 더욱 조장하게 되어 이들을 선순환 고리에 머물게 한다. 이를 그림으로 그리면 아래 좌표형태의 그림이 되고, 선순환의 고리는 X축 상부의 원에 해당한다.

보통의 7번은 환경과 자극을 편의적이고 자기중심적으로 인식하여 욕망인 재미에 대한 기대감으로 편안해질 수 있다고 생각한다. 이들은 자기중심적으로 환경과 자극에 대하여 흥미롭게 생각하고 기대감을 보인다. 이들은 탐구욕에 대한 소극적 효능감을 소유하여 이들이 가진 다양한 착상에 대하여 그 착상의 깊이나 시행가능성 등 현실성에 불안해 한다. 이런 불안은 이들을 더욱 자기 편의적으로 만들어 이들을 보통의 상태에 머물게 한다. 이들은 외부 환경이 우호적이거나 비우호적으로 변해도 자기 편의적인 태도를 보인다.

저조한 상태의 7번은 환경과 자극을 부정적으로 인식하여 반항한다. 이들의 환경에 대한 반항은 환경이 비우호적이라 자신의 계획이 용인되지 않고, 희망이나 편안함을 성취하기 어렵다고 생각하기 때문이다. 이들의 반항 반응은 현실을 부정적으로 인식하고 자신이 불우하다고 평가하기 때문이다. 이들은 불우하다는 평가는 더욱 환경을 부정하는 태도를 갖게 만든다. 이런 결과로 이들은 계속 악순환의 고리에 머물게 된다. 이를 그림으로 그리면 아래 좌표형태의 그림이 되고, 선순환의 고리는 X축 하부의 원에 해당한다.

정신건강 상태별 인식·반응·평가

유형	욕구	효능감	욕망	행동	회피	방어	건강			보통			저조		
							인식	반응	평가	인식	반응	평가	인식	반응	평가
							우호적 환경			편의적 환경			비우호적 환경		
							긍정	공존	긍정	편의	자존	현실	부정	공격	부정
7	탐구	소극	재미	계획	고통	합리	재미	비전	낙관	재미	기대	불안	재미	반항	불우

2) 건강상태별 순환고리

일반적인 7번 유형은 탐구를 통해 내면의 안내인 희망을 찾지만, 심오하고 중요한 것을 탐색하는 데는 자신감이 부족하여 주로 목적보다는 수단과 방법에 관련된 것을 탐색하며, 한곳에 오래 집중하지 못하고 이것 저것, 여기 저기에서 다양한 아이디어를 수집하거나 만들어 내고, 재미 있다고 생각되는 사건을 구상하고 계획하면서 즐기는 유형이다.

그러나 건강한 정신상태의 7번들은 환경을 우호적이고 긍정적으로 인식하므로 자신의 욕망인 재미를 실현하기 위해 우호적인 환경에서 다양하고 많은 정보를 수집하고 이를 가공하여 창의적인 발상을 하므로 상당히 낙천적인 경향을 보인다. 일반적인 7번 유형은 소극적 자기효능감을 가지고 있음에도 불구하고 사고중심이 갖는 내면의 상자로 물러나 숙고하는 데 소극적이라 반대로 외향적인 경향을 갖는데, 특히 건강한 상태의 7번은 수용적이고 공개적인 입장을 취하여 고통에도 직면하는 여유를 갖고 이를 즐거움의 대상으로 삼는다. 또 일반적인 7번 유형은 고통을 싫어하고 즐거움을 추구함으로 깊이 사고하지 않고 가볍고 작게 생각하여 발상이 쉽고 다양하나 발상을 최종 결과물로 만드는 끈기가 부족한 면이 있는데, 건강한 상태의 7번은 낙관적이라 두려움 없이 실행에 옮기고 결과물을 만들어 낸다. 이들이 갖는 선순환의 고리는 환경에 대한 낙관이 동기가 되어 발상하고 계획하며, 고통을 망설임 없이 직면하는 여유를 통해 즐거워하고 만족해 하는 경향을 제공한다.

7번 정신건강상태와 순환고리

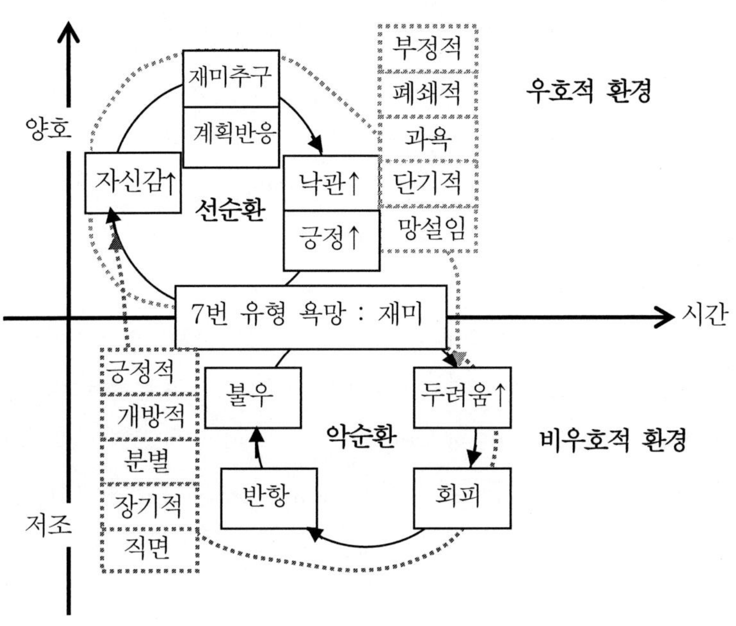

보통의 정신건강을 소유한 7번들은 자기세계에 의식의 초점을 맞추어 결과보다는 과정의 즐거움에서 욕망인 재미나 행운을 구하는 경향으로 책임감이 약하고 산만하여 흥미 위주적인 면을 나타낸다. 이들의 자기중

심적 순환고리는 자기영역에서 재미있는 구상이나 계획을 자신이 동원 가능한 자원을 이용하여 실행하는 경향인데, 좀 더 넓고 큰 계획을 수립하고 실행하려 하나 자원의 동원에 대한 집중력과 자신감이 부족하고 동원 방법을 적극적으로 검토하지 못하여 고통스러워 하는 경향이다. 이런 이유에서 이들이 과감한 계획을 수립하고 실행하면 실패의 가능성이 있으므로 누군가 이를 보완해 주면 좋은 결과를 얻을 수 있을 것이다.

저조한 상태의 정신건강을 소유한 7번들은 환경을 비우호적이고 부정적으로 인식함으로써 사고思考를 통해 상황을 재구성하기 어렵고, 내면의 안내인 희망을 찾는 것도 곤란하다. 희망이 없는 암담한 현실에서 자극이 입력되면 어떠한 결과를 만들까? 자극을 처리할 수 있는 마음의 여유도 없고, 처리할 수 있는 방법도 찾기 어려우며, 누구의 도움도 구할 수 없는 최악의 경우라면 두려움을 느껴 현실에서 사라지고 싶거나, 현실을 파괴하고 자신의 즐거움이나 마음껏 탐닉하고 싶은 반항적인 마음이 일어날 것이다. 이들의 악순환의 고리는 내면의 안내를 찾을 여유결핍 → 두려움 → 회피 혹은 반항 → 불우한 처지 자인自認 등의 순환으로 이어진다.

7번들이 악순환의 고리에서 선순환으로 전환하기 위해서는 환경을 비우호적으로 인식하는 원인에 대한 고려가 필요하다. 이들은 일상사의 처리는 자신의 능력보다 환경에 의해 더 영향을 받으며 환경이 자신을 도와주지 않는다고 생각한다. 환경이 자신을 도와주지 않으니 비우호적으로 인식할 수밖에 없다. 환경을 탓하지 않으려면 자신의 능력을 제고하여야 한다. 자신의 능력이 향상되면 망설임이 없어지고, 자신감이 향상되며, 머뭇거림 없이 직면하게 된다. 능력이 없으면 환경을 믿어보는 방법밖에 없다. 인간사회는 공공의 질서가 유지되고 생산적이고 발전지향적 이어서 자신이 발을 내딛는 만큼 내 영역이 되고, 자신이 손을 내밀면 손을 잡아주는 사람이 있기 마련이다. 다만 자기만의 이익을 추구해서는 안 된다.

자신의 능력과 직분에 맞게 자신이 투자한 만큼만 편익을 즐기려고 한다면 세상은 충분히 재미있는 곳이고, 재미를 누릴 수 있는 곳이다. 재미란 학식, 재물, 인물, 가족, 나이 등으로 평가되는 것이 아니고, 있는 그대로 현실을 수용하고 직면하는 여유를 찾으면, 그 여유가 자유이고, 희망이며 재미인 것이다. 여유는 공간이다. 비운 공간이 있으면 바람, 향기, 시간, 인정人情, 희망, 자유 등이 드나들며 재미를 키워갈 것이다. 위 그림의 개방·긍정·장기적 관점에 관해서는 Ⅶ장 5항 사절 '순환고리의 구별과 전환'에 상세히 설명하고 있다.

사. 7번 유형의 날개(Ⅶ장 3항 참고)

1) 6번 날개를 가진 7번 유형(7 w6 : 엔터테이너)

나비가 향기를 느끼면 어떤 꽃이든 날아가 꽃가루를 채취한다. 7번 유형은 관심을 끄는 모든 일에 열정을 보인다. 이런 다양한 관심과 호기심은 모험심과 낙천성을 부여하고 쾌활하게 만든다. 이런 7번 유형이 삶의 현실에서 어려운 상항에 부딪치면 모험심을 발휘하거나 낙천적인 관점에서 현실에 대처하기가 곤란한 상황에 직면하기도 한다. 현실은 추구해야 할 목적이나 목표가 있고, 이를 실현하는 데는 많은 제약 요인들이 작용하고 있기 때문에 모험만 할 수도 없고, 즐길 수 만도 없다. 그렇다고 나비가 꽃가루를 모우지 않을 수 없고, 날아다니지 않을 수도 없다. 외향적 7번은 편안함만을 추구할 수 없는 입장이 된다. 이를 경우 7번의 자기 효능감을 혼돈에 빠지게 된다.

날개 명칭 부여

유형	욕구	유형 특징	날개	날개 추가			비고
				에너지 원천	유형 특징	명명	
7	탐구	재미	7w6	탐구욕	신뢰	엔터테이너	안정을 위해 재미와 신뢰를 탐구
			7w8	자치욕	통제	현실주의자	안정과 통제를 위해 재미를 탐구

(표에서 날개의 명명은 리소와 허드슨의 에니어그램의 지혜에서 인용)

7번 유형이 현실에서 자신의 특성인 재미있는 계획이나 아이디어를 양산하기 어려운 상황이 되면 자신의 효능감에 대한 의심을 갖게 되거나, 효능감 자체를 인식하지 못하게 된다. 이들이 자신이 상황에 대처할 수 있다는 신념에 혼돈을 느끼게 되면, 그때그때 가변적으로 현실에 대응해가는 경향을 나타내게 된다. 이는 6번 유형이 현실적이고 편리한 방법으로 대응하는 성향과 유사하다. 안정을 위하여 재미와 신뢰를 탐구하는 이들을 6번 날개를 가진 7번 유형(7 w6)이라고 한다. 우리는 이를 엔터테이너라고 부른다. 이들을 엔터테이너라고 칭하는 것은 이들이 시끄러운 내면의 사고 상자를 안정적이고 편안하게 하기 위하여 신뢰할 수 있고 재미있는 아이디어를 택하기 때문이다. 7번처럼 재미있는 아이디어를 계획하고 나비처럼 이곳 저곳 날아다니지만, 이들은 재미 중에서도 편안함을 위해 신뢰할 수 있고 안정적인 것을 선택한다는 것이 다른 점이다. 즉 자기 취향이 좀 분명해지는 성향이 된다는 점이다. 이들은 낙천적이고 긍정적이나 산만하고 감정기복이 심하다. 이들은 규범을 잘 지키고 성실하다.

여기서 유의하여야 할 것은 근본적으로 욕구나 효능감이 변하는 것이

아니고 기본적으로 7번 유형의 특성을 유지하면서 효능감을 다변화 한다
는 점이다. 그래서 이를 날개라고 하는 것이다. 날개가 있음은 몸통이 있
음을 뜻하고, 몸통은 날개가 생성하더라도 그대로 유지 한다. 하지만 몸
통으로 현실에 대처하던 방식은 날개의 출현으로 인해 변화를 맞게 된다
는 점이 다른 점이다.

　이들이 공존적, 공개적, 생산적, 상보적, 수용적인 삶을 영위하면, 이들
은 긍정적 인식과 지지적인 행동을 하게 되는 건강한 상태가 되는데, 이
경우 이들은 삶을 즐길 줄 알고, 긍정적인 시각을 갖고 있어서 협동적이
고 주변에 부담을 주지 않는다. 맡은 일을 즐기려 하고, 유머감각으로 대
인관계를 유지하려 하므로 사교적이다. 이들은 가볍고 상쾌한 태도는 업
무를 생산적으로 처리하게 하고 다양성을 유지하게 한다.

　이들이 자존적, 준법적, Zero-sum적, 가정적家庭的인 삶을 영위하면, 이
들은 현실적이고 자기 중심적인 행동을 하는 보통의 평균적인 심리적 상
태가 되는데, 이 경우 이들의 재미는 자기중심이라는 굴레에 구속된다.
이들의 타인을 배려하지 않는 낙천적 행동은 주변을 당황하게 하고, 직선
적인 취향은 타인을 부담스럽게 하며, 때로는 일에 빠져 중독적인 경향을
보일 수도 있다.

2) 8번 날개를 가진 7번 유형(7 w8 : 현실주의자)

　다양한 꽃에서 다양한 꽃가루를 채취하는 나비는 향기에 취하면 어떤
꽃이든 날아가 꽃가루를 채취한다. 7번 유형은 향기를 느끼는 모든 일에
열정을 보이고 아이디어를 만들어 낸다. 이런 다양한 관심과 아이디어는
외향적인 특성과 맞물려 이들을 낙천적으로 만들고, 이런 낙천성은 이들

에게 활기를 불어넣어 성공적인 수행을 경험하게 한다. 이러한 성공적 수행경험의 축적은 자기효능감을 높일 뿐만 아니라, 자신감과 자기 뜻을 구현할 수 있는 의지를 경험하게 한다. 뜻대로 할 수 있다는 의지의 경험은 이들에게 자치욕과 자율감을 느끼게 한다.

7번 유형이 자치욕을 느끼게 되고, 이에 대한 효능감을 인식하게 되면 의지중심의 8번 유형이 갖는 통제라는 영향력을 행사하려고 한다. 이들이 통제라는 영향력을 행사하는 것은 이들이 외부의 활동을 통하여 활력을 얻는 외향적인 성격을 갖기 때문이다. 다시 말해 이들의 낙천적인 면과 다양한 아이디어, 성공 경험으로 무장한 외부활동은 이들에게 영향력 행사라는 특성을 부여하게 된다는 것이다. 이 경우 이들은 8번 날개를 가진 7번 유형(7 w8)이 되어 안정과 통제를 위하여 재미를 탐구하게 된다. 우리는 이들을 현실주의자라 부른다. 이들을 현실주의자라 칭하는 것은 안정을 추구하는 이들이 자신의 영향력을 외부에 행사를 위해 재미있는 아이디어를 탐구하기 때문이다. 어떤 면에서는 영향력 행사를 재미있게 하는 것이고, 또 다른 면에서는 창조의 즐거움 추구에 영향력을 행사한다는 의미도 된다. 자신의 안정과 의지의 실현을 위해 재미있는 아이디어를 탐구하려 하기 때문에 현실주의자가 되는 것이다. 이들은 목표지향적이고, 실용적이며, 자기 주장적이다. 사고가 빠르고 사무적이며, 직선적으로 자신을 표현한다. 때로는 냉담하고 무감각한 경향이 있다.

이들이 공존적, 공개적, 생산적, 상보적, 수용적인 삶을 영위하면, 이들은 긍정적 인식과 지지적인 행동을 하게 되는 건강한 상태가 되는데, 이 경우 이들은 창조적이고 낙천적이며, 영향력 있는 뛰어난 리더가 된다. 자신보다는 조직을 위해 아이디어를 창조하고 이를 성공적으로 실현하는 데 즐거움을 느끼는 사람이다. 인적 물적 조직력과 자원동원능력이 뛰어나다.

이들이 자존적, 준법적, Zero-sum적, 가정적家庭的인 삶을 영위하면, 이들은 현실적이고 자기 중심적인 행동을 하는 보통의 평균적인 심리적 상태가 되는데, 이 경우 이들의 영향력과 아이디어 창출은 자기중심이라는 영역에 구속된다. 자신이 원하는 일을 추진하기 위해 주변의 희생도 개의치 않아 냉담하다는 평을 듣는다. 이들의 사교적 태도는 자기의 편의에 따르고, 왕성한 활동은 자기의 능력확인을 위한 행동이다.

아. 7번 유형의 장애 대처방식(IV장 1항 참고)

　7번 유형은 탐구욕을 자극인식의 틀로 이용하여 편안함과 안정감을 추구하고, 소극적 자기효능감을 소유하여 사고의 힘이 강하지 않아서 현실에 적응하면서 사건을 재구성하는 나비형이다. 이들은 사고의 힘을 이용하여 자극을 인식하므로 자신의 관심을 끄는 모든 것에 주의를 집중한다. 그러나 이들은 사고의 힘이 강하지 못하여 끈기 있게 한 가지 관심사에 오래 동안 집중하지 못하고, 여기 저기 재미있는 다양한 관심사에 옮게 다니므로 나비형이다. 마치 어린 아이와 같은 호기심과 낙천적인 모습을 보인다.

반대나 저항에 대처방식

유형	욕구	기본 반응	성격 유형	의식적 수용/거부의 반응			무의식적 반응	
				입장고수 방법	승복	신경증 반응	충동적 반응	방어기제
사고 중심								
7	탐구욕	안식처 물색	나비형	자기옹호	두려움	대항적	의존적	합리화

(자기 옹호 : 소극적 자기 두둔)

이들은 사고중심이나 실질적이고 즐거운 일의 계획을 좋아해서 사고형이 아닌 것 같아 보인다. 향기만 있으면 쫓아가서 아이디어를 생산하는 데는 탁월한 능력을 가지고 있다. 아이디어는 많으나 즉흥적이고 깊이가 모자라는 것이 많으며, 말이 많고 지적$知的$이며 다방면에 아는 것이 많다. 그리고 이 생각에서 저 생각으로 잘 옮게 다니기에 한 가지 주제에 깊이 있게 연구하기보다는 초기에 개괄적으로 아이디어만 생산하는 경향이다. 두뇌가 기민하여 다양한 것을 빨리 배우나, 이들은 사고 유형이 갖고 있는 근본적인 불안인 내면의 안내에 대한 불안과 공허함에 대한 불안으로 항상 마음의 결핍을 느끼고 바쁘게 즐거운 일을 쫓는다. 즐거운 일로 머리를 채우면 이것이 마치 내면의 안내가 되는 것으로 착각한다. 그러나 돌아서면 또 공허해지고 불편해져서 또 즐거운 계획을 만든다. 이러한 다양한 시도는 공허함에서 벗어나 안정감을 찾으려는 것이나, 이런 안정감은 밖에서 찾을 수 있다기보다 내면의 성장을 통하여 자연의 순리를 자각하는 것임을 알지 못한다.

이들은 항상 다양한 선택지를 가지고 있으나, 어느 것을 선택할지 결정하지 못하고 모두를 다 취하려는 입장을 보인다. 이렇게 망설이는 동안 자신이 진정 원했던 머리는 놓치고 꼬리에만 몰두하게 된다.

이들은 사고중심의 특성인 비교를 통해 최선의 선택을 원하지만, 세상사는 최선을 쉽게 제공해 주지 않기에 이곳 저곳 쫓아다닌다. 이런 자유로움과 최선을 추구하는 속성 때문에 이들은 좌절하기도 하고 불안해 하기도 하면서 에너지를 소진시키기도 하지만, 낙천적이고 아이디어가 풍부해 대체로 쾌활하다.

나비형인 7번 유형이 어떤 일을 수행할 때 저항이나 반대에 직면하면 어떤 반응을 보일까? 앞에서 설명한 바와 같이 자기 입장을 고수하는 경우, 저항에 승복하는 경우, 불안정한 상황에서 자극에 자기애적이고 과민하게 반응하여 신경증일 경우, 전혀 예상치 못한 반대에 충동적으로 반응하는 경우로 구분할 수 있을 것이다.

이들은 안정을 취하고 싶으나 자신이 사고력에 대한 신념인 자기효능감이 소극적이라 나비처럼 향기 좋은 즐거운 아이디어를 쫓아 여기저기 날아 다닌다. 이들은 슬프고 비관적으로 현실에 반응하는 것은 잘못된 것이라고 생각한다. 이들이 외부의 저항을 만나게 되면 즐거움을 방해 받았다고 생각하고, 여러 가지 아이디어로 자기 긍정적이고 자기옹호적인 입장을 취한다. 이들이 5번 유형처럼 입장견지적이지 않은 것은 효능감이 약하기 때문이고, 6번처럼 반발적이지 않은 것은 권위에 손상을 입었다고 생각하지 않고 자신을 옹호할 다양한 아이디어와 재치가 있기 때문이다.

7번 유형이 어떤 이유에서 저항에 승복을 하게 되면 두려움을 느끼게 된다. 그 이유는 외부의 저항이나 반대에 직면한 자신의 아이디어는 다양한 아이디어를 비교하여 마련한 하였기 때문이며, 사고유형들의 특성인 내면의 상자가 불안하기 때문이다. 사고중심유형들은 숙고를 통해 상황을 재구성하는데, 저항은 재구성한 상황을 송두리째 흔드는 것과 같아서 사고중심 유형들은 두려워하는 것이기도 하다.

　7번 유형이 저항에 대한 갈등으로 불안하고 짜증스러운 신경증적 상황이 되면 대항적인 경향이다. 근본적으로 사고중심은 물러나 숙고를 하는 편이며 소극적이고 외향적이라서 외부활동을 통하여 자신의 에너지를 충전한 하는 데 저항을 받게 되면 그 에너지를 상실하게 되므로 대항적으로 되는 것이다.

　7번 유형이 예상하지 못한 충동적인 상황에 놓이게 되면 의존적이다. 이들이 의존적인 것은 이들이 충동에 처하면 본능적으로 사고의 힘이 약하여 버티지 못하고 현실에 무의식적으로 의존하기 때문이다.

　이들이 사용하는 방어기제는 합리화이다. 합리화란 그럴듯한 이유나 변명을 함으로써 자신의 행동을 정당화하는 것을 말한다. 합리화는 비이성적 행동이 타인과 자기 자신에게 합리적이고 정당한 것처럼 보이게 하기 위해서 잘못 제시한다는 점에서 불합리한 추리이다. 합리화의 대표적 예가 이솝우화에 나오는 신포도 이야기이다. 포도를 먹고자 한 여우가 모든 노력을 통해서도 그것을 먹을 수 없게 되자 그 포도의 맛이 시기 때문에 먹을 필요가 없다고 자기 자신의 행위를 스스로 위로하며 스스로를 합리화 한 것이다.

IX

맺는 말

01   **인간의 특성**

    성격발달이론에서 여러 학자들의 이론을 살펴보았는데, Freud는 성적 에너지의 이동과 본능, Erikson은 유기체와 사회의 상호작용, Allport는 자아발달, Rogers는 자아와 자아 실현, Murray는 목표지향적 욕구와 유아기의 Complex, Sullivan은 대인관계에 중점을 두고 이론을 전개하였다. 이들 이론의 핵심개념은 본능, 심리에너지 작용, 자아, 사회와 상호작용, 욕구, 충동, 대인관계 등인데, 이 개념들은 모두 사람이란 System(체계)의 특성에 관한 것들이다. 심리학에서 개인을 유기체라는 용어로 많이 사용하는데, 여기서는 성격에 대한 논의 이므로 그냥 사람이라고 한다. 사람은 태반에서의 의존적 생활환경에서 출생이란 충격적인 과정을 거쳐 독립된 개체로서 생활을 시작한다. 아직 독립된 개체로서 생활능력을 갖추지 못한 유아에게 낯선 환경은 크고 위협적인 불안의 대상이었을 것이다. 이유離乳, 배변훈련 등은 그나마 친근했던 것으로부터의 결별을 강요당하는 것으로 허탈감과 상실감을 안겨주었을 것이다. 가족생활과 언어습득, 또래 집단에서의 놀이, 학교생활 등은 자신을 타인에게 맞추어 생활하게 하고, 어떤 경우에는 자신이 선호하는 것도 포기하도록 하며, 타인수용과 희생을 감내하게 하는 등 외부의 요구와 압력을 경험하게 한다. 이러한 성장에 따른 고충, 불안, 충격, 희생 등의 난관을 극복하고 자신의 생명유지와 발전, 향상을 기하려는 것은 사람이 갖는 추구와 적응의 성향이다.

사람은 생명체이고, 정신과 신체의 통일체이며, 다른 사람과 어울려 생활하는 사회적 동물이다. 정신이란 감각과 감정, 지각과 인지(학습·기억·사고·언어활동)활동을 하는 체계이고, 신체란 소화계, 호흡계, 감각계, 육체 등으로 이루어 진 통합체계이다. 따라서 사람은 생명의 특성, 사회적 특성, 정신·신체적 특성을 지닌 시스템이므로 성격을 이해하기 위해서는 생명의 특성과 시스템의 특성을 이해하는 것이 중요하다.

가. 생명의 특성

생명이 있다고 함은 살아서 숨쉬고 활동한다는 것이다. 죽었다는 것은 생명체의 호흡이 중지되어 움직임이 없는 경우를 말한다. 숨을 쉰다는 것은 심장이 활동을 하고 물질대사를 하며, 자극에 대해 반응을 보인다는 것이다. 그리고 시간의 경과에 따라 성장하고, 종족을 유지하기 위해 생식과 유전을 하며, 살아 남기 위해 적응과 진화를 한다. 성장이란 구성요소인 세포가 분열하는 것으로 스스로 유전물질인 DNA(deoxyribonucleic acid)를 복제하여 핵분열을 통해 자기를 증식한다는 것이다. 자기 증식은 자율신경계를 통한 스스로 물질의 분해나 합성을 하는 대사활동을 조작할 수 있고, 증식의 방향을 스스로 선택하고 결정한다는 의미이다. 여기서 방향이란 크게는 성장과 진화의 방향이며, 작게는 목표의 조작과 추구이다. 이미 언급한 대사, 생식, 반응, 조절작용 등이 모두 이 자기증식의 원리에 따라서 이루어지는 활동이다.

시스템이 설계되고 탄생하는 것은 그 존재의 이유가 있다는 말이다. 기계시스템은 하나의 목적을 수행하도록 설계되지만, 사람은 환경에 개방된 체계로 환경과 상호작용하면서 타고난 목적인 가능태를 완성태로 유지·발전시키기 위해 스스로 목표를 조작할 수 있다. 가능태를 완성태로 만들어간다는 것은 타고난 가능성을 충분히 발휘하여 만족스럽게 살아야 한다는 존재의 이유이기도 하다. 스스로 조작한다는 것은 자신의 능력에 따라 필요한 목표를 스스로 만들어 이를 추구하는 체계로 자신을 조정할 수 있다는 뜻이다. 이와 같이 목표의 조작성과 추구성이 영장동물인 사람이 갖는 특성이다.

나. 시스템의 특성

시스템의 정의는 목적을 가진 독립적이고 상호의존적인 기능구조인데, 구조적 특성과 작동체계로서의 특성을 갖는다. 구조적 특성은 정의에서 알 수 있듯이 통일된 개체로서의 목적성과 전체성, 각기 다른 독립적 기능을 가진 하부기관의 구조성, 전체로서의 기능과 하부 기관으로서의 기능성, 하부기관들의 상호작용과 상호의존성 등의 특성을 말한다. 예를 들면, 자동차의 경우 엔진, 핸들, 바퀴, 차체, 변속기, 의자, 전조등, 유류공급장치, 등속조인트 등 다양한 부품들로 이루어져 있는데, 이들 부품들은 각기 다른 기능을 가지고 독립적으로 기능하지만 서로 의존하여 운송이라는 전체의 목적에 기여하고 있다.

사람은 개체로서의 시스템이기도 하지만 가족, 친구, 학교, 직장, 비공식 조직, 종교, 지역사회 등 다양한 집단의 일원으로 생활한다. 이 집단들도 하나의 시스템이므로 사람은 집단생활을 하는 존재라는 특성을 갖는다. 이 집단생활에서 받는 영향을 일반적으로 사회적 영향이라고 한다. 이 사회적 영향은 집단생활에서 개인의 기능적 활동능력에 따라서 그 정도가 다르다. 집단은 추구하는 목적이 있고, 목적을 실현하기 위한 분할된 기능이 있으며, 이들 기능이 서로를 제어하면서 상호작용한다. 그 목적에 관여하는 정도가 크면 기능인 활동량도 많고, 영향력도 큰 반면에 책임도 클 것이다.

작동체계로서의 특성은 목표의 자기 조작성 및 추구성, 상호의존관계를 연결하는 신호전달과 제어과정, 입·출력 전환과정, Entropy 작용, 외부와 상호작용, 시너지 효과 등의 특성을 말한다. 이 특성은 그 시스템이 개방적인가 폐쇄적인가에 따라 작동과 결과에 많은 차이를 만든다. 개방과 폐쇄의 구분은 그 외부환경과 경계가 개방되어 있는지 여부에 따라 판단하는데, 생물은 개방적이고 기계는 폐쇄적이다. 대표적인 개방시스템인 사람은 외부의 자연환경과 사회환경인 집단에 생활의 기반을 두고 있기 때문에 개방적이다. 기계의 경우는 설계된 목적에 따라서 작동하고, 스스로 외부와 상호작용을 할 수 없기 때문에 외부와 경계가 분명하고 목표를 스스로 조작할 수 없어 폐쇄적이다. 폐쇄시스템은 자체는 제어할 수 있으나, 스스로 외부에 작용할 수 없고 외부로부터도 그 기능을 통제 받지 않는다. 물론 동절기에 자동차 시동이 어려운 것과 같은 것은 기온, 공기, 습기 등의 영향을 받기 때문인데, 이 영향은 철 등 시스템의 소재가 받는 영향이다.

다. 성격이론과 관계

　사람이 성장을 위하여 생의 목표를 수립하고 실행하는 것은 존재이유라는 목적을 이루기 위한 것으로 의지에 따라 자신이 하고 싶은 것을 선택하는 과정이다. 자신이 좋아하고 원하는 것, 즉 욕구에 따라 하고 싶은 것을 선택하는 것이 목표이다. 이 욕구에 대해서는 성격의 형성 부분에서 이미 언급하였다. 성격이론에서는 이 목표의 조작성과 추구성을 자아실현이라는 개념으로 설명하고, 생명의 특성인 생명유지를 본능이란 개념으로, 상호의존성을 사회적 영향이란 개념으로, 잠재능력의 발견과 실현의 주체를 자아라는 개념으로 설명하고 있다. 즉 사람은 자아가 사회적 영향을 받으면서 에너지 전환을 통하여 자아를 실현한다.

　에니어그램이 성격이론으로 타당성을 갖기 위해서는 사람이라는 생명의 특성과 시스템의 특성을 효과적으로 설명할 수 있어야 한다. 그러면 에니어그램이 유형의 구분을 통하여 사람의 특성을 시스템 측면에서 진단하고 해석하는 바람직한 도구가 될 수 있을까? 여기에 대해서는 성격의 정의에서 그 대답을 찾을 수 있다. 성격유형의 개념화를 설명하면서 성격을 '개인이 생활환경에 접하여 독특하고 안정적이며 일관성 있는 반응(감정, 사고, 행동)을 결정하게 하는 역동적인 심리체계.'라고 정의하고 이를 간략히 '자극에 반응하는 역동적 체계(자극-반응체계)'라고 한 바 있다. 독특하고 일관성 있는 반응체계란 개인의 특성인 자기중심적이고 목적지향적인 욕구체계가 작동하고 있음을 뜻하고, 학습된 처리체계가 있음을 의미한다. 또 역동적 체계라 함은 개방 시스템의 특징인 피드백을 통한 자기조절적인 입·출력 전환이 이루어지는 심리에너지의 작용을 의미한다. 즉 성격은 일관성 있고 역동적인 자극처리체계로 자극-인식-반응의 체계이다.

1장에서 설명한 자극의 인식과 반응체계의 그림을 상기해 보자. 인간의 정보처리체계는 입력된 자극을 인식하여 심리에너지인 신호체계로 전환하고, 이 신호를 중추신경계를 통하여 간뇌·변연계·대뇌피질로 전달한다. 이 과정에서 목적인 욕구에 따라 정보는 새롭게 조작되고, 익숙한 선호경향에 따라 선택된 신호는 운동에너지로 변환하여 반응이라는 결과물을 생산한다. 이 처리 체계를 간략히 '자극의 인식-반응 체계'라 하고, 성격형성의 이론이라고 하였다. 따라서 자극의 인식-반응 체계'인 에니어그램이론은 인간정보처리체계이며, 자아가 사회적 영향을 받으면서 자아실현을 위해 정보를 처리한다는 인간의 특성인 시스템의 특성을 반영하는 이론이라고 할 수 있다.

요약하면 에니어그램은 중추신경계의 신호처리체계를 반영하고, 목적과 기능의 상호제어구조라는 시스템의 특성을 반영하여 성격을 체계적으로 설명하고 측정하는 방식을 택하고 있기 때문에 성격을 이해하는 데 유용한 도구가 된다는 의미이다. 그리고 성격이론에는 여러 가지가 있으나 이 책의 '자극-인식-반응'이론 즉 '욕구-효능감'이론을 제외하고는 어떤 이론도 이렇게 체계적으로 성격을 설명하지 못한다. 이 책의 '욕구-효능감이론'이 인간의 정보처리시스템에 맞게 성격을 설명하는 유일한 이론이다.

02 정신건강과 순환고리의 관계

7장 5항 마절 '선순환과 악순환'에서 건강한 상태가 지속되면 선순환이 되고, 저조한 상태가 오래 지속되면 악순환이 된다고 하였다. 이 말은 정신건강상태는 현재의 건강과 저조 여부를 나타내고, 순환고리는 장기에 걸친 호전과 악화를 나타내는 것을 의미한다. 이런 구분은 기업의 경영전략을 설명할 때 강점과 약점, 기회와 위협으로 구분하는 SWOT(Strength, Weakness, Opportunity, Threat)분석과 유사한 것이다. 즉, 건강·저조의 상태는 단기적·내부적 환경 분석이고, 선순환·악순환은 장기적·외부적 환경 분석이다.

SWOT분석에서 선택 가능한 전략은 강점을 활용하여 기회를 잡고 위협을 회피하는 것과 약점을 극복하여 기회를 만들고 위협을 회피하는 것이다. 이와 같이 정신건강의 공존적이고 지지적 태도를 강화하여 개방적·긍정적·장기적인 관점을 확보하는 것과 방어적이고 감각적인 태도를 지양하여 부정적·폐쇄적·단기적 안목에서 벗어나 긍정적·개방적·장기적 안목을 갖도록 하는 것이 선순환의 고리로 진입하게 하는 핵심이다.

긍정적 관점과 태도를 갖게 되면 상대방을 수용하고 공감할 수 있어서 상대방과 목적을 공유할 수 있다. 확대하여 해석하면 환경에 적응할 수 있는 환경친화적인 목표를 갖게 된다는 의미이다. 개방적이면 상대방과 관계의 끈을 유지할 수 있는 전제조건을 갖추게 되어 친밀감을 유지할 수 있고, 정보망을 확장할 수 있으며, 도움을 주고 받을 수 있는 환경을 조성할 수 있어서 우호적인 환경을 구축할 수 있다. 그리고 장기적 관점을 갖게 되면 작은 변화에 연연하지 않는 인내심을 기를 수 있고, 통찰력을 함양할 수 있어서 큰 그림을 그릴 수 있다. 이렇게 환경친화적 목표 설정, 우호적 환경구축, 통찰력을 바탕으로 한 큰 그림 등은 마음의 여유를 갖게 하고, 환경의 지지와 공존과 공생의 지혜를 갖게 하여 건강한 정신상태에 이르게 할 것이다.

손자병법에 하늘에는 음양陰陽·한서寒暑·계절의 변화가 있고, 땅에는 원근遠近·험이險易·광협廣狹·사생死生이 있는데, 전쟁에서는 이런 자연조건을 잘 이용하고 상대방의 처지를 잘 알아야 승리할 수 있다고 하였다. 인생의 생태계에도 자연조건과 적자생존의 경쟁적 사회가 있다. 조건은 바꿀 수 없으면 이용하는 것이 위협에서 벗어나고 기회를 이용하는 방법일 것이다. 경쟁에서 몸을 보존하고 성장하기 위해서는 생태계의 원리인 음양·한서·변화 등의 양식을 이해하고 자신의 경쟁적 위치를 결정하는 지적 장비를 강화하는 것이 무엇보다 중요할 것이다.

경쟁에서의 무기는 지적 장비이다. 이 지적 장비는 7장 5항 나절 '정신건강의 결정요인'에서 설명한 바와 같이 자치능력, 사회적응능력, 재능으로 구성된다. 이들 능력은 본인의 노력 여하에 따라 충분히 개발할 수 있는 부분이다. 전쟁의 패러다임을 바꾼 것은 칼과 창에서 활로, 활에서 총으로, 총에서 대포로, 대포에서 미사일로 변화한 무기 체계이다. 경쟁의 패러다임도 지적 장비의 변화에 따른다는 것은 명백하다. 지적 장비의 강화는 자아를 확장하여 순환고리의 외연을 확장하고, 자신의 영역을 확장하여 영향력의 원을 크게 만든다. 영향력의 원이 커진다는 것은 자신의 가치를 제고시킨다는 의미이고, 인류사회에 공헌하는 바가 크다는 뜻이다. 이렇게 되면 당연히 자신의 행복감도 향상될 것이다. 결국 자신의 강점을 만들고 활용하는 것이 성공의 열쇠가 될 것이다.

03

성숙을 위한 제언

    성숙이란 익는다는 말로서 자신에 내재된 잠재능력인 가능태可能態가 현실에 적응하여 완성태完成態로 발전하는 것을 말한다. 자신에게 부여된 본성을 인식하고 이를 완성태로 발전시키기 위해서는 먼저 자신의 가능태인 본성이 존재한다는 믿음이 있어야 하고, 본성이 어떤 것인지를 이해해야 하며, 달성 가능하다는 자신감이 필요한 것이다. 개별 존재인 사람에게는 유전자 지도에 따라 생존, 성장, 발전에 필요한 본성과 외부와 더불어 삶을 영위하는 데 필요한 본성이 부여되어 있다. 이 본성은 앞에서 언급한 자존적인 삶을 위한 자유, 상존적인 삶을 위한 사랑, 성장하는 삶을 위한 지혜이다. 이들을 추구하는 심리에너지를 에니어그램에서는 의지중심, 감정중심, 사고중심 이라 하였다.

   이들 중심이 추구하는 가치인 자유, 사랑, 지혜는 주어진 상황에서 심리적 에너지가 고유 기능인 의지, 친애, 탐구의 작용을 서로 상충되지 않게 이상적으로 발휘하고, 상호 의존적으로 추구하면 달성 가능한 것이다. 어떤 하나의 중심이 다른 중심들의 기능을 대신하여 기능함으로써 주도권을 행사하게 되면 에너지 중심의 균형이 깨져서 조화를 잃게 된다. 깨어진 균형과 잃은 조화를 재생시켜주는 것이 본성이라는 끈이다. 처한 상황과 객체에 따라서 자치를 추구하는 것보다는 상호 의존적인 배려를, 자신의 가치보다는 공유의 가치를, 자신의 편안함보다는 공동의 비전을 도모하도록 노력하여야 할 것이다. 이것은 개인의 가치 보다 집단의 가치가 중요함을 의미하는 것이다. 또한 생활의 터전인 자연환경에서는 상존, 상생의 진리가 우주의 진리이고 자연계의 자연성인 바, 사람도 이를 내재화 하는 것이 인간의 본성을 회복하는 방법이 될 것이다.

자치를 이룰 수 있는 힘은 자신의 의지이며 이 의지의 사용영역이 자아경계이다. 하지만 사회생활을 위한 또 다른 본성은 공존의 원리인 자연의 섭리(지구의 중력, 우주의 인력引力, 사랑, 자비 등)이다. 개체성은 집단성을 전제로 성립되는 개념으로 개체성의 근원인 의지가 집단성의 기본 가치인 조화나 사랑과 공존할 때 본성은 회복되는 것이다. 그렇다고 하여 개체성의 근원인 의지중심의 성격 자체가 불안전하고 나쁜 것은 아니다. 사람은 어머니와 공생의 관계에서 벗어나 독립된 개체로서 존재성을 부여 받을 때, 이미 개체성이 집단성의 전제가 된 것이다. 이는 자연선택의 결과로 개체의 이기성이 이타성보다 발생적으로 우선순위를 갖는다는 것이다.

자신의 가치를 평가 받기 위해 친애를 추구하는 감정중심의 마음은 평가 받을 매개물을 만든다. 이 매개물은 도움, 성공, 특별함의 이미지로서 이 이미지가 자신을 대체하여 평가의 대상이 되지만, 이것이 자신은 아니다. 자신은 스스로 존재하는 것이지 타인의 평가에 의해 존재하는 것이 아니고, 자신의 가치도 스스로 만들어 가는 것이지 평가에 의해 창조되는 것은 아니다. 스스로 존재하고, 스스로 가치 있음을 인식하는 것이 중요하다. 이것은 주도적인 삶이 요구되는 이유이다. 사랑을 하더라도 대가를 바라지 않아야 스스로 자랑스러울 것이다. 성취를 추구하더라도 인정 받으려 하지 않아야 가치 자체가 빛을 발할 것이다. 인류의 평가자는 사람이 아니라 생태계이고, 개인의 평가는 공존의 가치에 의한다. 특별함은 평범에서 나오는 것이다. 인간관계에서 정직한 삶을 추구하고 자연과의 관계에서 공존의 가치를 실현하며, 이를 발전시키는 열정이 필요한 것이다.

　지혜를 탐구하는 마음은 두려움에서 벗어나기 위해 정신적 안식처를 찾으면 안도감을 느끼게 된다. 이 안식처는 희망이며 내적 안내이다. 가야 할 길을 안다는 것이고, 희망의 등불이 어두운 현실을 밝혀 나아갈 길을 안내해 준다는 것이다. 안식처에서 느끼는 평온한 마음은 있는 그대로의 실체를 감지할 수 있게 하고, 순리. 조화. 사랑에 기초하여 때에 맞추어 적절하게 사용할 수 있는 지혜와 의지처가 마련된 상태를 말한다. 평온한 마음은 자연계의 일원으로서 자연의 법칙에 따라 상호작용 할 수 있는 상태를 말한다. 주변이 가지런하고 질서정연하게 스스로의 기능을 다할 때 전체가 편안하고 그 구성원도 편안해지는 것이다. 전체의 구성원의 일원으로 충분히 기능하고 자신이 가진 잠재력을 발휘할 수 있으려면, 외부와의 관계에서 그 영역의 규범을 따라야 한다. 자연계에 몸담고 있는 인간은 자연계의 섭리에 따를 수 있게 자신의 욕망이 배제하고 자연계의 흐름에 맡게 고요한 마음의 상태를 유지하는 것이 그 요체가 될 것이다.

　인간은 환경을 이용하기도 하지만 지배를 받기도 한다. 하나의 개체로서의 존재하고 성장하며 발전하는 터전이 환경이기에 환경의 변화에 적응하지 않을 수 없고, 이 적응이란 환경의 일원이 되어 어울린다는 의미이다. 이러한 점에서 인간은 환경의 순리를 거부할 수 없으며, 더불어 성장하는 생활방식을 갖출 때 평온한 마음을 유지 할 수 있는 것이다. 이러한 생활 방식을 따를 때 우리의 욕망이나 희망의 자리에는 자연의 순환법칙이 자리한다. 그러나 불안이란 바람이 불면 평온한 마음에 욕망이란 물결이 일면 각색된 안경으로 사물을 보고 해석하여 나름의 대응전략을 수립하여 사실을 왜곡하게 된다.

　때때로 불안이라는 바람이 불어도 훈풍이라 느끼고, 욕망의 물결이 일어도 순리라는 거울에 비추어 선택하는 지혜가 필요하다. 우리에게 필요한 순리는 자연의 순환법칙이고 공존을 위한 조화이며, 정직과 사랑이다. 순리는 의지의 탈을 수용의 틀(frame)로 바꾸고, 평가 받고 싶은 가치를 정직·조화·사랑으로 바꿀 것이며, 폐쇄적 가치 구조를 개방적 가치 구조인 공존과 공생의 가치로 바꾸어 줄 것이다. 공존과 공생의 가치로 무장하면 공감을 안내 받을 수 있다. 자연과 공감하고 사회와 공감하며 이웃이나 가족과 공감하면, 본성을 회복하게 되어 건강한 정신을 갖게 된다. 이때 비로소 당신은 의지중심, 감정중심, 사고중심 모두를 조화롭게 사용할 수 있을 것이며, 또 자아집중, 현실집중, 환경집중 가운데 어느 하나에 얽매이지 않고 모두를 아우를 줄 알게 될 것이다. 그렇게 되면 정신건강의 선순환과 악순환에서 언급한 긍정적·개방적·장기적인 관점과 분별력을 갖추게 될 것이다. 결국 당신은 에니어그램 원 전체를 활용할 수 있는 완전성을 회복할 수 있을 것이다.

인식-반응모델의 뇌과학적 설명

인식-반응 이론(욕구-효능감이론)이 과학적임을 설명하려고 뇌의 신경과학 이론과 연계해 보려고 한다.

뇌의 기능에 대한 뇌신경과학의 연구는 아직 미흡한 상태지만, 최근 fMRI등의 전자영상장비의 발달에 따라 연구가 활발히 진행되고 있는 분야이다. 현재까지 연구된 내용은 성격이론에 적합하게 연구된 것이 아니기 때문에 이를 원용하기에는 어려운 점이 많다. 그래도 인식-반응이론은 신경과학 이론과 매우 잘 연결되어 충분히 그 골격을 구축할 수 있고, 향후 신경과학의 발달에 부응하여 발전시킬 수 있을 것이다. 에델만의 고차의식모델과 위컨스의 정보처리모델을 기초로 구축한 자극-인식-반응 모델을 뇌영역별 기능과 연결하여 재정리하면 아래 그림과 같다.

자극 정보가 입력되면 뇌는 이를 인식하여 반응을 선택하고 실행하는 작업을 시행한다. 이 과정은 아래 그림에서 보는 바와 같이 감각 → 인식 → 작업기억(비교/대조/예측/판단) → 반응선택(계획) → 반응 표현(운동)의 절차로 정보를 처리하게 된다. 일반적인 감각정보의 흐름은 자극이 일차감각영역(일차청각영역, 일차시각영역, 일차체감각영역 등)에 등록되고 각 감각의 연합영역(청각연합영역, 시각연합영역, 체감각연합영역 등)에 기억되어 있는 과거 경험과 대조·비교·분석되어 인식된다. 연합영역에서 인식된 정보는 다중감각영역으

로 전달되어 여러 감각들이 합쳐져 완전하게 자극을 인식한다. 이렇게 인
식된 정보는 전전두엽에서 비교·대조·예측·판단을 거쳐 운동영역으로 전
달되고, 중추신경계를 통해 반응으로 이어진다. 이 때 새로운 감각자극은
변연계의 파페츠회로를 통해 연합영역에 기억되고, 편도체를 통해 감정을
동반하여 전전두엽과 운동영역을 거쳐 반응으로 연결된다.

자극-인식-반응·과정

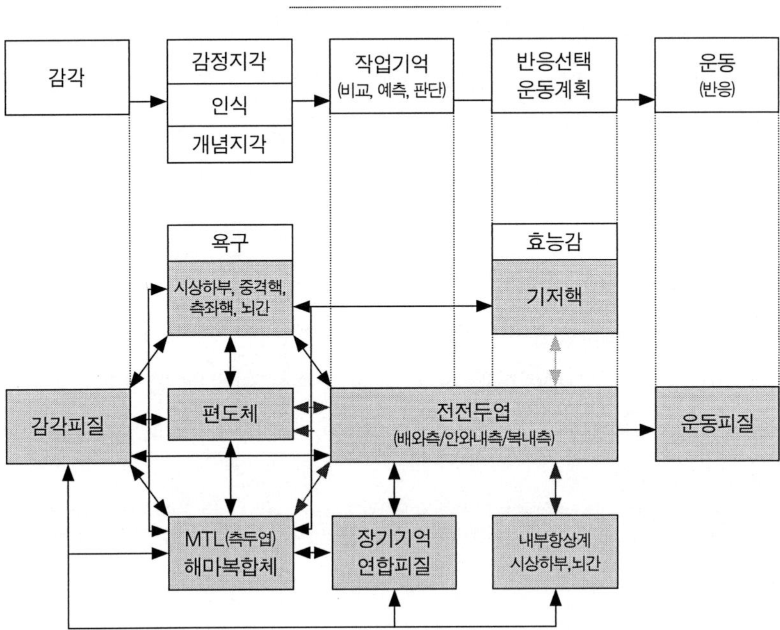

이 과정을 뇌부위별 기능과 연계하여 보면, 감각은 대뇌피질은 감각영역
에서, 인식은 연합영역과 변연계에서, 작업기억은 전전두엽에서, 반응의 선
택은 전전두엽과 기저핵에서, 반응은 소뇌/대뇌피질 운동영역에서 처리한
다. 인식의 과정은 입력된 정보를 이미 저장되어 있는 과거의 경험 정보와
부호화된 상징정보(언어)와 대조하여 파악하는 절차이다. 이 과정에서 저장

된 정보는 자신의 욕구나 가치가 반영된 정보이다. 이어지는 반응선택도 자신의 항상성을 유지하는데 적합한 것을 선택하는데, 여기에도 자신의 지향성인 가치가 작용하게 된다. 이 과정들에 관계하는 뇌의 기관은 시상하부/중격핵/측좌핵/뇌간, 편도체, 해마, 베로니케영역 등이다. 작업기억(단기기억)은 전전두엽에서 행해지며, 관련된 뇌영역에서 정보를 수렴하여 비교/대조/분석/예측/판단하는 작업인데, 관련된 영역은 뇌의 전 영역이라 할 수 있을 정도로 광범하게 정보를 수집하여 작업대(전전두엽)에 올려놓고 처리한다. 뇌영역들의 기능은 어느 하나의 영역이 관련된 정보를 처리하는 것이 아니고 여러 영역들이 Network를 만들어 작용하고 이들간의 연결은 시냅스라는 전기적/화학적 연결로 신경전달물질의 작용에 따른다.

위 표에서 감정지각과 개념지각으로 이루어 지는 인식은 생명유지를 위한 뇌간에서의 신호를 기초로 하여 쾌·불쾌, 호·불호, 편·불편의 감정에 따라 신경전달물질이 관여하고 먼저 활성화되는 대뇌부위에 따라 인식의 방향이 선택될 것으로 추정된다. 이 선택의 방향이 지향성이고 가치체계인 욕구이다. 에니어그램에서는 이 욕구를 자치욕, 친애욕, 탐구욕으로 구분하고 이를 의지중심, 감정중심, 사고중심이라 칭하고 인식(심리에너지)의 원천이라 하였다.

반응선택의 영역은 대뇌기저핵이고, 반응의 시기를 결정하는 영역은 소뇌이다. 반응의 선택이란 할 수 있다는 일종의 조건화된 기억(회로)으로서 대뇌기저핵, 소뇌, 편도체에 저장되어 있다. 조건화된 반응은 효능감으로 이를 에니어그램에서는 자아집중, 현실집중, 환경집중으로 구분하여 설명한다.

위와 같이 애니어그램의 성격형성을 뇌과학에 연계하여 설명할 수 있음을 매우 감사한다.

성격 진단 설문지

설문지(성인용)

* 이 설문은 일반 성인의 심리상태를 진단하기 위한 것입니다.

1. 다음 질문은 성격유형을 진단하기 위한 것으로 깊이 생각하지 말고 과거의 습관을 중심으로 행동과 느낌, 사고의 경향성을 기초로 답지에 체크하여 주십시오.
2. 미래의 희망이나 의견보다는 익숙한 습관을 기준으로 판단하시는 것이 좋습니다.
3. 답이 분명치 않아서 판단이 잘 되지 않으면 아니라고 생각되는 것을 먼저 제거하고 마지막에 남은 것을 선택하십시오.
4. 이 설문은 정답이 있는 것이 아니고, 좋고 나쁜 것이 있는 것도 아니며, 옳고 그른 것이 있는 것도 아닙니다.
5. 솔직하게 자신의 심리 상태를 반영하여야 자신의 성격이 어떤 특성을 지니고 있는지 이해하는 데 도움이 될 것입니다.

1. 나의 선호?

ⓐ 나는 대체로 남의 간섭을 싫어하고 혼자 일하기를 좋아하는 경향이다.

ⓑ 나는 대체로 사람들과 서로 도우며 일하기를 좋아하는 편이다.

ⓒ 나는 대체로 논리에 맞게 일하기를 좋아하는 편이다.

2. 자극에 반응?

ⓐ 나는 갑작스런 자극을 받으면 발끈하고 맞서려는 경향이다.

ⓑ 나는 갑작스런 자극을 받으면 웃음으로 받아 넘기려는 경향이다.

ⓒ 나는 갑작스런 자극을 받으면 머뭇거리며 그 이유를 따져보는 경향이다.

3. 내 주장에 대해

ⓐ 나는 결과를 강조하며 의견을 제시하는 편이다.

ⓑ 나는 다른 사람의 기색을 살피며 의견을 제시하는 편이다.

ⓒ 나는 자료를 근거로 논리적으로 의견을 제시하는 편이다.

4. 활력

ⓐ 나는 일이나 행동을 하면 활력이 솟는 편이다.

ⓑ 나는 사람들과 어울리면 활력을 느낀다.

ⓒ 나는 새로운 사실을 발견하면 활력을 느낀다.

5. 사람은?

ⓐ 사람은 자기 의지가 분명해야 한다.

ⓑ 사람은 정이 있어야 한다.

ⓒ 사람은 희망이 있어야 한다.

6. 인생은?

   ⓐ 인생은 성취해야 할 일들의 집합이다.

   ⓑ 인생은 즐겁고 낭만적인 것이다.

   ⓒ 인생은 학습의 연속이다.

7. 시간관은?

   ⓐ 나는 혼자 있으면 지금 무엇을 할 것인지에 관심을 둔다.

   ⓑ 나는 혼자 있으면 과거의 추억에 사로잡혀 감상에 젖곤 한다.

   ⓒ 나는 혼자 있으면 미래의 계획에 관심을 갖곤 한다.

8. 세상은

   ⓐ 세상은 정의롭고 공정해야 살맛이 난다.

   ⓑ 세상은 사랑으로 가득해야 살맛이 난다.

   ⓒ 세상은 조화로울 때 살맛이 난다.

9. 선호하는 행동은?

   ⓐ 나는 마음대로 할 수 있으면 좋다.

   ⓑ 나는 주변 사람들로부터 인정을 받으면 좋다.

   ⓒ 나는 마음이 편하면 좋다.

10. 내 기분은?

   ⓐ 나는 내 의지대로 일할 때 기분이 좋다.

   ⓑ 나는 낭만적이면 기분이 좋다.

   ⓒ 나는 주변이 안정적이면 기분 좋다.

11. 혼자 있으면?

ⓐ 혼자 있으면 주로 하고 싶은 일에 관심을 두는 편이다.

ⓑ 혼자 있으면 주변 사람들과 인간관계에 관심을 두는 편이다.

ⓒ 혼자 있으면 주변 환경의 변화에 관심을 두는 편이다.

12. 기사를 보면?

ⓐ 사건의 기사를 보면 원칙을 따지고 비판하는 경향이다.

ⓑ 사건의 기사를 보면 피해자의 입장에서 감성적인 경향이다.

ⓒ 사건의 기사를 보면 관계를 파악하려는 이성적인 경향이다.

13. 잘못을 지적 받으면?

ⓐ 내 잘못을 지적 받으면 화가 나는 경향이다.

ⓑ 내 잘못을 지적 받으면 민망해 하는 경향이다,

ⓒ 내 잘못을 지적 받으면 조마조마 하는 경향이다.

14. 일의 진행?

ⓐ 나는 목적달성에 매달리는 경향이다.

ⓑ 나는 외부의 요구수준에 맞추려고 경향이다.

ⓒ 나는 전체의 진척 상황에 관심을 두는 경향이다.

15. 위험감수는?

ⓐ 나는 목적이 합당하면 약간의 어려움은 감내하는 경향이다..

ⓑ 나는 이해관계자의 입장을 고려하여 계획을 조정하는 경향이다.

ⓒ 나는 결정이 합리성을 갖도록 계획을 수정하는 경향이다.

16. 결정사항 시행은?

ⓐ 나는 계획이 미흡하더라도 착수하고 본다.

ⓑ 나는 결과도 중요하지만 팀웍을 유지하는 것도 중요하다.

ⓒ 나는 목적과 수단의 합리성을 중시하는 경향이다.

17. 사람을 만날 때?

ⓐ 외부인을 만나면 경계심을 갖고 접근하는 경향이다.

ⓑ 외부인을 만나면 호의를 보이며 접근하는 경향이다.

ⓒ 외부인을 만나면 주변 상황을 살피며 접근하는 경향이다.

18. 비판에 대응?

ⓐ 비판을 받으면 내심 화가 치밀지만 참으려는 경향이다.

ⓑ 비판을 받으면 수치심을 느끼지만 호의적으로 대하려는 경향이다.

ⓒ 비판을 받으면 혼란스럽지만 관망하는 태도를 유지하려는 경향이다.

19. 어려운 일 마무리?

ⓐ 어려운 일을 완성하면 '안 되는 일이 어디 있어!'라고 생각한다.

ⓑ 어려운 일을 완성하면 '내가 성취했소' 라며 주위의 인정을 원한다.

ⓒ 어려운 일을 완성하면 '주변의 여건이 좋았어!' 라고 생각한다.

20. 일을 실패하면

ⓐ 일을 실패하면 혼자 화를 내고 심하면 자기비하적인 상태를 경험한다.

ⓑ 일을 실패하면 불편하지만 좋은 경험이었다고 스스로 위로한다.

ⓒ 일을 실패하면 어디서 어떻게 잘못되었는지를 되돌아본다.

계: ⓐ번 :   개, ⓑ번 :   개, ⓒ번 :   개

21. 뜻의 실현

ⓧ 나는 나의 뜻을 실현하는 데 적극적이다.

ⓨ 나는 현실의 요구에 충실한 것이 바람직하다고 생각한다.

ⓩ 나는 나의 뜻을 실현하는 데 약간 소극적이라 생각한다.

22. 내 능력은?

ⓧ 나는 내가 맡은 일을 충분히 할 수 있다고 생각한다.

ⓨ 나는 내 능력으로 현실에 충분히 적응한다고 생각한다.

ⓩ 나의 능력은 약간의 보완이 필요하다고 생각한다.

23. 내 실수

ⓧ 나는 내 잘못에 대하여 관대한 편이다.

ⓨ 나는 내 실수에 대해 얽매이지 않는 편이다.

ⓩ 나는 내 실수에 대해 자책하는 편이다.

24. 일의 진행

ⓧ 나는 내가 결정한 일은 일관성 있게 수행하는 편이다.

ⓨ 나는 내가 결정한 일이더라도 시행하기 쉽게 조정하여 수행하는 편이다.

ⓩ 나는 내가 결정한 일이더라도 잘못이 없는지 따지는 편이다.

25. 내 세상은?

ⓧ 나는 내가 추구하는 세상을 만들고 싶다.

ⓨ 나는 주변의 사람들과 조화롭게 어울리는 세상에서 살고 싶다.

ⓩ 나는 나만의 독립된 공간을 만들고 싶다.

26. 일 처리

ⓧ 나는 맡은 일을 빨리 마무리하려는 편이다.

ⓨ 나는 주위의 반응에 민감하여 일의 처리에 머뭇거리는 편이다.

ⓩ 나는 이것 저것 따지느라 일의 처리 속도가 늦는 편이다.

27. 적응방법은

ⓧ 인생은 능력대로 부딪치며 살아가는 것이다.

ⓨ 인생은 나에게 유리한 방향을 선택하며 살아가는 것이다.

ⓩ 인생은 만일의 사태에 대응하면서 살아 가는 것이다.

28. 스트레스 내성

ⓧ 나는 스트레스를 잘 이겨내는 편이다.

ⓨ 나는 스트레스를 받지만 곧 잊어버리는 편이다.

ⓩ 대수롭지 않은 일에도 신경을 쓰는 편이다.

29. 선호하는 과제는?

ⓧ 나는 약간 어려운 과제를 선호하는 편이다.

ⓨ 나는 나에게 유리한 과제를 선호하는 편이다.

ⓩ 나는 객관적 가치를 지닌 과제를 선호하는 편이다.

30. 만족스런 성취란

ⓧ 나는 일이 내 뜻대로 이루어지면 만족스럽다.

ⓨ 나는 일의 결과에 주변 사람들이 만족해 하면 만족스럽다.

ⓩ 나는 일의 결과를 객관적으로 인정을 받았을 때 만족스럽다

계: ⓧ번 : 　　개, ⓨ번 : 　　개, ⓩ번 : 　　개

▷ **기본 유형 판단 :**

1. 위의 설문 1~20번까지의 답 ⓐⓑⓒ 중 개수가 가장 많은 번호와 21~30번까지의 답 ⓧⓨⓩ 중 개수가 가장 많은 번호를 결정하십시오.
2. 선택한 두 번호를 결합하여 아래 표에 예시된 '결합문자'를 근거하여 해당되는 기본유형을 판단하십시오.

▷ **날개 유형 판단 :**

위에서 결정된 기본 유형을 기초로 하여 기본 유형의 위/아래 두 유형의 '비고'란에 계산된 숫자 중 큰 쪽을 날개유형으로 판단하십시오. 예를 들면 기본 유형이 3번 유형이라면 2번과 4번, 기본 유형이 7번 이라면 6번과 8번의 비고란에서 계산된 숫자 중 큰 쪽이 날개유형입니다.

결합문자	유형	유형의 이름과 주요 특성	비고
ⓐ ⓧ	유형 8	지배형 : 남을 지배하려 함	ⓐ + ⓧ =
ⓐ ⓨ	유형 9	평화형 : 중재, 조정하려 함	ⓐ + ⓨ =
ⓐ ⓩ	유형 1	조심형 : 개선, 완벽을 추구함	ⓐ + ⓩ =
ⓑ ⓧ	유형 2	도움형 : 남을 도우려 함	ⓑ + ⓧ =
ⓑ ⓨ	유형 3	경쟁형 : 효율과 성취를 추구함	ⓑ + ⓨ =
ⓑ ⓩ	유형 4	품위형 : 감정을 독특하게 유지하려 함	ⓑ + ⓩ =
ⓒ ⓧ	유형 5	탐구형 : 정보를 수집, 축적하려 함	ⓒ + ⓧ =
ⓒ ⓨ	유형 6	성실형 : 신뢰를 추구함	ⓒ + ⓨ =
ⓒ ⓩ	유형 7	나비형 : 즐거움을 계획함	ⓒ + ⓩ =

참고 문헌

■ 김아영 편저. (2007). 학업적 자기효능감. 학지사

■ 안범희. (2001). 성격심리학. 도서출판하우.

■ 박문호. (2009), 뇌, 생각의 출현. 휴머니스트.

■ 박문호. (2013). 그림으로 읽는 뇌과학의 모든 것. 휴머니스트.

■ 우재현. (1999). 에니어그램 성격유형검사. 정암서원.

■ 우재현·우정희. (1999). 에니어그램 훈련프로그램, 정암서원.

■ 윤운성 외 6. (2008). 에니어그램 이해와 적용. 학지사.

■ 이강옥, (2004). 에니어그램 이야기. 중앙적성출판사.

■ 이수원 외. (1991). 심리학. 정민사.

■ 최현석, (2011), 인간의 모든 감정, 서해문집.

■ 최창섭. (1994). 자아커뮤니케이션. 범우사.

■ 한덕웅. (1989). 조직행동의 동기이론. 법문사.

■ Abraham H. Maslow. Motivation and Personality. 조대봉 역. (1992). 인간의 동기와 성격. 교육과학사.

■ Bandura, A. (1997). Self-efficacy: The exercise of control. 김의철·박영신·양계민 역. (2003). 자기효능감과 인간행동. 교육과학사.

■ C. S. Hall·G. Lindzey. Theories of Personality. 이상로·이관용 역. (1992). 성격

의 이론. 중앙적성출판사.

■ Daniel Nettle. (2007). Personality: What make you the way you are. 김상우 역. (2010). 성격의 탄생. 와이즈북.

■ Don Richard Riso & Russ Hudson. The Wisdom of The Enneagram. 주혜명 역. (2000). 에니어그램의 지혜, 한문화.

■ Eli Jaxon Bear. The Enneagram of Liberation. 이순자 역. (2005). 영혼의 자유 에니어그램. 슈리크리슈나다스아쉬람.

■ E. Jerry Phares. Introductio to Personality. 홍숙기 역. (1992). 성격심리학. 박영사.

■ Gerald M. Edelman. Bright Air, Prilliant Fire: On the Matter of the Mind. 황희숙 역. (2006). 신경과학과 마음의 세계. 범양사.

■ Horney, K. (1945). Our inner confkict. 이희경·윤인·이해리·조한익 역.(2012). 카렌호나이의 정신분석. 학지사.

■ Joseph LeDoux. (2002). Synaptic Self. 강본균 역. (2014). 시냅스와 자아. 동녘 사이언스.

■ Maria Beesing 외 2인.A Journey of Discovery, 박영종 역. (2000). 에니어그램: 자아발견을 위한 여행. 성바오로.

■ Mary Rebecca E. Rogacion. The Enneagram Way: Knowing Yourself and Others. 이정순 역. (1995). 에니어그램; 당신 자신과 남들을 아는 길. 성서와 함께.

■ Michael J. Goldberg. Getting Your Boss's Number. 박영종 역. (1996). 에니어그램 성격 리더십. 상상북스.

■ Neil R. Carlson. Foundation of Physiological Psychology. 김현택 외 2인 역. (1998). 생리심리학의 기초. 시그마프레스.

■ Purkey, W. W. Self concept and School Achievements. 안범희 역. (1999). 자아 개념과 교육. 서울: 문음사

■ Robert D. Nye. Three Psycholoaies : Perspectives from Freud, Skinner, and Rogers. 이영만·유병관 역. (1991). 프로이드·스키너·로져스. 중앙적성출판사.

■ Peter M. Senge 외 66. (1994). The Fifth Discipline Fieldbook. 박 광량 외 1인 역. (1996). 학습조직의 5가지 수련. 21세기북스.

■ EBS. (2010. 4. 13). 당신의 성격 2부.

■ Allport, G, W. (1961). Pattern and growth in personality. New York : Ho] t, Rinehart and Winston.

■ Allport, G, W. (1968). The person in psychology: Selected essays. Boston: Beacon Press.

■ Alderfer, C. P. (1972). Existence, relatedness, and growth : Human needs in organizational settings. New York: The Free Press.

■ Bandura, A. (1977). Self-efficacy: Toward a unifying theory of behavior change. Psychological Review. 84. 191-215.

■ Don Richard Riso & Russ Hudson. (1999). The Wisdom of The Enneagrm, Bantam Books.

■ Hamachek, D. (1995). Psychology in teaching, learning, and growth. Boston, MA: Allyn & Bacon.

■ Murray, H.A. (1938). Explorations in personality, New York: Oxford University Press.

■ Michael J. Goldberg. (1999). The 9 Ways of Working, Marlowe & Company New York.

■ Mischel, W (1976). Introduction to personality (2nd ed.). New York: Holt, Rinehart and Winston.

■ Pervin, L. A., & Johb, O. P. (2001). Personality: Theory and research (8th. ed.). New York: John Wiley & Sons.

■ RYckman, R. M. (2000). Theories of personality (7th. ed.). Belmont, CA: Wadsworth.

■ Schultz D. (1977). Models of healthy personality, NY:D. Van Nostrand Co.

■ Skyttner, Lars. (2007). General systems theory : problem, perspective, practice (2nd ed.). World Scientific Publishing.

■ Sullivan, H.D. (1953) The interpersonal theory of psychiatry. New York: W. W. Norton & company.

색인